WITHDRAWN
HARVARD LIBRARY
WITHDRAWN

Kohlhammer

Theologie und Frieden
Herausgegeben vom Institut für Theologie und Frieden
Herrengraben 4, 20459 Hamburg
Tel. 040 / 6 70 85 90, Fax 0 40 / 67 08 59 30
e-mail: sekretariat@ithf.de
Internet: http://www.ithf.de

Band 37

Thomas R. Elßner

Josua und seine Kriege in jüdischer und christlicher Rezeptionsgeschichte

Verlag W. Kohlhammer

Alle Rechte vorbehalten
© 2008 W. Kohlhammer GmbH Stuttgart
Reproduktionsvorlage: Andrea Siebert, Neuendettelsau
Gesamtherstellung:
W. Kohlhammer Druckerei GmbH + Co. KG, Stuttgart
Printed in Germany

ISBN 978-3-17-020520-8

Besser der Ausgang einer Sache als ihr Anfang (Koh 7,8a).

Ein Wort des Dankes

Die vorliegendende Studie ist im Wintersemester 2007/2008 von der Katholischen Fakultät der Universität Erfurt als Habilitationsschrift angenommen und von mir für den Druck noch einmal geringfügig überarbeitet worden.

Der Abschluß eines solchen Projekts verdankt sich vielfältiger Unterstützung, und er ist keineswegs selbstverständlich. An erster Stelle danke ich in ganz besonderer Weise Herrn Univ.-Professor Dr. Georg Hentschel (Erfurt), der die Arbeit über mehrere Jahre mit vielfältigem Rat aufmunternd kritisch begleitet hat und schließlich ihr Erstgutachter gewesen ist. Ohne ihn wäre die Arbeit so nicht zustande gekommen. In diesem Zusammenhang danke ich ebenso Herrn Univ.-Professor Dr. Frank-Lothar Hossfeld (Bonn) und Herrn Univ.-Professor Dr. Josef Römelt (Erfurt). Beide haben nicht nur die Mühe der Begutachtung auf sich genommen, sondern sie haben mir ebenso wichtige Anregungen gegeben. Darüber hinaus danke ich Herrn Univ.-Professor Dr. Thomas Hoppe, Helmut-Schmidt-Universität (Hamburg), dem ich die Anregung verdanke, mich einem exegetischen Thema zu widmen, welches zugleich friedensethische Implikationen enthält und Relevanz besitzt.

Ein besonderer Dank gebührt Herrn Militärgeneralvikar a.D. und Domkapitular Jürgen Nabbefeld (Mainz), der mich im Jahr 2000 an das Institut für Theologie und Frieden delegiert hat, und Herrn Militärgeneralvikar und Apostolischen Protonotar Walter Wakenhut (Berlin), der meine Arbeit am Institut stets unterstützt hat. Ferner danke ich allen Mitarbeiterinnen und Mitarbeitern des Instituts für Theologie und Frieden, stellvertretend dessen Direktor PD Dr. Heinz-Gerhard Justenhoven, für mir zuteil gewordene Hilfe sowie für vielfältige Anregungen und nicht zuletzt für die Aufnahme dieser Studie in die Reihe „Theologie und Frieden".

Ein Dank gebührt Herrn Landesrabbiner Dr. William Wolff (Schwerin), der mir nicht nur über längere Zeit hinweg eine wissenschaftliche Maimonides-Ausgabe zur Verfügung stellte, sondern der zudem für mich immer wieder Zeit für vertiefende Gespräche fand.

Schließlich danke ich Herrn Lektor Jürgen Schneider sowie Frau Beatrix Reinhard vom Kohlhammer-Verlag für ihre zuverlässige Begleitung und Frau Andrea Siebert für die Druckvorlage.

Diese Studie widme ich meiner Frau Martina sowie meinen Töchtern Anna Caroline, Louise Henriette und Pia Felicitas.

Koblenz, im Sommer 2008   Thomas R. Elßner

Inhaltsverzeichnis

I. Hinführung 13

1. Religion und Gewalt im Buch Josua 13
2. Die Aufgabe 16
3. Stand der Forschung 17
4. Zu dieser Arbeit 18

II. Rezeptionsgeschichte im Alten Testament 22

1. Jesus Sirach 22
1.1 Die Beziehung zum Kontext 24
1.2 Tradition und Interpretation 27
1.2.1 Die Vorstellung Josuas (Sir 46,1) 27
    1.2.1.1 Tradition und Interpretation von Sir 46,1 34
1.2.2 Das Schwert Josuas (Sir 46,2) 35
    1.2.2.1 Tradition und Interpretation von Sir 46,2 37
1.2.3 Die Kriege JHWHs (Sir 46,3) 38
    1.2.3.1 Tradition und Interpretation von Sir 46,3 38
1.2.4 Der Stillstand der Sonne und die Vernichtung der Feinde
(Sir 46,4–6) 39
    1.2.4.1 Tradition und Interpretation von Sir 46,4–6 47
1.2.5 Josuas Treue beim Aufruhr der Gemeinde (Sir 46,7f) 48
    1.2.5.1 Tradition und Interpretation von Sir 46,7f 53
1.3 Fazit 54

2. Die ersten beiden Makkabäerbücher 56
2.1 Josua im ersten Makkabäerbuch 56
2.1.1 Josua als Richter in Israel (1 Makk 2,55) 56
2.1.2 Eingreifen „der Natur" (1 Makk 13,22) 59
2.1.3 Religiös motivierter Krieg 60
2.1.4 Religiös motivierte Menschenvernichtung 61
2.1.5 Fazit 63

2.2 Josua im zweiten Makkabäerbuch 63
2.2.1 Das Vorbild Jerichos bei der Einnahme von Kaspin
(2 Makk 12,15) 64
2.2.2 Fazit 70

3. Gesamtfazit Altes Testament 71

III. Rezeptionsgeschichte im Neuen Testament ... 82

1. Josua in der Apostelgeschichte ... 82
1.1 Die Vertreibung der Völker (Apg 7,45) ... 83
1.2 Die Vernichtung der sieben Völker (Apg 13,19f) ... 87

2. Josua im Hebräerbrief ... 90
2.1 Das Land der Ruhe (Hebr 4,8) ... 91
2.2 Die Rettung Rahabs (Hebr 11,30f) ... 93

3. Der Jakobusbrief ... 94
3.1 Das Buch Josua im Jakobusbrief ... 96
3.2 Boten bei Rahab (Jak 2,25) ... 96

4. Gesamtfazit Neues Testament ... 100

IV. Josua bei Philo von Alexandrien und Flavius Josephus ... 105

1. Philo von Alexandrien ... 105
1.1 Jesus (Josua) – Einklang von Name und Handeln ... 105
1.2 Die verwendete Begrifflichkeit für „Bann" ... 107
1.3 Fazit ... 113

2. Flavius Josephus ... 114
2.1 Die Erwähnung Josuas in „De bello Judaico" ... 114

2.2 Josua in den Altertümern ... 115
2.2.1 Der Krieg Josuas (ant. V,1, § 1) ... 116
    2.2.1.1 Die Gottesbezeichnungen ... 117
    2.2.1.2 Die Rede von der „Vernichtungsweihe" ... 117
    2.2.1.3 Theologische Ausrichtung der „Vernichtungsweihe" –
    das Beispiel Jericho ... 118
    2.2.1.4 Militärische Hilfe für die Gibeoniter –
    Jos 10 im Spiegel von ant. V, 1 §§ 58–61 ... 121
    2.2.1.5 Weitere Kriegszüge des Ἰησοῦς (ant. V,1 §§ 62–67) ... 123
    2.2.1.6 Die Versammlung in Schilo (ant. V,1 §§ 71–75) ... 124
    2.2.1.7 Gott als Geber des Landes (ant. V,1 § 93) ... 125

2.3 Fazit ... 126

V. Rabbinische Tradition ... 129

1. Die Kategorien des Krieges ... 129
1.1 Mischna ... 129
1.1.1 Der Mischna-Traktat Sota ... 129
1.1.2 Der Mischna-Traktat Sanhedrin ... 135
1.1.3 Fazit ... 136

1.2 Palästinischer Talmud ... 137
1.2.1 Kriegskategorien im Traktat Sota ... 138
1.2.2 Die Diskussion um die Kriegskategorien und die Einführung Josuas ... 138
1.2.3 Fazit ... 142

1.3 Babylonischer Talmud ... 143
1.3.1 Der Traktat Sota ... 143
1.3.2 Fazit ... 148

2. Die sogenannten drei Sendschreiben Josuas ... 150
2.1 Der palästinische Talmud ... 150
2.1.1 Der Traktat Shevi'it ... 150
2.1.2 Die drei Sendbriefe Josuas ... 150
2.1.3 Fazit ... 155

2.2 Midraschim Rabba ... 156
2.2.1 Midrasch Levitikus Rabba ... 156
   2.2.1.1 Die drei Sendschreiben ... 156
   2.2.1.2 Fazit ... 158
2.2.2 Midrasch Deuteronomium Rabba ... 158
   2.2.2.1 Das dreiteilige eine Sendschreiben ... 158
   2.2.2.2 Fazit ... 161

3. Gesamtfazit rabbinische Überlieferung ... 162

VI. Aspekte der Rezeptionsgeschichte bei Maimonides ... 169

1. Maimonides (1135/38–1204) ... 169

2. Die Mishneh Tora (משנה תורה) und der JHWH-Krieg ... 170
2.1 Mishneh Tora – Kriegsrechtliche Bestimmungen im Königsrecht ... 171
2.1.1 Die drei Gebote beim Eintritt in das Land (MEL I) ... 172
2.1.2 Pflichtkrieg und Wahlkrieg (MEL V,1) ... 176

2.1.3	Das Banngebot (MEL V,4)	178
2.1.4	Das Austilgen der sieben Völker und Amaleks (MEL VI,4)	180
2.1.5	Eroberungen zum Ruhm des Königs in der Perspektive der Landnahme (MEL V,6)	184
2.1.6	Die drei Sendschreiben Josuas (MEL VI,5)	187
	Exkurs: Der unter falschen Angaben geschworene Eid in der Rechtsgeschichte nach Jos 9	191
2.1.7	Zur Gültigkeit der sogenannten Kriegsgesetze (Dtn 20)	193
2.2	Fazit	196

VII. Frühchristliche Literatur ... 198

1.	Josua im ersten Clemensbrief	198
1.1	Josua (Ἰησοῦς) und Rahab (1 Clem 12)	198
1.2	Landnahme (1 Clem 12)	199
2.	Josua im Barnabasbrief	202
2.1	Biblische Textgrundlage	204
2.2	Mose und Jesus (Josua) als Typoi	204
2.3	Tötung durch den Sohn Gottes?	207
2.4	Landgabe	209
2.5	Fazit	211
3.	Josua-Interpretation bei Justin Martyr	211
3.1	Die Deutung der Namensgleichheit Jesus in „Dialog mit dem Juden Tryphon"	212
3.2	Jesus (Josua) und der Kampf gegen Amalek	215
3.3	Das Ruhen des Gottesnamens Jesus auf dem Engel	216
3.4	Jericho (dial. 62,5)	219
3.5	Fazit	221
4.	Gesamtfazit frühchristliche Literatur	223
4.1	Josua-Jesus Spekulation	223
4.2	Landnahme	224
4.3	Rahab	225

VIII. Josua bei Origenes (um 185 bis um 254) ... 226

1.	Das literarische Genus „Homilie" bei Origenes	226
2.	Auslegungsmethode	227
2.1	Exegetisches Selbstverständnis des Origenes – De principiis IV	228

2.1.1	Schriftinspiration	229
2.1.2	Vom rechten Lesen der göttlichen Schrift	230
2.1.3	Umgang mit schwierigen biblischen Texten	234
3.	Die Josua-Homilien	236
3.1	Aufbau der Josua-Homilien	236
3.2	Thematische Schwerpunkte in den Josua-Homilien	237
3.2.1	Die Namensgleichheit	237
3.2.2	Die spirituelle Bedeutung des Krieges	240
3.2.3	Die Bezwingung der Welt am Beispiel Jerichos	242
3.2.4	Das Anathema	245
3.2.5	„Die goldene Zunge"	246
3.2.6	Interpretatio Christiana versus (suppositam) interpretationem Judaicam	248
3.2.7	Fazit	252

IX. Augustinus (354–430) 255

1.	Der relative Stellenwert der Bibel bei Augustin	255
1.1	Exegetische Methode	256
1.2	„Dem Geiste des Alten Bundes gemäß"	259
2.	Josua und der gerechte Krieg	260
2.1	Das Legen eines Hinterhalts (Jos 8,1) und die Definition des gerechten Krieges	261
2.1.1	Das erlaubte Legen eines Hinterhalts nach Jos 8	262
2.1.2	Augustins Definition des gerechten Krieges vor dem Hintergrund von Jos 8	264
3.	Fazit	269

X. Ausblick auf die weitere Rezeptionsgeschichte 271

1.	Zeit der Scholastik	271
1.1.	Decretum Gratiani (ca. 1140)	271
1.2.	Thomas von Aquin (1224–1274)	272
1.3.	Johannes de Lignano (1320–1383)	275
2.	Zeit der Spanischen Spätscholastik	276
2.1	Francisco de Vitoria (1483–1546)	277
2.2	Francisco Suárez (1548–1617)	279

3.	Hugo Grotius (1583–1645)	283
3.1	Legitime Quellen der Kriegsführung	283
3.2	Vom Hinterhaltlegen zur vorgetäuschten Flucht	286
3.3	Göttlich legitimierte Tötung Unschuldiger	287

XI. Resümee ... 290

1.	Die Kriege Josuas als Vorbild und Vorlagen für Kriege	290
1.1	Vorbild für kriegerisches Verhalten	290
1.2	Vorlagen für kriegsrechtliche Bestimmungen	291
2.	Interpretatorische Einhegungen der Kriege Josuas	292
2.1	Legendarische Einhegung	294
2.2	Zweifach unbestimmt zeitliche Einhegung	295
2.3	Völkerrechtliche und naturrechtliche Einhegung	296
2.4	Jüdisch-hellenistisch philosophische Einhegung	298
2.5	Konfessionale Einhegung	299
2.6	Frühchristlich-theologische Einhegung	299
3.	Der alttestamentliche und der neutestamentliche Jesus: Zwei Pfeiler einer Interpretationsbrücke	301
4.	Kriegstheologie	305
4.1	Josuas Taten als Bezugspunkt für Krieg und Kriegsrecht	305
4.2	Indirekte Aussageabsichten anhand Josuas und seiner Taten	307
5.	Drei ineinanderverwobene Aspekte einer Interpretation des Bannes	310

Literaturverzeichnis ... 312

Abkürzungsverzeichnis ... 327

   Allgemeine Abkürzungen ... 327
   Literarische Abkürzungen ... 327
   Philo von Alexandrien – Abkürzungen ... 328

Schriftstellenverzeichnis ... 329

I Hinführung

1. Religion und Gewalt im Buch Josua

„Religion und Gewalt" – das ist ein heftig diskutiertes Thema der letzten Jahre geworden.[1] Zwar hat die Diskussion nicht erst mit dem 11. September 2001 begonnen, aber seit dieser Zeit ist sie – bedingt durch Krieg und wiederholte terroristische Anschläge – nicht mehr zur Ruhe gekommen. Auch die neu aufgebrochene Diskussion, ob monotheistische Religionen als besonders anfällig für intolerante und militante Denkstrukturen gelten müssen, gehen in die gleiche Richtung.[2] Zudem zeigt ein Blick in die Religionsgeschichte, daß religiöse Gewalt nicht nur mit islamistischem Terror verbunden ist. Auch das Christentum hat lange Zeit Gewalt nicht nur geduldet, sondern geradezu gefördert.[3] Selbst in der hebräischen Bibel sind Religion und Gewalt eng miteinander verknüpft. Das gilt natürlich vor allem für das Buch Josua. Und so stellt sich mancher Christ die bange Frage: „Ist der Gott, der Josua und den Israeliten in blutigen Schlachten voranmarschiert, der die Feinde zu bannen befiehlt, der Gott Jesu Christi?"[4]

Jüdische und christliche Exegeten, Archäologen und Historiker haben allerdings dazu beigetragen, daß der Frage nach der religiös begründeten Gewalt im Buch Josua ihre Schärfe genommen worden ist. In der Forschung gibt es bereits einen breiten Konsens darüber, daß es sich bei den im Buch Josua berichteten Ereignissen um kein historisches Geschehen[5], sondern um „eine literarische Fiktion in Ausführung einer geschichtstheologischen Konstruktion"[6] handelt. Dem korrespondiert auch der archäologische Befund: „Der auf der Letztgestalt des Josuabuches beruhenden These einer kriegeri-

---

[1] Vgl. aus dem deutschsprachigen Raum der letzten Jahre K. Ceming, Gewalt und Weltreligionen; A. Khoury u.a. (Hrsg.), Krieg und Gewalt in den Weltreligionen; H. Maier, Das Doppelgesicht des Religiösen; W. Ratzmann (Hrsg.), Religion – Christentum – Gewalt; C. Bultmann/B. Kranemann/J. Rüpke (Hrsg.), Religion – Gewalt – Gewaltlosigkeit.

[2] Vgl. J. Manemann, Monotheismus; J. Assmann, Mosaische Unterscheidung 29.37; ders., Monotheismus. Knapp siebzig Jahre vor J. Assmann hat E. Perterson sich auch vor dem Hintergrund einer sogenannten „Politischen Theologie" mit dem Monotheismus als politischem Problem auseinandergesetzt, vgl. ders. Monotheismus 99f.158. Von daher zeigt sich, daß Monotheismusdebatten von gesellschaftlichen, politischen und religiösen Auseinandersetzungen der jeweiligen Zeit geprägt sind. Diese Erkenntnis ist zwar nicht neu, aber sie gerät mitunter rasch aus dem Blick.

[3] Vgl. K. von Greyerz, Religion und Gewalt; Th. Hoppe, Krieg und Gewalt.

[4] A. H. J. Gunneweg, Vom Verstehen des Alten Testaments 186.

[5] Damit ist nicht in Abrede gestellt, daß Israel in seiner Geschichte religiös motivierte Kriege auch wirklich geführt hat. Ebenso wenig handelt es sich bei diesen Kriegen lediglich um ausgedachte Schreibtischkonstrukte. Vielmehr gilt es zur Kenntnis zu nehmen, daß sich die Darstellung der Person Josuas und die vorgebliche Landnahme deuteronomistischer Ideologie verdankt und für sich nicht in Anspruch nehmen kann, historischer Tatsachenbericht zu sein, vgl. H.-P. Müller, Krieg 15–17.

[6] V. Fritz, Das Buch Josua 8.

schen Eroberung des Landes durch Nomaden ist mit den archäologischen Befunden jede Grundlage entzogen".[7] Die Erzählungen über die Kriege Josuas können heute nicht mehr als historische Zeugnisse verstanden werden. Denn es besteht eine „große Kluft zwischen der *erzählten Zeit* und der *Zeit des Erzählers*, die im Fall der Josuatexte einen Zeitraum von bis zu 700 Jahren umfassen kann".[8] Es kann zwar eine vordtr Landnahmeerzählung gegeben haben, so auch N. Lohfink[9], aber sie stammt allenfalls aus der mittleren oder späten Königszeit.[10]

Warum sprechen die relativ späten Erzählungen dennoch von einem Krieg im Namen JHWHs? Nach E. Noort zeigt sich gerade daran, „daß Israel Kind seiner Zeit war".[11] M. Weippert hat schon 1972 darauf hingewiesen, daß die Übergabeformel, das Kriegsgeschrei und die Vernichtungsweihe „im Zusammenhang gemeinaltorientalischer, höchstwahrscheinlich gemeinantiker Kriegspraxis und -ideologie"[12] stehen. Es gab in der antiken Welt keinen Krieg, „der nicht von religiösem Ritual umrankt wäre".[13] Entscheidend ist, was die israelitischen Erzähler mit Hilfe ihrer Texte den damaligen Adressaten mitteilen wollten. Ein durch das ganze Buch Josua sich hindurchtragendes Theologem bildet die Landgabe JHWHs an Israel.[14] Dies läßt sich vor allem an dem Leitmotiv „Land geben" ablesen.[15] H. W. Hertzberg gibt das theologische Selbstverständnis des Buches Josua mit den etwas pointierten Worten wieder: „Gott selbst okkupiert das Land, Israel braucht es nur zu besetzen".[16] Etwas zurückhaltender läßt sich mit G. Mitchell sagen: „the primary concern of ch. 1 is that the land is a divine gift, and this establishes Israels's right to it".[17] Denn „(d)en religiösen Kreisen in Israel kam es sehr darauf an, daß das Land Kanaan ein reines Geschenk des Herrn war".[18] Das ließ sich allerdings auch durch den Hinweis auf die Verheißungen an die Väter bekräftigen. „Keine von all den Zusagen, die der Herr dem Haus Israel gegeben hatte, war ausgeblieben; jede war in Erfüllung gegangen" (Jos 21,45; vgl. V 43f; Jos 1,6; 23,15). Wenn JHWH der Geber aller guten Gaben ist, dann kommt es nicht auf die Stärke Israels an (Ri 7,2)[19], dann fallen die Mauern der Stadt Jericho nach Ablauf einer siebentägigen Prozession ein

---

[7] M./H. Weippert, Vorgeschichte Israels 388. Vgl. zudem V. Fritz, Landnahme 63–77; I. Finkelstein/N. A. Silbermann, Keine Posaunen 107–09; N. Lohfink, חרם 209.
[8] E. Noort, Josua 17.
[9] Vgl. G. Braulik, Buch Deuteronomium144f; G. Hentschel, Josua 207.
[10] Vgl. R. G. Kratz, Komposition 208; E. Zenger, Die Bücher der Tora 179.
[11] E. Noort, Josua 16.
[12] M. Weippert, Krieg 491.
[13] N. Lohfink, Krieg 110.
[14] Vgl. Th. R. Elßner, Im Spannungsfeld 186f.
[15] Vgl. G. Hentschel, Das Buch Josua 204.
[16] H. W. Hertzberg, Die Bücher Josua, Richter, Ruth 73.
[17] G. Mitchell, Together in the Land 28.
[18] G. Hentschel, Krieg des Herrn 155.
[19] Vgl. U. Rüterswörden, Deuteronomium 131f.

1. Religion und Gewalt im Buch Josua

(Jos 6,20). Kultische und liturgische Elemente bestimmen auch die Überschreitung des Jordans (Jos 3,1–5,1), so daß sich sagen läßt: „Insgesamt wird durch diese kultische Übermalung von Jos 2–6 die Landnahme Israels zu einem feierlichen und machtvollen *Einzug JHWHs selbst* in das Land transformiert".[20]

Ist damit das Problem einer Verquickung von Gewalt und Religion aus der Welt geschafft? Das läßt sich nicht so ohne weiteres behaupten. Es bleibt ein Anstoß und ein Ärgernis, wenn es nach der friedfertigen Prozession um Jericho und dem Einsturz der Mauern von den Israeliten heißt: „Mit scharfem Schwert weihten sie alles, was in der Stadt war, dem Untergang, Männer und Frauen, Kinder und Greise, Rinder, Schafe und Esel" (Jos 6,21). Das Thema der hier angesprochenen Vernichtungsweihe ist eines der sperrigsten und schwierigsten Themen im Buch Josua überhaupt, so daß es auch bis in die Gegenwart hinein Anlaß zu Mißverständnissen unterschiedlichster Art gibt. „Die ... von Gott befohlene Vernichtung der vorisraelitischen Bevölkerung war schon für spätere biblische Autoren (etwa die streng pazifistische Priesterschrift) ein schweres theologisches Problem. Schon innerhalb des Alten Testaments hat man einiges in Bewegung gesetzt, um das offenbar nicht mehr aus den kanonischen Schriften Entfernbare doch noch zu entschärfen".[21] Das Buch Deuteronomium entwirft „für den im Josuabuch geschilderten Landeroberungskrieg sogar eine eigene Theologie des Kriegs-*heraem*".[22] G. Braulik weist zugleich darauf hin, daß die archaisch-sakrale Vorstellung des *heraem* nur in der im Deuteronomium erzählten Landeroberungszeit „lebt", so daß anscheinend das Thema des Kriegs-*heraem* auf die „Gründerzeit", das ist die sogenannte Landnahmezeit, beschränkt worden ist.[23] C. Schäfer-Lichtenberger weist hierbei auf den religiösen Aspekt hin, wenn von Heraem im Buch Josua die Rede ist: „In Jos 2–8 spielt der Topos Herem für die Darstellung der Landeseroberung eine bedeutsame Rolle. Der Herem wird in diesen Kapiteln zum Kriterium einer intakten Beziehung ziehen JHWH und Israel stilisiert."[24] An anderer Stelle arbeitet U. Rüterswörden heraus, daß der Textabschnitt aus dem Kriegsgesetz Dtn 20, der den Bann an den sogenannten Vorbewohnern zum Inhalt hat (VV 15–18), „die Situation des Exils" voraussetzt, und zwar „aus der Perspektive von Kriegsopfern".[25] Auch vor diesem Hintergrund gilt mit Blick auf Jos 1–11 im allgemeinen und auf Jos 6–8 im besonderen: „Our text is a theological description of Dtr theologians, and these verses from Joshua should not be taken as a battle report from a war correspondent. For the Dtr theologians

---

[20] G. Hentschel, Das Buch Josua 211.
[21] N. Lohfink, Der ‚heilige Krieg' 110.
[22] G. Braulik, Die Völkervernichtung 113f.
[23] Vgl. ders. ebd. 149.
[24] C. Schäfer-Lichtenberger, Bedeutung 272.
[25] U. Rüterswörden, Deuteronomium 133.

were more interested in the theological meaning of חרם than in its actual practice."²⁶ Dieser „pazifizierende" Befund ruft aber sogleich um so mehr die Frage nach dem dahinterstehenden Gottesbild auf den Plan. Eine redliche Antwort hierauf gibt N. Lohfink, wenn er sagt: „In einem gewissen Sinne ist und bleibt Gott ein Gott der Gewalt und der Vernichtung allen Bösens".²⁷ Archäologie und Literaturwissenschaft, Exegese und Theologie haben etliche Probleme des Buches Josua lösen können. Aber die Fragen, warum das Buch Josua zum Kanon der Heiligen Schrift gehört, wollen einfach nicht verstummen.

2. Die Aufgabe

Eine Rezeptionsgeschichte des Buches Josua zu beschreiben ist sicher keine leichte Aufgabe. Denn sie berührt unterschiedliche wissenschaftliche Fächer wie z.B. neutestamentliche Wissenschaft, Patristik, Judaistik, Mediävistik bzw. Theologie der Scholastik und Völkerrecht. Dies setzt voraus, daß eine zumindest punktuelle Einarbeitung in die jeweiligen Fachgebiete unerläßlich ist. Jedoch ist es reizvoll und erforderlich zugleich, auch einmal einen Überblick über die Rezeption des Buches Josua von der Spätantike bis zum Spätmittelalter und bis an die Schwelle der frühen Neuzeit vorzulegen. Ein solcher Überblick ist schon allein deshalb erforderlich, weil vor dem Hintergrund der Landnahmeerzählung in jener großen Zeitspanne aufgrund der sich stets verändernden gesellschaftlichen und politischen Kontexte viele Interpretationen bezüglich Krieg und Frieden unternommen worden sind, welche teilweise bis in die Gegenwart hinein nachwirken. Freilich kommt man auch hierbei nicht umhin, eine inhaltliche und methodische Begrenzung vorzunehmen. Nicht jede Äußerung in jener Zeitspanne zur Landnahme unter Josua ist einbezogen worden, da sich manches wiederholt. Dies gilt insbesondere hinsichtlich der im Griechischen auftretenden Namensgleichheit Jesus für Josua und Jesus von Nazaret. Die inhaltliche Begrenzung besteht darin, daß bei der Darlegung einer Rezeptionsgeschichte besonders Ausführungen über Josua (z.B. die sogenannte Amalekiterschlacht[28], Ex 17,8-16) und die biblische Landnahmeerzählung, wie sie im Buch Josua 1-12 berichtet wird, berücksichtigt worden sind. Methodisch steht vor allem die Frage im Mittelpunkt, wie gewaltbeinhaltende Texte in unterschiedlichen Zeiten wahrgenommen und interpretiert worden sind, besonders wenn in den biblischen Texten die Urheberschaft der Gewalt Gott zugeschrieben wird.

---

[26] S.-M. Kang, Divine war 143.
[27] N. Lohfink, Der ‚heilige Krieg' 112.
[28] Eine Studie zu den Amalektexten im Alten Testament hat jüngst H. A. Tanner vorgelegt, vgl. ders., Amalek.

3. Stand der Forschung

Eine Analyse der Rezeptionsgeschichte vor diesem Hintergrund beinhaltet nicht zuletzt auch friedensethische Aspekte. Wenn die Schrift norma normans non normata[29] im Kontext der Gotteserkenntnis ist, stellt sich sogleich die Frage nach der Verbindlichkeit und dem Vorbildcharakter solcher Texte[30], die von durch Gott legitimierter Gewalt erzählen. Denn einerseits bildeten einige Szenen der Landnahmeoperation den legitimierenden Hintergrund für das Einsetzen militärischer Gewalt; anderseits war man auch bestrebt, die gewaltbeinhaltenden Texte theologisch einzuhegen und/oder ihnen einen metaphorischen Sinn zu unterstellen.

3. Stand der Forschung

Die vorliegende Untersuchung braucht wie die meisten anderen zum Glück nicht bei einem Nullpunkt anzufangen. Große Übersichten zur Rezeptionsgeschichte der Bibel erleichtern dem Autor die Arbeit und dem Leser die Orientierung.[31] Besonders die bei E. Noort in „Das Buch Josua" unter „Allgemeine Bibliographie" aufgelistete Literatur mit ihren über 1400 Titeln spiegelt eine intensive wissenschaftliche Beschäftigung mit dem Buch Josua wider.[32] Sieht man sich dort die ebenfalls beeindruckende Aufschlüsselung der Forschungsliteratur nach thematischen Schwerpunkten[33] an, so fällt auf, daß sich unter dieser Aufschlüsselung kein eigener Abschnitt „Rezeptionsgeschichte" des Buches Josua findet. Diesem Bereich kommen zwar in Noorts Bibliographie die Lemmata „Krieg, Gewalt und die theologische Problematik"[34] sowie „Die Rezeption der Josuagestalt"[35] näher, aber diesem Befund läßt sich auch entnehmen, daß die Rezeptionsgeschichte des Buches Josua über die engeren und weiteren Grenzen des biblischen Kanons hinweg von der Forschung kaum thematisiert worden ist. Daß aber Gewalterzählungen in der Bibel eine ambivalente Wirkung entfaltet haben, ist keine neue Erkenntnis.[36] Die in dieser Untersuchung ausgewählten Texte aus jüdischer und christlicher Tradition liegen in den allermeisten Fällen auch in kritischen Ausgaben vor. In der Regel gibt es verläßliche Übersetzungen. Hilfreich sind allgemeine Einführungen in die Welt der allegorischen Aus-

---

[29] Vgl. W. Beinert, Schrift 244. Das II. Vatikanische Konzil nennt die Heilige Schrift in DV 21 „suprema regula" (höchste Richtschnur).
[30] „Was eine religiöse Schriftensammlung zu einer Heiligen Schrift macht, ist also die Wirkung der Texte bei späteren Lesern bzw. die Rezeption der Texte durch solche Leser. Wo Heilige Schriften als solche anerkannt werden, gewinnen sie dann eine Leitfunktion für die Gotteserkenntnis", C. Bultmann, Heiliges Schreiben 54.
[31] Vgl. H. Reventlow, Epochen Bd. 1–4; M. Sæbø, Hebrew Bible Vol. I/II.
[32] Vgl. E. Noort, Josua. 255–323.
[33] Vgl. ders. ebd. 249–254.
[34] Vgl. ders. ebd. 250.
[35] Vgl. ders. ebd. 251.
[36] Vgl. J. Ebach, Erbe der Gewalt.

legung[37] oder in die rabbinischen Zeugnisse.[38] Detaillierte Angaben lassen sich Monographien entnehmen, wenn diese sich mit dem Schriftgebrauch bei einem konkreten Autor befassen.[39] Dagegen kommt es seltener vor, daß einzelne Texte unter einem speziellen Aspekt unter Einbeziehung ihrer Rezeptionsgschichte untersucht werden, wie das hier geschehen soll.[40] Letzteres gilt in besonderer Weise von den Arbeiten J. Maiers, der die Frage von Krieg und Frieden in den verschiedenen Epochen des Judentums und bei Maimonides untersucht hat.[41]

Wer sich die Mühe macht, die bisher erforschte Rezeption des Buches Josua aus den verstreut publizierten Beiträgen zusammenzutragen, erhält im besten Fall ein fragmentarisches Bild. Beschränkt man sich auf eine bestimmte Epoche, auf jüdische oder christliche Stimmen, dann kann sich sogar ein recht einseitiger Eindruck ergeben. Wer sich z.B. auf Josephus stützt, wird in der Auffassung bestärkt, daß man am Ende der biblischen Zeit in den Erzählungen des Josuabuches geschichtliche Zeugnisse gesehen hat.[42] Ein Blick in die Auslegung des Origenes kann dagegen lehren, daß die Texte des Josuabuches keinesfalls als Kriegsbericht verstanden werden sollen.[43] Ähnliches gilt für die Frage nach der Lehre des gerechten Krieges, welche im Kontext zu Einzelfragen zum Buch Josua erstmals definiert worden ist. Sind die Kriege Josuas schon deshalb gerechtfertigt, weil sie Gott befohlen hat? Oder hat man den Bewohnern Kanaans zumindest Verhandlungen angeboten (vgl. Dtn 2,26–29), die mit Auswanderung oder mit Unterwerfung (Jos 9) enden konnten? Das Buch Josua hat jüdische und christliche Autoren herausgefordert, ihre Vorstellungen von Krieg und Frieden zu klären. Darum ist es eine sinnvolle Aufgabe, die unterschiedlichen Interpretationen und die daraus abgeleiteten Schlußfolgerungen nachzuzeichnen und eine umfassende Rezeptionsgeschichte des Josuabuches für die angegebene Zeitspanne zu entwerfen.

4. Zu dieser Arbeit

Um eine solche Arbeit zu leisten, stößt man unweigerlich in Fachgebiete vor, die für einen alttestamentlichen Exegeten nicht zu seinen eigentlichen Arbeitsgebieten gehören. Dies beginnt schon mit dem Neuen Testament und trifft um so mehr z.B. auf Judaistik und Patristik zu. Jedoch ist es einerseits

---

[37] Von der älteren Literatur vgl. E. Stein, Die Allegorische Exegese des Philo aus Alexandreia. Neuere Literatur findet sich bei F. Siegert, Philo of Alexandria 162–189.
[38] Vgl. G. Stemberger, Schriftauslegung der Rabbinen 75–109.
[39] Vgl. D. A. Hagner, The use; R. Hvalvik, The struggle; W. A. Shotwell, Biblical Exegesis.
[40] Vgl. G. Otranto, La tipologia 29–48
[41] Vgl. J. Maier, Krieg und Frieden; ders., Friedensordnung; ders., Kriegsrecht.
[42] Vgl. C. T. Begg, Jericho; ders., Campaigns.
[43] Vgl. u.a. C. White/B. J. Bruce, Origen. Homilies; Th. R. Elßner/Th. Heither, Homilien.

4. Zu dieser Arbeit

nicht illegitim, danach zu fragen, wie nach Abschluß des Kanons der Schriften Israels in seiner jüdischen und christlichen Gestalt Theologen späterer Zeiten die Texte gelesen und interpretiert haben, die fachwissenschaftlich zum genuinen Aufgabengebiet eines Bibel-Exegeten gehören.[44] Anderseits kommt aber auch ein Judaist oder ein Patristiker nicht ganz umhin, sich danach zu erkundigen, wie alttestamentliche Texte von der Fachwissenschaft diskutiert werden, wenn er sich mit Texten des Maimonides oder mit Homilien des Origenes beschäftigt, die das Thema Josua und die Landnahme zum Inhalt haben. M.a.W.: ein alttestamentlicher Exeget hat ein begründetes Interesse daran, danach zu fragen, welche Rezeption die zu seinem Aufgabenfeld gehörenden Texte gefunden haben, wie es ihnen im Laufe einzelner Epochen exegetisch ergangen ist. Denn von den Verständnisweisen der Texte hängen mitunter Entscheidungen ab, bei denen es um Leben oder Tod gehen kann.

Formal geht es also bei dieser Arbeit um Rezeptionsgeschichte, die sich inhaltlich an einem eng umrissenen Thema ausrichtet, das, wie es Christen nennen, im Alten Testament beheimatet ist. Unter methodischem Aspekt fragt die Arbeit mit dem Vorverständnis eines Alttestamentlers, aber auch eines mit Friedensethik Beschäftigten danach, wie spätere Generationen beispielsweise Texte der Landnahmeerzählung des Buches Josua (Jos 1–12) verstanden und rezipiert haben, die durch Gewalt gekennzeichnet sind. Dem korrespondiert, daß diese Arbeit keine Einzelexegese oder eine Endtextexegese des Josuabuches vornimmt.

Die Frage nach der Stoffauswahl und somit der Stoffbegrenzung wurde von folgenden Überlegungen bestimmt. Die erste und naheliegende Frage war, inwiefern das Corpus des Alten Testaments selbst Anhaltspunkte für eine Rezeptionsgeschichte der Landnahmeerzählung unter Josua bietet. Unausweichlich ist damit die Frage nach den Kanongrenzen verbunden, innerhalb derer jene Frage abzuarbeiten ist. In diesem Zusammenhang gilt es wiederholt zur Kenntnis zu nehmen, daß nicht nur im Judentum gegenüber dem Christentum, sondern auch innerhalb des Christentums selbst verschiedene Kanongrenzen gelten bzw. anerkannt werden. Für einen katholi-

---

[44] R. Berndt erinnert daran, daß Hugo von St. Viktor im Zusammenhang der Lehre von den je drei ordines des Alten und Neuen Testaments hinsichtlich der Kanontheorie eine höchst bemerkenswerte Zuordnung vornimmt. Die drei ordines des Alten Testaments bestehen auch für Hugo aus Gesetz (lex), den Propheten (prophete) und den Schriften (hagiographi). Hierbei folgt er dem Aufbau und dem Verständnis der Hebräischen Bibel. Als innovativ erweist sich Hugo bezüglich der drei ordines des Neuen Testaments. Diese sind die Evangelien (evangelia), die Apostel (apostoli) und die Väter (patres). Dazu zählt u.a. die Decretalia, Hieronymus, Augustinus, Gregorius, Ambrosius, Isidorus, Origenes, Beda, multi alii. Diese je drei ordines der beiden Testamente setzt Hugo von St. Viktor zudem zueinander in Beziehung. Zwar zählen letztlich für ihn die Kirchenväter „weder zur Heiligen Schrift noch kommt ihnen kanonische Autorität zu. Dennoch stehen sie und ihre Werke in derart hohem Ansehen, daß er sie um seiner theologischen Perspektive willen ins Neue Testament einbeziehen kann", ders., Kirchenväter 199.

schen Theologen bietet es sich an, von dem Kanonumfang auszugehen, der auf dem Trienter Konzil 1546 bestätigt worden ist.[45] Dieser Kanonumfang wirkt sich auf den Aufbau der Arbeit aus. Da das Buch Jesus Sirach und die ersten beiden Makkabäerbücher zu jenem Kanon gehören, stehen sie am Beginn der Untersuchung einer Rezeptionsgeschichte der Josuakriege. Da seit 1896 Teile des hebräischen Textes des Sirachbuches wieder bekannt geworden sind und sich der griechische Sirachtext in seinem Vorwort auch als eine Übersetzung einführt, liegt es nahe, beide Sirachfassungen einem synoptischen Vergleich zu unterziehen.

Im Anschluß an die Texte des Alten Testaments werden innerhalb christlicher Kanongrenzen die Textpassagen des Neuen Testaments untersucht, die sich der Josuathematik stellen. Danach war die Entscheidung zu treffen, ob mit jüdischer oder christlicher Rezeptionsgeschichte fortzufahren ist. Für beide Entscheidungen gibt es gute Gründe, auch wenn es im Sinne eines zweifachen Ausgangs des Alten Testaments[46] vielmehr angezeigt ist, beide Entwicklungsstränge parallel zu untersuchen und so die Arbeit fortzuführen. Dies ist aber nicht nur drucktechnisch schwierig zu bewerkstelligen. Da die Schriften Philos älter als die frühchristliche Literatur (z.B. 1. Clemensbrief etc.) sind und Philo von Alexandrien vor Origenes Texte des Volkes Israel im Umfeld der Homerexegese allegorisch auslegt, folgt im Anschluß an das Neue Testament die Reihe jüdischer Textzeugnisse, beginnend mit Philo und fortgesetzt mit Flavius Josephus, Mischna, Talmud und Maimonides. Da Maimonides einen philosophisch-theologischen Höhepunkt im Zusammenhang der Schriftdeutung des Judentums darstellt und er in der Mischneh Tora das sogenannte Königsrecht und die darauf basierende Kriegsführung als nach wie vor gültig ansieht, bot es sich an, mit Mischneh Tora die Reihe jüdischer Texte abzuschließen. Mit der Entscheidung, nach dem Neuen Testament die Untersuchung mit jüdischen Textzeugnissen fortzusetzen, wird zudem der neueren Erkenntnis Rechnung getragen, daß die Juden die älteren Geschwister der Christen im Glauben sind.[47]

Nach Mischneh Tora wird der Faden der außerbiblisch christlichen Rezeption der Landnahme unter Josua in der frühchristlichen Literatur aufgegriffen (1. Clemensbrief, Barnabasbrief, Dialog mit dem Juden Tryphon). Zwar ist die Landnahme unter Josua in dieser Literatur ein Randthema, aber für unsere Untersuchung sind die wenigen Ausführungen dazu von besonderem Interesse. Analog zu Maimonides sind Origenes für die östliche und Augustinus für die westliche Kirche herausragende Theologen, die mit je ihrem Werk ebenfalls philosophisch-theologische Gipfelpunkte bilden. Origenes ist einer der ganz wenigen antiken christlichen Exegeten und Theologen, vom

---

[45] Vgl. DH 1502f; Päpstliche Bibelkommission, Das jüdische Volk Nr. 18.
[46] Vgl. insgesamt K. Koch, Der doppelte Ausgang.
[47] Vgl. in diesem Sinne Päpstliche Bibelkommission Nr. 1.

4. Zu dieser Arbeit

dem eine ganze Predigtreihe zum Buch Josua überliefert ist. Und Augustinus ist es, der im Zusammenhang mit der Erörterung einzelner Fragen zum Buch Josua als erster Theologe der westlichen Kirche eine Definition des gerechten Krieges aufgestellt hat, die bis in die Gegenwart hinein wirkmächtig geblieben ist.

Im Sinne eines Ausblicks und einer Problemvertiefung werden im Anschluß an Augustinus weitere Texte von Theologen herangezogen, die aufgrund der Lehre des gerechten Krieges in Verbindung von Interpretationsangeboten einzelner Textpassagen des Josuabuches auch für die Entwicklung des Völkerrechts von entscheidender Bedeutung waren (Gratian, Thomas von Aquin, Francisco de Vitoria, Francisco Suárez). Auf dieser Linie liegt es darüber hinaus folgerichtig nahe, daß der Ausblick auf die weitere Rezeptionsgeschichte mit dem bedeutenden Rechtsphilosophen Hugo Grotius endet, der zu den Mitbegründern des modernen Völkerrechts gezählt wird. Mit ihm ist zugleich einer der herausragendsten Rechtsphilosophen protestantischer Seite kurz vor Beendigung des Dreißigjährigen Krieges vertreten, der ebenfalls eine einschneidende Zäsur bildet.

II. Rezeptionsgeschichte im Alten Testament

Auf Josua und die unter seiner Führerschaft vollbrachten Taten wird nur in den deuterokanonischen Büchern Jesus Sirach sowie im ersten und im zweiten Makkabäberbuch ausdrücklich eingegangen (Sir 46,1–8; 1 Makk 2,55 und 2 Makk 12,13–16).[48] Diese Bücher werden bekanntlich im Judentum und in den Kirchen der Reformation nicht als kanonisch anerkannt. Ein Kanon jedoch existiert nicht im kirchen- bzw. religionsfreien Raum, er „hat eine soziologische Dimension und ist wesentlich ein Rezeptionsphänomen".[49] Von der Frage her „wer rezipiert?" läßt sich näherhin sagen: „Wer Kanon sagt, hat bereits Kirche im konfessionellen Sinne gesagt. Denn ein Kanon von verbindlichen Schriften ist immer streng bezogen auf jene Glaubensgemeinschaft, in der er gilt und als autoritativ anerkannt wird".[50] Auf dieses Problem, sei hingewiesen, wenn wir im folgenden von einer innerbiblischen Rezeptionsgeschichte sprechen. Nicht zuletzt wird im Zuge der Diskussion unter der Leitperspektive „canonical approach" (B. S. Childs) wieder verstärkt darauf aufmerksam gemacht, daß ein biblischer Kanon nicht nur eine Außengrenze markiert, sondern zugleich eine innere Zuordnung von Texten darstellt.[51] Eine solche Zuordnung beinhaltet zugleich auch die Möglichkeit einer Relektüre von Texten, die dann aus veränderten Perspektiven wahrgenommen werden können.

1. Jesus Sirach

Am Beginn einer Untersuchung der innerbiblischen Rezeptionsgeschichte des Buches Josua ist vor allem Jesus Sirach 46,1–8 (Sir)[52] zu nennen, da in diesem Buch ausführlich auf Josua und seine Kriege Bezug genommen wird. Das Buch Jesus Sirach ist vermutlich im ersten Viertel des zweiten vorchrist-

---

[48] Sieht man auf die Bezugnahmen im Buch der Richter [1,1; 2,6.7.8.21.23; 3,1 (A)] und einem Rückverweis in 1 Kön 16,34 ab, wird Josua namentlich lediglich in 1 Chr 7,27 in Verbindung mit einer Genealogie der Efraimiter als Sohn des Nun noch einmal genannt. Zu notieren ist auch, daß zwar in den Pss 105,44f; 106,34 und 135,10–12 die Topoi Landgabe und Völkervernichtung thematisiert werden, daß in ihnen aber die Person des Josua beachtenswerterweise nicht genannt wird, wie sein Name überhaupt in den Pss keine Erwähnung findet.

[49] D. Böhler, Kanon 167.

[50] Ders. ebd. 167. Zum Stand der Diskussion vgl. S. Meurer, Apokryphenfrage; W. Pannenberg/ T. Schneider (Hrsg.), Verbindliches Zeugnis.

[51] Vgl. D. Böhler, Kanon 177.

[52] Es hat sich anscheinend in der Forschung durchgesetzt, daß die Textform der schriftlichen griechischen Überlieferung mit dem Siglum JesSir und die der schriftlichen hebräischen Überlieferung mit dem Siglum BenSir gekennzeichnet wird, vgl. G. Sauer, Sirach 17.22.29. Wenn in der Untersuchung das Siglum Sir verwendet wird, so bezieht es sich auf beide Fassungen allgemein.

1. Jesus Sirach

lichen Jahrhunderts[53] in Jerusalem (vgl. JesSir 50,27) verfaßt worden, und zwar auf Hebräisch. Ein Enkel des Verfassers hat es ins Griechische übersetzt.

Wissenschaftlich gesehen liegt „die Priorität ... bei dem hebräischen Text"[54], auch wenn seit der Auffindung hebräischer Sirachfragmente 1896 und späterer Funde in Qumran und Masada nur ca. 68 % des hebräischen Textes des BenSir wieder bekannt geworden sind. Auch der hier zu untersuchende Text Sir 46,1-8 liegt nur teilweise in hebräischer Fassung vor. Da der hebräische Text dem griechischen vorausliegt, wird ihm in dieser Untersuchung eine erste Aufmerksamkeit zuteil. Mit Blick auf den Gebrauch von zwei verschiedenen Textfassungen in der jüdischen sowie in der christlichen Tradition stellt sich für J. Marböck die Frage, „ob in diesem Fall mit zwei kanonischen Fassungen zu rechnen ist".[55] Dem entspricht, daß hebräische und griechische Version neben vielen Gemeinsamkeiten auch ein je eigenes Gepräge[56] aufweisen.[57] In jedem Fall ist bereits dem Übersetzer sehr bewußt gewesen, daß es nicht das gleiche sei, ob man etwas im Hebräischen liest oder ob es in eine andere Sprache übertragen wird. Näherhin räumt er auch im Hinblick auf sein eigenes Übersetzungswerk ein, daß es kein geringer Unterschied ist (οὐ μικρὰν ἔχει τὴν διαφοράν), wenn man ein Buch in einer anderen Sprache liest.[58]

Die Unterschiede zwischen hebräischem und griechischem Text[59] sollen in der vorliegenden Untersuchung gründlich beachtet werden. Von daher werden der griechische und der hebräische Text für einen synoptischen Vergleich nebeneinandergestellt, aber auch je nach Erfordernis für sich analysiert. Auf diese Weise läßt sich die Frage beantworten, inwieweit signifikante Unterschiede zwischen hebräischem und griechischem Text bestehen und welche Auswirkungen diese auf die entsprechenden Textaussagen haben.

---

[53] Vgl. J. Marböck, Sirach 413.
[54] Ders. ebd. 22.
[55] J. Marböck, Sirach 409.
[56] Vgl. J. Schreiner, Sirach 11.
[57] Vor dem Hintergrund der Beobachtung, daß die EÜ eine andere Textgrundlage als die Jerusalemer Bibel für ihre Übersetzung heranzieht, stellt sich noch einmal mit Blick auf den Kanon die Frage, ob biblischen Büchern an sich oder auch Textfassungen Kanonizität zukommt. Und wenn dies der Fall sein sollte, so ist dann noch einmal zu fragen, welche Textfassung es betrifft und nach welchen Kriterien entschieden wird.
[58] Vgl. ProlSir VV 20-26.
[59] Auch wenn in dieser Untersuchung einfachhin von hebräischer und griechischer Textfassung gesprochen wird, haben wir es dennoch mit einer recht komplizierten Textüberlieferung insgesamt zu tun. L. F. Hartmann ist sogar der Meinung: „The textual history of Sir is probably more complicated than that of any other book in the Bible, ders., Sirach 444."

1.1 Die Beziehung zum Kontext

Die Ausführungen in einem heldenliedartigen Hymnus über Josua sind eingebettet in einem zweigeteilten Lobpreis des Siraciden über die Schöpfung Gottes (42,1–43,33) und über „die Offenbarung des Wirkens Gottes in großen Gestalten der Geschichte Israels"[60] (44,1–49,16). Dieser zweigeteilte Lobpreis steht in Beziehung zum Selbstlob der Weisheit in Sir 24.[61] In diesen Lobpreisungen spricht sich nicht zuletzt das zutiefst theologische Geschichtsverständnis des Siraciden aus, vor dessen Hintergrund auch Josua und sein Wirken gesehen und verstanden wird. Dieses Geschichtsverständnis läßt sich in seinen Grundzügen wie folgt skizzieren: Gott hat durch Worte (ἐν λόγοις) alles vollkommen erschaffen (vgl. 42,15.22), und er erhält die Ordnung seiner Schöpfung in seinen Worten (vgl. 43,10). Aber die Werke Gottes können von dem Menschen zum einen nicht in ihrer ganzen Wirklichkeit erkannt werden (43,32), und zum anderen bleibt ihm der größere Teil dieser Werke verborgen. M.a.W. die gesamte Schöpfung ist allein durch Gottes Wort in ihr Da- und Sosein gerufen worden, und sie wird durch sein Wort in ihrer Struktur erhalten. Was aber der Mensch von der Schöpfung Gottes wahrnehmen kann, ist für ihn überwältigend genug, um ihre Schönheit und Größe erkennen bzw. erahnen zu können, und sie wird für ihn somit zugleich Hinweis auf die die Schöpfung alles noch einmal übersteigende Größe des Schöpfers (vgl. 43,28). Er ist der Urgrund aller Schöpfung. Dies artikuliert sich in dem Satz: „Das Ganze ist ER" (Τὸ πᾶν ἐστιν αὐτός, 43,27). Dieser Sichtweise entspricht, daß die Weisheit (ἡ σοφία), welche zwar aus Gott selbst hervorgeht, aber sein Geschöpf ist (vgl. 24,3.8.9), auf ihrer Suche[62] nach einem Ruheort für sich ihre Wohnstatt in Jakob/Israel und letztlich auf dem Zion/in Jerusalem von Gott angewiesen bekommt (vgl. 24,8.10f). Wichtig für unsere Untersuchung ist die „Ich-Aussage" der Weisheit: „Und ich wurzelte ein in einem ruhmreichen Volk" (καὶ ἐρρίζωσα ἐν λαῷ δεδοξασμένῳ), welches näherhin als Erbbesitz Gottes gekennzeichnet wird (Sir 24,12). Diesem Verständnis korrespondiert, daß eine solche Einwurzelung auch Auswirkungen zeitigt[63], indem beispielsweise aus einem solchen Volk ruhmreiche Männer (אנשי חסד/ἄνδρας ἐνδόξους, 44,1) hervorgehen, die daher aus der Perspektive des Autors mit Blick auf Jerusalem auch „unsere Väter" (אבותינו/πατέρας ἡμῶν) genannt

---

[60] J. Marböck, Sirach 411.
[61] Vgl. J.D. Harvey mit Bezugnahme auf B.L. Mack, Ben Sira's Book, 60.
[62] Das Motiv der Suche der aus Gott hervorgehenden Weisheit, die nach einer Bleibe für sich sucht, erinnert an die Suche der Thora nach einem Volk, von welchem sie angenommen wird, wie es im Midrasch Mekhilta zu Ex 20,2 heißt. Alle gefragten Völker lehnten ab, Israel schließlich nahm sie an, vgl. M. van Loopik, Mechilta 63f; I. H. Weiss, Mechilta 74. G. Stemberger datiert die Redaktion der Mekhilta auf die Mitte des dritten Jahrhunderts, vgl. ders., Datierung 304.
[63] Vgl. J.D. Harvey mit Bezugnahme auf B.L. Mack, Ben Sira's Book, 57.

werden. Es ist Gott, der jenen Männern reichlich Ruhm gewährt hat (חלק). Diese Männer waren, wenn man so will, zugleich prädestiniert und befähigt, als Könige über die Erde zu herrschen (ארץ במלכותם/κυριεύοντες). Ebenfalls war ihnen die Gabe zuteil geworden, prophetisch alle Dinge zu schauen (כל בנבואתם/ἐν προφητείαις; vgl. 44,3). Die Aussagen von Sir 44,2f ermöglichen einen Brückenschlag zu der im Lob der Schöpfung bzw. des Schöpfers bereits anklingenden Aussage (43,26): „In seinem Dienst hat sein Bote Erfolg und durch sein Wort vollzieht er seinen Willen" (EÜ).[64] Dies ist ein Schlüsselsatz. Damit wird auf ein Grundmotiv des Väterlobs hingewiesen, welches erklärt, weswegen jene Männer bzw. Väter gepriesen werden: Es gibt Menschen, die von Gott zu einem Dienst beauftragt werden, und wenn sie von ihrem Auftrag nicht abweichen, haben sie Erfolg. Dies trifft auch auf Josua zu. Außerdem wird das ἄγγελος-Motiv in der Rezeptionsgeschichte bei anderen Konstellationen im Zusammenhang mit Josua immer wieder eine Rolle spielen. Auch werden viele bereits in der Einleitung zum Väterlob (44,1–15) genannten Leitworte wie beispielsweise „ruhmreich", „Herrschaft ausüben" und „prophetisch" im Lobpreis über Josua noch einmal aufgegriffen und konkretisiert.

Das Lob Josuas selbst findet sich an achter Stelle von 18 namentlich ausführlich(er) genannten „ruhmreichen Männern" (44,16–46,10; 46,13–49,3). Dem Lob Josuas gehen die Darstellungen Hennochs, Noachs, Abrahams, Isaaks und Israels/Jakobs, Moses, Aarons und Pinhas' voraus. Nach dem Josuaabschnitt werden im Väterlob Samuel, David, Salomo, Elija, Elischa, Hiskijas, Jesaja und Joschija genannt.[65] Der Abschnitt Sir 44,16–49,3 enthält jeweils zwei Preisungen, in denen je zwei dieser großen Männern gleichzeitig bedacht werden. Zum einen handelt es sich in Sir 44,22f um Isaak und Israel (BenSir 44,23) bzw. Isaak/Jakob (JesSir 44,23) und zum anderen um Josua und Kaleb (46,1–10).[66] Daß der Siracide Isaaks und Israels/Jakobs zusammen gedenkt, liegt in der biblischen Überlieferung begründet. Diese kennt keine größere und eigenständige Isaak-Tradition (vgl. Gen 25,19–26) und verknüpft sie mit Jakob (vgl. Gen 27). Ein ähnlicher Befund liegt hinsichtlich Kalebs vor. Auch wenn gelegentlich von ihm allein die Rede ist (vgl. Num

---

[64] למען(ה)ו יצלח מלאך, BenSir 43,26/δι' αὐτὸν εὐοδοῖ ἄγγελος αὐτοῦ, JesSir 43,26. Eine Klärung dessen, wer mit Bote, Engel oder Mensch, gemeint ist, läßt sich nicht vornehmen. Vom Gesamtduktus des Textes her ist die Wahrscheinlichkeit sehr groß, daß an einen Menschen gedacht ist. Jedenfalls wird der sowohl im Hebräischen (מלאך) als auch im Griechischen (ἄγγελος) verwendete Begriff auch für Menschen verwendet, vgl. Gen 32,2+4.

[65] Ein Parallele zum Lobpreis der Väter in Sir findet sich in Kurzform in 1 Makk 2,50–64. Auch hier werden zu Beginn die dann einzeln aufgeführten Männer in cumulo „unsere Väter" (πατέρων ἡμῶν) genannt.

[66] Eine Einteilung der Personen nach Ereignisabschnitten gibt J.D. Harvey unter Hinweis auf B.L. Mack an. Diese vermag nicht ganz zu überzeugen, da sie z.B. den Abschnitt Sir 46,1–12 mit „Three Figures of the Conquest" kennzeichnet. In diesem Text werden aber nur zwei Personen namentlich, hingegen die Richter (Pl.) nur allgemein genannt. Einen direkten Bezug zur Landnahme enthält Sir 46,11f ebenfalls nicht, vgl. ders., Ben Sira's Book, 60.

13,30; 14,24) oder er nicht selten noch vor Josua erwähnt wird (vgl. Num 13,6; 14,30; 26,65; 32,12; Dtn 1,36), so wird er insgesamt im Zusammenhang des Wüstenaufenthaltes und der Landverteilung meist mit Josua zusammen genannt. Eine größere Kaleb-Tradition[67] hat sich in den biblischen Büchern nicht niedergeschlagen.

Mit der Nennung Josuas beginnt im „Lob der Väter" (Sir 44,1–49,16) ein eigener Abschnitt. Dieser folgt auf das Lob Pinhas'[68], Aarons Enkel.[69] Pinhas zeichnet sich dadurch aus, daß er sich wie Josua unnachgiebig für Gott und sein Volk einsetzt (vgl. Num 25,1–15). Als Lohn dafür gewährt ihm Gott einen Friedensbund (ברית שלום/διαθήκη εἰρήνης, Sir 45,24). Eine Verbindung zwischen Pinhas und Josua ergibt sich auf zweierlei Weise. Zum einen wird im Buch Josua davon erzählt, daß eine Abordnung unter Pinhas zu den Rubenitern, den Gaditern und zum halben Stamm Manasse geschickt wird, um zu prüfen, ob sie sich des Abfalls von JHWH schuldig gemacht haben. Durch diese Prüfung unter der Leitung Pinhas', die zugunsten jener Stämme ausfällt, kann verhindert werden, daß sie von den Israeliten mit einer Strafaktion überzogen werden (vgl. Jos 22,10–34). Zum anderen wird im Buch Josua mitgeteilt, daß Pinhas' Vater, Eleasar, zur gleichen Zeit wie Josua stirbt und daß sowohl Josua als auch Eleasar auf dem Gebirge Efraim begraben werden.[70]

Der Lobpreis Josuas geht fließend dazu über, Kaleb zu würdigen. Ein solcher Übergang läßt sich daran ablesen, daß in Sir 46,7f Josua mit Kaleb gemeinsam genannt wird, bis schließlich in V 9 von Kaleb allein die Rede ist. Die Priorität liegt zweifelsfrei bei Josua, da das Lob Josuas doppelt solang ist wie die alleinige Preisung Kalebs.

---

[67] Ungeachtet dessen gibt es Anhaltspunkte dafür, daß sich die Kalibbiter bei aller Integration in den Großverband von Juda eine Selbstständigkeit in der Gegend um Hebron bewahrt haben. Vielleicht standen sie zudem aber auch in einem Dienstpflicht-Verhältnis Juda bzw. Jerusalem gegenüber, wovon die Listen in 1 Chr 2 und 4 einen Nachhall bilden, vgl. P. Welten, Hebron 522f. Jene bewahrte Selbstständigkeit vermag vielleicht u.a. zu erklären, weshalb Kaleb, der näherhin der Stammesgruppe der Kenizziter angehört (vgl. Jos 14,6.12), teilweise einzeln oder, wenn er mit Josua zusammen erwähnt wird, an erster Stelle genannt wird.

[68] Die Lobpreisungen in Sir 44–49 und 1 Makk 2 stimmen darin überein, daß die Position vor Josua von Pinhas und die nach Josua von Kaleb eingenommen wird.

[69] Daß Aaron und Pinhas im Lobpreis der Väter hintereinander genannt werden, läßt ein besonderes Interesse des Autors am Priestertum Israels erkennen. Diese Beobachtung läßt sich dadurch stützen, daß Aaron gegenüber Mose ein über dreimal so langer Abschnitt gewidmet ist. Diese Beobachtung ist auch vor dem Hintergrund einzuordnen, daß in 1 Makk 2,50–63 Aaron überhaupt nicht genannt wird. Jenem Interesse entspricht auch die Preisung Pinhas. Denn der Focus des Abschnittes über Pinhas liegt im Anschluß an Num 25,13 auf der Aussage: So wie Gott einen Bund mit David in bezug auf die Erbnachfolge des Herrschers schloß, so ist von Gott auch die Erbnachfolge im Hohenpriesteramt Aarons Pinhas und seinen Söhnen auf ewig zugesichert. Von daher ist es auch beachtenswert, daß in Ps 106 Pinhas im Unterschied zu Josua namentlich erwähnt wird (V 30). F.-L. Hossfeld spricht in bezug auf den Geschichtsrückblick in Ps 106 von einer spezifisch priesterlichen Sicht, vgl. ders., Überlieferung 266.

[70] Es wird vermutet, daß mit dem in Jos 24,33 genannten Grab des Eleasar ursprünglich das Grab des Pinhas gemeint war, vgl. H. Holzinger, Josua 100; M. Noth, Josua 141. Zumindest ist festzuhalten, daß in der Bibel keine Notiz vom Tod bzw. der Grablegung des Pinhas zu finden ist.

1. Jesus Sirach

1.2 Tradition und Interpretation

In welcher Weise rezipiert Sirach Überlieferungen über Josua? Lehnt er sich strikt an die Traditionen in den Büchern Exodus, Numeri, Deuteronomium und Josua an oder geht er eigene Wege?

Sieht man sich den Abschnitt über Josua in Sir 46,1–8 genauer an, so zeigt sich, daß er sich nur schwer gliedern läßt, wenn man über allgemeine Angaben hinauskommen will. Im Folgenden wird daher zwischen der Vorstellung Josuas (V 1), dem Rückgriff auf die Ai-Tradition (V 2), der allgemeinen Bemerkung über die Kriege JHWHs (V 3), der Vernichtung der Feinde bei Gibeon (VV 4–6) und Josuas Treue im Aufruhr der Gemeinde (VV 7f) unterschieden.

1.2.1 Die Vorstellung Josuas (Sir 46,1)

Griechischer Text	Hebräischer Text
1: κραταιὸς ἐν πολέμῳ Ἰησοῦς Ναυη καὶ διάδοχος Μωυσῆ ἐν προφητείαις, ὃς ἐγένετο κατὰ τὸ ὄνομα αὐτοῦ μέγας ἐπὶ σωτηρίᾳ ἐκλεκτῶν αὐτοῦ ἐκδικῆσαι ἐπεγειρομένους ἐχθρούς, ὅπως κατακληρονομήσῃ τὸν Ισραηλ	גבור בן חיל יהושע בן נון משרת משה בנבואה אשר נוצר להיות בימיו תשועה גדלה לבחיריו להנקם נקמי אויב ולהנחיל את ישראל
Mächtig im Krieg war Josua, (der Sohn des Nave?), der Naveiter, und ein Nachfolger des Mose im Prophetentum, der seinem Namen gemäß geworden ist groß[71] auf Grund[72] der Rettung seiner Erwählten, um Rache zu üben an Feinden, die sich erhoben haben, damit er Israel Erbbesitz gebe.	Ein Krieger, ein tapferer Sohn, war Josua, der Sohn Nuns, ein Diener des Mose im Prophetentum, der geformt wurde, um in seinen Tagen eine große Rettung für seine Erwählten zu sein, damit die vom Feind geübte Rache gerächt werde, um Israel Erbbesitz zu geben

Eine Charakterisierung Josuas wird am Beginn von BenSir 46,1–8 durch zwei Nominalsätze vorgenommen: „Ein Krieger, ein tapferer Sohn, war Josua, der Sohn Nuns, ein Diener des Mose im Prophetentum" (46,1). Bei dieser Vorstellung Josuas wird er in der Vollform seines Namens genannt:

---

[71] Der Ausdruck μέγας ließe sich auch mit „ein Großer" wiedergegeben.
[72] Die Präposition ἐπί kann hier auch mit „zur" oder „um ... willen" übersetzt werden, vgl. 2 Makk 13,3; 3 Makk 6,13; 7,22.

„Josua, der Sohn (des) Nun(s)/יהושע בן נון".[73] In der griechischen Fassung hingegen folgt unmittelbar auf den Namen Josua (Ἰησοῦς) der Ausdruck Nave (Ναυη). Ist hier Nave ein Patronym? Da es sich bei der Wendung Ἰησοῦς Ναυη um zwei nichtdeklinierte Namen handelt, kann Nave auch als Apposition zu Josua gelesen werden: Josua, der Naveiter. Zumindest legt sich nicht zwingend die Lesart „Josua, der Sohn des Nave" nahe, wenngleich es sich hierbei um eine Brachylogie handeln kann.

Durch die Begriffe „Krieger/Held" (גבור) und „Sohn der Stärke", „kriegstüchtiger Mann" bzw. „tapferer Sohn" (בן חיל) wird bei der Vorstellung Josuas im besondern Maße der erfolgreiche Kriegsmann hervorgehoben.[74] Dies beruht weniger auf Präferenzen des Ben Sira, sondern es spiegelt vielmehr den biblischen Befund insofern, als im Pentateuch Josua in Ex 17,9 unvermittelt von Mose beauftragt wird, den Kampf zu führen. Ein vergleichbarer Befund wie im hebräischen Text findet sich im griechischen, wo Josua als ein im Krieg erfahrener und erfolgreicher Mann mit Hilfe der Wendung κραταιὸς ἐν πολέμῳ beschrieben wird.[75]

Daß auf eine solche Feststellung besonderer Wert gelegt wird, läßt sich daran erkennen, daß sie in beiden Versionen dem Namen Josuas vorangestellt ist. Ein Strukturelement im Väterlob vor Josua/Kaleb besteht darin, daß mit Ausnahme von Mose (45,1) und Aaron (45,6) ansonsten der Name des zu Preisenden an den Beginn des jeweiligen Abschnitts gestellt wird, vgl. 44,16.17.19.22; 45,23. Wird Josua auf diese Weise Mose und Aaron gleichzustellen versucht? Ein weiteres Kennzeichen von 44,16 bis 46,1 besteht einschließlich der Abschnitte über Mose und Abraham darin, daß zuerst der Name der jeweiligen Person genannt wird, bevor auf seine besonderen Fähigkeiten Bezug genommen wird. Anders ist es bei Josua.

Ferner ist zu beachten daß im Unterschied zu JesSir 46,1 in BenSir 46,1 der Begriff Krieg/Kampf (מלחמה) nicht gebraucht ist. Die griechische Fassung verwendet ihn im Singular (πόλεμος). Mit diesem Begriff nimmt sie in Verbindung mit der Wendung „mächtig im Krieg" (κραταιὸς ἐν πολέμῳ) mehr als in JesSir 46,3, wo der Begriff Krieg im Plural erscheint, eine grundsätzlichere Einschätzung Josuas vor. Von daher wird mit jenem Begriff nicht an einen speziellen Krieg erinnert, sei es der gegen die Amalekiter, oder seien es die Kriegshandlungen während der Landnahme.

An zweiter Stelle wird Josua als „Diener des Mose" (משרת משה) bezeich-

---

[73] Vgl. z.B. Ex 33,11; Num 11,28; Dtn 1,38; Jos 1,1; 24,29.
[74] In vergleichbarer Weise finden sich diese Ausdrücke auch in 1 Sam 14,52. Die EÜ übersetzt die Wendung כל בן חיל aus 1 Sam 14,52 mit „kriegstüchtiger Mann".
[75] Die Formulierung κραταιὸς ἐν ist im Corpus der von A. Rahlfs edierten LXX noch zweimal, und zwar in den entstehungsgeschichtlich später anzusetzenden PsSal bezeugt (kurz nach 48 v. Chr. In PsSal 2,29 ist sie Teil einer dem Pompeius (2,8.17) von außen zugeschriebenen hybriden Selbstauskunft und in PsSal 17,40 ist sie Bestandteil der Kennzeichnung von Eigenschaften eines wohl als davidisch zu nennenden Messias-Königs, vgl. H. J. W. Drijvers, Sapientia 730f.

net. Mit dieser Wendung greift Ben Sira auf den Pentateuch und den Anfang des Josuabuches zurück, wo Josua auch schon so bezeichnet wird (Ex 24,13; 33,11; Num 11,28; Jos 1,1). Ben Sira verbindet „Diener des Mose" expressis verbis mit der Prophetie (משרת משה בנבואה). Dies ist innerhalb der biblischen Überlieferung neu. Mit dem Ausdruck „נבואה" (Prophetentum)[76] könnte er darauf anspielen, daß Mose dem Josua die Hände auflegte, so daß er auch vom Geist der Weisheit erfüllt war (vgl. Num 27,18; Dtn 34,9). Damit beschränkt sich die Rolle Josuas in den Augen Ben Siras darauf, Diener des Mose im Prophetentum zu sein. Hinsichtlich einer solchen Begrenzung kann sich Ben Sira darauf berufen, daß Josua nicht die ganze „Würde" (הוד) des Mose übertragen bekommt (vgl. Num 27,20). Er vermeidet es vielleicht daher, Josua ausdrücklich einen Propheten zu nennen.[77] Hierbei könnte auch im Hintergrund stehen, daß bei der Geistübertragung auf die Ältesten nur von diesen und den Listenführern gesprochen wird, zu denen Josua nicht gehört und von daher auch nicht einfach unter diese subsumiert werden kann (vgl. Num 11). Zudem erweist sich Josua mit Blick auf Num 11,27f „als Kritiker der Laienprophetie".[78] Vor diesem Hintergrund insgesamt ist es auch wenig wahrscheinlich, daß Ben Sira mit „Prophentum" auf Dtn 18,15 anspielt, wo Mose mit den Worten zitiert wird: „Einen Propheten aus deiner Mitte, aus deinen Brüdern, gleich mir, wird JHWH, dein Gott, dir erwecken".[79]

Im Unterschied zur hebräischen Textfassung wird in der griechischen Josua als Diadoche, als Nachfolger des Mose (διάδοχος Μωυσῆ) bezeichnet. Diese hellenistisch gefärbte Wendung ist in der Septuaginta singulär.[80] Aber auch im griechischen Text wird mit dieser Wendung keine allgemeine Aussage getroffen, sondern sie wird auf den prophetischen Bereich (ἐν προφητείαις) bezogen und begrenzt. Somit wird Josua gemäß der hebräischen Vorlage in der griechischen Version ebenso nicht „Prophet" genannt.

Indem Josua als Nachfolger des Mose in prophetis bezeichnet wird, ergibt sich über den Ausdruck „ἐν προφητείαις", der in der Septuaginta nur in Sir anzutreffen ist, ein zweifacher anaphorischer Verweis, der es ermöglicht, die Person des Josua aus einem erweiterten Blickwinkel wahrzunehmen. Der

---

[76] Bezüglich des Begriffs vgl. H.-P. Müller, נביא 147. Der Begriff נבואה geht an dieser Stelle offenbar auf Ben Sira selbst zurückgeht.
[77] In Hos 12,14a ist in einem weitaus längeren Stichos von einem Propheten die Rede, durch welchen JHWH Israel aus Ägypten herausgeführt hat, womit zweifellos an Mose gedacht ist. Im kurzen Stichos 14b wird von einem Propheten gesprochen, durch welchen Israel behütet worden ist. Mit Blick auf den Auszug und die bedrohliche Begegnung mit Amalek könnte hierbei durchaus auch Josua mitgemeint sein.
[78] K. Engelken, שרת 499.
[79] Vgl. G. Sauer, Sirach 1981, 620 Anm. b; ders., Sirach 314. Wichtig ist der Hinweis von H.-P. Müller, daß der Ausdruck נביא und seine Derivate sowie נבואה mit Ausnahme von Sir „in der gesamten Weisheitsliteratur" fehlen, ders., נביא 163.
[80] Auch Philo bezeichnet Josua mehrfach ausdrücklich als Diadochen, vgl. virt §§ 56; (64); 68; 70. Zudem ist es auf jeden Fall beachtenswert, daß die seltene Wendung „διάδοχος Μωυσῆ" in bezug auf Jesus (Josua) auch bei Justin in dial. 113,3 bezeugt ist (διάδοχος γενόμενος Μωσέως).

Ausdruck „ἐν προφητείαις" findet sich in JesSir noch einmal in 39,1 und in 43,3. In Sir 38,24–39,11 werden die Persönlichkeitsmerkmale, der Aufgabenbereich und die soziale Stellung eines Schriftgelehrten – im Unterschied zum Neuen Testament – lobend vorgestellt. Kennzeichen eines Schriftgelehrten ist Weisheit (vgl. Sir 38,4; 39,1). Diese rührt daher, daß er sich mit dem Gesetz des Höchsten, der Weisheit der Vorfahren und mit den Weisungen (ἐν προφητείαις) beschäftigt (hat). Sodann werden in der allgemeinen Einführung des Väterlobes in Sir 44,3 die ruhmreichen Männer als solche beschrieben, welche nicht nur in ihren Königreichen geherrscht sowie Rat erteilt, sondern auch Weissagungen verkündet haben (ἀπηγγελκότες ἐν προφητείαις). Vor dem Hintergrund dieses anaphorischen Verweisstranges wird Josua in Beziehung zu Schriftgelehrten (vgl. Jos 1,7f) und ruhmreichen Herrschern Israels gesetzt. Versucht man eine Synthese beider Sirachstellen, so ergibt sich daraus, daß Josua in die Nähe eines weisen, schriftgelehrten Herrschers bzw. eines herrschenden Weisen und Schriftgelehrten gerückt wird, ein Idealbild, welches ebenfalls Platon in seiner Politeia entwarf (Philosophen auf Königsthronen, vgl. pol 473d). So rückt Josua unter der Hand zu einem Typos des idealen Herrschers auf.

Insgesamt sind die beiden hervorgehobenen Merkmale Josuas (Kriegsmann und Diener im Prophetentum) komplementär zu verstehen. Sie sind zwei Seiten einer Medaille, wie es letztlich Num 27,15–18 zum Ausdruck bringt: Mose bittet Gott, einen Mann über die Gemeinde zu setzen, der sie heraus- und zurückführt, womit auf kriegerische Auseinandersetzungen Bezug genommen wird. Gott reagiert auf diese Bitte, benennt dem Mose den Josua mit dem Hinweis, daß er „mit Geist begabt ist" (EÜ), und fordert ihn auf, Josua die Hände aufzulegen.

In den Stichen c bis f wird dann ausgeführt, worin Josuas Bedeutung näherhin begründet ist. So wird im Stichos c durch den Ausdruck „geformt/geschaffen werden" (נוצר) mit Blick auf Josua eine schöpfungstheologische Aussage[81] vorgenommen, welche im Stichos d eine soteriologische Ausrichtung erfährt: „der geformt wurde, um in seinen Tagen eine große Hilfe seinen Auserwählten zu sein".[82] Dies läßt sich so verstehen, daß Josua schon lange vor dem ersten Auftrag des Mose „geformt" (נוצר), d.h. geschaffen worden ist (vgl. Jer 1,5; Jes 42,6; 49,5.8). Dieses zielgerichtete Geschaffensein wird durch das Wortspiel תשועה (Hilfe/Rettung) – יהושע (Josua: JHWH schenkt Rettung/Hilfe) unterstrichen. Somit steht auch der Name Josua (יהושע) ganz im Dienste des in Sir 46,1 umrissenen Programms (nomen est omen). Daß Gott es ist, der die große Rettung (תשועה גדלה) veranlaßt, läßt sich mit Blick auf 1 Sam 19,5; 2 Sam 23,10.12 und

---

[81] Gen 2,8; Ps 94,9; Jes 45,18.
[82] Der Ausdruck להיות kann ebenso übersetzt werden mit „damit er ... sei". Aber auch im negativen Sinn kann ein zielgerichtetes Erschaffen erfolgen, vgl. Am 7,1.

1. Jesus Sirach

1 Chr 11,14 stützen, wo es heißt: JHWH bewirke „einen großen Sieg" bzw. „eine große Rettung".[83] Diese erreicht JHWH auch durch Kriegs-Helden (גברים, vgl. 2 Sam 23,8–12). Von daher sieht sich H. W. Hertzberg vor allem mit Blick auf 2 Sam 23,10.12, zu der Äußerung veranlaßt: „Besonders wichtig ist, daß zweimal gesagt wird, der Herr habe ‚großes Heil' ... durch diese Taten bewirkt. Damit rücken sie (die Helden, ThRE), wie die Riesentöter, in die göttliche Heilsökonomie ein. Es handelt sich dort wie hier nicht bloß um tapfere Männer, ‚Helden' im gewöhnlichen Sinn, sondern um Kämpfer im Heiligen Krieg, deren kriegerische Betätigung besonders gewertet wird".[84] Diese Aussage verdeutlicht, daß die Wendung „große Hilfe/Rettung" dem Bereich des sogenannten JHWH-Krieges bzw. eines religiös veranlaßten Krieges zugeordnet werden kann.

Im Griechischen läßt sich das Wortspiel Josua – Rettung nicht ohne weiteres sprachlich nachgestalten, so daß nicht gleich einsichtig wird, worauf sich der Name Josua im Text bezieht. Diese Tatsache versucht der Übersetzer dadurch auszugleichen, indem er mit der Wendung „seinem Namen gemäß" (κατὰ τὸ ὄνομα αὐτοῦ) die Aufmerksamkeit auf die Bedeutung des Namens Jesus (Josua) lenkt und bewußt das Wort „Rettung" (σωτηρία) gebraucht.[85] Zudem fügt er ein weiteres Element hinzu, indem er Josua als „groß" (ein Großer) bezeichnet und damit über den hebräischen Text hinausgeht. Es handelt sich bei dieser Namensdeutung außerdem um die erste und zugleich einzige des Namens Jesus (Josua) innerhalb der Schriften des Alten Testaments.[86]

---

[83] „ויעש יהוה תשועה גדלה/und JHWH bewirkte eine große Rettung", 1 Sam 19,5; 2 Sam 23,10.12. Hingegen durch Inversion der Radikale ע und ש/שׂ (einschließlich des diakritischen Punktes) sowie unter Verwendung des Hif. heißt es in 1 Chr 11,14 wörtlich: „ויושע יהוה תשועה גדלה/und JHWH rettete eine große Rettung", wobei einige Übersetzungen auch an dieser Stelle ein „ויעש/er bewirkte" gelesen haben wie z.B. die LXX mit „καὶ ἐποίησεν". Es besteht zudem eine nicht zu übersehende Ähnlichkeit auf Formulierungsebene zu 2 Sam 23,10: „תשועה גדלה ביום הוא/eine große Rettung an jenem Tag".

[84] H. W. Hertzberg, Samuelbücher 334. Gestützt kann diese Aussage zudem mit Bezug auf Dan 11,34 werden, wo, wenn dies stimmt, von der makkabäischen Aufstandsbewegung die Rede ist (vgl. D. Bauer, Daniel 59.207; E. Haag, Daniel 79). In diesem Zusammenhang wird die Wendung „עזר מעט" (kleine Hilfe) verwendet, die sich in verhüllender Ausdrucksweise auf die makkabäische Aufstandsbewegung bezieht. Mit diesem „apokalyptischen Motivwort" soll ausgesagt werden, daß der Makkabäeraufstand für die Verständigen in Zeiten der Drangsal (Religionsverfolgung unter Antiochos Epiphanes) als eine „kleine Hilfe" angesehen und erfahren worden sei (Vgl. R. Albertz, Religionsgeschichte 669; D. Bauer, Daniel 207; E. Haag, Daniel 80; ders., Theokratie 31; M. Hengel, Zeloten 157f; kritisch M. Noth, Geschichte 332). Wer aber von „kleiner Hilfe" spricht, tut dies anscheinend vor dem Hintergrund einer „großen Hilfe". Von daher schließt E. Haag, daß ein so verstandener Makkabäeraufstand „als Vorspiel zu dem als ‚große Hilfe' gedachten himmlischen Jahwekrieg" zu werten sei, E. Haag, Theokratie 31; vgl. ders., Daniel 80.

[85] An einigen Stellen wird in der LXX ישע, ישועה mit σωτήρ (Retter) übersetzt, vgl. Ps 24,5; 26,1.9; 61,3.7; 64,6; 78,9; Jes 12,2; 62,11.

[86] Auch Philo deutet den Namen Josua mit σωτηρία κυρίου, mut § 121. Festzuhalten ist, daß bei der Änderung des Namens von Hosea in Josua in Num 13,16 keine Deutung erfolgt, wie dies bei Abraham (vgl. Gen 17,5) oder Sara (vgl. Gen 17,15) der Fall ist.

Der Name Josua bzw. Jesus wird in beiden Textfassungen in eine finale oder kausale Beziehung gesetzt: „für seine Erwählten" (לבחיריו) bzw. „auf Grund/zur/um ... willen der Rettung seiner Auserwählten" (ἐπὶ σωτηρίᾳ ἐκλεκτῶν αὐτοῦ). Aber wer sind „seine Erwählten"? Wer hat sie erwählt? Gott oder Josua? Da „Erwählte" in den biblischen Schriften oft von Gott erwählt worden sind, könnte man an diese Möglichkeit denken. Eine Mehrzahl von Übersetzern und Kommentatoren deutet daher entsprechend „לבחיריו/ἐκλεκτῶν αὐτοῦ" mit „(Aus)Erwählte Gottes".[87] Im vorliegenden Text kann sich aber das Suffix bzw. Possessivpronomen „seine" ebenso gut auf Josua zurückbeziehen. Josua ist in beiden Textfassungen Satzsubjekt, so daß sich somit ein anaphorischer Bezug ohne weiteres ergibt. Diese Lesart kann im hebräischen Text auch dadurch gestützt werden, daß sich das Suffix „seine" im Ausdruck „in seinen Tagen" (בימיו) im Stichos c nur auf Josua bezieht. Da der Stichos d eine Fortführung auf inhaltlicher und grammatikalischer Ebene ist, kann somit auch hier das Suffix mit Josua in Verbindung gebracht werden. Außerdem erwählt (בחר) Josua in Ex 17,9 und Jos 8,3 seine Kriegsmänner selbst, nachdem er dazu aufgefordert worden ist. Mit den Männern von Ex 17,9 und Jos 8,3 gelingt Josua jeweils in einer kritischen Situation ein großer militärischer Erfolg, wenngleich bei diesen Stellen der Ausdruck תשועה גדולה nicht gebraucht wird.

Auch in der griechischen Version läßt sich das Pronomen αὐτοῦ auf Josua rückbeziehen. Zudem bietet der Begriff ἐκλεκτός (inklusive des ihm zugrundeliegenden Verbums) einen textexternen Anhaltspunkt. Denn nicht nur im gemeingriechischen, sondern auch im jüdisch-hellenistischen Sprachgebrauch wird jener Begriff auf militärisch agierende Truppen bezogen (z.B. JosBell 2,588).[88]

In den letzten beiden Stichen von BenSir 46,1 wird jeweils angezeigt, weshalb Josua für seine Erwählten eine große Hilfe geworden ist: Einerseits um am Feind Rache zu nehmen und anderseits um Israel den Erbbesitz zu geben. Mit diesen zwei Infinitiv-Konstruktionen werden die ersten beiden großen Teile des Josua-Buches[89] kurz umschrieben.

Daß die sogenannten Vorbewohner des Israel verheißenen Landes im Buch Josua expressis verbis als Feinde (אויב) bezeichnet werden, ist ein-

---

[87] Vgl. „Auserwählte(n) des Herrn" (H. Lamparter); „Auserwählte(n) Gottes" (M. Luther); „saviour of the Lord's" (The Revised English Bible); electorum Dei (Vg); Auch G. Sauer präzisiert seine Übersetzung mit einer Fußnote dahingehend, daß es sich um Erwählte Gottes handle, vgl. ders., Sirach, 313, Anm. 71. A. Eberharter übersetzt die Wendung mit „Als großer Retter für seine Auserwählten", jedoch geht er in seiner Kommentierung auf diese Übersetzung nicht mehr ein, vgl. ders., Sirach 149. Seiner Übersetzung und Kommentierung legt er die Septuaginta-Ausgabe von H. B. Swete, Cambridge ³1922 zugrunde.

[88] Vgl. G. Schrenk, ἐκλέγομαι, ἐκλεκτός 173.186.187.

[89] Der erste Teil (Jos 1–12) handelt von der Landnahme/Landgabe, die einhergeht mit der massiven Zurückdrängung der von Israel als grundsätzlich feindlich eingestuften und zudem zu vernichtenden Vorbevölkerung, und der zweite Teil (Jos 13–22) beinhaltet die Verteilung des Erblandes durch Josua an die Kinder Israels.

1. Jesus Sirach

schlägig belegt.[90] Hingegen ist der Begriff „sich rächen" bzw. „Rache nehmen" (נקם) im Buch Josua, wenn überhaupt, nur einmal bezeugt (Jos 10,13).[91] Im Unterschied zu Jos 10,13 ist in BenSir 46,1e der Begriff „sich rächen" bezeugt. Können wir sicher sein, daß sich BenSir 46,1e auf Jos 10,13 bezieht? Das hängt von der genauen Übersetzung der Infinitiv-Konstruktion „להנקם נקמי אויב"[92] ab. Vor dem Hintergrund anderer Übersetzungsvorschläge[93] legt sich jedoch die folgende Übersetzung von E. Lipinski nahe: „damit die vom Feind geübte Rache gerächt werde".[94] Diese Formulierung beinhaltet in komprimierter Form einen doppelten Aspekt, welcher der Gattung Eloge zu entsprechen vermag. Wenn es heißt, daß die Rache des Feindes gerächt wird, so wird eine zweifache, sukzessiv verlaufene Reaktion angenommen. Am Beginn steht eine Aktion Josuas (vgl. Jos 10,1), welche die Rache des Feindes provoziert (vgl. Jos 10,5). Josua reagiert darauf, indem er sich wiederum rächt (vgl. Jos 10,7–14). Auf diese Weise ist begrifflich und inhaltlich auf Textebene zwischen beiden Parteien Symmetrie hergestellt.

Jene Übersetzung kann auch mit dem griechischen Text gestützt werden, wenn es dort heißt: „um Rache zu üben an Feinden, die sich erhoben haben" (ἐκδικῆσαι ἐπεγειρομένους ἐχθρούς).[95] Ein Sich-Erheben der Feinde kann ebenfalls als eine Reaktion auf ein ihm vorausgegangenes Ereignis gedeutet werden. Freilich muß dies nicht zwingend der Fall sein. Von daher vermag diese Infinitivkonstruktion neben Jos 10 zudem die sogenannte Amalekiterschlacht und die Einnahme von Ai (Jos 7 und 8) einzuschließen, was die weitere Textanalyse bestätigen wird. Dem entspricht, daß im griechischen Text im Unterschied zum hebräischen von Feinden (Pl.) die Rede ist.

Die zweite Infinitiv-Konstruktion ולהנחיל את ישראל besagt, daß Josua[96] den Kindern Israels ihren Erbteil am Land zugeteilt hat und somit die mit kriegerischen Mitteln durchgeführte Landnahme vorerst zu einem Ab-

---

[90] Vgl. Jos 7,8.12².13; 10,13.19.25; 21,44²; 22,8; 23,1.
[91] E. Lipiński, נקם 603, gibt zu bedenken: „In Jos 10,13 scheint das direkte Objekt die Feinde zu bezeichnen, an denen man Rache nimmt, aber diese Konstruktion ist ungewöhnlich, und der Gebrauch des Verbs ‚rächen' in diesem Text ist unpassend." Deswegen schlägt er vor, daß man bezüglich des Ausdrucks קמי eine Form des Verbs קום annehmen und entsprechend vokalisieren sollte. „Zu übersetzen wäre: ‚solange wie sich die Schar seiner Feinde erhob." Vgl. dagegen M. Noth „bis er sich am Volk …", vgl. ders., Josua 56.65 und V. Fritz „bis ein Volk seinen Feinden …", vgl. ders., Josua 108.
[92] Eine vergleichbare Infinitiv-Konstruktion mit entsprechenden Termini ist auch in 1 Sam 18,25; Est 8,13 und in Jer 46,10 bezeugt.
[93] „um Rachetaten zu verüben am Feind", V. Ryssel, Sprüche 456; „um Vergeltung zu üben an dem Feind", G. Sauer, Sirach 313; „Um Rache zu üben an dem Feind", O. Schilling, Sirach 193.
[94] E. Lipiński, נקם 603. Eine figura etymologica liegt hier nicht vor, da es sich bei להנקם um einen Inf. cstr. und nicht um einen Inf. abs. handelt, vgl. zum Problem GK § 117 p. q.; H.-D. Neef, Arbeitsbuch 112f.
[95] Bemerkenswert ist, daß der Begriff „ἐκδικεῖν/Rache nehmen" weder in der Ex-LXX noch in der Jos-LXX verwendet wird. Die Wendung „Rache nehmen an Feinden", einschließlich des Gebrauchs des Infinitivs, findet sich in der LXX noch in 1 Kön 18,25 und Jer 26,10 (46,10 BHS).
[96] Da BenSir 46,1f wie e von c/d abhängig ist, kommt als Subjekt nur Josua in Betracht.

schluß gekommen ist.⁹⁷ Über die nota accusativi wird angezeigt, wem Josua das Land⁹⁸ als Erbe zukommen läßt. Inhaltlich wird mit jener Wendung intertextuell auf Jos 1,6 Bezug genommen. Dort gibt Gott in einer direkten Rede Josua den Auftrag, dem Volk das Land als Erbe auszuteilen. Ben Sira greift das auf, gebraucht aber nicht das Wort „Volk", sondern „Israel".

Dem hebräischen Text folgt der griechische: „damit er Israel Erbbesitz gebe" (ὅπως κατακληρονομήσῃ τὸν Ισραηλ) Mit dem Verbum „κατακληρονομεῖν", dem an dieser Stelle kausative Bedeutung eigen ist⁹⁹, wird sowohl das Geschehen der „Landnahme" als auch die Verteilung des eingenommenen Landes selbst thematisiert.¹⁰⁰ Das Verbum, das die beiden Aspekte der Landnahme und der Landaufteilung abzudecken und theologisch zusammenzufassen vermag, kommt aber auch einem Euphemismus gleich. Denn das Verbum „κατακληρονομεῖν" läßt in den Hintergrund treten, auf welche Weise Josua mit den Israeliten in den Besitz des Landes gekommen ist. Zudem bezeichnet „κατακληρονομεῖν" nach dem allgemeinen griechischen Sprachgebrauch ein durch gesetzliche Bestimmungen geregeltes Erben. Durch den Gebrauch dieses Verbums in JesSir 46,1 wird vor dem Hintergrund des alexandrinischen Kontextes der Eindruck vermittelt, daß die Inbesitznahme des Landes auf grundsätzlich für alle nachvollziehbarem Recht beruht.¹⁰¹

1.2.1.1 Tradition und Interpretation von Sir 46,1

Das Verhältnis von Sir 46,1 zur vorgegebenen biblischen Tradition läßt sich hier noch einmal zusammenfassen. Fragt man, welche Elemente und Motive der Sirachtext der Tradition entlehnt hat, so ist es in bezug auf die kriegerischen Charakterzüge Josuas der Auftrag zum Kampf in Ex 17,9 und die Durchführung der Landnahme mit kriegerischen Mitteln in Jos 1–12. Wenn vom Prophetentum des Josua die Rede ist, so kann sich eine solche Aussage auf Num 27,18 und Dtn 34,9 stützen. An beiden Stellen ist davon die Rede, daß Josua ein auf besondere Weise mit Geist ausgestatteter Mann ist. Dennoch ist an diesen Textstellen nicht davon die Rede, daß Josua ein Prophet ist.

Bereits in Num 27,15–18 wird die enge Verbindung zwischen Kampf und Geistbegabung des Josua beschrieben. Auch ist die Bezeichnung Josuas als

---

⁹⁷ Vgl. E. Lipinski, נחל 354.
⁹⁸ Vgl. ders. ebd. 354.
⁹⁹ „jem etwas in Besitz nehmen lassen", W. Foerster, κληρονόμος 776.
¹⁰⁰ Vgl. W. Foerster, Ἰησοῦς 292.
¹⁰¹ Die Bedeutung jenes griechischen Verbums erfährt in der LXX eine Erweiterung. Denn damit wird ein „In-Besitz-Nehmen" zum Ausdruck gebracht (vgl. Num 14,24; Jos 14,1a; 1 Kön 21,15.16.18.19 LXX/BHS), welches auch unter gewaltsamen Voraussetzungen geschehen kann, vgl. W. Foerster, κληρονόμος 776; 1Kön 21,15.16.18.19 LXX/BHS.

1. Jesus Sirach

Diener des Mose der Tradition entnommen. Die in BenSir 46,1 aufgegriffene Wendung משרת משה findet sich so in Num 11,28 und Jos 1,1. Daß die nicht-israelitischen Gegner Josuas als Feinde bezeichnet werden, ist gut bezeugt (Feind: Jos 7,8.12.13; 10,13.19.25; 21,44; 22,8; 23,1). Dennoch ist es terminologisch unsicher, daß Josua ausdrücklich „Rache nimmt" an seinen Feinden (Jos 10,13).[102] Die Aussage, daß es Josua ist, der dem Volk Israel das Land im Auftrag Gottes als Erbe austeilt (הנחיל), kann sich sowohl motivgeschichtlich als auch terminologisch auf Jos 1,6 stützen.

Die „große Hilfe" (תשועה גדלה) darf als eine Anspielung an den Namen „Josua" (יהושע) verstanden werden. Die Wendung „große Hilfe" ist zwar biblisch belegt (1 Sam 19,5; 2 Sam 23,10.12 und 1 Chr 11,14). Sie wird aber nicht mit Josua in Verbindung gebracht. Und sein Name wird auch sonst nirgendwo erklärt.

Eine Weiterführung der Tradition und neu ist hingegen, daß Josua als „גבור/Held" bezeichnet wird. Die griechische Fassung greift sogar den Titel „Nachfolger" (διάδοχος) auf und überträgt ihn auf Josua. Jedoch wird in ihr Josua nicht mit dem Ehrentitel „Diener des Mose" versehen, sondern er wird als derjenige vorgestellt, der das Werk und den Auftrag des Mose legitim fortführt.

Zwar gibt es biblische Stellen, die Josua als mit Geist ausgestattet charakterisieren, aber erst Sir 46,1 stellt auf terminologischer Ebene ausdrücklich eine Beziehung Josuas zur Prophetie her (בנבואה/ἐν προφητείαις) und begrenzt ihn als Diener des Mose bzw. als Diadoche auf diesen Bereich.

Schließlich ist hervorzuheben, daß nach Sir 46,1 Josua schon lange vor dem ersten Auftrag des Mose „geformt" (נוצר), d.h. geschaffen worden ist (vgl. Jer 1,5), um eine Hilfe für „seine Auserwählten" zu sein. Damit klingt motivgeschichtlich und theologisch die bewußte Erschaffung des Retters für die Bedrängten Gottes an.

1.2.2 Das Schwert Josuas (Sir 46,2)

Griechischer Text	Hebräischer Text
2: ὡς ἐδοξάσθη ἐν τῷ ἐπᾶραι χεῖρας αὐτοῦ καὶ ἐν τῷ ἐκτεῖναι ῥομφαίαν ἐπὶ πόλεις	מה נהדר בנטותו יד בהניפו כידון על עיר
Wie wurde er verherrlicht, als er seine Hände erhob und ein Schwert gegen Städte ausstreckte	Wie herrlich war er, wenn er eine Hand ausstreckte, (und) wenn er ein Sichelschwert gegen eine Stadt erhob

---

[102] Vgl. hingegen E. Lipiński, נקם 603.

Wie positiv Josua in Sir 46,2 gewertet wird, zeigt sich am Ausdruck „verherrlicht" (נהדר/ὡς ἐδοξάσθη).[103] Der hebräische Text greift mit seinen beiden Infinitivkonstruktionen auf Jos 8,18.19.(26) zurück. Dort soll Josua im Auftrag Gottes[104] die Hand mit dem Sichelschwert erheben (נְטֵה בַּכִּידוֹן אֲשֶׁר־בְּיָדְךָ).[105] Josua befolgt diesen Befehl auch.[106] BenSir macht mit Hilfe des synthetischen Parallelismus membrorum aus der einen militärischen Handlung zwei, die aufeinander folgen, die aber auch verschieden gedeutet werden können. Dabei greift er auf das Verbum נוּף (Hifil; schwingen) zurück, das auch in Jos 8, aber in einer anderen Erzählung und in einer anderen Bedeutung gebraucht wird. Das Erheben der Hand wird zu einem militärischen Gestus allgemein und das Schwingen des Sichelschwertes zum Kennzeichen für die konkrete Eroberung der Stadt Ai[107], wofür nicht zuletzt der Singular „Stadt" stehen kann.

Aufschlußreich wird es, wenn wir in 46,2 BenSir mit JesSir vergleichen. Denn in JesSir hat Josua nicht nur eine Hand, sondern „seine Hände" (Pl.) ausgestreckt.[108] Dabei kann der Übersetzer an einen Gebetsritus gedacht haben. Auf diese Weise werden dann zwei unterschiedliche Handlungen ausgedrückt, die getrennt, aber auch parallel ausgeführt werden können: Beten und Kämpfen (vgl. Ex 17,11). Josua hat auf diese Weise wirklich die Nachfolge des Mose angetreten, indem er auch für Israel betet. Der Übersetzer begnügt sich im Unterschied zum hebräischen Text auch nicht mit einem militärischen Gestus gegen eine Stadt, sondern bezieht diese Handlung auf mehrere Städte [vgl. Jos 10,28–43 (LXX) und Jos 11,1–14 (LXX)].[109]

Schließlich fällt auf, daß in Sir 46,2 der erste entscheidende Kampf auf dem Boden des verheißenen Landes, und zwar der gegen Jericho, nicht eigens

---

[103] Zwar wird הדר nicht ausschließlich in einem kriegerischen Kontext verwendet, aber er dient zur Kennzeichnung königlichen bzw. herrschaftlichen Tuns (Ps 45,4f), vgl. G. Warmuth, הדר 360f.

[104] Im Buch Exodus ist es nur Mose oder durch ihn vermittelt Aaron, der von JHWH den Auftrag erhält, die Hand in einem feindlichen und Israel rettenden Sinne zu erheben, vgl. Ex 7,19 (Aaron); 8,1 (Aaron); 9,22; 10,12.21f; 14,16.21.26f. Festhalten läßt sich zudem, daß mit dem Gestus des Handerhebens in einem meist kriegerischen Zusammenhang vor allem JHWH selbst gekennzeichnet wird, vgl. Ex 7,5; Jes 5,25; 14,26.27; 31,3; 45,12; Jer 6,12; 15,6; 51,25; Ez 6,14; 14,9.13; 16,27; 25,7.13.16; 35,3; Zef 1,4; 2,13.

[105] Daß Ben Sira mit 46,2 die Einnahme der Stadt Ai im Blick hat, kann dadurch gestützt werden, daß sich der Begriff „כידון/Speer" bzw. „Wurfspieß" im Buch Josua nur in Jos 8 nachweisen läßt (VV 18².26). Dies ist hinsichtlich seines geringen Vorkommens in der hebräischen Bibel insgesamt um so bemerkenswerter. Die übrigen Belegstellen sind 1 Sam 17,6.45; Jer 6,23; 50,42; Ijob 39,23; 41,21.

[106] Die beiden Stellen, bei denen im Buch Josua der Begriff נטה zu verzeichnen ist, finden sich in Jos 8.18.19. Dies fällt um so mehr auf, als es sich bei diesem Begriff ansonsten um ein „Allerweltswort" handelt und dessen Streuung der Belege „kaum signifikant" ist, H. Ringgren, נטה 409.

[107] Vgl. G. Sauer, Sirach 315.

[108] Der Gestus des Erhebens der Hand (Sg.) bringt eindeutiger zum Ausdruck, daß „man sich bereit macht, eine Handlung zu vollziehen, meist im feindlichen Sinn", H. Ringgren, נטה 409.

[109] Vgl. Jos-LXX 10,28.30.32.35.37.39; 11,11.12.14.

genannt wird[110], daß aber auch der erste, jedoch gescheiterte Einnahmeversuch der Stadt Ai (Jos 7) übergangen wird. Auf diese Weise wird nur der Erfolg verkündet, das selbstverschuldete Versagen Israels verschwiegen.[111] Das aber dürfte in der literarischen Gattung der Eloge begründet sein.[112]

1.2.2.1 Tradition und Interpretation von Sir 46,2

Unzweifelhaft läßt sich feststellen, daß das Schwingen bzw. das Erheben des Sichelschwertes der biblischen Vorlage entnommen worden ist (Jos 8,18), wozu auch das Erheben der Hand im Sinne eines militärischen Gestus zählt (Jos 8,19). Somit sprechen viele begriffliche Indizien dafür, daß sich das hebräische Sirachbuch eng an die Eroberung der Stadt Ai anlehnt. Dabei ist Josua vor allem ein Kriegsmann. Durch den knappen Stil wird der Eindruck erweckt, daß Ben Sirach im Unterschied zu Jos 8 mehr die selbständige Rolle Josuas im Krieg betont.[113]

In Ergänzung der biblischen Überlieferung wird in beiden Sirachfassungen von einer Verherrlichung Josuas gesprochen.[114] Dies korrespondiert zielgerichtet der Schaffung/Werdung des Retters. Im Unterschied zum hebräischen Text wird im Griechischen vom Erheben der Hände (Pl.) gesprochen [vgl. Ex 17,12(LXX)]. Somit mildert die griechische Fassung das Soldatische insofern ab, als das Erheben der „Hände" (Plural) auch an ein Gebet denken läßt.

Außerdem darf konstatiert werden, daß BenSir keine Distanz zu den im Buch Josua erzählten Ereignissen erkennen läßt. Mehr noch, die Taten Josuas werden als immer noch beispielgebend hingestellt. Denn schließlich betont der Enkel im Vorwort seiner Übersetzung: Ein zentrales Motiv für das Verfassen einer eigenen Schrift seitens des Großvaters bestand darin, einen Erziehungsbeitrag zu leisten (εἰς παιδείαν, ProlSir 12), Fortschritte zu ermöglichen (πολλῷ μᾶλλον ἐπιπροσθῶσιν, V 14), dem sich anscheinend auch der Enkel selbst als Übersetzer verpflichtet weiß (ἀναγκαιότατον ἐθέμην, V 30).

---

[110] Vgl. G. Sauer, Sirach 315.
[111] „..., but a consequence of Yahweh's wrath and withdrawal of support, themselves evoked by their disobedience to his commands", C. T. Begg, Function 325.
[112] Daß es sich bei BenSir 46,1–8 um keinen narrativen, sondern um einen poetischen Text (Eloge) handelt, läßt sich an den in ihm vor allen verwendeten Infinitiv- (לִהְיוֹת, V 1c; לְהַנְקֵם, V 1d; (וּ)לְהַנְחִיל, V 1f; בִּנְטוֹתוֹ, V 2a; בַּהֲנִיפוֹ, V 2b; לְהִתְיַצֵּב, V 7c; לְהָשִׁיב, V 7d; לְהַשְׁבִּית(וּ), V 7e; לְהָבִיאָם, V 8c) und Partizipialformen (מְשָׁרֵת, V 1b; נוֹצֵר, V 1 c; נֶהְדָּר, V2a; צוֹפֶה, V6d; מַלֵּא, V 6e (?); עֹשֶׂה, V 7a (?); זֹבֵת, V8c) ablesen.
[113] „Wie in allen wichtigen Passagen des Josuabuches herrscht die Tendenz, Jahwes Wirken in den Vordergrund zu stellen, während Josua und das Volk mehr und mehr in den Hintergrund treten", J. Wehrle, zitiert bei G. Hentschel, Krieg 149.286 Anm. 2.4.
[114] Der als passivum divinum einzuordnende Ausdruck ἐδοξάσθη findet sich außer in JesSir 50,5 (Hoherpriester Simeon) im christlichen Corpus der Bibel nur noch im Johannesevangelium, wo er auf den neutestamentlichen Jesus und Gott bezogen ist (Joh 7,39; 12,16; 13,31.32 und 15,8).

1.2.3 Die Kriege JHWHs (Sir 46,3)

Griechischer Text	Hebräischer Text
3: τίς πρότερος αὐτοῦ οὕτως ἔστη; τοὺς γὰρ πολέμους κυρίου αὐτὸς ἐπήγαγεν.	מי הוא לפניו יתיצב כי מלחמות יי[.] נל[..]
Wer stand vor ihm so da? Denn er selbst führte die Kriege des Herrn.	Wer war es, der vor ihm standhielt? Denn die Kriege Jahwes (führte er[115]) ...

Die rhetorische Frage „Wer stand vor ihm so da?" (JesSir) bzw. „Wer war es, der vor ihm standhielt?" (BenSir) wird so weder im Buch Numeri noch im Buch Josua gestellt. In der zweiten Zeile wird von den „Kriegen Jahwes" gesprochen. Das geschieht im Alten Testament nicht zum ersten Mal (Num 21,14[116]; 1 Sam 17,47; 18,17[117]; 25,28).[118] In Num 21,14 ist sogar ein Buch über die Kriege Jahwes genannt. Wenn Josua die Kriege Jahwes führt, dann wird damit klargestellt, daß Josua allein im Auftrag und unter der Führung Gottes die Kriege führt und daß er aus diesem Grund auch den anderen überlegen sein kann (vgl. Jos 10,42).[119] Somit wird unterstrichen, daß es sich bei der „Landnahme" um JHWH-Kriege [(י) מלחמות יי] bzw. um Krieg des Herrn handelt.

1.2.3.1 Tradition und Interpretation von Sir 46,3

Aus der Tradition stammt der Begriff „Krieg(e) JHWHs". Dieser wird aber als solcher in anderen Zusammenhängen überliefert (vgl. Num 21,14; 1 Sam 18,17; 25,28). Auch dieser Befund ist wiederum für den Siraciden insofern charakteristisch, als er einen Ausdruck aus anderen Kontexten übernimmt und mit Josua in Verbindung setzt; denn den Begriff „Krieg JHWHs" gibt es im Buch Josua nicht.

---

[115] BenSir 46,3b ist beschädigt, so daß einige Schriftzeichen fehlen, vgl. P. C. Beentjes, Ben Sira 82; R. Smend, Fragment 21.
[116] Von Num 21,14 her wissen wir, daß es ein uns nicht mehr überliefertes Buch mit dem Titel „Kriege JHWHs" gegeben hat. Während sich im hebräischen Text der Plural „Kriege JHWHs/מלחמת יהוה" findet, ist in der griechischen Übersetzung der Singular verwendet: „πόλεμος τοῦ κυρίου/Krieg des Herrn".
[117] Das griechische Pendant ist nur im Codex Vaticanus, aber ebenfalls im Plural bezeugt: „τοὺς πολέμους κυρίου".
[118] Wir haben es hierbei offenbar mit einem terminus technicus zu tun. Jedoch ist mit R. Albertz darauf hinzuweisen, daß dieser Terminus nicht mit dem des „Heiligen Krieges" verwechselt werden darf, den es so im Alten Testament nicht gibt, vgl. ders., Religionsgeschichte 123, Anm. 71.
[119] Vgl. H. D. Preuß, מלחמה 917.920.

In Weiterführung der Tradition ist auch die rhetorische Frage „Wer stand vor ihm so da?/Wer war es, der vor ihm standhielt?" zu verstehen, die weder so im Buch Numeri noch im Buch Josua gestellt wird. Was läßt sich daraus folgern? Es geht vor allem um die Bewunderung oder Verherrlichung Josuas, wie sie im Josuabuch so nicht zu finden ist. Diese Befund bestätigt die Beobachtung, daß Ben Sirach eine völlig affirmative Perspektive hinsichtlich Josuas und seiner Kriege einnimmt. Eine solche positive Sichtweise ist aber nicht unausweichlich. Während es in 1 Kön 5,17f über David heißt, daß er dem Namen JHWHs kein Haus wegen der ihm immer wieder aufgezwungenen Kriegshandlungen bauen konnte, so legt man David in 1 Chr 22,8 den Satz in den Mund: „Da erging das Wort JHWHs an mich: ‚Du hast viel Blut vergossen, und du hast große Kämpfe geführt. Du sollst meinem Namen kein Haus bauen, denn viel Blut hast du zur Erde fließen lassen vor mir'". Auch wenn, wie bereits erwähnt, die literarische Gattung der Eloge nicht unbedingt der genuine Platz für Kritik ist, so zeigt doch die Auswahl und Wertung des verhandelten Stoffes, welche grundsätzliche Position der Autor dazu einnimmt.

1.2.4 Der Stillstand der Sonne und die Vernichtung der Feinde (Sir 46,4–6)

Griechischer Text	Hebräischer Text
4: οὐχὶ ἐν χειρὶ αὐτοῦ ἐνεποδίσθη ὁ ἥλιος καὶ μία ἡμέρα ἐγενήθη πρὸς δύο; 5: ἐπεκαλέσατο τὸν ὕψιστον δυνάστην ἐν τῷ θλῖψαι αὐτὸν ἐχθροὺς κυκλόθεν, καὶ ἐπήκουσεν αὐτοῦ μέγας κύριος ἐν λίθοις χαλάζης δυνάμεως κραταιᾶς 6: κατέρραξεν ἐπ' ἔθνος πόλεμον καὶ ἐν καταβάσει ἀπώλεσεν ἀνθεστηκότας, ἵνα γνῶσιν ἔθνη πανοπλίαν αὐτοῦ ὅτι ἐναντίον κυρίου ὁ πόλεμος αὐτοῦ.	הלא בידו עמד השמש יום אחד [...] כי קרא אל אל עליון כאכפה ל[...] ויענהו אל עליון באבני למען [...]ת כל גוי חרם [..] כי צופה י[...]מלחתם
4: Ist nicht durch seine Hand die Sonne gehindert worden und ein Tag zu zweien geworden? 5: Er rief den höchsten Herrscher an, als er (ihn) Feinde ringsum bedrängte(n), und der große Herr erhörte ihn mit Steinen eines Hagels mächtiger Stärke. 6: Er warf Krieg auf ein feindliches Volk herab, und am Abhang vernichtete er die, die sich entgegengestellt hatten, damit Völker seine volle Wehr erkennen, denn in	Stand nicht auf seine Hand(bewegung) (hin) die Sonne still? Ein Tag … Denn er rief zum höchsten Gott, als (ihm) zusetzte … und der höchste Gott antwortete mit Steinen damit jedes Volk der Vernichtung (erkenne)

| Gegenwart des Herrn (wird) sein Krieg (geführt). | denn J... achtet auf ihre Kriege ... |

Während in Sir 46,1–3 mehr grundsätzliche und allgemeine Aussagen über Jesus (Josua) gemacht werden, wendet sich jetzt der Abschnitt 46,4–6 einer sehr konkreten und markanten Begebenheit aus dem Buch Josua zu. Dabei handelt es sich um ein anscheinend dem „Buch des Aufrechten" entnommenes poetisches Überlieferungsfragment.[120] Dieses hat die Begebenheit des „Starrwerdens" bzw. „Stillhaltens" von Sonne und von Mond zum Thema, welches in Jos 10 mit einer ungewöhnlichen Initiative Josuas in Verbindung gebracht wird.[121] Eingeleitet wird Sir 46,4–6 mit einer entsprechenden rhetorischen Frage: Stand nicht auf seine Hand(bewegung) (hin) die Sonne still? (הלא בידו עמד השמש). Damit werden zwei zentrale Termini aus Jos 10,12f aufgegriffen. Dabei handelt es sich um „stillstehen" (עמד) und „(die) Sonne" [(ה)שמש]. Im Unterschied zur biblischen Vorlage findet der Mond keine Erwähnung. In der griechischen Textfassung ist nicht von „stillstehen" oder „stehenbleiben", sondern von im Lauf „hindern" (ἐμποδίζειν)[122] die Rede. Dies stellt ein sublimes Abrücken von einem allzu naturalistischem Verständnis dar. Der Ausdruck בידו „auf seine Hand hin" bzw. „seinen Wink hin"[123] (בידו) besagt an dieser Stelle freilich nicht, daß Josua physische Kraft aufgewendet hat[124], sondern ist metaphorisch im Sinne von „auf seinen Befehl hin" zu verstehen. Die noch erhaltene Wendung יום אחד im sonst zerstörten Stichos b gibt außerdem zu erkennen, daß in BenSir 46,4b die wundersame Verlängerung eines einzigen Tages auf zwei hin anscheinend thematisiert war. Dies wird vom griechischen Sirach-Text her gestützt.

Daß Josua nicht aus eigenem Vermögen die Sonne hat stillstehen lassen, wird durch einen mit כי eingeleitete Satz in V 5 zum Ausdruck gebracht. Josua ruft den „höchsten Gott" bzw. „Gott, den Höchsten" (אל עליון) an.[125] Weshalb greift Ben Sira die Gottesbezeichnung *el 'aeljon* auf? Dafür bieten sich folgende Deutungen an. Unter gattungskritischem Aspekt läßt sich feststellen, daß das Wort עליון in biblischen hebräischen Texten „ausschließlich in der Poesie"[126] vorkommt. Das trifft auch für BenSir 46 im Kontext von BenSir 44–50,21 zu. Zudem ist עליון vor allem in Psalmen, also einer Kultpoesie bezeugt (Ps 7,18; 47,3; 97,9). Die Psalmen stehen wiederum in

---

[120] Vgl. W. J. Houston, Misunderstanding 346f.
[121] M. Noth, Josua 64f.
[122] Vgl. K. Aland/B. Aland (Hrsg.), Wörterbuch 518. Auch bei den anderen drei Belegstellen für dieses Verb in JesSir (12,5; 18,22; 32,3) wird es in der Bedeutung „(ver)hindern" verwendet.
[123] Blieb nicht auf seinen Wink hin die Sonne stehen?, O. Schilling, Sirach 193.
[124] Zum instrumentellen Charakter des Ausdrucks בידו vgl. Jos 14,2; 20,2; 21,2.8; 22,9.
[125] Vgl. Gen 14,18.19.20.22; Ps 78,35.
[126] H.-J. Zobel, עליון 134.

1. Jesus Sirach

enger Beziehung zum Tempel in Jerusalem[127] und damit zur Heimat Ben Siras (JesSir 50,27). Dies ist insofern hervorzuheben, als Ben Sira offenbar in Jerusalem beheimatet ist. Unter theologischem Aspekt kann darauf hingewiesen werden, daß einerseits eine Verschmelzung in der Wahrnehmung und Anerkenntnis von עליון und יהוה zu beobachten ist (vgl. Ps 7,18; 47,3; 97,9) und daß anderseits bereits in der Zeit während der Abfassung des hebräischen Sirachbuches innerhalb des Judentums eine Tendenz eingesetzt hat, den hebräischen Gottesnamen JHWH immer weniger zu verwenden und ihn durch andere appellativa divina zu ersetzen. Dies heißt aber nicht, daß er generell vermieden worden ist.[128] Der griechische Text vermeidet sogar an dieser Stelle den Begriff Gott und verwendet dafür „höchster Herrscher" (ὁ ὕψιστος δυνάστης). Gerade bezüglich des letztgenannten Aspekts wird deutlich, daß Ben Sira schließlich mit Blick auf die Gottesbezeichnung veränderte theologische Wahrnehmungen bzw. Einschätzungen zur Kenntnis genommen und an einigen Stellen einfließen lassen hat.[129] Denn zumindest ist zu notieren, daß im Buch Josua der Terminus עליון in bezug auf JHWH nirgendwo bezeugt ist.[130] Außerdem ist aber auch darauf aufmerksam zu machen, daß sich ebenfalls in der Zeit des Ben Sira theologisch eine Tendenz immer mehr durchsetzte, polytheistische Vorstellungen zurückzuweisen. Vor diesem Hintergrund fällt daher eine solche Gottesbezeichnung um so mehr auf.

Mit Blick auf den griechischen Text ist festzustellen, daß die Infinitivkonstruktion im ersten Satz in JesSir 46,5 nicht eindeutig formuliert ist; der hebräische Text an dieser Stelle ist teilweise zerstört. Eine erste Übersetzung könnte lauten: „Er rief den höchsten Herrscher an, als er Feinde ringsum bedrängte …". Der Situationshintergrund von Jos 10,6 (LXX) ist der, daß die Einwohner von Gibeon zu Jesus (Josua) schicken und von ihm dringend Rettung erbitten[131], da sie sich von den Amoriterkönigen bedroht sehen. Jesus (Josua) rückt daraufhin gegen die Amoriter aus und fügt ihnen eine vernichtende Niederlage bei. Aus Jos 10,12 (LXX) ist auch zu entnehmen, daß im Hinblick darauf an diesem Tage Jesus (Josua) Gott anrief. Daher läßt sich JesSir 46,5 so übersetzen, daß Jesus (Josua) es ist, der den Feinden wirk-

---

[127] Vgl. ders. ebd. 137.
[128] Vgl. Th. R. Elßner, Namensmißbrauch-Verbot 191–193.202–205.221.
[129] Letztlich läßt sich z.B. mit Blick auf Ben Sira 46,3b die Frage nicht gänzlich entscheiden, ob Ben Sira in seiner Urschrift das Tetragrammaton verwendet hat oder ob er sich bereits von vornherein einer generellen Ersetzung des Gottesnamens mit ייי bedient hat, die durchaus auf spätere Abschreiber zurückgeführt werden kann. Daß Ben Sira nicht puristisch zu Werke gegangen zu sein braucht, dafür spricht auch die allgemeine Beobachtung, daß bei biblischen Zitaten in späteren Texten der Gottesname JHWH beibehalten worden ist, vgl. Th. R. Elßner, Namensmißbrauch-Verbot 221.
[130] Der einzige Beleg für עליון in Jos findet sich in 16,5 und dient dort einer geographisch-lokalen Angabe.
[131] Dabei wird ihnen ein Ruf in den Mund gelegt, mit welchem man sich in den Psalmen in offenbar ebenso dramatischer Situation an Gott richtet: βοήθησον ἡμῖν, Ps(-LXX) 43,27; 78,9).

sam zusetzt: „Er rief den höchsten Herrscher an, als er Feinde ringsum bedrängte ...". Für diese Übersetzung spricht, daß sie inhaltlich nahe am biblischen Befund ist. Denn Jesus (Josua) ist es, der Jericho und letztlich auch Ai überwältigt hat, so daß sich von daher auch die anderen Könige ringsum mit Recht bedrängt sahen (vgl. Jos 10,1–4).[132]

Eine andere Übersetzungsmöglichkeit ist[133]: „Er rief den höchsten Herrscher an, als ihn Feinde ringsum bedrängten". Für diese Übersetzung spricht, daß auch sie einen Aspekt aus Jos 10 (LXX) aufgreift, wenn es in V 9 heißt: „Und Jesus traf plötzlich auf sie, nachdem er die ganze Nacht von Gilgal her hinaufgekommen war".[134] Das kann so gedeutet werden, daß sich Jesus (Josua) überraschend von Feinden umgeben sah. Zur Stützung einer solchen Lesart kann nicht zuletzt auch der noch erhaltene hebräische Text Anhaltspunkte geben, wo es heißt: „als zusetzte/[...] כאכפה ל". Unter der Voraussetzung, daß sich das auf ל folgende Objekt auf Josua (לו) bezieht, was sich aber nicht klären läßt, wäre dies ein Indiz dafür, daß Josua der Bedrängte ist. Da beide Übersetzungsmöglichkeiten grammatikalisch in der griechischen Sirachfassung in Betracht kommen und es zudem unter inhaltlichem Aspekt einen Ermessensspielraum für beide Übersetzungen gibt, je nachdem, welche Perspektive man einnimmt, so tritt der nicht häufige Fall ein, daß diese Infinitivkonstruktion im Griechischen beide Perspektiven zugleich beinhaltet: Jesus (Josua) bedrohte seine Feinde ringsum, aber auch diese bedrängen ihn. Er ist Bedränger und Bedrängter zugleich.

Dem (Hilfe-)Ruf (קרא) seitens Josuas zu *el 'aeljon* in V 5a – in der griechischen Version wird Gott jetzt „großer Herr" (μέγας κύριος[135]) genannt – korrespondiert dessen Antwort (und er antwortete/ויענהו). Diese erfolgt nicht mit Worten, sondern im Werfen von Steinen (V 5c).[136] Mit dem Ausdruck „mit Steinen" (באבני) in V 5c wird inhaltlich und begrifflich erkenn-

---

[132] Grammatikalisch spricht zudem für diese Übersetzung, daß es sich hinsichtlich der Infinitivkonstruktion ἐν τῷ θλῖψαι bei αὐτόν und ἐχθρούς um zwei nebeneinanderstehende Objekte handelt, bei denen jedoch αὐτόν an erster Position steht. Somit kann αὐτόν Satzsubjekt sein. Für diese Übersetzung kann auch noch ins Feld geführt werden, daß in JesSir 46,16 eine vergleichbare Infinitivkonstruktion vorliegt und das Objekt unmittelbar nach dem Infinitiv Aorist θλῖψαι das Satzsubjekt ist. Dagegen könnte freilich eingewendet werden, daß in JesSir 46,16 ein zweites und damit weiteres Objekt fehlt, damit diese Textstelle die vorgeschlagene Übersetzungsmöglichkeit mit abstützen helfen kann.
[133] Vorausgesetzt wird hierbei, daß ἐχθρούς Satzsubjekt und αὐτόν Satzobjekt ist.
[134] Auch kann Jos 7,4–9 ins Feld geführt werden, wo von einer Niederlage Israels vor Ai berichtet wird und Josua sich daraufhin restlos den Feinden ausgeliefert meint (V 9).
[135] Bei μέγας κύριος in JesSir 46,5 handelt es sich um keinen Nominalsatz („groß ist der Herr", vgl. JesSir 43,5 sowie Ex 18,11; 1 Chr 16,25; Ps 47,2; 94,3; 95,4; 134,5; 144,3), sondern um eine Bezeichnung Gottes, welche so singulär in der LXX ist. Eine vergleichbare Bezeichnung Gottes findet sich in einem ebenfalls kriegerischen Kontext mit Bezugnahme auf Jesus (Josua) und der Einnahme Jerichos in 2 Makk 12,15 „ὁ μέγας δυνάστης", vgl. zudem 2 Esra 18,6 und Tob 13,16.
[136] Eine sowohl sprachlich-syntaktische als auch punktuell inhaltlich durchaus vergleichbare Parallele läßt sich in 1 Chr 21,26 notieren: „... ויקרא אל־יהוה ויענהו באש מן־השמים/ Und er (David, ThRE) rief zu JHWH, und er antwortete ihm mit Feuer vom Himmel ...".

1. Jesus Sirach

bar auf Jos 10,11 Bezug genommen. Da jedoch die linke Kolumne des hebräischen Textes so gut wie vernichtet ist, kann nicht mehr eindeutig festgestellt werden, welches Attribut zu ergänzen ist: „groß" (große Steine, Jos 10,11a) oder „Hagel" (durch Steine des Hagels, Jos 10,11b). Da aber der Ausdruck באבני in Jos 10,11b in Verbindung mit „des Hagels" (הברד) bezeugt ist, ist es wahrscheinlich, daß in BenSir 46,5c.d von Hagelsteinen die Rede war, was zudem durch JesSir 46,5 (mit Steinen eines Hagels mächtiger Stärke/ἐν λίθοις χαλάζης δυνάμεως κραταιᾶς) und nicht zuletzt auch durch 4QJosh gestützt werden kann.[137] Diese Aussage ist insofern beachtenswert, als mit dem Adjektiv κραταιός ein anaphorischer Bezugspunkt zum Beginn des Jesus (Josua)-Abschnitts in JesSir 46,1 gegeben ist. Dieser anaphorische Verweis illustriert und stützt noch einmal die Aussage, weshalb Jesus (Josua) „stark" bzw. „mächtig im Kriege" sein konnte. Gleichzeitig legt sich JesSir mit der Wendung „ἐν λίθοις χαλάζης/mit Steinen des Hagels" auf eine Interpretation des Steinewerfens fest und folgt somit der einschränkenden Lesart der Septuaginta in Jos 10,11.[138] Daß Hagelschlag aber dennoch als eine Strafe Gottes verstanden wird und tödlich endet, ist in der Bibel gut dokumentiert (vgl. Ex 9,25; Jes 30,30) und wird zudem auch in JesSir 39,29 bekräftigt.

In BenSir 46,6 sind die beiden ersten Sätze völlig zerstört, so daß in diesen Fall nur der griechische Text berücksichtigt werden kann. Jedoch ist die Übersetzung in JesSir 46,6 umstritten. Einige übersetzen: „Und er schleuderte sie auf ein feindliches Volk."[139] Dann würde die Handlung von V 5 hier fortgeführt werden, und mit „sie" sind dann die Hagelsteine gemeint.[140] Bei einer solchen Übersetzung wird aber vorausgesetzt, daß es ein Adjektiv πόλεμος (Krieg) gibt, das sich aber sonst nicht nachweisen läßt.[141] Darum

---

[137] Unter den in Qumran in Höhle IV entdeckten Fragmenten zum Buch Josua befindet sich auch ein Fragment mit dem Text Jos 10,8–11, in welchem die Wendung באבני הברד gut bezeugt ist. Eine notierenswerte Differenz zum masoretischen Text besteht darin, daß dieses Fragment sozusagen in V 11a lediglich von „Steinen" spricht, die JHWH vom Himmel wirft, hingegen jener Text die Lesart „große Steine" besitzt, vgl. E. Ulrich/F. M. Cross, Qumran Cave 4, 151. Insgesamt zeigt sich zudem, daß die protomasoretischen Textteile des Buches Josua in Höhle IV keine allzu großen Abweichungen gegenüber dem späterern masoretischen Text aufweisen.

[138] Während in BHS Jos 10,11, aber auch bei Aquila sowohl von „großen Steinen" (V 11a) als auch von „Steinen des Hagels" (V 11bα) die Rede ist, spricht die LXX an beiden Stellen gleichlautend von „Steinen des Hagels". Der Unterschied zwischen MT und LXX liegt also nicht so sehr in den Auswirkungen, sondern vielmehr in der Annahme eines von Gott initiierten verheerenden Naturereignisses, für dessen Zustandekommen ein Interpretationsspielraum bleibt. Hingegen läßt die massiv anthropomorphe Vorstellungen evozierende Ausdrucksweise des MT „und JHWH warf auf sie schwere Steine vom Himmel" Jos 10,11a keinen abschwächenden Interpretationsspielraum zu.

[139] G. Sauer, Sirach 314; ebenso Einheitsübersetzung und Jerusalemer Bibel.

[140] Auch die paraphrasierende Wiedergabe der Revised English Bible äußert sich in diesem Sinn: „who (the great Lord, ThRE) displayed his power in a storm of hail".

[141] Das infragekommende Adjektiv lautet vielmehr πολέμιος oder πολεμικός. Die Gefahr einer Verwechslung ist eher beim ersten Adjektiv gegeben. Ein textkritisches Problem oder eine andre Lesart als πόλεμον ist in der Septuaginta von Rahlfs nicht notiert. In scheinbarer Ermangelung eines direkten Akkusativ-Objektes, welches das transitive Verb καταράσσειν

muss es wohl bei der oben angeführten Übersetzung bleiben: „Und er warf Krieg auf ein Volk."

Im zweiten Stichos von JesSir 46,6 wird die Auswirkung des herabgeworfenen Krieges vorgestellt. Als erstes läßt sich anhand des Ausdrucks „beim Abstieg" (ἐν καταβάσει) erkennen, daß hier ebenfalls Jos 10,11 (LXX) den konkreten Bezugspunkt bildet. Denn auch dort setzt das Eingreifen Gottes gegen die Feinde an einem Abhang (τῆς καταβάσεως) ein. Weiter heißt es in JesSir 46,6 hinsichtlich der Folgen für den Gegner, daß er die „vernichtete, die sich ihm entgegengestellt hatten."[142] Die Frage lautet: Wer ist es, der die Feinde vernichtet? Ist es Gott oder Josua? Der Satz ist zumindest so formuliert, daß beide grammatikalisch Satzsubjekt sein können. Theologisch bietet sich die Erklärung an, daß Gott durch den von Josua (Jesus) geführten Krieg die Gegner vernichten läßt. Diese Erklärung wird durch den letzten Stichos von JesSir 46,6 gestützt.

Ab BenSir 46,6c läßt sich der hebräische Text wieder nachvollziehen. So wird in 6c mit dem Nomen חרם (Bann) ein wichtiger Terminus aufgegriffen, welcher auf die Art und Weise der im Buch Josua geschilderten Landnahme Bezug nimmt. Näherhin wird in BenSir 46,6c von Völkern gesprochen, die offenbar dem Bann bzw. der Vernichtungsweihe verfallen sind.[143] Dies wird insofern mit dem Ausdruck ἀπώλεσεν in JesSir 46,6 bestätigt, als auch er als Übersetzung von heraem (חרם) dienen kann (vgl. Jes 34,2; 37,11).[144] Im Hinblick auf den Begriff Völker (גוי) ist zu notieren, daß er

---

nach sich zieht bzw. erwarten läßt, wird in manchen Übersetzungen besagte inhaltliche Ergänzung vorgenommen: „sie, die Hagelsteine". Auf diese Weise wird der Ausdruck πόλεμον stillschweigend in bezug auf ἐπ' ἔθνος adjektivisch verstanden und entsprechend übersetzt. (feindliches Volk). Zu einer solchen Übersetzung kann vielleicht der Umstand verleiten, daß beide Ausdrücke im Akkusativ stehen und der Begriff πόλεμον aufgrund seiner Endung eventuell als Neutrum wie ἐπ' ἔθνος angesehen wird, worauf er sich dann scheinbar attributiv verhält. Noch einmal, ein Adjektiv „πόλεμος" ist in JesSir 46,6 und auch sonst nicht bezeugt, vgl. E. Hatch/H. A. Redpath, Concordance; J. Lust, Lexicon 504.

[142] Auffällig ist, daß an dieser Stelle das in der LXX selten verwendete Partizip ἀνθεστηκότες gebraucht wird. Diesbezüglich zumindest läßt sich notieren, daß der Ausdruck „ἀνθεστηκότες" im Pentateuch (LXX) an zwei markanten Stellen vorkommt (Num 10,9 und Dtn 28,7). Bei beiden Textstellen ist eine kriegerische Auseinandersetzung vorausgesetzt, bei der sich Gegner (ἀνθεστηκότας) Israel in feindlicher Absicht entgegengestellt hatten und Gott zugunsten Israels rettend eingriff. Auf diese Weise besteht zwischen diesen drei Textstellen (Num 10,9, Dtn 28,7 und JesSir 46,6) ein Themen- und Stichwortzusammenhang.

[143] „למען [דע]ת כל גוי חרם/damit jedes dem Bann verfallene Volk erkennen sollte". Da die Wendung למען דעת in Jos 4,24 und in 1 Kön 8,60 sicher bezeugt ist, läßt sich daraus schließen, daß die Ersetzung der fehlenden Radikale beim Ausdruck ד[ע]ת (Inf. cstr.) durchaus legitim ist.

[144] In der BHS ist das Verbum חרם 51mal zu verzeichnen. In der LXX nach A. Rahlfs wird es mit folgenden Verben wiedergegeben (aufgeschlüsselt nach Häufigkeit):
1) ἐξολεθρεύειν: Dtn 2,34; 3,6²; Jos 2,10; 10,1.28.37.39.40; 11,11.12.20.21; Ri 1,17; 1 Sam 15,3.9².15.18.20; Jer 50,26; 2 Chr 20,23; 32,14 (insgesamt 23mal).
2) ἀναθεματίζειν: Num 21,2.3; Dtn 13,16; 20,17; Jos 6,21; Ri 21,11; 2 Kön 19,11; 1 Chr 4,41; Esra 10,8 (insgesamt neunmal).
3) ἀνατίθημι: Lev 27,28.29; Mi 4,13.
4) ἀφανίζειν: Dtn 7,2; Jer 50,21; 51,3.

1. Jesus Sirach

bereits zum Zeitpunkt der Abfassung von BenSir teilweise in kultischer Tradition[145] und vor allem auch in der dtr Bewegung tendenziell mit negativen Konnotationen besetzt ist. Er wird mit nicht-israelitischen Völkern in Verbindung gebracht, welche die Existenz Israels bedrohen.[146] In BenSir 46,6d wird in bekräftigender und redundanter Weise die Chancenlosigkeit der vom Bann betroffenen Völker insofern unterstrichen, als mit einem כי-Satz hinzugefügt wird, daß JHWH [(יי)י] die Kriege der Feinde höchst aufmerksam verfolgt.

Die beiden letzten Stichoi in JesSir 46,6 schließen nicht nur das Thema des Krieges inhaltlich ab, sondern lassen für Vers 6 stilistisch ein a b b a Schema erkennen. Die Stichoi a und d sprechen von Krieg, der göttlich legitimiert ist. Der Begriff πόλεμος bildet zudem eine terminologische Klammer. Die Stichoi b und c haben die Wirkungen eines solchen Krieges zum Thema.

Aufschluß darüber, daß Ben Sira anscheinend distanzlos den Topos der Völkervernichtungsweihe aufgreift und behandelt, könnte vielleicht die in Qumran gefundene sogenannte Kriegsrolle (1QM) bieten. In 1QM IX ist davon die Rede, daß die Priester während des Kampfes die Trompeten blasen, bis[147] der Feind geschlagen ist und den Rückzug antritt. Daraufhin blasen die Priester in die Trompeten des Aufrufs, damit sich „alle Männer der Zwischentruppe" formieren. Und nachdem dann wiederum die Priester diesmal aber die Trompeten der Verfolgung geblasen haben, was als Aufruf zum vernichtenden Schlag zu werten ist, treibt die Reiterei die Feinde zurück, und zwar bis zum Bann (עד החרמם, 1QM IX,7). Dies bedeutet, bis die Vernichtungsweihe an den Feinden vollstreckt ist. Dabei darf nicht außer Acht gelassen werden, daß ja auf den „Trompeten der Verfolgung" (1QM IX,6) stehen soll[148]: „Geschlagen hat Gott alle Söhne der Finsternis, nicht wendet er seinen Zorn bis zu ihrer Vernichtung" (1QM III,9). Vom Bann ist auch in 1QM XVIII,4f die Rede. Nachdem Gott die große Hand erhoben hat

---

    5) ἀποκτείνειν: 1 Sam 15,8; Dan 11,44.
    6) ἀπόλλυμι: Jes 34,2; 37,11.
    7) ἐνθυμέομαι: Jos 6,18.
    8) ἐξερημοῦν: Jer 25,9.
    9) ἐρημοῦν: Jes 11,15.
    10) ὀλεθρεύειν: Ex 22,19.
    11) φονεύειν: Jos 10,35.
    12) als Nomen ersetzt: Dtn 7,2 (ἀφανισμός); Dtn 20,17 (ἀνάθεμα).
    13) keine Übersetzungsäquivalente in Jos 8,26 und 1 Kön 9,21.

[145] Vor dem Hintergrund, daß sich auch im Kult die Tradition von der Gefährdung Israels durch גוים findet, läßt sich der Begriff גוי in BenSir 46,6c, möglicherweise als Ersetzung von עם, als ein weiterer Wink für die Beheimatung von Ben Sira in Jerusalem deuten: „Diese Tradition von einem Konflikt zwischen Israel und den Völkern wurde in der Jerusalemer Kulttradition bewahrt", R. E. Clements, גוי 972.

[146] Vgl. ders. ebd. 972.

[147] Analog zu Jos 10,13aα, wo es heißt, daß die Sonne stillstand und der Mond stehenblieb, *bis* die Feinde gerächt waren, so erscheint der Topos, den Kampf ganz und gar zu Ende zu führen, bis der Gegner vernichtet ist, auch in 1QM IX,1f.

[148] „Und auf die Trompeten der Verfolgung soll man schreiben", 1QM III,9.

und die Trompeten der Priester zu den Schlachtreihen gerufen haben, sollen sich die daraufhin Versammelten gegen die Kittäer wenden, „um sie der Vernichtung zu weihen" (להחרימם, V 5).[149]

Somit erscheint insgesamt wie im Buch Josua[150] die Institution des Bannes jetzt aus der Perspektive der Kriegsrolle als ein immer noch taugliches und der Kritik enthobenes Mittel, um Gegner (des wahren) Israels auszulöschen[151], auch wenn diese Kämpfe sich auf die Endzeit beziehen.

Wenngleich keine direkte Beziehung oder gar Abhängigkeit zwischen BenSir und 1QM besteht, zumal die endgültige Redaktion der Kriegsrolle aufgrund der in ihr vorausgesetzten und dem römischen Heer entsprechenden Waffentechnik (vgl. 1QM IX,10–14) „nicht zu früh, vielleicht erst in den Anfang des ersten Jahrh. n.Chr. anzusetzen"[152] sein wird, und es sich bei den in 1QM beschriebenen Kämpfen um apokalyptische zwischen „den Söhnen

---

[149] Bemerkenswert an 1QM XVIII ist vor allem, daß in V 5 versucht wird, ohne vermutlich Josua namentlich zu nennen, sehr assoziativ und mehr indirekt auf das sogenannte Sonnenwunder (Jos 10,12f) Bezug zu nehmen, wobei die Intention der Doxologie an manchen Punkten in der Schwebe bleibt, was aber auch am unvollständig erhaltenen Text selbst liegt. Im Zusammenhang, die Kittäer der Vernichtung zu weihen, heißt es: „[Und wenn] an jenem Tage die Sonne dem Untergang zueilt, dann tritt der Hauptpriester hin und die Priester und [die Leviten], die mit ihm sind, und die Häu[pter der Schlachtreihen und der] Schlachtordnung, und sie preisen dort den Gott Israels, und sie heben an und sprechen: Gepriesen sei dein Name, Gott [der Göt]ter; denn Großes hast du getan [an deinem Volk], um wunderbar zu handeln. Und du hast uns deinen Bund seit ehedem bewahrt ..." (1QM XVIII,5–7). Diese Doxologie zieht sich über mehrere Zeilen hinweg, wobei ausdrücklich auf Wunder hingewiesen wird, die Gott immer wieder Israel erwiesen hat. Gleichzeitig wird eingeflochten, daß offenbar längere Zeit kein Wunder mehr geschehen sei (1QM XVIII,10), was als indirekte Wunschbekundung bezüglich neuerlicher Wunder verstanden werden könnte. Zudem wird vorgebracht, daß „jetzt der Tag zu kurz" sei, um weiter die feindliche „Menge zu verfolgen" (V 12). Auch diese als Feststellung vorgetragene Aussage läßt sich als ein indirektes Vorbringen einer freilich nur sehr verhaltenen Bitte um Verlängerung des Tages deuten, da sicherlich das Statement nicht unbekannt sein dürfte: „Und jener Tag hatte nicht seinesgleichen vor ihm und nach ihm, daß JHWH auf die Stimme eines Mannes hörte" (Jos 10,14a). Zu notieren ist aber, daß in 1QM XVIII das in Qumrantexten nicht sehr häufige Verbum אוץ gleich zweimal verwendet ist (VV 5.12). Dies ist deshalb erwähnenswert, weil dieses Verbum zwar auch in biblischen hebräischen Texten nicht sehr häufig vorkommt, aber neben Jos 17,15 in Jos 10,13 eben in Verbindung mit dem sogenannten Sonnenwunder bezeugt ist. Folgt man den weiteren erhaltenen Passagen der Doxologie, so wird die Differenz zwischen einzigartigem Reagieren JHWHs in einmaliger Zeit und den in 1QM XVIII geschilderten Kämpfen dadurch überbrückt, daß Gott während der Nacht mit dem Schwert die Feinde tötet und daß dann am Morgen dies seitens Israels anhand der Gefallenen in Augenschein genommen werden kann, was schließlich im Preisen Gottes mündet (1QM XIX,9–13). Auf diese Weise bleibt es dabei im Einklang mit dem biblischen Befund, daß das entscheidende Handeln wie in Jos 10 letztlich durch Gott selbst bewirkt wird, er also immer noch aktiv eingreift, ohne sich dabei aber eines irdischen Agenten zu bedienen. Zudem wird es vermieden, daß sich Gott noch einmal einer Bitte um Verlängerung des Tages gegenüber verhalten muß.

[150] Soweit wie dies nachvollziehbar ist, kennen wie der masoretische Text auch die in Höhle 4 gefundenen Fragmente des Josuabuches den Begriff חרם an den entsprechenden Textstellen, vgl. E. Ulrich/F. M. Cross, Qumran Cave 4, 149.

[151] Bezüglich der auch in der Endzeit zu schlagenden Feinde Israels wird wieder auf „die sieben nichtigen Völker" (1QM XI,8f) Bezug genommen, womit anscheinend die in Dtn 7,1 und Jos 24,11 genannten gemeint sind.

[152] E. Lohse, Qumran 178.

des Lichts" und „den Söhnen der Finsternis" (1QM I,1) handelt, so zeigen diese Texte im allgemeinen und 1QM XVIII im besonderen, daß der Topos des JHWH- bzw. des Gottes-Krieges im Zusammenhang der Vorstellung von zu bekämpfenden Gegnern, die es endgültig zu vernichten gilt, immer wieder virulent war.[153] Gestützt wird dies dadurch, daß vor allem während der Makkabäerkämpfe einzelne Motive des sogenannten JHWH-Krieges „in den Kreisen der Gesetzesfrommen wieder lebendig"[154] wurden. Einen ähnlichen Befund bietet auch die Kriegsrolle.[155]

1.2.4.1 Tradition und Interpretation von Sir 46,4–6

Hebräische und griechische Sirachfassung gehen vor allem auf die Erzählung in Jos 10,6–15 ein. Von dieser Erzählung werden wichtige Motive und Begriffe übernommen. Sehr selten greift man auf Ausdrücke aus anderen Überlieferungen zurück. Dazu gehören die „Widersacher" in der Septuaginta von Num 10,9 und Dtn 28,7, die bei kriegerischen Auseinandersetzungen genannt werden. Wenn in der Septuaginta die Widersacher am Abstieg „vernichtet" werden, dann gebraucht diese ein Verbum, das in der Prophetie für die Vernichtungsweihe stehen kann (Jes 34,2 und 37,11), was bezüglich des Begriffs חרם bereits für die hebräische Sirachfasung zutrifft.

Wo geht der Siracide neue Wege? Es fällt auf, daß er die in Jos 10 erzählten Ereignisse umstellt. Diese Umstellung verdeutlicht folgende Übersicht:

Reihenfolge in Jos 10,10–14	Reihenfolge in Sir 46,4–6
Verwirrung durch JHWH	Stillstand der Sonne
Große Steine vom Himmel	Anrufung Gottes
Anrufung Gottes	Bedrängnis Josuas (vgl. Jos 10,8)
Stillstand von Sonne und Mond	Hagelsteine

Sirach geht zuallererst auf den Stillstand der Sonne durch Josua ein. Dabei „hindert" Josua durch seine Hand im griechischen Text die Sonne daran, ihren Lauf fortzusetzen, während die Sonne im hebräischen Sirachbuch durch Josuas Hand „stillsteht". Von einer Hilfe Gottes ist hier noch nicht die Rede. Das ist noch eindeutiger als in der Vorlage des Josuabuches, wo man eventuell an ein Gebet denken könnte (Jos 10,11). Während dort Gott von sich aus Josua ermutigt, ihm den Sieg verheißt (Jos 10,8) und die Feinde

---

[153] Vgl. (במלחמת אל/im Krieg Gottes) 1QM I,9f; V,2f; IX,5; (למלחמת אל) X,4; XI,1.2.4.17; XIII,14; XV,12; XVI,1; XVIII,13; XIX,11.
[154] E. Lohse, Qumran 177.
[155] Vgl. J. Maier, Texte 123.

verwirrt (V 10), stellt Sirach die Anrufung Gottes durch Josua voran (Sir 46,5). Auf den Hilferuf antwortet der „große Herr" mit mächtigen Hagelsteinen (vgl. Jos 10,11b; Jos 10,11 [LXX]). Anrufung und Erhörung geben der Sirachfassung einen anderen theologischen Charakter: Josua ist deutlicher von Gott abhängig. Es ergibt sich also ein ambivalenter Eindruck: Während Gott mit dem Stillstand der Sonne nicht mehr in Verbindung gebracht wird (V 4), ist Josua bei dem nachfolgenden Kampf ganz und gar von Gott abhängig (V 5). Die alles überragende Macht Gottes wird auch in den Sätzen deutlich, die nur in der Septuaginta erhalten sind.[156] Gott sendet Krieg auf ein Volk, das nach dem Parallelismus mit den „Widersachern" identisch ist. Er vernichtet durch Josua alle Feinde. Von einer Beteiligung der Israeliten am Kampf ist bei Sirach nicht mehr ausdrücklich die Rede. Im übrigen wird im Hebräischen wie im Griechischen nicht mehr von konkreten Völkern, sondern nur noch von „Feinden" bzw. „Widersachern" gesprochen.

1.2.5 Josuas Treue beim Aufruhr der Gemeinde (Sir 46,7f)

Griechischer Text	Hebräischer Text
7: καὶ γὰρ ἐπηκολούθησεν ὀπίσω δυνάστου καὶ ἐν ἡμέραις Μωυσέως ἐποίησεν ἔλεος αὐτὸς καὶ Χαλεβ υἱὸς Ιεφοννη ἀντιστῆναι ἔναντι ἐκκλησίας κωλῦσαι λαὸν ἀπὸ ἁμαρτίας καὶ κοπάσαι γογγυσμὸν πονηρίας. 8: καὶ αὐτοὶ δύο ὄντες διεσώθησαν ἀπὸ ἑξακοσίων χιλιάδων πεζῶν εἰσαγαγεῖν αὐτοὺς εἰς κληρονομίαν εἰς γῆν ῥέουσαν γάλα καὶ μέλι.	כי מלא אחרי אל ובימי משה עשה חסד הוא וכלב בן יפנה להתיצב בפרע קהל להשיב חרון מעדה ולהשבית דבה רעה לכם גם הם בשנים נאצלו משש מאות אלף רגלי להביאם אל נחלתם ארץ זבת חלב ודבש
7: Denn er folgte einem Herrscher nach, und in den Tagen des Mose übte er Erbarmen.	Denn vollkommen folgte er Gott nach, und in den Tagen des Mose praktizierte er Glaubenstreue –
Er und Kaleb, der Sohn des Jefunna widerstanden der Gemeinde, hinderten das Volk an der Sünde und machten dem schlechten Gerede ein Ende	er und Kaleb, der Sohn des Jefunna, indem sie sich hinstellten beim Aufruhr der Gemeinde[157], um

---

[156] Zu den Besonderheiten der Septuaginta gehören übrigens auch die Gottesbezeichnungen: „höchster Herrscher" (ὁ ὕψιστος δυνάστης; vgl. אל עליון) und „großer Herr" (μέγας κύριος).

[157] Eine andere Übersetzungsmöglichkeit lautet: indem sie gegen den Riß der Gemeinde standhielten.

1. Jesus Sirach

8: Und diese zwei wurden hindurchgerettet von sechshunderttausend Mann Fußvolk, daß sie ins Erbe eingehen, in ein Land, in welchem Milch und Honig fließt.	abzuwenden den Zorn von der Versammlung und die üble Nachrede aufhören zu lassen. Deshalb sind nur diese zwei gerettet worden von sechshunderttausend Mann Fußvolk, daß sie ins Erbe eingehen, ein Land, in welchem Milch und Honig fließt.

Mit JesSir 46,7f wird die Jesus (Josua)-Thematik in JesSir 46 abgeschlossen. Kennzeichen dafür ist, daß in V 7 Kaleb eingeführt wird, von welchem in V 9f ausschließlich die Rede sein wird.

Ben Sira begründet das erfolgreiche militärische Agieren Josuas mit dem Satz: „Denn vollkommen folgte er Gott nach".[158] Diese Wendung [מלא אחרי/(er) folgte vollkommen nach] findet sich im Alten Testament achtmal.[159] Bemerkenswert ist, daß allein fünfmal genau mit Hilfe dieser Wendung gesagt wird, daß Kaleb, der Sohn Jefunnes, Jahwe vollkommen folgte (Num 14,24; Dtn 1,36; Jos 14,8.9.14). In Num 32,12 wird zwar Josua in diese Wendung einbezogen, aber Kaleb steht an erster Stelle.[160] Dieser Befund zeigt, daß Ben Sira in 46,7 eine Aussage, die in der Überlieferung hauptsächlich mit Kaleb in Verbindung gebracht wird, allein auf Josua überträgt. Wird die vollkommene Nachfolge Josuas deshalb so betont, weil vorher (V 6) von der Vernichtungsweihe die Rede war, die Josua – im Unterschied zu Saul (1 Sam 15,8f) – ohne Ausnahme durchführen ließ? In jedem Fall soll Josua als makelloses Vorbild vorgestellt werden.

Der griechische Text weicht von der hebräischen Vorlage in den ersten vier Stichen in V 7 an einem wichtigen Punkt ab. Während Josua im hebräischen Sirachtext Gott nachfolgt, richtet er sich nach dem griechischen Text am „Herrscher" (δυνάστης) aus. Wer könnte mit dem „Herrscher" gemeint sein? Handelt es sich dabei etwa um einen weltlichen Herrscher (vgl. 4,27;

---

[158] „כי מלא אחרי אל ...". Der Beginn dieses Satzes ist verderbt. R. Smend schlägt als Ergänzung „וג(ם)/und auch darum" vor, vgl. ders., Fragment 22. Dieser Vorschlag kann in unserer Übersetzung unberücksichtigt bleiben.
[159] Im negativen Sinne wird diese Wendung in Num 32,11 und 1 Kön 11,6 gebraucht.
[160] L. Schmidt ordnet Num 32,12 „einem jüngeren Ergänzer" als der Pentateuchredaktion zu, ders., Numeri 196, Anm. 156. Neben Num 32,11 ist Num 32,12 die einzige Belegstelle für diese Wendung im Plural.

7,6; 8,1; 10,3.24; 11,6; 13,9; 16,11; 38,33; 41,17)? Aber im vorliegenden Kapitel wird „Herrscher" in bezug auf Gott gebraucht (46,5.16). Darum ist V 7 mit Herrscher auch zweifelsfrei Gott gemeint.

In BenSira 46,7f wird das Thema der vollkommenen Gottesnachfolge Josuas weiter entfaltet. Diese verortet Ben Sira geschichtlich konkret in der Zeit des Mose (ובימי משה עשה חסד) (Und in den Tagen des Mose[161] praktizierte er Glaubenstreue[162]). Aufmerksamkeit verdient die Wendung עשה חסד. Sie wird in biblischen Texten nicht nur in einem solchen religiösen Sinn[163] verwendet[164], welcher JHWHs Güte thematisiert und wo JHWH Subjekt ist[165], sondern auch in bezug auf Menschen untereinander, die einander חסד erweisen.[166] In BenSir 46,7 ist es Josua der חסד praktiziert.[167] Auch wenn die vollkommene Nachfolge allein Josua zuerkannt wird, heißt das nicht, daß Kaleb völlig übergangen werden soll. In Vers 7c wird er in Verbindung mit Josua in Form eines parenthetischen Einschubs genannt.[168] Auf diese Weise wird beiden gemeinsam attestiert, daß sie in den Tagen des Mose Glaubenstreue praktizierten. Worin diese bestand, wird in den Versen 7d.e.f jeweils mit einer Infinitivkonstruktion entfaltet.

Als erster Beleg für die Glaubenstreue dient in Vers 7d, daß „sie gegen den Riß der Gemeinde standhielten".[169] Damit wird auf die schwierige Situation

---

[161] Der Ausdruck (ו)בימי in unmittelbarer syntagmatischer Verbindung mit einem nomen proprium ist in biblischen Texten gut bezeugt, vgl. Gen 14,1; Ri 5,6; 1 Sam 17,12; 2 Sam 21,1; 1 Kön 10,21; 2 Kön 15,29; Jes 1,1; Jer 1,2; Esra 4,7; Neh 12,12.26.47; 1 Chr 5,10.17 u.ö.

[162] Die Übersetzung von חסד mit Glaubenstreue in Verbindung mit עשה kann sich u.a. auch auf den Befund stützen, daß חסד in der jüngeren Spruchweisheit, namentlich in Sir, „fast ausnahmslos religiöse Tatbestände", charakterisiert, H. J. Stoebe, חסד 610.

[163] Nach H. J. Zobel ist חסד ursprünglich dem Bereich der Familien- und Sippengemeinschaft zuzuordnen, vgl. ders., חסד 57. So auch HALAT unter dem Lemma חסד 323.

[164] Vgl. Gen 24,12.(14); Ex 20,6; Dtn 5,10; 2 Sam 22,51 par Ps 18,51; Jer 9,23; 32,18.

[165] Vgl. H. J. Zobel חסד 59f.

[166] Vgl. Gen 20,13; 24,49; Jos 2,12.14; Ri 1,24 (8,35); 1 Sam 15,6; 20,8; 2 Sam 2,5; 3,8; 9,1. Vgl. H. J. Zobel, חסד 59.

[167] Zu notieren ist, daß die Wendung עשה חסד absolut steht und somit kein präpositionales Objekt nach sich zieht, wie dies in Gen 24,12; Ex 20,6/Dtn 5,10; 2 Sam 22,51/Ps 18,51; Jer 9,23; 32,18 der Fall ist. Ein präpositionales Objekt erübrigt sich auch schon deshalb aus inhaltlichen Gründen, da in BenSir 46,7a keine Aussage darüber getroffen wird, wem eine חסד erwiesen wird. Von daher rechtfertigt sich auch die Übersetzung mit „Glaubenstreue". „Vollkommen nachfolgen" und „Glaubenstreue" verstehen sich als Parallelismus.

[168] Vgl. von der Satzkonstruktion und von der Reihenfolge Num 14,6.38. Da Josua bereits mit vollem Namen in BenSir 46,1a vorgestellt ist (יהושע בן נון), braucht dies in V 7b nicht wiederholt zu werden, und Ben Sira kann es von daher, auch aus stilistischen Gründen, an dieser Stelle mit einem auf Josua hinweisenden Pronomen (הוא) bewenden lassen.

[169] Auch wenn hier die Diskussion nicht im einzelnen entfaltet werden kann, so verweisen beispielsweise R. Smend, Fragment 22, und V. Ryssel, Sprüche 457, auf die Lesart בפרץ, welche sich aus dem Nomen פרץ und der einradikaligen Präposition ב zusammensetzt. Das Nomen selbst bedeutet soviel wie „Riß". Beide stützen ihre Lesart sowohl mit dem Hinweis auf die syrische Überlieferung des Sirachtextes zu dieser Stelle als auch mit dem Hinweis auf den Ausdruck בפרץ in BenSir 45,23. Eine solche Lesart arbeitet freilich mit der Annahme, daß es sich beim letzten Radikal anstelle eines ע um ein ץ handelt. Ein nicht ungewöhnlicher Verwechslungsfehler. Vor diesem Hintergrund ist dann sowohl unter inhaltlichem als auch unter terminologischem Aspekt auf Ps 106,23a hinzuweisen. Bei den mit dem Ausdruck פרץ in BenSir

1. Jesus Sirach

Bezug genommen, die sich nach den entmutigenden Berichten seitens der meisten Kundschafter zu entwickeln drohte (Num 14).[170] Sie priesen im Gegensatz zu den anderen Kundschaftern die Schönheit des Landes (vgl. Num 14,7).

Ein weiteres Kennzeichen der Glaubenstreue, welches die zweite Infinitivkonstruktion in Vers 7e nennt, ist, daß beide den Zorn Gottes[171] von der Versammlung Israels abwendeten.[172] Davon wird ebenfalls in Num 14,10b–12 und 14,13–24 berichtet. In Num 14,10b–12 wird der verbale Zornesausbruch JHWHs gegen sein Volk geschildert, ohne daß der Begriff Zorn (חרון) selbst verwendet wird. In Num 14,13–19 unternimmt es Mose, JHWH von seinem Zornesausbruch abzubringen, indem er JHWH an ein vom ihm selbst gesprochenes Wort erinnert (u.a.: langsam im Zorn/ארך אפים, V 18). Aus dem folgenden Abschnitt Num 14,20–24 geht hervor, daß sich JHWH durch Mose von konkreten Zornestaten abhalten läßt (V 20)[173], wenn auch nur bedingt. Denn die erwachsenen Männer werden ausdrücklich davon ausgenommen, jemals das den Vätern zugeschworene Land zu sehen (V 22f), und die ausgesandten Kundschafter, die hernach üble Gerüchte über jenes Land verbreiten, fallen wenig später augenblicklich tot zu Boden (Num 14,36f). Jedoch wird über Kaleb gesagt, daß er in das Land kommen wird, weil er vollkommen JHWH nachfolgte (V 24). Somit überträgt Ben Sira noch „in den Tagen des Mose" die Rolle des Mose, den Zorn JHWHs abzuwenden, bereits auf Josua und Kaleb, obgleich eben das von ihnen in Num 13 und 14 expressis verbis nicht berichtet wird.

Während Josua und Kaleb im hebräischen Text den Zorn von der „Gemeinde" (מעדה)[174] abwenden, hindern sie im griechischen Text das „Volk"

45,23; 46,7 (?) und Ps 106,23a bezeichneten Fällen geht es darum, einbrechendes Unheil abzuwehren, wie es sich durch einen Riß bzw. durch eine Bresche (פרץ) in einer Mauer immer wieder ereignen kann, vgl. F.-L. Hossfeld, Überlieferung 260. Eine solche Aussage konnotiert und beinhaltet zugleich eine andere bildhafte Bedeutung: Eine führende Gestalt springt in eine Bresche, um eine eindringende Bedrohung für andere abzuwehren, vor allem aber auch dann, um Verderben abzuwenden, welches Israel seitens Gottes droht, vgl. J. Conrad, פרץ 769. G. Sauer übersetzt die Infinitivkonstruktion להתיצב בפרע קהל mit „indem sie sich hinstellten beim Aufruhr der Gemeinde", vgl. ders., Sirach 314. Der Inf. cstr. Hitp. להתיצב ist in Verbindung mit der Präposition ב vom Kontext her wohl am ehesten mit „standhalten gegen" wiederzugeben, wie dies, wenngleich ohne Bezug auf einen mit ב präfigierten Ausdruck, in ähnlicher Weise auch in 2 Chr 20,6 der Fall ist, vgl. J. Reindl, יצב/נצב 561.

[170] Es läßt sich darauf aufmerksam machen, daß auch der Begriff קהל in Num 14,5 verwendet wird. Dies stützt auch terminologisch die Beobachtung, daß Ben Sira auf Num 14,1–5 Bezug nimmt. Zu notieren ist zudem, daß der Begriff קהל in Num 13/14 lediglich in 14,5 bezeugt ist. Im Buch Josua kommt er nur in Jos 8,35 vor.

[171] Der Begriff חרון wird im AT nur in bezug auf Gott verwendet, vgl. D.N. Freedman/J. Lundbom, חרה 185.

[172] „להשיב חרון מעדה/um Grimm von der Versammlung abzuwenden".

[173] Daß Mose in die Bresche springt, um den Zorn Gottes abzuwehren, wird auch in Ps 106,23 berichtet. Außerdem ist zu notieren, daß sich die Wendung להשיב חרון in Esra 10,14 exakt noch einmal findet.

[174] Auch hier läßt sich als terminologisches Indiz dafür, daß Num 13 und 14 den Referenztext bilden, der Begriff „עדה/Versammlung" nennen. Dieser wird vor allem im Buch Numeri ver-

(λαὸν) daran zu sündigen (ἀπὸ ἁμαρτίας). Wollte der Übersetzer die Vorstellung vom Zorn Gottes zurückdrängen? Vielleicht deutet sich diese Entwicklung schon im hebräischen Text an, denn dort wird nur vom „Zorn", nicht vom „Zorn Gottes" gesprochen.

Die Glaubenstreue Josuas und Kalebs erwies sich der dritten Infinitivkonstruktion zufolge im Zurückdrängen übler Reden (ולהשבית דבה רעה/ und um üble Verleumdung zum Schweigen zu bringen). Von daher wird auch hier inhaltlich auf die äußerst dramatische Situation in Num 13 und 14 Bezug genommen, zumal sich die in BenSir 46,7 gebrauchte Wendung דבה רעה in der hebräischen Bibel nur in Num 14,37a findet.[175]

Insgesamt wird in Vers 7 unterstrichen, daß Josua nicht nur den Auftrag JHWHs nach außen hin umsetzt, wie dies bei der Landnahme geschieht, sondern daß er sich auch intra muros mit Erfolg der Rebellion der Gemeinde Israels entgegenstellt. Die Botschaft ist: Josua ist ein vollkommener Anführer Israels, an welchem sich zudem auch die gegenwärtigen Anführer Israels ausrichten mögen.

Im Vers 8 wird die Belohnung für jene Glaubenstreue Josuas und Kalebs genannt: Von den 600 000 Kriegern der Israeliten (V 8b) sind nur diese beiden Männer in das verheißene Land bzw. in den Erbbesitz gekommen (V 8a). Dieser wird von Ben Sira mit der von dtn und dtr Texten (vor)geprägten Formel[176] als ein Land apostrophiert, in welchem Milch und Honig fließen (V 8c).[177]

Vers 8 erhält durch die satzeinleitende Partikel לכם – „deshalb"[178] – Begründungscharakter. Der seltene Ausdruck נאצלו – „sie wurden ausgenommen (von etwas)"[179] – spiegelt das in Num 13 und 14 beschriebene Geschehen vielleicht ein wenig zutreffender wider als die vorgeschlagene Kor-

---

wendet. Dieses Faktum wird ergänzt durch die Beobachtung, daß von den 149 Belegen im AT für עדה allein 129 auf den sogenannten Hexateuch und davon „wiederum fast ausschließlich auf die Priesterschrift und von ihr abhängige(n) Schriften" entfallen, Levy/J. Milgrom, עדה 1081. Näherhin ist er in Num 13,26²; 14,1.2.5.7.10.27.35.36 bezeugt (vgl. Levy/J. Milgrom, עדה 1084), aber auch im Buch Josua ist er häufig anzutreffen, vgl. Jos 9,15.18².19.21.27; 18,1; 20,6.9; 22,12.16.17.18.20.30. Hingegen ist der Begriff „קהל/Gemeinde" im Buch Josua nur in 8,35 belegt.

[175] Ganz davon abgesehen, daß der Begriff דבה von seinen insgesamt neun Belegstellen im Pentateuch dreimal, und zwar ausschließlich in Num 13; 14 bezeugt ist, vgl. A. Even-Shoshan/J. H. Sailhamer, Concordance 246.

[176] Vgl. E. Nielsen, Deuteronomium 84.

[177] Vgl. Ex 3,8.17; 13,5; 33,3; Dtn 6,3; 11,9; 26,9.15; 27,3; Jos 5,6; vgl. zudem Lev 20,24; Num 16,14 (negativ gebraucht); Jer 11,5; 32,22.

[178] Vgl. G. Sauer, Sirach 314, Anm. 72. Bezüglich der Schreibweise לכם vermutet V. Ryssel, daß es sich hierbei um einen Schreibfehler handle und לכן heißen müßte, vgl. ders., Sprüche 457, Anm. m.

[179] 3. P. Pl. Nif. m. PK von II. אצל. Diese Lesart legt auch O. Schilling seiner Übersetzung zugrunde, vgl. ders., Sirach 194. Im HALAT wird der Ausdruck אצל im Nif. mit „weggenommen werden" übersetzt.

1. Jesus Sirach

rektur נצלו (sie wurden gerettet).[180] Denn Kaleb und Josua blieben eben aufgrund ihrer Glaubenstreue von dem Zorn JHWHs verschont. Von daher trifft es den Sachverhalt genauer, wenn es heißt, daß Josua und Kaleb vom Zorn JHWHs ausgenommen worden sind (Num 14,24.38; 26,65; Dtn 1,36).

Die in Vers 8b genannte Zahl 600 000 geht anscheinend auf die entsprechende Angabe in Ex 12,37 zurück, wo von 600 000 kriegstüchtigen Männern (הגברים) der Israeliten die Rede ist, die in der Nacht des Auszugs Ägypten verließen. Diese Belegstelle gilt es insofern zu beachten, als in ihr jene Zahl mit Blick auf andere Personen(kreise) abgrenzend verwendet wird, die gleichzeitig mit den kriegstüchtigen Männern Ägypten verließen (Ex 12,37.38a). Auch wenn Num 11,21 diese Zahl ebenfalls nennt, so dürfte diese Stelle insofern weniger in Betracht kommen, als in ihr von 600 000 Mann Fußvolk insgesamt die Rede ist.[181] M.a.W., mit dieser Zahl wird offenbar das ganze Volk der Israeliten zu erfassen versucht (vgl. ergänzend Num 1,46).[182] Da in Sir 46,1 und 46,8 davon die Rede ist, daß Israel in seinen Erbbesitz eingeht, läßt sich dem entnehmen, daß in Sir 46,8 mit den 600 000 nicht das gesamte Volk der Auszugsgeneration gemeint sein kann.

Die in BenSir 46,8c verwendete Infinitivkonstruktion zeigt abschließend noch einmal den Zweck der Wanderschaft nach dem Auszug aus Ägypten an: „um sie in ihren Erbsitz kommen zu lassen" (להביאם אל נחלתם). Damit schließt sich auch terminologisch der Kreis zu BenSir 46,1, wo davon die Rede ist, daß eine der wesentlichsten Aufgaben Josuas darin bestand, Israel das Erbe zukommen zu lassen.[183] Liest man beide Aussagen (VV1.8) zusammen, gelangt man zu dem Schluß, daß Josua seine ihm von JHWH übertragenen Aufgaben grundsätzlich und vorbildlich erfüllt hat. Und wenn von den erwachsenen wehrfähigen Männern das Ziel tatsächlich nur Josua und Kaleb erreicht haben, so lag es am Ungehorsam und Unglauben der übrigen Israeliten.

1.2.5.1 Tradition und Interpretation von Sir 46,7f

Die Kundschaftergeschichte aus dem Buch Numeri (Num 13f) bildet offenbar den Referenztext für Sir 46,7f. Aber auch hier trifft die Inversion der Ereignisabfolge zu, denn dem sogenannten Sonnenwunder (Buch Josua) ging der Aufruhr der Gemeinde voraus (Buch Numeri). Der Tradition wird die Wendung „er folgte vollkommen nach" (מלא אחרי) entnommen. Diese

---

[180] 3. P. Pl. Nif. m. PK von נצל. Für eine solche Lesart spricht sich hingegen V. Ryssel aus, vgl. ders., Sprüche 457, Anm. m.
[181] L. Schmidt liest hingegen in Num 11,21 „600 000 Fußsoldaten zählt das Volk", vgl. ders., Numeri 18. 26.
[182] Zur näheren Deutung der Zahl vgl. H. Seebass, Numeri 51.
[183] Die Wendung „ins Erbe eingehen" greift das Thema der Übertragung des Erbes aus V 1 wieder auf und bildet so eine Inklusion.

wird zwar in der biblischen Überlieferung allein auf Kaleb bezogen (vgl. Num 14,24; Dtn 1,36; Jos 14,8.14), aber von BenSira wird sie zu allererst auf Josua übertragen.

Mit „eine Wohltat erweisen" (עשה חסד) wird ebenfalls eine Wendung aus der Tradition aufgegriffen, welche an dieser Stelle im Sinne von „Glaubenstreue" zu verstehen ist.

Mit dem nicht eindeutig bestimmbaren Ausdruck בפרע (Aufruhr, Riß, Zerbrechen) wird der Aufruhr der Gemeinde, wie er in Num 14,1-10a berichtet wird, zusammengefaßt.

In Übereinstimmung mit der Tradition wird in Sir 46,8 darauf hingewiesen, daß allein Josua und Kaleb von 600 000 (Israeliten) ausgenommen werden (Num 14,38; Kaleb allein vgl. 14,24). Die Zahl 600 000 wird in Ex 12,37f (Männer ohne Kinder) und Num 11,21 (offenbar für die Auszugsgeneration insgesamt) genannt. Somit orientiert sich die Zahl der Israeliten nicht am Referenztext Num 13f, sondern an Ex 12,37f. Daß 600 000 Kritiker fallen, davon ist in Num 14 nirgendwo die Rede. Es ist für das späte Sirachbuch charakteristisch, Traditionen aus unterschiedlichen Texten aufzugreifen und zusammenzuführen.

Neu ist ebenfalls, daß in Sir 46,7 nicht Mose, sondern Josua und Kaleb den Zorn (im griechischen Text ist von Sünde die Rede) von der Gemeinde abwenden. Der Referenztext für diesen Zusammenhang ist sachlich, nicht begrifflich-terminologisch wieder Num 14,10b-24; denn er paßt gut zur Situation von Kaleb und Josua in der Kundschaftergeschichte. Von daher fällt auf, daß im Buch Numeri Mose Unheil von Israel abzuwenden versucht, in Sir 46,7 dagegen Josua und Kaleb diese Rolle übernehmen. In Übereinstimmung mit der Tradition (Num 14,37) wird in BenSir 46,7 die Ursache des Unheils in der üblen Nachrede (דבה רעה) gesehen. Worin aber näherin die üble Verleumdung bestand, wird nicht mitgeteilt, zumal daran auch nur allgemein erinnert werden soll.

1.3 Fazit

Als Hauptbezugstexte, die Sir 46,1-8 zugrunde liegen, lassen sich Jos 8 und 10 sowie Num 13 und 14 benennen. Auch wenn die griechische Sirachversion die hebräische zur Voraussetzung hat, sind sie beide, abgesehen von nicht mehr vorhandenen hebräischen Textpassagen, nicht einfach miteinander identisch. Besonders am hebräischen Sirachtext lassen sich intertextuelle Bezugnahmen auf das Buch Numeri und das Buch Josua sehr viel plausibler aufzeigen. Eine Analyse der Sirachfassungen hat verdeutlicht, daß sowohl die biblische Textgrundlage als auch die ihr innewohnende Perspektive grundsätzlich nicht aufgegeben werden. Die griechische Fassung ist etwas mehr darum bemüht, Jesus (Josua) nicht auf eine Funktion hin festzulegen,

1. Jesus Sirach

sei es in prophetischer oder sei es in kriegerischer Funktion. In der hebräischen Textfassung liegt der Akzent deutlicher auf dem Kriegshelden Josua. Vor diesem Hintergrund wird er erwartungsgemäß insgesamt als beispielhaft und beispielgebend in die Ahnengalerie der Väter aufgenommen, weil er sich streng an den Auftrag des Herrn/JHWHs hielt. Von daher ist beiden Textfassungen grundsätzlich gemeinsam, daß sie Josua als einen in allen Dingen vollkommenen Anführer Israels verstehen, der nicht nur eine historische und einstmals Israels Identität mitbegründende Rolle spielte, sondern der zudem immer noch als ein nachahmenswertes Vorbild für Israel anzusehen ist. In beiden Sirachfassungen ist außerdem das Bemühen zu erkennen, allzu massive Vorstellungen von einem Eingreifen Gottes zurückzudrängen (Hagelschlag).

Die weitere Untersuchung ergab, daß Sirach bei der Charakterisierung Josuas in fünffacher Weise vorgeht. Als erstes übernimmt Sirach einige zentrale Elemente aus der Josua-Tradition. Dazu gehört beispielsweise das Einführen Israels in sein Erbe (Sir 46,1.8), das Sonnenwunder (Sir 46,4), das Eingreifen Gottes in das kriegerische Geschehen mittels Naturgewalten (Sir 46,5), die Vernichtung der Feinde (46,6), wozu auch die Vernichtungsweihe zählt (BenSir 46,6), und der Aufruhr der Gemeinde (Num13f). Beide Sirachfassungen lassen im Hinblick auf das Inbesitznehmen des Erbes mit kriegerischen Mitteln und der Vernichtung des Gegners keine Distanz erkennen. Sie werden als geschichtlich so stattgefundene Ereignisse von Sirach verstanden. Von daher läßt sich auch kein Anhaltspunkt für eine metaphorische Interpretation dieses Geschehens erkennen.

Als nächstes werden bereits in der Tradition vorhandene Linien ausgezogen. Dazu gehört, daß Josua aufgrund seines besonderen Geistbesitzes mit dem Prophetentum terminologisch in eine enge Beziehung gesetzt wird, ohne daß er selbst als Prophet bezeichnet wird (Sir 46,1).

Des weiteren werden vorhandene Josua-Traditionen mit anderen biblischen Überlieferungen verknüpft. Dies geschieht, wenn mit dem Ausdruck „große Hilfe/große Rettung" auf den Namen Josua angespielt wird (Sir 46,1), wenn seine Kriege als Kriege des Herrn/JHWH-Kriege bezeichnet werden (Sir 46,3) oder wenn gesagt wird, daß vor allem er JHWH vollkommen nachgefolgt ist (Sir 46,8).

Auch werden in Sir 46,1–8 neue Elemente der Josua-Tradition hinzugefügt, die sich in anderen biblischen Überlieferungen nicht finden. So wird Josua im griechischen Text mit dem Titel eines Diadochen des Mose belegt (JesSir 46,1). Ausdrücklich spricht der hebräische Text davon, daß Josua ein Held, ein Kriegsmann war und zur Hilfe für seine Erwählten „geformt" worden ist (BenSir 46,1). Neu ist ebenfalls die Hervorhebung von Josuas Verherrlichung bzw. Herrlichkeit (Sir 46,2).

Schließlich wird in Sir 46,4–8 damit gearbeitet, daß die Abfolge der Ereignisse umgestellt wird. Auf diese Weise verschieben sich theologische Aussagen gegenüber den Referenztexten, was zu einer veränderten Akzentuierung der Person Josuas führt. Dadurch wird Josua einerseits eigenständiger dargestellt (Sonnenwunder), anderseits wird seine Abhängigkeit von Gott bei jenen Ereignissen nachdrücklicher hervorgehoben, bei denen Gott vorher sozusagen ungefragt Josua zu Hilfe kam (Hagelabwurf/Vernichtung der Feinde).

2. Die ersten beiden Makkabäerbücher

Von Josua und seinen Taten ist auch in den beiden Makkabäerbüchern die Rede (1 Makk 2,55 und 2 Makk 12,15f). Darüber hinaus lassen sich weitere Motive entdecken, die an den ersten großen Teil des Josuabuches erinnern: der „Himmel" als Helfer und Beistand im Krieg (1 Makk 12,15; vgl. 3,60 und 4,10), die Vernichtung der Gotteslästerer (2 Makk 12,14–16), die unerwartete Hilfe der Natur (1 Makk 13,22). Es gibt also gute Gründe dafür, sich im Rahmen einer Rezeptionsgeschichte mit den Makkabäerbüchern zu beschäftigen. Hinzu kommt, daß diese Bücher ähnlich wie BenSir und mehr noch seine Übersetzung JesSir einem vergleichbaren Zeitkontext angehören, der vom Hellenismus geprägt ist. Die beiden Makkabäerbücher können somit weitere Anhaltspunkte dafür bieten, aus welchen Perspektiven in jener Zeit die Person des Josua und sein Handeln wahrgenommen und verstanden worden sind.

2.1. Josua im ersten Makkabäerbuch

Vor allem in dem um 100 v.Chr. ursprünglich in Hebräisch[184] und vermutlich in Jerusalem entstandenen ersten Makkabäerbuch (1 Makk)[185] finden sich Motive und Elemente, welche vom Buch Josua her schon bekannt sind. Neu hingegen ist, daß Josua ein Richter in Israel genannt wird.

2.1.1 Josua als Richter in Israel (1 Makk 2,55)

„Josua, indem er das Wort erfüllte, wurde Richter in Israel." Diese Worte sind Teil eines längeren poetischen Textes (1 Makk 2,49–64), der dem sterbenden Mattatias als eine Art Abschiedsrede in den Mund gelegt wird.[186] Diese weist formale wie inhaltliche Parallelen zum sogenannten Väterlob in

---

[184] Der hebräische Urtext ist verloren gegangen. Hieronymus lag er noch vor, vgl. H. Engel, Makkabäer 313.
[185] Vgl. S. von Dobbeler, Makkabäer 46.
[186] Vgl. W. Dommershausen, Makkabäer 25.

Sir 44–50,21 auf. Die in der Abschiedsrede genannten Personen werden zwar „aus ihrem geschichtlichen Kontext herausgelöst"[187], doch das gehört zur Pragmatik der Paränese: Mattatias will seine Söhne ermutigen, den hehren Vorbildern zu folgen, die sich für die Sache Gottes ereifert haben und dennoch nicht zu Fall gekommen sind. So sollen die Söhne es lernen, sich für die Thora und die Theokratie ganz einzusetzen.[188]

Der griechische Text in 1 Makk 2,55 lautet: Ἰησοῦς ἐν τῷ πληρῶσαι λόγον ἐγένετο κριτὴς ἐν Ισραηλ.[189] Mit einer Infinitivkonstruktion wird gesagt, welches Verdienst Josua sich erworben hat (Tun). Im Hauptsatz wird mitgeteilt, was er als Lohn dafür erhielt (Ergehen). Ähnlich sind auch die benachbarten Verse über Pinhas (V 54) und Kaleb (V 56) aufgebaut (vgl. V 58).[190] In der jeweiligen Infinitivkonstruktion wird die zu bestehende Situation thematisiert: Pinhas unterbindet Beziehungen zwischen israelitischen Männern und midianitischen Frauen und wird dafür von JHWH mit dem Bund eines ewigen Priestertums belohnt (vgl. Num 25,10–12). Kaleb beschreibt gemeinsam mit Josua das Land Kanaan als „überaus schön" und ermutigt zur Landnahme (vgl. Num 14,6–9). Während sich bei Pinhas und Kaleb trotz aller Reduktion des Kontextes immer noch eine konkrete Situation benennen läßt, die in den wenigen Angaben noch durchscheint, ist dies bei Josua in 1 Makk 2,55 nicht mehr möglich.

Vor dem genannten Hintergrund ist zu fragen, was die Wendung „ein Wort erfüllen" (πληρῶσαι λόγον) im biblischen Kontext bedeutet. Parallelen zu dieser Wendung enthalten 1 Kön 1,14; 2 Chr 36,21 und Kol 1,25. Die erste Parallele findet sich in 1 Kön 1,14bβ. Im Unterschied zu 1 Makk liegt hier auch der hebräische Text vor: „Und ich werde deine Worte bestätigen" (ומלאתי את־דבריך). Natan „erfüllt" die Worte Batsebas, in dem er sie auf seine Weise bestätigt.[191] In 2 Chr 36,21 werden die Worte

---

[187] S. von Dobbeler, Makkabäer 64; W. Dommershausen, Makkabäer 26.
[188] Vgl. E. Haag, Theokratie 37.
[189] Die von diesem Text variierenden Lesarten sind bei W. Kappler im textkritischen Apparat angegeben und stellen keine wirklich erheblichen Varianten dar, welche die Interpretation wesentlich bestimmen würden, vgl. ders., Maccabaeorm 60. Beispielsweise lesen allesamt die fünf der Lukianrezension zugeschriebenen Handschriften hinter Ἰησοῦς ein οὐχί, so daß es sich bei ihnen somit um eine rhetorische Frage handelt. Und neben Textfassungen der Lukianrezension bietet die Handschriftengruppe 19–93, die einen sogenannten nach Lukian verbesserten Vulgärtext darstellt, anstelle des Sg. λόγον den Pl. λόγους, womit vermutlich auf das mehrfache Ergehen von Anrufen JHWHs an Josua Bezug genommen wird.
[190] Es fällt auf, daß der Lohn für Pinhas und für Kaleb mit der Verbform ἔλαβεν angezeigt wird, während Josua „etwas wird" (ἐγένετο). Damit ergibt sich zugleich für Josua eine Parallele zu JesSir 46,1. Ebenso wie in Sir 46,7–9 wird Kaleb nach Josua genannt.
[191] Auch wenn vom Kontext her eine vom Propheten Natan geschickt eingefädelte Intrige mit dem Ziel der Inthronisation des Salomo (vgl. G. Hentschel, Könige 21–23), die Wendung מלאי (את) דבר im Sinne von „ein/das Wort bestätigen" gebraucht wird, so weist M. Noth in bezug auf מלא im Pi. darauf hin, daß die inhaltliche Bedeutung der Wendung letztlich „wohl nicht im Sinne von ‚inhaltlich ergänzen', ‚vervollständigen', sondern ‚voll in Kraft setzen'" (M. Noth, Könige 20) zu verstehen ist. Im ähnlichen Sinne (Aussagen erfüllen) versteht auch L. A. Snijders diese Stelle, vgl. ders., מלא 880.

JHWHs, die er durch Jeremia verkündet hat, dadurch bestätigt, daß sich das Unheil an Jerusalem erfüllt: „damit das Wort JHWHs erfüllt werde" (למלאות דבר־יהוה). Die gleiche hebräische Wendung „das Wort erfüllen" (מלא את־דבר) wird in 1 Kön 2,27bα gebraucht: Salomo verbannt Abjatar, „damit das Wort des Herrn erfüllt werde" (למלא את־דבר יהוה). In der griechischen Übersetzung steht allerdings eine etwas veränderte Wendung: πληρωθῆναι τὸ ῥῆμα κυρίου (vgl. 2 Chr 36,22). Auch im Kolosserbrief geht es darum, das Wort Gottes voll in Kraft zu setzen (πληρῶσαι τὸν λόγον τοῦ θεοῦ). „Wie ein vorher festgelegtes Maß mit seinem Inhalt gefüllt wird, so hat der Apostel (respektive Josua; ThRE) Gottes Willen und Befehl zu verwirklichen".[192]

Aber in welchem Sinn wird jene Wendung für Josua gebraucht? Die Übersetzungen bei dieser Stelle denken beim Wort λόγος an „Auftrag" (EÜ); „Gesetz"[193] oder „Pflicht".[194] Damit geben sie einen wichtigen Aspekt des Handelns Josuas wieder. Die Wendung „(das) Wort erfüllen"[195] bringt aber noch etwas Umfassenderes zum Ausdruck: Ein Wort wird voll und ganz in Kraft gesetzt und somit erfüllt. Dies ist mit Blick auf die im unmittelbaren Kontext von 1 Makk 2,55 genannten Weggefährten Josuas, Pinhas (V 54) und Kaleb (V 56), auf sein vorbildliches Verhalten und Handeln während der Wüstenwanderung und der Einnahme des Landes zu beziehen: Josua hat stets die Aufträge, die er erhielt, umfassend erfüllt. Eigene Interessen hat er dabei nie verfolgt, er war ganz Werzeug.

Der theologischen Grundstruktur (Tun-Ergehen) der sogenannten Abschiedsrede des Mattatias entsprechend, wird auch im zweiten Teil des Stichos der Lohn Josuas für das treue Erfüllen des Wortes genannt. Es heißt, daß „er Richter in Israel wurde (ἐγένετο κριτὴς ἐν Ισραηλ)". Zwar wird Josua im übrigen im Alten Testament an keiner Stelle als Richter (κριτής) bezeichnet, aber vor allem die Verteilung des Landes nach der Landnahme ist eine Aufgabe, welche einem Herrscher sozusagen nach gewonnener Schlacht zukommt. Und im Sinne eines Herrschers ist wohl der Ausdruck „Richter" an dieser Stelle zu verstehen. Daß eine solche Lesart angemessen ist, läßt sich mit Hinweis auf die Wendung „Richter Israels" (שפט ישראל) in Mich 4,14 plausibel machen[196] und durch die Vulgata mit „dux" (Führer) stützten.[197] Von daher darf mit E. Kautzsch zu recht vermutet werden[198], daß im hebräischen Text von 1 Makk 2,55 „Richter" (שפט) stand. Somit kann an dieser Stelle auch ausgeschlossen werden, daß mit dieser Bezeichnung in

---

[192] E. Lohse, Kolosser 118.
[193] H. Bückers, Makkabäerbücher 34.
[194] H. Bévenot, Makkabäerbücher 63.
[195] „Die LXX übersetzt den Ausdruck meistens mit πληρόω τὸν λόγον", L.A. Snijders, מלא 881.
[196] Vgl. H. Niehr, שפט 419.
[197] „Iesus dum implet verbum factus est dux Israel".
[198] Vgl. E. Kautzsch, Makkabäer 39.

einer anachronistischen Retrojizierung (H. Niehr) ausgesagt werden soll, Josua habe das Amt eines beamteten Richters in Israel besessen.[199]

So läßt sich abschließend konstatieren: Josua ist mit der Aufgabe, das Herrscheramt in und über Israel auszuüben, deshalb belohnt worden, weil er das Wort Gottes treu und vollständig erfüllt hat. Dies besitzt Vorbildcharakter und Leitfunktion für die Makkabäer. Josua verdient in die Ehrenreihe „unsere Väter" (πατέρων ἡμῶν, V 51) von 1 Makk 2,49–70 schon deshalb aufgenommen zu werden, weil er aufgrund seiner Kompromißlosigkeit ein besonders ideales und strahlendes Vorbild für die Makkabäer in ihrem unerbittlichen Kampf gegen Hellenisierungsbestrebungen der Seleukiden ist. Josua wird somit zu einem Vater im Geist der Makkabäer(kriege). Dies läßt schließlich den Schluß zu, daß die in der biblischen Tradition beschriebenen Aktionen Josuas vom Verfasser des ersten Makkabäerbuches als historisch so geschehen und wortwörtlich verstanden worden sind.

2.1.2 Eingreifen „der Natur" (1Makk 13,22)

Eine Parallele zwischen dem Buch Josua und dem ersten Makkabäerbuch ist im Hinblick auf ein plötzliches Einsetzen von Naturgewalten gegeben, die den Gegnern schaden. Von daher besteht eine Ähnlichkeit mit Jos 10,11b (Hagelsteine). In 1 Makk 13,22 ist es ein in der Nacht plötzlich einsetzendes gewaltiges Schneetreiben. Dieses hindert ein Juda feindliches Heer daran, in der Nacht einen Marsch durch die Wüste zu nehmen, um der Besatzung in der Burg zu Jerusalem, die ausgehungert werden sollte (vgl. 1 Makk 12,36), Lebensmittel zu verschaffen.

Zwar wird im Unterschied zu Jos 10,11 in bezug auf die (Hagel-)Steine in 1 Makk 13,22 nicht erzählt, daß dieser gewaltige Schneefall (χιὼν πολλὴ σφόδρα) direkt auf Gott zurückgeht, aber dieses im Hinblick auf seine Wirkung dennoch wundersame Ereignis läßt sich so interpretieren, daß dafür Gott als Initiator anzusehen ist. So ist es in Ex 9,24 auch Gott, der sehr schweren Hagel (ἡ δὲ χάλαζα πολλὴ σφόδρα σφόδρα) auf Ägypten niedergehen läßt. Von daher darf auch mit Blick auf 1 Makk 13,22 gelten: JHWH „nimmt an dem Kampfe teil mit Naturmächten wie Gewitter, Erdbeben usw."[200], und in dieses „usw." kann auch starker Schneefall eingeschlossen sein.

Somit läßt sich auch für das erste Makkabäerbuch sagen, daß Gott letztlich der Herr des Krieges ist. Dies trifft selbst dann zu, wenn er nicht wie im Buch Josua direkt in kämpferische Auseinandersetzungen eingreift und sich mit Zusagen und Befehlen an Heerführer wendet.[201]

---

[199] Vgl. H. Niehr, שפט 420f.
[200] H. Fredriksson, Jahwe 18.
[201] Vgl. Jos 1,1; 3,7; 4,1.15; 5,2.9.(15); 6,2; 7,10; 8,1.18; 10,8; 11,6; 13,1; 20,1.

2.1.3 Religiös motivierter Krieg

Wie im Buch Josua findet sich auch im ersten Makkabäerbuch der Topos des JHWH-Krieges bzw. die Vorstellung eines stark religiös motivierten Krieges, wenngleich unter veränderten Vorzeichen.[202] Dies trifft auch dann zu, wenn mit N. Lohfink gerade die Bezeichnung Heiliger Krieg besser nicht gebraucht werden sollte.[203] Einerseits ist zu Recht beobachtet worden, daß es der Verfasser(kreis) von 1 Makk in seiner „Geschichtserzählung"[204] vermeidet, Gott direkt in die Geschehnisse eingreifen zu lassen und Gott überhaupt direkt zu nennen[205], so daß sogar von dem „Fehlen jeder persönlichen Wärme in der Religion unseres Buches"[206] gesprochen werden konnte.

Anderseits kann aber auch nicht generell der Schluß gezogen werden, daß den Makkabäern die religiöse Motivierung ihrer Kriegshandlungen abhanden gekommen wäre, so daß ihre Kämpfe auf die Ebene einer überwiegend politischen Auseinandersetzung herabgesunken wären, nachdem sie sich die Religionsfreiheit erst einmal erkämpft hatten.[207] Zudem kann letztlich ebenfalls nicht von einer „merkwürdig säkulare(n) Auffassung von dem Ablauf der kriegerischen Geschehnisse"[208] die Rede sein. Solche Einschätzungen widersprechen schlicht insofern allein schon dem Textzeugnis des ersten Makkabäerbuches, als beispielsweise die Forderung des Mattatias in 1 Makk 2,68 „haltet fest an der Vorschrift des Gesetzes" (προσέχετε εἰς πρόσταγμα τοῦ νόμου) keine Relativierung in Religionssachen in irgendeiner Weise zuläßt. Denn Verhandlungen und Abmachungen mit dem Gegner bedeuten ja eo ipso nicht, daß man bereit sei, fundamentale Zugeständnisse in religiösen Bereichen zu machen oder auf diesen Feldern Problematisches (z.B. Götzendienst und Apostasie) widerspruchslos hinzunehmen.[209] Daß es für die Makkabäer JHWH/Gott ist, der den Sieg gewährt, welcher somit letztlich nicht bloß Resultat kriegerischer Tüchtigkeit sein kann[210], läßt sich an 1 Makk 3,60 (Doch wie der Himmel will, so soll es geschehen), 4,10 (Laßt uns den Himmel anrufen …) und 12,15 (Denn wir haben die Hilfe, welche uns hilft, aus dem Himmel) ablesen. Ein Beispiel für den Topos des Gotteskrieges liefert in besonders eindrücklicher Weise 1 Makk 11,67–74. In diesem Abschnitt wird erzählt, daß bei einem Angriff des Gegners aus dem Hinterhalt alle Soldaten Jonatan verlassen, so daß er nur mit zwei Truppen-

---

[202] Vgl. R. Albertz, Religionsgeschichte 666; M. Hengel, Zeloten 278; G. von Rad, Krieg 83.
[203] Vgl. N. Lohfink, חרם 206.
[204] So die Gattungsbezeichnung von W. Dommershausen, Makkabäer 7.
[205] Vgl. H. Engel, Makkabäer 319. Zum Problem der Vermeidung bzw. Umschreibung des Gottesnamens in 1 Makk, vgl. Th. R. Elßner, Das Namensmißbrauch-Verbot 211–221.
[206] D. Arenhoevel, Theokratie 34.
[207] Vgl. M. Hengel, Zeloten 177.
[208] G. von Rad, Krieg 84.
[209] Zu einer solchen Einschätzung scheint M. Hengel zu gelangen, vgl. ders., Zeloten 177f.
[210] Vgl. G. von Rad, Krieg 84.

führern zurückbleibt. Aber nach Bußriten und einem Gebet nimmt er so gestärkt den Kampf auf und schlägt anschließend ein Heer von über dreitausend Mann in die Flucht.[211]

2.1.4 Religiös motivierte Menschenvernichtung

Bezüglich der Vernichtungsweihe (חרם) der Feinde und ihres Besitzes während eines Krieges, näherhin auch Kriegsheraem genannt, wird vermutet, daß man mit dem Beginn des israelitischen Königtums bald aufhörte[212], den Kriegsheraem weiterhin anzuwenden. C. Schäfer-Lichtenberger macht auf die Untersuchungen von C. H. W. Brekelmans und F. Stolz aufmerksam, nach denen heraem „als religiös motivierter Schlußakt des Krieges, der die Totalvernichtung der gegnerischen Bevölkerung impliziert, als historische Praxis in den atl Texten nicht belegt ist."[213] Dies schließt aber nicht aus, daß in Zeiten massiver religiöser Bedrängung (Religionsedikt von Antiochus IV. 167 v.Chr.), in denen es um das religiöse Überleben des tradierten Glaubens geht, im Zuge eines bewaffneten Widerstandes das Institut des Kriegsheraem (literarisch?) wieder entdeckt und eingesetzt wird. Das heißt, der Kriegsheraem kann in solchen Zeiten durchaus so etwas wie eine Renaissance erfahren[214], gerade auch im Rückgriff auf die insgesamt als normativ geltenden Väter-Zeiten.

Sieht man sich die Begriffe genauer an, die in der Septuaginta zur Wiedergabe des Begriffs חרם, vor allem die des Verbs, verwendet werden, und untersucht daraufhin das erste Makkabäerbuch, so lassen sich auch in ihm die entsprechenden in der Septuaginta verwendeten Begriffe nachweisen. Bei diesen handelt es sich in bezug auf das Verbum חרם um ἀναθεματίζειν

---

[211] Anscheinend nimmt eine Reihe von Kommentatoren die Intention der Aussageabsicht von 1 Makk 11,67–74 nicht ausreichend genug wahr. Diese besteht u.a. darin, daß in diesem Abschnitt vom wunderbaren Rettungshandeln JHWHs/Gottes selbst in anscheinend ausweglosen Situationen gesprochen wird. JHWH/Gott erweist sich hier als der eigentliche und wirkmächtige Kriegsherr, so daß es von daher nicht auf die Anzahl der Soldaten (vgl. Ri 7,1–8), sondern vielmehr darauf ankommt, JHWH/Gott die Treue zu halten. In manchen Kommentaren schimmert mitunter auch mit Hinweis auf die Antiquitates des Josephus (ant. XIII 5,7) ein zaghafter Versuch durch, dem Ausgang dieses militärisch gesehen asymmetrischen Kampfes, der jedoch zugunsten des militärisch bei weitem unterlegenen Gegners ausgeht, dennoch so etwas wie einen rationalen Erklärungsansatz beizustellen: „Nur zwei Offiziere (V 70) – das wird man auch aufgrund der Notiz JosAnt XIII 5,7 annehmen können – und ein Teil ihrer Gefolgsleute blieb bei Jonatan" (1 Makk 11,70), S. von Dobbeler, Makkabäer 119; vgl. H. Bévenot, Makkabäerbücher 139, wobei er aber gleichzeitig auf den strengen Wortlaut aufmerksam macht; H. Bückers, Makkabäerbücher 114; W. Dommershausen, Makkabäer 85. Dabei sollte vor allem gerade die Aussage(absicht) des Verfasser(kreises) von 1 Makk in seinem Wortlaut zur Kenntnis genommen werden: „und auch nicht einer von ihnen blieb zurück" (οὐδὲ εἷς κατελείφθη ἀπ' αὐτῶν, 1 Makk 11,70).
[212] Vgl. C. H. W. Brekelmans, חרם 637.638; N. Lohfink, חרם 208.
[213] C. Schäfer-Lichtenberger, Bedeutung 275.
[214] Vgl. D. Arenhoevel, Theokratie 38.

(5,5), ἀπολλύειν²¹⁵, ἐξολεθρεύειν (3,8), ὀλεθρεύειν (2,40) und bezüglich des Nomens חרם um ἀπώλεια (3,42) und um ἐξολέθρευσις (7,7). Sieht man sich die Frequenz der Verben an, so läßt sich zwar feststellen, daß gerade der Ausdruck ἀναθεματίζειν nur einmal in 1 Makk bezeugt ist, daß aber im Hinblick auf den Gesamtbefund das Resümee von N. Lohfink zu berücksichtigen ist: In der Septuaginta konnte sich die Wortgruppe ἀνάθημα/ἀνάθεμα/ἀναθεματίζειν in bezug auf die Übersetzung des Ausdrucks mit חרם nicht durchsetzen, so daß man „auf Wörter für ‚zerstören, vernichten, erschlagen, vertilgen' ausgewichen"²¹⁶ ist.

Nimmt man zudem den Kontext hinzu, in welchem jene Ausdrücke verwendet werden, so trifft auch das zu, was im Zusammenhang mit dem Begriff חרם selbst gilt: In den entsprechenden Kämpfen der Makkabäer kannte man der Sache nach das Institut des Kriegsheraem. Zudem läßt sich hinsichtlich dieser Kämpfe sagen, daß sie „stets eine religiöse Sinndimension hatten. Im Krieg erging göttliches Gerichtsgeschehen".²¹⁷

Kompromißcharakter zwischen Kriegsrecht und Kriegsheraem nimmt 1 Makk 5,45–51 insofern ein, als hier von der Zerstörung einer Stadt (Efron) und der Vernichtung der gesamten männlichen Einwohner berichtet wird, nur weil jene Judas Makkabäus und „ganz Israel" (V 45) den Durchzug verwehrte, obwohl er zuvor an die Stadt Worte des Friedens (λόγοις εἰρηνικοῖς) gerichtet und betont hatte, den Bewohnern nichts Böses anzutun. Die nach Einnahme der Stadt erfolgte Tötung allen männlichen Wesens besitzt auch im Kontext von 1 Makk 5 Züge eines Kriegsheraems, wie dies anscheinend in 1 Makk 5,28. und 5,35 der Fall ist. Auffällig zudem ist, daß diese Erzählung sowohl Parallelen zu Jos 6,1²¹⁸ als auch zu Num 21,21–25/Dtn 2,26–35²¹⁹ aufweist. Im Unterschied aber zu 1 Makk 5,28.35 wird das Vorgehen des Judas Makkabäus so dargestellt, daß er sich wie in 1 Makk 3,56 an die Kriegsgesetze von Dtn 20,10–14 hält²²⁰, was ihn in gewisser Weise exculpiert. Nach Dtn 20,10–14 ist der Stadt zuerst ein friedliches Angebot zu unterbreiten (V 10). Nimmt sie es nicht an, darf sie belagert werden (V 12). Wenn dann die Stadt mit Gottes Hilfe in die Hand der Belagerer fällt, ist dann die gesamte männliche Bevölkerung (πᾶν ἀρσενικόν)²²¹ mit scharfem Schwert zu erschlagen (V 13). Klar aber ist, daß die Stadt nur erobert werden kann, wenn es „der Herr, dein Gott" will.

---

[215] Der Ausdruck ἀπολλύειν wird auch in 1 Makk für verschiedene Arten des Sterbens und eines Sich-Auflösens verwendet, so daß selbstverständlich der Kontext entscheidend ist, vgl. 1 Makk 1,30; 2,37.63; 3,9; 5,13.51; 6,13; 7,6; 9,2; 11,18; 12,40.49.50; 13,4.18.49; 16,21.22.
[216] N. Lohfink, חרם 195.
[217] N. Lohfink, חרם 206.
[218] 1 Makk 5,47: „Die in der Stadt aber versperrten ihnen den Weg und verrammelten die Thore mit Steinen" (E. Kautzsch, Makkabäer 48).
[219] Ein friedliches Ersuchen, um ein Gebiet zu durchqueren, wird abgelehnt; daraufhin erfolgen Kampfhandlungen mit anschließender Vernichtung des Gegners.
[220] Vgl. U. Rüterswörden, Deuteronomium 134.
[221] Diese Wendung ist u.a. sowohl in Dtn 20,13 (LXX) als auch in 1 Makk 5,28.35.51 bezeugt.

2. Die ersten beiden Makkabäerbücher

Insgesamt kann aber festgehalten werden, daß das Institut einer religiös motivierten Vernichtung, wie sie mit dem Begriff חרם im engen Zusammenhang steht, im ersten Makkabäerbuch wieder an Konturen gewinnt (vgl. 1 Makk 3,8). Dies gilt unabhängig davon, ob die geschilderten Begebenheiten historische Ereignisse wiederzugeben bestrebt sind oder auf literarischer Ebene anzusiedeln sind.

2.1.5 Fazit

Einige theologische Grundmuster, die das Buch Josua prägen, finden sich auch im ersten Makkabäerbuch. Anscheinend erweisen sich diese als anschlußfähig in bezug auf die Zeit der makkabäischen Erhebung, die von massiven religiösen Auseinandersetzungen geprägt ist.

Als erstes ist festzuhalten, daß Josua mit Blick auf die Makkabäerkämpfe deutlich als Vorbild hingestellt wird (1 Makk 2,55), da er den an ihn ergangenen Auftrag Gottes vollständig erfüllte. Dies läßt sich auch auf die bedingungslose Durchführung des Kriegsheraem beziehen. So wird Josua deshalb im Sinne des Tun-Ergehen-Zusammenhangs mit dem Richteramt in Israel belohnt. Richter ist hier im Sinne von Gebieter (dux) zu verstehen. Diese Aussage ist im Alten Testament singulär. Sie zeigt zugleich die Hochschätzung, die man Josua aufgrund seiner Gesetzestreue und seines auftragsgerechten Handelns Gott und Israel gegenüber entgegenbringt.

Als nächstes ist festzuhalten, daß analog zu Jos 10,11 das Motiv des plötzlichen Einsetzens von Naturgewalten aufgegriffen wird. Eine solche Naturgewalt dient allein dem Zweck, dem Gegner eine vollständige Niederlage zu bereiten (1 Makk 13,22). Näherhin läßt sich mit dem als plötzlich und unerwartet einsetzenden Naturereignis ein Eingreifen Gottes assoziieren.

Schließlich kann anhand von bestimmten Ausdrücken nachgewiesen werden, daß im ersten Makkabäerbuch auf den Topos des Kriegsheraems zurückgegriffen wird (ἀναθεματίζειν, ἀπολλύειν, ἐξολεθρεύειν, ὀλεθρεύειν; ἀπωλεία, ἐξολέθρευσις), wie er in Jos 1–12 gegenwärtig und ein von Gott her legitimiertes Institut ist. Aus dem Gesagten ergibt sich, daß in Perioden massiver religiöser Bedrängnisse, die mit bewaffnetem Widerstand beantwortet werden, auch das Institut des Kriegsheraem (literarisch?) wieder entdeckt wird und so vielleicht eine Renaissance erfährt.

2.2 Josua im zweiten Makkabäerbuch

Das vermutlich zwischen 124[222] und 30[223] v.Chr. verfaßte zweite Makkabäerbuch ist im Unterschied zum ersten Makkabäerbuch „von vornherein in

---

[222] Vgl. H. Engel, Art. Die Bücher der Makkabäer 327.
[223] Vgl. W. Dommershausen, 1 Makkabäer/2 Makkabäer 9.

literarischem Koine-*Griechisch* verfaßt worden".[224] Es handelt sich also um keine Übersetzung. Nach dem Selbstzeugnis von 2 Makk 2,19–32 versteht sich das zweite Makkabäerbuch von seiner literarischen Art her als Versuch einer Zusammenfassung des fünfbändigen Werkes des Jason von Kyrene (2 Makk 2,23) über die Ereignisse, die mit Judas Makkabäus im engen Zusammenhang stehen. Von daher läßt sich in Übereinstimmung mit dem Verfasser des zweiten Makkabäerbuches die literarische Form seines Buches auch als eine Kurzfassung (ἡ ἐπιτομή, VV 26.28) des Werkes Jasons bezeichnen. Dem korrespondiert, daß der Verfasser nicht zuletzt auch die Kürze des Ausdrucks bevorzugt, und zwar bei bewußtem Verzicht auf eine gründliche wissenschaftlichen Ansprüchen genügende Ausarbeitung (V 31). Der Verfasser selbst bezeichnet daher seine Ausarbeitung außerdem auch als „Erzählung" (ἡ διήγησις, V 32). Als Fremdbeschreibung wird das zweite Makkabäerbuch „der Gattung der pathetischen Geschichtsschreibung"[225] zugerechnet.

Der Verfasser selbst, der aufgrund dieser Kurzzusammenfassung als Epitomator bezeichnet wird, könnte ein alexandrinischer Jude gewesen sein[226], auch wenn Jerusalem als „Ort der Entstehung" als nicht unwahrscheinlich gelten muß.[227]

2.2.1 Das Vorbild Jerichos bei der Einnahme von Kaspin (2 Makk 12,15)

In 2 Makk 12 wird von Kämpfen des Judas Makkabäus gegen Städte berichtet, in welchen sich Pogrome gegen jüdische Einwohner ereignet haben (VV 3–7) oder in welchen eine akute Pogromgefahr besteht (V 8f). Außerdem ist von Kämpfen gegen Araber (Ἄραβες, V 10) die Rede, die als Nomaden (οἱ νομάδες, V 11) bezeichnet werden (VV 10–12). Im Anschluß daran wird von einem Kampf des Judas Makkabäus gegen eine Stadt bzw. Ortschaft (χωρίον, V 14) namens Kaspin, berichtet (VV 13–16). Deren Einwohner haben sich – vermutlich erst beim Anblick des mit seinem Heer herangerückten Judas Makkabäus – der Gotteslästerung schuldig gemacht (βλασφημοῦντες).[228] Weshalb aber Judas Makkabäus überhaupt gegen Kaspin vorrückt, wird dem Leser nicht mitgeteilt.

Bemerkenswert bei der Beschreibung dieses Kampfes ist, daß dabei nicht nur ausdrücklich auf die Eroberung der Stadt Jericho durch Josua Bezug genommen wird, sondern daß offenbar auch diese Eroberung die Vorlage[229], wenngleich in gedrängter Form, für den Ablauf der Eroberung der Stadt Kaspin abgibt.

---

[224] H. Engel, Die Bücher der Makkabäer 321.
[225] Vgl. W. Dommershausen, 1 Makkabäer/2 Makkabäer 9.
[226] Vgl. ders. ebd. 8.
[227] Vgl. H. Lichtenberger, Gottes Nähe 137.
[228] Dieser Terminus impliziert ein „gottwidriges Reden" an dieser Stelle, vgl. W. Beyer, Art. βλασφημία 621.
[229] Vgl. S.-M. Kang, Divine war 147.

2. Die ersten beiden Makkabäerbücher

Die militärische Ausgangssituation wird vergleichsweise der Jerichos so dargestellt, daß Kaspin als uneinnehmbar bzw. als äußerst schwer überwindbar gilt: „Die drinnen (in Kaspin; ThRE) vertrauten aber auf die Standhaftigkeit der Mauern und auf den Vorrat an Lebensmitteln" (2 Makk 12,14). Zudem wird auch auf die Hybris der Einwohner von Kaspin hingewiesen, welche sich in der scheinbaren Uneinnehmbarkeit ihrer Stadt gründet. Diese Hybris äußert sich verbaliter in gegen das Heer des Judas Makkabäus ausgestoßenen Lästerungen und Schmähungen. Der Topos, eine für die Makkabäer prima facie fast aussichtslos erscheinende militärische Lage, findet sich zuvor schon einmal in 2 Makk 12,7, wo es mit Blick auf die von Judas Makkabäus angestrebte Eroberung der Stadt Jafo heißt: „Die Ortschaft aber war fest verschlossen".[230] Mit einer ähnlichen Feststellung, die teilweise bis in die Begrifflichkeit hinein identisch ist, wird auch Jos 6 eröffnet.[231] Somit geht es in 2 Makk 12,7.(10).14.21.27 ebenfalls darum, eine für das Heer (στρατιά, V 20) des Judas Makkabäus sehr schwierige Ausgangssituation schon allein deswegen aufzuzeigen, um dann vor diesem dunklen Hintergrund (16.22f.28) den durch den Gott Israels gewährten Sieg bzw. Teilsieg (VV 6.7) um so leuchtender hervortreten zu lassen. Diese Beobachtung kann sich darauf stützen, daß wunderbare Rettungen als Ausweis göttlicher Gnade zu der geschichtstheologischen Grundkonzeption des zweiten Makkabäerbuches gehören, wozu auch siegreiche Schlachten zu zählen sind.[232]

Aus der Perspektive der Akteure wird die scheinbare militärische Aussichtslosigkeit einer Eroberung Kaspins insofern angedeutet, als dies Judas Makkabäus und seine Leute selbst erkennen. Dennoch resignieren sie nicht, sondern rufen den großen Gebieter der Welt bzw. des Weltalls[233] an.[234] Diese Anrufung wird näherhin mit dem Hinweis darauf verknüpft, daß dieser große Gebieter „ohne Mauerbrecher und Belagerungsmaschinen Jericho in den Tagen des Josua zertrümmert hatte" (2 Makk 12,15).[235] Auffällig bei dieser Anrufung ist freilich die Bezeichnung Gottes als „großer Gebieter der Welt" bzw. „des Weltalls" und verrät hellenistischen Einfluß.[236] Beachtung

---

[230] „τοῦ δὲ χωρίου συγκλεισθέντος", 2 Makk 12,7.
[231] συγκεκλεισμένη, LXX-Jos 6,1; συγκλεισθέντος, 2 Makk 12,7.
[232] Vgl. H. Lichtenberger, Gottes Nähe 136.
[233] Vgl. H. Sasse, Art. κόσμος 880.
[234] „ἐπικαλεσάμενοι τὸν μέγαν τοῦ κόσμου δυνάστην/sie riefen den großen Gebieter der Welt an", 2 Makk 12,15.
[235] Der hier mit „zertrümmern" übersetzte Begriff κατακρημνίζειν bedeutet eigentlich „herabstürzen" (vgl. 4 Makk 4,25; Josephus, Bell. Jud. IV, 312; Lk 4,29). Die in 2 Makk 12,15 verwendete sogenannte uneigentliche Präposition ἄτερ mit Gen. (ohne) ist in der LXX nur an dieser Stelle bezeugt und findet sich sonst hauptsächlich erst in der Prosa der Kaiserzeit, vgl. Bl-D-R § 216, Anm. 4. Der Begriff χρόνος in der Wendung „κατὰ τοὺς Ἰησοῦ χρόνους" dient anscheinend zur Bezeichnung einer Epoche, vgl. G. Delling, Art. χρόνος 582. Von daher leitet sich auch die singularische Übersetzung mit „zur Zeit Josuas" ab.
[236] Diese Bezeichnung ist in dieser Weise im Corpus des AT singulär; eventuelle Parallelen dafür finden sich erst wieder in Joh 12,31; 14,30 und 16,11: „ὁ ἄρχων τοῦ κόσμου τούτου", Joh 12,31; 16,11. ὁ τοῦ κόσμου ἄρχων, Joh 14,30.

verdient auf jeden Fall, daß die Vernichtung Jerichos direkt Gott zugeschrieben wird. Der Hinweis auf Josua besitzt eher die Aufgabe, dieses Ereignis zeitlich näher zu bestimmen (κατὰ τοὺς Ἰησοῦ κρόνους). Nicht ganz geklärt werden kann, ob der Bezug auf Jericho aus der Perspektive des Heeres unter Judas Makkabäus geschieht im Sinne von „sie riefen den großen Gebieter der Welt unter Hinweis auf Jericho und Josua an" oder ob diese Bezugnahme eher als eine kommentierende Hinzufügung seitens des Epitomators zu bewerten ist. Sollte dies der Fall sein, stellt sich wiederum die Frage, ob jener Bezug in der Vorlage, im Werk des Jason von Kyrene, enthalten war.

Ein möglicher Hinweis darauf, daß die Bezugnahme auf Josua und die Erstürmung Jerichos auf die Juden um Judas Makkabäus selbst zurückgeht oder zumindest so verstanden werden soll, bietet der kommentierende Teilsatz in Vers 15: „sie stießen mit tierischer Kraft gegen die Mauer an".[237] Daß es wie in Jos 6 nicht auf militärische Stärke oder gar Überlegenheit, sondern nach einem klassischen theologischen Grundverständnis des Gotteskrieges auf Gott ausschließlich ankommt (vgl. Ri 7,2), wird durch Vers 16 im Sinne auch einer Gebetserhörung bestätigt: „und als sie die Stadt durch den Willen Gottes eingenommen hatten" (καταλαβόμενοί τε τὴν πόλιν τῇ τοῦ θεοῦ θελήσει).[238] Von daher zieht H. Bückers auch das entsprechende Fazit: „So erneuerte sich das Wunder von Jericho".[239] Konstituierend für Sieg und Einnahme der Stadt Kaspin ist nach Vers 16 also „der Wille Gottes".[240] Nicht zuletzt kennzeichnet auch dies das geschichtstheologische Grundverständnis

---

[237] „ἐνέσεισαν θηριωδῶς τῷ τείχει", 2 Makk 12,15. Das Adverb θηριωδῶς, in der LXX ein hapax legomenon, welches in den allermeisten deutschen Übersetzungen ausgedeutet mit „Löwenmut" bzw. „mit dem Mut von Löwen" (EÜ) wiedergegeben wird, bedeutet an sich „voll von/reich an Tieren" bzw. „tierisch".

[238] Unter grammatikalischem Gesichtspunkt kann das Partizipialgefüge freilich auch parataktisch aufgelöst werden „und sie nahmen die Stadt mit dem Willen Gottes ein", so daß dann ebenfalls der sich asyndetisch anschließende Partizipial-Satz koordinierend mit „und" aufzulösen und anzuschließen ist.

[239] H. Bückers, Die Makkabäerbücher 114; ähnlich W. Dommershausen, 1 Makkabäer/2 Makkabäer 238. „The battle for Jericho was not a battle; it was a miracle (Josh 6: 1–5). And it was not a miracle elevating their leader Joshua, but rather a miracle of YHWH", D. Merling, The Book of Joshua 108. M. H. Woudstra spricht von einem „the miracle of God's giving of the city", ders., The book of Joshua 108.

[240] Vgl. G. Schrenk, Art. θέλησις 62. Vor diesem Hintergrund stellt noch einmal der oft im Zusammenhang von Kriegen und anderen gewaltsamen (terroristischen) Ereignissen geäußerte, nicht selten anklagende Ruf „wie konnte Gott das nur zulassen" aus bibelbinnentheologischer Perspektive eine besondere Herausforderung dar. Dies trifft aber zugleich auch für die nicht selten schnell gegebene, sicherlich wohlmeinende Antwort zu, daß Kriege auf den Willen des Menschen und nicht Gottes zurückzuführen sind. Zumindest aus der Perspektive von 2 Makk 12,16 wird es so dargestellt, daß Gott kriegerische Auseinandersetzung und Vernichtung von menschlichem Leben partiell unterstützt bzw. daß dies seinem Willen entsprechen kann.
Notierenswert ist daher auch, daß Philo den Begriff θέλημα, der begrifflich und inhaltlich dem spätgriechischen Koine-Ausdruck θέλησις sehr nahesteht, äußerst sparsam verwendet. Lediglich in all III § 197 ist bei ihm in dieser konkreten Begrifflichkeit vom Willen Gottes die Rede: „οὗ χάριν καὶ Ἀβραὰμ ἀκολουθῶν τῷ θεοῦ θελήματι τὰ μὲν ὑπάρχοντα/Deshalb behält auch Abraham, der dem Willen Gottes folgt, den Besitz".

2. Die ersten beiden Makkabäerbücher

des Epitomators: „Bittgottesdienste und Gebete vor den Kämpfen sowie das Lob Gottes nach den Siegen verdeutlichen diese theozentrische Grundorientierung".[241]

Der Bezug auf Jericho wird zudem dadurch unterstrichen, daß die Folge dieser auf den Willen Gottes zurückgehenden Einnahme der Stadt Kaspin darin besteht, daß die Gefolgsleute unter Judas Makkabäus an der Einwohnerschaft Kaspins „unsägliche Gemetzel verübten"[242]. Diese Einwohnerschaft setzt sich, wie uns im Vers 13 mitgeteilt wird, aus verschiedenen Völkern zusammen (παμμειγέσιν ἔθνεσιν κατοικουμένην). Diese Angabe, näherhin in Verbindung mit dem Ausdruck „verschiedene" (παμμιγής), verdient Beachtung, auch wenn sie vorerst scheinbar wenig Bedeutung hinsichtlich der Ausgangssituation des Kampfes um Kaspin besitzt. Denn mit der Bezeichnung „verschiedene Völker" könnte eine, wenngleich auch entferntere Bezugnahme auf Dtn 7,1f. 17–24; Jos 3,10 vorliegen.[243]

In Dtn 7,1 ist von „vielen Völkern"[244] die Rede, die JHWH vor Israel hinaustreiben will und die dann nach namentlich einzelner Aufzählung als „sieben Völker" bezeichnet werden. In Dtn 7,2 wird weiter davon gesprochen, daß JHWH diese Völker Israel ausliefern und Israel sie daraufhin schlagen und der Vernichtung weihen wird. In Dtn 7,17–24 ist sodann wiederum allein von „Völkern" die Rede, ohne eine nähere Zahl anzugeben.[245] Insgesamt geht es auf Endtextebene in Dtn 7,17–24 um die Themen Vertreibung (V 17.22a), Preisgabe der genannten Völker durch Gott (V18f.22.23a) und Vernichtung (VV 20.23bβ.24). Auch in Jos 3,10 wird die Zusage von Dtn 7,1 noch einmal kurz vor dem Jordanübertritt im Sinne einer Ermutigung zum Kampf aufgegriffen. Vor diesem Hintergrund kann deutlich werden, daß es sich zwar bei 2 Makk 12,13.16 um keinen sofort direkt erkennbaren Bezug auf Dtn 7 und Jos 3 handelt, daß aber hier eine entferntere Bezugnahme auf diese Thematik durchaus relevant ist. Wenn mit der Siebenzahl der in Dtn 7,1 genannten Völker die Eroberung des gesamten Gebietes des verheißenen Landes angedeutet[246] und zudem in diesem Vers auf die Situation nach dem

---

[241] H. Lichtenberger, Gottes Nähe 136; vgl. ders. ebd. 146.

[242] „ἀμυθήτους ἐποιήσαντο σφαγάς", 2 Makk 12,16. σφαγή im Sinne von „Gemetzel im Krieg", vgl. O. Michel, Art. σφαγή 936.

[243] Unter der Voraussetzung, daß dem so sein sollte, läßt sich dann jedoch die Frage nicht mit endgültiger Sicherheit entscheiden, ob bei einer solchen Bezugnahme mehr der hebräische oder der griechische biblische Text im Hintergrund stand oder ob sogar beide zusammen eine Rolle spielten.

[244] In der LXX (Codex Vaticanus) wird strenggenommen von „ἔθνη μεγάλα/großen Völkern" gesprochen.

[245] Im Hebräischen verweist das Pluralpronomen הָאֵלֶּה (הַגּוֹיִם) [diese (Völker)] auf Endtextebene anaphorisch auf die sieben konkret genannten Völker in Vers 1. In der LXX findet sich hingegen der Sg. „τὸ ἔθνος τοῦτο". Bemerkenswert ist, daß weder die Hexapla des Origenes noch die kritischen Apparate der BHS und der LXX diese Differenz notieren. Vgl. zudem R. Achenbach, Israel 236.

[246] Vgl. G. Braulik, Deuteronomium 1–16, 62. Die Annahme, daß die Siebenzahl einerseits eine symbolisch theologische Bedeutung besitzt und daß sie andererseits zwar nicht beliebig variier-

Untergang des Nordreiches 722 v.Chr. reflektiert wird[247], so kann die Erwähnung in 2 Makk 12,13 von den „verschiedenen Völkern", welche die Stadt Kaspin bewohnen, ebenso andeuten, daß es hierbei um mehr als nur um das Besiegen der Einwohnerschaft einer bestimmten Stadt geht. In 2 Makk 12,13–16 wird vor einem anderen Hintergrund en miniature noch einmal das ausgesagt, was in Dtn 7,1f gefordert ist: Ein radikales Überwinden einer nicht zu JHWH gehörenden Gesellschaft, welche sich auf dem Gebiet des verheißenen Landes befindet[248] und zudem den Gott Israels ablehnt (βλασφημοῦντες, 2 Makk 12,14). Dieses radikale Überwinden erfolgt durch eine gründliche Vernichtung des nicht nur militärisch zu besiegenden Gegners (vgl. Dtn 7,2).

Eine Folge dieses „unsäglichen Gemetzels" unter den Einwohnern nach der wundersamen Einnahme der Stadt besteht darin, daß[249] der nahe der Stadt gelegene See, der mit einer Breite von zwei Stadien[250] angegeben wird, als „vollgefüllt mit Blut angeschwemmt erschien".[251] Dieser Passus, der durchaus zur sogenannten asianischen Form hellenistischer Kunstprosa gerechnet werden darf, deren Absicht „die Erreichung möglichster Anschaulichkeit des gezeichneten Vorgangs durch Häufung bis ins Einzelne ausmalender Näherbestimmungen ist"[252], verdeutlicht unmißverständlich jenseits literarischer Motive und Stilmittel[253] eine grundsätzlich kompromißlos harte und grausame Vorgehensweise, die nicht selten besonders mit religiös motivierten Kämpfen fast wie selbstverständlich einhergeht.

bar, aber nicht unumstößlich konstituierend hinsichtlich der Beanspruchung des gesamten Landes dieser Völker seitens Israels ist, kann durch die Beobachtung G. Brauliks gestützt werden, daß anscheinend „die traditionelle Völkerliste von sechs kanaanäischen Völkern ... in Dtn 7,1 auf sieben erweitert" worden ist, ders., Die Funktion von Siebenergruppierungen im Endtext des Deuteronomiums, in: G. Braulik, Studien zum Buch Deuteronomium 68f, Anm. 18.

[247] Nach dem Untergang des Nordreiches veranlaßte Assyrien eine Zwangsumsiedlung in dieses Gebiet, so daß in die nunmehr neue assyrische Provinz neue Bevölkerungsgruppen kamen, eben „viele Völker", vgl. M. Rose, 5. Mose. Teilband 2 332.

[248] „The primeval occupants of the land are to be exterminated because they are in the land that Israel must occupy, and because they are symbols of primordial evil", G. Mitchell, Together 64.

[249] Die in 2 Makk 12,16 verwendete Partikel bzw. Konjunktion ὥστε leitet eine Infinitiv der Folge ein (ὥστε ... φαίνεσθαι), vgl. Bl-D-R § 391,1. Der Vollständigkeit halber ist zu notieren, daß es sich beim Inf. φαίνεσθαι hinsichtlich der Zeitstufe um einen Inf. Präs. Med. handelt.

[250] W. Dommershausen gibt unter der Voraussetzung, daß es sich bei Kaspin um das heute südöstlich des Sees Gennesaret gelegene el-muzeirib handelt, die ungefähre Größe des Sees mit 370 m Durchmesser an, was der Angabe zwei Stadien breit ungefähr entspricht, vgl. ders.,1 Makkabäer/2 Makkabäer 160f, ebenso H. Bévenot, Makkabäerbücher 229. Hingegen stellt S. von Dobbeler die Vermutung an, daß es sich hierbei nicht unbedingt um einen natürlichen See, sondern „sich genausogut um eine künstlich angelegte große Zisterne handeln" kann, „die zur Wasserversorgung der Stadt erbaut worden war", dies., Die Bücher 1/2 Makkabäer 230.

[251] „κατάρρυτον αἵματι πεπληρωμένην φαίνεσθαι", 2 Makk 12,16.

[252] R. Hanhart, Zum Text des 2. und 3. Makkabäerbuches 60.

[253] Bereits bei den Verfassern/(End-)Redakteuren von Jos 6 wird das Stilmittel der Übertreibung bewußt eingesetzt: „Therefore, it is possible to explain חרם in these terms as a dramacic element in the story of the conquest of Jericho", G. Mitchell, Together 64.

2. Die ersten beiden Makkabäerbücher

Nicht zuletzt könnte der Hinweis auf das Gemetzel und seine Folgen (ein See voll mit Blut angeschwemmt) auch noch einem entfernten Nachhall der Aussage von Jos 6,21 gleichkommen, mit der die Vollständigkeit und Totalität der Vernichtung Jerichos angezeigt wird und die zugleich den erfolgreichen Abschluß der Einnahme der Stadt zum Ausdruck bringt: „Para expresar la totalidad del anatema con respecto a los seres vivos se recurre a dos binas referentes a personas, que las abarcan por el género (varones-hembras) y la edad (muchachos-ancianos)."[254]

Was die sogenannte „Erneuerung des Wunders von Jericho" betrifft, so läßt sich eine Distanzierung zumindest auf begrifflicher Ebene in 2 Makk 12,16 zu der in jenem Vers beschriebenen Vorgänge konstatieren. Inwieweit diese auf die literarische Vorlage selbst (Jason von Kyrene) zurückgeht oder diese der Aussageintention des Epitomators entspricht, ist nicht mehr überprüfbar. Denn während sowohl in der hebräischen als auch in der griechischen Textfassung von Jos 6,21 von „der Vernichtung weihen" (חרם/ ἀναθεματίζειν) gesprochen wird, was religiöse Implikationen deutlich einschließt[255], die vom Kontext her zudem als affirmativ zu bewerten sind, besitzt die Aussage „sie richteten ein unbeschreibliches Blutbad an" („ἀμυθήτους ἐποιήσαντο σφαγάς") weder eindeutige religiöse Konnotationen noch läßt sie sich als affirmativ kennzeichnen. Vielmehr ist es so, daß sie das höchst problematische Vorgehen begrifflich nolens volens (?) spiegelt. Der Begriff σφαγή wird zwar in der LXX auch im Sinne religöser Schlachtung (Schlachtopfer) verwendet (vgl. Jes 34,2; 53,7), aber in 2 Makk wird er in der syntagmatischen Reihung ποιεῖσθαι mit σφαγή im Pl. (vgl. 5,6; 12,16) mit der Bedeutung „ein Blutbad anrichten" gebraucht. Dies entspricht einem allgemeinen hellenistischen Sprachgebrauch.[256] Einen Anhaltspunkt dafür, daß die Wendung „ein Blutbad anrichten" (ποιεῖσθαι σφαγάς) durchweg pejorativen Charakter besitzt und so auch zu verstehen ist sowie von daher entsprechend verwendet wird, findet sich beispielsweise in der 19. Oratio des Demosthenes. Dort heißt es, daß Philipp von Mazedonien „in Elis ein Blutbad angerichtet hat" (τὰς ἐν Ἤλιδι σφαγὰς πεποίηκεν, Or 19,260).[257] Daß jene Wendung an dieser Stelle von vornherein im pejorativen Sinne zu verstehen ist, wird auch durch die unmittelbare Fortsetzung dieses Satzes bestätigt: „and filled those poor people with such insane frenzy that, in order to control one another and gratify Philip, they murdered their own relatives and fellow-citizens" (καὶ τοσαύτης παρανοίας καὶ μανίας ἐνέπλησε τοὺς ταλαιπώρους ἐκείνους ὥσθ' ἵν' ἀλλήλων ἄρχωσι καὶ Φιλίππῳ

---

[254] J. L. Sicre, Historia Josué 188.
[255] „Although in Joshua חרם is not associated with destroying a foreign cult, it is associated in Joshua 6 with a tremendous amount of cultic language", G. Mitchell, Together 58.
[256] Vgl. O. Michel, Art. σφαγή 936; E., Benseler, Wörterbuch 765.
[257] Vgl. D. M. MacDowell, Demosthenes 168.170.

χαρίζωνται σγγενεῖς αὐτῶν καὶ πολίτας μιαιφονεῖν, Or 19,260).²⁵⁸ Ein bezüglich Philipps von Mazedonien unverdächtiger Zeuge wie Demosthenes bürgt dafür, daß eine solche Wendung nicht nur einen Sachverhalt bloß beschreibt, sondern ihn zugleich polemisch wertet. Vor einem solchen Hintergrund wird deutlich, daß jene Wendung in 2 Makk 12,16 mindestens ein das dort beschriebene Vorgehen problematisierendes Moment enthält. Zudem eröffnet eine solche Wendung punktuell die Möglichkeit, selbst bei den der berichteten Sache gegenüber grundsätzlich affirmativ eingestellten Adressaten Distanz erkennen zu lassen, wofür es hingegen in Jos 6,21 keinen vergleichbaren Anhaltspunkt gibt. Dieses Distanz bewirkende Moment könnte sich durchaus um so mehr entfalten, wenn zutreffend ist, daß das zweite Makkabäerbuch sch vor allem an Leser einer höheren Bildungsschicht wende.²⁵⁹

2.2.2 Fazit

Auch im zweiten Makkabäerbuch läßt sich ein theologisches Grundmuster sehr deutlich erkennen, wie es sich im Buch Josua findet. Näherhin bezieht sich dies auf die Einnahme Jerichos, die anscheinend für 2 Makk 12 teilweise die Folie abgibt und somit Beispielcharakter besitzt. Denn in 2 Makk 12,13–16 wird die Einnahme der Stadt Kaspin und das sich daran anschließende Blutbad unter der Einwohnerschaft ganz im Zeichen der Eroberung Jerichos gedeutet und mit dem Willen Gottes in Verbindung gesetzt. Insgesamt ruft daher 2 Makk 12,13–16 den Eindruck hervor, daß sich konkret diese Stelle in die Tradition der klassischen Eroberung Jerichos stellt. Die militärische Ausgangssituation ist im Hinblick auf die Eroberung der Stadt Kaspin nach menschlichem Ermessen genauso ernüchternd und schwierig wie bei Jericho (Mauern umschließen uneinnehmbar die Stadt, 2 Makk 12,13.14). Statt zu resignieren, rufen Judas Makkabäus und seine Leute den „großen Gebieter des Weltalls" an, wobei ausdrücklich eine Bezugnahme auf die einstige Überwindung der Stadt Jericho zu Zeiten Josuas erfolgt. Sowohl die Bezeichnung Gottes als „großer Gebieter des Weltalls" als auch der deutliche Hinweis auf Jericho und Josua im unmittelbaren Vorfeld der Eroberung einer Stadt sind singulär im Alten Testament. Daß die nach menschlichem Dafürhalten unerwartete Einnahme der Stadt Kaspin gelingt und dies dem Willen Gottes zugeschrieben wird, gehört mit zur theologischen Grundausrichtung des zweiten Makkabäerbuches: Wundersame Rettungen sind Kennzeichen göttlicher Gnade.

---

[258] Ders. ebd. 170/171.
[259] Vgl. S. von Dobbeler, Die Bücher 1/2 Makkabäer 157. Näherhin handelt es sich bei den Adressaten wohl um alexandrinische Juden, vgl. dies. ebd. 161.

Vor dem Hintergrund der Einnahme Jerichos wird auch die Vertreibung und Vernichtung der sogenannten Fremdvölker in 2 Makk 12,13.16 ausgerichtet. Dabei läßt sich die Wendung „verschiedene Völker", die sich in Kaspin befinden (2 Makk 12,13), als Replik auf Dtn 7,1f verstehen. Jene Völker gilt es vernichtend zu schlagen (2 Makk 12,16). Dies ist positiv konnotiert. Nur an einer Stelle in 2 Makk 12,13–16 läßt sich auf Ebene der Begrifflichkeit im Unterschied zu Jos 6 eine punktuelle Distanz einem solchen Vorgehen gegenüber wahrnehmen. Dabei handelt es sich um die grundsätzlich pejorativ zu verstehende Wendung ein „Blutbad anrichten" (V 16).

Insgesamt läßt sich jedoch festhalten, daß in 2 Makk 12 die Einnahme Jerichos zu Zeiten Josuas das beispielgebende Vorbild bleibt, was nicht zuletzt auch in bezug auf die Durchführung einer religiös motivierten Tötungsaktion zutrifft.

3. Gesamtfazit Altes Testament

Das Alte Testament in seiner Vielstimmigkeit nimmt allgemein auch bei so wichtigen Fragen von Krieg und Frieden unterschiedlich Stellung. Einerseits gehören kriegerische Auseinandersetzungen zum alltäglichen Geschehen, und sie werden darüber hinaus religiös legitimiert (vgl. 1 Sam 15). Zudem besteht eine Pluralität der Kriegskonzeptionen, welche sich beispielsweise in einer dtn/dtr oder in einer chr JHWH-Kriegsideologie artikuliert. So werden machtpolitische Interessen mit der dtn/dtr JHWH-Kriegsideologie verbunden, die „mit ihren Darstellungen von Jahwe-Landeroberungskriegen die territorialen Expansionsbestrebungen des Joschia theologisch legitimieren"[260] will. Hingegen lassen sich in der chr JHWH-Kriegskonzeption solche Interessenlagen nicht erkennen. In der Apokalyptik werden mit ihren prophetischen Vorläufertraditionen Motive des Heiligen Krieges aufgegriffen (Ez 38f[261]; Dan 7f; Sach 14), welche die Botschaft transportieren: JHWH wird die ihm feindlich gesinnten Kräfte ein für allemal vernichten.[262] Anderseits gibt es eine Tendenz, den Krieg aus theologischen Konzepten immer mehr hinauszudrängen und nicht Chaos, sondern Frieden als Gegensatz zu Krieg zu begreifen (vgl. Jes 2,1–5; Mi 4,1–5; Ps 85,9–14[263]).

Das Dtn ist das einzige Buch im Alten Testament, welches Kriegsgesetze enthält (vgl. Dtn 20,1–20, 21,10–14; 23,10–15, 24,5). Diese sind nach E. Otto

---

[260] Vgl. A. Ruffing, Jahwekrieg 359.
[261] Zu Ez 38f bemerkt A. Bertholet: „Man bringt es übrigens mit aller exegetischen Kunst nicht fertig, diesen Machterweis Jahwes mit einer christlichen Ethik stimmen zu machen: Jahwe bringt schliesslich selber ungezählte Völkerscharen herbei und vernichtet sie bis auf den letzten Mann, nur um die Ehre des eigenen Namens zu retten und nebenbei sein Volk einen Beweis von seinem künftigen Wohlwollen sehen zu lassen!", ders., Hesekiel 188.
[262] Vgl. E. Otto, Krieg 1769.
[263] Zu Ps 85 vgl. C. Bultmann, Friedensvisionen 168–172.

durch eine deuteronomistisch-exilische Bearbeitung in eine ältere Fassung des Dtn eingefügt worden.[264] Während die meisten Kriegsgesetze normative Regeln für eine nicht von vornherein erkennbar begrenzte Zeit aufstellen und somit allgemeine Gültigkeit beanspruchen, macht der Textabschnitt von Dtn 20,15–18 den Eindruck, als ob er sich vor allem auf die sogenannte Landnahmezeit unter Josua bezieht.[265] Denn dieser Abschnitt zeichnet sich durch seine Kompromißlosigkeit gegenüber den sogenannten Vorbewohnern des verheißenen Landes aus, die allesamt zu bannen sind (V 17). Diese Kriegsgesetze sind vom Erzählablauf auch so plaziert, daß sie vor dem unmittelbaren Beginn der Landnahme stehen. Somit wird das Vorgehen Josuas und der Kinder Israels gegen die Bewohner des Landes neben Dtn 7,1f von hierher göttlich legitimiert. Josua und die Israeliten handeln also allein im Auftrag JHWHs. Für andere Kriegsunternehmen, die nicht mit der ersten Landnahme in Verbindung stehen, enthält der Kriegsgesetzestext von Dtn 20 so etwas wie persönliche Rechte des Soldaten und ist „Ausdruck einer menschlich rücksichtsvollen Gesinnung".[266] Wer ein Haus gebaut, die erste Weinlese noch nicht gehalten, seine Verlobte noch nicht geheiratet hat oder wer sich gar fürchtet, darf einfach nach Haus zurückkehren (VV 5–8). Von daher kommt U. Rüterswörden zu dem Schluß: „(M)it einem Heer nach Dtn 20 lässt sich kein Krieg führen."[267] Vielmehr geben solche kriegsuntauglichen Kriegsgesetze die Perspektive preis, aus welcher heraus sie formuliert sind. Denn gerade mit Blick auf die Bannvorschriften gegen die Vorbewohner kann deutlich werden, daß Dtn 20 insgesamt die Situation des Exils voraussetzt.[268] Aus Dtn 20,18 läßt sich erschließen, warum es zum Exil kam: Die Kinder Israels haben von den Vorbewohnern die Greuel gelernt, die es strikt zu verhindern galt.[269] Schließlich ist noch auf eine innerbiblische Rezeption von Dtn 20 aufmerksam zu machen. In 1 Makk 3,56 bezieht sich Judas Makkabäus vor einem Kampf auf diese Ausnahmeregelungen von Dtn 20,5–8 (κατὰ τὸν νόμον) und trägt diese seinen Heeresleuten vor. Dennoch schlagen sie in einem scheinbar kaum zu gewinnenden Kampf (1 Makk 4,8) die Feinde vernichtend (1 Makk 4,14f). H. Junker zieht daraus den Schluß, daß Judas zwar diese Ausnahmeregelungen dem Heer vortragen ließ, „aber nicht, daß wirklich Leute weggegangen sind. Vielleicht waren diese Aufforderungen dazu bestimmt, das Ehrgefühl und den Kampfesmut der versammelten

---

[264] Vgl. E. Otto, Krieg und Frieden 98.99.
[265] Vgl. U. Rüterswörden, Deuteronomium 128.
[266] E. König, Deuteronomium 150.
[267] U. Rüterswörden, Deuteronomium 131. Zudem macht U. Rüterswörden auf die Kriegsrolle von Qumran aufmerksam, die nicht nur Dtn 20 teilweise rezipiert (1QM X), gerade die Ausnahmeregelungen fehlen, sondern das Alter der Kämpfenden auf 30 bis 45 oder auf 40 bis 50 Jahre ansetzt (1QM VI,14; VII,1), so daß das Heer angesichts der damaligen Lebenserwartung „aus älteren Herrschaften" besteht und entsprechend kriegstüchtig ist, vgl. ders. ebd. 131.
[268] Vgl. E. Otto, Krieg und Frieden 105.
[269] Vgl. U. Rüterswörden, Deuteronomium 133.

3. Gesamtfazit Altes Testament

Mannschaft herauszufordern und wollten gar nicht im Ernst jemand zur Heimkehr veranlassen."[270] Dies kann als ein Beispiel dafür dienen, daß die Kriegsgesetze von Dtn 20 ihre letztlich pazifizierende Intention auch verlieren können, wie dies nicht nur in 1 Makk, sondern weit darüber hinaus immer wieder der Fall ist.[271]

Insgesamt ist deutlich hervorzuheben, daß innerhalb all dieser verschiedenen Tendenzen und Vorstellungen einer Kriegskonzeption die Landnahme unter Josua eine Sonderstellung einnimmt. Sie gehört aus Sicht dtn/dtr Theologie zur staatlichen Ursprungszeit Israels im von Gott verheißenen Land nach dem Auszug aus Ägypten. Unter narrativem Gesichtspunkt bildet die Landnahme und die Verteilung des Landes den abschließenden Teil des theologischen Erzählzyklus, der mit dem Auszug Abrams aus Haran und seiner Ankunft in Kanaan einsetzt (vgl. Gen 12,1-4).[272] Welchen fundamentalen Platz das Landnahmegeschehen einnimmt, wird schon daran ersichtlich, daß der Landnahme und der Landverteilung unter Josua, dem Nachfolger des Mose, letztlich eine ganze Schrift gewidmet wird. Sie erzählt, wie die Gabe des Landes durch Gott erfolgt. Dabei zieht sie die Linien weiter aus, die bereits im Pentateuch grundgelegt sind. Wer Josua ist und was seine Aufgaben sind, ist dem Leser von den sogenannten fünf Büchern des Mose (Thora/TaNaK) her bekannt (vgl. Ex 17,8-16; Num 27,12-18; 34,17; Dtn 31,1-8.23; 34,9). Im einzelnen wird die Landnahme dabei als ein Geschehen gezeichnet, das sich in seiner Durchführung nicht von den Methoden unterscheidet, wie sie in neuassyrischen Königsinschriften geschildert werden.[273] Es geht nach diesem Verständnis im wörtlichen Sinne um Leben oder Tod. Auch Letzteres ist aus dem Pentateuch bekannt (vgl. z.B. Num 33,50-56; Dtn 7,1f). Vor diesem Hintergrund stellt sich die Frage nach der Rezeptionsgeschichte des Landnahmegeschehens unter Josua im Alten Testament.

In den die Geschichte rekapitulierenden poetischen Texten des Psalters[274], die auch die Landnahme/Landgabe anführen (Ps 78,54f[275]; 105,44f[276]; 106,34f[277]; 135,10-12[278]; 136,17-22[279]), findet Josua und sein Vorgehen im

---

[270] H. Junker, Deuteronomium 88.
[271] Vgl. E. Otto, Krieg und Frieden 106f.
[272] Nach H.-J. Kraus schließt die Landnahme die „Grundgeschichte Israels" entsprechend dem „kanonischen Schema" ab, vgl. ders., Psalmen 704, 895.
[273] Vgl. E. Otto, Krieg 1769; C. Schäfer-Lichtenberger, Bedeutung 272.
[274] Vgl. F.-L. Hossfeld, Psalmen 420.
[275] F.-H. Hossfeld hält eine zeitliche Ansetzung des Ps 78 für die spätexilisch-nachexilische Zeit für möglich, ders. ebd. 429; ders., Die Psalmen 441.
[276] Nach N. Lohfink dürfte Ps 105 „den schon zusammengebauten Pentateuch voraussetzen", ders. Landverheißung 12.
[277] Nach H.-J. Kraus ist auch für Ps 106 der Abschluß des Pentateuchs vorauszusetzen, er entspricht einer „deuteronomistischen Struktur" der Geschichtsdarstellung, welche diesen Ps in die nachexilische Zeit verweise, vgl. ders., Psalmen 901.
[278] Ps 135 halte sich an das kanonische Grundschema, wie es der Pentateuch vorgibt, und er ist zeitlich spät, d.h. anscheinend nachexilisch anzusetzen, vgl. H.-J. Kraus, ebd. 1074.

verheißenen Land keine Erwähnung. Dies korrespondiert mit einem vergleichenbaren Befund im chrG. Deutlich wird aber in den Psalmen Ps 78,55; 105,44; 135,12 und 136,21f herausgestellt, daß Gott selbst der Geber des Landes ist bzw. Israel das Erbe zuteilt. Diese Psalmen verschweigen auch insofern das dtr Konzept der Landgabe nicht, als diese mit Verdrängung (Ps 78,55a; 105,44) oder Niederschlagung anderer Völker (Ps 135,10f)[280] und deren Königen (Ps 136,17–20)[281] einhergeht.[282] Hingegen wird in Ps 106,34a Israel zwar vorgeworfen, die Völker nicht ausgerottet zu haben, aber V 34b weist ausdrücklich darauf hin, daß JHWH ihre Vertilgung angeordnet habe. Zusammen mit Num 33,52–56; Dtn 7,1f und Jos 1–12 bestätigt somit Ps 106,34b, daß die Forderung der Vernichtung der Völker auf JHWH zurückgeht (vgl. Ex 34,11). Beachtung verdient zudem, daß in Ps 106 zwar nicht Josua, aber dafür der mit einer außergewöhnlichen Zusage JHWHs versehene Priester Pinhas (V 30) genannt wird.[283] Auch wenn Hossfeld zu Recht darauf hinweist, daß der Abschnitt der VV 34–46 die Pentateucherzählung verläßt und keine Ortsangaben mehr macht oder Personen nennt[284], so ist jener Befund zudem so verstanden werden, daß die spezifsch priesterliche Sicht[285] in Ps 106 kein Interesse an Josua und seinen Taten hat. Liegt dies auch an der streng pazifistischen Ausrichtung der Priesterschrift?[286] Das theologische Interesse der priesterlichen Sicht gilt der Reinerhaltung des Landes, die durch das Verschonen der Vorbewohner des Landes massis verletzt worden ist (VV 34–39).[287]

Das chronistische Geschichtswerk (chrG), ganz gleich wie man seinen Umfang definiert, mit oder ohne die Bücher Esra und Nehemia[288], entwickelt

---

[279] Nach H.-J. Kraus läßt sich Ps 136 als nachexilisch ansetzen und einzelne Teile setzen auch hier den schon abgeschlossenen Pentateuch voraus, vgl. ders. ebd. 1079.
[280] Ps 35 ist nicht nur ein hymnisches JHWH-Lied, sondern es feiert JHWH zugleich „als einen Gott, der die Macht hat, das Recht zugunsten seines Volkes gegen allen Widerstand durchzusetzen", E. Zenger, Lieder 44.
[281] Auch wenn nach E. Zenger der hymnische Hauptteil von Ps 136 den Aspekt der Güte JHWHs betont, so präsentiert der geschichtstheologische Mittelteil, „JHWH als schlagenden Gott", ders. ebd. 45. Um jedoch nun nicht voreiligen Schlüssen zu erliegen, macht E. Zenger zu Recht darauf aufmerksam, die Pss 135 und 136 im Kontext ihrer Nachbarpsalmen zu lesen und zu verstehen und sie vor allem als „Lieder der Gotteserinnerung" wahrzunehmen, vgl. ders. ebd. 47–50.
[282] Vgl. F.-L. Hossfeld, Die Psalmen 448; ders., Psalmen 438. Ein Motiv, das beide sogenannten „Zwillingspsalmen" 135 und 136 miteinander verbindet, ist das Niederschlagen der Feinde, vgl. E. Zenger, Lieder 47.
[283] Nach Num 25,13 erhält für sich und seine Nachkommen von JHWH ein ewiges Priestertum; in Ps 106,31 wird ihm sein Eifer für JHWH als Gerchtigkeit für ewige Zeiten angerechnet, vgl. F.-L. Hossfeld, Überlieferung 260f.
[284] Vgl. ders. ebd. 262.
[285] Vgl. ders. ebd. 265f.
[286] Vgl. N. Lohfink, Der ‚heilige Krieg' 110.
[287] Vgl. ders. ebd. 263.
[288] G. Steins weist auf die neuere Diskussion hin, nach der die These eines chronistischen Geschichtswerkes „nicht länger als Grundlage der Analyse Esra/Nehemia dienen" kann. „Beide

3. Gesamtfazit Altes Testament

zwar keine eigene einheitlich konzipierte und durchgängige JHWH-Kriegsvorstellung[289], aber einige Kriege (2 Chr 13,2–18; 14,7–14; 20,1–30) werden von vornherein als Rettungsgeschichten erzählt.[290] JHWH bewirkt mit seinem Eingreifen die entscheidende Wende in diesen Kriegen und bewahrt so sein Volk vor einer umfassenden Vernichtung. Dieses rettende Eingreifen ist an bestimmte Voraussetzungen geknüpft. Neben institutionellen Voraussetzungen wie JHWH-Kult am Tempel zu Jerusalem und dem davidischen Königtum kommt es auf eine umfassende Ausrichtung des Lebens und auf unbedingtes Vertrauen auf JHWH an. Ein solches Ausgerichtet-Sein auf JHWH schließt zugleich ein Vertrauen auf Menschenmacht aus. In jenen drei JHWH-Kriegstexten wird einerseits der Krieg zu einem Geschehen existentieller Bedrohung, anderseits wird in diesen Kriegen auf ganz besondere Weise JHWHs errettendes Eingreifen für sein Volk erfahrbar. So läßt sich bei jenen genannten Kriegen von einer Theologisierung des Krieges, aber nicht von einer theologischen Legitimierung menschlicher Kriege sprechen. D.h. allein JHWHs Wirken bringt die Rettung, was menschlicher Kriegsführung versagt bleibt.

Insgesamt übergeht der Chronist nicht nur die Landnahme unter Josua, sondern die Landnahme überhaupt bzw. unterdrückt ganz bewußt diesen Überlieferungsstrang.[291] Dies erklärt sich dadurch, daß sein Konzept der Geschichtsdarstellung eine kontinuierliche Besiedlung des Landes durch Israel vertritt.[292] Josua, der Sohn Nuns, wird im chrG lediglich in 1 Chr 7,27 im Rahmen einer Genealogie genannt. „Josua, der Held der Landnahme, ist hier nichts als ein entfernter Nachfahre des Stammvaters Efraim, der seit undenklichen Zeiten fest in Kanaan ansässig war."[293] Das, was in der dtn/dtr Geschichtskonzeption die Landnahme/Landgabe ist, wird in 1 Chr 5,25; 2 Chr 20,7.10 und 33,9 gestreift. Dem korrespondiert, daß selbst der Auszug aus Ägypten für den Chronisten „nicht als das konstitutive Ereignis für die Volkswerdung Israels"[294] angesehen wird. JHWH ist in dieser Perspektive nicht der, der Israel aus Ägypten herausführt, sondern er ist das Ziel dieses Weges: „(D)er Auszug ist ein Kommen hin zu Jahwe."[295] So wird deutlich, daß die Chronik eine andere Konzeption der Anfänge Israels im Land Kanaan vertritt als das dtrG.

Daher fällt es um so mehr auf, daß in 2 Chr 20,10 sowohl das Kommen aus Ägypten und, wenngleich diesmal in verneinender Form, das Ausrotten

---

Werke (Esra/Nehemia und 1/2 Chr, ThRE) sind getrennt, aber nicht völlig unabhängig voneinander entstanden", vgl. ders., Esra und Nehemia 267.272.
[289] Vgl. A. Ruffing, Jahwekrieg 16.
[290] Vgl. ders. ebd. 359 passim.
[291] Vgl. ders. ebd. 234.
[292] Vgl. ders. 250.
[293] S. Japhet, 1 Chronik 197.
[294] S. Japhet, 2 Chronik 251.
[295] A. Ruffing, Jahwekrieg 247.

bereits ansässiger Völker thematisiert wird. Da das Verbum „ausrotten" selten in der Chronik vorkommt, verdient dieser Befund besondere Beachtung.²⁹⁶ Konkret besagt er, daß von den vier Belegenstellen für das Verbum „ausrotten" drei im entfernten Anklang an die Landnahme in bezug auf die Vorbevölkerung verwendet werden.²⁹⁷ Noch deutlicher ist zuvor in V 7 die dtr Konzeption der Landnahme bis in einzelne Formulierungen hinein übernommen worden, wonach auch Gott selbst die Bewohner des Landes vernichtet.²⁹⁸ Der Unterschied zum dtrG besteht darin, daß der Chronist bestrebt ist, die Vernichtung der Vorbewohner des Landes als ein Geschehen darzustellen, welches sich (erst) in der Zeit Davids ereignete.²⁹⁹ Unter diesem Gesichtspunkt wird es verständlich, weshalb die Chronik mit einer sogenannten genealogischen Vorhalle beginnt (vgl. 1 Chr 1–9), mit der „die Zeit vor David sozusagen genealogisch bewältigt"³⁰⁰ wird und in 1 Chr 10/11 die Geschichte Israels letztlich mit David beginnen läßt. Im Hintergrund steht hier die Auffassung des Chronisten von der ständigen Anwesenheit Israels im Lande.³⁰¹ Der tieferliegende und somit eigentliche Grund, weshalb die Chronik Josua und die Landnahme aus ihrer Geschichtskonzeption streicht, beruht nicht auf einer pazifistischen Einstellung, sondern „Israel und sein Land gehören zusammen. Sie dürfen nicht erst irgendwann einmal geschichtlich zusammengekommen sein".³⁰²

Auch wenn der Chronist bestrebt ist, von der Tradition her vorgegebene Aussagen wie in 2 Chr 20,7 auf die Zeit Davids zu beziehen, so hat sich ungeachtet dessen auch in der Chronik noch ein Nachhall davon erhalten, daß eine Verknüpfung zwischen der Ansiedlung Israels im Land Kanaan und der Vernichtung der Vorbewohner des Landes besteht.³⁰³

Das Buch Esra-Nehemia³⁰⁴ nimmt hinsichtlich der Landnahme zwischen dtrG und Chronik eine mittlere Position ein. Zwar wird in ihm Josua namentlich nicht genannt, aber dafür wird sehr viel deutlicher als in der Chronik die Landnahme thematisiert (Neh 9). Dieser erste Befund kann nicht

---

[296] Das Verb הִשְׁמִיד (Hif.) ist nur viermal in den Chronikbüchern bezeugt (1 Chr 5,25; 2 Chr 20,10.23; 33,9), davon allein zweimal in 2 Chr 20.

[297] In 1 Chr 5,25 und 2 Chr 33,9 wird ausdrücklich festgestellt, daß Gott bzw. JHWH die Völker vor Israel ausgerottet/vertilgt hat. In 2 Chr 20,10 wird umgekehrt hervorgehoben, daß Gott den Israeliten verboten habe, die Ammoniter, die Moabiter und die Bewohner des Berglands Seir zu töten. Diese Völker vernichten sich dann aber gegenseitig (2 Chr 20,23), da sie gegen das Königreich Juda in den Krieg gezogen sind.

[298] Vgl. A. Ruffing, Jahwekrieg 233. Das Verbum ירשׁ (Hif.) ist in 2 Chr 20,7 mit „vernichten" zu übersetzen, vgl. N. Lohfink, ירשׁ 961f.

[299] Vgl. A. Rufing, Jahwekrieg 234f.236.249.

[300] Ders. ebd. 236.

[301] Vgl. ders. ebd. 234.

[302] Unter Bezugnahme auf S. Japhet vgl. N. Lohfink, Schichten des Pentateuch 52.

[303] Dies läßt sich auch insofern erklären, als 2 Chr 20,10 auf Dtn 2,4–22 bezieht und 33,9bβ sogar wörtlich auf 2 Kön 21,9 zurückgreift, vgl. J Becker, 2 Chronik 65.112.

[304] Zu erinnern ist daran, daß die Bücher Esra und Nehemia in der Hebräischen Bibel als ein Buch angesehen werden, vgl. G. Steins, Esra und Nehemia 264.

3. Gesamtfazit Altes Testament

ganz verwundern, da „die wichtigste[305] Quelle für Esra/Neh die ältesten biblischen Bücher, vor allem die Exoduserzählung, die Bücher Lev, Dtn und Jos … sind" und die Neugründung Israels nach der babylonischen Gefangenschaft typologisch gedeutet wird als „Rekapitulation der Gründungsereignisse Israels: im Exodus aus der Gefangenschaft, im (Wieder-)Einzug in das Land …".[306]

Im Esra-Nehemia Buch wird die Landnahme zum erstenmal im Bußgebet des Esra (Esra 9,1–15) in V 11 erwähnt. JHWH teilt über die Propheten[307] Israel seine Gebote mit, die darin bestehen, das Land, in das Israel kommt, in Besitz zu nehmen und der Unreinheit dieses Landes eingedenk zu bleiben.[308] Von einem direkten Eingreifen JHWHs ist hier nicht die Rede. Bezüglich der Art und Weise der Aneignung des Landes wird ganz allgemein nur von „es in Besitz nehmen" gesprochen.[309] Weitere konkretisierende Begriffe wie „unterwerfen" oder „vernichten" unterbleiben. In Esra 9,11aβ.b wird das Land in enge Verbindung zur sexuellen Reinheit gesetzt, was mit dem Begriff für „Regelblutung" (נדה) zum Ausdruck gebracht und darüber hinaus auf die Mischehenfrage bezogen wird (V 12). Da die Gebote in dieser Perspektive noch vor der Landnahme ergangen sind, kann mit Blick auf Lev 18,24–30[310] der Hinweis enthalten sein, daß sexuelle Unreinheit[311] wie kultische Unreinheit überhaupt bewirkt, vom Land selbst wieder „ausgespieen" zu werden.

Ein Merkmal des Esra-Nehemia Buches ist es, daß zwischen den Hauptabschnitten in Esra und Nehemia thematische Verflechtungen bestehen. Auch das Bußgebet in Esra 9,5–15 besitzt eine Parallele in Neh 9,6–37.[312] Mit Bezug auf den Topos der Landnahme läßt sich aber feststellen, daß er im Bußgebet von Neh 9,6–37 ungleich mehr und anschaulichere Erwähnung findet. In Form einer heilsgeschichtlichen Homilie bzw. eines heilsgeschichtlichen Glaubensbekenntnisses (vgl. Apg 7; 13,16–41) werden Ereignisse aus der Geschichte des Volkes Israel in Anlehnung an das dtrG vorge-

---

[305] G. Steins, ebd. 270.
[306] Ders. ebd. 277.
[307] Wenn in Esra 9,11 von Propheten gesprochen wird, bezieht das auch Mose ein, der in Dtn 18,15 und 34,10 Prophet genannt wird vgl. A.H.J. Gunneweg, Esra 168. Da außerdem der Plural verwendet ist, könnte er vielleicht auch Josua einbeziehen, obgleich er in der Bibel nicht ausdrücklich als Prophet bezeichnet wird. Einen Anhaltspunkt hierfür bietet vielleicht Hos 12,14, wo es heißt: „Aber durch einen Propheten führte der Herr Israel heraus, und durch einen Propheten wurde es behütet."
[308] Hingegen läßt sich aus der Übersetzung und der Kommentierung W. Rudolphs schließen, daß er Esra 9,11 auf die Zeit Esras bezieht, vgl. ders. Esra 90.91.
[309] Zu notieren ist, daß sich die konkrete Form des hierbei verwendeten Ausdrucks vor allem im Buch Deuteronomium findet (לרשתה, vgl. Dtn 3,18; 4,5.14.26; 5,31; 6,1 u.ö.). Er ist auch in Jos 1,11; 13,1 bezeugt.
[310] Vgl. J. Becker, Esra/Nehemina
[311] Mit dem Ausdruck נדה liegt auch eine begriffliche Verbindung zwischen Lev 18,19 und Esra 9,11 vor.
[312] Vgl. G. K. Galling, Chronik 10; Steins, Esra und Nehemia 267.

tragen.³¹³ Vergleichbare Rückblenden gibt es in den Pss 78.105 und 106.³¹⁴ Im Rückblick von Neh 9,6–37 wird auf die Landnahme Bezug genommen (Neh 9,15b.22–25), ohne jedoch die Person Josuas zu nennen. Dies liegt in der Aussageabsicht von Neh 9 begründet, JHWH allein als den Geber des Landes herauszustellen. Denn JHWH hat den Vätern gesagt, daß sie in das Land einziehen und es in Besitz nehmen sollen, da er es ihnen eidlich zugesagt hat (VV 15b.22b.23bβ). JHWH selbst hat schließlich dann die Nachkommen der Väter in das Land geführt, damit sie es in Besitz nehmen (V 23bα.24aα). Während der Wüstenwanderung hat JHWH den Vätern Königreiche und Völker übergeben (V 22aα), und er selbst teilte diese Gebiete den Vätern als Randgebiete zu (V 22aβ). Und letztlich war es JHWH, der den Nachkommen der Väter die Kanaaniter, die Bewohner des Landes, als Gedemütigte ausgeliefert hat (V 24a), um mit den Königreichen und Völkern des Landes nach Belieben zu verfahren (V 24b). Somit folgt das Bußgebet in Neh 9 einem in der dtr Theologie entworfenen und tradierten Schema.

Ebenso gibt es terminologische sowie einige enge inhaltliche Verbindungen zu Dtn, dtrG und Josua.³¹⁵ So ist die in Neh 9,15 und teilweise in V 23 gebrauchte Wendung „zu kommen/um hineinzukommen, um das Land in Besitz zu nehmen" (לָבוֹא לָרֶשֶׁת אֶת־הָאָרֶץ) ebenfalls in Jos 1,11; 18,1 bezeugt.³¹⁶ Der Begriff, mit dem das Landnahmegeschehen umschrieben wird, lautet wie in Esra 9,11 „in Besitz nehmen" (יָרַשׁ, VV 15.23.24.25). Darüber hinaus wird in Neh 9 die Einnahme des Landes der Könige von Heschbon und Baschan thematisiert, wie zuvor im Pentateuch und im dtrG³¹⁷, und zwar mit der gleichen Phraseologie.³¹⁸ Diese Gebiete gehören insofern mit zum verheißenen Land, als sie als Randgebiete³¹⁹ bezeichnet werden. Die V 22 einleitende Aussage „und du (JHWH, ThRE) gabst ihnen (den Israeliten) Königreiche und Völker …" (V 22) ist offen formuliert. Denn der bloße Ausdruck „geben" (נתן) ist blaß; er impliziert nicht von vornherein Tod und Vertreibung. Deutlicher ist die Ausdrucksweise in V 24, wo von „demütigen"³²⁰ und „ausliefern"³²¹ der Kanaaniter die Rede ist. Auch wenn mit diesen Begriffen der Tod bezeichnet werden kann, so werden weitere diesbezüglich eindeutigere Ausdrücke wie in Dtn 9,3 und Ri 4,24 zumindest ver-

---

313   K. Galling stellt fest: „Das Bußgebet steht als Ganzes dem 78 Psalm außerordentlich nahe; es ist die hymnische Bekundung der großen Taten Gottes in der Geschichte des Auszugs und der Landnahme", vgl. ders., Chronik 239.
314   Vgl. W. Rudolph, Esra 157.
315   Vgl. ders. ebd. 163.
316   Die kürzere Wendung לָרֶשֶׁת אֶת־הָאָרֶץ findet sich in Dtn 9,4; 11,31 und Ri 2,6; 18,9.
317   Vgl. Num 21,21–26.33–35; Dtn 1,4; 3,1–11; 4,46–49; 29,6f; Jos 9,10; 12,4; 13,30 und 1 Kön 4,19.
318   (וַיִּירְשׁוּ אֶת־(הָ)אָרֶץ(וֹ)), vgl. Num 21,35; Dtn 4,47; Neh 9,22.24.
319   Vgl. W. Rudolph, Esra 160.
320   כנע Hif, demütigen, vgl. HALAT 461. Das Verwenden des Verbs (כנע) in Verbindung mit den Kanaanitern (כנענים) läßt auf ein Wortspiel schließen, vgl. W. Rudolph, ebd. 161.
321   נתן + בְּיַד, vgl. C. J. Labuschagne, Art. נתן 135; im Sinne eines Heerbannes, vgl. R. v. Rad, Krieg 7f.

3. Gesamtfazit Altes Testament

mieden. Dem korrespondiert, daß zwar in Neh 9,8 sechs von sieben nach Dtn 7,2 zu vernichtende Völker genannt werden, aber in Verbindung damit, daß ihr Land den Nachkommen Abrahams gegeben werden wird. Von Vernichtung und Vertreibung fällt expressis verbis kein Wort. Selbst wenn vom Erobern von befestigten Städten[322], fettem Ackerland und Häusern mit Reichtum gesprochen wird, bleibt das Töten der vormaligen Inhaber auf Textebene ausgeklammert.

Einen anderen Weg als Chronik und Esra-Nehemia schlägt der Siracide ein. In Sir 46,1–8 ist die dtn/dtr Konzeption der Landnahme unter Josua in poetisch gedrängter Form am deutlichsten und am umfangreichsten innerhalb des weiteren christlichen Kanons des Alten Testaments aufgegriffen. Sowohl der hebräischen als auch der griechischen Textfassung ist es gemeinsam, daß sie Josua als einen vollkommenen Anführer Israels vorstellen. Nach Mose ist es vor allem Josua, der am Beginn der Seßhaftwerdung Israels im verheißenen Land steht und der somit eine unverzichtbare Rolle in der Geschichte Israels einnimmt. Beide Sirachfassungen geben die Inbesitznahme des Landes auf kriegerische Weise und die Vernichtung des Gegners affirmativ wieder. Auch wenn in beiden Sirachüberlieferungen die Abfolge der Josua 10,10–14 beschriebenen Ereignisse in eine andere Reihenfolge gebracht wird (vgl. Sir 46,4–6), so gehen beide wie selbstverständlich davon aus, daß Landnahme und Vernichtung des Gegners historisch so stattgefunden haben und daher auch vorbildgebend sind. Viel deutlicher als in der dtn/dtr Landnahmekonzeption wird Josua zum Prophetentum in Beziehung gesetzt, ohne ihn jedoch ausdrücklich als Propheten zu bezeichnen. Vielleicht spiegelt sich hier zudem eine innerjüdische kanonische Entwicklung, die das Buch Josua den vorderen Prophetenbüchern zurechnet.

Die ersten beiden Makkabäerbücher nehmen punktuell auf Josua und Ereignisse der Landnahme Bezug. Im nur noch in Griechisch erhaltenen ersten Makkabäerbuch wird Josua in dem poetisch gestalteten Text der Abschiedsrede des Mattahias als Richter bezeichnet (1 Makk 2,55). Dabei steht die theologische Grundstruktur des „Tun-Ergehen-Zusammenhangs" im Hintergrund. Da Josua vollkommen das Wort, den Auftrag (Gottes) erfüllt hat, erhält er als Lohn die Führerschaft über Israel. Obgleich an dieser Stelle nicht ausdrücklich mitgeteilt wird, worin dieses Erfüllen des Wortes/des Auftrages besteht, so läßt sich dennoch aus dem unmittelbaren Kontext erschließen (1 Makk 2,54.56), daß Josua stets treu und vorbehaltlos den Auftrag Gottes während der Wüstenwanderung und der Landnahme erfüllt hatte. Ziel jener Abschiedsrede ist es, die in ihr genannten Väter, zu denen ebenfalls Josua gezählt wird, als besonders geeignete Vorbilder für die Mak-

---

[322] In Neh 9,25 findet sich der Ausdruck וילכדו (und sie eroberten) wie in Jos 6,20; 19,47; Ri 1,8; 3,28; 7,25, ohne daß darauf wie bei den angegebenen Stellen ein Tötungsgeschehen erwähnt wird.

kabäer in ihren aktuellen Kämpfen aufzustellen. Von daher wird auch hier erkennbar, daß der Verfasser der Abschiedsrede in 1 Makk 2 von der Historizität der Kämpfe Josuas während Wüstenwanderung und Landnahme überzeugt ist. Insgesamt gibt 1 Makk zu erkennen, daß auch Ereignisse, die der Landnahmezeit zugeschrieben werden, nicht einmalig und vergangen sind, sondern sich in besonderen Zeiten wie den Makkabäerkämpfen immer noch ereignen, und zwar als scheinbar unverhoffte Naturereignisse (Jos 10/1Makk 13,22). Außerdem gewährt Gott den Sieg nach seinem Willen (1 Makk 3,60; 4,10), und es erscheint die religiös motivierte Vernichtung von Menschen im Zusammenhang der Makkabäerkämpfe als reaktiviert (1 Makk 3,8; 5,5). Darüber hinaus lassen sich in 1 Makk Motive einer JHWH-Kriegskonzeption erkennen, wie sie vom chrG her bekannt sind: Kämpfe werden als Geschichten der Rettung erzählt. Allein das Eingreifen JHWHs während einer ausweglosen Situation bringt die entscheidende Wendung und bewahrt vor dem sicheren Untergang (vgl. 1 Makk 11,67–74; 12,14f). Diese Kampfsituationen sollen veranschaulichen, wodurch sich eine umfassende religiöse Grundhaltung auszeichnet: Sie richtet sich angesichts einer existentiellen Bedrohung mit unbedingtem Vertrauen ganz auf Gott hin aus (vgl. 1 Makk 11,71).[323]

Im von vornherein griechisch verfaßten zweiten Makkabäerbuch wird im Zusammenhang einer von Judas Makkabäus schwer zu erobernden Stadt auf die Einnahme Jerichos ausdrücklich Bezug genommen (2 Makk 12,15). Zudem wird dabei eigens die Zeit Josuas genannt. Auch in 2 Makk 12 fällt letztlich die Stadt aufgrund des Willens Gottes, und es schließt sich ein „unsägliches Gemetzel" an der Einwohnerschaft der Stadt an. Von daher gilt Jericho als das Vorbild einer schwer einzunehmenden Stadt, und ihre Eroberung gibt zugleich die Vorlage für die Einnahme der Stadt Kaspin ab. 2 Makk 12,15 folgt somit der dtr Perspektive und nimmt die Landnahme unter Josua, allen voran die Eroberung Jerichos, als historisch gegeben an. Ohne diese Annahme wäre es auch sinnlos und unverständlich, vor der Einnahme einer Stadt Gott unter Berufung auf das Wunder von Jericho um Hilfe anzurufen. Darüber hinaus finden sich in 2 Makk ebenfalls Motive des chrG bezüglich der JHWH-Kriegskonzeption. Denn zur geschichtstheologischen Grundkonzeption von 2 Makk gehören wunderbare Rettungen als Ausweis göttlicher Gnade. Hierzu ordnet sich ein, daß vor kriegerischen Auseinandersetzungen Bittgottesdienste abgehalten werden und nach einem Sieg das Lob Gottes angestimmt wird.[324] So dienen auch in 2 Makk militärische Auseinandersetzungen dazu, eine vorbildhafte religiöse Grundhaltung zu verdeutlichen: Die Makkabäer als gesetzestreue Juden haben ihre Existenz ganz auf Gott hin ausgerichtet bzw. diese Gott anheimgestellt.

---

[323] Vgl. A. Ruffing, Jahwekrieg 361.
[324] Vgl. H. Lichtenberger, Gottes Nähe 136.146.

3. Gesamtfazit Altes Testament

Schließlich läßt sich insgesamt folgendes festhalten: Die Rezeptionsgeschichte der Landnahmekriege unter Josua in Texten des Alten Testament ist dadurch gekennzeichnet, daß Ereignisse der Landnahme als so geschehen angesehen und unter theologischem Aspekt als beispielgebend eingesetzt werden. Eine eindeutige Distanzierung von mit ihr in Verbindung stehenden kriegerischen Begebenheiten ist grundsätzlich nicht zu erkennen. Auch erfolgt eine Ethisierung kriegerischer Auseinandersetzungen nicht. Wenn wie in der Chronik die Landnahme mit oder ohne Josua aus der Geschichte Israels weitestgehend ausgeblendet wird, so erfolgt dies nicht aufgrund pazifistischer Überlegungen. Im Gegenteil, die Konzeption des JHWH-Krieges ist im chrG sehr gegenwärtig. Wenn die Landnahme übergangen wird, steht vielmehr die theologische Konzeption im Hintergrund: Israel und das Land gehören von jeher zusammen. In der Chronik werden die von David geführten Kriege als ein bevorzugter Ort angesehen, an dem sich auf besondere Weise offenbart, daß JHWH mit dem Volk Israel und seinem König ist. Letztlich nimmt das Esra-Nehemia Buch eine mittlere Position ein. Zwar übergeht es wie die Chronik den Namen Josua in Verbindung mit der Landnahme, aber in den sogenannten Bußgebeten (Esra 9; Neh 9) wird das Landnahmegeschehen als ein wichtiger Topos der Geschichte Israels thematisiert. Zentrale Aussageabsicht ist, daß JHWH die Israeliten in das Land geführt und es ihnen zum Besitz gegeben hat. Da sie sich aber nicht an die Gebote JHWHs hielten (Verbot von Mischehen), haben sie die Gabe des Landes immer wieder in Gefahr gebracht. Zu notieren ist, daß in Esra-Nehemia das Landnahmegeschehen mit Begriffen umschrieben wird, die das Inbesitznehmen des Landes in den Vordergrund rücken und die von einer Vernichtung oder massiven Vertreibung der Vorbewohner schweigen.

III. Rezeptionsgeschichte im Neuen Testament

Im Neuen Testament finden sich nur spärlich Hinweise auf das Buch Josua. Dem entspricht, daß im Neuen Testament kein wörtliches Zitat aus dem Buch Josua enthalten ist. Lediglich ein Anklang an Jos-LXX 1,5 ließe sich ausmachen: „auf gar keinen Fall werde ich dich verlassen" (Hebr 13,5).[325] Da es sich bei diesem Zitat inhaltlich um eine allgemeine Beistandszusage handelt, kommt ihr hinsichtlich der Rezeptionsgeschichte in bezug auf die Landnahmeerzählung keine besondere Bedeutung zu. In dieser Perspektive liegt es auch, daß im Unterschied zu Abraham, Isaak, Jakob und Mose die Person des Josua im Neuen Testament selten erwähnt wird. Josua wird lediglich an zwei Stellen namentlich genannt (Apg 7,45; Hebr 4,8). Ebenso wird die Landnahme im Neuen Testament nur en passant erwähnt. Ein wenig mehr Beachtung findet Rahab, welche vor allem als Vorbild herausgestellt wird (Mt 1,5; Hebr 11,30, Jak 2,25). Vor diesem Hintergrund ist es dann um so beachtenswerter, wenn auf das Buch Josua Bezug genommen wird. Diesen wenigen Bezugnahmen auf das Buch Josua lohnt es sich jedoch nachzugehen.[326]

1. Josua in der Apostelgeschichte

Ein Kennzeichen des lukanischen Doppelwerkes ist nach J. Gnilka „das Muß (δεῖ), das heilsgeschichtliche Erfordernis der Geschehnisse".[327] Dieses Muß läßt sich auch auf die geschichtlichen Ereignisse des Volkes Israels applizieren, welche in der Rede des Stephanus in katechismusartig gestraffter Form vorgetragen werden und in der auch Josua und die Landnahme erwähnt werden.

R. Pesch referiert den „sich in jüngster Zeit anbahnende(n) Konsens der Forschung", der darin besteht, für die Entstehung der Apostelgeschichte die Zeit „um 90 n.Chr. anzunehmen".[328] Damit erhalten wir einen Anhaltspunkt für die zeitliche Einordnung der lukanischen Interpretation des Themas Josua und der Landnahme, auch wenn sie knapp ausfällt. Dennoch läßt sich fragen, wie der Topos der Landnahme in der Apostelgeschichte dargestellt und interpretiert wird.

---

[325] Vgl. Jos 1,5: οὐκ ἐγκαταλείψω σε.
Hebr 13,5: οὐ μή σε ἐγκαταλίπω.
[326] Hingegen geht M. Hasitschka in seiner Studie so gut wie kaum auf Josua ein: „Weil Josua und die auf ihn folgenden charismatischen Führergestalten Israels im Neuen Testament also kaum eine Rolle spielen, ist meine Untersuchung ganz der Person des Mose gewidmet", ders., Führer Israels 117.
[327] J. Gnilka, Theologie 51.
[328] R. Pesch, Apostelgeschichte I 28.

1. Josua in der Apostelgeschichte

1.1 Die Vertreibung der Völker (Apg 7,45)

In der heute vorliegenden kanonischen Gestalt des Neuen Testaments begegnet uns der Name Josua, griechisch Ἰησοῦς, zum ersten Male in Apg 7,45. Dieser Vers ist Teil einer vom Verfasser aus einer anderen Quelle übernommenen und hernach redaktionell bearbeiteten Rede[329], die er dem Stephanus in den Mund legt (7,2–53). Des weiteren werden die Verse 44–47 „zum vorchristlichen Geschichtsabriß" dieser Stephanusrede gerechnet, „dessen Tradition am ehesten im Diasporajudentum zu Hause war".[330]

In dieser Rede wird ein heilsgeschichtlicher Bogen von Abraham bis David gespannt, in welcher auch auf Josua Bezug genommen wird. Besonderes Augenmerk wird in dem Redeteil, in dessen Kontext Josua eingebunden ist, auf zweierlei gelegt: Zum einen auf den Glaubensabfall der Väter in der Wüste (VV 39–43) und zum anderen auf die Weitergabe des Bundeszeltes. Bezüglich des Glaubensabfalls wird ein Zitat aus dem Prophetenbuch Amos verwendet (V 42f), welches der griechischen Textfassung (Am-LXX 5,25–27) entnommen ist. Denn nur in ihr ist im Unterschied zum hebräischen Text die Wendung „das Zelt des Molochs" (ἡ σκηνὴ τοῦ Μόλοχ) bezeugt. Diese Wendung ist insofern wichtig, als mit ihr der Gegensatz zum Bundeszelt bzw. zum „Zelt des Zeugnisses" (ἡ σκηνὴ τοῦ μαρτυρίου)[331] in Apg 7,44 vorbereitet wird, mit welchem auch Josua in Verbindung gebracht wird. Von daher liegt ein weiterer Hauptakzent auf der Feststellung, daß das von Gott selbst in Auftrag gegebene Bundeszelt sicher ins verheißene Land getragen worden ist, woran sich namentlich auch Josua beteiligt hat. In dieser Perspektive wird Josua zu einem Glied in der Tradentenkette des Bundeszeltes, welche mit Mose beginnt und mit Salomo endet. Josua wird so Tradent des wahren Glaubens und nicht als Anführer bei der kriegerischen Landnahme gesehen: „Das Zelt des Zeugnisses hatten unsere Väter in der Wüste, wie es der, welcher zu Mose redete, zu machen nach dem Vorbild, das er gesehen hatte, befahl; welches auch unsere Väter, da sie es übernommen hatten, mit Josua hineinführten bei der Besitznahme der Völker, welche Gott hinaustrieb vor dem Angesicht unserer Väter bis zu den Tagen Davids."[332]

Eine Interpretation der Stephanus-Rede im allgemeinen und des Verses 45 im besonderen wird zu beachten haben, daß diese Rede vor dem Hohenpriester gehalten wird. Von daher genügen dann auch bezüglich der biblischen

---

[329] Vgl. ders. ebd. 244.246; J. Roloff, Apostelgeschichte 117.
[330] R. Pesch, Apostelgeschichte I 247.
[331] Vgl. z.B. LXX Num 2,17; Dtn 31,14f und Jos 19,51.
[332] „ἡ σκηνὴ τοῦ μαρτυρίου ἦν τοῖς πατράσιν ἡμῶν ἐν τῇ ἐρήμῳ, καθὼς διετάξατο ὁ λαλῶν τῷ Μωυσῇ ποιῆσαι αὐτὴν κατὰ τὸν τύπον ὃν ἑωράκει, ἣν καὶ εἰσήγαγον διαδεξάμενοι οἱ πατέρες ἡμῶν μετὰ Ἰησοῦ ἐν τῇ κατασχέσει τῶν ἐθνῶν ὧν ἐξῶσεν ὁ θεὸς ἀπὸ προσώπου τῶν πατέρων ἡμῶν ἕως τῶν ἡμερῶν Δαυίδ", Apg 7,44f.

Überlieferung Andeutungen bzw. Stichworte. Dies läßt sich auch bei der Josua-Stelle ablesen. Die Erwähnung Josuas dient als Bindeglied, den Übergang und den Mitzug des Zeltheiligtums, der Lade, von der Wüste in das verheißene Land bis in die Tage Salomos hinein (V 47) nachzuzeichnen. Das Satzsubjekt selbst ist aber in Vers 45 „unsere Väter" (οἱ πατέρες ἡμῶν) und nicht Josua, der über die Präposition „mit" (μετά) den Vätern hinzugefügt wird. Auf diese Weise wird zum einen zwischen „unseren Vätern" und Josua differenziert, und zum anderen werden die Väter zum vorrangigen Subjekt der Inbesitznahme des Landes, welche arbeitsteilig begriffen wird: Die Väter mit Josua nehmen das Land in Besitz, und Gott selbst vertreibt die Vorbewohner. Auch wenn Andeutungen und Stichworte bei dieser Ansprache anscheinend genügen, so ist auffallend, mit welchen Begriffen die „Landnahme" in Vers 45 in Differenz zum biblischen Befund im Buch Josua dargestellt und gedeutet wird. Nicht durch Josua allein, sondern zusammen mit den „Vätern" erfolgt die Besitzergreifung der Völker.[333] Der Ausdruck „Besitzergreifung", „Besitznahme", „Grundbesitz" (κατάσχεσις) ist in der Septuaginta terminus technicus für die Inbesitznahme des verheißenen Landes, aber nicht nur für die Zeit nach dem Auszug aus Ägypten[334], sondern bereits auch in der Verheißung an Abra(ha)m (vgl. Gen 17,8). Dies kommt in der Stephanus-Rede dadurch zum Ausdruck, daß in Apg 7,5 mit Blick auf Abraham und seine Nachkommen unter Verwendung des Ausdrucks κατάσχεσις Gen 17,8 eher frei zitiert wird. Auf diese Weise kommt es innerhalb jener Rede zu einer Verweisverknüpfung sowohl kataphorischer als auch anaphorischer Art (Apg 7,5 u. 45). Die Verheißung Gottes an Abraham, daß auch ihm das Land zum Besitz gegeben wird, ist an keine erkennbar gewaltsame Aktion gebunden. Was mit den Bewohnern Kanaans passieren wird, wird in Gen 17,8 und Apg 7,5 nicht thematisiert. Dem entspricht, daß auch der hebräische Ausdruck für „Besitzung" (אֲחֻזָּה) von sich aus keine militärischen Aktionen konnotiert und daß mit ihm im Sinne eines Rechtsterminus rechtmäßig erworbenes (Land)Eigentum bezeichnet wird. Hinzu kommt, daß er kein „besonderes theologisches Gewicht"[335] besitzt. Dies trifft aber nicht nur für den Gebrauch des hebräischen (אֲחֻזָּה), sondern auch für den griechischen (κατάσχεσις) Begriff von „Besitz" bzw. „Besitznahme" in Buch Josua zu.[336] Als nächstes ist zu notieren, daß die Wendung „bei der Besitznahme" (ἐν τῇ κατασχέσει) in Apg 7,45 bereits in der Jos-LXX in Jos 21,12 bezeugt ist.[337] Aber auch an dieser Stelle wird der

---

[333] Vgl. Jos 19,51. Josua wird nach dem Priester Eleasar an zweiter Stelle und zusammen mit den Familienoberhäuptern genannt. Auf diese Weise wird seine Stellung relativiert.
[334] Vgl. z.B. Gen 48,4; Num 13,2; 32,32; 33,54; Dtn 32,49; Ez 33,34; 36,5.
[335] H. H. Schmid, אחז 110.
[336] Vgl. sowohl Jos-BHS als auch Jos-LXX 21,12.41; 22,4.9.19.
[337] Diese Wendung in Jos-LXX 21,12 ist aber im Unterschied zu Apg 7,45 ohne Artikel (τῇ) verwendet, was eine nicht ganz unwesentliche Einschränkung bedeutet.

1. Josua in der Apostelgeschichte

Ausdruck „Besitz/Besitznahme" (κατάσχεσις) frei von Konnotationen an gewalttätige Aktionen ausschließlich im Sinne von „Besitz" gebraucht.[338]

Weiterhin ist festzuhalten, daß die Wendung in Apg 7,45 „bei der Besitznahme" (ἐν τῇ κατασχέσει) in Verbindung mit dem Genitivattribut „der Völker/Heiden" (τῶν ἐθνῶν) im biblischen Sprachgebrauch singulär ist. Viele Exegeten machen auf diese Besonderheit nicht weiter aufmerksam und übergehen sie letztlich, indem sie bereits in dem zu interpretierenden Text den Genitiv „des Landes" ergänzen: (B)ei der Besitzergreifung (des Landes) der Völker.[339] Die Paraphrase „des Landes" ist zwar nicht unberechtigt[340], zumal mit Blick auf den nachfolgenden Relativsatz, aber dennoch befriedigt diese interpretatorische Hinzusetzung nicht ganz. Denn es könnte sich bei dieser Wendung ebenso um einen Zitatanklang an Ps 2,8 (LXX) und etwas entfernter auch an Ps 110,6 (LXX) handeln. In Ps 2,8 wird „Völker/Heiden" (ἔθνη) in Verbindung mit dem Begriff „Erbe" (κληρονομία) verwendet, der wiederum synonym zu „Besitz" (κατάσχεσις) im selben Vers steht (synonymer Parallelismus).[341]

In Ps 110,6 (LXX) wird vom „Erbe der Völker/Heiden" (κληρονομίαν ἐθνῶν) gesprochen, welches Gott seinem Volk geben will (vgl. Jer-LXX 3,19). Ein solches Erben bzw. Inbesitznehmen ist nicht unausweichlich mit der Vorstellung physischer Vernichtung verknüpft.

Daß in Apg 7,45 die Inbesitznahme des Landes nicht unausweichlich mit Vernichtung der Vorbevölkerung gleichzusetzen ist, läßt sich dem Relativsatz „welche Gott hinaustrieb vor dem Angesicht unserer Väter" entnehmen. In diesem Relativsatz wird nicht von „vernichten" oder allgemein von „töten", sondern von ἐξωθεῖν in der Bedeutung von „vertreiben"[342], „hinausstoßen" bzw. „zurückdrängen" gesprochen.[343] Diesen Befund entspricht der Gebrauch dieses Verbums in der Septuaginta. In weisheitlichen (Spr 2,22)

---

[338] Dies ist auch kennzeichnend für den biblischen Befund bezüglich jener Wendung in Neh 11,3 und Sir 4,16 in der LXX. Nur im Buch Numeri (LXX) wird an einer Stelle die Wendung ἐν κατασχέσει ausdrücklich in bezug auf die Besitzergreifung des verheißenen Landes (Num 32,22.29) in einem engen Zusammenhang vom Unterwerfen (κατακυριεύειν) des Landes mit kriegerischen Mitteln verwendet.

[339] Vgl. H. Conzelmann, Apostelgeschichte 56; E. Haenchen, Apostelgeschichte 269. 276, Anm. 3; J. Jervell, Apostelgeschichte 230; R. Pesch, Apostelgeschichte I 244; J. Roloff, Apostelgeschichte 116; G. Schille, Apostelgeschichte 179; W. Schmithals, Apostelgeschichte 70; G. Schneider, Apostelgeschichte 446. Aber auch viele deutschsprachige Bibelausgaben fügen „das Land" in ihre Übersetzung ein.

[340] Es bliebe auch die Möglichkeit, daß es sich hier um eine Brachylogie handelt, vgl. Bl-D-R § 483.

[341] Ps 2,8 (LXX): „... und ich werde dir geben Völker zu deinem Erbe und zu deinem Besitz die Enden der Erde".

[342] In der Bedeutung von „vertreiben" bzw. „austreiben" gebraucht es auch Philo an einer Stelle: „das Wort des Schlechten pflegt das Rechtschaffende auszutreiben und zu zerstören", post § 55.

[343] Die Verwendung dieses Verbums in Apg 7,45 fällt deshalb auf, weil das Kompositum „ἐξωθεῖν" im NT außer an dieser Stelle nur noch in Apg 27,39 bezeugt ist. In Apg 27,39 wird es jedoch nicht im Sinne von „vertreiben" verwendet; sondern es fungiert als ein nautischer terminus technicus: „ein Schiff auf den Strand treiben lassen".

und prophetischen[344] Texten wird es durchweg in der Bedeutung von „vertreiben" verwendet. Dies trifft auch für Angehörige des Volkes Israel zu (vgl. Mich 2,9, Joel 4,6; Jer 16,15).[345]

Daß der Verfasser- und Redaktorkreis der Stephanus-Rede nicht an Vernichtung, sondern vielmehr an Vertreibung denkt, läßt sich schließlich auch durch die syntagmatische Verbindung des Verbums ἐξωθεῖν mit der Wendung „vor dem Angesicht unserer Väter" (ἀπὸ προσώπου τῶν πατέρων ἡμῶν) stützen. Vorlage hierzu bildet die Wendung „vor dem Angesicht der Söhne Israels" (ἀπὸ προσώπου (τῶν) υἱῶν Ισραηλ) in der Septuaginta.[346] Inhaltlich gesehen ist bei den Septuaginta-Textstellen festzustellen, daß diese Wendung nicht direkt einen Vorgang des Tötens oder Vernichtens thematisiert. Es gibt aber auch Ausnahmen.[347] Letztlich wird mit jener Wendung unterstrichen, daß nicht die Väter, sondern Gott der Auctor der Vertreibung ist.

Sieht man sich die Stephanusrede unter dem Gesichtspunkt Israel und sein Land insgesamt an, so könnte hier auch der Versuch dahinterstehen, zwei theologische Konzepte, das des dtn/dtr und das des chrG, miteinander zu

---

[344] Zum überwiegenden Teil kommt ἐξωθεῖν im corpus propheticum vor (17mal), näherhin vor allem bei Jer (11mal). Im Pentateuch ist es nur in Dtn 13,6 und in den Königsbüchern sechsmal bezeugt.

[345] In Jer 23,3 sagt Gott von sich selbst aus, daß er Angehörige des Volkes Israel vertrieben habe, die er nun aber wieder zurückführen will. In Jer 23,8 liegt ebenfalls mit Gott als Subjekt die gleiche Verbform in einem Relativsatz vor wie in Apg 7,45 (ἐξῶσεν). Konnotationen von Vernichtung lassen sich auch hier nicht ausmachen.

[346] Diese Wendung findet sich in der Septuaginta in Num 22,3; Jos 5,1; 10,10.11.12; Ri 11,33; 1 Kön 14,24; 20,26; 2 Kön 16,3; 17,8; 21,2; 2 Chr 28,3; 33,2.9 und Jes 17,9. Von diesen Stellen weisen vor allem 2 Kön 16,3 und 21,2 sowie 1 Kön 14,24 und 2 Kön 17,8 eine große Übereinstimmung mit der Formulierung in Apg 7,45 auf, wozu auf formaler Ebene auch 2 Chr 28,3 und 33,2 gehören.
Syntagmatischer Vergleich von 2 Kön 16,3 (21,2) und Apg 7,45:
2 Kön 16,3: τῶν ἐθνῶν ὧν ἐξῆρεν κύριος ἀπὸ προσώπου τῶν υἱῶν Ισραηλ.
Apg 7,45: τῶν ἐθνῶν ὧν ἐξῶσεν ὁ θεὸς ἀπὸ προσώπου τῶν πατέρων ἡμῶν.

[347] Die Ausnahmen bilden 1 Kön 20,26; 2 Chr 28,3 und 33,2, wo ausdrücklich von „ausrotten" (ἐξολεθρεύειν) die Rede ist. So heißt es beispielsweise in 2 Chr 33,2: „Und er (Manasse, ThRE) tat das Böse vor dem Herrn von allen Greueln der Völker, welche ausrottete der Herr vor dem Angesicht der Söhne Israels". Hierbei ist zu notieren, daß zwar in der Septuaginta in der Regel mit dem Verbum „ausrotten" (ἐξολεθρεύειν) das hebräische Verbum חרם im Hif. übersetzt ist, daß aber mit diesem griechischen Verbum in 1 Kön 20,26; 2 Chr 28,3 und 33,2 das hebräische Verbum ירש im Hif. übersetzt ist. Dieses besitzt im Kontext jener formelhaft geprägten Textpassagen mit JHWH als Subjekt anscheinend die Bedeutung von „vertreiben", vgl. H. H. Schmid, ירש 781. Somit läßt sich für diese drei Textstellen in der LXX eine interpretative Verschärfung der Aussage konstatieren, die teilweise auch ihren semantischen Anhaltspunkt im hebräischen Text besitzt. Nach N. Lohfink besitzt ירש Hif. in dtr. Belegen die Bedeutung „jemanden vernichten", wozu auch die Stellen 1 Kön 14,24 (LXX 3 Kön); 1 Kön 21,26 (LXX 3 Kön 20,26); 2 Kön 16,3 (LXX 4 Kön) = 2 Chr 28,3 sowie 2 Kön 17,8 (LXX 4 Kön) und 21,2 = 2 Chr 33,2 gehören. Dabei streift es aber seine Grundbedeutung „erben" im Sinne von Besitz übernehmen nicht ab, vgl. ders., ירש 961. 967. 970. Es ist aber auch darauf hinzuweisen, daß in späteren Belegstellen ירש im Hif. offenbar wieder die Bedeutung von „etwas in Besitz nehmen" und „(ver)erben" besitzt, ohne die Konnotation von physischer Vernichtung aufzuweisen, 2 Chr 20,11; Esra 9,12; Ijob 13,26, vgl. N. Lohfink, ירש 962.

1. Josua in der Apostelgeschichte

harmonisieren. Dem dtn/dtr Konzept entspricht, daß Israel aus Ägypten in das verheißene Land gekommen ist (vgl. VV 35–45). Dem chr Konzept ist es eigen, daß Israel und das Land immer schon zusammen gehören. „Sie dürfen nicht erst irgendwann einmal geschichtlich zusammengekommen sein".[348] Hierfür spricht die kataphorische bzw. anaphorische Bezugnahme des Begriffs κατάσχεσις zwischen V 5 und V 45[349] und das Fortdauern der Vertreibung der Vorbewohner bis in die Tage Davids hinein. Erst mit David beginnt im chrG die eigentliche Geschichte Israels. Was zuvor war, ist mit Blick auf 1 Chr 1–9 genealogisch bewältigt.[350]

Zusammenfassend kann somit gesagt werden: In Apg 7,45 wird Josua im Unterschied zum Josuabuch vor allem zu einem Tradenten des Bundeszeltes und die Väter nehmen zusammen mit Josua die Völker in Besitz. Schließlich wird die Vernichtung der Vorbewohner des verheißenen Landes in eine Vertreibung derselben umgewandelt. Die Inbesitznahme des Landes wird mit Termini bezeichnet, die nicht automatisch eine physische Vernichtung der Vorbewohner des Landes beinhalten müssen. Die Zweiteilung, Inbesitznahme der Völker durch die Väter und die Vertreibung jener durch Gott, ermöglicht es, die Landnahme als einen längeren Prozeß aufzufassen, der mit dem biblischen Befund kompatibel ist. Zuerst werden die Völker in Besitz genommen, und dann erst werden sie aus dem Lande vertrieben, was bis zu den Tagen Davids andauerte. Schließlich gibt es Indizien für den Versuch einer Harmonisierung zwischen dem dtn/dtrG und dem chrG bezüglich der Inbesitznahme des Landes.

1.2 Die Vernichtung der sieben Völker (Apg 13,19f)

Analog zu der Rede des Stephanus ist die Rede Pauli in der Synagoge zu Antiochia in Apg 13,16–42 überliefert[351], an deren Beginn wieder in Auswahl eine Rekapitulation der Heilsgeschichte des Volkes Israel steht. In diesem Zusammenhang wird auch die Landnahme erwähnt, welche eindeutig als Landgabe durch Gott klassifiziert wird. Nachdem in Apg 13,17f Erwählung und Erhöhung des Volkes Israel in Ägypten sowie die vierzigjährige Wüstenwanderung genannt worden sind, deren durchgängiges (Satz-)Subjekt

---

[348] N. Lohfink, Schichten des Pentateuch 52.
[349] Vgl. 2 Chr 20,7.10.
[350] Vgl. A. Ruffing, Jahwekrieg 236.
[351] Dieser Rede liegt anscheinend ein vorlukanischer Text, vermutlich eine konkrete Synagogenpredigt, zugrunde (antiochenische Paulusüberlieferung), welche von Lk bearbeitet worden ist, vgl. R. Pesch, Apostelgeschichte II 32.35.42.
„In der Frage nach der von Lukas verarbeiteten Tradition gehen die Meinungen weit auseinander, wenn es um die Rede VV 16–41 geht". „Wir haben es mit einer lukanischen Komposition zu tun, d.h. die Rede ist von Lukas komponiert, dies aber auf der Grundlage der antiochenischen Tradition und der Predigt in der lukanischen Gemeinde, die judenchristlich bestimmt war", J. Jervell, Apostelgeschichte 366.367.

Gott ist, heißt es in Vers 19f: „Sieben Völker hat er im Land Kanaan vernichtet und ihr Land ihnen zum Besitz gegeben für etwa vierhundertfünfzig Jahre" (EÜ).[352]

Inhaltlich ist als erstes zu notieren, daß es nach Lesart von Apg 13,19 Gott selbst ist, der die sogenannten sieben Völker vernichtet. Josua findet hier in Verbindung der Landgabe keine Erwähnung. Dies ist insofern konsequent, als in V 13 die Betonung auf Gott als Geber des Landes liegt. Sieht man sich die in Apg 13,19f verwendeten Begriffe genauer an, ist festzustellen, daß das dem Ptz. καθελών zugrunde liegende Verbum καθαιρεῖν im NT nur an dieser Stelle die Bedeutung von „vernichten" im physischen Sinne hinsichtlich menschlichen Lebens besitzt. Diese Singularität verwundert zum Teil insofern, als dieses Verbum ein breiteres Bedeutungsspektrum als physisches „vernichten" besitzt und zudem auch metaphorisch eingesetzt wird.[353] Gemeinsam aber ist sehr vielen Verwendungsbereichen, daß jenes Verbum eine destruktive Bedeutung besitzt. Da diese ein breites Spektrum aufweist, ist der Ausdruck καθαιρεῖν in Apg 13,19 genauer zu untersuchen.

Ein erster Befund besagt, daß das Verbum καθαιρεῖν in der Septuaginta so gut wie gar nicht direkt in bezug auf die Tötung von Menschen(gruppen) verwendet wird. In der Regel wird es im Zusammenhang vom Niederreißen von Opferaltären (Ri 2,2), Festungen (1 Makk 5,65), Städten (Ps 9,7; 2 Kön 23,7), Mauern (Esdr 13,35 = Neh 3,35) und Häusern eingesetzt, so daß man geradezu schon von einem terminus technicus sprechen kann. Eine Ausnahme bildet hierbei Ps 59,3 (LXX), wo jenes Verbum direkt auf Menschen bezogen wird: „Gott, du hast uns verworfen und uns zerstört; du hast (uns) gezürnt und dich unser (wieder) erbarmt".[354] Es ist hier davon die Rede, daß Gott das Volk Israel zerstört habe. Zugleich geht aber aus demselben Vers mit Blick auf die Aussage „und du hast dich unser (wieder) erbarmt" hervor, daß es sich dabei offenbar nicht um eine totale physische Vernichtung handeln kann.

Bei Josephus wird in Anlehnung an Dan 2,40 καθαιρεῖν im Sinne von „Herrschaftsmacht beseitigen/vernichten" verwendet[355], so daß auch hier nicht notwendig die Vernichtung eines Volkes von vornherein gemeint ist. Von daher böte sich auch für Apg 13,19 die Interpretation an, daß Gott die *Herrschaft* der sogenannten sieben Völker über Kanaan vernichtet habe, um daraufhin das Land den Israeliten zum Erbe zu geben. Für diese Interpretation spricht auch eine Verwendung des Ausdrucks καθελών in einer mit Apg 13,19 vergleichbaren Wendung bei Philo. In det § 14 heißt es u.a. in

---

[352] καὶ καθελὼν ἔθνη ἑπτὰ ἐν γῇ Χανάαν κατεκληρονόμησεν τὴν γῆν αὐτῶν ὡς ἔτεσιν τετρακοσίοις καὶ πεντήκοντα.
[353] Als Bedeutung wird angegeben: „herabnehmen", „herunterholen"; „niederreißen", „zerstören", „vernichten", „überwältigen"; „besiegen", „ausrotten", vgl. K. Aland/B. Aland, Wörterbuch 784.
[354] Ὁ θεός, ἀπώσω ἡμᾶς καὶ καθεῖλες ἡμᾶς, ὠργίσθης καὶ οἰκτίρησας ἡμᾶς, Ps-LXX 59,3.
[355] Vgl. ant. X 10,4 (§ 209).

1. Josua in der Apostelgeschichte

bezug auf Abraham, daß er neun Könige überwältigt habe (ἐννέα βασιλεῖς καθελών). Diese Aussage bezieht sich anscheinend auf Gen 14.[356] In diesem Abschnitt geht es nicht um eine restlose physische Vernichtung des Gegners, sondern um eine kriegerische Auseinandersetzung, welche zum Ziel hat, Entführtes zurückzuerlangen. Daher sind besagte Könige zu überwältigen.

Wie trennschärfen-unscharf letztlich der Begriff καθαιρεῖν ist, läßt sich an einer anderen Stelle bei Philo entnehmen, in der es heißt: „ῥᾷστα τοὺς ἐναντίους καθαιρῶσι" (agr § 86). Diese Passage kann sowohl mit „rasch die Gegner zu überwältigen/besiegen" als auch mit „rasch die Gegner zu vernichten" übersetzt werden.[357]

Apg 13,19 lokalisiert der biblischen Überlieferung gemäß das Beseitigen der Herrschaft „der sieben Völker" (καθελὼν ἔθνη ἑπτὰ) „im Lande Kanaan" (ἐν γῇ Χανάαν). Mit der Landesbezeichnung „Kanaan", die im NT bemerkenswerterweise sonst nur noch in der Stephanus-Rede in Apg 7,11 bezeugt ist, liegt neben Dtn-LXX 7,1 auch eine Bezugnahme auf Jos-LXX 12,1; 14,1 vor. In Jos-LXX 14,1 ist vom Inbesitznehmen des Landes als Erbe im Lande Kanaan (ἐν τῇ γῇ Χανάαν, 14,1) die Rede, nachdem die vormaligen „Könige" gewaltsam beseitigt worden sind (ἀναιρεῖν). In Jos-LXX 12,1 finden sich die Verben „töten" (ἀναιρεῖν) und „als Erbe geben" (κατακληρονομεῖν). Letzteres steht zudem in einer wörtlich fast identischen Wendung wie in Apg 13,19: κατεκληρονόμησαν τὴν γῆν αὐτῶν. Von daher spricht einiges dafür, daß der Begriff καθελών in Apg 13,19 mit „vernichten" zu übersetzen ist: „Und nachdem er (Gott) sieben Völker im Land Kanaan vernichtet hatte, gab er deren Land zum Erbe für etwa vierhundertfünfzig Jahre."[358] Grundsätzlich bleibt grammatikalisch und inhaltlich aber noch die Möglichkeit bestehen, den Ausdruck καθελών in abgeschwächter Bedeutung zu verstehen und entsprechend zu übersetzen: „Und nachdem er (Gott) sieben Völker im Land Kanaan überwältigt/vertrieben hatte, gab er deren Land zum Erbe für etwa vierhundertfünfzig Jahre". Da anscheinend die erste Übersetzung vom Gesamtkontext her und mit Blick auf die biblischen Primärquellen die zutreffendere ist, wird zumindest mit dem Ausdruck καθελών in Apg 13,19 im Unterschied zum Grundtenor von Apg 7,45 sehr viel deutlicher das ausgedrückt, was die in Dtn 7,1f angekündigte und in Jos 1–12 durchgeführte Landgabe einschließt: Die vollständige Beseitigung der Vorbewohner des Israel verheißenen Landes, vor allem die der sogenannten sieben Völker.

---

[356] In Gen 14 ist jedoch nicht von neun, sondern von vier Königen die Rede.
[357] Aber auch an den Stellen, wo beispielsweise vom Vernichten eines Königreiches die Rede ist, kann wiederum „vernichten" die physische Auslöschung der Bevölkerung bedeuten: „Vor den Makedoniern war das Reich der Perser vom Glücke begünstigt, aber ein einziger Tag vernichtete (καθεῖλε) ihr volkreiches, großmächtiges Königtum", Philo, imm § 174.
[358] Andere Übersetzungsmöglichkeit: „Und er hat sieben Völker vernichtet, und er gab (ihnen) deren Land zum Erbe für etwa vierhundertfünfzig Jahre."

Nun wird in Apg 13,20 in bezug auf die Landgabe Gottes die Zahl 450[359] genannt, mit der bezeichnet wird, für wieviel Jahre Gott den Israeliten das Land Kanaan überlassen habe.[360] Lukas, sozusagen der Historiker unter den Evangelisten, ist an Zahlenmaterial interessiert, die Geschichtsabschnitte bzw. Epochen zeitlich strukturieren. Aber was bedeutet die Zeitspanne von 450 Jahren in diesem Kontext? Da der in V 19 mit καὶ beginnende Satz in V 20a mit der Partikel ὡς fortgesetzt wird, bezieht sich die Zahl 450 auf die Wendung „das Land als Erbe geben". Wörtlich verstanden heißt dies, daß Gott den Israeliten das Land Kanaan für eine Zeitspanne von „etwa 450 Jahre" zum Erbe gegeben hat. Dies ist die Zeit von der angenommenen Landnahme bis hin zum Exil.[361] Gleichzeitig aber beinhaltet diese Aussage, daß mit dem Exil diese Erbgabe wieder aufhört bzw. Israel dieses Erbes wieder verlustig geht. Zieht man diese Linie weiter aus, so ist den Israeliten das Land Kanaan nicht für immer zum Erbe übergeben worden. Denn indem Gott in David den Mann gefunden hat, der nach seinen Vorstellungen ist (13,22) und somit aus dessen Geschlecht Jesus den Retter hervorgehen läßt (13,23), beginnt bereits mit David eine translatio imperii, und zwar von einem territorialen Bereich hin zu einem an die Person Jesu und an das Bekenntnis zu ihm gebundenen Bereich. Vor diesem Hintergrund läßt es sich vielleicht erklären, weshalb der Josua der Landnahme in Apg 13 keine namentliche Erwähnung findet. Sein Werk hat nicht für ewige Zeiten Bestand. Hingegen erfüllt sich erst durch den von den Toten auferweckten Jesus die Verheißung an die Väter (32f), und durch ihn wird die Vergebung der Sünden angekündigt (38f). Dies läßt sich weder territorial noch zeitlich begrenzen. Von daher kann Jesus auch der Retter genannt werden.

2. Josua im Hebräerbrief

Der sogenannte Brief an die Hebräer, der anscheinend erst an seinem Schluß sein genus litterarium preisgibt, nämlich eine Mahn- bzw. Trostrede zu sein (λόγος τῆς παρακλήσεως, Hebr 13,22), könnte wohl aufgrund nicht weniger Anhaltspunkte inhaltlicher Art zwischen 80 und 90 geschrieben worden sein.[362] Hinsichtlich der Adressaten ist immer wieder einmal erwogen worden, daß es sich bei ihnen vielleicht um solche handle, die entweder in religiöser Hinsicht ehemals Juden waren oder aufgrund von Glaubenszweifeln im Begriff stehen könnten, zum religiösen Judentum zurückzukehren.[363]

---

[359] Durch die Partikel ὡς erfährt die Zahl 450 eine Relativierung im Sinne von „etwa" oder „ungefähr 450 Jahre".
[360] Mit J. Roloff ist festzuhalten: „Einige Textzeugen beziehen, allerdings wohl fälschlich, die 450 Jahre auf die anschließend genannte Richterzeit", ders. Apostelgeschichte 204.
[361] Vgl. R. Pesch Apostelgeschichte II 35.
[362] Vgl. E. Gräßer, Hebräer 25; W. G. Kümmel, Einleitung 355; C.-P. März, Hebräerbrief 19f.
[363] Vgl. J. Gnilka, Theologie 114; A. Strobel, Hebräer 10. Vorsichtig O. Michel, Hebräer 48. Anders E. Gräßer, Hebräer 22–25; H. Hegermann, Hebräer 10; G. Schunack, Hebräerbrief 10f.

2. Josua im Hebräerbrief

Auch wenn für das pro und contra jeweils triftige Argumente angeführt werden können, wobei sich das Pendel zum „contra" hin bewegt, so setzt zumindest der Verfasser dieser Trostrede „bei den Lesern und Hörern eine eingehende Kenntnis des griechischen Alten Testaments, der Septuaginta, voraus und ebenso Verständnis für eine anspruchsvolle exegetische Argumentation".[364] Ein solches Vorverständnis dürfte aber durchaus auf eine geringe Schicht von Lesern/Hörern begrenzt gewesen sein. Ganz gleich nun, ob es sich bei den Adressaten mehr um Juden- oder Heidenchristen oder unterschiedslos um Christen gleich welcher religiösen Herkunft auch immer handelt, haben doch Christen mit jüdischem Hintergrund insofern einen hermeneutischen Verstehensvorteil, als ihnen die biblischen Bücher und Anspielungen sowie die z.T. midraschartigen Auslegungen wohl besser vertraut sein dürften. Außerdem ist es nicht unwahrscheinlich, daß der Verfasser selbst einen juden-christlichen Hintergrund besitzt, zumal er verschiedene jüdische Auslegungsregeln[365] nicht nur wie selbstverständlich anwendet, sondern sie auch souverän beherrscht.

2.1 Das Land der Ruhe (Hebr 4,8)

Josua selbst wird namentlich im Hebräerbrief zum ersten und letzten Mal nur in Hebr 4,8 genannt. Als erstes fällt zugleich die griechische Namensform Ἰησοῦς auf, die ohne weitere Zusätze (Sohn des Nun) verwendet ist. Anscheinend hegt der Verfasser keinen Zweifel, daß der Name Ἰησοῦς bei den Adressaten nicht zuletzt auch aufgrund des Kontextes sogleich mit dem Josua der Landnahme in Verbindung gebracht wird.[366] Diese Tatsache ist allein deshalb hervorzuheben, da der Verfasser jenes Trostschreibens ebenfalls ohne Näherbestimmung den Namen Ἰησοῦς auch für Jesus, den „Mittler eines neuen Bundes", verwendet.[367]

Die Erwähnung Josuas in Hebr 4,8 geschieht offenbar aus der Absicht heraus, das letztlich Defizitäre des Handelns Josuas unmißverständlich hervorzuheben: „Denn hätte schon Josua sie in das Land der Ruhe geführt, so wäre nicht von einem anderen, späteren Tag die Rede" (EÜ). Aufmerksamkeit verdient hier, daß zwar kurz zuvor der Auszug aus Ägypten unter Mose Erwähnung findet (Hebr 3,16), daß aber als Ziel dieses Auszuges wider Erwarten kein Territorium, sondern die Ruhe Gottes genannt wird [(nicht)

---

[364] G. Schunack, Hebräerbrief 11.
[365] Midrasch-Pescher-Methode (10,5–10), midraschartige Textentfaltung (3,15–19), Verknüpfung zweier Schrifttexte zum Zweck einer Erklärung (1,5), Schluß vom Kleineren zum Größeren (3,1–3), vgl. C.-P. März, Hebräerbrief 8.
[366] In der vorbehaltlosen Verwendung des gräzisierten Namens Josua sieht A. Strobel eine Bestätigung dafür, „daß Kontakte zur hellenistischen Synagoge vorliegen", ders., Hebräer 47.
[367] Vgl. Hebr 6,20; 7,22; 10,19; 12,24 und 13,12.

sollen sie in seine Ruhe eingehen/(μὴ) εἰσελεύσεσθαι εἰς τὴν κατάπαυσιν αὐτοῦ].[368] Von Land oder gar Landnahme ist in Hebr 3,18; 4,8 nicht die Rede. Einen eventuellen Anknüpfungspunkt hinsichtlich des Einziehens in die Ruhe bieten vielleicht Dtn 3,20; 12,9 und Jos 1,15; 11,23.[369] An diesen Stellen wird zum einen vom Einziehen in die Ruhe und zum anderen von der Ruhe des Landes nach dem Krieg gesprochen. Aber diese Ruhe wird vom Verfasser des Hebräerbriefes ausdrücklich zurückgewiesen, da es ihm um die Sabbatruhe Gottes geht (Hebr 4,4f.9f), welche die eigentliche Ruhe ist. Diese Auffassung wird daran ersichtlich, daß der Verfasser in Hebr 4,4f entsprechende Zitate aus Gen-LXX 2,2 und Ps-LXX 94,11 zueinander midraschartig in Beziehung setzt. Auf diese Weise erhält das Einziehen in die Ruhe eine eschatologische Ausrichtung. Somit steht die Erwähnung des Handelns Josuas in diesem Kontext im Dienst einer typologisch-allegorischen Aussage[370]: Es geht um das Einziehen in die Ruhe Gottes, welche in der vorläufigen Ruhe Israels das Vorausbild der endgültigen Ruhe besitzt. Zwar war es Josua, der einst Israel Ruhe verschaffen konnte (Jos 11,23), aber die endgültig wahrhafte, dauerhafte und damit eigentliche Ruhe steht noch aus (Hebr 4,1). Josuas Handeln besitzt Verweischarakter für Zukünftiges. An dieser Stelle zeichnet sich schon punktuell ab, worauf später Origenes seine Josuapredigten gründen wird. Der unvollkommene Jesus (Josua) im Alten Testament und der vollkommene Jesus im Neuen Testament. Zugleich aber fungiert Josua hier als Negativfolie und ist daher „nicht Typus, sondern Kontrast: der ntliche Jesus bringt zustande, was der atliche Jesus nicht vollbringen konnte."[371] Nicht das Einziehen in eine irdische Ruhe, die immer unvollkommen bleiben wird, und in ein territorial umgrenztes Gebiet, das immer verlustig gehen kann, sondern das Eingehen in die endgültige Sabbatruhe Gottes ist „der eigentliche Inhalt der göttlichen Zusage".[372] Von daher erfolgt eine generelle Umwandlung der Bedeutung des Einziehens in das Land. Zum einen steht der Einzug in das wahrhaft von Gott verheißene Land noch aus, zum anderen ist es nicht lokal, sondern personal zu verstehen.[373] So wird zudem der Einzug in die verheißene irdische Ruhe[374] bzw. in den irdischen Erbbesitz (vgl. Dtn 12,9) sowohl von seinem ursprünglichem Sinn als auch von seiner ausgestalteten konkreten Erzählung her (Jos) jetzt mit einer christlichen Entscheidungssituation in der Gegenwart in Beziehung gesetzt (Hebr 4,11–13): „So wollen wir uns nun befleißigen, in jene Ruhe

---

[368] Hebr 3,18; vgl. zudem Hebr 4,2. Bei Hebr 4,2 wird deutlich erkennbar, daß es sich hierbei um ein Zitat aus Ps-LXX 94,11 (Ps-BHS 95,11) handelt.
[369] Vgl. zudem Jos 21,44; 22,4.
[370] Vgl. A. Strobel, Hebräer 47.
[371] H. Windisch, Hebräerbrief 34.
[372] Ders. ebd. 47.
[373] „Der Ruheort ist im Hebr personal verstanden: er bedeutet die vollendete Gemeinschaft mit Gott", M. Rissi, Theologie 128.
[374] Weder in Dtn 12,9 (BHS/LXX) noch in Hebr 4,3.8.10.11 wird der Begriff „Land" verwendet.

einzugehen, damit nicht jemand nach demselben Beispiel des Ungehorsams falle" (Hebr 4,11).

Zusammenfassend läßt sich sagen, daß das Handeln Josuas in Hebr 4,8 zu einem defizitären Merkposten im Hinblick auf das noch ausstehende und endgültige Eingehen in die Ruhe Gottes geworden ist.

2.2 Die Rettung Rahabs (Hebr 11,30f)

In Hebr 11 wird im Kontext der Mahnung zur Ausdauer den Adressaten die Wichtigkeit des Glaubens in einer sogenannten „Paradigmenreihe"[375] in Erinnerung gerufen. In dieser Paradigmenreihe werden zentrale Personen des Alten Testaments genannt, welche die theologischen Grundpfeiler des Volkes Israel bilden. Leitwort in Hebr 11 ist der Begriff „Glaube" (πίστις), der als Themawort jeweils am Satzbeginn einer paradigmatischen Einzelreihe steht [durch Glauben (πίστει)].

In Hebr 11,30 kommt der Verfasser auf den Fall der Mauern von Jericho zu sprechen. Auffällig ist, daß in all den anderen Versen von Hebr 11 dem Ausdruck πίστει ein konkretes Subjekt als Träger dieses Glaubens namentlich zugeordnet ist (z.B. Abraham, Mose). Ein solches Subjekt aber wird in Hebr 11,30 vermieden. Es heißt lediglich: „Durch Glauben fielen die Mauern Jerichos, die sieben Tage lang umkreist worden sind".[376] Der bzw. die Träger dieses Glaubens sind bereits in V 29 eher unbestimmt genannt worden: „Durch Glauben zogen sie durch das Rote Meer hindurch". In diesem Hindurchziehen (διαβαίνειν) sind die Träger des Glaubens, von welchem in V 30 gesprochen wird, implizit genannt: Es sind die aus Ägypten ausziehenden Israeliten bzw. es ist „das Volk Gottes" (ὁ λαὸς τοῦ θεοῦ, V 25).

Dem Ereignis des Mauerfalls von Jericho ist Vers 31 additiv hinzugefügt, der von der Hure Rahab handelt. Auch dieser Vers wird mit dem Ausdruck „durch Glauben" (πίστει) eingeleitet. Mit Berufung auf das zentrale Deutewort „durch Glauben" (πίστει) wird wiedergegeben, was sich nach dem Fall der Mauern in Jericho selbst ereignet hat. Außer Rahab, und hier sind sicherlich ihre Familienangehörigen hinzuzurechnen, sind alle übrigen Einwohner Jerichos ums Leben gekommen: „Durch Glauben kam Rahab, die Hure, nicht mit denen um, die ungehorsam waren, da sie die Kundschafter in Frieden aufgenommen hatte".[377] Der passivische und verneinende Gebrauch des Wortes συναπολλύναι (οὐ συναπώλετο/sie kam nicht mit um), welches auf die Person der Rahab bezogen ist, läßt zum einen an dieser Stelle unerwähnt, wie und durch wen die anderen Bewohner Jerichos ihren

---

[375] Vgl. C.-P. März, Hebräerbrief 67.
[376] Πίστει τὰ τείχη Ἰεριχὼ ἔπεσαν κυκλωθέντα ἐπὶ ἑπτὰ ἡμέρας, Hebr 11,30.
[377] Πίστει Ῥαὰβ ἡ πόρνη οὐ συναπώλετο τοῖς ἀπειθήσασιν δεξαμένη τοὺς κατασκόπους μετ' εἰρήνης, Hebr 10,31.

Tod fanden, und zum anderen wird auf diese Weise vor allem der positive Aspekt, daß Rahab überlebte, in den Vordergrund gestellt: Sie überlebte aufgrund ihres Glaubens. Das hervorzuheben, ist auch von vornherein das Ziel dieser Aussage. Mit ihr hat sich dennoch ein Nachhall dessen erhalten, daß es bei der Landnahme im allgemeinen und bei der Einnahme Jerichos im besonderen für die Vorbewohner um Leben und Tod ging. Dies zeigt sich daran, daß dem „Glauben" der Rahab der Ungehorsam der Bewohner Jerichos antonymisch gegenübergestellt wird: Es sind „die, die ungehorsam waren" (ἀπειθήσαντες). Das Verbum ἀπειθεῖν selbst bezieht sich in der neutestamentlichen Literatur[378] stets auf den Ungehorsam Gott gegenüber. Ob aber den übrigen Bewohnern Jerichos aus theologischer Sicht des Buches Josua grundsätzlich die Gelegenheit zugestanden werden konnte, sich zwischen „Glaube" und „Ungehorsam" wirklich zu entscheiden[379], liegt nicht in der Perspektive dieser paradigmatischen Reihe des Hebräerbriefes.[380] Aber auch der Begriff Kundschafter (ὁ κατάσκοπος) deutet noch auf einen Kontext des Kampfes hin[381] und stellt einen terminologischen Bezug zu Jos 6 her.[382]

Die theologische Aussage in Hebr 11,31 ist letztlich die, daß man durch rechten Glauben (über)lebt, durch Ungehorsam aber dem Tod ausgeliefert ist. Von daher bietet sich das Beispiel der Rahab aus Jos 2 gut an. Aus einer Episode eines biblischen Buches wird ein zentraler Aussagegehalt.

3. Der Jakobusbrief

Nachdem mehrere Vorschläge in der Forschung hinsichtlich der Gattung des Jakobusbriefes diskutiert worden sind (z.B. Paränese; Midrasch; Katechismus; Traktat und Diatriebe)[383], wird zunehmend wieder die des Briefes für den Jakobusbrief vorgeschlagen, wenngleich auch als „ein *Gebilde sui generis*".[384] Zudem läßt sich der Jakobusbrief einerseits von seinem eigenen Präskript (1,1) und somit von seinem eigenen Selbstverständnis her auch als Diasporabrief bezeichnen[385] und anderseits läßt er sich sowohl im Hinblick

---

[378] Vgl. zudem Joh 3,36; Apg 14,2; 19,9; Röm 10,21; 11,30; Hebr 3,18 und 1 Petr 2,8; 3,20 und 4,17.
[379] Vgl. H. Hegermann, Hebräer 238.
[380] Nach H. Windisch besteht der Ungehorsam der Einwohner Jerichos darin, daß „sie das Volk Israel nicht als von Gott gesandt ansahen trotz der bisherigen wunderbaren Führung", ders., Hebräerbrief 105.
[381] Vgl. Gen-LXX 42,9.
[382] Vgl. Jos-LXX 6,22.23.25.
[383] Forschungsüberblick vgl. H. Frankemölle, Jakobus I 65f.; W. Popkes, Jakobus 44–46.
[384] Ders. ebd. 56.
[385] Vgl. allgemein K.-W. Niebuhr, Jakobusbrief 420–443. Zumindest läßt sich bezüglich des Selbstverständnisses des Schreibens mit H. Frankemölle sagen: „Unzweideutig will Jakobus, daß sein Schreiben als Brief an konkrete Adressaten, darüber hinaus aufgrund seiner Bedeutung als Rundschreiben an alle Christen verstanden werden soll", ders., Jakobus I 66.

3. Der Jakobusbrief

auf die Adressaten als auch in bezug auf die bei ihnen zu erzielende Wirkung als litterae publicae bestimmen.[386] Die Abfassungszeit des Jakobusbriefes läßt sich nur annäherungsweise angeben. Sie wird aufgrund inhaltlicher, situativer (nach-paulinische Situation[387]) und stilistischer Merkmale mehr in die letzten (zwanzig) Jahre des ersten Jahrhunderts und um die Jahrhundertwende selbst angesetzt.[388] Auch wenn Fragen der Datierung nicht an dieser Stelle diskutiert werden können, kann als ein Anhaltspunkt für eine mögliche Frühdatierung Jak 5,8 mit seiner perfektisch formulierten Zukunftsaussage in Form einer Begründung „ὅτι ἡ παρουσία τοῦ κυρίου ἤγγικεν/ Denn die Parusie des Kyrios ist nahegekommen"[389] genannt werden. Denn anscheinend wird tatsächlich beim Absender mit einer Naherwartung gerechnet, und beim Adressaten(kreis) ist ein ernsthaftes Parusieverzögerungsproblem (noch) nicht auszumachen.[390]

Die Situation der Adressaten, die hier lediglich grob skizziert werden kann, ist anscheinend sozial von beruflichen und gesellschaftlichen Aufstiegsorientierungen (Prestigedenken) geprägt, und auf kirchlich-gemeindlicher Ebene ist sie vermutlich durch eine „Kirche des Wortes" gekennzeichnet (Jak 1,22f). Eine unübersehbare Folge davon besteht offenbar in einer zunehmenden Kluft innerhalb der Gemeinde zwischen Wort und Werk (Jak 2,15f)[391], so daß der Jakobusbrief ein Fehlen eines gerechten Umgangs mit Gütern konstatiert (vgl. Jak 5,1–6).[392] Von daher stellt der Jakobusbrief insgesamt ein zweifaches grundsätzliches Defizit fest: Zum einen wird eine affirmative Ausrichtung an der Welt als eine Feindschaft Gott gegenüber ausgemacht (ἡ φιλία τοῦ κόσμου ἔχθρα τοῦ θεοῦ, 4,4), und zum anderen wird innerhalb der Gemeinde und einer dementsprechenden persönlichen Glaubenseinstellung darauf hingewiesen, daß der Glaube ohne Werke tot sei (vgl. 2,17.26). Mit Letzterem wird überraschenderweise eine Brücke u.a. zum Buch Josua, näherhin zu Rahab hin geschlagen.

---

[386] Vgl. ders. ebd. 68.
[387] Vgl. W. Popkes, Adressaten 41.
[388] Vgl. H. Frankemölle, Jakobus I 60.62; W. Popkes, Jakobus 59.61.66.69. Als Vertreter einer sogenannten Frühdatierung ist F. Mußner zu nennen, der die Abfassungszeit mit „vielleicht um das Jahr 60 n.Chr." angibt, ders., Jakobusbrief 19. Diese Datierung sei u.a. darin begründet, daß für ihn vieles für die Verfasserschaft des Herrenbruders Jakobus spreche, vgl. ders. ebd. 7.23.
[389] Daß diese Aussage eschatologisch zu gewichten ist, wird nicht bestritten, vgl. M. Dibelius, Jakobus 289; H. Frankemölle, Jakobus II 672; M. Konradt, Existenz 291–293; W. Popkes, Jakobus 316.
[390] Vgl. ders. ebd. 322.
[391] Vgl. W. Popkes, Adressaten 104.122f.
[392] W. Popkes spricht gar in bezug auf den sozialen Spannungsbogen innerhalb der Kirche der jakobeischen Adressaten, daß „Jak für einen karitativen Besitzausgleich" plädiere, vgl. ders., Jakobus 18. Etwas zurückhaltender ders. ebd. 312f; vgl. zudem H. Frankemölle, Jakobus II 665f.

3.1 Das Buch Josua im Jakobusbrief

Im Jakobusbrief wird das Buch Josua nur im Zusammenhang mit der Hure Rahab (Ῥαάβ ἡ πόρνη) zur Kenntnis genommen. Dieser Topos läßt sich im Hinblick auf die Erzählstruktur von Jos 1–11 als eine Nebenepisode bezeichnen und besitzt zudem aufgrund seines ätiologisch anekdotenhaften Charakters keine wirkliche Verbindung zum Thema „Landnahme".[393] Von daher könnte dieser Topos auch rein theoretisch aus der Landnahmeerzählung ausgeklammert bzw. durch eine andere Mitteilung ersetzt werden.[394] Daß der Jakobusbrief eine solche Nebenepisode, die für ihn aber eine zentrale Botschaft enthält, aufgreift, erklärt sich aus der Absicht des Verfassers und aus der Situation des Adressatenkreises zugleich. Daher gilt es eingangs konstituierende Elemente des Jakobusbriefes zur Kenntnis zu nehmen.

3.2 Boten bei Rahab (Jak 2,25)

Vor dem oben genannten Hintergrund (the contrast between speaking and doing[395]) ist es plausibel, daß im Abschnitt Jak 2,14–26 das Beziehungsverhältnis zwischen „Glaube" (πίστις) und „Werken" (ἔργα) ausführlicher reflektiert wird. Theologisch gesehen ist Zielpunkt und Hauptaussage in diesem Abschnitt, daß der Glaube ohne die Werke nutzlos bzw. nichts bewirkend ist (ἀργός, V 20). Zur Bestätigung einer solchen Aussage werden im Unterschied zu Hebr 11 lediglich zwei Personen aus der biblischen Überlieferung namentlich genannt. An deren Leben will der Verfasser des Jakobusbriefes exemplarisch verdeutlichen, daß Glaube und Werke zusammen den Menschen vor Gott gerecht machen bzw. rechtfertigen. Bei diesen Personen handelt es sich zum einen um Abraham (VV 21–23) und zum anderen um Rahab (V 25). Allein die Auswahl dieser zwei Personen und zudem in dieser Zusammenstellung überrascht. Ein möglicher Erklärungsgrund hierfür könnte sein, daß auch Rahab in der jüdischen Tradition, die vielleicht dem Verfasser in Grundzügen bekannt war[396], eine bedeutende Rolle spielt. Inwiefern aber der Verfasser des Jakobusbriefes spätere in der rabbinischen Literatur bezeugte Topoi in nuce schon gekannt hat, läßt sich nicht beantworten. Zu diesen zählen beispielsweise, daß Rahab als (die erste) Proselytin auf dem Boden des verheißenen Landes angesehen worden ist[397], daß aus ihr hernach sogar Propheten und Priester Israels hervorgegangen sind[398] und daß sie gelegentlich sogar auch als Gattin Josuas bezeichnet wor-

---

[393] Vgl. J. Sanmartin Ascaso, Geschichte 271.272, Anm. 12.
[394] Vgl. ders. ebd. 277.
[395] Vgl. R. B. Ward, Abraham 284.
[396] Vgl. F. Manns, Jaques 149.
[397] Vgl. bT Megilla 14b; vgl. zudem Bill. I, 23; F. Mußner, Jakobusbrief 150.
[398] Vgl. Bill. I, 20.22f.

den ist. Des weiteren könnte hinsichtlich des Junktims Abraham/Rahab folgende Überlegung im Hintergrund gestanden haben: So wie Abra(ha)m zum Vater einer Vielzahl von Völkern geworden ist (vgl. Gen 17,5f), so ist auch Rahab nach frühjüdischer Sicht die Stammutter von Propheten und Priestern[399] geworden, und schließlich gehört sie nach christlicher Auffassung zum sogenannten Stammbaum Jesu.[400] Was aber das scheinbar ungleiche Paar Abraham und Rahab auf jeden Fall miteinander verbindet, ist, daß beide von ihrer Herkunft her keine Israeliten sind. Dies könnte den Verfasser des Jakobusbriefes bewogen haben, gerade sie zur Verdeutlichung seiner Aussageabsicht heranzuziehen.

Daß Abraham und Rahab zusammen genannt werden, läßt sich darüber hinaus als ein komplementäres Argumentationsstrukturmerkmal verstehen, welches die Frage zu beantworten sucht: Wie verwirklichen sich Glaube und Werke sowohl bei einem Stammvater als auch bei einer Stammutter? Ein weiteres Indiz für jene Struktur läßt sich in Jak 2,15 finden, wo neben einem Hilfe suchenden Bruder ausdrücklich auch von einer Schwester (ἀδελφή) die Rede ist[401], zumal im Vers zuvor nur die Brüder angeredet werden (ἀδελφοί μου, V 14).

Ein leitender Gedanke des an Werken (ἔργα) orientierten theologischen Interesses bildet das Erweisen von Gastfreiheit, so daß aus diesem Grund Abraham und Rahab in Jak 2,21–26 nacheinander Erwähnung finden.[402] Zwar legt sich bei Abraham ein solcher Gedanke im Hinblick auf die Darbringung Isaaks nicht sofort nahe (2,21), aber hierbei kann der weiterführende Hinweis hilfreich sein, daß diese Darbringung als *ein* konkretes, wenngleich auch größtes und schwierigstes Werk Abrahams angegeben wird. Von daher läßt sich die Darbringung eben als ein Beispiel von mehreren nennenswerten Werken Abrahams verstehen.[403] Zugleich kann an diesem höchst bedeutenden Beispiel deutlich werden, daß ein solches „Werk" Glaube voraussetzt bzw. daß der Glaube mit den Werken zusammenwirkt (συνεργεῖν, V 22) bzw. zusammenwirken muß. Zu den weiteren wichtigen Werken Abrahams kann nach Meinung von R. B. Ward näherhin auch die gastliche Aufnahme der drei Männer unter den Eichen von Mamre angesehen werden (Gen 18).[404] Daß die gastliche Aufnahme in Mamre und die Darbringung Isaaks in der frühjüdischen Literatur dicht hintereinander genannt werden bzw. in einer derartigen Zusammenstellung erscheinen, dafür kann R. B. Ward auf Philo von Alexandrien verweisen (vgl. Abr § 167).[405]

---

[399] Vgl. Bill. I, 22.
[400] Vgl. Mt 1,5; im Unterschied zu Hebr 11,31 und Jak 2,25 wird ihr Name in Mt 1,5 mit χ geschrieben (Ῥαχάβ).
[401] Vgl. H. Frankemölle, Jakobus II 474.
[402] Vgl. F. Manns, Jaques 144.
[403] „this offering as an example of ἔργα", R. B. Ward, Abraham 286.
[404] Vgl. ders. ebd. 286.
[405] Vgl. ders. ebd. 286.

Außerdem kennt Philo im Zusammenhang mit Abraham die in Jak 2,23 belegte Aussage, daß Abraham als Freund Gottes bezeichnet wird (φίλος θεοῦ).[406] Daß der Verfasser des Jakobusbriefes neben dem Titel „Freund Gottes" zumindest auch in Teilen die außerbiblische jüdische exegetische Tradition kenne, darauf wies bereits M. Dibelius hin.[407]

Nachdem nun an erster Stelle Abraham genannt und seine Bedeutung im Zusammenwirken von Glaube und Werke herausgestellt worden ist (2,21–23), schließt sich ein Vers mit einer das Thema Abraham resümierenden grundsätzlichen Aussagerichtung an[408], der zugleich als Überleitungsvers zu Rahab und ihren Werken dient: „Ihr seht, daß aus Werken ein Mensch gerechtfertigt wird und nicht aus Glauben allein" (V 24). In Vers 25 wird dann mit der konjunktionsartigen Wendung ὁμοίως δὲ καί (in gleicher Weise aber auch)[409] in einem rhetorischen Fragesatz auf Rahab hingewiesen: „Wurde aber in gleicher Weise nicht auch Rahab, die Hure, aus Werken gerechtfertigt, da sie die Boten aufnahm und auf einem anderen Weg entließ?"

Gerade weil der Bezug auf das Buch Josua vor dem Hintergrund des speziellen Blickwinkels Rahabs im Jakobusbrief so knapp ausfällt, tritt auf diese Weise um so mehr ein signifikanter Unterschied im Vergleich mit Hebr 11,31 zutage, wo eine durchaus ähnliche Perspektive eingenommen wird. Der Unterschied besteht darin, daß die in Jak 2,25 eingesetzte Begrifflichkeit insgesamt weder direkt noch indirekt zu erkennen gibt, welchem inhaltlichen Kontext diese Bezugnahme entstammt. Freilich, für die Erstempfänger und die gebildeten Leser ist er durch die Tradition präsent. Dennoch, es wird nicht einmal der Name Jericho an dieser Stelle erwähnt, wie dies hingegen in Hebr 11,30f der Fall ist, geschweige denn, was sich überhaupt unmittelbar nach der Eroberung Jerichos ereignete.[410] Diesem Befund korrespondiert, daß die besondere Rettung Rahabs und ihres Hauses in Jak 2,25 keine noch so schlichte Notiz findet. Nichts läßt auf Textebene in Jak 2,25 auf eine Tötung der Einwohner Jerichos oder gar auf das Thema „Landnahme" schließen.

Wenngleich der Jakobusbrief diesen Topoi offensichtlich aufgrund seiner

---

[406] In sobr § 56 führt Philo ein letztlich erweitertes Zitat aus Gen 18,17 an, in dem Gott die Aussage in den Mund gelegt ist „... Ἀβραὰμ τοῦ φίλου μου/... Abraham, meinem Freund". An anderer Stelle ist bereits darauf hingewiesen worden, daß sich der Ausdruck „mein Freund" weder im hebräischen noch im griechischen Bibeltext an dieser Stelle findet. Daß Philo in seiner Bibel, d.h. zusammen mit der LXX auch den Ausdruck „... Ἀβραὰμ τοῦ παιδός μου/... Abraham, mein Knecht" liest, geht aus all III § 27 hervor. Der Vollständigkeit halber sei darauf aufmerksam gemacht, daß sich die Wendung „Abraham, mein Freund" so auch nicht in Jes 41,8 findet, weder im hebräischen noch im griechischen Text.
[407] Vgl. M. Dibelius, Jakobus 206f.
[408] „Dieser Vers zieht das theologische Resümee, die allgemeingültige Regel aus dem Abrahamsbeispiel", F. Mußner, Jakobusbrief 145.
[409] Mit dieser Wendung wird sowohl inhaltlich auf gleicher Ebene an das unmittelbar zuvor Ausgesagte angeschlossen als auch auf Personenebene die Gleichrangigkeit der Bezugsgröße Abraham für Rahab betont.
[410] Vgl. W. Popkes, Jakobus 210.

3. Der Jakobusbrief

interessegerichteten Perspektive auch keine theologische Beachtung schenkt, ist im Vergleich mit Hebr 11,30f vor allem die Abrüstung in der Begrifflichkeit in Jak 2,25 festzustellen. Diese wird dadurch erzielt, daß der Text im Gegensatz zu Hebr 11,31 einerseits sowohl grammatikalisch als auch inhaltlich durchgängig positiv formuliert ist (ἐδικαιώθη/wurde gerechtfertigt) und daß anderseits jegliche Ausdrucksweise, die Assoziationen an einen Tötungsvorgang auch nur annähernd hervorrufen könnte (συναπολλύναι/ mit umkommen, Hebr 11,31), vermieden ist. Zudem verzichtet Jak 2,25 auf eine negativ komparative Gegenüberstellung von Personen mit Rahab (ἀπειθήσαντες/ungehorsam seiende, Hebr 11,31). Die Abrüstung der Begrifflichkeit geht in gewisser Weise sogar soweit, daß die Personen, die Rahab aufnahm, nicht mehr Kundschafter (οἱ κατάσκοποι, Hebr 11,31), sondern jetzt „Boten" (τοὺς ἀγγέλους) genannt werden.[411] Hierfür kann ins Feld geführt werden, daß zumindest der Begriff ἄγγελος/ἄγγελοι im Sinne von menschlicher/n Bote(n) in der Septuaginta gut bezeugt ist.[412] Bemerkenswerterweise ergibt sich für R. B. Ward auch über den Ausdruck ἄγγελοι in Jak 2,25 wieder ein Bezug zur Gastfreiheit Abrahams, der nach Gen 18 drei scheinbar nur reisende Männer[413] (the three travellers) bei sich aufnahm, sie bewirten ließ und hernach selbst im Begriff stand, sie auf ihrem Weg zu begleiten.[414] Auf diese Weise wird so für R.B. Ward die Gastaufnahme- und Wegethematik die Abraham und Rahab gleichermaßen verbindende Bezugsgröße. Bezüglich Rahabs wird zumindest die Thematik Gastfreiheit über den Ausdruck ὑποδεξαμένη begrifflich hergestellt (vgl. Lk 10,38). Unabhängig hiervon schließt sich dann auch insofern wieder der Kreis, als sonst mit dem Begriff „Bote" (ἄγγελος) im Neuen Testament himmlische Boten bezeichnet werden[415], wie dies wohl in bezug auf jene Männer in Gen 18,1 der Fall ist.

Folgerichtig ist dann in späterer Zeit Jak 2,25 einer metaphorischen und bezüglich der Botenthematik auch einer spiritualisierten Deutung unterzogen worden. Diese bezieht den Absender der Boten, Josua, in Anspielung auf seine griechische Namensform (Ἰησοῦς/Jesus) insofern mit ein, als man gehalten wird, die Boten Jesu bei sich aufzunehmen.[416]

---

[411] Auf den Ausdruck „Boten" geht F. Mußner nicht weiter ein und bevorzugt in seiner Kommentierung auch weiterhin den Begriff „Kundschafter"; vgl. ders., Jakobusbrief 150f.150, Anm. 1. Nicht ausgeschlossen kann aber auch werden, daß sich der Verfasser des Jakobusbriefes am hebräischen Text orientiert haben könnte; denn in Jos 6,17bγ.25bα ist von „den Boten" (את־המלאכים) die Rede (vgl. noch 1 Sam 19,15). Zudem wird der Ausdruck המלאכים in der Septuaginta in der Regel mit οἱ ἄγγελοι wiedergegeben, vgl. Gen 19,1.15; 32,7; 1 Sam 11,4.9; 19,16; 1 Kön 20,5; 2 Kön 1,5; 7,15; 19,14 und Jes 37,14.

[412] Vgl. z.B. Ri 11,13 (+ A); 1 Sam 19,20; 2 Chr 36,15f und Jdt 1,11.

[413] Ausdrücklich ist anzumerken, daß in Gen 18,2.16.22 (BHS/LXX) von Männern [(ה)אנשים]/ ἄνδρες], nicht von Boten gesprochen wird. Dies ist aber auch in Jos 2,4 (BHS/LXX) der Fall.

[414] Vgl. R. B. Ward, Abraham 288.

[415] Vgl. F. Schnider, Jakobusbrief 75.

[416] So führt Beda Venerabilis (um 673–735) in seinem Kommentar zum Jakobusbrief beispielsweise zu Jak 2,25 aus: „Et illos ergo hortatur suscipere nuntios Iesu, hoc est praedicatores verbi evangelii granter audire/Und er (sc. Jakobus) ermahnt sie daher, die Boten Jesu aufzuneh-

Das einzige, was schließlich in Jak 2,25 eventuell noch an einen bedrohlichen Kontext entfernt erinnert, ist der Hinweis, daß Rahab die Boten auf einem anderen Weg entlassen habe.[417] Dieses „auf anderem Wege hinauswerfen" vermag noch andeutungsweise zu erkennen zu geben, daß ein solches Vorgehen plötzlich zwingend erforderlich geworden ist.[418] Auf jeden Fall ist festzuhalten, daß der ausdrückliche Hinweis darauf, daß Rahab die Boten auf anderem Wege entlassen habe, nicht nur in der frühchristlichen, sondern auch in der frühjüdischen Literatur singulär ist.[419]

Gastfreie Aufnahme und rettende Entlassung der Boten Jesu (Josuas) bilden also das Werk, welches der Rahab als Gerechtigkeit angerechnet worden ist. Das, was in Hebr 11,31 und dann in 1 Clem 12,1 als „durch Glaube" rubriziert ist, ist in Jak 2,25 als „aus Werken" gekennzeichnet. Von daher liegt es nahe, „durch Glaube" und „aus Werken" synonym zu verstehen. Auf Landnahme, geschweige denn auf kriegerische Auseinandersetzungen ist daher in Jak 2,25 kein Hinweis zu finden. Diese interessieren offenbar nicht mehr. Das, was tradierenswert ist, ist das eindeutige Bekenntnis rechten Glaubens der Rahab in einer schwierigen Situation.

4. Gesamtfazit Neues Testament

Kriegsgesetze wie in Dtn 20 oder ausdrückliche Überlegungen zum Krieg enthält das Neue Testament in seiner Vielschichtigkeit nicht. Kriege werden als zu dieser Welt gehörend zur Kenntnis genommen. Soldaten werden als Teil einer Gesellschaft wahrgenommen (Mt 8,5–13 par; Apg 10[420]). Auch das erste Bekenntnis nach dem Eintreten des Todes Jesu „Wahrhaftig, das war

---

men, das heißt, die Prediger des Evangelienwortes mit Freuden zu hören ...", M. Karsten, Beda Venerabilis 126/127.

[417] καὶ ἑτέρᾳ ὁδῷ ἐκβαλοῦσα, Jak 2,25.

[418] Der Topos, auf anderem Weg aus Sicherheitsgründen zu entweichen, begegnet uns im Neuen Testament noch in Mt 2,12. Auch hier wird den Magoi dringend geraten, auf einem anderen Wege (δι᾽ ἄλλης ὁδοῦ) zurückzukehren.

[419] Vgl. F. W. Young, Relation 342; W. Popkes, Jakobus 209f. Zwar bezieht W. Popkes ebd. auch 1 Clem 12,4 in diesen Zusammenhang mit ein, aber der Unterschied zwischen 1 Clem 12,4 und Jak 2,25 ist folgender: In 1 Clem 12,4 befinden sich die Kundschafter noch bei der Rahab, und die von ihr den Abgesandten des Königs gegenüber angegebene entgegengesetzte (ἐναλλάξ), d.h. falsche Richtung, ist kein Hinweis auf den tatsächlich anderen Weg der Kundschafter, und zudem stellt diese Auskunft angesichts drohender Todesstrafe vorerst noch eine Schutzbehauptung für beide Seiten, Rahab und die Kundschafter/Boten, dar, vgl. F. W. Young, Relation 340. Außerdem ist es in 1 Clem 12,4 an dieser Stelle der Handlung noch nicht ausgemacht, ob Rahab die Kundschafter auch tatsächlich auf einem anderen Wege wird entlassen können. In Jak 2,25 hingegen wird diese Tat als bereits gelungen und als verdienstvoll zugleich vorausgesetzt. D.h. die Angabe einer anderen Richtung als täuschende Aussage für die Abgesandten des Königs von Jericho kann nicht die andere, dann tatsächlich genommene Richtung der Kundschafter/Boten sein. Kritisch hierzu auch M. Konradt, Existenz 246, Anm. 234.

[420] Noch heute nennt sich ein Zusammenschluß von Soldaten evangelischen Bekenntnisses „Cornelius-Vereinigung (CoV) – Christen in der Bundeswehr – e.V."

4. Gesamtfazit Neues Testament

Gottes Sohn" (Mt 27,54 par) wird einem römischen Soldaten in den Mund gelegt. Eine grundsätzliche Ablehnung des Soldatenstandes ist nicht erkennbar (vgl. Lk 3,14).[421] Dies trifft indirekt auch auf die Bergpredigt zu. Bei der Seligpreisung „Selig, die Frieden stiften; denn sie werden Söhne Gottes genannt werden" (Mt 5,9) liegt das Problem des Krieges außerhalb ihres unmittelbaren Reflexionshorizontes.[422] Auch bei der fünften Antithese „Auge um Auge" (Mt 5,38–42) ist an „eine primär politische Konkretion des Gewaltverzichts ... nicht gedacht."[423] Ebenso scheint das Thema „Feindesliebe" (Mt 5,43–45) die Frage von Krieg und Frieden nicht direkt im Blick zu haben. Denn so, wie das Thema „Feindesliebe" in Mt 5 aufgegriffen wird, läßt sich schlußfolgern, daß Matthäus „vor allem an die Feinde der Gemeinde denkt". Näherin kommt eine Analyse zu dem Ergebnis: „Nationale Feinde in einem Krieg stehen kaum im Vordergrund, obwohl das grundsätzliche Verständnis von Feind im Jesuswort und vermutlich auch die Erfahrungen der Gemeinde im jüdischen Krieg eine solche Deutung keinesfalls ausschließen."[424] Dem korrespondiert umgekehrt, daß das Neue Testament Frieden „als Gabe Gottes an die Gemeinde" versteht, „der daraus die Aufgabe erwächst, den F(rieden) in der Gemeinde zu suchen und zu erhalten. Dies geschieht durch Rechts- und Gewaltverzicht sowie durch Vergebung."[425]

Im Neuen Testament finden sich keine Kriegsbeschreibungen oder Kriegsberichte. Lediglich in der suprahistorischen Szene in Apg 19,11–22 wird „Christus als göttlicher Krieger an der Spitze himmlischer Armeen dargestellt, der die Kräfte des Bösen besiegt."[426] Jedoch haben Ausdrücke und Vorstellungen des Krieges und des Kampfes Eingang vor allem in paränetische Texte gefunden (z.B. 1 Kor 14,8; 2 Kor 10,3–6; Eph 6,10–17; 1 Thess 5,8; 1 Tim 1,18; 6,12; 2 Tim 2,1; 4,7). Mit dieser metaphorischen Ausdrucksweise soll auf die Ernsthaftigkeit des Glaubenslebens der Christen hingewiesen werden, das erhebliche Anstrengungen und Auseinandersetzungen verlangt und den ganzen Menschen fordert. Von daher erfolgt eine Ethisierung von Krieg und Kampf. Diese besteht im Kern darin, daß der Kampf bejaht wird, welcher aber nicht mit physischen, sondern mit geistlich-geistigen Waffen bestritten wird.

Vor diesem Hintergrund läßt es sich auch erklären, daß im Neuen Testament Josua und die Landnahme selten erwähnt werden. Zum ersten Mal findet sich der Name Josua (Ἰησοῦς) im Corpus des Neuen Testaments in Apg 7,45, und zwar im Zusammenhang eines summarischen Geschichtsabrisses Israels. In dieser Perspektive wird Josua als ein Glied in der Kette

---

[421] Vgl. H. Hegermann, Krieg 25.
[422] Vgl. U. Luz, Matthäus 214 Anm. 111.
[423] Ders. ebd. 298.
[424] Ders. ebd. 309.
[425] R. Kampling, Krieg 291f. Die zu diesem Zitat angegebenen Bibelstellen, vgl. ders. ebd.
[426] B. Holmberg, Krieg 1769.

derer wahrgenommen, die das Bundeszelt bzw. „das Zelt des Zeugnisses" (ἡ σκηνὴ τοῦ μαρτυρίου) in das von Gott verheißene Land hineingetragen haben. Denn in der Ansprache des Stephanus wird u.a. betont, daß das Bundeszelt, da es in seiner Ausführung von Gott selbst angeordnet war (V 44), der authentische Vergegenwärtigungsort Gottes in Israel ist, so daß der eigentliche Sündenfall Israels im Bau eines Tempels besteht (VV 47–50).[427] Vor diesem Hintergrund erscheint Josua primär als Tradent des Bundeszeltes und nicht als der, unter dessen Leitung die Landnahme erfolgt ist. Diese Sichtweise wird auf zweifache Weise gestützt. Zum einen sind es die Väter, mit denen zusammen Josua die Völker in Besitz genommen hat. Zum anderen wird ein dtr Theologem aufgegriffen[428], welches besagt, daß Gott selbst die Völker vor den Vätern vertrieben hat, so als ob es Josua dazu nicht eigens bedurfte. Dem korrespondiert ein Zweifaches. Erstens wird nur im zweiten Teil des Buches Josua, in welchem es um die Landverteilung geht, das Bundeszelt (besser „Zelt der Begegnung"[429]) erwähnt (Jos 18,1; 19,51)[430], und Josua ist neben dem Priester Eleasar und den Häuptern der Großfamilien einer von mehreren, die am Eingang des Begegnungszeltes den Israeliten ihren Erbbesitz zuteilten (Jos 19,51). Zweitens wird die Vertreibung der Völker als ein Prozeß verstanden, was über die Wendung „bis zu den Tagen Davids" (Apg 7,45) zum Ausdruck gebracht wird. Mit Blick auf letzteres gibt es Hinweise darauf, daß hinsichtlich der Seßhaftwerdung Israels eine Ineinanderschau zwischen dtn/dtrG und chrG in der Stephanusrede angestrebt wird: Weil die Person Josuas im Kanon fest verankert ist, kann sie nicht mehr so einfach wie im chrG übergangen werden. Daher wird Josua mit dem Hineintragen des Bundeszeltes in das Land in Verbindung gesetzt, hingegen die Vertreibung der Völker mit der Zeit Davids.

In Apg 13 ist die Sichtweise „Israel und das Land" dahingehend akzentuiert, daß von Josua in bezug auf die Inbesitznahme Kanaans überhaupt nicht mehr gesprochen wird. Dafür ist jetzt von der Vernichtung der sieben Völker die Rede, wodurch ein deutlicher Bezug zu Dtn 7,1f hergestellt ist. Während es in Apg 7,45 lautet, daß Gott die Völker vertrieben hat, so heißt es in Apg 13,19, daß er sieben Völker vertilgt hat. Darüber hinaus wird in der Predigt des Paulus mitgeteilt, daß Gott dem Volk Israel das Land für etwa 450 Jahre Israel zum Besitz gegeben hat (Apg 13,20), womit offensichtlich die Zeit vom Eintritt in das Land bis hin zum babylonischen Exil gemeint ist. Das heißt, daß Israel nach dieser Zeit des von Gott zugeteilten Erbes wieder verlustig gegangen ist. Einen Dauerbesitz des Landes gibt es demnach nicht. Eine Erklärung aus der Sicht des Paulus hierfür ist die, daß sich bereits mit David eine Transformation bezüglich der Verheißungen Gottes ankündige:

---

[427] Vgl. H. W. Beyer, Apostelgeschichte 50.
[428] Vgl. 1 Kön 14,24; 21,26; 2 Kön 16,3; 17,3; 21,2; 2 Chr 20,7.
[429] Vgl. HALAT 529.
[430] Im gesamten Dtn ist nur einmal in 31,14 vom Begegnungszelt die Rede.

4. Gesamtfazit Neues Testament

Da aus dem Geschlecht David Jesus der Retter hervorgeht (Apg 13,24), wird aus der Verheißung des Landes eine Verheißung des Retters. Die Bekenntnisgebundenheit an das Land ändert sich zu einer Bekenntnisgebundenheit an die Person Jesu, welcher der wahre Retter für alle Israeliten ist.

Mit Blick auf die synagogale Predigt Pauli in Antiochia bedeutet dies daher auch, daß der Gott, der die sieben Völker vernichtet hat, auch der ist, der Jesus von den Toten auferweckt hat (Apg 13,30.33). Dieser Befund erfährt im Text selbst über den Ausdruck „Väter" eine zusätzliche Bestätigung: Am Beginn der Predigt wird mitgeteilt, daß Gott, der auch die sieben Völker vernichtete (V19), „unsere Väter" erwählt hat (V 17), und in bezug auf die Auferweckung Jesu heißt es, daß mit ihr (derselbe) Gott die Verheißung an die Väter erfüllt hat. Diesen doppelten Aspekt gilt es insofern auch für die frühen (juden)christlichen Gemeinden zur Kenntnis zu nehmen, als sie offenbar ebenfalls wie selbstverständlich an der Auffassung festhielten, daß Gott einst zu Recht die sieben Völker Kanaans vernichtet hat.

Zu einem ähnlichen Befund bezüglich der Transformation dessen, was die Bedeutung des Landes betrifft, kommt der Hebräerbrief. Josua wird in Hebr 4,8 zum Typos und Antitypos zugleich. Typos ist Josua insofern, als er Israel in das von Gott zugesprochene Land geführt hat und somit jede theologische Rede vom Einziehen in das Land in der Landnahme unter Josua einen Haftpunkt hat. Antitypos ist Josua zugleich deswegen, weil er Israel letztlich nicht in die Ruhe geführt hat bzw. es unter christologischem Aspekt auch nicht konnte. Das Handeln Josuas ist somit defizitär. Dies gibt Gott bereits durch David zu erkennen, indem jener einen neuen Tag für das Einziehen in die Ruhe festsetzt. Diesen neuen Termin nimmt der Verfasser des Hebr „von seinem christologischen Ansatz her ganz selbstverständlich für seine Gegenwart in Anspruch."[431] Von daher besitzt Josua und die Landnahme keine wirkliche Relevanz mehr. Der Verfasser interessiert sich nur punktuell für die Begebenheiten, die aus seiner Sicht des Glaubens auch noch für seine Gegenwart beispielhaft sind. Somit ist der Fall der Mauern Jerichos deshalb erwähnenswert (Hebr 11,30), weil sich in einer schwierigen Situation bewahrheitete, daß das feste Vertrauen des Volkes Gottes (V 25) auf die Zusagen Gottes nicht enttäuscht wird und Rettung bringt. So wandelt sich Jericho zu einem Paradigma für eine Rettung durch den Glauben in schwierigen Zeiten. Unterstrichen wird dies durch die Person der Hure Rahab, die aufgrund ihres Glaubens nicht mit den übrigen Einwohnern ums Leben kam (V 31). So wird Rahab zu einem personenbezogenen Paradigma für das Überleben durch Glauben vor dem negativen Hintergrund des Unglaubens der Bewohner Jerichos. In dieser Perspektive spielen weitere kriegerische Ereignisse der Eroberung Jerichos und der Landnahme oder auch die Person

---

[431] C.-P. März, Hebräerbrief 36; vgl. H. Windisch, Hebräerbrief 34.

Josuas keine besondere Rolle mehr. Mit dem Fall der Mauer und dem Glauben der Rahab ist das Wesentliche gesagt.

Einen nicht unerheblichen Schritt weiter in der Abrüstung der Begrifflichkeit hinsichtlich einzelner Ereignisse der Landnahme geht der Jakobusbrief. Unter dem Gesichtspunkt, daß der Glaube ohne die Werke nutzlos ist (Jak 2,20), wird als ein Beispiel dafür Rahab zusammen mit Abraham genannt. Ihre Erwähnung erfolgt mit Blick auf Jos 2 und 6 geradezu entkontextualisiert. Weder wird der Name Josua und/oder der Stadt Jericho genannt noch gibt es eine Aussage dergestalt, daß sie nicht wie die anderen Einwohner der Stadt ums Leben kam (vgl. Hebr 11,30f). In Jak 2,25 wird im Unterschied zu Hebr 11,31 hervorgehoben, daß Rahab „aus Werken gerechtfertigt" worden ist bzw. daß ihre Werke ihr zur Gerechtigkeit angerechnet worden sind.[432] Auch die nähere Begründung dieser Aussage, daß Rahab Boten aufnahm und diese auf einem anderen Weg entließ, verwendet eine abgerüstete Sprache. Denn anstelle von „Kundschaftern" (κατάσκοποι, Hebr 11,31) ist nunmehr von Boten (ἄγγελοι) die Rede. Das einzige, was noch entfernt an eine gefährliche Situation erinnert, findet sich im zweiten Teil dieser Begründung: Die Boten werden auf einem anderen Weg entlassen, wozu es anscheinend gewichtige Gründe gab.

Nimmt man all die genannten Aspekte zusammen, so ergibt sich folgendes: Das Neue Testament hat selbst in seiner Vielschichtigkeit kein besonderes Interesse an der unter Josua durchgeführten Landnahme. Die Bedeutung des Landes ist durch die Bedeutung des Glaubens an Jesus Christus ersetzt. Wenn dann noch von Josua und einzelnen Begebenheiten der Landnahme die Rede ist, so sind es Dinge, die in erster Linie für das Buch Josua nicht kennzeichnend bzw. zentrales Thema sind. Die Apostelgeschichte erwähnt Josua als Tradent des Bundeszeltes, und für den Hebr ist Josuas Handeln von vornherein defizitär. Der Fall Jerichos wird allein als ein Paradigma unerschütterlichen Glaubens wahrgenommen. Die Hure Rahab ist neben ihrem genealogischen Stellenwert im Stammbaum Jesu (Mt 1,5) als Beispiel für rechten Glauben (Hebr) und rechte Werke (Jak) von Bedeutung. Der Nachfolger des Mose führt im Neuen Testament nur noch ein Schattendasein.

---

[432] Vgl. in anderer Diktion Röm 4,3.9; Gal 3,6.

IV. Josua bei Philo von Alexandrien und Flavius Josephus

1. Philo von Alexandrien

Philo von Alexandrien, geboren um 15/10 v.Chr., hinterließ uns ein beachtliches Werk, in welchem er es unternahm, den tradierten jüdischen Glauben, mit griechischer Philosophie, vor allem an Platon orientiert[433], zu verbinden. Zudem versuchte er, griechische Philosophie(n) als im jüdischen Glauben und in jüdischer Existenzweise bereits praktizierte Philosophie darzustellen.[434] Gleichzeitig bildet für Philo die Septuaginta fast ausschließlich die biblische Textgrundlage. „Philo's only link with the Hebrew text consists in the use of Hebrew-Greek onomastica."[435]

Philo verdanken wir die ersten Monographien über wichtige biblische Personen wie Abraham (De Abrahamo, De migratione Abrahami), Joseph (De Iosepho) und Mose (De vita Mosis I und II). Vor diesem Hintergrund fällt es auf, daß Philo dem nach biblischer Überlieferung direkten Nachfolger des Mose, Josua, keine eigene Abhandlung gewidmet hat. Lag es daran, daß das Buch Josua nicht zur Tora zählt? Auch ein Blick auf das überlieferte Gesamtwerk des Philo zeigt, daß in ihm Josua nur vereinzelt genannt wird.[436] Dennoch ist es wichtig, die wenigen Passagen über ihn genauer zu betrachten. Bei der Beschreibung der Wirksamkeit Josuas stützt er sich natürlich auf die biblischen Quellen. Dabei verbirgt er seine Hochschätzung Josuas nicht. Dort, wo er auf die Vernichtung der Vorbewohner des verheißenen Landes eingeht, versucht er eigene Wege zu gehen.

1.1 Jesus (Josua) – Einklang von Name und Handeln

Im Traktat „Über die Namenänderung" (De mutatione nominum) führt Philo mit Blick auf den Bibeltext (Num 13,16) aus: „Aber auch den Osee nennt Moses zu Jesus um und prägt den irgendwie beschaffenen in eine Verhaltensweise um. Denn Osee bedeutet ‚dieser irgendwie beschaffene',

---

[433] Vgl. F. Siegert, Philo 165.168.181.
[434] Vgl. z.B. virt § 65. Die Abkürzungen der einzelnen Bücher Philos, ganz gleich ob sie sich auf die deutsche Übersetzung oder auf den griechischen Text beziehen, folgen dem im Bd. VII, 385 abgedruckten Abkürzungsverzeichnis der deutschen Philo-Ausgabe von L. Cohn/I. Heinemann/M. Adler/W. Theiler (Berlin 1964) und sind, so weit erforderlich, dieser Arbeit im Abkürzungsverzeichnis beigefügt.
[435] F. Siegert, Philo 173.
[436] M. Rösel nimmt an, daß eine Septuaginta-Version des Buches Josua eine gewisse Zeit allein existierte, und zwar noch bevor die anderen sogenannten „Geschichtsbücher" (Ri–2 Kön) ebenfalls ins Griechische übersetzt worden seien, vgl. ders., Die Septuaginta-Version 208.

Jesus aber ‚Heil des Herrn', Name der besten Verhaltensweise."[437] Mit dieser „besten Verhaltensweise" (ἕξις τῆς ἀρίστης) hat Josua die höchste Vollkommenheit erreicht. Das Erreichen einer solchen Vollkommenheit dokumentiert sich im Namen Ἰησοῦς (Josua), den Philo mit „σωτηρία κυρίου" im Sinne von die beste seelische Verfassung deutet (mut § 121f).[438] Die Bezeichnung „σωτηρία κυρίου" ähnelt dem griechischen Sirachtext (JesSir 46,1), wo es von Josua und seinem Namen heißt: „ὃς ἐγένετο κατὰ τὸ ὄνομα αὐτοῦ μέγας ἐπὶ σωτηρίᾳ ἐκλεκτῶν αὐτοῦ."[439] Der Unterschied ist aber offensichtlich. Philo konzentriert sich beim Namen Ἰησοῦς (Josua) auf den Vollkommenheitsgrad, den dessen Namensträger erlangt hat. In Sir 46,1 hingegen liegt die Bedeutung des Namens Ἰησοῦς (Josua) in seiner ursprünglichen Bedeutung: „JHWH rettet" bzw. „JHWH ist Hilfe". Das will besagen, daß bei Sir der Träger dieses Namens, die ihm Anvertrauten rettet. Dennoch läßt sich das tertium comparationis zwischen beiden Texten daran erblicken, daß beide den Namen Ἰησοῦς (Josua) mit einem besondern Heil, welches Gott verleiht, in Verbindung bringen. Dem entspricht, daß für Philo jene Namensänderung keine äußerliche Angelegenheit ist, sondern auch das Wesen der Person des Trägers dieses Namens verändert. Dies unterstreicht er mit der das Thema Ἰησοῦς (Josua) abschließenden Bemerkung: „So wurde auch die Prägung des Genannten zu einem besseren Bilde umgeprägt."[440]

Auf Ἰησοῦς (Josua) in der Funktion eines militärischen Anführers kommt Philo in De vita Mosis im Zusammenhang der Amalekiterschlacht (Ex 17,8–16) zu sprechen[441], wobei er die Amalekiter Phönizier (Φοίνικες)[442] nennt. Jedoch schenkt Philo anscheinend jener Funktion nicht sonderlich weiter Beachtung. Philo erwähnt lediglich, daß Mose angesichts der drohenden Gefahr der feindlichen Truppen einen seiner Unterbefehlshaber zum Feldherren (στρατηγός) auserwählt. Damit ist namentlich Ἰησοῦς (Josua) gemeint.[443] Auch wenn sich das Interesse Philos hauptsächlich auf die allegorische Ausdeutung jener sogenannten Amalekiterschlacht konzentriert und dabei vor allem auf das Erheben und Herabfallen der Arme des Mose achtet,

---

[437] mut § 121. Daß Philo an dieser Stelle den Namen Osee verwendet (die LXX liest Αυση), läßt sich mit seiner etymologischen Interpretationsweise von Namen erklären. Die Bedeutung des Namens Osee leitet er von ποιὸς οὗτος (אי׳ זה > אי׳זה) her, und deutet ihn dann als „dieser irgendwie beschaffene", vgl. E. Stein, Allegorische Exegese 59. Es braucht nicht eigens betont zu werden, daß die etymologische Verfahrensweise bei Philo eine nach heutigem Verständnis gewaltsame und keine wissenschaftliche ist, vgl. ders. ebd. 50.
Wenn nicht anders angegeben, handelt es sich bei der deutschen Übersetzung um die in der deutschen Philo-Ausgabe abgedruckte.
[438] Vgl. E. Stein, Philo 50; ders., Allegorische Exegese 59.
[439] „der seinem Namen gemäß groß geworden ist auf Grund der Rettung seiner Auserwählten", JesSir 46,1.
[440] „οὕτω μετεχαράχθη καὶ τὸ τοῦ λεχθέντος νόμισμα πρὸς ἰδέαν βελτίονα", mut § 123.
[441] Vgl. Mos I §§ 216–219.
[442] Vgl. Mos I § 214.
[443] „καὶ στρατηγὸν ἑλόμενος ἕνα τῶν ὑπάρχων Ἰησοῦν", Mos I § 216.

1. Philo von Alexandrien

so scheint immer noch das Motiv des Gotteskrieges hindurch. Dies gilt vor allem dann, wenn Philo Gott als „den mächtigeren" bzw. als „den größeren Bundesgenossen", wörtlich auch Mitkämpfer, bezeichnet, an den sich Mose angesichts der Bedrohung durch die Amalekiter wendet.[444] Bemerkenswert ist ebenfalls, daß die waffenfähigen Feinde im Unterschied zum biblischen Befund in Ex 17,13 (BHS/LXX)[445] in Mos § 218 eindeutig besiegt werden, indem sie allesamt getötet werden.[446]

Schließlich läßt sich die Hochachtung Philos gegenüber Ἰησοῦς (Josua) daran ablesen, daß er ihn in Anlehnung an die biblische Tradition als „Freund" (φίλος) des Mose bezeichnet, der seit seiner frühesten Jugend auch sein vertrauter Schüler war. Zudem nennt er Ἰησοῦς (Josua) „Zeltgenosse" (ὁμωρόφιος), „Unterbefehlshaber" (ὕπαρχος)[447], „Schüler" (φοιτητής) und „Mime" (μιμητής)[448] des Mose. Josua ist somit nicht nur „durch göttliche Entscheidung zum Führer (ἄρχων) bestimmt"[449] worden (vgl. Num 27,18.22), sondern er wird auch von Mose aufgrund jener Eigenschaften insbesondere vor dem versammelten Volk Israel als sein Nachfolger, Diadoche, vorgestellt.[450] Auch von daher ergibt sich über den Begriff Diadoche ein intertextueller Bezugspunkt zur griechischen Sirachfassung (vgl. JesSir 46,1). So wird Ἰησοῦς (Josua) in De virtutibus von Philo vor allem als untadeliger Nachfolger des Mose vorgestellt, der zudem auch, wenn man so will, einen insgesamt demilitarisierten Eindruck macht. Selbst im Hinblick auf Empfang von Macht und Stärke (vgl. vir § 69/Dtn 31,7f.23) werden bei Philo offenbar alle Assoziationen an Kampf und Streit ausgeblendet, obwohl die Verleihung von Macht und Stärke an Josua im unmittelbaren Kontext des Einzugs in das von Gott verheißene Land und der Landgabe durch Gott selbst stehen. So ist bei Philo die Ermahnung an Josua, „mutig zu sein und stark in seinen Beschlüssen" auf „gute Anträge in Vorschlag zu bringen und mit unerschütterlichem und festem Sinn das Beschlossene zu schöner Ausführung zu bringen"[451] reduziert. Von Landnahme ist hierbei keine Rede.

1.2 Die verwendete Begrifflichkeit für „Bann"

Ein wichtiger theologischer Topos im Buch Josua stellt die Vernichtungsweihe dar.[452] Kennt Philo entsprechende Termini, wenn ja, wie interpretiert er sie?

---

[444] „τὴν μείζονα συμμαχίαν", Mos I § 216.
[445] Im hebräischen Text ist von „schwächen" (חלשׁ; nach HALAT „besiegen") und im griechischen von „in die Flucht schlagen" (τρέπειν) die Rede.
[446] „τῶν ἐχθρῶν ἡβηδὸν ἀναιρεθέντων", Mos I § 218.
[447] Vgl. virt § 55.
[448] Vgl. virt § 66.
[449] Vgl. virt § 66.
[450] διάδοχος: vgl. virt § 56; (64); 68; 70.
[451] Vgl. virt § 69.
[452] Vgl. C. Schäfer-Lichtenberger, Bedeutung 272.

Der biblisch-griechische terminus technicus der Septuaginta für Vernichtungsweihe „ἀνάθεμα", dem der hebräische Begriff חרם zugrunde liegt, wird von Philo nur an einer Stelle im Zusammenhang einer kämpferischen Auseinandersetzung verwendet, die wiederum auf einer Notiz von Num 21,1–3 basiert. Philo gibt die in Num 21,1 beschriebene Situation wieder[453] und malt sie weiter aus: Die Israeliten werden von einem kanaanäischen König angegriffen; dieser schlägt die erste Vorhut in die Flucht und macht zudem Gefangene.[454] Die Israeliten lassen sich jedoch nicht beirren und sprechen sich nun gegenseitig Mut zu. Genau an diesem Punkt setzt Philo das Stilmittel der direkten Rede ein. Dabei wird deutlich, daß die Israeliten unmittelbar vor dem Betreten des verheißenen Landes stehen. Philo läßt hierbei die Israeliten u.a. sagen: „Da wir uns jetzt an den Eingängen des Landes befinden, so laßt uns die Bewohner des Landes niederschlagen, laßt uns den Reichtum der Städte in Besitz nehmen ..."[455]

Auffällig ist, daß im Unterschied zum biblischen Befund von Num 21,1–3, aber auch zur Amalekiterschlacht bei Philo (vgl. Mos § 216–219) dieser Redeteil nicht allegorisch überhöht wird und nicht auf Gott rekurriert. Erst im Anschluß an die direkte Rede der Israeliten, die freilich von Philo selbst konstruiert ist, wird hinzugefügt, daß die Israeliten gelobten, die Städte samt der Bevölkerung Gott als Erstlingsopfer zu weihen.[456] Dieses Gelübde wird jetzt als eine Folge jener Rede dargestellt. Von daher erscheint ein solches Gelübde viel klarer auch als eine einseitige, d.h. auch unaufgeforderte Selbstverpflichtung seitens der Israeliten.[457] Sodann gewährt Gott den Israeliten, das feindliche Heer zu überwältigen. Eine wesentliche inhaltliche Verschiebung zum biblischen Befund besteht aber darin, daß Philo das Interpretament des Erstlingsopfers in Verbindung mit der Vernichtungsweihe in bezug auf die Landnahme einführt. Das ermöglicht ihm, die „Weihe" auf einen Teil des gesamten einzunehmenden Landes zu beschränken bzw. als von vornherein eingeschränkt zu erklären. Denn Kennzeichen einer Darbrin-

---

[453] In Num 21,1–3 wird berichtet, daß die Israeliten von einem kanaanitischen König angegriffen werden und dieser sogar Gefangene macht. Daraufhin gelobt Israel JHWH, dieses Volk und seine Städte zu vernichten, wenn es dazu die Möglichkeit bekommt. JHWH nimmt Israels Gelübde an, gibt diese Kanaaniter in die Gewalt Israels, so daß jene Städte dem Gelübde gemäß dem Untergang geweiht werden.

[454] Vgl. Mos I § 250.

[455] „ἐπὶ τῶν εἰσβολῶν ὄντες καταπληξώμετα τοὺς οἰκήτορας, ὡς ἔχοντες μὲν τὴν ἐκ τῶν πόλεων εὐετηρίαν", Mos I § 251.

[456] „καὶ ἅμα διὰ τούτων προτρέποντες αὐτοὺς ηὔξαντο τῆς χώρας ἀπαρχὰς ἀναθήσειν τῷ θεῷ τὰς πόλεις τοῦ βασιλέως καὶ τοὺς ἐν ἑκάστῃ πολίτας/Durch solche Reden sich ermunternd, gelobten sie zugleich als Erstlingsgaben des Landes die Städte des Königs und die in jeder befindlichen Bewohner der Gottheit zu weihen", Mos I § 252.

[457] Dies wird daran deutlich, daß erst auf die Ablegung entsprechender Gelübde Philo Gott insofern reagieren läßt, als er aussagt, daß Gott diesen Gelübden zustimmt (ἐπινεύειν). M.a.W. zusammen mit dem biblischen Befund unterstreicht Philo, daß Gott von sich aus solche Gelübde nicht einfordert. Unmittelbares Kennzeichen dafür, daß Gott im Nachhinein diesen Gelübden zugestimmt habe, ist, daß er den „Hebräern" Mut einhaucht (ἐμπνεῖν), vgl. Mos I § 252.

1. Philo von Alexandrien

gung von Erstlingsfrüchten ist es ja, daß nicht alle Erträge eines Landes als Erstlingsfrüchte zu opfern sind. Bei diesem Interpretament, das sich auf die Eroberung des Landes im Buch Josua nicht ohne weiteres anwenden läßt, lehnt sich Philo wohl midraschartig an Num 18,11–20 (LXX) an.[458] So kann er das „ganze Königreich", nachdem die Israeliten die Städte und die Bewohner – wörtlich die „Männer" bzw. das „Männliche" – als Erstlingsopfer geweiht haben (ἀνιεροῦν)[459], als „Opfergabe" bezeichnen.[460] Philo begründet dies wie folgt: „Wie nämlich jeder einzelne Gottesfürchtige von seinen jährlichen Früchten, die er aus seinem Privatbesitz erntet, die Erstlinge weiht, ebenso weihte auch das ganze Volk von dem grossen Lande, in das es einzog ein grosses Stück, das eben eroberte Königreich, gewissermaßen als eine Erstlingsgabe seiner Siedelung".[461]

Beachtung verdienen an dieser Stelle besonders auch die zwei verschiedenen von Philo verwendeten Begriffe für das, was er als „weihen" zu bezeichnen pflegt. Zum einen handelt es sich in Mos I § 253 um den Begriff ἀνιεροῦν (weihen bzw. opfern) und zum anderen in Mos I § 254 um den Begriff ἀνατιθέναι (Opfer darbringen/weihen).

Da Philo selbst den Begriff ἀνιεροῦν nicht weiter erläutert, ist es angeraten, Texte bei Philo daraufhin zu befragen, die diesen Begriff ebenfalls verwenden. Das Ergebnis ist überraschend. Der Begriff ἀνιεροῦν findet sich in Philos Werk einschließlich von Mos I § 253 siebenmal.[462] Sieht man sich alle diese Textstellen genauer an, so wird der Begriff ἀνιεροῦν anscheinend im Sinne des Tötens von Menschen nur in Mos I § 253 verwendet. Bei den anderen Stellen wird er hauptsächlich im übertragenen Sinne gebraucht. Eine Ausnahme bildet hiervon sacr § 108, wo ἀνιεροῦν (weihen bzw. opfern) im engeren Sinne für das Darbringen von Erstlingsfrüchten bei Kain und Abel gebraucht wird. Das tertium comparationis all dieser Stellen gegenüber Mos I § 253 ist, daß ἀνιεροῦν (weihen bzw. opfern) nicht in bezug auf „Menschenopfer" verwendet ist. Vor diesem Hintergrund ließe sich daher wiederum fragen, ob Philo jenen Begriff tatsächlich auch im Sinne von Töten eines Menschen versteht oder ob er bloß eine solche Möglichkeit nicht aus-

---

[458] Dort wird geregelt, wie mit den Erstlingen in Israel zu verfahren ist. Gott teilt Aaron in Num18,13f mit: „Alle Erstlinge, welche es in ihrem Land gibt, welche sie auch immer dem Herrn darbringen, sollen (werden) dir gehören. Jedes Geweihte (πᾶν ἀνατεθεματισμένον, im hebräischen Text steht: כל־חרם) unter den Söhnen Israels, soll (wird) dir gehören". Wenn die Annahme plausibel sein kann, daß sich Philo an Num 18,11–20 anlehnt, so wird von ihm dadurch die Schwierigkeit überblendet, daß sich der Text auf die Erstlinge der Israeliten im bereits eingenommenen Lande bezieht und zudem Menschen von der Darbringung als Erstlingsopfer letztlich ausgenommen sind; denn sie sind auszulösen (V 15). Insgesamt handelt es sich in Num 18,11–20 um eine „innerisraelitische Angelegenheit".
[459] Vgl. Mos I § 253.
[460] „καὶ ἀπὸ τοῦ συμβεβηκότος ὅλην τὴν βασιλείαν ὠνόμασαν ‚ἀνάθεμα'/und nannten das ganze Königreich nach dem Ereignis ‚Weihegabe'", Mos I § 253.
[461] Mos I § 254.
[462] Vgl. Mos § I 253; sacr § 108; ebr § 152; her 179; mut § 220 und somn I §§ 32; 243.

schließen will. Zumindest beinhaltet der Begriff ἀνιεροῦν nicht zwangsläufig die Bedeutung des Tötens von Menschen, das zudem religiös konnotiert ist. Eine Stützung erfährt diese Analyse durch den wenngleich auch recht schmalen Befund der Septuaginta. In ihr ist der Begriff ἀνιεροῦν zweimal bezeugt. Das eine Mal wird er im Sinne von „bannen" von Sachgütern (1 Esdr 9,4)[463] und das andere Mal im Sinne von Tage für „heilig erklären" (3 Makk 7,20) gebraucht. Somit bestätigt auch dieser Befund, daß ἀνιεροῦν bei Philo nicht von vornherein ein Töten von Menschen impliziert, wie dies in der Josua-LXX offenbar bei den Ausdrücken ἀνάθεμα (Bann), ἐξολεθρεύειν (ausrotten) und ἀναθεματίζειν (den Bann vollstrecken) der Fall ist. In diesem Zusammenhang ist außerdem festzuhalten, daß das Verbum ἐξολεθρεύειν bei Philo nicht bezeugt ist. Freilich ist daran zu erinnern, daß die Begriffe ἀνάθεμα/ἀναθεματίζειν nicht eo ipso das physische Töten von Menschen beinhalten, sondern auch die Bedeutung von Fluch und verfluchen haben. Eine gewisse Rolle spielt dabei, daß mit ἀνάθεμα zum einen eine hellenistische Form für das klassische ἀνάθημα (Weihegeschenk) vorliegt und daß es sich zum anderen bei der Unterscheidung von ἀνάθεμα und ἀνάθημα um eine künstliche handelt, die zudem nicht selten wechselt.[464]

Der Begriff ἀνατιθέναι (darbringen/weihen) läßt sich im Werk Philos insgesamt fünfzehnmal notieren.[465] Sieht man einmal von Mos I § 252 ab, so wird dieser Ausdruck für das Darbringen von Erstlingsfrüchten verwendet[466], und zwar zusammen synonym mit ἀνιεροῦν.[467] Er wird aber auch im übertragenen Sinne eingesetzt wie z.B. Seele, Sinne und Sprache Gott weihen.[468] Zu diesem übertragenen Bereich gehört, daß man sein Leben ganz dem Dienste Gottes weiht.[469] Nicht zuletzt sieht Philo auch die Aufgabe der Welt (κόσμος) insgesamt darin, sich als Dank Gott ganz zum Opfer darzubringen (ὅλον ἑαυτὸν ἀνάθημα ἀνατιθέναι τῷ ... θεῷ).[470] Wie man dies auch immer im einzelnen versteht, gemeinsam ist diesen Textstellen, in denen ἀνατίθεμαι (darbringen/weihen) im metaphorischen Sinne eingesetzt ist, daß von einer physischen Vernichtung von Menschenleben keine Rede sein kann. Somit steht die Redeweise „die Städte des Königs und die in jeder

---

[463] „Da erging ein Befehl in ganz Juda und Jerusalem an alle Exulanten, daß sie nach Jerusalem zusammenkommen sollten, und daß die gesamte Habe eines jeden, der nicht binnen zwei oder drei Tagen gemäß dem Beschlusse der regierenden Vorsteher eintreffen würde, dem Banne verfallen, und er selbst aus der Menge der Exulanten ausgeschlossen werden sollte" (H. Guthe), 1 Esdr 9,3f = 3 Esr 9,3f.
[464] Vgl. K. Aland/B. Aland, Wörterbuch 106.
[465] Vgl. sacr § 109; arg § 50; her §§ 108; 110; 114; 117; 179; 200; Mos I §§ 252; 254; 259; 317; decal § 108; spec I § 248 und spec II § 51.
[466] Vgl. spec I § 248; her §§ 114.117.
[467] Vgl. sacr §§ 108; 109; vgl. zudem her § 179.
[468] Vgl. her §§ 108; 110; 179.
[469] Vgl. decal § 108.
[470] her § 200.

1. Philo von Alexandrien

(Stadt) befindlichen Bewohner" als Erstlingsgaben des Landes Gott zu weihen[471] mit der Konnotation der physischen Vernichtung in Mos I § 253f singulär im Werke Philos dar. Dem korrespondiert, daß die Abschwächung dem biblischen Befund gegenüber sowohl begrifflich als auch inhaltlich darin besteht, daß nicht das gesamte Land, sondern nur ein „großes Stück" (μέγα τμῆμα) davon als Erstlingsgabe geopfert wird.[472]

Im weiteren Verlauf seiner Ausführungen ist Philo, wie bereits zuvor[473], erkennbar darum bemüht, die Hebräer als ungerecht Angegriffene darzustellen.[474] Diese setzen sich freilich daraufhin unter Gottes Beistand auch erfolgreich zu Wehr und besiegen den Angreifer.[475] Es sind also Verteidigungskämpfe, welche zu führen sich die „Hebräer" gezwungen sehen. Diesem Ziel dient offenbar auch die bei Philo breit entfaltete Balak-Erzählung (vgl. Num 22-24/25).[476] Beachtenswert ist ferner bei der Schilderung dieser Ereignisse aus der Perspektive Philos, daß er im Zusammenhang der Schlacht, bei der die Hebräer durch das Heer des Königs der Amoriter (Ἀμορραῖοι) angegriffen werden (vgl. Num 21-25), als besonderes Merkmal anführt, daß die Hebräer nichts von der Beute anrühren, sondern die „ersten Früchte ihrer Kämpfe Gott darbringen (τὰ πρῶτα τῶν ἄθλων ἀναθεῖναι τῷ θεῷ).[477] Hinsichtlich des Ausgangs der Schlacht wird zudem eigens betont, daß das feindliche Heer vernichtend geschlagen worden ist. Was nun die Bewohner des betreffenden Landes betrifft, so formuliert Philo sehr zweideutig, zumindest aber ausweichend: „Die Städte aber waren zu derselben Zeit leer und voll geworden, leer von ihren alten Bewohnern und voll von deren Siegern; ebenso aber erhielten auch die Gehöfte auf dem Lande, ihrer Insassen beraubt, an deren Stelle eine in jeder Beziehung edlere Bevölkerung (ἄνδρας βελτίους)."[478] Wie die Städte und die Gehöfte leer wurden, d.h. was mit der jeweiligen Einwohnerschaft geschah, teilt Philo dem Leser nicht mit. Die Ausdrucksweise oszilliert zwischen Vertreibung und Tötung.

Vier für unsere Untersuchung wichtige Einzelaussagen lassen sich letztlich auch dem Bericht Philos über den Kampf der Israeliten gegen Balak entnehmen, die gleichzeitig durchaus auch Grundsätzliches über die Deutungsperspektive Philos zu erkennen geben. Jener Kampf gegen Balak wird als Strafe für das angesehen, was dieser gegen die Hebräer zum einen beabsichtigt hatte und zum anderen auch unternommen hat (Glaubensabfall durch

---

[471] Vgl. Mos I § 252.
[472] Vgl. Mos I § 254.
[473] Vgl. Mos I §§ 239-249.
[474] Vgl. Mos I §§ 258-262.
[475] Vgl. Mos I § 260f.
[476] Vgl. I §§ 263-304.
[477] Mos I § 259.
[478] Mos I § 262.

Unzucht).⁴⁷⁹ Ein spezieller Kriegszug gegen Balak wird uns in der Bibel selbst nicht berichtet. Es wird hingegen von einem Kampf gegen die Midianiter (vgl. Num 31) erzählt, denen jedoch ein wesentlicher Anteil daran zugeschrieben wird, daß die Söhne Israels auf das Wort Bileams hin treulos gegen JHWH gehandelt haben (vgl. Num 31,6).

Als erstes ist die Begründung des Kampfes gegen Balak aufschlußreich, die Philo dem Mose als direkte Rede in den Mund legt. In ihr wird gesagt, daß die Kriege nicht um Herrschaft oder um fremden Besitz, sondern aus Gottesfurcht und Frömmigkeit geführt werden. Denn wenn die Israeliten schon ihre eigenen Angehörigen aufgrund von Glaubensabfall⁴⁸⁰ getötet haben, haben diejenigen um so mehr den Tod verdient, die ursächlich für den Glaubensabfall verantwortlich sind.⁴⁸¹ Mit Hilfe jener Rede stellt Philo zwei Dinge deutlich heraus: Zum einen wird der Kriegszug als Reaktion verstanden, der im Unterschied zu Balak Gottesfurcht und Frömmigkeit zum Ziel hat, und zum anderen ist Israel zuvor selbst in den eigenen Reihen gegen jene mit tödlichen Konsequenzen vorgegangen, die gesetzeswidrig gehandelt haben (παρανομησάντων). Somit geht es nicht um Stammeszugehörigkeit oder ethnische Abstammung, sondern um rechtes Handeln vor Gott. Auf dieser Ebene kennt Israel keine doppelten Maßstäbe.

Als zweites ist der Umgang mit den Kriegsgefangenen vor dem Hintergrund des biblischen Befundes (Septuaginta) bemerkenswert. Alle sind zu töten – sowohl Männer als auch Frauen. Die Frauen deswegen, weil sie die Zügellosigkeit und den Glaubensabfall verursacht haben. Anders als im biblischen Text (vgl. Num 31,18) wird nicht nur den unberührten Mädchen, sondern auch den ganz jungen Knaben (νέοι κομιδῇ) Verzeihung gewährt.⁴⁸² Damit entspricht Philo durchaus einer Lesart von Dtn 20,13f (LXX), die Kinder (ἡ ἀποσκευή, Dtn 20,14; Num 31,9) von der Tötung bei Eroberung einer feindlichen Stadt ausnimmt. Wenn man so will, wägt Philo bei seiner Interpretation zwei Textstellen des Pentateuchs gegeneinander ab und gibt der allgemeinen Anordnung (Dtn 20,13f) den Vorzug gegenüber der speziellen (Num 31,17f). Die äußerst harte Bestimmung von Dtn 20,16 übergeht Philo stillschweigend. Von dieser Abwägung profitieren bei Philo alle unschuldigen Kinder.

Als drittes ist zu notieren, daß Philo den biblischen Text nicht ausläßt, der bei Tötung Entsündigung verlangt (Num 31,19f), auch wenn der Kampf von Gott über Mose angeordnet ist.⁴⁸³ Mit Blick auf Josua ist dies besonders interessant. Der hebräische Text des biblischen Befundes verlangt die „Ent-

---

[479] Vgl. Mos I §§ 295–304.
[480] Vgl. Num 25,1–5; Mos I § 303.
[481] Vgl. Mos I § 307f.
[482] Vgl. Mos I § 311.
[483] Vgl. Mos I § 313f.

sündigung" (חטא im Hitp.⁴⁸⁴) für die, die jemanden (im Kampfgeschehen) getötet, und für diejenigen, die einen Getöteten berührt haben. Daß hierbei der Hauptakzent wohl auf kultischer Unreinheit liegt, die man sich durch Berührung von Leichen zugezogen hat (vgl. Num 5,1–4), legt sich vor allem durch Num 31,20 nahe. Dort wird verlangt, daß auch alle Kleidungsstücke sowie Leder- und Holzgeräte und zudem Gegenstände aus Ziegenhaar zu entsündigen seien (חטא im Hitp.).⁴⁸⁵ Die Septuaginta behält diese Diktion bei, was an den Begriffen selbst abgelesen werden kann (ἁγνίζειν/reinigen; sühnen: Num 31,19 und ἀφαγνίζειν/entsühnen, weihen: Num 31,20).

Philo dagegen nimmt eine deutliche Akzentverschiebung vor. Bei ihm geht es ausschließlich, um die Sühnung von Mord (ὁ φόνος). Von daher spielen Kleidungsstücke und eine bestimmte Anzahl von Tagen (sieben), welche die Kampfgenossen außerhalb des Lagers zu verbringen haben, keine Rolle mehr. Daß man durch Mord kultisch unrein wird, würde Philo nicht bestreiten, aber der kultische Aspekt ist bei ihm abgeblendet. Im Unterschied zum biblischen Befund thematisiert und problematisiert Philo die Tötung im Kampf, die er als Mord (ὁ φόνος, αἱ σφαγαί) bezeichnet, selbst wenn sie vom Gesetz her gestattet ist.⁴⁸⁶ Dieser Befund steht einerseits in einer latenten Spannung hinsichtlich der allgemeinen Hochschätzung Philos gegenüber Josua, korrespondiert aber andererseits mit der Beobachtung, daß die Bedeutung Josuas als Feldherr bei Philo nicht dominant ist. Schließlich könnte dies auch als ein Indiz dafür angesehen werden, daß Philo dem Josua keine eigene Abhandlung widmet.

1.3 Fazit

Philo hat Josua, dem unmittelbaren Nachfolger des Mose, kein eigenes Buch – wie für Abraham, Joseph und Mose – gewidmet. Er wendet sich insgesamt der Person des Josua nur vereinzelt zu. Wenn er jedoch auf Josua zu sprechen kommt, dann steht Josua vor allem als untadeliger Nachfolger des Mose im Vordergrund. Diesen bezeichnet er wie der griechische Sirach-Text in 46,1 als Diadochen des Mose (virt §§ 68.70). Im Unterschied aber zu Sir 46,1 sieht Philo im Namen Josua, den er in seiner gräzisierten Form, Ἰησοῦς, verwendet und dessen Bedeutung er mit „σωτηρία κυρίου" angibt, eine Aussage darüber, welchen Vollkommenheitsgrad sein Namensträger erreich hat (vgl. mut § 121f). Dies erklärt vielleicht, daß Philo Josua lediglich

---

[484] Nur in Num besitzt חטא im Hitp. die Bedeutung „sich entsündigen".
[485] Vgl. M. Noth, Numeri 199f; J. Scharbert, Numeri 123; Th. Staubli, Levitikus 332.
[486] καὶ γὰρ εἰ νόμιμοι αἱ κατ' ἐχθρῶν σφαγαί, ἀλλ' ὅ γε κτείνων ἄνθρωπον, εἰ καὶ δικαίως καὶ ἀμυνόμενος καὶ βιασθείς, ὑπαίτιος εἶναι δοκεῖ διὰ τὴν ἀνωτάτω καὶ κοινὴν συγγένειαν/Denn wenn auch der an Feinden verübte Mord durch das Gesetz gestattet ist, so scheint doch, wer einen Menschen, wenn auch mit Recht in der Abwehr und gezwungen, tötet, mit Schuld behaftet zu sein mit Rücksicht auf die ursprüngliche Verwandtschaft, Mos I § 314.

im Zusammenhang der sogenannten Amalekiterschlacht (Ex 17,8–16/Mos I §§ 216–219) einmal „Feldherr" nennt. Diese Funktion ist zudem bei Philo aber eine unter anderen.

Was das Thema Vernichtungsweihe im Zusammenhang der Landnahme betrifft, so ist festzuhalten, daß Philo in bezug darauf den Topos „Erstlingsopfer", „Erstlingsgabe" einführt. Die inhaltliche Konsequenz besteht darin, daß nicht die gesamte Vorbevölkerung des einzunehmenden Landes „geopfert" werden muß, sondern nur ein repräsentativer Anteil – pars pro toto. Dadurch kann das gesamte Land dann auch „Weihegabe" (ἀνάθεμα) genannt werden. Hingegen wird insgesamt nicht ganz klar, wie Philo den Begriff „ἀνιεροῦν" (weihen/opfern) inhaltlich füllt. Zwar gebraucht Philo diesen Begriff bei der Weihe von Städten und deren männlicher Bevölkerung (Mos I § 253), aber mit Blick auf sein Gesamtwerk läßt sich sagen, daß dieser Begriff nicht zwangsläufig physische Vernichtung von Menschenleben bedeuten muß. Damit nimmt Philo dem biblischen Befund gegenüber eine grundsätzliche Abschwächung vor. Dem entspricht, daß Philo auch das Töten, selbst wenn es vom Gesetz her zulässig ist, grundsätzlich als Mord (ὁ φόνος) bezeichnet. Ein Mord, welcher Art er auch immer sei, macht grundsätzlich eine Sühne notwendig (Mos § I 313f). Denn das gesamte Menschengeschlecht ist ursprünglich miteinander verwandt. Von daher darf abschließend vermutet werden, daß der klassische Topos der Landnahme/Landgabe bei Philo eher am Rande thematisiert und die Vernichtungsweihe dem biblischen Befund gegenüber entschärft wird.

2. Flavius Josephus

Joseph ben Matijahu (37/38 – nach 100) war Angehöriger einer Familie, die zu einer sehr angesehenen Priesterklasse in Jerusalem zählte. Er nahm als ein militärischer Anführer am jüdischen Krieg teil[487] und geriet in römische Kriegsgefangenschaft. Er erhielt später die Freiheit von Kaiser Vespasian sowie das römische Bürgerrecht und legte sich in Rom – in Anlehnung an den Namen eines römischen Kaisergeschlechts – den Namen Flavius zu. Unter dem Namen Flavius Josephus ist er auch als jüdischer Geschichtsschreiber bekannt geworden.

2.1 Die Erwähnung Josuas in „De bello Judaico"

In seinem ersten großen Hauptwerk De bello judaico IV 459, geschrieben ab 77 u.Z., kommt Josephus im Zusammenhang der Beschreibung der Stadt

---

[487] Vgl. G. Mayer, Josephus 258.

2. Flavius Josephus

Jericho[488] und ihrer Umgebung auf Josua kurz zu sprechen. Dabei verwendet er die griechische Namensform: Ἰησοῦς ὁ Ναυῆ. Dabei erinnert die hier verwendete Kürze des Namens an die griechische Sirach-Version (JesSir46,1). Zugleich ist dies aber auch die einzige namentliche Erwähnung des Josua in diesem Werk. Dieser wird von Josephus näherhin als „Feldherr der Hebräer" bezeichnet, der Jericho als „erste unter den Städten des kanaanäischen Landes mit der Waffe in der Hand eroberte."[489] Dabei fällt auf, daß dabei kein göttlicher Auftrag genannt wird. Mit der Bezeichnung „Feldherr der Hebräer", wie sie ähnlich bei Philo erscheint (Mos I § 216), wird aus Josua lediglich zu einem nationalen Kriegsführer. Josephus ordnet Ἰησοῦς (Josua) letztlich nicht theologisch, sondern historisch ein. Zudem ist von Landnahme oder Landgabe des verheißenen Landes nicht die Rede. Ebenso wird die an Jericho vollzogene Vernichtungsweihe, der nach biblischem Befund alle „Männer und Frauen, Kinder und Greise" zum Opfer gefallen sind (Jos 6,21), nicht erwähnt. Da sich der „Judäische Krieg" auch an nicht-jüdische Adressaten wendet (Bell. Jud. I, 3)[490], ist nicht damit zu rechnen, daß allen der Inhalt des Buches Josua im allgemeinen und die Einnahme der Stadt Jericho im besonderen bekannt waren.

2.2 Josua in den Altertümern

In seinem zweiten großen Werk, den sogenannten Judäischen Altertümern [antiquitates (ant.)], geschrieben um 94 u.Z., dessen Adressaten vor allem „Griechen"[491] sind, kommt Josephus zwangsläufig auch auf Josua zu sprechen. Als erstes verdient hierbei Beachtung, daß auch Josephus Ἰησοῦς (Josua) als Diadochen des Mose bezeichnet. Darin folgt er dem griechischen Sirachtext und Philo. Bemerkenswert ist zudem, daß Josephus Ἰησοῦς (Josua) zwar einen Nachfolger (διάδοχος) im Prophetenamt nennt, aber nicht Propheten. Auch hierin stimmt er mit Sir 46,1 überein: „Da nun Mose bereits im vorgerücktem Alter stand, bestimmte er den Jesus zum Nachfolger in seinem Propheten- und Führeramte"[492] Eine Erklärung dafür, daß sich auch Josephus in dieser Angelegenheit zurückhaltend gibt, könnte auf die Aussage der Tora zurückzuführen sein, daß in Israel niemals wieder ein Prophet wie Mose aufgetreten ist (Dtn 34,10), die er ernst nimmt (vgl. ant. IV, 8, § 329).[493]

---

[488] Vgl. Bell. Jud. IV 451–470.
[489] „πόλιν, ἣν Ἰησοῦς ὁ Ναυῆ παῖς στρατηγὸς Ἑβραίων πρώτην εἷλε γῆς Χαναναίων δορίκτητον", Bell. Jud. IV, 459 (O. Michel/O. Bauernfeind, bello Judaico (Bd. II,1) 74/75).
[490] Vgl. O. Michel/O. Bauernfeind, bello Judaico (Bd. I) XX–XXII.
[491] „Gegenwärtiges Werk aber habe ich unternommen, weil ich hoffte, dasselbe werde würdig sein, das Interesse von allen Griechen auf sich zu ziehen, und es werde diesen dadurch ein Dienst geleistet werden", Vgl. ant. I, Prooem § 5.
[492] „Μωυσῆς δέ, γηραιὸς ἤδη τυγχάνων, διάδοχον ἑαυτοῦ Ἰησοῦν καθίστησιν ἐπί τε ταῖς προφητείαις, καὶ στρατηγόν", ant. IV, 7, § 165.
[493] Vgl. S. Mason/R. A. Kraft, Josephus 225.

In seinem fünften Buch geht dann Josephus eigens auf die im Buch Josua erzählten Begebenheiten ein (vgl. ant. V,1, §§ 1–29). Im Unterschied aber zum Judäischen Krieg stellt Josephus jetzt die Landnahme der Israeliten unter Josua ausführlich dar (vgl. ant. V, 1, §§ 1–20[494]). Dabei orientiert er sich inhaltlich sowie von der Erzählfolge her an der narrativen Struktur des biblischen Buches Josua, auch wenn Auslassungen, Differenzen und Widersprechendes zwischen dem Buch Josua und den Altertümern im einzelnen festzustellen sind.[495] Dem von Josephus selbst gewählten genus litterarium der Antiquitates entsprechend[496] wird die Eroberung des Landes vor allem im Sinne eines als historisch so stattgefundenes Geschehen geschildert, zu welchem aber auch theologische Implikationen gehören und „supernatural causality" nicht ausschließt.[497] Im folgenden ist nun zu fragen, wie die Themen Gotteskrieg und Vernichtungsweihe von Josephus aufgegriffen und verarbeitet sind (ant.V,1).

2.2.1 Der Krieg Josuas (ant. V,1, § 1)

Im Unterschied zum biblischen Buch Josua beginnt Josephus sogleich mit Anordnungen Josuas zur Entsendung von Kundschaftern nach Jericho und mit Kriegsvorbereitungen. Die ausführliche direkte Gottesrede an Josua, mit der das Buch Josua eröffnet wird und die dessen theologisches Vorzeichen ist, wird hingegen von Josephus ausgelassen. Daraus ergibt sich, daß im linearen Erzählablauf es nicht Gott, sondern Ἰησοῦς (Josua) ist, der zuerst den Auftrag zur Einnahme des Landes erteilt (vgl. ant. V,1 § 1). Viel später wird Josephus allerdings sagen, daß es doch Gott war, der den Befehl gegeben hat (ant. V, 1 § 93f). Daß Josephus die direkte Gottesrede wegläßt, ist vermutlich kein Zufall. Denn es läßt sich insgesamt feststellen, daß in ant. V,1 keine direkte Gottesrede aus dem Buch Josua als solche wiedergegeben wird. Nur an einer Stelle wird auf eine direkte Gottesrede Bezug genommen, sie wird aber nur indirekt wiedergegeben. Dabei handelt es sich um die Reaktion Gottes auf das Gebet des Ἰησοῦς (Josua) nach der Niederlage im ersten Kampf um die Stadt Ai (Josephus: Ναιά[498]; LXX: Γαι). Es heißt, daß daraufhin Gott ihm eine Weisung erteilte (χρηματίσαντος δὲ ... τοῦ θεοῦ),

---

[494] Die Landverteilung nehmen die letzten Abschnitte bis zum Ende des ersten Kapitels ein (ant. V, 1, §§ 21–29).

[495] Beispielsweise findet bei Josephus die Erscheinung des „Anführers des Herrn der Heere" vor der Einnahme Jerichos keine Erwähnung (vgl. Jos 5,13–15). Zwar berichtet Josephus in Anlehnung an Jos 10 vom heftigen Hagelschlag gegen die Feinde und von der ungewöhnlichen Verlängerung des Tages, aber er läßt den Passus unerwähnt, daß Gott selbst schwere Steine vom Himmel herabwarf und daß Josua es war, auf dessen Befehl hin sich der Tag verlängerte, vgl. ant. V, 1, 17. Vgl. bezüglich der Einnahme Jerichos C. T. Begg, Jericho 325–336.

[496] Vgl. ant. I, 1, § 2.

[497] Vgl. C. T. Begg, Jericho 331.339.

[498] Zur Schreibweise des Namens Ναιά vgl. H. St. J. Thackeray/R. Marcus, Josephus 178f, Anm. a.

2. Flavius Josephus

aufzustehen[499] und das Heer von der Schuld zu reinigen.[500] Liegt es am Stilmittel der Bibelparaphrase, deren sich Josephus bedient[501], wenn er zwar keine Gottesreden, wohl aber zwei Reden des Ἰησοῦς (Josua) als direkte Reden zitiert (vgl. ant. V, 1 §§ 39–41; §§ 93–98)? Scheut Josephus vielleicht als Historiker die direkte Gottesrede?

2.2.1.1 Die Gottesbezeichnungen

Wenn Josephus vom Gott Israels spricht[502], so gebraucht er hauptsächlich in Verbindung mit dem bestimmten Artikel den Ausdruck „ὁ θεός".[503] Daneben verwendet er noch die Bezeichnungen τὸ θεῖον[504], artikelloses δεσπότης[505] und πατήρ.[506] Zusammenfassend ist daher zu sagen, daß Josephus, wenn er vom Gott Israels in den ant. V,1 spricht, weder dem hebräischen Text mit dem nomen proprium JHWH noch der Septuaginta mit κύριος folgt.

2.2.1.2 Die Rede von der „Vernichtungsweihe"

Zur Begrifflichkeit der Vernichtungsweihe ist folgendes zu sagen: Während die Jos-LXX das Nomen חרם (Vernichtungsweihe) der hebräischen Vorlage mit „ἀνάθεμα"[507] und das Verbum חרם in der Regel mit „ἐξολεθρεύειν"[508] übersetzt, verwendet Josephus andere Begriffe. Auch die selteneren Begriffe, die in Jos-LXX für jenen hebräischen Ausdruck eingesetzt sind, werden von Josephus nicht gebraucht.[509]

Bei den Begriffen, die Josephus nun verwendet, handelt es sich um „ἀναιρεῖν/töten, ermorden"[510], „ἀπολλύναι/verderben, vernichten, umbringen"[511], „ἀποσφάττειν/ abschlachten, töten"[512], „διαφθείρειν/zugrunde

---

[499] Wie in Jos 7,10 (LXX) wird für „aufstehen" das Verb ἀνίστημι verwendet, mit welchem zugleich die Gottesrede beginnt.
[500] Vgl. ant. V, 1 § 42.
[501] M. Mulzer, Josephus 59.60.
[502] Vgl. Th. R. Elßner, Das Namensmißbrauch-Verbot 265.267.
[503] Vgl. ant. V,1 §§ 12; 14; 16; 18; 20; 24; 26; 32; 33; 37; 38; 42; 44; 60; 65; 66; 93; 98; 102; 107; 108; 109; 113; 114; 115. Ausnahmen finden sich lediglich in §§ 54; 95; 97 und 112.
[504] Vgl. ant. V,1 §§ 31; 73.
[505] Vgl. ant. V,1 §§ 41; 93.
[506] Vgl. ant. V,1 § 93. Die vollständige Wendung lautet: ὁ θεός, πατὴρ καὶ δεσπότης τοῦ Ἑβραίων.
[507] Vgl. Jos 6,17.18³; 7,1².11.12².13²; 22,20 (LXX).
[508] Vgl. Jos 2,10; 10,1.28.35.37.39.40; 11,11.12.20.21 (LXX).
[509] Ausnahmen bilden bezüglich des Verbums in der Jos-LXX Jos 6,18 mit ἐνθυμέομαι, Jos 6,21 mit ἀναθεματίζειν und Jos 10,35 mit φονεύειν.
[510] Vgl. ant. V,1 § 67.
[511] Vgl. ant. V,1 §§ 29; 32; 59; 63.

gehen, vernichten, zerstören"⁵¹³, „κτείνειν/töten, morden, schlachten"⁵¹⁴, „ὄλεθρος/Vernichtung, Verderben, Tod"⁵¹⁵, „φθείρειν/zugrunde richten, vernichten"⁵¹⁶, „φονεύειν/(er)morden"⁵¹⁷, „(μηδὲν) ὑπολείπειν/(nicht) übriglassen".⁵¹⁸

Dieser Befund läßt zwei unterschiedliche Schlüsse zu. Der eine lautet, daß sich Josephus nicht an der Septuaginta orientiert hat, sondern an Targumen⁵¹⁹ oder an einer Septuaginta, „die einer hebräischen Überlieferung nahestand."⁵²⁰ Der andere mögliche Schluss besagt, daß Josephus die *Begrifflichkeit* entsakralisiert hat und daß diese von daher weniger religiös geprägt ist. Das Wortfeld, das Josephus gebraucht, läßt keinen Zweifel daran aufkommen, daß die Vorbevölkerung des Landes zu töten ist. Diese Vernichtung wird bei Josephus nicht religiös begründet, auch wenn der Sache nach Gottes Handeln dabei im Hintergrund steht.

2.2.1.3 Theologische Ausrichtung der „Vernichtungsweihe" – das Beispiel Jericho

Auch wenn die Begrifflichkeit bezüglich der Vernichtungsweihe von der Septuaginta, aber auch vom hebräischen Text (MT) differiert und Josephus offenbar das Stilmittel der Paraphrase biblischer Texte einsetzt, so geht aus seinem Text dennoch hervor, daß die Eroberung des Landes und die Vernichtung all dessen, was in ihm hauptsächlich im städtischen Bereich lebt, letztlich Gottes Willen entspricht. Dem widerspricht nicht, daß Josephus den Beginn der biblischen Erzählung von der Einnahme Jerichos „detheologisiert"⁵²¹, indem er die direkte Gottesrede an Josua übergeht. Dies wird im Text selbst insofern auch bestätigt, als Josephus der biblischen Überlieferung das theologische Postulat entnimmt, daß auf Zuwiderhandlungen gegenüber göttlichen Anordnungen fast unmittelbar die Strafe Gottes folgt.⁵²²

Eine erste ausdrückliche Mitteilung hinsichtlich der theologisch motivierten Vernichtung der Vorbewohner erfolgt in ant. V,1 im Zusammenhang des Schwurs, Rahab (ἡ Ῥαάβη) und die Ihrigen zu verschonen, welchen ihr die von Ἰησοῦς (Josua) ausgeschickten Kundschafter leisten. Dabei ist bemerkenswert, daß es vom linearen Erzählablauf her in ant. V, 1, §§ 5–15 Rahab ist, die als erste offen von der Einnahme des Landes der Kanaaniter

---

512 Vgl. ant. V,1 § 28.
513 Vgl. ant. V,1 §§ 26; 67; 73; 108.
514 Vgl. ant.V,1 §§ 25; 28; 47; 67.
515 Vgl. ant. V,1 §§ 49; 59; 72.
516 Vgl. ant. V,1 § 12.
517 Vgl. ant. V,1 § 67.
518 Vgl. ant. V,1 § 68; 73; 90.
519 Vgl. H. St. J. Thackeray/R. Marcus, Josephus X; M. Mulzer, Josephus 59.
520 G. Mayer, Josephus 261f; vgl. S. Mason/R. A. Kraft, Josephus 229.
521 Vgl. C. T. Begg, Jericho 325.
522 Vgl. ant. V,1 §§ 33; 35; 44.

spricht.[523] Auch ist es Rahab, die als erste davon redet, daß die Israeliten einem Beschluß gemäß (κατὰ ψήφισμα) die Stadt Jericho erobern und alle, die in der Stadt seien, töten werden. Dabei beruft sie sich ausdrücklich darauf, daß dies Gott selbst ihr verkündigt habe.[524]

Eine Äußerung seitens Ἰησοῦς (Josua), daß mit Ausnahme der Rahab und ihrer Familie alle Bewohner Jerichos der Vernichtung anheimfallen werden, erfolgt auf Erzählebene unmittelbar vor der Einnahme der Stadt. Denn nachdem die Israeliten sechs Tage lang Jericho einmal umlaufen haben, versammelt Josua das Heer sowie das ganze Volk am siebenten Tag und verkündet ihnen die frohe Botschaft (εὐηγγελίζετο, Impf.): Gott wird ihnen die Stadt noch am selben Tag ausliefern, und die Mauern der Stadt werden von selbst, automatisch (αὐτομάτως)[525], zusammenstürzen.[526] Indem Josephus nach dieser Mitteilung mit einem neuen Satz beginnt und dazu auch die Partikel „μέντοι", hier offenbar in der Bedeutung von „zugleich", verwendet, legt er die Betonung darauf, daß es Ἰησοῦς (Josua) ist, der den Israeliten befiehlt, alle Einwohner der Stadt nach ihrer Festnahme zu töten.[527] Dieses „zugleich" besitzt zwar eine von Gott abgeleitete Autorität und steht mit ihr im unauflösbaren Zusammenhang, aber jene Partikel streicht heraus, daß es Ἰησοῦς (Josua) ist, der jenen Befehl erteilt. Denn um keine Mißverständnisse bezüglich der Behandlung der Einwohner Jerichos nach Einnahme der Stadt aufkommen zu lassen, läßt Josephus den Ἰησοῦς (Josua) ausdrücklich sagen: Alles Lebende sei umzubringen (τὰ μὲν ζῷα πάντα διαφθείρειν).[528] Eine solche abstrakte Formulierung schließt der biblischen Vorlage gemäß die Tiere mit ein. Daß das Vernichten dessen, was sich in der Stadt befindet, in Verbindung mit einem sakralen Vorgang steht, läßt sich der Anordnung Josuas entnehmen: Das vorgefundene Gold und Silber ist als Erstlingsopfer für Gott vorbehalten (ἀπαρχὴν ἐξαίρετον ... τῷ θεῷ). Diese Anweisung geschieht mit dem begründungsartigen Hinweis, daß es sich bei Jericho um die Stadt handelt, die als erste erobert sein wird (ἐκ τῆς πρῶτον ἁλισκομένης πόλεως).[529] Mit dieser durch Josephus angeführten midraschartigen Begründung, wie sie bereits Philo in vergleichbarer Weise vornimmt[530], wird eine inhaltliche Korrespondenz zwischen „Erstlingsopfer" und Jericho als erster eroberter Stadt hergestellt, die für judäische Ohren und für den Leser die Opferung der Stadt rechtfertigen soll. Dabei ist

---

[523] „ὅταν ἐγκρατεῖς τῆς Χαναναίων γῆς", vgl. ant. V,1 § 12.
[524] „ταῦτα γὰρ εἰδέναι σημείοις τοῖς ἐκ τοῦ θεοῦ διδαχθεῖσαν", ant. V, 1 § 12.
[525] Der Begriff αὐτόματος im Zusammenhang mit dem Fall der Mauern Jerichos findet sich als Interpretament bereits in der Septuaginta (Jos 6,5). Im hebräischen Text ist ein entsprechender Ausdruck nicht bezeugt.
[526] Vgl. ant. V,1 § 24; C. T. Begg Jericho 328f.
[527] Vgl. ant. V,1 § 25; C. T. Begg, Jericho 329. 332.
[528] Vgl. ant. V,1 § 26.
[529] Vgl. ant. V,1 § 26.
[530] Vgl. Mos I § 252.

zu notieren, daß die ausdrückliche Opferterminologie von Josephus an dieser Stelle nur in bezug auf materielle Güter (Gold und Silber) verwendet wird. Dies ist auf begrifflicher Ebene eine deutliche Differenz dem biblischen Text gegenüber, in dem ausdrücklich gesagt wird, daß alles – auch Menschen und Tiere – nach Einnahme der Stadt Jericho zu bannen, d.h. als Opfer für JHWH zu weihen ist (vgl. Jos 6,17). In bezug auf die Tötung der Einwohner Jerichos heißt es bei Josephus nüchtern, daß sie zu töten (ant V,1,25), zu vernichten seien (ant V,1 26). Als Opfer für Gott kommen sie offensichtlich nicht in Betracht.

Josephus schildert, daß nach angekündigtem Fall der Stadtmauern Jerichos die Israeliten in die Stadt eindrangen und sofort begannen, den Befehl des Ἰησοῦς (Josua) auszuführen: „sie töteten alles" (vgl. ant. V,1 § 28). Während Josephus eingangs hierfür noch mit „κτείνειν" einen auch neutrale Konnotationen aufweisenden Begriff gebraucht, verwendet er nur wenig später einen eindeutig wertenden, drastischen Begriff, der in erster Linie „abschlachten" (ἀποσφάττειν) bedeutet. Mit ihm kennzeichnet Josephus das Vorgehen der Israeliten als problematisch und gibt mit ihm zugleich seine Distanz zu erkennen.[531] Eine kultische Konnotation, wie sie meist mit dem Verbum „σφάζειν" in der Septuaginta verbunden ist (vgl. z.B. Gen 22,10; Ex 29,11), scheidet insofern an dieser Stelle aus, als „Schlachtopfer" nicht „auf Straßen" und in irgendwelchen „Häusern" dargebracht werden. (vgl. ant. V,1 § 28).[532] Der biblischen Vorlage folgend[533] wird zudem hervorgehoben, daß sich niemand von den Einwohnern Jerichos losbitten konnte, sondern daß mit Ausnahme von Rahab und denen, die zu ihrem Haus gehören, alle, einschließlich[534] Frauen und Kinder, vernichtet wurden. Auch hier gebraucht Josephus im Gegensatz zum biblischen Befund[535] kein kultische Implikationen aufweisendes Verbum, sondern verwendet den Ausdruck ἀπολλύναι, der schlicht „verderben", „vernichten" bedeutet.

Daß Gott der Geber des Sieges über die Feinde und Geber des Landes ist, wird ebenso bei Josephus, dem biblischen Befund gemäß, anhand des fehlgeschlagenen ersten Versuchs der Einnahme der Stadt Ai (Ναιά) berichtet. Bei diesem Versuch kamen wider Erwarten 36 Israeliten ums Leben, was die anderen nicht verstehen können, da sie glauben, daß sie bereits Besitzer des Landes seien und daß das Heer in den Kämpfen unversehrt bleiben werde,

---

[531] Das Verbum ἀποσφάττειν ist weder als Kompositum noch als Simplex in der LXX und im NT bezeugt. Das Simplex σφάττεσθαι findet sich bei Philo an einer Stelle im Zusammenhang einer von außen einwirkenden Todesursache, die der Kategorie „äußeres Verderben" zugeordnet wird, vgl. aet § 20.

[532] Mit σφάζειν wird z.B. auch in 2 Kön 10,7; 1 Makk 1,2 und 2 Makk 5,13f (!) ein gewaltsames Töten von Menschen geschildert.

[533] Vgl. Jos 6,21.

[534] Vom Gesamtkontext spricht alles dafür, daß die Präp. „ἄχρι" inkludierend zu verstehen ist, vgl. ant. V,1 § 29.

[535] Vgl. Jos 6,21. Jedoch wird an anderer Stelle (Jos 7,14) sowohl im hebräischen als auch im griechischen Text das Verbum „ausrotten" (שׁמד) bzw. „vernichten" (ἀπολλύναι) gebraucht.

2. Flavius Josephus

wie es von Gott vorhergesagt worden ist.[536] Josephus folgt insofern der biblischen Vorlage, als auch in seiner Erzählfolge Gott dem Josua mitteilt, daß einer der Ihrigen sich Gott gegenüber vergangen habe, indem jener sich etwas von dem Gott Geweihten widerrechtlich angeeignet habe. Wenn aber der Täter[537] ausfindig gemacht und bestraft worden ist, so wird dann den Israeliten stets (ἀεί) der Sieg über die Feinde verschafft werden.[538] Nachdem derjenige, der sich das für Gott Reservierte genommen hatte, tatsächlich ausfindig gemacht worden war und zudem erkannte, daß ihn Gott überführt hatte (τοῦ θεοῦ ἐκπεριελθόντος), gestand dieser schließlich die Tat und ist daraufhin hingerichtet worden. Danach siegten die Israeliten wieder über ihre Gegner und konnten die Stadt Ai einnehmen und töteten in ihr alles.[539]

2.2.1.4 Militärische Hilfe für die Gibeoniter – Jos 10 im Spiegel von ant. V, 1 §§ 58–61

Das Theologem, daß Gott aktiv in das kriegerische Geschehen eingreift, wird auch von Josephus fraglos übernommen. Dies wird besonders im Zusammenhang der militärischen Hilfe des Ἰησοῦς (Josua) für die Gibeoniter deutlich, wie sie in Jos 10 geschildert und in ant. V, 1 §§ 58–61 wiedergegeben wird. Diese Hilfe resultiert aus dem mit Eid besiegelten „Freundschaftsvertrag", den nach Josephus mit Bezug auf Jos 9 Ἰησοῦς (Josua) mit den Gibeonitern geschlossen hat[540], nachdem sie ihm und den Verantwortlichen falsche Tatsachen vorgelegt hatten. Josephus übernimmt neben der Grundstruktur des Handlungsablaufes auch alle wesentlichen Topoi (z.B. unerwarteter Hagel, ungewöhnliche Verlängerung des Tages). Der biblischen Vorlage gemäß marschiert Josua den Feinden entgegen und stößt am Morgen auf sie. Jedoch fehlt bei Josephus die Übereignungszusage seitens Gottes (Übereignungsformel) in Verbindung mit der Aufforderung zur Furchtlosigkeit (vgl. Jos 10,8)[541], die den Ausgang des Kampfes als solchen schon vorwegnimmt. In Konsequenz dieser Erzählstrategie erkennt (ἔμαθεν) Ἰησοῦς (Josua) die Mithilfe Gottes (τὴν τοῦ θεοῦ συνεργίαν) erst hier (ἔνθα) in Bethora (Bet-Horon, EÜ). Diese Hilfe besteht sowohl im Donnern und im Blitzen als auch in einem heftigen Hagelschlag, der größer als gewöhnlich ausfällt.[542]

---

[536] Vgl. ant. V,1 § 37.
[537] Bei Josephus ist in ant. V,1 § 42 nur von „Täter" (δράσας) die Rede, woraus bei F. Kaulen und H. Clementz „Gottesräuber" geworden ist. Bei H. St. J. Thackeray/R. Marcus wird weniger dramatisch von „culprit" gesprochen.
[538] Vgl. ant. V,1 § 42.
[539] Vgl. ant. V,1 §§ 44–47.
[540] Vgl. C. T. Begg, Treaty 133–135.
[541] Vgl. C. T. Begg, Campaigns 87.
[542] Vgl. ders. ebd. 87f.

Eine wesentliche Differenz dem biblischen Befund gegenüber besteht darin, daß zwar der Hagelwurf als Hilfe Gottes deklariert wird, daß aber der massive Anthropomorphismus vermieden wird, Gott selbst werfe schwere Steine aus dem Himmel auf die Gegner herab (vgl. Jos 10,11a). Dieser Befund entspricht dem von Sir 46,5.

Eine weitere Differenz dem biblischen Befund gegenüber ist bezüglich des Motivs der Verlängerung des Tages während der Schlacht zu notieren. Josephus unterschlägt seinen Lesern den einmaligen und unerhörten, zweigeteilten einen Vorgang. Dieser besteht bekanntlich darin, daß sich während der Schlacht der Tag verlängert habe, weil Josua zu Gott sprach und somit zugleich der Sonne und dem Mond befahl, stehenzubleiben. Daraufhin seien sie stehengeblieben, da Gott auf die Stimme Josuas hörte (Jos 10,14). Josephus hingegen teilt dem Leser lediglich mit, daß sich während der Verfolgungsjagd „freilich noch der Tag sehr verlängerte."[543] Eine direktere Initiative seitens Josuas bezüglich der Verlängerung des Tages wird damit vermieden.[544] Zudem läßt diese knappe Mitteilung eine gewisse Skepsis jenem Vorgang gegenüber erkennen, wie er in der Bibel erzählt wird. Dieser Skepsis mag es geschuldet sein, weshalb Josephus die Aufforderung Josuas an Sonne und Mond sowie die Reaktion Gottes darauf mit Schweigen übergeht. Daß Josephus selbstverständlich die gesamte Geschichte von Jos 10 kennt, äußert sich auch darin, daß er kurz nach der Erwähnung der Bestrafung[545] der Könige bei Makkeda[546] noch einmal auf die Verlängerung des Tages mit dem Hinweis zu sprechen kommt: „Daß sich aber die Länge des Tages damals hinzog und über das Gewöhnliche hinaus zunahm, wird dargetan durch die im Tempel aufbewahrten Schriften."[547] Mit dem Hinweis auf die Schriften im Tempel[548] bezieht er sich anscheinend auf die hebräische Fassung des Buches Josua, wie es zu seiner Zeit vorlag.

---

[543] „ἔτι γε μὴν καὶ τὴν ἡμέραν αὐξηθῆναι πλέον", ant. V,1 § 61.
[544] Vgl. C. T. Begg, Campaigns 88f.
[545] Das Verbum „κολάζειν/bestrafen; züchtigen" bedeutet vom Wort her nicht zwangsläufig „töten", vgl. z.B. 1 Makk 7,7 und 2 Makk 6,14. Dieser Auffassung folgt anscheinend auch die englische Übersetzung mit „and punished all their host", H. St. J. Thackeray/R. Marcus, Josephus 189.
[546] Vgl. ant. V,1 § 61.
[547] „ὅτι δὲ τὸ μῆκος τῆς ἡμέρας ἐπέδωκε τότε καὶ τοῦ συνήθους ἐπλεόνασε, δηλοῦται διὰ τῶν ἀνακειμένων ἐν τῷ ἱερῷ γραμμάτων", ant. V,1 § 61.
[548] Der Verweis auf den Tempel in Verbindung mit dem Ptz. Präs. ἀνακειμένων verwundert insofern, als damit um 94 u. Z. von Josephus vorausgesetzt zu sein scheint, daß der Tempel bzw. das Tempelarchiv noch existiere. Josephus selbst aber berichtet in Bell. Jud. VI, §§ 249–287, daß nicht nur der Tempel (μέχρι τῆς νῦν ἀναιρέσεως/bis zu seiner jetzigen Zerstörung, § 269), sondern auch die um ihn liegenden Gebäude (§ 281) zerstört worden sind.

2. Flavius Josephus

2.2.1.5 Weitere Kriegszüge des Ἰησοῦς (ant. V,1 §§ 62–67)

Auch die anderen Kriegszüge Josuas, die mit der Vernichtung der Gegner enden (Jos 10,28–11,23), werden von Josephus aufgegriffen.[549] Dabei bleibt erkennbar, daß Josephus das Theologem des Gotteskrieges fraglos beibehält, auch wenn er die biblische Vorlage abgewandelt aufgreift. Josephus läßt dafür nun deutlicher als in den anderen Schilderungen der Kriegszüge des Ἰησοῦς (Josua) Gott als Initiator durchscheinen.

Jesus (Josua) und die Israeliten geraten angesichts der Übermacht des Feindes in große Furcht.[550] Dieser Ausgangslage fügt Josephus eine Gottesrede an, indem er aus Jos 11,6 die Ermutigungsformel paraphrasierend in indirekter Rede wiedergibt. Im Unterschied zum biblischen Befund wird mitgeteilt, daß jene Furcht Gott mißfällt.[551] In Übereinstimmung mit dem biblischen Befund wird ebenso bei Josephus dem Ἰησοῦς (Josua) und den Israeliten der Sieg über die Feinde verheißen. Ebenfalls werden jene aufgefordert, Pferde und Wagen der Feinde irreversibel unbrauchbar zu machen. Im unmittelbaren Anschluß an diese Zusagen Gottes wird Ἰησοῦς (Josua) wieder zuversichtlich, sucht den Kampf mit den Feinden und vernichtet schließlich fast das gesamte gegnerische Heer. Dieser Kampf wird von Josephus als sehr brutal charakterisiert; denn es heißt: „(U)nd es entspann sich ein heftiger Kampf und ein derartiges Gemetzel, welches einen noch stärkeren Glauben bei denen abfordert, die davon hören."[552] Daß dieser Kampf als ein Niedermetzeln zu bezeichnen ist, spricht sich zudem in dem Satz aus: „Als keine Menschen mehr übrig waren, um getötet zu werden, tötete (ἀνῄρει, Impf.) Ἰησοῦς (Josua) ihre Pferde und setzte die Wagen in Brand."[553] In diesem Falle scheint Josephus mehr als ehemaliger Kämpfer denn als theologisch Gebildeter zu sprechen. Indem er sehr drastische Worte verwendet, kann er es vermeiden, dieses Geschehen religiös zu überhöhen. Dies trifft auch für die Notiz zu, mit welcher Josephus den Bericht über die Feldzüge des Ἰησοῦς (Josua) abschließt: „(U)nd er durchzog nach Belieben das Land, und niemand wagte es, zum Kampf auszurücken, sondern er nahm durch Belagerung die Städte, und alles, was er sich zu nehmen wünschte, ermordete er."[554] Hatte Josephus hier vielleicht das Vorgehen der

---

[549] Vgl. ant. V,1 §§ 62–67.
[550] Vgl. ant. V,1 § 64.
[551] „τοῦ θεοῦ δ' ἐξονειδίσαντος αὐτοῖς τὸν φόβον/Gott aber tadelte an ihnen die Furcht", ant. V,1 § 65.
[552] „καὶ καρτερὰ μάχη γίνεται καὶ φόνος κρείττων πίστεως παρὰ τοῖς ἀκροωμένοις", ant. V,1 § 66.
[553] „ὥστε τῶν ἀνθρώπων ἐπιλελοιπότων πρὸς τὸ κτείνεσθαι τοὺς ἵππους Ἰησοῦς αὐτῶν ἀνῄρει καὶ τὰ ἅρματα ἐνεπίμπρα", ant. V,1 § 67.
[554] „τήν τε χώραν ἐπ' ἀδείας διεπορεύετο μηδενὸς τολμῶντος εἰς μάχην ἐπεξελθεῖν, ἀλλὰ πολιορκίᾳ τὰς πόλεις αἱρῶν καὶ πᾶν ὅ τι λάβοι φονεύων", ant. V,1 § 67. Daß eine solche Vorgehensweise durchaus auf eine Anordnung des Mose zurückgeht, übergeht Josephus, vgl. C. T. Begg, Campaigns 94, Anm. 76.

Römer vor Augen? Eine solche Vorgehensweise war es auch, welche nach Josephus die Gibeoniter motiviert hatte, ein Bündnis mit den Israeliten einzugehen, die einen Vernichtungskampf (τῶν ἐπ' ὀλέθρῳ ... στρατεθσάντων)[555] gegen das Geschlecht der Kanaaniter (τοῦ Χαναναίων γένους) ohnehin schon führten.[556] Jene ausdruckstarke Abschlußnotiz beschönigt zum einen nichts, und mit ihr läßt der Autor zum anderen zumindest auch Distanz erkennen. Dies kann auch daran abgelesen werden, daß der Ausdruck „φονεύειν/morden" unzweifelhaft pejorativen Charakter besitzt.[557] Dies alles fällt um so mehr ins Gewicht, als Josephus gerade in Verbindung mit der indirekten Wiedergabe einer Gottesrede ausdrücklich hervorhebt, daß Gott es ist, der den mutlos gewordenen Josua zu diesem Kampf ermutigt hat.

2.2.1.6 Die Versammlung in Schilo (ant. V,1 §§ 71–75)

Die Landnahme kommt in den Antiquitates mit der Versammlung der Israeliten in Schilo (Σιλοῦς) zu einem Abschluß. Josephus läßt in seiner Darstellung dieser Versammlung noch einmal durch Josua ausführen, daß Gott es ist, der den Israeliten den Sieg über ihre Feinde im verheißenen Land gewährt hat. Bei genauerem Hinsehen zeigen sich auch hier wiederum abschwächende Schattierungen und Nuancen gegenüber der biblischen Vorlage.

In der Hinführung auf die Rede des Ἰησοῦς (Josua) wird ausgesagt, daß er einsah, daß die Städte der Kanaaniter nicht leicht zu erobern seien, da die Kanaaniter ihre Städte in der Zeit befestigten, als die Israeliten aus Ägypten auszogen. Midraschartig wird dieses Vorgehen damit erläutert, daß die Kanaaniter in Erfahrung gebracht hätten, daß die Israeliten in der Absicht ausgezogen seien, sie zu vernichten (ἐπ' ὀλέθρῳ τῷ ἑαυτῶν).[558] Von daher läßt Josephus den Josua davon sprechen, daß diese ihre Taten bei der Landnahme aufgrund des göttlichen Beistandes[559] vollbringen konnten. An dieser Stelle verwendet Josephus aber nicht den Begriff ὁ θεός, den er sonst auch in

---

[555] Vgl. ant. V,1 § 59. In 1 Kön 13,34 (LXX) wird mit ὄλεθρος der Begriff כחד (im Hif. vernichten) wiedergegeben, und in 1 Kön (LXX) 21,42 [=1 Kön 20,42 (BHS)] ist der Ausdruck ὄλεθρος Wiedergabe des Begriffs חרם. Der englische Text übersetzt: the extermination of the Canaanite race, H. St. J. Thackeray/R. Marcus, Josephus 189.

[556] Eine vergleichbare Formulierung findet sich bei Origenes contra Celsum VIII 54,32: „ἐπ' ὀλέθρῳ τοῦ γένους τῶν ἀνθρώπων/auf das Verderben des Menschengeschlechtes hin".

[557] Vgl. in der Septuaginta Sir 34,22; Neh 4,5; Tob 2,3; 1 Makk 15,40.

[558] Vgl. ant. V,1 § 72. Ein ähnliches Motiv findet sich später auch im Midrasch Levitikus Rabba 17,6 im Zusammenhang mit den sogenannten drei Sendschreiben des Josua, wo die Vorbewohner des Landes ebenfalls Kenntnis davon haben, daß die Israeliten mit Eroberungsabsichten zu ihnen auf dem Weg sind.

[559] Das hier zugrundeliegende Verbum παρέχειν beinhaltet das Bedeutungsspektrum „gestatten", „verleihen", „verschaffen", „verursachen", „veranlassen".

ant. V,1 gebraucht, sondern den Ausdruck τοῦ θείου. Von daher spricht er hier nicht von Gott, sondern vom Beistand des Göttlichen bzw. der Gottheit.[560] Was auch immer der Grund dafür gewesen sein mag, daß Josephus auf einmal das substantivierte Adjektiv θεῖος/θεῖον verwendet, so wird über eine solche Ausdrucksweise ein Befremdungseffekt erzielt, der Distanz bewirken kann. Zumindest rückt der Gott Israels somit in die Ferne.

Ein weiterer biblischer Topos, welchen Josephus nachholend einführt, ist die Toraobservanz[561], welche im Buch Josua gleich zu Beginn in der ersten direkten Gottesrede an Josua thematisiert wird (Jos 1,7f). Dort wie hier bildet die Toraobservanz eine wesentliche Voraussetzung für das Inbesitznahme des von Gott verheißenen Landes. Toraobservanz und Inbesitznahme schließen theologisch mit ein, daß die sogenannte Vorbewohnerschaft, zumindest aber ihre Repräsentanten samt Streitmacht, zu vernichten seien. Dieser Zusammenhang wird auch in der josephischen Rede des Ἰησοῦς (Josua) in Schilo noch einmal ausdrücklich wiederholt: „(A)lle wurden getötet, so daß keiner ihres Geschlechtes übrig geblieben sei."[562] Daß es sich bei der Toraobservanz um etwas sehr Grundsätzliches, permanent Konstituierendes handelt, kommt wenig später bei Josephus auch in der Rede Pinhas' dadurch zum Ausdruck (vgl. Jos 22,10–34), daß ein Verletzen der Gebote Gottes eine tödliche Strafe verdient (vgl. Jos 23,12–16), unabhängig davon, ob es sich dabei um Kanaaniter oder um Hebräer handelt. Auf eine mutwillige Verletzung der göttlichen Gebote steht Vernichtung.[563]

2.2.1.7 Gott als Geber des Landes (ant. V,1 § 93)

Abschließend ist noch einmal zu fragen, ob und wie Josephus den theologischen Topos „Geber des Landes" behandelt. In bezug auf das Ob ist auf eine Rede hinzuweisen, die Josephus anläßlich der Verabschiedung der zweieinhalb Stämme in ihre Heimatgebiete jenseits des Jordans den Ἰησοῦς (Josua) halten läßt. Dieser josephische Ἰησοῦς (Josua) leitet die Rede mit der Aussage ein, daß Gott ihnen nicht nur das Land gegeben, sondern es ihnen zu-

---

[560] Da der Ausdruck τοῦ θείου im Genitiv steht, läßt sich somit nicht entscheiden, ob es sich beim Nominativ um ὁ θεῖος oder τὸ θεῖον handelt. Beides ist zumindest grammatikalisch möglich.
[561] „τῆς ἀρετῆς τῶν νόμων οἷς κατακολουθοῦσιν", ant. V,1 § 73. Beachtenswerterweise ist die Wendung τῶν νόμων in der LXX nur in den Makkabäerbüchern bezeugt (1 Makk 13,3; 2 Makk 3,1; 4,2; 5,8.15; 6,5; 8,21). Aber auch der artikellose Ausdruck νόμων findet sich in der LXX am häufigsten in den Makkabäerbüchern (I–II). Dem korrespondiert, daß der Begriff ἀρετή in der LXX mit einer deutlichen Häufung ebenfalls in den Makkabäerbüchern (I–IV) vorkommt.
[562] „ἅπασαν διαφθαρεῖσαν, ὡς μηδὲ γενεὰν αὐτοῖς ὑπολελεῖφθαι", ant. V,1 § 73.
[563] Unmißverständlich wird gesagt, daß bei Verletzung der Gebote durch Angehörige der Stämme Israels diese dann ganz gleich wie jene (Kanaaniter) vernichtet werden (ὁμοίως ἐκείνοις διαφθείροντες), vgl. ant. V,1 § 108.

gleich auch als Eigentum für immer zugesichert habe: „Da Gott, Vater und Herr des Hebräergeschlechts, dieses Land in Besitz gegeben und zugesagt hat, die Beibehaltung unseres gesamten Besitzes zu bewahren ..."[564] Den biblischen Bezugspunkt hierfür bildet Jos 21,43. Jedoch stellt der Abschnitt Jos 21,43-45 keine wörtliche Rede dar. Wenn aber Josephus die Rede Josuas mit einer solchen Aussage eröffnet, so kann er einerseits seine Auffassung damit zu erkennen geben, daß auch für ihn Gott der Geber des Landes ist, zumal eine solche Äußerung in dieser Deutlichkeit im Kontext einer direkten Rede nur an dieser Stelle bei Josephus in ant. V,1 vorkommt. Anderseits ist gleichzeitig festzustellen, daß sich Josephus ganz hinter der direkten Rede Josuas zurückzieht. Dies ist deshalb bemerkenswert, da in ant. V,1 Josephus das Genus der direkten Rede recht sparsam einsetzt. Noch auffälliger ist, daß diese direkte Rede Josuas nicht nur beträchtlich länger als in der biblischen Überlieferung ist[565], sondern daß sich in ihr auch kein Hinweis findet, daß Gott der Geber des Landes ist. Eine solche Aussage steht in Jos 21,43-45, wo der Erzähler ein Bekenntnis zu Gott ablegt, der keine seiner Verheißungen unerfüllt gelassen hat. Diese Botschaft nimmt Josephus jetzt in die direkte Rede Josuas hinein.

Merkwürdig mutet es an, daß bei Josephus die Bezeichnung „Hebräer" eine Selbstbezeichnung im Munde des Josuas ist. Dies kann als Hinweis auf die zeitliche Distanz, die zwischen Josephus und Josua liegt, gelesen werden. Eine mehr inhaltliche Distanz zu Josua und seinen Taten gibt jedoch folgende Äußerung preis, die vermutlich Josephus' eigene Auffassung durchscheinen läßt: „Seid also eingedenk dessen, daß es vorteilhafter ist, von Worten überwunden zu werden, als die Erfahrung der Kämpfe und des Krieges abzuwarten."[566]

Auch stellt sich zudem im Hinblick auf die schonungslose Schilderung der Kriege Josuas die Frage, inwieweit diese die Erfahrungen des Josephus während des Judäischen Krieges widerspiegelt.

2.3 Fazit

Während Flavius Josephus in De Bello Judaico eher beiläufig einmal Josua im Zusammenhang einer Beschreibung Jerichos erwähnt und ihn dabei „Feldherrn der Hebräer" nennt (Bell. Jud. IV 459), kommt er in den Antiquitates auf Josua ausführlich zu sprechen. In beiden Werken wird für den Namen Josua ausschließlich die griechische Form Ἰησοῦς verwendet, wobei

---

[564] „ἐπεὶ ὁ θεός, πατὴρ καὶ δεσπότης τοῦ Ἑβραίων γένους, γῆν τε κτήσασθαι ταύτην ἔδωκε καὶ κτηθεῖσαν εἰς ἅπαν ἡμετέραν φυλάξειν ὑπέσχηται ...", ant. V,1 § 93.
[565] Vgl. Jos 22,2-5 mit ant. V,1 §§ 93-98.
[566] „οὕτω βουλεύεσθε, λόγοις ἡττηθῆναι συμφέρειν ὑπολαμβάνοντες ἢ πεῖραν ἔργων καὶ πολέμου περιμένειν", ant. V,1 § 110.

2. Flavius Josephus

im ersten Kapitel des fünften Buches der Aniquitates auf das Patronym „Sohn des Nave" verzichtet wird (vgl. ὁ Ναυῆ in Bell. Jud. IV 459).

Wie der griechische Sirachtext 46,1 und Philo (vgl. virt § 56;68;70) vor ihm bezeichnet Josephus Josua als Diadochen des Mose. Zudem nennt Josephus in Übereinstimmung mit JesSir 46,1 Josua Nachfolger im Prophetenamt und nicht Prophet.

Das erste Kapitel des fünften Buches in den Antiquitates ist der Nacherzählung des Buches Josua gewidmet. Die Darstellung der Ereignisse unter Josua liest sich bei Josephus so, daß sie für ihn historischen Charakter haben. Zudem ist festzustellen, daß er keine im Buch Josua enthaltene direkte Gottesrede wiedergibt. Von daher enthalten seine Ausführungen auch keinen direkten Befehl bzw. Auftrag Gottes zur Eroberung des verheißenen Landes und der Tötung seiner Vorbewohner. Dennoch agiert der josephische Ἰησοῦς (Josua) zweifellos im Auftrag Gottes.

Die Terminologie zur Bezeichnung der religiös konnotierten Vernichtungsweihe, wie sie beispielsweise in der Jos-LXX als Wiedergabe des hebräischen Ausdrucks חרם bezeugt ist (ἀνάθεμα, ἐξολεθρεύειν), wird von Josephus nicht eingesetzt. Dafür verwendet er teilweise sehr ausdrucksstarke und von vornherein negativ besetzte Verben. Eine Folge davon ist, daß diese keine sakrale bzw. religiöse Ausrichtung mehr erkennen lassen. Diese wird auf begrifflicher Ebene zurückgedrängt, auch wenn sie bei Josephus auf inhaltlicher Ebene immer noch gegenwärtig ist. Denn gerade im Zusammenhang der Eroberung Jerichos bleibt deutlich, daß Gott es ist, der die Stadt den Israeliten ausliefert (vgl. ant. V,1 24f). Jedoch ist es Ἰησοῦς (Josua), der den ausdrücklichen Befehl zur Tötung allen Lebens der Stadt Jericho erteilt (Rahab und die Ihrigen bleiben freilich ausgenommen). Jedoch fällt auf, daß allein das Silber und das Gold Jerichos als Erstlingsopfer für Gott deklariert werden (ant. V, 1 § 26). Die mit drastischen Worten – z.B. „ἀποσφάττειν/abschlachten" (ant. V,1 § 28) – geschilderte Durchführung der Tötung der Einwohner Jerichos läßt eine Distanz seitens Josephus' solchen Methoden gegenüber erkennen. Eine derart eindeutige und Euphemismen vermeidende Ausdrucksweise gebraucht Josephus auch zur Beschreibung der anderen Feldzüge des Ἰησοῦς (Josua). Dabei kommt Josephus nicht umhin einzuräumen, daß dieses Morden eine Herausforderung für den Glauben ist (ant. V, 1 § 66). Diese nüchterne Sicht auf die Geschehnisse mag auch daher rühren, daß er nicht zuletzt auch als ehemaliger Teilnehmer des Judäischen Krieges spricht.

Daß auch bei Josephus Gott in das Kriegsgeschehen eingreift, wird an seiner Darstellung der militärischen Hilfeleistung Josuas für die Gibeoniter deutlich. Im Unterschied zum biblischen Befund vermeidet Josephus jedoch massive Anthropomorphismen und stellt die Hilfe Gottes als einen plötzlich einsetzenden natürlichen Hagelschlag dar. Damit gibt Josephus indirekt zu erkennen, daß er sich für eine Lesart des hebräischen Bibeltextes von Jos

10,11, den er gut kennt, entschieden hat. Denn bei Josephus wirft Gott keine großen Steine mehr aus dem Himmel. Damit stimmt er auch mit der Septuaginta überein.

In der Rede Josuas in Schilo wird zwar hervorgehoben, daß der Erfolg bei der Landnahme sich dem göttlichen Beistand und der Toraobservanz verdankt. Aber in diesem Zusammenhang vermeidet es Josephus, direkt von Gott zu sprechen. Er verwendet das substantivierte θεῖος/θεῖον (ant. V,1 § 73). Eine solche Bezeichnung kann eingesetzt sein, um auf sublime Distanz gegenüber dem Geschilderten zu gehen.

Schließlich bleibt auch für Josephus Gott der Geber des verheißenen Landes. Diesen theologischen Topos läßt Josephus Josua in einer direkten Rede äußern (ant. V, 1 § 93). Die dabei Josua in den Mund gelegte Formulierung „Hebräergeschlecht" als Selbstbezeichnung der Israeliten kann ebenfalls auf eine Distanz im Sinne einer Historisierung des Geschehenen hindeuten. Der bei Josephus im einzelnen geschilderten Brutalität des Tötens im Zusammenhang mit der Landnahme korrespondiert die Überzeugung, daß es besser ist, sich durch Worte besiegen zu lassen, als erst die Erfahrung von Kriegen machen zu müssen (ant. V, 1 § 110). Vielleicht spricht sich auch hier sein Erfahrungshintergrund aus der Zeit des Judäischen Krieges aus.

V. Rabbinische Tradition

Vor dem Hintergrund der Kriege Josuas und vergleichbarer biblischer Traditionen haben die Rabbinen Fragen gestellt und Unterscheidungen getroffen, die noch heute von großem Interesse sind. Somit ist es angezeigt, einige Äußerungen zu Fragen des Krieges aus Talmud und Mischna vorzustellen, um diesbezüglich die rabbinische Tradition näher kennenzulernen.[567] Dabei stehen vor allem zwei Themen im Mittelpunkt der Untersuchung. Zum einen geht es um die begriffliche und inhaltliche Bestimmung der Kategorien des Krieges, wie sie in der Mischa angesprochen und in der darauf bezogenen rabbinischen Tradition, näherhin in den Talmudim entfaltet werden.[568] Zum anderen ist es der Topos der sogenannten drei Sendschreiben Josuas an die Völker Kanaans, bevor Israel unter Josua das ihnen von Gott verheißene Land erobert.

1. Die Kategorien des Krieges

1.1 Mischna

Die schriftlich fixierte Mischna enthält das ausgebildete traditionelle Religionsgesetz aus der Zeit bis etwa 200 u.Z. Die Mischna setzt sich aus sechs sogenannten Ordnungen zusammen, und jede Ordnung wiederum untergliedert sich in Traktate, von welchen es insgesamt 63 gibt. Ein Traktat besteht noch einmal aus Kapiteln.[569] Inhaltlich enthält jeder Traktat genaue Bestimmungen für Einzelheiten des jüdischen Alltags. Darüber hinaus werden in einem Traktat mitunter scheinbar en passant Themen angesprochen, die dem Titel desselben nicht zu entnehmen sind. Dies gilt auch für Fragen des Krieges; denn einen eigenen Traktakt über Krieg enthält die Mischna nicht.

1.1.1 Der Mischna-Traktat Sota

Der Traktat Sota (Sot[570]), Sota (סוטה) heißt die Abweichende, ist der sechste Traktat[571] der dritten Ordnung (Naschim) und handelt über „die des Ehe-

---

[567] Einen Überblick über die „Rabbinische Periode" zu Fragen von „Frieg und Frieden" bietet J. Maier, Kriegsrecht, 72–98.
[568] Vgl. hierzu auch ders. ebd. 88f.
[569] Vgl. G. Stemberger, Einleitung 114f.
[570] Die Sigel der einzelnen rabbinischen Traktate sowie die Sigel m (Mischna), pT (palästinischer Talmud) und bT (babylonischer Talmud) werden der besseren Lesbarkeit wegen nur zur Bezeichnung konkreter Textstellen eingesetzt.
[571] D. Correns folgt in der Traktatanordnung Maimonides, indem er in seiner Mischnaausgabe Sota als fünften Traktat anordnet, vgl. ders., Mischna 389.

bruchs verdächtige Frau". Der biblische Text, worauf sich dieser Traktat vom Namen her bezieht, steht im Buch Numeri 5,11-31. Es ist schon immer beobachtet worden[572], daß im Traktat Sota zudem Materien behandelt werden, die im strengen Sinne mit dem, was der Traktatname ankündigt, nichts zu tun haben. Denn es verwundert zunächst, daß im achten Kapitel des Traktats Sota auch die in Dtn 20,1-9 genannten Kriegsgesetze erörtert werden. Da aber das Thema Ehe auch Gegenstand der Kriegsgesetze ist (Dtn 20,7), gibt es einen klaren Anknüpfungspunkt. Zudem sind Ehe und die in Dtn 20 behandelten Kriegsbestimmungen für die jeweils Betroffenen eine religiös-kultische Angelegenheit.[573] Dem biblischen Befund nach herrscht die Vorstellung vor, daß hinsichtlich der Themen Ehe und Krieg eine direkte Beziehung zu JHWH besteht.[574]

Am Ende der Erörterung der Kriegsgesetze tauchen im besagten achten Kapitel drei Begriffe auf, die den in der biblischen Tradition bisher recht allgemein gebrauchten Begriff „Krieg" einer Differenzierung unterziehen. Die Begriffe lauten: 1. מלחמת הרשות; dieser ist wörtlich mit „Krieg der Erlaubnis" bzw. mit „freiwilliger Krieg" zu übersetzen; 2. מלחמת מצוה; dieser Begriff läßt sich mit „Krieg des Gebotes" übertragen, und schließlich lautet der 3. Begriff מלחמת חובה, welcher mit „Krieg der Pflicht" wiedergegeben werden kann.

Da diese Begriffe in einer gerafft aufgezeichneten Diskussion plötzlich erscheinen, kann daraus geschlossen werden, daß auch das Kriegsgesetz weiterhin „in den Lehrhäusern im 1. Jhdt. n.Chr. diskutiert wurde."[575] Zudem erwecken diese Begriffe bereits den Eindruck von termini technici. Dieser Eindruck verstärkt sich insofern noch, als die Begriffe selbst nicht weiter erläutert, sondern vielmehr vorausgesetzt werden.

In der Weise nun, wie jene Begriffe in Beziehung zu den vom Kriegsdienst Befreiten gesetzt werden, läßt sich annäherungsweise ihre Bedeutung erschließen. So kennt das Kriegsgesetz von Dtn 20,1-9 vier Fälle, die vom Kriegsdienst befreien. Diese Fälle beziehen sich auf männliche, physisch kriegstaugliche Personen, bei denen ein besonderer Umstand eingetreten ist, welcher Dispens vom Kriegsdienst verlangen kann. Befreit vom Kriegsdienst ist der, der ein neues Haus gebaut hat, aber es noch nicht eingeweiht hat; der, der einen Weinberg angelegt, aber noch nicht die erste Lese gehalten hat; der, der sich mit einer Frau verlobt, sie aber noch nicht geheiratet bzw. den Prozeß der Eheschließung noch nicht abgeschlossen hat; und schließlich der, der ein furchtsames und verzagtes Herz besitzt. Diese Fälle werden in mSot VIII 2a-6 verhandelt. Im Anschluß an diese Debatte wird in mSot VIII 7a abschließend rhetorisch die Frage gestellt, worauf sich diese Ausführun-

---

[572] Vgl. H. Bietenhard, Mischna 3.
[573] Vgl. ders. ebd. 6.8f.
[574] Vgl. Num 5,16.18.21.25.30; Dtn 20,1b.4.
[575] H. Bietenhard, Mischna 11.

1. Die Kategorien des Krieges

gen beziehen, das heißt, welche Kriegskategorien gemeint sind. Die Antwort, die anscheinend einen allgemeinen Konsens einer qualifizierten Mehrheit wiedergibt, lautet:

במה דברים אמורים במלחמת הרשות אבל במלחמת מצוה
הכל יוצא אפילו חתן מחדרו וכלה מחפתה

Übersetzung:

„Im Blick worauf sind diese Worte gesagt? Auf den [Fall des] freigewählten Krieg[es]. Aber beim Krieg des Gebotes zieht alles aus, sogar ‚der Bräutigam aus seiner Kammer und die Braut aus ihrem Baldachin'" (mSot VIII 7a).[576]

Aus dieser Gegenüberstellung von „freigewähltem Krieg" einerseits und „Krieg des Gebotes" anderseits im Zusammenhang der Ausnahmeregelungen geht hervor, daß der Krieg des Gebotes in der Hierarchie eindeutig über dem „freigewählten Krieg" steht. Dies läßt sich unschwer daran erkennen, daß es beim Krieg des Gebotes keine Ausnahmeregelungen gibt. Denn sogar ein Bräutigam hat noch vor der Hochzeit in einen derartigen Krieg zu ziehen. Dies trifft zugleich aber auch auf die Braut zu. Daraus wird wiederum geschlossen, daß es sich bei einem „Krieg des Gebotes" um einen Krieg handle, den Gott befiehlt und der somit unbedingt und alternativlos von allen zu führen ist. Dies läßt sich damit begründen, daß der Begriff מצוה „einer der Ausdrücke für Gottes Willen und Autorität" ist und somit „seinen ‚Befehl' oder sein ‚Gebot'"[577] bezeichnet. Hingegen gilt der sogenannte „freigewählte Krieg" als ein vom Herrscher in selbstbestimmter Absicht angeordneter Krieg, der daher nicht die Verbindlichkeit eines „Krieges des Gebotes" beanspruchen kann. Bezüglich der Interpretation des „freigewählten Krieges" kommt noch ein Umstand in der Vokalisierung hinzu, auf welchen H. Bietenhard hinweist.[578] Der punktierte Ausdruck רְשׁוּת, der mit „Erlaubnis, Erlaubtes, Freigestelltes, Freiwilliges" zu übersetzen ist, ändert seine Bedeutung, wenn anstelle des Sch°wa das Vokalisationszeichen Qames gesetzt wird: רָשׁוּת. In diesem Falle bedeutet der Ausdruck „Regierung, Obrigkeit". Ein solcher Krieg ist dann ein „Krieg der Regierung". H. Bietenhard macht zu Recht darauf aufmerksam, daß zwar über die veränderte Vokalisierung sich inhaltlich grundsätzlich kein anderer Sinn ergibt, „aber es wäre etwas klarer unterschieden zwischen dem ... Kriege, zu dem Gott aufbietet,

---

[576] Ders. ebd. 137/139. D. Correns übersetzt מלחמת הרשות mit „selbstgewählter Krieg", vgl. ders., Mischna 403. Bei „der Bräutigam aus seiner Kammer und die Braut aus ihrem Baldachin" handelt es sich um ein Zitat aus Joel 2,16.
[577] B. Levine, מצוה 1085.
[578] Vgl. H. Bietenhard, Mischna 137f.

und dem Kriege, zu dem die menschliche Obrigkeit aufruft."[579] Diese Feindifferenzierung gilt es bei Verwendung des Ausdrucks רשות auf jeden Fall zu beachten. Ebenfalls ist zu notieren, daß Qumran bezüglich der Bedeutung des Ausdrucks רשות nichts Weiterführendes bietet. In Verbindung mit dem Begriff „Krieg" ist jener Ausdruck in der Kriegsrolle von Qumran in 1QM XII,4f belegt und wird im Sinne von Machterhalt verwendet.[580] Dies ist dann auch gleichzeitig die einzige Belegstelle in der Kriegsrolle für diesen Ausdruck.

Eine vom allgemeinen Konsens der Mischna unterschiedene, aber ebenfalls qualifizierte Auffassung bezüglich einer Bewertung der Kriege ist mit dem Namen Rabbi Jehuda bar Ilai[581] verknüpft, und sie wird wie folgt wiedergegeben:

אמר רבי יהודה במה דברים אמורים במלחמת מצוה אבל במלחמת
חובה הכל יוצא אפילו חתן מחדרו וכלה מחפתה

Übersetzung:

„Rabbi Jehuda sagte: Im Blick worauf sind diese Worte gesagt? Auf den [Fall des] Krieg[es] des Gebotes; aber im Krieg der Pflicht müssen alle ausziehen, sogar ‚der Bräutigam aus seiner Kammer und die Braut aus ihrem Baldachin'" (mSot VIII 7b).[582]

Die Mischna teilt uns an dieser Stelle einen in der Zeit um 200 bestehenden Dissens mit, der darin besteht, für welchen Fall die Regelung der für vom Kriegsdienst Befreiten Anwendung findet und wann nicht. Denn der Ansicht Rabbi Jehudas ist zu entnehmen, daß er im Unterschied zu der Auffassung anderer Autoritäten der Meinung ist, daß auch bei einem „Krieg des Gebotes" Männer vom Kriegsdienst befreit werden können. Zudem wird deutlich, daß Rabbi Jehuda die Kategorie des sogenannten „freigewählten Krieges" mit Blick auf Dtn 20,1–9 nicht einsetzt oder sie nicht für angemessen hält. Eine solche Auffassung kann sich darauf berufen, daß die Anordnungen in Dtn 20 als Wort Gottes gelten, das Mose Israel übermittelt hat. In diesem Wort teilt Gott mit, wie Israel gegen seine Feinde Krieg zu führen habe, den er, JHWH, selbst lenkt.[583] Von daher führt ein Herrscher Israels

---

[579] Ders. ebd. 137f.
[580] In 1QM XII,4f heißt es, weshalb die Heerscharen der Erwählten Gottes zusammen mit den Heiligen und Engeln gemustert werden: „... לרשות יד במלחמה [להכניע] קמי ארץ/zur Machtentfaltung der Hand im Kriege [um niederzubeugen] die Gegner des Landes ...", E. Lohse, Qumran 206/207.
[581] Vgl. G. Stemberger, Einleitung 85.
[582] H. Bietenhard, Mischna 139. J. Maier verwendet in seiner Übersetzung anstelle von „Krieg des Gebotes" den Begriff „Pflichtkrieg" und anstelle von „Pflichtkrieg" den Begriff „Ausrottungs-Pflichtkrieg", ders., Kriegsrecht 75.
[583] G. Braulik, Deuteronomium II 144.

1. Die Kategorien des Krieges

bei einem „Krieg des Gebotes" immer einen JHWH-Krieg. Ein solcher Krieg wird nicht der freien Entscheidung eines Herrschers anheimgegeben.

Rabbi Jehuda kennt darüber hinaus die Kategorie „Krieg der Pflicht" (מלחמת חובה).[584] Für diese Kategorie läßt er jetzt im Unterschied zum „Krieg des Gebotes" keinerlei Dispens gelten, auch für den Bräutigam und die Braut nicht. Somit führt gleichzeitig Rabbi Jehuda mit der Wendung „Krieg der Pflicht" einen weiteren Terminus ein. Aber auch dieser erweckt den Eindruck, als ob es sich bei ihm um einen bereits geprägten und daher bekannten terminus technicus handelt. Denn er wird ebenfalls in mSota VIII 7b wie selbstverständlich und unkommentiert verwendet.

Jedoch besteht eine nicht geringe Schwierigkeit in der rabbinischen Diskussion darin, worin denn das Proprium des „Kriegs der Pflicht" dem „Krieg des Gebotes" gegenüber auszumachen ist. Aus dem Text selbst ergibt sich keine eindeutige Klärung. Mit Blick auf die weitere rabbinische Diskussion (pT Sota 23a/8,10; bT Sota 44b) läßt sich vielleicht folgendes schlußfolgern: Es ist zur Kenntnis zu nehmen, daß aus Dtn 20,1–9 der Sache nach nicht zweifelsfrei entschieden werden kann, welche Kriegskategorie hier in Betracht kommt. Ist es beispielsweise ein Angriffskrieg, ist es ein Präventivkrieg oder ist es ein Verteidigungskrieg? Alle drei Möglichkeiten sind grundsätzlich denkbar. Alle drei Kriege lassen sich zudem als Kriege des Gebotes und/oder als Kriege der Pflicht, die von Gott befohlen sind, verstehen, wie dies die Landnahmeoperationen oder die Amalekiterschlacht zeigen. Bei allen drei Kriegsarten kann es für den in Dtn 20,5–8 definierten Personenkreis insofern Dispens geben, als selbst nach dem Angriff Amaleks, kurz bevor es zur Schlacht kommt, Mose Josua befiehlt: „Wähl' uns Männer aus" (Ex 17,9a). Das heißt, selbst in dieser höchst bedrohlichen Situation waren nicht alle Männer eo ipso gleich Kombattanten, und es konnte immerhin noch eine Auswahl vorgenommen werden. Auch bei dem Angriffskrieg gegen die Midianiter wird aus theologischen Gründen auf Vollzähligkeit aller Männer seitens Gottes verzichtet. Mehr noch, es bestünde sonst sogar die Gefahr, wenn alle kämpften, daß dann der Sieg eigener Stärke und nicht Gott zugeschrieben wird (Ri 7,1–8).

Vor dem Hintergrund dieses Befundes läßt sich die Ansicht vertreten, daß ein „Krieg des Gebotes" zwar ein Krieg ist, welchem man nicht ausweichen kann, zu welchem es aber nicht zwingend notwendig ist, daß alle Männer sich an ihm beteiligen müssen, zumal im Hintergrund die Auffassung vom JHWH-Krieg steht. Der Begriff „Krieg des Gebotes" wird vielleicht deshalb verwendet, weil sich das Kriegsgesetz in der Tora befindet (vgl. Dtn 20) und von daher zu Gottes Geboten zählt.[585]

---

[584] J. Maier übersetzt diesen Ausdruck in mSot VIII 7b mit „Ausrottungs-Pflichtkrieg", ein Begriff, welcher an dieser Stelle die Wortbedeutung mehr ausdeutend wiedergibt und insgesamt der Interpretation vorausgreift, vgl. ders., Krieg und Frieden 67 sowie ders., Kriegsrecht 75.
[585] Vgl. H. Bietenhard, Mischna 138, Anm. VIII 7a 3.

Was kann dagegen ein „Krieg der Pflicht" sein? Zwei Erklärungen bieten sich vielleicht an: 1. Da mSot VIII 7b, aber auch Qumran[586] keine nähere Erläuterung geben, ist es angeraten, den zum Zeitpunkt der Redaktion der Mischna hierfür geschichtlichen Hintergrund einzubeziehen. Einen Anhaltspunkt gibt dabei mSot insofern noch, als im Anhang dieses Traktates vom „Kommen des Messias"[587] die Rede ist. Dies ist schon allein deshalb äußerst bemerkenswert, da innerhalb der Mischna nur an dieser Stelle vom „Kommen des Messias" gesprochen wird. Mit Blick auf diesen Begriff und den geschichtlichen Kontext der Redaktion der Mischna läßt sich daher vermuten, daß mit „Messias" auf den Bar Kochba-Aufstand Bezug genommen wird. Denn der Überlieferung nach, die keineswegs nur von christlichen Autoren tradiert wird[588], habe Rabbi Akiba in dem Anführer des Aufstandes namens Simeon den Messias erblickt[589] und ihm in Anlehnung an Numeri 24,17 den Namen Bar Kochba (בר כוכבא), Sohn des Sterns gegeben.[590] Nachdem der Aufstand aber durch Kaiser Hadrian im Jahr 135 endgültig niedergeschlagen worden war und sich somit erwies, daß Simeon nicht der Messias war, zog man anscheinend auf jüdischer Seite zwei Schlüsse: Zum einen, daß man mit der Zuschreibung des Messiasprädikates selbst an eine herausragende und (anfänglich) Erfolge aufweisende Person, wie dies bei Simeon der Fall war, äußerst zurückhaltend sein soll, zumal sich auch Autoritäten wie Rabbi Akiba irren konnten. Und zum anderen, daß es in Zeiten, in welchen die jüdische Communitas einer massiven Bedrohung ausgesetzt ist, keine Zurückstellungen vom militärischen Dienst geben kann, zumal wenn es um Sein oder Nicht-Sein nationaler Existenz geht. In dieser Perspektive lassen sich dann solche Kriege, auch im Hinblick auf die in nach jüdischer Auffassung außerbiblischer Literatur[591] ähnlich dargestellten Fälle, als „Kriege der Pflicht" bezeichnen. Von daher darf vielleicht folgende formuliert werden:

---

[586] Das liegt auch darin begründet, daß in Qumran der Ausdruck חובה kaum belegt ist. Im Fragment eines Jesaja-Kommentars [4QpJes^b (4Q162)] findet sich zwar der Ausdruck חובת, aber er wird in 4QpJes^b (4Q162) II,1 in der Bedeutung von „Verurteilung" verwendet: „פשר הדבר לאחרית הימים לחובת הארץ מפני החרב והרעב/Die Deutung der Stelle hinsichtlich des Endes der Tage bezieht sich auf die Verurteilung des Landes angesichts des Schwertes und des Hungers (The interpretation of the phrase concerns the end of days, at the doom of the earth before the sword and famine)", A. Steudel, Qumran II. 228/229, zudem vgl. 274 sowie J. M. Allegro, Qumran 15f. Somit hilft diese Textstelle nicht wesentlich bei der Interpretation des Begriffs „Krieg der Pflicht" weiter.

[587] Wörtlich beginnt der Abschnitt mit „בעקבות המשיח/Unmittelbar vor dem Kommen des Messias", m Sot IX 15q.

[588] Anders H. Donner, Geschichte 500.

[589] Darauf weist auch Maimonides im vorletzten Abschnitt seines Mishneh Tora hin, in welchem er vom Messias-König spricht. Zudem vgl. S. Abramsky, Bar Kochba 229.

[590] „The appellation Bar Kokhba was apparently given him during the revolt on the basis of the homiletical interpretation, in a reference to messianic expectations, of the verse (Num. 24:7)", S. Abramsky, ebd. 229.

[591] Hierbei ist vor allem an das erste Makkabäerbuch zu denken, welches nicht Eingang in den palästinischen Kanon gefunden hat.

1. Die Kategorien des Krieges

1. In der Tradition Rabbi Jehudas lassen sich Kriege, bei denen die Existenz Israels auf dem Spiel steht, als Kriege der Pflicht bezeichnen. Auch die Gegenüberstellung von „Krieg des Gebotes" und „Krieg der Pflicht" kann als ein Hinweis darauf gelesen werden, daß Judaea bzw. der jüdischen Communitas nach dem Jahr 70/71 u. Z. und schließlich nach dem Bar Kochba die Möglichkeit genommen war, einen „freigewählten Krieg" zu führen.
2. Der von der Tora in Dtn 20,1–9 thematisierte Krieg ist, da er in der Tora steht, von vornherein ein „Krieg des Gebotes". Von der Teilnahme an einem solchen Krieg kann gemäß der Tora dispensiert werden. Aber darüber hinaus sind für Rabbi Jehuda Kriege denkbar, die Israel unausweichlich als Pflicht auferlegt sind und von deren Teilnahme es somit überhaupt keine Dispens geben kann. Von daher besteht zwischen Sot VIII 7a und 7b zwar eine begriffliche, aber keine sachliche Differenz.

1.1.2 Der Mischna-Traktat Sanhedrin

Eine eher beiläufige Äußerung bezüglich jener drei wie selbstverständlich verwendeten Kriegskategorien findet sich im Traktat Sanhedrin (Sanh), welcher der vierten Ordnung der Mischna, Nezikim (נזיקים, Beschädigungen), angehört. Der in diesem Traktat im ersten Kapitel dokumentierte Ausspruch bezieht sich auf die Kategorie des „freigewählten Krieges". Im Zusammenhang von Entscheidungen, die ohne Spruch des Gerichtshofs nicht vorgenommen werden dürfen, heißt es zwischen den Themen Schiedsspruch über einen Hohenpriester und Stadterweiterung:

ואין מוציאין למלחמת הרשות אלא על־פי בית־דין שלשבעים ואחד

Übersetzung:

„Und man führt zu einem eigenmächtigen Kriege [das Heer] nicht außer auf den Spruch eines Gerichtshofes von Einundsiebzig" (mSanh I 5a).[592]

Diese anonym wiedergegebene Äußerung der Mischna zeigt, daß ein מלחמת הרשות erst vom Gerichtshof genehmigt werden muß, ehe man, dies dürfte sich auf den Herrscher beziehen, zu einem solchen ausziehen darf. Dem läßt sich zudem indirekt entnehmen, daß dies für einen „Krieg des Gebotes" oder einen „Krieg der Pflicht" nicht zutrifft. Von daher verdeutlicht die Übersetzung des Terminus מלחמת הרשות mit „eigenmächtiger Krieg" von S. Krauß, daß ein solcher Krieg von den beiden anderen Kriegen klar zu unterscheiden ist. Ein „eigenmächtiger Krieg" kann sich

---

[592] S. Krauß, Mischna 79.

weder auf ein göttliches Gebot noch auf eine sonst höhere Verpflichtung berufen. Er entspringt dem freien Willen eines Herrschers. S. Krauß äußert vor diesem Hintergrund – sicherlich schon mit Blick auf die weitere rabbinische Tradition – , daß „freigewählte" bzw. „eigenmächtige Kriege" von David und von anderen Königen Israels zu Eroberungszwecken geführte Kriege waren. Dazu können, so räumt er ein, mitunter auch Abwehrkriege gehören. Damit meint S. Krauß wohl Verteidigungskriege.

Als „anbefohlene Kriege" bzw. als „Kriege des Gesetzes" sind „die Kriege gegen die sieben kanaanäischen Völker (= Eroberung des Landes Israel) und der gegen 'Amalek"[593] anzusehen. Ein nach R. Juda (= Jehuda ?) „pflichtgemäßer Krieg" bzw. „Krieg der Pflicht"[594] wäre dann der, der als ein präventiver Abwehrkrieg geführt wird, „damit die Nachbarvölker Israel nicht bedrängen sollen".[595] Jedoch läßt sich in bezug auf „den Krieg der Pflicht" diese Eindeutigkeit zumindest mit Blick auf mSot VIII 7b (noch) nicht aus der angeführten Äußerung Rabbis Jehuda entnehmen. Denn hierüber besteht eine Kontroverse.

1.1.3 Fazit

Unabhängig von der Frage hinsichtlich der Gruppe der Personen, die vom Kriegsdienst zu befreien sind, kennt man in der rabbinischen Diskussion um 200 u.Z. drei offenbar schon feststehende Begriffe von Kriegskategorien. Bei diesen Begriffen handelt es sich 1. um den „freigewählten Krieg", 2. den „Krieg des Gebotes" und 3. um den „Krieg der Pflicht". Weiterhin lassen sich bezüglich der Verbindung dieser Begriffe in der rabbinischen Diskussion zwei Gruppierungen unterscheiden. Zum einen handelt es sich um die – da sie namentlich nicht eigens genannt und wie selbstverständlich eingeführt wird – qualifizierte Mehrheit(smeinung) der sogenannten Weisen der Mischna und zum anderen um die mit dem Namen Rabbi Jehuda namentlich gekennzeichnete qualifizierte Minderheit(smeinung). Dabei ist näherhin festzustellen, daß keine dieser zwei Gruppierungen alle drei Begriffe zugleich verwendet. Auch werden diese bereits feststehenden Begriffe in mSot VIII 7a.b mit keinem konkreten Kriegszug oder mit einer konkreten Person zur näheren Illustration dessen, was sie bezeichnen, in Verbindung gebracht. Somit ergibt sich folgender Befund:

---

[593] Ders. ebd. 79.
[594] Vgl. ders. ebd. 79.
[595] Ders. ebd. 79.

1. Die Kategorien des Krieges

Quelle mSot VIII 7a.b	
Gruppierung	Verwendete Begrifflichkeit
Mehrheitsmeinung der Rabbinen	a) freigewählter Krieg (מלחמת הרשות) b) Krieg des Gebotes (מלחמת מצוה)
Rabbi Jehuda	a) Krieg des Gebotes (מלחמת מצוה) b) Krieg der Pflicht (מלחמת חובה)

Auch wenn nun drei Begriffe gebraucht werden, so schälen sich sachlich letztlich zwei Kategorien heraus. Es gibt einen Krieg, von welchem dispensiert, und einen, von dem nicht dispensiert werden kann. Der, vom dem nicht dispensiert werden kann, gilt in den jeweiligen rabbinischen Lehrhäusern als der, der für Israel eine absolute Verbindlichkeit besitzt.

Krieg mit Teilnahmedispens	Krieg ohne Teilnahmedispens
freigewählter Krieg (Mehrheitsmeinung)	Krieg des Gebotes (Mehrheitsmeinung)
Krieg des Gebotes (Rabbi Jehuda)	Krieg der Pflicht (Rabbi Jehuda)

Im Laufe der Diskussion ist diese sachliche Zweiteilung anscheinend noch einmal präzisiert worden. Denn es findet sich ein Fingerzeig hinsichtlich der hierarchischen Stellung dieser Kriegskategorien zueinander in mSanh I 5a. In diesem Abschnitt wird die Forderung wiedergegeben, daß zum Führen eines „freigewählten Krieges" – dieser Begriff wird von S. Krauß erhellend als „eigenmächtiger Krieg" bezeichnet – zuvor vom Gerichtshof eine Genehmigung eingeholt werden muß. Diese Forderung wird für die anderen Kriegsarten nicht erhoben. Von daher kann schließlich zwischen einem freigewählten Krieg und einem Krieg der Pflicht unterschieden werden. Beide sind jedoch toragemäß, sind Kriege des Gebotes. Sie unterscheiden sich voneinander aber im qualitativen Verbindlichkeitsgrad und bezüglich der Einholung ihrer Erlaubnis.

1.2 Palästinischer Talmud[596]

Der palästinische Talmud basiert hauptsächlich auf der Mischna.[597] Seine Endredaktion wird gegen Anfang des zweiten Viertels des 5. Jh. angesetzt (etwa zwischen 420 und vor 429 u.Z.).[598] Zudem ist der palästinische Talmud von seinem Aufbau darum bemüht, der Mischna weitgehend auch in der Anordnung der Traktate mit ihren jeweiligen Kapiteln zu folgen.

---

[596] Anstelle der Bezeichnung „palästinischer Talmud" findet sich in der Literatur auch „Talmud Yerushalmi", was nach G. Stemberger nicht ganz korrekt ist, vgl. ders., Einleitung 168.
[597] Vgl. ders. ebd. 178.
[598] Vgl. ders. ebd. 173.

1.2.1 Kriegskategorien im Traktat Sota

Da der palästinische Talmud (pT) die Mischna voraussetzt, ist es zumindest folgerichtig, daß im siebenten Traktat des Seders Naschim namens Sota im 8. Kapitel die Kriegsgesetze vor dem Hintergrund von Dtn 20,1–9 behandelt werden.

1.2.2 Die Diskussion um die Kriegskategorien und die Einführung Josuas

Nachdem im palästinischen Talmud in Sot 22b–d und 23a das 8. Kapitel des gleichnamigen Traktates der Mischna wiedergegeben und interpretiert worden ist, wird gegen Ende in pT Sot 23a auch das Mischna-Zitat aus mSot VIII 7a.b aufgegriffen.

„Worauf beziehen sich (die Vorschriften über die Rückkehr im Kriegsfall)? Auf einen freiwillig unternommenen Krieg. Aber bei einem (von der Tora) gebotenen Krieg ziehen alle (in den Krieg), selbst *der Bräutigam aus seiner Kammer und die Braut von ihrem Traubaldachin* (Joel 2,16). Rabbi Yehuda (dagegen) sagte: Worauf beziehen sich (diese Vorschriften)? Auf einen (von der Tora) gebotenen Krieg. Aber bei einem Pflichtkrieg ziehen alle (in den Krieg), selbst *der Bräutigam aus seiner Kammer und die Braut von ihrem Traubaldachin*" (pT Sot 23a/8,10).[599]

Nach der Wiedergabe dieses Mischna-Textes wird wenig später in der Gemara auf die Diskussion hinsichtlich der Kriegskategorien eingegangen, wie sie von den zwei Traditionssträngen bzw. von den rabbinischen Lehrhäusern vertreten werden. Die Diskussion selbst wird wie folgt zusammengefaßt (pT 23a/8,10/2f)[600]:

אמר רבי יוחנן משמעות ביניהן. רבי יהודה היה קורא למלחמת
הרשות מלחמת מצוה.
אבל במלחמת חובה הכל יוצא אפי׳ חתן מחדרו וכלה מחופתה.
אמ׳ רב חסדא מחלוקת ביניהון רבנין אמרין מלחמת מצוה זו מלחמת
דוד. מלחמת חובה זו מלחמת יהושע. ר׳ יהודה היה קור׳ מלחמת
רשות כגון אנן דאזלין עליהון מלחמת חובה כגון דאתיין אינון עלינן.

---

[599] F. G. Hüttenmeister, Sota 210.
[600] Der Text ist abgedruckt in: P. Schäfer/H.-J. Becker (Hrsg.), Synopse zum Talmud Yerushalmi, Bd. III, Tübingen 1998, 132f.

1. Die Kategorien des Krieges

Übersetzung:

„Rabbi Yohanan sagte: (Zwischen Rabbi Yehuda und den Weisen in der Mischna) besteht ein Unterschied (nur in bezug auf) die Wortwahl. Rabbi Yehuda nannte den freiwillig unternommenen Krieg einen (von der Tora) gebotenen Krieg. (Einen von der Tora gebotenen Krieg nannte er) Pflichtkrieg, (bei dem) alle (in den Krieg) ziehen, selbst *der Bräutigam aus seiner Kammer und die Braut von ihrem Traubaldachin* (Joel 2,16). Rabbi Hisda sagte: Es besteht ein sachlicher Streit zwischen ihnen. Die Rabbanin sagen[601]: Ein Krieg des Gebotes das ist der Krieg Davids. Ein Krieg der Pflicht das ist der Krieg Josuas. Rabbi Yehuda nannte einen freigewählten Krieg, wenn wir gegen die (Feinde) ziehen; einen Krieg der Pflicht, wenn sie gegen uns ziehen" (pT Sot 23a/8,10/3).

In der Gemara werden grundsätzlich zwei Positionen hinsichtlich der Bedeutung der Kriegskategorien mitgeteilt. Die erste Position vertritt die Auffassung, daß nach Rabbi Yohanan (bar Nappacha)[602] der Unterschied zwischen Mischna und Rabbi Yehuda lediglich in der „Wortwahl" (משמעות) bestehe. Was in der Mischna „freiwillig unternommener Krieg" heiße, bezeichne Rabbi Yehuda eben als einen „gebotenen Krieg". Daraus ergibt sich, daß der in der Mischna erwähnte „gebotene Krieg" von Rabbi Yehuda dann „Pflichtkrieg" genannt werde. Eine solche Feststellung zielt darauf ab, daß man keine inhaltliche Diskussion weiter über jene Begriffe zu führen brauche, da der gleiche Sachverhalt lediglich von zwei Parteien mit anderen Worten bezeichnet werde.[603] Das heißt, von der Sache her bestehe im Grunde Konsens zwischen beiden Gruppen. Dieser mehr an der Mischna orientierten Interpretation wird die Aussage einer an dieser Stelle neu eingeführten rabbinischen Autorität gegenübergestellt, mit welcher expressis verbis ein Dissens namhaft gemacht wird. Bei dieser rabbinischen Autorität handelt es sich näherhin um Rabbi Hisda[604], der ausdrücklich auf einen Streit (מחלוקת) hinweist: „Es besteht ein (sachlicher) Streit zwischen ihnen". Mit „ihnen" sind anscheinend die Rabbanin und Rabbi Yehuda gemeint. Der Dissens selbst wird mit Hinweis auf biblische Beispiele näher erläutert. Gleichzeitig erhalten aber jene Kriegskategorien im Unterschied

---

[601] F. G. Hüttenmeister, Sota 211f. Da sich F. G. Hüttenmeister von dieser Stelle an entweder auf eine andere Textfassung des pT Sot 23a/8,10/3 bezieht oder er hinsichtlich seiner Übersetzung in eine andere Zeile gerutscht ist, schlagen wir in diesem Passus von dieser Stelle an unsere eigene Übersetzung vor. Textgrundlage bildet der Erstdruck des palästinischen Talmuds, Venedig 1523, wie er bei P. Schäfer/H.-J. Becker, Synopse III 132f ediert ist.

[602] Vgl. G. Stemberger, Einleitung 93.

[603] Das trifft dann zu, wenn der plurale Ausdruck משמעות mit „Wortwahl" übersetzt wird, wie es bei F. G. Hüttenmeister heißt. Anders sähe die Sache aus, wenn jener Ausdruck die Bedeutung „Wortsinn" hätte, wie sie bei G. H. Dalman im Aramäisch-Neuhebräischen Handwörterbuch unter dem Lemma משמע u.a. angegeben ist.

[604] Vgl. H. Freedman, Hisda 531f.

zur Mischna jetzt mit diesen Hinweisen auf die biblischen Überlieferungen einen konkreten Haftpunkt. Im einzelnen stellt sich der Dissens wie folgt dar:

Für die Rabbanin ist ein „Krieg des Gebots" (מלחמת מצוה) „der Krieg Davids". Eine solche Mitteilung stellt vorerst aber nur eine Problemverlagerung dar. Zwar wird von den Rabbanin eine konkrete Person genannt, aber sie geben kein konkretes Beispiel eines entsprechenden Krieges Davids an. Aus diesem Befund könnte geschlossen werden, daß eben schlicht alle Kriege Davids der Kategorie „Krieg des Gebots" zuzuschreiben sind und sich von daher eine Differenzierung der Kriege Davids erübrige. Bezüglich in Betracht kommender Kriege Davids, die als „Krieg des Gebotes" zu werten seinen, weist F.G. Hüttenmeister auf 2 Sam 8; 10 und 12,26–31 hin.[605] Sieht man sich die angegebenen Bibelstellen im einzelnen an, so ist demnach ein Krieg des Gebots einer, den David gegen die Philister, Moabiter, Aramäer (2 Sam 8), Ammoniter (2 Sam 10) und gegen die Königsstadt der Ammoniter geführt hat. Diese Kriege lassen sich wie folgt einordnen: David führt auf den ersten Blick unterschiedslos Krieg sowohl gegen die Philister als auch gegen Ammoniter, Moabiter und Aramäer. Während erste mit den Israeliten nicht verwandt und darüber hinaus auch dezidierte Feinde Israels sind (vgl. 1 Sam 4), sind letztere nach biblischem Befund nicht nur mit den Israeliten verwandt[606], sondern es gibt bezüglich der Ammoniter und Moabiter sogar ein ausdrückliches Verbot Gottes, diese bekämpfen und sich ihr Land aneignen zu wollen (vgl. Dtn 2,9.19; 2 Chr 20,10). Interessant ist daher, wie biblisch dargestellt wird, weshalb David gegen diese dennoch in den Krieg zieht. Daß David gegen die Philister kämpft, liegt auf der Hand (vgl. 1 Sam 4f).[607] Hinsichtlich der Kriege gegen die Ammoniter und Aramäer ist es Absicht, in 2 Sam 10 aufzuzeigen, daß diese selbst ohne Not (V 2) David zum Krieg provoziert haben (V 5). Bei den Moabitern liegt die Sachlage etwas anders. Zwar führten nach Aussage von 1 Sam 12,9 die Moabiter zusammen mit den Philistern sozusagen in vorstaatlicher Zeit gegen Israel Krieg, aber David kann während seiner Flucht vor Saul (1 Sam 21,11) seine Eltern beim König von Moab in Schutz bringen (vgl. 1 Sam 22,3f). Eine ernsthafte Bedrohung oder ein Angriff der Moabiter geht dem Krieg Davids gegen diese, wie es bei Joschafat der Fall ist (vgl. 2 Chr 20,1), nicht voraus. Gemeinsam ist aber diesen Kriegen Davids, daß er, indem er jene Völker und jene Stadt besiegte, diese sich und somit Israel untertan machte. Schließ-

---

[605] Vgl. F. G. Hüttenmeister, Sota 212, Anm. 236.
[606] Milka gebar dem Nahor, dem Bruder Abrahams, acht Söhne, darunter Kemuël, der als Stammvater der Aramäer bezeichnet wird (vgl. Gen 22,21). Zu den Söhnen Nahors zählt auch Betuël (V 22), der in Gen 25,20 ein Aramäer genannt wird und dessen Kinder Rebekka und Laban sind, der ebenfalls als Aramäer vorgestellt wird. Lot, der Neffe Abrahams, ist der Vater des Moab und des Ben Ammi, welche die Stammväter der Moabiter und der Ammoniter sind (vgl. Gen 19,30–37).
[607] Vgl. hingegen Ri 10,7; 13,1.

1. Die Kategorien des Krieges

lich schält sich dann doch heraus, daß mit der Kategorie „Krieg des Gebotes" alle Kriege Davids erfaßt sind. Folglich erweiterte und stabilisierte er das den Israeliten von Gott gegebene Land. Aber diese Kriege waren für Israel nicht mehr konstitutiv, und von ihnen konnte mit Blick auf Dtn 20,1–9 unter konkreten Umständen dispensiert werden.

Dagegen wird von den Rabbanin der „Krieg des Josua" als „Pflichtkrieg" (מלחמת חובה) charakterisiert. Auch wenn vielleicht eine solche Aussage ebenso allgemein klingen mag, ist sie doch insofern konkret, als sich die Kriege Josuas nach biblischer Darstellung genau auf eine bestimmte Periode eingrenzen lassen. Somit ist es gerechtfertigt, daß die Bezeichnung „Krieg des Josua" in erster Linie auf die Landnahmekriege im Buch Josua 1–12 zu beziehen ist. Auf diese Weise wird in pT Sot 23a/8,10 der Terminus „Pflichtkrieg" mit den Kriegen Josuas geradezu normativ verbunden. Dies bedeutet, daß ein Krieg der Pflicht von Gott befohlen ist und zu diesem somit auch keine Alternative besteht. Zudem ist der Landnahmekrieg Josuas für Israel konstitutiv und daher konnte von diesem nicht dispensiert werden. Somit ist es in diesem Zusammenhang von großer Bedeutung, daß in pT Sot 23a/8,10 überhaupt die Person des Josua in Verbindung mit den Kriegskategorien eingeführt und schließlich mit einer Kriegskategorie in Verbindung gebracht wird. Von daher ist aus der Perspektive der Rabbanin „der Krieg Josuas" anscheinend der Pflichtkrieg par excellence. Dies gilt es festzuhalten. Außerdem ist zu notieren, daß der Terminus „freigewählter Krieg" bei den Rabbanin nicht auftaucht.

Von dieser Auffassung weicht Rabbi Yehuda ab. Indem die Auffassung Rabbi Yehudas dargelegt wird, wird zugleich gesagt, was für ihn ein „freigewählter Krieg" (מלחמת רשות) und was für ihn ein „Pflichtkrieg" (מלחמת חובה) ist. Hierbei verdient bereits Beachtung, daß im Unterschied zu mSot VIII 7a.b Rabbi Yehuda in pT 23a/8,10 nicht den Terminus „Krieg des Gebotes", aber dafür den des „freigewählten Krieges" kennt und ihn zudem näher bestimmt. Zumindest schreibt ihm die Tradition diese Aussage zu. Ein freigewählter Krieg ist demnach für Rabbi Yehuda ein Krieg gegen die Feinde. Dies kann sowohl ein Angriffskrieg als vielleicht auch ein Präventivkrieg sein. Die Aktion zu einem solchen Krieg geht von Israel selbst aus. Ein Pflichtkrieg ist für Rabbi Yehuda, wenn Israels Feinde Israel angreifen und sich Israel verteidigen muß. M.a.W. ein Pflichtkrieg ist ein Verteidigungskrieg. Dieser Fall dürfte am unstrittigsten sein. Denn es ist plausibel, einen Verteidigungskrieg, der einem schließlich aufgezwungen wird, als einen „Krieg der Pflicht" zu bezeichnen. Mit diesen inhaltlichen Bestimmungen im Hinblick auf die Äußerungen Rabbi Yehudas geht die Gemara an dieser Stelle über die Mischna wesentlich hinaus.

1.2.3 Fazit

Im palästinischen Talmud wird in der Gemara der Versuch unternommen, eine inhaltliche Bestimmung der in der Mischna im Traktat Sota VIII 7a.b genannten Kriegskategorien vorzunehmen. Was in der Mischna sich an dieser Stelle schon als Dissens andeutete, aber noch nicht ganz zum Ausbruch kam, wird im palästinischen Talmud explizit gemacht. Dies rührt anscheinend daher, daß jetzt im palästinischen Talmud die Auffassung ausdrücklich wiedergegeben wird, daß die von den Weisen der Mischna und Rabbi Yehuda unterschiedliche Kategorisierung der Kriege lediglich als „ein Unterschied (nur in bezug auf) die Wortwahl" zu begreifen sei. Der Sache nach bestünde Einigkeit. Dagegen aber erhebt sich Einspruch, und es wird namentlich durch Rabi Hisda auf einen entsprechenden Dissens aufmerksam gemacht. Indem dieser Dissens näher beschrieben wird, werden zugleich die Begriffe der Kriegskategorien erläutert. Auf diese Weise erhält man Anhaltspunkte, was man sich unter ihnen näherhin vorzustellen habe. Diese Näherbestimmung geht inhaltlich über die Mischna hinaus. Allgemein werden die Kriege Davids der Kategorie „Krieg des Gebotes" zugeordnet. Sie gelten zwar als durch göttliches Gebot abgesichert, aber sie sind für Israel nicht mehr in der Weise zwingend notwendig, daß mit ihnen Israel steht oder fällt. Als ein „Krieg der Pflicht" hingegen werden die Kriege Josuas bestimmt. Diese werden auf die Landnahmeoperationen zu beziehen sein. Dieser Landnahmekrieg ist aus der Perspektive Israels für Israel alternativlos und konstituierend zugleich, so daß eine Dispens von ihm nicht möglich ist. Damit zeichnet sich schon ab, daß vor allem den Landnahmekriegen unter Josua, die auf direkte Anordnung Gottes hin erfolgen und von der Sache her auch als insgesamt einmalig gelten dürften, die Bezeichnung „Krieg der Pflicht" vorbehalten bleibt. Von dieser qualifizierten Mehrheitsmeinung ist die qualifizierte Minderheitsmeinung Rabbi Jehudas zu unterscheiden. Ein freiwillig gewählter Krieg ist nach ihm ein Präventiv- bzw. Angriffskrieg, und ein „Krieg der Pflicht" ist ein Verteidigungskrieg. In dieser Tradition bleibt sachlich die Bezeichnung „Krieg der Pflicht" einem Verteidigungskrieg vorbehalten. Dies läßt sich insofern begreifen, als die Kriege Josuas für die Gegenwart nicht mehr relevant sind. Denn diese sind als einmalig und sachlich nicht wiederholbar einzustufen und können von daher auch als ein Krieg sui generis gelten. Relevant dagegen ist, daß Israel grundsätzlich immer in die Situation kommen kann, einen Verteidigungskrieg führen zu müssen. Zu einem solchen gibt es dann auch keine Alternative, zumal er zugleich eine grundsätzliche existentielle Bedrohung für Israel darstellen könne. Davon unberührt bleibt das Recht, sogenannte freiwillig gewählte Kriege zu führen, die der Verherrlichung und dem Machtzuwachs Israels dienen. Somit kennen zwar schließlich beide rabbinische Traditionsstränge im Unterschied zu mSot VIII 7a.b den Ausdruck

1. Die Kategorien des Krieges

„Pflichtkrieg", aber beide verstehen erwartungsgemäß darunter etwas anderes.

Quelle pT Sot 23a/8,10/3		
Schulrichtung	Begriff	Bedeutung
Rabbanin	a) Krieg des Gesetzes (מלחמת מצוה)	der Krieg Davids (2 Sam 8; 10)
	b) Krieg der Pflicht (מלחמת חובה)	der Krieg Josuas (Jos 6–11)
Rabbi Yehuda	a) freigewählter Krieg (מלחמת רשות)	Angriffs- bzw. Präventivkrieg
	b) Krieg der Pflicht (מלחמת חובה)	Verteidigungskrieg

1.3 Babylonischer Talmud

Auch der babylonische Talmud (bT) hat in der Mischna seine Hauptbasis.[608] Die Entstehung des Talmuds verdankt sich eines sehr vielschichtigen Entstehungsprozesses. Als ungefährer Zeitpunkt seiner Endredaktion wird das frühe 8. Jh. angesetzt. Zu dieser Zeit wird der bT als bereits abgeschlossen angesehen.[609]

1.3.1 Der Traktat Sota

Ebenfalls widmet sich der babylonische Talmud im achten Abschnitt des Traktes Sota den Kriegsgesetzen nach Dtn 20,1–9. Am Ende des achten Kapitels wird wieder der Abschnitt aus der Mischna wiedergegeben, in welchem es in bezug auf die vom Kriegsdienst Befreiten heißt (bT Sot 44b)[610]:

בד"א במלחמות הרשות אבל במלחמות מצוה הכל יוצאין[611]
אפילו חתן מחדרו וכלה מחופתה
אמר רבי יהודה במה דברים אמורים במלחמות מצוה אבל
במלחמות חובה הכל יוצאין אפילו חתן מחדרו וכלה מחופתה

---

[608] Vgl. G. Stemberger, Einleitung 198. Freilich gilt es eingedenk zu bleiben, daß es zu diesem Zeitpunkt problematisch ist, von „der" Mischna zu reden. Die Verwendung des bestimmten Artikels ist in diesem Abschnitt, aber auch in anderen stets in Anführungszeichen zu lesen und zu verstehen.
[609] Vgl. ders. ebd. 207. 208.
[610] תלמוד בבלי, 1903, 88 und 1997, 204 (punktiert). Dieser Text entspricht, abgesehen von geringfügigen Unterschieden in der Schreibweise (z.B. plene; Pluralendungen und Pluralsetzung), dem der Mischna in Sot VIII 7a.b.
[611] Die Abkürzung steht für במה דברים אמורים (Im Blick worauf sind diese Worte gesagt).

Übersetzung:

„Dies gilt nur von den freiwilligen Kriegen, bei Kriegen des Gebotes aber müssen alle ausziehen, selbst der Bräutigam aus seinem Gemache und die Braut aus ihrem Baldachin. R. Jehuda sagte: Dies gilt nur von den Kriegen des Gebotes, bei Kriegen der Pflicht aber müssen alle ausziehen, selbst der Bräutigam aus seinem Gemache und die Braut aus ihrem Baldachin" (bT Sot 44b).[612]

Dieser bereits bekannte Passus wird von der Gemara kommentierend wieder aufgegriffen. Und es heißt (bT Sot 44b)[613]:

בד"א במלחמות הרשות כו' : א"ר יוחנן רשות דרבנן זו היא מצוה
דרבי יהודה מצוה דרבנן זו היא חובה דרבי יהודה אמר רבא
מלחמות יהושע לכבש דרבי הכל חובה מלחמות בית דוד לרווחה
דרבי הכל רשות כי פליגי למעוטי עובדי כוכבים דלא ליתי עלייהו
מר קרי לה מצוה ומר קרי רשות נפקא מינה לעוסק במצוה שפטור
מן המצוה

Übersetzung:

„Dies gilt nur von den freiwilligen Kriegen. R. Johanan sagte: Die nach den Rabbanan freiwilligen entsprechen den nach R. Jehuda gebotenen, und die nach den Rabbanan gebotenen entsprechen den nach R. Jehuda pflichtigen. Raba sagte: Die Eroberungskriege Jehosuas sind nach aller Ansicht pflichtige, die Erweiterungskriege des Davidischen Hauses sind nach aller Ansicht freiwillige, sie streiten nur über die [Kriege] gegen die Nichtjuden, damit sie sie nicht überfallen; einer nennt sie gebotene und einer nennt sie freiwillige. Dies ist insofern von Bedeutung, da, wer sich mit einem Gebote befaßt, von einem anderen Gebote befreit ist" (bT Sot 44b).[614]

Diese Textpassage der Gemara in bT Sot 44b läßt den Fortgang der Diskussion hinsichtlich der Kriegskategorien klar erkennen, auch wenn überwiegend dieselben rabbinischen Autoritäten zitiert werden, wie sie bereits aus der Mischna und dem palästinischen Talmud bekannt sind. Anzeichen für den fortgeschrittenen Verlauf der Diskussion ist eine nicht allein beschreibende, sondern daneben auch von vornherein systematisierende Redeweise „die ... freiwilligen entsprechen den ... gebotenen" und das damit einherge-

---

[612] L. Goldschmidt, Talmud (Bd. 6) 154.
[613] Vgl. Anm. 610.
[614] L. Goldschmidt, Talmud (Bd. 6) 155.

1. Die Kategorien des Krieges

hende Bemühen, eine Synthese zwischen den Schulrichtungen herzustellen. Weitere Merkmale sind die Einführung einer zusätzlichen rabbinischen Autorität, neuer Begriffe (Eroberungskrieg[615], Erweiterungskrieg[616]) und schließlich die abstrahierende Formulierung „Davidisches Haus" bzw. „Haus Davids" anstelle von „David". Vor allem die Einführung von Raba (bar Josef bar Chama)[617] als einer weiteren rabbinischen Autorität läßt den babylonischen Diskussionshintergrund dieser Textstelle erkennen.

Aus dem palästinischen Talmud ist bekannt, daß nach den Rabbanin die Kriege Josuas als „Krieg der Pflicht" bezeichnet werden. Diese Auffassung findet sich auch im babylonischen Talmud und wird als „nach Ansicht aller" (Rabbanan/Rabbanin) gekennzeichnet. Besonderes Augenmerk verdient jetzt, daß die Kriege Josuas von Raba als Kriege zur Unterwerfung (מלחמות לכבש)[618], das heißt als Eroberungskriege eingestuft werden. Zudem ist zu notieren, daß diese begriffliche Formulierung jetzt in bT Sot 44b ebenfalls wie selbstverständlich vorausgesetzt wird, das heißt, daß der Begriff des Eroberungskrieges nunmehr als ein geprägter gilt. Indem aber die Eroberungskriege Josuas als „pflichtige Kriege" bzw. „Krieg der Pflicht" bestimmt werden, läßt sich daraus jedoch nicht schließen, daß jeder Krieg zu einer Eroberung fortan generell als „Kriege der Pflicht" gilt. Deshalb werden die Kriege des Davidischen Hauses „Erweiterungskriege" genannt. Von diesen kann letztlich unter bestimmten Voraussetzungen dispensiert werden (Dtn 20,1–9). Dies trifft für die Eroberungskriege Josuas im Zuge der Landnahme als Eroberungskriege nicht zu, da sie „Krieg der Pflicht" sind. Dafür spricht auch der Umstand, daß in sehr bestimmender Weise von einem Pflichtkrieg in bezug auf „der Krieg des Josua" bei Raba die Rede ist, der sich hierbei wiederum auf die Ansicht aller bezieht. Die Eingrenzung des „Krieges der Pflicht" allein auf die (Eroberungs-)Kriege Josuas im babylonischen Talmud im Unterschied zum palästinischen Talmud dürfte historisch auch damit zusammenhängen, daß zur Zeit der Talmudredaktion das Streben nach (Wieder)Herstellung eines eigenen territorial umgrenzten jüdischen Königtums/Staatsgebildes in Palästina, wie dies noch beim Bar Kochba-Aufstand höchst handlungsleitend gewesen war, de facto an Bedeutung verloren hat. Eine Wiedereroberung zur Errichtung staatlicher Strukturen war aus realpolitischer[619] und theologischer Sicht weitgehend irrelevant geworden.[620]

---

[615] מִלְחֲמוֹת לִכְבֹּשׁ. Kriege, um zu unterwerfen, sind Angriffskriege.

[616] מלחמות לרווחה. Kriege, um zu erweitern, sind Erweiterungskriege im Hinblick auf eine territoriale Vergrößerung.

[617] Zu Raba (רָבָא), vgl. G. Stemberger, Einleitung 101.

[618] Es sei an dieser Stelle notiert, daß auch in pT Pea 20c die Landnahme als ein Akt der Unterwerfung angesehen wird: „שנה שבע כיבשו ושבע שחילקו/(denn) sieben (Jahre dauerte es), daß sie (das Land eroberten), und sieben (Jahre dauerte es), daß sie (das Land) aufteilten" (Pea 7,6/20c), P. Schäfer/H.-J. Becker, Synopse I/1–2 378/379; G. A. Wewers, Pea 184.

[619] Ein Intermezzo gab es später noch einmal, als die Parther 613 n.Chr. bis zum Mittelmeer gelangten und dabei auch Unterstützung von jüdischer Seite erhielten. Diese bekam als Gegenleistung 614 die Verwaltungshoheit über Jerusalem, die drei Jahre dauern sollte. Auch in

Ein ganz neuer Gesichtspunkt bezüglich der Kriegsthematik wird mit dem Hinweis auf einen bestehenden Streit zur Bezeichnung von Kriegen gegen „Nichtjuden"[621] in bT Sot 44b eingetragen. Diese Kriege werden erklärtermaßen deswegen geführt, damit die „Nichtjuden" die Juden nicht überfallen. Von daher läßt sich diese Art von Krieg in etwa als Präventivkrieg bestimmen. Welche Voraussetzungen erfüllt sein müssen, um dann erlaubterweise einen Präventivkrieg zu führen, wird jedoch nicht gesagt. Mitgeteilt wird dagegen, daß man sich nur hinsichtlich der unterschiedlichen kategorialen Bezeichnung solcher Präventivkriege gegen „Nichtjuden" streitet (פליגי). Nach der einen Auffassung sind es „Kriege des Gebotes", nach der anderen sind es „freigewählte Kriege". Mit welchen konkreten Personenkreisen diese Auffassungen in Verbindung gebracht werden können, läßt sich jenen Ausführungen nicht genau entnehmen. Dazu ist die Formulierung zu unbestimmt: „einer nennt sie ... und einer nennt sie" (מר קרי ... ומר קרי). Es kann aber notiert werden, daß die kategoriale Bestimmung eines Präventivkrieges gegen „Nichtjuden" zumindest nicht mit dem Begriff „Krieg der Pflicht" in Verbindung gebracht wird. Auch dies stützt die Vermutung, daß die überwiegende Tendenz dahin geht, allein die Kriege Josuas im Zusammenhang der Landnahme als „Krieg der Pflicht" zu kennzeichnen.

Indem sich jetzt der in bT Sot 44b öffentlich gemachte Dissens bezüglich der Kriegskategorien auf den Krieg gegen die „Götzendiener" verlagert sowie auf ihn beschränkt, läßt sich vermuten, daß sich hinter jener Diskussion die Frage verbirgt, wie sich eine jüdische Communitas im Minderheitenstatus im Falle einer relevanten Bedrohung (Pogromstimmung?) verhalten soll. Trifft diese Vermutung zu, so besitzt der Begriff „מלחמה" weniger die Bedeutung von „Krieg", was ein Agieren einer staatlich verfaßten Körperschaft nahelegen könnte, sondern vielmehr die Bedeutung von „Kampf"[622], die sich auch auf gesellschaftliche Gruppen innerhalb eines staatlich verfaßten Systems beziehen läßt. Dies vorausgesetzt könnte wiederum bedeuten, daß die Diskussion wie folgt zu deuten ist: Einige vertreten die Auffassung, daß es ein von Gott und von der Tora legitimierter und daher gebotener Kampf sei, sich bei einer akuten Bedrohung der jüdischen Communitas aktiv zur Wehr

---

dieser Phase waren politische und messianische Hoffnungen sehr eng miteinander verknüpft gewesen, vgl. J. Maier, Kriegsrecht 98.

[620] Einen Überblick über das moderne Verständis in bezug auf das biblische Land in den Strömungen des Judentums gibt G. Bodendorfer, Erfahrung 207–217.

[621] Die im Primärtext stehende Wendung lautet עובדי כוכבים und ist mit „Diener der Sterne" zu übersetzen. Dieser Begriff wird in rabbinischem Sprachgebrauch für Götzendiener verwendet. Da jedoch einerseits auch „Nichtjuden" grundsätzlich die sogenannten noachidischen Gebote befolgen können und demzufolge eo ipso keine Götzendiener sein müssen, aber da anderseits mit der Möglichkeit gerechnet wird, daß auch Juden zum Götzenkult abfallen können (Dtn 13,7–19; Am 5,26), ist der Begriff „Nichtjuden" in der deutschen Übersetzung erklärungsbedürftig. Vor dem Hintergrund des eben Genannten läßt er sich durchaus mit „Götzendiener" wiedergeben.

[622] Vgl. J. Levy, מלחמה, in: Talmudim 127.

1. Die Kategorien des Krieges

zu setzen, sei es in einem reinen Verteidigungskampf oder sei es in einem Kampf der preemptiven oder sogar präventiven Charakter habe.[623] Auf diese Weise könne man noch schlimmste Not von der Gemeinde fernhalten und sähe sich nicht ausschließlich in die Rolle des Angegriffenen gedrängt. Ein solcher Kampf ist dann als einer des Gesetzes (מלחמות מצוה) zu verstehen und zu bezeichnen.

Andere sind zwar auch der Meinung, daß man sich bei einer unmittelbaren Bedrohung zur Wehr zu setzen habe, daß man sich aber hierbei nicht auf Gott und die Tora berufen könne. Dies sei allein der freien und, wenn möglich, der reiflichen Entscheidung der Gemeinde anheimzugeben und treffe vor allem auf einen preemptiven oder präventiven Kampf zu.

Da bezüglich jener unterschiedlichen Zuordnung der Begriffe für den Krieg gegen „Götzendiener" weder rabbinische Autoritäten noch Schulrichtungen genannt werden, darf zudem vermutet werden, daß diese terminologische Differenz (noch) quer durch alle rabbinischen Schulrichtungen geht. Dies könnte wiederum den unbestimmten Gebrauch der Wendung „מר קרי ... ומר קרי" erklären helfen.

Sollten die vorgetragenen Vermutungen zutreffend sein, so gewinnt auch die bT Sot 44b abschließende Sentenz an zusätzlicher Plausibilität: „(W)er sich mit einem Gebote befaßt", ist „von einem anderen Gebote befreit". Sie läßt sich herkömmlich wie folgt verstehen: Wenn es sich bei einem Krieg gegen „Nichtjuden" um einen „Krieg des Gebotes" handeln sollte, so erfüllt man ein Gebot der Tora. Dies hat zur Folge, daß man dann von der Beobachtung eines anderen Gebotes befreit ist, welches sich aufgrund des Krieges schwerlich erfüllen läßt. Eine solche Dispensregelung gilt aber dann nicht, wenn jener Krieg als „freigewählter Krieg" anzusehen ist. Denn mit ihm erfüllt man kein zwingendes Gebot der Tora.

Vor dem Hintergrund aber der unterschiedlichen Meinung, wie man einen Kampf gegen „Nichtjuden" bezeichne, läßt sich jene bT Sot 44b abschließende Sentenz auch noch so deuten: Wenn beispielsweise die Bedrohung einer jüdischen Communitas an einem Sabbat akut wird, wie steht es dann um die Einhaltung des Sabbatgebotes? Darf man sich an einem Sabbat gegen einen Angriff kämpfend zur Wehr setzen? Mehr noch, darf man an

---

[623] Ein preemptiver Angriff richtet sich gegen eine bereits irreversibel begonnene und somit unmittelbar akut bevorstehende Bedrohung, mit welchem man ihr wirksam zu begegnen hofft. Der Pfeil des Gegners ist soeben abgeschossen worden, hat aber sein Ziel noch nicht erreicht. Indem ich jetzt meinerseits einen Pfeil auf den eben abgeschossenen Pfeil abschieße, versuche ich, diesen unschädlich zu machen. Zudem ist die Absicht der gegenüberliegenden Seite klar hervorgetreten. Hingegen ein präventiver Angriff richtet sich gegen eine wahrscheinlich gewordene Bedrohung. Diese ist aber noch nicht irreversibel angelaufen und steht somit auch noch nicht akut unmittelbar bevor. Der Gegner hat die Hand an seinen Köcher mit Pfeilen gelegt, aber hat ihm noch keinen entnommen, geschweige einen abgeschossen. Noch ist es möglich, daß sich die Situation entspannt. Ein präventiver Pfeilabschuß meinerseits in dieser Situation könnte aber sehr wahrscheinlich die Situation eskalieren und den gegnerischen Angriff tatsächlich eintreten lassen.

einem Sabbat bei akut gewordener Bedrohung selbst die Initiative ergreifen und einen preemptiven oder gar präventiven Kämpf führen? Die Antwort lautet hierauf grundsätzlich, daß dies davon abhängig ist, welcher Kategorie von Kampf man den Kampf gegen „Nichtjuden" zuordnet. Ist ein solcher Kampf ein Kampf des Gebotes, liegt Dispens vom Sabbatgebot vor; bei einem freigewählten Kampf ist dies nicht der Fall. Im Prozeß der offenbar noch andauernden Entscheidungsfindung könnte vielleicht auch folgende Überlieferung aus dem ersten Makkabäerbuch im Hintergrund gestanden haben. In 1 Makk 2,29–38 wird davon berichtet, daß sich eine gesetzestreue Gruppe von Juden bei einem Angriff (πόλεμος, V 35), welcher gegen sie an einem Sabbat durchgeführt worden ist (ἐν πολέμῳ τοῖς σάββασιν, V 38), nicht verteidigt hat (V 36). Die Folge war, daß alle getötet wurden (V 37f). Daraufhin ist sofort erkannt worden, wenn jüdische Communitates vorsätzlich an einem Sabbat überfallen werden und es wäre aufgrund des Sabbatgebotes keine Notwehr zugelassen, so würden recht schnell in Zeiten der Judenverfolgung jüdische Communitates ausgelöscht sein. Das Ergebnis dieser Überlegung war, daß man sich bei erfolgtem Angriff an einem Sabbat kämpfend verteidigen darf (1 Makk 2,39–41).

1.3.2 Fazit

Gegenüber der Mischna und dem palästinischen Talmud kann in der Gemara des babylonischen Talmuds ein Diskussionsfortgang bezüglich der Zuschreibung der Kriegskategorien abgelesen werden. In bT Sot 44b läßt sich ein Bemühen um eine Systematik und die Suche nach einem Ausgleich zwischen den herkömmlichen rabbinischen Schulmeinungen (Weisen der Mischna versus Rabbi Jehuda) deutlich erkennen. Zudem ist zu konstatieren, daß unter Bezugnahme auf die rabbinisch-babylonische Autorität Raba der Landnahmekrieg Josuas als „Angriffskrieg" (מלחמות לכבש) näherbestimmt wird. Dieser Angriffskrieg wird von Raba unter Hinweis auf „die Ansicht aller" als „Krieg der Pflicht" gekennzeichnet. Viele Indizien sprechen dafür, daß sich in diesem Stadium der Diskussion das Gewicht dahin verlagert hat, allein den von Josua durchgeführten Eroberungskrieg als „Krieg der Pflicht" zu bezeichnen.

Ein weiterer neuer Aspekt wird in die bisher bekannte Diskussion dadurch eingeführt, daß von einem Krieg gegen „Nichtjuden" gesprochen wird. Dieser ist deshalb zu führen, damit Nichtjuden die Möglichkeit genommen wird, wiederum Juden zu überfallen. Die Diskussion in dieser Angelegenheit besteht darin, ob ein solcher Krieg als ein „Krieg des Gebotes" oder als ein „freigewählter Krieg" zu bezeichnen sei. Ein mögliches Erklärungsangebot, weshalb sich die kontroverse Diskussion jetzt ausschließlich auf den Fall des Krieges gegen „Nichtjuden" bezieht, könnte die dahinterstehende Frage sein,

1. Die Kategorien des Krieges

wie man sich angesichts einer akuten Pogromstimmung verhalten soll. In diesem Falle wäre demzufolge der Ausdruck מלחמה zutreffender mit „Kampf" zu übersetzen. Vor diesem Hintergrund würde dann außer der Möglichkeit eines klassischen Verteidigungskampfes auch die des preemptiven oder sogar die des präventiven Kampfes gegen „Nichtjuden" diskutiert und eröffnet werden. Für einige ist ein solcher Kampf von Gott sowie der Tora her legitimiert und gefordert, und sie ordnen ihn von daher der Kategorie „Kriege des Gebotes" (מלחמות מצוה) zu. Andere bezeichnen sie als freigewähltene Kriege (מלחמות רשות), zu welchem dann kein zwingender Grunde besteht.

An die Diskussion, zu welcher Kategorie von Kampf/Krieg solche Kämpfe gegen „Nichtjuden" zuzuordnen sind, ist anscheinend auch die Frage nach der Dispens von der Beachtung von Geboten der Tora gekoppelt. Das heißt, wenn jemand an einem Kampf des Gebotes teilnimmt, ist er von der Einhaltung anderer Gebote befreit. Bei einem freigewählten Kampf trifft dies dann freilich nicht zu. Das könnte beispielsweise konkret bedeuten, daß derjenige, welcher an einem Kampf des Gebotes an einem Sabbat teilnimmt, von der Einhaltung des Sabbatgebotes befreit ist. Hierbei könnte das Beispiel aus 1 Makk 2,29–39 eine richtungsweisende Rolle gespielt haben. Dispens vom Sabbatgebot gibt es folgerichtig dann nicht, wenn es sich bei einem solchen Kampf um einen „freigewählten" handelt. Somit besitzt die scheinbar an den Schluß von bT Sot 44b angehängte Sentenz ungeahnte Brisanz.

bT Sot 44b		
Schulrichtung	Zugeschriebene Bedeutung	Begriff
Rabban und die „Ansicht aller"	Eroberungskriege Josuas Erweiterungskriege des Davi-dischen Hauses	a) Kriege der Pflicht (מלחמות חובה) b) freigewählte Kriege (מלחמות רשות)
Die Ansicht einiger	[Kriege] gegen die Nichtjuden, damit sie Juden nicht überfallen	Kriege des Gebotes (מלחמות מצוה)
Die Ansicht anderer	[Kriege] gegen die Nichtjuden, damit sie Juden nicht überfallen	freigewählte Kriege (מלחמות רשות)

Abschließend kann gesagt werden, daß palästinischer und babylonischer Talmud in dem Punkt übereinstimmen, daß eine deutliche Mehrheit der rabbinischen Autoritäten die Kriege Josuas als „Krieg der Pflicht" bestimmen.

2. Die sogenannten drei Sendschreiben Josuas

2.1 Der palästinische Talmud

2.1.1 Der Traktat Shevi'it

Der fünfte Traktat des Seders Zera'im (Von den Saaten) namens Shevi'it widmet sich der Feldarbeit im Jahr vor Beginn des sogenannten Sabbatjahrs, dem siebenten Jahr[624], woher der Traktat seinen Namen hat.

2.1.2 Die drei Sendbriefe Josuas

In seinem sechsten Kapitel kommt der Traktat Shevi'it (Shevi) in einem haggadischen Abschnitt überraschend auf Josua in Verbindung der Landnahmekriege zu sprechen. Der scheinbar nicht gleich einsehbare Zusammenhang, weshalb überhaupt in pT Shevi 6,1/20 Josua und sein Vorgehen im Vorfeld der Landnahme thematisiert werden, läßt sich mit einer entsprechenden Stelle im Buch Levitikus plausibel machen. In Lev 25,2aβ heißt es: „Wenn ihr in das Land kommt, das ich euch gebe, soll das Land Sabbatruhe zur Ehre des Herrn halten" (EÜ). Damit sind zwei wichtige Stichworte gefallen. Das eine Stichwort ist die Gabe des Landes durch JHWH, welche aus dem Blickwinkel der linearen Erzählausrichtung an dieser biblischen Textstelle noch aussteht. Dieser Gesichtspunkt wird durch das konditionale „wenn ihr kommt" unterstrichen. Das andere Stichwort ist das Sabbatjahr bzw. der Sabbat für JHWH. Ein solches Jahr ist, wie Lev 25,4 präzisiert, im siebenten (שביעת) Jahr nach sechs Arbeitsjahren zu halten, d.h. es geht um das siebente Jahr nach Abschluß der Landnahme und der Verteilung des Landes. Von daher sind Landgabe/Landnahme und „Siebentjahr" bereits biblisch miteinander verklammert. Ebenso eng verbunden mit der Landgabe JHWHs, welche über die Landnahme erfolgt, ist aus der Perspektive des Pentateuchs Josua.[625] Von daher ist ein inhaltlicher Bezugspunkt dafür gegeben, weshalb eine Äußerung sich in pT Shevi 6,1/20 über Josua im Zusammenhang der Landnahme findet. Der Text[626] lautet:

---

[624] Vgl. Ex 23,10f; Lev 25,2–7.
[625] Josua wird im Buch Levitikus nicht genannt. Die Wendung aber, die sich in Lev 25,2 findet (das Land, das ich gebe), steht wörtlich auch am Ende des Buches Deuteronomium in Dtn 32,52, von der narrativen Leseanordnung her also kurz vor Beginn der Landgabe Gottes über die Landnahme Josuas.
[626] Im folgenden wird der Text der ersten Druckausgabe des palästinischen Talmuds, welcher in Venedig 1523 in Druckfassung erschien und dem neben zwei anderen die einzig erhalten gebliebene umfangreiche Leidener Handschrift zugrunde lag, zitiert. Dieser Text ist abgedruckt in: P. Schäfer/H.-J. Becker, Synopse Bd. I/3–5 262. Die in eckigen Klammern gesetzten Radikale finden sich nicht in der Ausgabe von P. Schäfer/H.-J. Becker und sind eine Hinzufügung des Verfassers.

2. Die sogenannten drei Sendschreiben Josuas

דאמר רבי שמואל בר נחמן שלש פרסטיגיות שילח יהושע לארץ
ישראל עד שלא יכנסו לארץ מי שהוא רוצה להפנות יפנה. להשלים
ישלי[ם]. לעשות מלחמה יעשה. גרגשי פינה והאמי[ן] לו להקב״ה (627)
והלך לו לאפריקי. עד בואי ולקחתי אתכם אל ארץ כארצכם.
זו אפריקי. גבעונים השלימו וכי השלימו יושבי גבעון את ישראל.
שלשים ואחד מלך עשו מלחמה ונפלו.

Übersetzung:

„Rabbi Simeon ben Nachman hat gesagt: Josua sandte drei Briefe nach dem Land Israel, bevor er dasselbe betrat. Der eine lautete: Wer sich aus dem Lande hinwegwenden will, der kann es tun; der zweite: Wer Frieden schliessen will, der mag es tun, und der dritte: Wer den Krieg fortsetzen will, wird geschlagen werden. Der Stamm Girgasi verliess das Land und wandte sich nach Afrika, wo unter den Worten: ‚Bis dass ich komme und euch führe in das Land gleich dem eurigen' Afrika zu verstehen ist. Die Gibeoniten schlossen Frieden [‚und daß die Bewohner von Gibeon Frieden geschlossen hatten mit Israel'[628]], und die 31 Könige setzten den Krieg fort und fielen in der Schlacht".[629]

Der Topos der unmittelbar vor der Landnahme abgeschickten drei sogenannten Sendschreiben des Josua an die Völker Kanaans wird mit dem besonders als Haggadist hervorgetretenen Rabbi Samuel[630] bar Nachmani[631] in

---

[627] Die Abkürzung להקב״ה steht für להקדוש ברוך הוא (der Heilge, gepriesen sei er), sie findet sich ausgeschrieben bei H. W. Guggenheimer, Jerusalem Talmud 500.

[628] Dieses Schriftzitat aus Jos 10,1 findet sich sowohl in den Handschriften von Leiden, Vatikan (... וכי לא) und London als auch in den Druckausgaben von Venedig (1523) und Amsterdam (1710). Lediglich in der auch textkritischen Wert besitzenden sehr populären Ausgabe עין יעקב (Born Jakobs), die „eine Zusammenstellung sämtlicher Haggadastellen des babylonischen und vieler des jerusalemischen Talmuds" (I. Ziegler, En Ja'akow 421) darstellt, fehlt dieses Schriftzitat, vgl. P. Schäfer/H.-J. Becker, Synopse Bd. I/3–5 263. A. Wünsche weist in seiner Übersetzung lediglich auf diese Textstelle mit „s. Josua 10,1" hin, ohne sie zu zitieren. Damit folgt er letztlich der Ausgabe „En Ja'akow".

[629] A. Wünsche, Talmud 77. Eine zweite, etwas genauere Übersetzung lautet:„For Rebbi Samuel bar Nahman said, Joshua sent three orders to the Land of Israel before they entered the Land: Those who want to evacuate should evacuate, those who want to make peace should make peace, those who want to go to war should go to war. The Girgasites evacuated, believed in the Holy One, praised be He, and went to Africa. ‚Until I come and take you to a land like your Land', that is Africa. The people of Gibeon made peace, (Jos 10,1) ,… that the inhabitants of Gibeon had made peace with Israel'. Thirty-one kings went to war an fell", H. W. Guggenheimer, Jerusalem Talmud 500f.

[630] Auch wenn sich A. Wünsche ausdrücklich auf den palästinischen Talmud bezieht, verwendet er dennoch statt Samuel den Namen Simeon, obgleich alle maßgeblichen Texte שמואל lesen. Aber mit dieser Lesart steht A. Wünsche insofern nicht allein, als auch H. N. Bialik/Y. H. Ravnitzky, die sich offenbar auch an dem palästinischen Talmud orientieren, „R. Simeon" lesen und zudem den Vatersnamen „ben Gamaliel" hinzusetzen, was eine zusätzliche Textvariante bedeutet, vgl. dies. Legends 106. Eine Erklärung für die Verwendung des Namens Simeon an dieser Stelle könnte der Hinweis W. Bachers geben. Er macht darauf aufmerksam, daß die Tosefta in Shab 7,25 im Zusammenhang des Wegzuges eines Stammes der Vorbewohner aus dem

Verbindung gebracht. Dieser haggadische Topos ist mindestens in zweifacher Hinsicht äußerst bemerkenswert. Zum einen gibt es bezüglich der Sendschreiben nur einen vagen biblischen Anhaltspunkt, und zum anderen will jener Topos offenbar deutlich machen, daß Josua bestrebt war, die Landnahme friedlich und ohne Blutvergießen vorzunehmen. Zudem hätten sich die Völker, welche die ersten zwei Angebote Josuas ausgeschlagen haben, dann auch bewußt für Krieg entschieden. M.a.W. dieser haggadische Stoff möchte Josua als gerechten und vollkommenen Anführer Israels auftreten lassen. So wird Josua als verhandlungsbereit dargestellt, dem es nicht von vornherein um Tod und Vernichtung der Vorbewohner des verheißenen Landes geht, auch wenn er bezüglich der Einnahme des Landes selbst zu keinem Kompromiß bereit ist. Zu einem solchen Konzept gehört, daß mit diesen Schreiben Josuas versucht wird, die Vereinbarkeit zwischen der von Gott autorisierten Landnahme, welche die vormaligen Bewohner zu verdrängen beabsichtigt, und einer damit verbundenen Bereitschaft, die Vorbewohner dabei schonend zu behandeln, in Einklang miteinander zu bringen. Besagter biblischer Anknüpfungspunkt könnte in Dtn 20,10–14 gefunden werden. Dort wird es den Israeliten zur Pflicht gemacht, einer Stadt vor einem Kampf zuerst Frieden anzubieten, wenn diese ihn ausschlägt, darf sie erobert und alles Männliche in ihr „mit scharfen Schwert" getötet werden. Das Problem aber ist, daß diese Regelungen auf gar keinen Fall auf die Landnahme und die sogenannten sieben Völker Anwendung finden dürfen (Dutn 20,15–18).

Daß jene Sendschreiben fordernden Charakter haben und keinen herrschaftsfreien Dialog beabsichtigen, läßt sich bereits an dem für diese Schreiben verwendeten Begriff פרסטיגיות[632] ablesen. Dabei handelt es sich um einen dem Griechischen entlehnten Ausdruck, der πρόσταγμα lautet. Dieser ist mit „Anordnung", „Befehl" und „Edikt" zu übersetzen. Von daher sendet Josua den Bewohnern Kanaans nicht drei Briefe schlechthin, sondern drei Edikte befehlenden Charakters. Diese drei Edikte selbst werden in pT Shevi 6,1/20 nicht zitiert, sondern lediglich im Stil einer Inhaltsangabe wiedergegeben, die auf die Kernbotschaft reduziert ist.

Das erste Edikt bietet den Bewohnern Kanaans freien Abzug an: „Wer weggehen will, gehe weg". Wie sich dieses Weggehen im einzelnen gestalten soll, bleibt anscheinend den Adressaten überlassen. Das heißt, ob sie mit

---

verheißenen Land den Namen „Simeon b. Gamliel" lese, vgl. ders., Agada 517. „A. And Rabban Gamaliel says, ‚You have no people which is more considerate than the Amorites. B. And so we find that they believed in the Omnipresent and were exiled to Africa. C. The Omnipresent gave them a land as beautiful as their original land. D. And the land of Israel was called by their name [Amos 2,10]" (Sabb 7,25), J. Neusner, Tosefta 25.

[631] Vgl. S. Atlas, Samuel 92; G. Stemberger, Einleitung 95.
[632] Dieser Pluralform liegt der Ausdruck פרוזדגמא bzw. פרויסטגנמא/פרוסדגמא zugrunde, vgl. H. W. Guggenheimer, Jerusalem Talmud 501, Anm. 64 sowie G. H. Dalman, Handwörterbuch 347, 351 und J. Levy, Talmudim 107.

2. Die sogenannten drei Sendschreiben Josuas

oder ohne Gepäck das Land verlassen, ob sie sofort das Land verlassen sollen oder ob ihnen hierfür ein zeitlich angemessenes Ultimatum gesetzt ist, bleibt in pT Shevi offen. Zudem gibt es keinen Anhaltspunkt dafür, daß das angebotene Verlassen des Landes unter unmittelbarer Aufsicht von Josuas Truppenteilen erfolgen wird. Diese Einzelfragen können auch deshalb in diesem ersten Edikt völlig ausgeblendet bleiben, da mit ihm allein die Botschaft übermittelt werden soll: Es bestand für alle Bewohner Kanaans grundsätzlich die Möglichkeit des freien Abzuges, und allen war dies durch jenes erste Edikt Josuas ausreichend bekannt.

Das zweite Edikt bietet die Möglichkeit an, mit Josua und den Israeliten Frieden zu schließen. Dieses Angebot steht aber qualitativ nicht auf einer gleichen Ebene wie das erste. Es ist, verglichen auf einer Werteskala, erkennbar unterhalb des ersten Edikts angesiedelt. In diesem Zusammenhang ist zu bedenken, daß der Ausdruck השלים nicht dazu verleiten darf, an einen wirklichen Friedensschluß zu denken. Denn einschränkend ist sofort hinzuzufügen, daß hierbei „nicht an den Friedenschluß zweier gleichberechtigter Partner, sondern an die Auferlegung der pax israelitica gedacht ist."[633] Von daher gibt die Übersetzung „he who wishes to capitulate, let him capitulate"[634] den wahren Sachverhalt, der mit jenem Ausdruck an dieser Stelle verbunden ist, sehr treffend wieder. Zudem besitzt das Verbum שלים im Aramäischen unter anderem die Bedeutung von „ausliefern" und „übergeben".[635] Damit wird deutlich, daß das zweite Edikt zu einer friedlich verlaufenden Kapitulation und Übergabe der befestigten Siedlungen aufruft[636], welche dafür die Schonung des Lebens der Bewohner an sich einschließt, mehr aber nicht. Welcher Status einem danach zuerkannt wird, Freier oder Sklave, ist außerdem noch eine andere Frage. Zumindest ist es sehr wahrscheinlich, daß die, die eine „Kapitulationsurkunde" unterzeichnen, sich in ein Abhängigkeitsverhältnis zu Israel begeben.

Das dritte Edikt ist im Grunde eine regelrechte Kriegserklärung; denn der Krieg wird deutlich vernehmbar angekündigt: „Wer Krieg führen will, führe ihn". Es geht also nicht, wie die Übersetzung von A. Wünsche nahelegt, um eine Fortsetzung, sondern um die Eröffnung eines Krieges (who want to go to war). Mit dem letzten Edikt wird somit indirekt noch einmal unterstrichen, daß der Wille[637] zum Krieg letztlich dem Adressaten anheimgestellt wird.

Von daher bildet die Reaktion der Briefempfänger einen weiteren unver-

---

[633] F. J. Stendebach, שלום 30.
[634] H. N. Bialik/Y. H. Ravnitzky, Legends 106.
[635] Vgl. J. Levy, Talmudim 564.
[636] W. Bacher übersetzt daher diesen Passus ganz zutreffend: „Wer in Frieden sich unterwerfen will, der unterwerfe sich!", ders., Agada 517.
[637] Da es sich sprachlich gesehen bei der Wiedergabe des zweiten und dritten Edikts um Brachylogie handelt, ist die Wendung „Wer will" (מי שהוא רוצה) den zwei weiteren entsprechenden Sätzen gedanklich als vorangestellt aufzufassen.

zichtbaren Aspekt dieses haggadischen Stoffes. Denn es wird letzten Endes mitgeteilt, daß es auch je drei Reaktionen auf diese drei Edikte hin gab; das heißt grundsätzlich einmal, daß die Edikte ihre Adressaten überhaupt erreichen. So wird am Beginn der Reaktionsnotiz mitgeteilt, daß die Girgasiter auf das erste Schreiben hin auch weggezogen seien. Sprachlich wird dies zudem in der Weise ausgedrückt, daß der Begriff „weggehen/sich wegwenden" (פנה) aus dem ersten Edikt in der Mitteilung des Wegzuges noch einmal aufgegriffen wird. Somit läßt sich von einer anaphorischen Bezugnahme sprechen. Die Region, in welche die Girgasiter ausgewandert sein sollen, wird unter ausdeutender Verwendung eines Schriftzitates aus 2 Kön 18,32 par Jes 36,17 mit Afrika angegeben. Daß aus der Perspektive des palästinischen Talmuds der mehr oder weniger freiwillige Wegzug aus dem Land als Reaktion auf das erste Edikt Josuas auch die eigentlich erwünschte und somit erstbeste Reaktion ist, wird mit der Aussage in bezug auf die Girgasiter wie folgt betont: „Und sie glaubten ihm, dem Heiligen, gepriesen sei er" (believed in the Holy One, praised be He). Darüber hinaus wird mit dieser Aussage zugleich hervorgehoben, daß die Girgasiter in dieser Angelegenheit sogar dem Gott Israels vertrauten. Dies bedeutet nicht zuletzt, daß die Girgasiter im Grunde nicht als Götzendiener, sondern als an den wahren Gott Glaubende charakterisiert werden.[638] Zudem wird, was fast viel weitreichender ist, die wichtige Botschaft übermittelt, daß die Methode Josuas mit den drei Edikten von Gott unterstützt bzw. letztlich autorisiert ist. Das heißt, auch Gott will nicht von vornherein Tod und Vernichtung, sondern vielmehr zuerst den friedlichen Auszug der Bewohner Kanaans, um dann das freigezogene Land ohne Blutvergießen den Israeliten zu überlassen. Der Hauptakzent liegt dabei unmißverständlich darauf, daß im Unterschied zu den zu trauriger Bekanntheit gelangten „ethnischen Säuberungen" bei dem von Gott durch Josua angestrebten Unternehmen niemandem ein leiblicher – und in dieser Perspektive – auch kein seelischer Schaden entstehen, dieser sogar primär ausgeschlossen sein soll.

Als Reaktion auf das zweite Edikt wird sozusagen die weniger erstrebte, aber immer noch hinnehmbare Reaktion des „Friedensschlusses" mit den Gibeoniten angegeben. Auch hierbei wird das Leitwort „Frieden schließen" (השלים) aus dem zweiten Edikt zur Verdeutlichung wieder aufgegriffen. Indem dabei sogar direkt ein Versteil aus dem Buch Josua 10,1bα zitiert wird, wird darüber hinaus zugleich auf Jos 9 Bezug genommen. Dies bedeutet, daß mit diesem Vers indirekt gleichzeitig ausgesagt ist, daß die Gibeoniten durch diesen Vertrag zu einem Dienstleistungsvolk gemacht worden sind (Jos 9,23). Es ist Israel gegenüber zu Hilfs- und Spanndiensten ver-

---

[638] Dieser Befund besitzt mit Blick auf die sogenannten sieben noachidischen Gebote noch einmal eine höchst beachtenswerte Bedeutung. Denn wenn sie keine Götzendiener sind, so bräuchten sie auch das Land grundsätzlich nicht zu verlassen.

2. Die sogenannten drei Sendschreiben Josuas

pflichtet (Jos 9,27). Kennzeichen dieser weniger erstrebenswerten Lösung ist, daß irgendein Hinweis bezüglich des Glaubens der Gibeoniten an den Gott Israels unterbleibt.

Als dritte Reaktion wird auf das dritte Edikt schließlich in Anspielung auf Jos 12 angegeben, daß 31 Könige es vorgezogen haben, gegen Israel in den Krieg zu ziehen, und daß sie dabei ums Leben gekommen sind. Auch hier wird wiederum die Leitwortverbindung „Krieg unternehmen" (עשה מלחמה) aus dem entsprechenden Edikt verwendet. Wenngleich das Ergebnis der dritten Reaktion recht nüchtern ausfällt, so liegt der Akzent dennoch darauf, daß Israel unter Josua eine regelgerechte Kriegserklärung abgegeben hat, bevor es in den Kampf zog. Auf diese Weise wird gezeigt, daß sich Israel kriegsrechtkonform verhält und keinen Krieg einfach vom Zaune bricht. Auch ein solches Verhalten ist dazu angetan, die Auffassung zu stützen, daß Josua ein gerechter und vollkommener Anführer der Israeliten ist.

2.1.3 Fazit

Erstmals wird im palästinischen Talmud der haggadische Topos der drei Sendschreiben des Josua in Verbindung mit dem Namen Rabbi Samuel bar Nachmani eingeführt. Bei diesen drei Schreiben handelt es sich vom Begriff her um Edikte fordernden Charakters, die Josua vor Eintritt in das verheißene Land an die dortigen Bewohnern adressiert. Das erste Edikt gewährt ihnen freien Abzug. Dies wird im palästinischen Talmud als die beste Lösung gekennzeichnet, indem die Girgaschiter, die als einzige von dieser Möglichkeit Gebrauch machen, als an Gott Glaubende/auf ihn Vertrauende dargestellt werden. Das zweite Edikt bietet asymmetrische Friedensverhandlungen an, die darauf abzielen, denen, welche sich darauf einlassen, zwar das Leben als solches zu garantieren, jedoch sie zu nicht gleichberechtigten Partnern, sondern zu Dienstleistenden Israel gegenüber zu machen. Dies wird mit ausdrücklichem Hinweis auf die Gibeoniter zum Ausdruck gebracht. Das dritte Edikt stellt letztlich eine Kriegserklärung dar. Die, die sich für Krieg entscheiden, finden allesamt den Tod.

Die zentrale Botschaft jenes Topos ist, daß nicht von vornherein der Tod der Vorbewohner Kanaans und die Vernichtung befestigter Ortschaften gewollt ist. Selbst Gott, mit dessen Billigung Josua handelt, will keine von Kämpfen begleitete Landgabe/Landnahme. Daher werden Alternativen angeboten. Die Reaktionen auf diese drei Edikte zeigen grundsätzlich, daß sie ihre Adressaten erreichen und daß somit jeder Adressat auch über sein eigenes weiteres Schicksal mitentscheiden konnte. Mit dem Topos der drei Edikte wird schließlich verhindert, daß sich der Eindruck ergibt, Gott ordne von vornherein Tod und Vernichtung an. Zudem wird die Anschauung verstärkt, daß Josua ein gerechter Anführer Israels ist und selbst in schwierigen Situationen regelgerecht und verläßlich handelt.

2.2 Midraschim Rabba

2.2.1 Midrasch Levitikus Rabba

Der Midrasch Levitikus Rabba ist hauptsächlich auch unter dem Namen Wajikra Rabba bekannt. Diese Bezeichnung geht auf das erste Wort des Buches Levitikus (ויקרא) zurück. Nach M. Margulies ist es wahrscheinlich, daß der palästinische Talmud und Levitikus Rabba (LevR) auf gemeinsame haggadische Quellen zurückgehen bzw. daß sogar der palästinische Talmud „eine Vorstufe von LevR verwenden konnte".[639] Dies gilt es mit Blick auf den Kontext, in welchem in diesem Midrasch die drei Sendschreiben Josuas stehen, mitzubedenken. Datiert wird die Redaktion des LevR auf die Zeit zwischen 400 und 500 u.Z., und als Entstehungsort gilt nicht zuletzt auch aufgrund des galiläischen Aramäisch Palästina.[640]

2.2.1.1 Die drei Sendschreiben

Das 14. Kapitel des biblischen Buches Levitikus handelt vom Problem des Aussatzes, so daß sich von daher auch das entsprechende 14. Kapitel von LevR beschäftigt. Somit stellt sich die Frage, unter welchem Vorzeichen der Topos „Drei Sendschreiben des Josua" Eingang in die Thematik „Aussatz" finden konnte. Zur Beantwortung dieser Frage ist es angezeigt, zuerst nach dem biblischen Befund zu fragen. Dieser besagt, daß auch in Lev 14 die Themata „Aussatz" und „Landgabe" miteinander verklammert sind. So heißt es in Lev 14,34: „Wenn ihr in das Land Kanaan kommt, das ich euch zum Besitz gebe, und ich lasse an einem Haus des Landes, das ihr besitzen werdet, Aussatz auftreten ..." (EÜ). Diesem Vers wird dann im 17. Abschnitt des 14. Kapitels in LevR eine homiletische Auslegung gewidmet. Zum besseren Verständnis dieser Auslegung ist daran zu erinnern, daß für hartnäckigen Aussatz eines Hauses in Lev 14,43-45 der Fall vorgesehen ist, das gesamte Haus niederzureißen. Bei einer solchen Aktion kann es dann nach LevR 17,6 geschehen, daß ein Schatz gefunden wird. Dieser Schatz besteht näherhin aus Gegenständen, welche die Kanaaniter vor den Israeliten in ihren Häusern versteckt haben. Dahinter steht der Gedanke, zu erklären, weshalb überhaupt JHWH Aussatz über Häuser kommen läßt. Mit der Aussage, daß die Kanaaniter Schätze in ihren Häusern versteckt hätten, will LevR auf eine Zusage aus Dtn 6,11 hinweisen, die sich schließlich erfüllt hat: „(M)it Gütern gefüllte Häuser, die du nicht gefüllt hast" (EÜ), wird Israel bei seinem Einzug in das verheißene Land vorfinden. Vor diesem Hintergrund wird jetzt in

---

[639] G. Stemberger, Einleitung 287.
[640] Vgl. ders. ebd. 287.

2. Die sogenannten drei Sendschreiben Josuas

LevR die naheliegende Frage gestellt: „Wer hat denn aber den Kanaanitern gesagt, dass die Israeliten in das Land einziehen würden?"[641] Daraufhin wird die Antwort gegeben:

Text[642]:

א"ר ישמעאל בר נחמן ג' פרוזדוגמאות שלח יהושע אלצם הרוצה
לפנות יפנה להשלים ישלים לעשות מלחמה יעשה. גרגשי עמד
מאליו לפיכך נתנה לו ארץ יפה כארצו הה"ד עד באי ולקחתי אל
ארץ כארצכם זו אפריקי גבעונים השלימו שנא' וכי השלימו
יושבי גבעון ל"א מלכים עשו מלחמה ונפלו:

Übersetzung:

„Josua hatte drei Schriften an sie gesandt, sagte R. Ismael bar Nachman, worin es hiess: Wer räumen (das Land verlassen) will, der räume es, wer Frieden schließen will, der thue es, wer Krieg führen (sich widersetzen) will, der thue es. Girgaschi (eine von den Völkerschaften) erhob sich (räumte das Land) und darum wurde ihm auch ein schönes Besitzthum in seinem Lande gegeben, wie es heisst Jes 36,17: ‚Bevor ich komme und euch nehme in ein Land wie das eurige' d.i. Afrika. Die Gibeoniten schlossen Frieden s. Jos 10,1: ‚Dass die Bewohner von Gibeon Frieden mit den Israeliten gemacht', die einunddreissig Könige aber führten Krieg und fielen" (LevR 17,6).[643]

Text und Inhalt stimmen im wesentlichen mit pT Shevi 6,1 überein. Zwei Unterschiede lassen sich jedoch erkennen. Zum einen wird in dieser Sendschreibenversion nicht mehr auf den Glauben der Girgasiter (לו [והאמין] להקב"ה/believed in the Holy One, praised be He) hingewiesen. Zum anderen, und dies ist wichtiger, hat sich jetzt in LevR die Intention verschoben, weshalb der Topos von den drei Sendschreiben aufgegriffen wird. Primär geht es jetzt in diesem Kontext nicht darum, Josua und seine Kriegsführung als angemessen und gerecht darzustellen, sondern darum, folgende Fragen zu beantworten: Woher hatten die Kanaaniter Kunde vom Anrücken der Israeliten? Weshalb versteckten sie Schätze in ihren Häusern? Weshalb ließ JHWH später Aussatz über diese Häuser kommen, so daß sie abgerissen werden mußten? Wie erfüllt sich die Zusage JHWHs, daß die Israeliten beim Eintritt in das verheißene Land mit Gütern gefüllte Häuser vorfinden werden?

---

[641] A. Wünsche, Midrasch (1993a) 113.
[642] Quelle: 1924 ברלין; ניו-יורק, מדרש רבה, י. בערמן.
[643] A. Wünsche, Midrasch (1993a) 113f.

2.2.1.2 Fazit

Der Topos der drei Sendschreiben Josuas findet sich in LevR 17,6 im Zusammenhang der Thematik „Aussatz". Text und Inhalt stimmen zwar im wesentlichen mit pT Shevi 6,1 überein, aber dieser haggadische Stoff dient jetzt nicht mehr dazu, die Kriegsführung Josuas als gerecht darzustellen, sondern zu erklären, weshalb die Israeliten nach Einzug in das Land nicht sofort mit Schätzen gefüllte Häuser (vgl. Dtn 6,11) vorfanden. Der Grund hierfür liege nämlich darin, daß die Kanaaniter Zeit gehabt hatten, ihre Güter in den Häusern zu verstecken, weil sie durch die drei Sendschreiben Josuas bereits vorgewarnt waren. Als nächstes wird die Frage beantwortet, warum JHWH Aussatz an Häusern in Israel zuläßt. Denn als die Israeliten die Häuser der Kanaaniter einnahmen, fanden sie keine Schätze vor. Als wenig später Aussatz in den Häusern festgestellt worden ist, mußten diese der Vorschrift gemäß abgerissen werden. Auf diese Weise fanden die Israeliten dann schließlich doch die ihnen von JHWH verheißenen Schätze der Häuser.

Somit erweist sich schließlich der Topos der drei Sendschreiben als eine Art „Wandermotiv" innerhalb der rabbinischen Literatur, welcher zur Deutung unterschiedlicher Sachverhalte herangezogen wird. Dies erklärt vielleicht zudem, weshalb das Sendschreibenmotiv auch mit verschiedenen rabbinischen Autoritäten in Verbindung gebracht wird.

2.2.2 Midrasch Deuteronomium Rabba

Midrasch Deuteronomium Rabba (DtnR) ist, wie es sein Name schon andeutet, eine Auslegung des Buches Deuteronomium. Von daher wird er in der Literatur auch Midrasch Debarim Rabba genannt. Nach G. Stemberger basieren wichtige Textfassungen des DtnR u.a. sowohl auf dem palästinischen Talmud als auch auf dem Midrasch LevR. Ein Einfluß des babylonischen Talmuds läßt sich hingegen nicht nachweisen. Entstanden ist DtnR, was sich u.a. ebenso aufgrund sprachlicher Merkmale (z.B. galiläisches Aramäisch) festmachen läßt, in Palästina. Nach G. Stemberger ist dieser Midrasch „sicher früh entstanden; eine genauere Datierung zwischen etwa 450 und 800 ist durch die bewegte Textgeschichte ... sehr erschwert."[644]

2.2.2.1 Das dreiteilige eine Sendschreiben

Bekanntlich enthält Dtn 20 die Kriegsgesetze für Israel. Da dies zugleich der einzige Ort neben Dtn 21,10–14 im Pentateuch ist, welcher diese Thematik

---

[644] G. Stemberger, Einleitung 303.

2. Die sogenannten drei Sendschreiben Josuas

ausführlich behandelt, ist es von daher nicht überraschend, daß diese Gesetze im Midrasch DtnR Gegenstand der Interpretation sind.

Den Ausgangspunkt zu dieser Auslegung bildet Dtn 20,10aα „Wenn du vor eine Stadt ziehst" (EÜ). Da nun dieser Vers mit den Worten fortgesetzt wird „um sie anzugreifen, dann sollst du ihr zunächst eine friedliche Einigung vorschlagen" (EÜ), konzentriert sich die Auslegung auf das Anbieten des Friedens den Städten gegenüber. Dabei ist man überzeugt, daß die Aussagen aus Dtn 20,10 von Gott selbst stammen: „Gott sprach, wenn ihr in den Krieg zieht, so sollt ihr erst mit Frieden anfangen, wie es hier heißt: ,Wenn du dich einer Stadt nahest'."[645] Des weiteren wird uns unter Bezugnahme auf Dtn 2,24–26 eine haggadische Geschichte zur Illustration dieser Forderung vorgetragen. In Dtn 2,24 erhält Israel unter Mose den Auftrag, Sihon, den König von Heschbon zu bekämpfen, um dort mit der Eroberung zu beginnen. Unmißverständlich ist der Auftrag Gottes erkennbar, gegen diesen König in den Krieg zu ziehen (V 24b). In Dtn 2,26 wird dann berichtet, daß entgegen dem in V 24 ergangenen Auftrag, das Land des Königs von Heschbon zu besetzen, Mose jedoch vorerst Boten zu Verhandlungen zu jenem König aussendet. Diese Boten sind beauftragt, ein friedliches Angebot – wörtlich: Worte des Friedens (דברי שלום)[646] – dem König von Heschbon zu unterbreiten. Ziel dieses Friedensangebotes ist es, freies Geleit bzw. „unschädlichen Durchzug" (transitus innoxius) durch jenes Gebiet zu erhalten sowie für Speis und Trank fair zu bezahlen.[647] Daraufhin, so berichtet der Midrasch, sprach Gott zu Mose: „Ich habe dich geheissen, mit ihm Krieg zu führen, und du bietest ihm den Frieden an (eig. und du fängst mit Frieden an)."[648] Anstelle Mose mit einer Sanktion zu belegen, da er einem göttlichen Auftrag Gottes nicht nachkam, bestätigt Gott dennoch wiederum ausdrücklich nach Auskunft des Midrasch jenes Vorgehen des Mose: „(I)ch werde deinen Entschluss bestätigen. Bei jedem Krieg, den sie nun führen werden, sollen sie zuvor ihr den Frieden anbieten (mit Frieden beginnen), wie es heißt: ,Wenn du dich einer Stadt nahest'."[649] Gott beglaubigt also nicht nur im nachhinein die Handlungsweise des Mose, sondern er erhebt sie zugleich zu einem normativen Gebot für alle Zeiten. Damit wird zweifelsfrei klargestellt, daß es Gottes Willen entspricht, vor Beginn jeden Krieges zuerst ein Friedensangebot dem Gegner zu unterbreiten. Daran haben sich alle Anfüh-

---

[645] A. Wünsche, Midrasch Debarim 73.
[646] Vgl. Ps 28,3; Est 9,30.
[647] Diese Begebenheit, welche auch in ähnlicher Weise in Num 21,21–25 berichtet wird, ist über Augustin, der hierfür den Begriff transitus innoxius (nichtschädigender Durchzug) verwendet (qu. 4,44), in der späteren völkerrechtlichen Diskussion unter diesem Stichwort aufgegriffen und in bezug auf das Institut des freien Durchzugs allgemein erörtert worden, vgl. E. Reibstein, Transitus innoxius 435–438; K.-H. Ziegler, Grundlagen 7.15.26f.29; ders., Völkerrechtsgeschichte 26f.190.231.
[648] A. Wünsche, Midrasch Debarim 73.
[649] Ders. ebd. 73.

rer Israels künftig zu halten. Mose hat ihnen das erste Beispiel hierfür gegeben. Im Midrasch wird jetzt die rhetorische Frage gestellt: „Wer hat diesen Abschnitt (diese Vorschrift) gehalten?", die unmittelbare Antwort darauf lautet kurz und knapp: „Josua ben Nun".[650] In Anschluß an diese Antwort wird jetzt im Midrasch zur Bestätigung dieser Aussage die sogenannte Sendschreibengeschichte erzählt:

Text[651]:

א"ר שמואל בר נחמן מה עשה יהושע היה פורש דאטגנמא בכ"מ שהיה הולך לכבוש. והיה כתוב בה מי שמבקש לילך ילך לו ומי שמבקש לעשות שלום יעשה ומי שיבקש לעשות מלחמ' יעשה. מה עשה הגרגשי פנה והלך לו מלפניהו. ונתן לו הקב"ה ארץ יפה כארצו זו אפריקי. הגבעונים שחשלימו עשה להם יהושע שלום. אבל ל"א מלכים שבאו להלחם עמו הפילם הקב"ה בידו. מנין שנאמר ונכהו עד בלתי השאיר להם שריד:

Übersetzung:

„R. Samuel bar Nachman sagte: Was that Josua? Er verbreitete den Befehl (das Edict) überall, wo er Eroberungen machen wollte, worin geschrieben war: Wer gehen will, gehe zu ihm, und wer Frieden schließen will, thue es, und wer Krieg führen will, thue es. Was that Girgasi? Es wandte sich und kam ihm freundlich entgegen, und Gott gab ihm ein schönes Land, wie das seinige, nämlich Afrika. Mit den Gibeonitern, die friedlich gesinnt waren, machte Josua Frieden, aber die 31 Könige, welche kamen, um mit ihm Krieg zu führen, warf Gott in seine Gewalt. Woher läßt sich das beweisen? Es heisst Jos 11,8: ‚Und sie schlugen sie, bis keiner von ihnen übrig blieb", (DtnR 5,14).[652]

Die hier wiedergegebene Sendschreibenerzählung ist zwar in Abfolge und in Inhalt mit der in pT Shevi 6,1 und in LevR 17,6 identisch, jedoch weist auch sie einige Unterschiede zu den genannten Stellen auf. Diese sind in der systematisierenden Art und Weise begründet, wie in DtnR die Sendschreibenversion eingesetzt wird. Diese systematisierende Vorgehensweise läßt außerdem den Schluß zu, daß DtnR den pT Shevi 6,1 und LevR 17,6 voraussetzt. Denn zu den auffälligsten Unterschieden pT Shevi 6,1 und LevR 17,6 gegenüber zählen, daß nunmehr nur noch von einem Edikt die Rede ist. Daraus und aus der Wendung „worin geschrieben war/wherein was written"

---

[650] Ders. ebd. 73. „Who fulfilled [the command in this] section? Joshua the son of Nun", H. Freedman/M. Simon, Midrash – Numbers/Deuteronomy 116.
[651] Quelle: 1924 ברלין, ניו־יורק, מדרש רבה, י. בערמן.
[652] A. Wünsche, Midrasch Debarim 73.

2. Die sogenannten drei Sendschreiben Josuas 161

kann geschlossen werden, daß in diesem einen Edikt in dieser Version alle drei „Angebote" zugleich im Sinne einer Liste enthalten sind. Aus dieser kann dann jeder König auswählen, wofür er sich entscheiden will. Eine nächste Differenz ist, daß es jetzt heißt, Josua verbreitete das Edikt dort überall „wo er Eroberungen machen wollte". Damit fällt der Terminus „erobern/to conquer" (כבש), womit die Landnahme als ein Eroberungskrieg wie in bT Sot 44b charakterisiert wird. Mit dem Begriff „erobern" wird ebenfalls wie in bT Sot 44b der diesbezügliche Sachverhalt aus menschlicher Perspektive präziser beschrieben. Dabei wird aber nicht das Handeln Josuas als eine eigenmächtige und zum eigenen Ruhm unternommene Aktion herabgestuft.

Auch in dieser Version ist deutlich markiert, welche Entscheidung als gewünscht eingestuft wird. Die Girgasiter wenden sich sogleich vom Land Israel ab und erhalten als Belohnung dafür ein wunderschönes Land (in) Afrika.[653] Die zweitbeste Lösung wird ebenso knapp mitgeteilt: Josua schloß mit den Gibeonitern Frieden. Auch wenn mit dem Ausdruck השלים an dieser Stelle nicht an einen Friedenschluß auf Augenhöhe gedacht ist, so ist die Diktion in DtnR aufgrund der Knappheit in der Formulierung hinsichtlich des damit verbundenen Vasallenverhältnisses der Gibeoniter viel zurückhaltender als in pT Shevi 6,1 und in LevR 17,6. Dies entspricht auch der Intention von DtnR, Josua gleichsam als einen Friedensfürsten vorzustellen. Schließlich wird erwartungsgemäß mitgeteilt, daß die 31 Könige, die mit Josua Krieg zu führen beabsichtigten, durch Josuas Hand mit Gottes Hilfe fielen, das heißt starben. Zu notieren ist, daß in diesem Passus besonders Wert darauf gelegt wird, daß es die 31 Könige waren, die kamen, um Krieg zu führen. Auch dies korrespondiert mit dem Ziel, Josua als im Grunde von friedlichen Absichten Beseelten in Erscheinung treten zu lassen. Daß diesem Krieg der 31 Könige im Midrasch DtnR im Unterschied zu pT Shevi 6,1 und LevR 17,6 mehr Aufmerksamkeit geschenkt wird, läßt sich an der die Sendschreibenserzählung abschließenden Frage erkennen, die sich auf den Tod jener Könige bezieht: „Woher lässt sich das beweisen?" Antwort: „Es heisst Jos 11,8: ‚Und sie schlugen sie, bis keiner von ihnen übrig blieb.'"[654] Schließlich ist auch diese Frage im Unterschied zu pT Shevi 6,1 und LevR 17,6 in DtnR hinzugekommen.

2.2.2.2 Fazit

In DtnR 5,13f wird mit Bezug auf die biblische Aussage „Wenn du dich einer Stadt nahest" (Dtn 20,10aα) die Forderung abgeleitet, daß die Israeliten, bevor sie zum Instrument des Krieges greifen, zuerst Friedensverhandlungen

---

[653] Aber auch in diesem Midrasch wird nicht mehr wie in pT Shevi 6,1 auf das Gottvertrauen der Girgasiter hingewiesen, zudem ist auf Zitatenanklänge (2 Kön 18,32/Jes 36,17) verzichtet worden.
[654] Ders. ebd. 73.

der anderen Seite anzubieten haben. Die überaus große Bedeutung dieser göttlichen Forderung kann man an der haggadischen Erzählung ablesen, welche mitteilt, wie es zu dieser Forderung gekommen ist. Auch wenn Mose entgegen dem göttlichen Auftrag den König von Heschbon nicht sofort mit Krieg überzog, sondern ihm zunächst einen Vertrag mit Bezug auf einen freien Durchzug (transitus innoxius) anbot (Dtn 2,26–29), bestätigt dennoch Gott nach DtnR 5,13 dieses Vorgehen im nachhinein und erklärt es zugleich für alle künftigen Führer Israels als normativ. Im Anschluß daran wird mit Hilfe des Sendschreibentopos entfaltet, daß es dann Josua war, der diese Forderung Gottes getreu umgesetzt hat.

In DtnR 5,14 ist jetzt aus den drei Sendschreiben ein einziges, und zwar ein Edikt geworden, welches alle drei Angebote (friedliche Ausreise mit göttlichem Gebietsausgleich; asymmetrische Friedenverhandlungen und Kriegerklärung) zugleich enthielt. Die Reaktionen fallen wie in den Versionen zuvor aus (die Girgasiter wenden sich von Kanaan ab und erhalten afrikanisches Land; die Gibeoniter schließen einen Friedensvertrag, und 31 Könige wollen Krieg und fallen in ihm). Ziel dieser Sendschreibenerzählung ist es wieder, Josua als einen höchst gerechten Anführer Israels darzustellen, der dem Beispiel des Mose und der göttlichen Forderung, wie sie in Dtn 20,10 festgehalten ist, getreulich folgt. Die Botschaft vor allem in diesem Kontext ist: Auch wenn die Landnahme aus der Perspektive Gottes und somit Israels als alternativlos anzusehen ist, will Gott durch Josua zuerst Frieden und annonciert dies klar und deutlich. Von daher hat die Sendschreibengeschichte in DtnR 5,14 ihren wirklichen Platz gefunden, auch wenn DtnR an dieser Stelle auf pT Shevi 6,1 und LevR 17,6 durchaus basiert.

3. Gesamtfazit rabbinische Überlieferung

Wenngleich den Themen Krieg und Beginn der Landnahme unter Josua in Mischna, Talmud und rabbinischer Kommentarliteratur keine eigenen Traktate gewidmet sind, enthalten sie dennoch jeweils Äußerungen dazu. Diese erscheinen wie nicht selten in der rabbinischen Literatur an Stellen, an denen es der eher unkundige Leser nicht erwarten würde.

Der Traktat Sota der Mischna, der sich mit der Thematik einer des Ehebruchs verdächtigen Frau beschäftigt, kommt in seinem VIII. Kapitel auf die Kriegsgesetze von Dtn 20,1–9 zu sprechen. In der Erörterung dieser Kriegsgesetze in mSot VIII 1a–6a wird allgemein und unterschiedslos wie in Dtn 20,1–9 der Terminus Kampf/Krieg verwendet.[655] Am Ende der Darlegung werden plötzlich wie selbstverständlich drei Kategorien des Krieges eingeführt. Dieser Umstand läßt darauf schließen, daß es sich dabei um Fachbe-

---

[655] Vgl. mSot VIII 1a.2c.d

3. Gesamtfazit rabbinische Überlieferung

griffe handelt, die bereits um 200 u.Z. in der rabbinischen Diskussion eingeführt und bekannt sind. Die Begriffe sind „freigewählter Krieg", „Krieg des Gebotes" und „Krieg der Pflicht" (mSot VIII 7a.b). Eine Schwierigkeit besteht darin, daß diese Begriffe nicht erläutert werden. Indirekt läßt sich aber folgendes entnehmen: Ein freigewählter Krieg ist anscheinend der, den „Israel aus freien Stücken, aus eignem Antrieb und Machtvollkommenheit" unternimmt.[656] Ein „Krieg des Gebotes" heißt offenbar deshalb so, weil er in der Tora gründet (vgl. Dtn 20,1–9) und somit toragemäß ist. Von der Teilnahme an beiden Kriegsarten kann dispensiert werden. Ein „Krieg der Pflicht" ist der, den Gott befiehlt und der somit höchste Verbindlichkeit beansprucht, so daß er unausweichlich zu führen ist. Diese drei Begriffe stehen in der rabbinischen Diskussion sachlich vorerst für zwei Arten der Verpflichtung, einen Krieg zu führen. Es gibt einen Krieg, von welchem dispensiert[657], und es gibt einen Krieg, von dem nicht dispensiert werden kann.[658] Während es in mSot VIII 7a.b den Anschein macht, als ob diese Unterscheidung lediglich begrifflicher, aber nicht sachlicher Art ist, trägt der Traktat Sanhedrin der Mischna (mSanh) eine weitere Differenzierung ein, die zugleich eine qualitativ hierarchische Stufung impliziert. In einer Auflistung der Befugnisse des Hohen Rates wird in mSanh I 5a festgehalten, daß man ohne Spruch, d.h. ohne Genehmigung des Gerichtshofes nicht zu einem freigewählten bzw. zu einem eigenmächtigen Krieg hinauszieht. Der freigewählte Krieg unterliegt somit der Genehmigungspflicht einer irdischen Instanz. Diese Einschränkung wird somit implizit weder für den „Krieg des Gebotes" noch für den „Krieg der Pflicht" erhoben.[659] Von daher existiert eine qualitative Bruchlinie zwischen dem „freigewählten Krieg" auf der einen Seite und „dem Krieg des Gebotes" sowie dem „Krieg der Pflicht" auf der anderen Seite. Auch wenn eine präzise Unterscheidung der beiden letzten Kriegsarten schwierig ist, so sind diesen Kriegen die Landnahmekriege, die Kriege gegen Amalek und die gegen jene Völker zuzuordnen, die Israel bedrohen. Diese besitzen einen hohen Verbindlichkeitsgrad. So läßt sich schließlich sagen, daß man vor dem Hintergrund von Dtn 20,1–9 in der Mischna bereits eine geprägte begriffliche Differenzierung für erlaubte Kriege seitens Israel kennt und daß es Tendenzen gibt, die bekannten Kriegsarten insgesamt inhaltlich weiter zu präzisieren. Daß diese Debatte in der Mischna keinen breiteren Raum einnimmt oder fortgeführt wird, kann im Verlust der Ausübung staatlicher Macht in Judäa 70/71 u.Z. und im verlorenen Bar Kochba Aufstand 132–135 u.Z. begründet liegen. Gleichwohl

---

[656] Vgl. H. Bietenhard, Mischna 137.
[657] Der freigewählte Krieg (Mehrheitsmeinung der Rabbinen) und der Krieg des Gebotes (Rabbi Jehuda), vgl. mSot VIII 7a.b.
[658] Der Krieg des Gebotes (Mehrheitsmeinung der Rabbinen) und der Krieg der Pflicht (Rabbi Jehuda), vgl. mSot VIII 7a.b.
[659] Vgl. Krauß, Mischna 79.

wird die Gültigkeit und Erlaubtheit jener Kriege nicht in Frage gestellt. Zumindest begründet die Mischna letztlich mit diesen Begriffen eine Tradition, die nicht einfach übergangen werden kann, aber auch nicht unberücksichtigt geblieben ist.

Im palästinischen Talmud wird in pT Sot 23a die Diskussion der Mischna aus Sot VIII 7a.b hinsichtlich der Kriegskategorien aufgegriffen. Festgehalten wird, daß es sich bei den Unterscheidungen sowohl um eine nur begriffliche Differenz als auch um einen „sachlichen Streit" handeln kann, je nachdem, welcher Schulrichtung man folgt. Neu hingegen ist, daß in pT 23a hinzugefügt wird, was nach Auffassung der Rabbanin ein „Krieg des Gebotes" und ein „Krieg der Pflicht" ist. Im Ergebnis sind demnach alle Kriege Davids unterschiedslos Kriege des Gebotes. Von diesen Kriegen konnte es somit Dispens nach Dtn 20,1–9 geben, da sie letztlich für Israel trotz aller Gebietserweiterung und Sicherung nicht mehr konstitutiv waren. Vor diesem Hintergrund ist es kein signifikanter Unterschied, ob es sich bei diesen Kriegen um „freigewählte" oder um „Kriege des Gebotes" handelt. Der Krieg Josuas hingegen wird in pT Sot 23a als „Krieg der Pflicht" charakterisiert. Damit ist anscheinend der Landnahmekrieg gemeint, denn es wird im ersten Teil des Buches Josua an keiner Stelle berichtet, daß Josua eine Auswahl an Personen für diesen Kampf im Unterschied zu Ex 17,9 vornahm.[660] In Jos 6 ist demzufolge vom ganzen Volk bzw. von dem Volk die Rede, das um die Stadt Jericho herumzog, ein Krieggeschrei anstimmen sollte und es auch ertönen ließ, in die Stadt hineinstieg und alles in ihr dem Untergang weihte.[661] Da mit diesem Krieg insgesamt JHWH ganz Israel in das ihm verheißene Land/Erbe einziehen ließ, konnte es von diesem Krieg auch keinerlei Dispens geben. Offen bleibt die Frage, ob sich nach den Rabbanin dieser „Krieg der Pflicht" nur auf die Landnahmeeroberungszeit einschränken, begrenzen läßt oder ob es sich in Zukunft immer dann um einen „Krieg der Pflicht" handelt, wenn es grundsätzlich um das territoriale Existenzrecht Israels geht. Hier können Kriege seitens des Gegners Israels in Frage kommen, die das verliehene Land/Erbe massiv angreifen. Eine enge Auslegung wird zu berücksichtigen haben, daß der Begriff „Pflicht" ohne Determinationspartikel (ein Krieg der Pflicht) verwendet ist und von daher der Landnahmekrieg als ein Beispiel hierfür, wenngleich auch als das prominenteste, anzusehen sei.

Eine andere Perspektive wird Rabbi Yehuda in pT 23a insofern zuerkannt, als er im Unterschied zu mSot VIII 7b den freigewählten und den Krieg der Pflicht kennt. Auch diese Kriegsarten werden nun präzisiert. Ein freigewählter Krieg ist demnach der, wenn Israel von sich aus ohne Not gegen Feinde zieht. Wird Israel hingegen von einem Feind angegriffen, so wird für

---

[660] Auf weitere und andere rabbinische bzw. jüdische Stimmen zum Thema Krieg/Kampf gegen Amalek weist H. A. Tanner hin, vgl. ders., Amalek 355–370.
[661] Vgl. Jos 6,5.7.8.10.16.20f.

Israel ein solcher Krieg zu einem Verteidigungskrieg, zu einem „Krieg der Pflicht". In dieser Logik liegt es, daß es von ersterem Dispens und von letzterem keine Dispens geben kann. Für Rabbi Yehuda besitzen anscheinend die Kriege Josuas keine Relevanz für die Fragestellungen der Gegenwart. Der Landnahmekrieg ist für Israel einmalig und unwiederholbar und wird somit zu einem Krieg sui generis.

Im babylonischen Talmud läßt sich der Fortgang der Diskussion bezüglich der Kriegkategorien besonders gut nachvollziehen. Denn die hier anzutreffende systematisierende Redeweise verrät den Willen, die einzelnen Schulrichtungen miteinander zu harmonisieren, ohne sie deswegen zugleich einebnen zu wollen. Über den aus Mischna und palästinischen Talmud bekannten Diskussionsstand hinaus werden in bT Sot 44b von Raba die Landnahmekriege Josuas ausdrücklich als „Eroberungskriege" bzw. als „Kriege zum Unterwerfen" bezeichnet (מלחמות יהושע לכבש). Dieser Begriff erscheint auch in diesem Zusammenhang als ein bereits geprägter. Zudem sind sie pflichtige Kriege, d.h. es gab keine Erlaubnis, von diesen fern zu bleiben. Daß diese Kriege konkret mit der Person Josuas in Verbindung gesetzt werden, ist ein sicheres Indiz dafür, die pflichtigen Kriege allein auf die Landnahme zu beziehen. Denn anderes als in pT ist in bT Sot 44b nicht mehr von Kriegen Davids die Rede, sondern Raba nennt sie „Kriege des Davidischen Hauses". Auf diese Weise wird jetzt von der konkreten Person Davids abstrahiert, so daß nunmehr alle Kriege der Nachfolger auf dem davidischen Thron als freiwillige Kriege eingestuft werden können. Diese Kriege werden unmißverständlich als „Kriege des Davidischen Hauses zur Erweiterung" (מלחמות בית דוד לרווחה) gekennzeichnet. Von diesen kann aber bei Vorliegen eines berechtigten Grundes (vgl. Dtn 20,1-9) dispensiert werden. Raba hebt mit Blick auf die Kategorisierung der Kriege Josuas in pflichtige und der des Hauses Davids in freiwillige den Konsens in dieser Frage hervor, da diese Zuordnung, wie er ausdrücklich betont, die „Ansicht aller" (דרבי הכל) sei.

Neu ist in bT Sot 44b, daß eigens von Kriegen gegen Götzendiener, wörtlich „Diener der Sterne", gesprochen wird. Diese Kriege werden deshalb geführt, damit die Götzendiener die Juden nicht überfallen. Somit sind sie sachlich als Präventiv- oder Preemtivkriege einzustufen. Nach Raba liege jedoch ein Dissens darin, ob es sich bei diesen Kriegen um gebotene oder um freiwillige handle. Von dieser Zuschreibung hänge es aber entscheidend ab, ob man während eines Krieges von der Befolgung von anderen Geboten befreit ist. Denn bei einem „Krieg des Gebotes" ist man von der Einhaltung anderer Gebote dispensiert. Vor diesem Hintergrund wird jetzt bestätigt, daß ein „Krieg des Gebotes" als ein toragemäßer zu bestimmen ist. Dafür spricht eine weitere Konnotation: Da der Ausdruck „Krieg" (מלחמה) auch die Bedeutungen „Gedränge", „Handgemenge" und „Kampf" besitzt, könnte sich jene kontrovers geführte Diskussion auch auf Auseinandersetzungen mit der nicht-jüdischen Umwelt in der Diaspora beziehen. Konkret könnte u.a. die Frage im Hintergrund stehen, ob man sich an einem Sabbat gegen Übergriffe zur Wehr setzen dürfe. Zwar wird diese Frage schon in 1 Makk 2,29–41 behandelt, aber es sei daran erinnert, daß die Makkabäerbücher nicht zum Kanon der hebräischen Bibel gehören.

Die Debatte in Mischna und Talmud konvergiert in folgenden Punkten. 1. Die Kriege Josuas werden als „Kriege der Pflicht" qualifiziert, von denen es keine Dispens gab. Sie gehören zur Gründungszeit eines territorial-staatlich verfaßten Israel. Daher sind sie Kriege sui generis. 2. Als „Kriege des Gebotes" sind die einzustufen, wenn es sich bei ihnen um die Verteidigung Israels handelt. Von ihnen kann nicht dispensiert werden. Diesen Kriegen haftet sachlich die Qualität von Pflichtkriegen an. 3. Erweiterungskriege der Davididen sind freigewählte Kriege, die zwar mit der Tora in Einklang stehen, von deren Teilnahme man sich aber unter konkreten Umständen dispensieren lassen kann (vgl. Dtn 20,1–9). 4. An keiner Stelle ist in Mischna und Talmud die Tendenz erkennbar, das Institut des Krieges für Israel als überholt anzusehen oder es gar abzuschaffen.

Während sich Mischna und Talmudim mit der grundsätzlichen Erörterung des Themas Krieg beschäftigen, läßt sich darüber hinaus im palästinischen Talmud noch eine andere Deutung der Landnahmekriege erkennen, die sich auch in den Midraschim findet. Diese Deutung ist bemüht, dem Beginn und dem Verlauf der Landnahmekriege Josuas nachträglich eine kriegsrechtliche Rechtfertigung zu unterlegen. Im Hintergrund steht hierbei ein apologetisches Anliegen. Dieses speist sich aus einem sensibel wahrgenommenen Ungenügen an der Begründungstruktur für jene Kriege. Denn nach biblischem Befund, den auch Nichtjuden überprüfen können, gibt Gott den Israeliten das Land Kanaan zum Besitz und nimmt dabei billigend in Kauf, daß die Bewohner des Landes getötet, bestenfalls verdrängt oder als Knechte für Israel eingesetzt werden. Dieser Befund wird dadurch erhärtet, daß JHWH selbst die Feinde verwirrt (Jos 10,10), so daß sie effektiver bekämpft werden können, und auch persönlich in den Kampf eingreift (Jos 10,11a). Während aus jüdischer Sicht grundsätzlich nicht verhandelbar ist, daß Gott der Geber des Landes war und ist und Israel helfend beisteht, erlauben offenbar die Person Josuas und Passagen des Kriegsgesetzes von Dtn 20 Anknüpfungspunkte für Modifikationen, die den Kernbereich des Glaubens unberührt lassen. Von diesen Modifikationen konnte man sich erhoffen, daß sie auch Nichtjuden gegenüber kommuniziert werden können, da jene Regeln des allgemeinen Kriegsrechtes beinhalten. Hierzu wird ein haggadischer Topos wie selbstverständlich aufgegriffen, dessen Herkunft im palästinischen Judentum liegen könnte.[662] Dieser Topos berichtet davon, daß

---

[662] Den Texten, in denen er verwendet wird, ist gemeinsam, daß sie auf Vorlagen beruhen, die palästinischen Ursprungs sind wie z.B. der palästinische Talmud, vgl. zudem G. Stemberger,

3. Gesamtfazit rabbinische Überlieferung 167

Josua drei Schreiben in das Land Kanaan sandte, bevor er es einnahm. Die Erzählstruktur basiert näherhin auf einer Zweiteilung. Denn der Text ist so aufgebaut, daß im ersten Teil von drei Angeboten Josuas mit einer knappen, aber eindeutigen Inhaltsangabe an die Vorbewohner Israels die Rede ist. Dem korrespondiert der zweite Teil, in welchem die jeweilige Reaktion einer Personengruppe auf diese Angebote mitgeteilt wird. Inhaltlich geht es um folgendes: Das erste Angebot gewährt den Bewohnern freien Auszug aus dem Lande, wovon ein Stamm Gebrauch macht. Das zweite bietet zwar Friedensverhandlungen an (vgl. Dtn 20,9), aber anscheinend zu unvorteilhaften Bedingungen. Dies läßt sich daran ablesen, daß hierbei die Gibeoniter genannt werden, die sich auf diese Friedensverhandlungen einlassen (vgl. Jos 9). Das letzte Angebot ist im Grunde eine Kriegserklärung, da es mitteilen läßt: Wer Krieg führen will, soll ihn führen. Daß aus ihm Israel als Sieger hervorgehen wird, geht aus der Mitteilung vom Tod der 31 Könige hervor (vgl. Jos 12). Diese haggadische Erzählung findet sich im palästinischen Talmud (Shevi 6,1/20), im Midrasch Levitikus Rabba (LevR 17,6) und im Midrasch Deuteronomium Rabba (DtnR 5,14).

Auch wenn diese Haggada vom Erzählaufbau und vom Inhalt her in allen drei Quellen identisch ist, so ist sie doch in thematisch unterschiedliche Kontexte gestellt. In pT Shevi 6,1 wird jene Erzählung im Zusammenhang des Sabbatjahrs verwendet. Der Haftpunkt hierfür ist, daß in Lev 25,2 die Landgabe JHWHs und die Sabbatruhe des Landes aufeinander bezogen werden. Damit wird nicht nur die Heiligkeit des Landes unterstrichen, sondern der Geber des Landes, JHWH, verpflichtet dieses Land darauf, sozusagen als Dank für die Gabe des Landes eine Sabbatruhe für ihn, für JHWH, zu halten, und zwar nach jedem sechsten Jahr (Lev 25,4). Denn JHWH bleibt letztlich der eigentliche Besitzer des Landes. Von daher liegt es auch nahe, mitzuteilen, wie Israel in den Besitz des Landes gekommen ist.

Im LevR erscheint jene haggadische Erzählung in Verbindung mit der Kommentierung zu Lev 14, dessen Thema der Aussatz an Gegenständen ist. Anknüpfungspunkt ist auch hier eine Landgabenotiz, die im ersten Teilsatz wie in Lev 25,2 konditional eingeleitet und im zweiten Teilsatz mit einem kultrelevanten Thema verknüpft wird. In diesem Fall ist jene Notiz auf das Phänomen des sogenannten Aussatzes an Häusern bezogen. Interessengeleitete Absicht in LevR 17,6 ist es darzulegen, was Israel bei Aussatz an den im Land anzutreffenden Häusern zu tun hat, wenn es in das Land Kanaan kommt, das JHWH ihnen zum Besitz gibt, und wie sich dann über den Umweg „Aussatz" schließlich die Verheißung von Dtn 6,11 (Häuser mit gefüllten Schätzen)[663] erfüllt. Vor diesem Hintergrund eröffnet sich in LevR 17,6

Einleitung 287.303. Auch sachlich besitzt der palästinische Bereich einen deutlich starken territorialen Bezug zur Landnahme.

[663] In Neh 9,25 wird die Erfüllung dieser Verheißung bestätigt.

eine Leerstelle, um in haggadischer Art und Weise mitzuteilen, wie die Landnahme unter Josua eingeleitet und durchgeführt worden sei.

In DtnR 5,13f liegt hingegen ein systematischer Bezugspunkt des haggadischen Topos zu den Kriegsgesetzen von Dtn 20 vor. Denn in Dtn 20,10 werden kriegsrechtliche Modalitäten zur Eroberung einer Stadt genannt. Ein weiterer Bezugspunkt ist Dtn 2,24–26, wo letztlich das Beispiel einer praktizierten Anwendung von Dtn 20,10 geschildert wird (Dtn 2,26). Mose sendet Boten mit „Worten des Friedens" zum König der Amoriter. Klar ist mit Blick auf V 24 zu erkennen, daß Mose damit gegen den ursprünglichen Auftrag handelt. Der Midrasch berichtet, daß Gott im nachhinein dieses Vorgehen anerkennt und es zu einer allgemeinen Norm erhoben wissen will.[664] Daraus wird im Midrasch geschlossen: Es ist Gottes Wille, vor jedem Krieg zuerst ein Friedensangebot dem Gegner vorzulegen. Da Mose zwar als erster von den Israeliten dies getan hat, ohne sich dabei aber auf eine entsprechende normative Grundlage beziehen zu können, kann DtnR fragen, wer diese Vorschrift eingehalten hat. Die Antwort lautet: Josua, der Sohn Nuns. Zur Bestätigung wird jetzt jene haggadische Geschichte von Josua und seinen drei Verhandlungsangeboten vorgetragen. Daher ist es ein besonderes Anliegen von DtnR 5,13f, Josua als einen gerechten, tadellosen, dem Beispiel des Mose folgenden Anführer Israels auftreten zu lassen, der stets sein Handeln an den normativ geltenden Geboten Gottes ausrichtet (vgl. Dtn 20,10). D.h. Josua hat aus allgemein kriegsrechtlicher Perspektive die Vorbewohner dieses Landes nicht einfach überfallen, getötet oder vertrieben, sondern hat rechtens gehandelt.

Unter systematischem Aspekt ist damit aus rabbinischer Perspektive jener haggadische Topos als Kommentar zu Dtn 20,10 mit Blick auf die Landnahme unter Josua zu lesen. Ziel ist, daß sich Dtn 20 und die diesbezügliche Haggada stützen. So wird die Landnahme zu einem streng an den Kriegsgesetzen orientierten Geschehen, bei dem jeder der Vorbewohner, selbst einer jener sieben Völker (Dtn 7,2), eine gut begründete Chance hatte, mit dem Leben – unter bestimmten Bedingungen sogar komfortabel – davonzukommen. Zudem hilft diese haggadische Erzählung, ungerechtfertigt erscheinende Handlungen auszublenden bzw. sie dem jeweiligen Gegner als eigenes Verschulden anzulasten. Die Kehrseite ist aber die, daß damit aus kriegsrechtlicher Perspektive der Landnahmekrieg als ein Krieg wie jeder andere erscheinen kann. Schließlich kann DtnR 5,13f mittelbar entnommen werden, daß die Kriegsgesetze von Dtn 20 als nach wie für gültig für die jüdische Gemeinschaft angesehen werden.

---

[664] Augustinus verwendet in seiner Kommentierung zu dieser Bibelstelle den Begriff „transitus innoxius" (nichtschädigender Durchzug, vgl. qu. 4,44), der von der völkerrechtlichen Diskussion aufgegriffen worden ist und die dieses Institut allgemein unter diesem Begriff diskutiert.

VI. Aspekte der Rezeptionsgeschichte bei Maimonides

1. Maimonides (1135/38–1204)

In frühmittelalterlicher Zeit war es einem nicht rabbinisch geschulten Juden nur schwer möglich, die Vielzahl der Gebote und Verbote in der Tora und in der Halacha[665] zu überschauen. So kam besonders in Kreisen der sogenannten Laienrichter immer wieder der Wunsch nach übersichtlichen Handbüchern auf, um sich halachisch, d.h. am Gesetz orientieren zu können und um Recht auch praktikabel zu machen.[666] Jedoch stellten die Abhilfe versprechenden Kompendien allermeist nur einzelne Rechtssätze zusammen, die letztlich auch nicht systematisch aufgebaut waren. Vor diesem Hintergrund wird das Anliegen Maimonides'[667] verständlich, „das gesamte ‚mündliche Gesetz', wie es in der Mischna und im Talmud aufgeschrieben war, neu zu ordnen, und es ohne Verweise auf die rabbinischen Autoritäten einfach und klar darzustellen."[668]

In der Tat gelang es Maimonides, den halachischen Stoff so zu systematisieren, daß „annäherungsweise von einem Kodex die Rede sein kann."[669] Bei diesem Werk handelt es sich um die Mishneh Tora (משנה תורה), welcher um 1180 fertiggestellt worden ist. Dieser Ausdruck, der seine Anlehnung an Dtn 17,18 nicht verbergen will, verrät sogleich den von Maimonides erhobenen Anspruch. Denn nicht zuletzt habe Maimonides sich nach F. Niewöhner mit diesem Werk die Aufgabe gestellt, „die Mischna und den üppigen Talmud überflüssig (zu) machen."[670] Somit läßt sich auch vor diesem Hintergrund der Ausdruck Mishneh Tora mit „Tora-Zweitschrift"[671], „Zweite Tora" oder „Wiederholung der Tora" übersetzen.[672] Die Wertschätzung, die dieses Werk in der rabbinischen Rechtsfindung erfahren hat, äußert sich darin, daß es zu den vier Kompendien[673] des Mittelalters und der frühen

---

[665] Mit dem Begriff Halacha als Gattungsbegriff wird das ganze religionsgesetzliche System des nachbiblischen Judentums bezeichnet.
[666] Vgl. J. Maier, Friedensordnung 5.
[667] Maimonides wurde 1135 bzw. 1138 in Córdoba geboren, und er starb 1204 in Kairo. In der jüdischen Tradition wird Maimonides kurz Rambam genannt, welches ein Akronym seines vollen Namens Rabbi Mose ben Maimon ist.
[668] F. Niewöhner, Der Leser 11.
[669] J. Maier, Friedensordnung 5; vgl. zudem ders. ebd. 32.
[670] F. Niewöhner, Der Leser 11.
[671] J. Maier, Friedensordnung 5.
[672] „Nicht die Torah in der Bedeutung ‚die 5 Bücher des Moses' soll noch einmal gesichtet werden, sondern die Torah in der Bedeutung ‚das Gesetz', die Scharia", F. Niewöhner, Maimonides 26.
[673] Bei den anderen drei Kompendien handelt es sich 1. um die Hilkot ʾAlfas (Isaak ben Jakob Alfasi, (1013–1103), 2. um die ʾArbaʿah Turim (Vier Kolumnen) des Jakob ben Ascher (1340+) und 3. um den Shulchan ʿaruk (Bereiteter Tisch) des Josef ben Efraim Karo (1575+), vgl. J. Maier, Friedensordnung 5f.

Neuzeit gerechnet wurde, gegen deren gemeinsamen Konsens keine rechtliche Entscheidung getroffen werden konnte. Das besondere Kennzeichen der Mishneh Tora (MTh) besteht zudem darin, daß er das einzige Kompendium ist, welches tatsächlich das ganze jüdische Recht umfaßt, und zwar auch die Bereiche, die keine Anwendung mehr finden konnten bzw. mehr fanden wie z.B. neben dem Tempelkult, die Frage nach der Vollmacht eines Propheten, nach dem Königsrecht und dem Kriegsrecht.

2. Die Mishneh Tora (מִשְׁנֵה תוֹרָה) und der JHWH-Krieg

Das Verblüffende an Mishneh Tora ist, daß Maimonides in diesem Kompendium auch jene Rechtsmaterien gegenwartsbezogen behandelt, die zu seiner Zeit realpolitisch keine praktische Relevanz mehr besaßen. Dahinter steht die neunte von seinen dreizehn Glaubenslehren, die besagt, daß die Tora von ewiger Geltung ist.[674] Auch wenn die zerstreute jüdische Communitas keinen Tempel und keinen König mehr hatte und ebenso keine Kriege führte, so ist dennoch bei Maimonides die Vorstellung eines jüdischen Gemeinwesens bzw. die Wiedererlangung einer jüdischen Eigenstaatlichkeit auf normativer Ebene keineswegs aufgegeben. Rezeptionsgeschichtlich zeigt sich dies vor allem daran, daß nach Gründung des Staates Israels 1948, besonders nach dem Sechstagekrieg, die halachische Autorität des Maimonides innerhalb einiger jüdischer Gruppierungen wieder an erneutem Ansehen darum gewann, „weil er de facto der einzige Autor war, der auch jene Bereiche des jüdischen Rechts berücksichtigt hat, die für ein eigenes jüdisches Staatswesen gelten."[675] Hierzu zählt auf biblisch-talmudisch normativer Ebene auch das „Kriegsrecht". Ebenso lassen sich für die jüdische Militärseelsorge im Staat Israel mit Blick auf Dtn 20,2–4 entsprechende Anknüpfungspunkte konstruieren.[676]

Von daher gewinnt die Frage an Interesse, wie Maimonides das sogenannte Kriegsrecht von Dtn 20 – besonders im Hinblick auf die Vernichtungsweihe (חרם) – interpretiert und wie er in diesem Zusammenhang Aussagen aus dem Buch Josua aufnimmt und deutet. Zudem ist zu fragen, wie Maimonides den traditionellen Topos des Krieges gegen Amalek versteht und welchen Stellenwert die Person Josuas insgesamt bei ihm besitzt.

Dabei darf nicht übersehen werden, daß die jüdische Communitas zur Zeit des Maimonides unter fremder Rechtshoheit, das heißt unter nichtjüdischer Oberherrschaft lebte. Dies bedeutete jedoch nicht, daß man grundsätzlich die eigenen religiösen Rechtsansprüche völlig aus dem Blick verlor oder sie

---

[674] Vgl. J. Guttmann, Philosophie 221.
[675] J. Maier, Friedensordnung 31; vgl. ders. ebd. 36.37.
[676] Vgl. ders. ebd. 36f.

2. Die Mishneh Tora (מִשְׁנֵה תוֹרָה) und der JHWH-Krieg

gar aufgab. Man erhoffte durchaus eine Umkehrung der Machtverhältnisse dergestalt, daß beispielsweise im Lande Israel wieder jüdische Könige herrschen oder die messianische Zeit weltweit anbricht[677], die u.a. durch eine Herrschaft auch über die anderen Völker gekennzeichnet ist.

Aber selbst unter fremder Rechtshoheit zweifelte man offenbar vor dem Hintergrund von Dtn 20 nicht an einer grundsätzlich eigenen Berechtigung zum Krieg[678], welche eng mit dem Königsrecht verbunden schien. Denn dies entsprach der Tora und war daher auch Bestandteil eines jüdischen Staats- und Verfassungsrechts. Der König ist es, der Kriege führt (vgl. 1 Sam 8,20), vor allem aber die Kriege des Herrn (vgl. 1 Sam 25,28). Dem entspricht, daß das biblisch-talmudische Königs- und Kriegsrecht neben David auch in Mose und in Josua Vorbilder sah.[679]

Unter inhaltlichem Aspekt galt es für Israel stets, den Götzendienst aktiv zu bekämpfen, der als eine Quelle der Verführbarkeit und der Abkehr von Gott angesehen wurde. Dabei war auch kein Kompromiß möglich (vgl. Ex 34,12–14). Somit wird jede Auseinandersetzung mit dem Götzendienst als „eine Art ‚heiliger Krieg' ... für die wahre Gottesverehrung" verstanden, so daß fast „jede Auseinandersetzung kriegerischer Art zwischen Israel und Nichtjuden zu einem Kampf für die ‚wahre Religion' und zur Ehre Gottes"[680] wird. Von daher bleiben grundsätzlich die Kriege Israels wegen ihrer aktiven Fronstellung gegen Götzendienst religiös motiviert und begründet, auch wenn man an keine praktische Durchführung denken konnte. Ebenso konnte jedoch rein theoretisch die Möglichkeit nie ganz ausgeschlossen werden, daß sich die Situation – beispielsweise aufgrund des Anbruchs der messianischen Zeit – plötzlich dergestalt ändert, daß Israel im einstmals verheißenen Land zur Herrschaft gelangt. Auch vor diesem Hintergrund bekommen die Aussagen Maimonides' über Josua und über den Krieg gegen Amalek eine nicht zu unterschätzende Bedeutung.

2.1 Mishneh Tora – Kriegsrechtliche Bestimmungen im Königsrecht

Maimonides teilt die Mishneh Tora, in welcher er alle jüdischen Rechtsbereiche berücksichtigt, in 14 Bücher ein, und jedes einzelne Buch ist wiederum in einzelne Gebotsmaterien (הלכות) unterteilt, deren Anzahl von Buch zu Buch sehr unterschiedlich sein kann. Dem Ziel, den umfangreichen halachischen Stoff zu systematisieren, dient auch die von Maimonides nach systematischen Aspekten vorgenommene neue Gliederung des gesamten Stoffes. Dies läßt sich beispielsweise daran ablesen, daß im ersten Buch der

---

[677] Vgl. ders. ebd. 12f.
[678] Vgl. ders. ebd. 13f.
[679] Vgl. ders. ebd. 15.
[680] Vgl. ders. ebd. 18.

Mishneh Tora, im Buch der Erkenntnis[681], erkenntnistheoretische Fragen aus theologisch-ethischer Perspektive erörtert werden und am Ende des 14. und letzten Buches, im Buch der Richter (Sefär Shofᵉtim), in einem eigenen Kapitel das Königsrecht mit Anteilen kriegsrechtlicher Art aufgriffen wird [הלכות מלכים ומלחמותיהם[682] (MEL[683])]. Das letzte Kapitel der Mishneh Tora schließt systematisch folgerichtig mit Überlegungen und Bestimmungen zum Messias-König.

2.1.1 Die drei Gebote beim Eintritt in das Land (MEL I)

Das erste Kapitel des Königsrechts beginnt mit drei Geboten, welche Israel beim Eintritt in das gelobte Land befohlen sind. Der Text[684] lautet:

A) Mishneh Tora

שָׁלֹשׁ מִצְוֹת נִצְטַוּוּ יִשְׂרָאֵל בִּשְׁעַת כְּנִיסָתָם לָאָרֶץ:
לְמַנּוֹת לָהֶם מֶלֶךְ שֶׁנֶּאֱמַר: שׂוֹם תָּשִׂים עָלֶיךָ מֶלֶךְ:
וּלְהַכְרִית זַרְעוֹ שֶׁל עֲמָלֵק, שֶׁנֶּאֱמַר: תִּמְחֶה אֶת־זֵכֶר עֲמָלֵק:
וְלִבְנוֹת בֵּית הַבְּחִירָה, שֶׁנֶּאֱמַר: לְשִׁכְנוֹ תִדְרְשׁוּ וּבָאתָ שָּׁמָּה.

Übersetzung:

„Drei Gebote sind Israel zur Zeit des Eintritts ins Land befohlen worden:
(1) Sich einen König zu ernennen, denn es heißt (Dtn 17,15): sollst du über dich setzen einen König.
(2) Die Nachkommenschaft Amaleks auszurotten, denn es heißt (Dtn 25,19): Du sollst austilgen das Andenken Amaleks;
(3) Einen Tempel (‚Haus der Erwählung') zu bauen; denn es heißt[685]: Und sie sollen mir ein Heiligtum machen ..." (MEL I,1).[686]

Als erstes ist zu notieren, daß der Text so formuliert ist, daß sein Inhalt sich sowohl auf die Situation der ersten Landnahme als auch auf die einer Wie-

---

[681] Einen guten Überblick über die 14 Bücher der Mishneh Tora gibt J. Maier, Friedensordnung 34f sowie in ders., Kriegsrecht 127–129. Umschrift einzelner Ausdrücke und Übersetzungen, die von J. Maier aus den Originaltexten neu angefertigt worden sind, werden von mir von J. Maier übernommen.
[682] Der vollständige Titel des Kapitels lautet daher: הלכות מלכים ומלחמותיהם/Rechte der Könige und ihrer Kriege.
[683] Im folgenden wird nach J. Maier die Abkürzung MEL für Hilkot Melakim verwendet.
[684] Der hebräische Text des MTh wird zitiert nach: ש.ת. רובינשטיין/מ.ד. רבינוביץ, משנה תורה הוא יד החזקה לרבינו משה בן מימון, ספר שופטים, Jerusalem ⁵5744.
[685] J. Maier gibt in seiner Übersetzung Ex 24,8 an, was sicherlich ein Versehen ist. Auch wenn vielleicht Ex 25,8 gemeint sein könnte, so handelt es sich aber im hebräischen Text vom Zitat her um Dtn 12,5.
[686] J. Maier, Friedensordnung 129.

2. Die Mishneh Tora (מִשְׁנֵה הַתּוֹרָה) und der JHWH-Krieg

derkehr in das Land beziehen läßt. Als nächstes ist festzustellen, daß weder im Buch Josua noch im Buch der Richter von einer Forderung nach der Einsetzung eines Königs über Israel gesprochen wird. Auch in 1 Sam 8,1–22 wird durch die königskritische Sicht deutlich, daß die Wahl eines Königs für Israel alles andere als selbstverständlich ist. Maimonides hingegen bezieht sich bei der ersten Forderung in MEL I,1 auf Dtn 17,14–20 und zitiert zielgerichtet einen Versteil von Dtn 17,15.[687] Der Text von Dtn 17,14f aber lautet insgesamt: „Wenn du in das Land, das der Herr dir gibt, hineingezogen bist, es in Besitz genommen hast, in ihm wohnst und dann sagst: Ich will einen König über mich einsetzen wie alle Völker in meiner Nachbarschaft!, dann darfst du einen König über dich einsetzen, doch nur einen, den der Herr, dein Gott, auswählt. Nur aus der Mitte deiner Brüder darfst du einen König über dich einsetzen. Einen Ausländer darfst du nicht über dich einsetzen, weil er nicht dein Bruder ist" (EÜ). Aus diesem biblischen Text geht jedoch auch hervor, daß keine zwingende Notwendigkeit dazu besteht, einen König einzusetzen, sondern daß dies erst auf ausdrücklichem Wunsch Israels hin erfolgt. Maimonides spart diesen Aspekt aus und stellt den Wunsch Israels nach einem König als eine von vornherein göttliche Forderung dar.[688]

Die zweite Forderung, Amalek auszurotten, ist ebenso dem Buch Deuteronomium entnommen (Dtn 25,19), wie das Zitat belegt. Mose macht es den Israeliten in Dtn 25,17–19 allgemein zur Pflicht, daß sie die Erinnerung an Amalek auszutilgen haben (מָחֹה), wenn sie in dem ihnen von JHWH als Erbbesitz gegebenen Land vor ihren Feinden zur „Ruhe" gekommen sein werden. Aus der Leserichtung des Endtextes der Tora ergibt sich, daß diese Forderung noch aussteht bzw. eine zukünftig noch zu erfüllende Aufgabe nach Einnahme des Landes ist. Unter diesem Aspekt ist zu beachten, daß der Name Amalek im Buch Josua[689] keine Erwähnung findet. Schließlich ist auch jene Forderung so formuliert, daß sie sowohl auf die Situation der ersten Landnahme als auch auf die einer Wiederkehr in das Land bezogen werden kann. Daß die Forderung der Ausrottung Amaleks sogleich der Forderung der Ernennung eines Königs an zweiter Stelle folgt, kann damit zusammen-

---

[687] In Dtn 17,18 ist von der Zweitschrift der Tora (מִשְׁנֵה הַתּוֹרָה/δευτερονόμιον) die Rede, die sich der König anfertigen lassen soll.
[688] Vgl. aber 1 Sam 8.
[689] Dies ist deshalb bemerkenswert, da der Kampf gegen Amalek dem Josua von Mose aufgetragen ist (vgl. Ex 17,9f) und neben dem konkret erwähnten Kampf (vgl. Ex 17,8–16) als ein permanenter Krieg für JHWH von Geschlecht zu Geschlecht stets zu führen ist (vgl. Ex 17,16). Denn es ist daran zu erinnern, daß es in der von Mose in Ex 17,9a angeordneten und von Josua durchgeführten Schlacht gegen die Amalekiter zwar einen Sieger gibt, daß aber dennoch den Amalekitern keine vernichtende Niederlage zugefügt worden ist: „Amalek was not destroyed", S. Abramsky, Amalekites 787. E. Haag weist erneut darauf hin, daß in Ex 17,13 ein Ausdruck verwendet ist (חלשׁ), der auch mit „schwächen" übersetzt werden kann, vgl. E. Haag, Estherbuch 34. Somit läßt sich dieser Vers auch zusammen mit S. R. Hirsch wie folgt übersetzen: „Und Josua schwächte Amalek und sein Volk mit der Schärfe des Schwertes." „Josua schwächte nur Amalek. Seine endliche Besiegung bleibt der fernen Zukunft vorbehalten", S. R. Hirsch, Pentateuch (Exodus) 182.

hängen, daß es nach 2 Sam 1,8.13 ein gerade ein Amalekiter war[690], der Saul, den ersten König Israels und Gesalbten JHWHs, tötet. Das bedeutet, Amalek stellt immer zugleich auch eine ganz konkrte Bedrohung für den König Israels dar. Diese Bedrohung gilt es zu beseitigen. Denn „(n)ur Amalek wagt es, die Hand gegen den Gesalbten Jahwes zu erheben."[691]

Die dritte Forderung, ein Haus der Erwählung (Tempel) zu bauen, ist dem Zitat nach ebenfalls dem Buch Deuteronomium entnommen (vgl. Dtn 12,5). Vom Gesamtduktus her läßt sich auch diese Forderung als nicht auf eine bestimmte Zeitepoche eingeschränkt verstehen.

Insgesamt läßt sich also sagen: Da Maimonides die oben genannten drei Forderungen im Königsrecht und damit im letzten Kapitel des letzten Buches der Mishneh Tora aufstellt, kommt diesen Forderungen nicht nur eine historische, sondern eine ebenso künftige, aber stets normative Bedeutung zu. Das heißt, daß der jüdischen Communitas, wann immer sie in das Land Israel zurückkehren wird, auch diese Gebote fortgesetzt aufgegeben bleiben. Dazu gehört ebenso, die Nachkommenschaft Amaleks auszurotten (להכרית).[692]

Die Brisanz einer solchen zeitlos gültigen Forderung äußert sich vor allem darin, daß zwar davon ausgegangen wird, daß das einstmalige Volk der Amalekiter aus biblischer Zeit so nicht mehr existiert, daß es aber in anderen Nachkommenszweigen noch fortbesteht.[693] Diese sind deshalb zu töten. Zudem verkörpert Amalek israelfeindliche Mächte in der Welt, so daß für Maimonides Amalek „jederzeit auch die aktuelle Politik repräsentieren kann".[694]

---

[690] Vgl. H. A. Tanner, Amalek 324f.
[691] Ders. ebd. 350.
[692] Der hierbei verwendete Terminus von der Wz. כרת im Hif. „ausrotten" wird z.B. in Dtn 12,29; 19,1; Jos 7,9; 23,4 in bezug auf Völkerstämme verwendet.
[693] Vgl. E. Horowitz, Rites 130f.
[694] Vgl. J. Maier, Friedensordnung 25. Vor diesem Hintergrund gilt es unter Umständen auch noch einem Hinweis des islamischen Gelehrten Tabari (839–923) mehr Aufmerksamkeit zu schenken. In seinem monumentalen Annalenwerk „Buch der Gesandten und Könige" (Ta'rih ar-rusul wa-l-muluk) spricht er an einer Stelle davon, daß die Amalekiter durch Shamir aus dem Jemen vertrieben worden seien. Dieser Shamir gilt als der erste König des Himyarstammes, welcher im Jemen siedelte. Unter der Führung eines gewissen Ifriqis, eines Abkömmlings der himyaritischen Könige, ging ein Rest der Kanaaniter nach den Kriegen mit Josua nach Afrika und siedelte sich dort an. Ganz gleich, wie es nun im einzelnen um die geschichtlichen Fakten gestellt sein mag, so wird bei Tabari zumindest eine Verbindung zwischen Amalekitern und Leuten aus dem Jemen hergestellt, vgl. H. Z. Hirschberg, Joshua 268. Von daher gewinnt zudem der „Brief in den Jemen" des Maimonides noch einmal besonderes Gewicht, vgl. S. Powels-Niami, Brief in den Jemen. Denn wenn auch Maimonides einen Zusammenhang zwischen Nachfahren der Amalekiter und „Jemeniten" gesehen haben sollte, so besaßen seine Aussagen bezüglich der Ausrottung der amalekitischen Nachkommen damals außerdem eine höchst aktuelle Bedeutung.

2. Die Mishneh Tora (משנה תורה) und der JHWH-Krieg

B) Sefär ham-micwot (ספר המצות/Buch der Gebote)

Die drei Gebote des Königsrechts sind von Maimonides zuvor schon im Sefär ham-micwot [Buch der Gebote (ShM) 20, 173 und 188] thematisiert worden.[695] Dabei fällt als erstes auf, daß Maimonides jeweils auf den Midrasch Sifre (§ 67 zu Dtn 12,10) verweist, wo an erster Stelle die Ernennung eines Königs, an zweiter die des Tempelbaus und erst an dritter die Ausrottung (ולהכרית) der Nachkommenschaft Amaleks genannt wird.[696]

Diese Reihenfolge verdient insofern Beachtung, als sie im baylonischen Talmud (bT Sanh 20b) so nicht bezeugt ist[697], obgleich sich Maimonides in diesem Zusammenhang, aber auch an anderer Stelle (ShM 188) auf jenen zu beziehen scheint.[698] Von daher stellt sich der Befund wie folgt dar:

3 Gebote	A	B
Quelle	Talmud (bT Sanh 20b) Maimonides (MEL I 1)	Midrasch (Sifre § 67) Maimonides ShM 20; 173; 188
Reihenfolge	Ernennung eines Königs Ausrottung Amaleks Tempelbau	Ernennung eines Königs Tempelbau Ausrottung Amaleks

Da die Reihenfolge (König; Tempelbau; Amalek) in ShM 173 offensichtlich dem Midrasch Sifre § 67 folgt, aber im Gegensatz zum Talmud steht, hat Mainonides vielleicht aus diesem Grunde die Reihenfolge in Mishneh Tora wieder dem Talmud entsprechend geändert, so daß die Ausrottung der Nachkommen Amaleks erneut an zweiter Stelle aufgelistet wird. Diese mit dem Talmud in Mishneh Tora übereinstimmende Reihenfolge bekräftigt Maimonides selbst in MEL I,2 insofern ausdrücklich, als er sagt: „Die Ernennung eines Königs geht den Kriegen gegen Amalek voran ... Und die Ausrottung Amaleks geht dem Tempelbau voran".[699] Näherhin wird hier für die Ausrottung der Terminus הכרתת verwendet. Es darf insgesamt davon ausgegangen werden, daß für Maimonides die in Mishneh Tora genannte Reihenfolge (Königeinsetzung; Ausrottung Amaleks und Tempelbau) Prio-

---

[695] Der Sefär ham-micwot (Buch der Gebote) darf als eine Vorarbeit zur Mishneh Tora angesehen werden.
Der hebräische Text wird zitiert nach: י. קאפח/מ.ד. רבינוביץ/מ. גושן-גוטשטיין/מ.י. ליב, רבינו משה בן מימון, ספר המצוות, Jerusalem ⁷5744.

[696] „R. Judah says: Three commandments were given to Israel to be performed when they entered the (Holy) Land: to appoint a king for themselves, to build the Chosen House (the Temple) for themselves, and to cut off the seed of Amalek.

[697] „Es wird gelehrt: R. Jose sagte: Drei Gebote wurden den Jisraéliten bei ihrem Einzuge in das Land auferlegt: einen König einzusetzen, die Nachkommen Amaleqs auszurotten und den Tempel zu bauen", L. Goldschmidt, Talmud (Bd. 8), Synhedrin 20b.

[698] Vgl. J. Maier, Friedensordnung 54.129.

[699] מנוי מלך קודם למלחמת עמלק ... והכרתת זרע עמלק קדמת לבנין הבית.

rität hat. Zugleich besitzt diese Reihenfolge normativen Charakter, wie dies auch dem Talmud (bT Sanh 20b) entnommen werden kann.

In Verbindung mit der gebotenen Einsetzung eines Königs und der sich daraus ergebenden entsprechenden Befehlsgewalt weist Maimonides in ShM 173 darauf hin, daß alle Befehle des Königs auszuführen sind, wenn sie nicht im Widerspruch zum Gesetz (תורני)[700] stehen. Er greift dabei auf die rabbinisch-talmudische Tradition (אבותינו/unsere Väter) zurück, die sich ihrerseits auf Jos 1,18 beruft: „Jeder, der sich deinem Befehl widersetzt und nicht auf deine Worte hört in allem, was du ihm befiehlst, soll getötet werden." Hierbei wird interessanterweise die Person des Josua so verstanden, als wäre er der erste König Israels gewesen. Somit verwundert es in dieser Perspektive nicht, daß nach Einnahme des Landes Israel einen König über sich zu setzen habe. Zudem wird Josua zum Vorbild für die künftigen jüdischen Herrscher, denen permanent die Aufgabe obliege, die Nachkommen Amaleks auszurotten.

2.1.2 Pflichtkrieg und Wahlkrieg (MEL V,1)

Im fünften Abschnitt des Königsrechts thematisiert Maimonides den sogenannten Pflichtkrieg, der vor allem auch gegen Amalek zu führen ist. Der erste Punkt lautet:

אין המלך נלחם תחלה אלא מלחמת מצוה. ואי זו היא מלחמת מצוה? זו מלחמת שבעה עממים, ומלחמת עמלק ועזרת ישראל מיד צר שבא עליהם. ואחר כך נלחם במלחמת הרשות והיא המלחמה שנלחם עם שאר העמים כדי להרחיב גבול ישראל ולהרבות בגדלתו ושמעו

Übersetzung:

„Der König führt vorrangig Pflichtkrieg. Und was ist ein Pflichtkrieg? – Das ist der Krieg gegen die sieben Völker (Kanaans) und der Krieg gegen Amalek sowie die Errettung Israels aus der Hand eines Bedrängers, der sie überfällt. Erst danach führt er die Wahlkriege. Das ist der Krieg, den er gegen die anderen Völker führt, um das Gebiet Israels zu erweitern und um seine Größe und seinen Ruhm zu mehren" (MEL V,1).[701]

---

[700] In seiner deutschen Übersetzung fügt J. Maier an dieser Stelle in Klammern neben dem Ausdruck Tora auch den der shari'a hinzu. Auf diese Weise wird noch einmal in Erinnerung gerufen, daß der Sefär ham-micwot (Buch der Gebote) von Maimonides zuerst in Arabisch verfaßt und später (mehrfach) ins Hebräische übersetzt worden ist. Folglich wird anscheinend der Ausdruck shari'a als Pendant zu Tora in arabischen Textausgaben verwendet, vgl. ders. ebd. 130.

[701] J. Maier, ebd. 138.

2. Die Mishneh Tora (מִשְׁנֵה תּוֹרָה) und der JHWH-Krieg

Maimonides greift mit den Ausdrücken „Pflichtkrieg" und „Wahlkrieg" sowohl bereits in der Mischna bezeugte und erörterte Begriffe[702] als auch die damit verbundene Unterscheidung im Königsrecht auf. Wie es schon der deutsche Begriff „Pflichtkrieg" andeutet, handelt es sich hierbei um einen Krieg, von welchem sich der König, mithin auch Israel, nicht dispensieren lassen kann. Ein solcher Krieg ist ihm als eine Pflicht auferlegt. Der hebräische Ausdruck, der dem von J. Maier verwendeten Begriff „Pflichtkrieg"[703] zugrunde liegt, lautet eigentlich „Kriege des Gebots" bzw. „Gebotskrieg" (מלחמת מצוה) und besagt somit, daß ein solcher Krieg Israels dem König vom Gesetz her aufgetragen ist. Es ist sogar die vorrangige Aufgabe des Königs, solche Kriege zu führen.

Ein besonderes Problem des hier angesprochenen Pflichtkrieges tritt vor allem in der Beantwortung der von Maimonides selbst rhetorisch gestellten Frage hervor: „Und was ist ein Pflichtkrieg?" Ein Pflichtkrieg (Krieg des Gebots) ist nach der von Maimonides angeführten Definition sowohl der Krieg gegen die sogenannten sieben Völker als auch, eigens genannt, der Krieg gegen Amalek.[704] Der Krieg gegen Amalek wird zwar nicht im Buch Josua erwähnt, wohl aber in Ex 17 in Verbindung mit Josua. Dagegen ist von den sogenannten sieben Völkern mehrmals im Buch Josua die Rede.[705] Auf diese Weise wird auch bei Maimonides zweifelsfrei der Zusammenhang zwischen Josua und der Landnahme erkennbar.

Erst an zweiter Stelle geht Maimonides in MEL V,1 der Sache nach auf den Verteidigungskrieg ein, ohne hierfür einen speziellen Begriff wie מלחמת חובה (Krieg der Pflicht)[706] zu verwenden: „Errettung Israels aus der Hand eines Bedrängers, der sie überfällt". Ein solcher Verteidigungskrieg läßt sich vom Sachverhalt nicht auf eine Ebene mit dem Krieg gegen die sieben Völker und Amalek stellen. Denn diese Kriege sind nach Eintritt in das Land Israel generell zu führen (vgl. MEL I,1), und zwar auch dann, wenn Israel nicht direkt von den sogenannten sieben Völkern oder von Amalek bedroht oder angegriffen wird.

---

[702] Vgl. mSot VIII 7a.b; mSanh I 5a.
[703] Hinsichtlich der Bezeichnung der Kriege als „Pflichtkrieg" und „Wahlkrieg" vgl. VI. Rabbinische Tradition. Der in der Mischna mSot VIII 7 verwendete Begriff מלחמת הרשות, der mit „eigenmächtiger Krieg" bzw. mit „freigewählter Krieg" übersetzt werden kann, wird hier von J. Maier mit „Wahlkrieg" wiedergegeben.
[704] Diese Beobachtung läßt sich zudem mit Hinweis auf den Talmud stützen, wo die Kriege Josuas in Verbindung mit der Landnahme als „Kriege der Pflicht" und „die Erweiterungskriege des Davidischen Hauses" als „freiwillige" Kriege bezeichnet werden (bT Sot 44b). Unabhängig von der Terminologie, wie wir sie in mSot VIII 7a.b antreffen, läßt sich der Ausdruck „Krieg der Pflicht" in bezug auf Josua auch vom Wortsinn selbst her so verstehen, daß diese Kriege als eine alternativlos auferlegte Verpflichtung verstanden worden sind.
[705] Jos 3,10 und 24,11 (sieben Völker; vgl. Dtn 7,1b) sowie Jos 9,1; 11,3; 24,11 (sechs Völker). In Jos 24,11 werden diese sogar in Verbindung mit den Einwohnern Jerichos genannt. Zu den unterschiedlichen Listen und weiterführenden Literaturangaben vgl. C. Houtman, Bewohner des Landes 51.
[706] Vgl. S. Krauß, Mischna 79.

Es stellt sich daher bei Maimonides noch einmal die Frage nach der generellen Gültigkeit des Gebotes, Amalek bzw. die Nachkommen Amaleks auszurotten. Als erstes kann gesagt werden, daß sich bei Maimonides vom Duktus her, aber auch in der Formulierung keine grundsätzliche Suspendierung von diesem Gebotes erkennen läßt. Es gilt anscheinend immer noch. Verstärkt wird dieser Eindruck durch eine Äußerung in MEL V,2, in der es heißt, daß der König zum Pflichtkrieg ausziehe „allezeit" bzw. „zu jeder Zeit" (בכל־עת).[707] Gerade der Gebrauch der Wendung בכל־עת in den Psalmen und Spr zeigt, daß mit ihr ein stets gültiges Handeln verknüpft wird.

Als zweites ist zu bemerken, daß das Gebot der Vernichtung Amaleks zwei Bedingungen voraussetzt. Zum einen muß die jüdische Communitas in das Land Israel eingetreten sein (כניסתם לארץ, MEL I,1), und zum anderen muß sie für sich einen König bestimmt haben (למנות להם מלך, MEL I,1). Sieht man noch einmal genauer hin, so besitzen diese Einschränkungen keinen nur auf eine Epoche begrenzten Charakter. Maimonides führt in MEL I,2 lapidar aus: „Die Ernennung eines Königs geht den Kriegen gegen Amalek voran". Auch hier ist eine Suspendierung der Forderung nicht erkennbar.

Auf dieser Linie liegen auch die Ausführungen zum „Wahlkrieg" (מלחמת הרשות), für welchen Maimonides ebenso eine Art Definition gibt. Nach dieser ist das ein Krieg des jüdischen Königs gegen all die anderen Völker, verbunden mit der konkreten Absicht, „das Gebiet Israels zu erweitern." Letztlich handelt es sich dabei um einen Angriffskrieg mit dem Ziel einer Landeroberung.[708] Dazu paßt, daß der König einen solchen Krieg führt, „um seine Größe und seinen Ruhm" zu vermehren. Es ist nicht zu erkennen, daß dieses Verständnis von Maimonides problematisiert oder gar in Abrede gestellt wird, auch wenn er sich hierbei auf Teile der talmudischen Tradition stützen kann.

2.1.3 Das Banngebot (MEL V,4)

In MEL V,4f greift Maimonides noch einmal den Krieg gegen die sieben Völker in bezug auf das Banngebot auf. Es heißt:

מצות עשה להחרים שבעה עממין שנאמר: החרם תחרימם וכל־שבא לידו אחד מהם ולא הרגו עובר בלא תעשה שנאמר: לא תחיה כל־נשמה. וכבר אבד זכרם.

---

[707] Die Wendung im Sinne von „allezeit" bzw. „zu jeder Zeit" ist biblisch gut belegt: Ex 18,22.26; Lev 16,2; Ps 10,5; 34,2; 62,9; 106,3; 119,20; Ijob 27,10; Spr 5,19; 6,14; 8,30; 17,17 und Koh 9,8.
[708] Vgl. J. Maier, Friedensordnung 22.

2. Die Mishneh Tora (מִשְׁנֵה תּוֹרָה) und der JHWH-Krieg

Übersetzung:

„Es ist ein Gebot, die sieben Völker (Kanaans) zu bannen, denn es heißt (Dtn 20,17): du sollst sie bannen, bannen ... Und jeder, dem einer davon über den Weg läuft und der ihn nicht tötet, übertritt ein Verbot, denn es heißt (Dtn 20,16): nicht sollst du am Leben lassen; doch ihr Andenken ist längst untergegangen" (MEL V,4).[709]

Während in MEL I,1 und MEL V,1 bezüglich der Vernichtung der Nachkommen Amaleks der Ausdruck „ausrotten" (הכרית) verwendet ist und hinsichtlich der Ausführungen zum „Pflichtkrieg" gegen die sieben Völker und Amalek lediglich nur einmal von „kämpfen" bzw. „Krieg führen" (נלחם) gesprochen wird, ist jetzt in MEL V,4 ausdrücklich von der Vernichtungsweihe bzw. vom Bann (חרם) die Rede. Somit ist bei Maimonides sowohl der spezifische Begriff „Vernichtungsweihe" aufgenommen als auch der Bezug zu Dtn 20,17 unmißverständlich hergestellt, von woher auch das Zitat „du sollst sie unbedingt bannen/תחרימם החרם" übernommen worden ist.[710]

Des weiteren ist hervorzuheben, daß die Forderung von Dtn 20,16b „nicht sollst du am Leben lassen irgendein Lebewesen/לא תחיה כל־נשמה" in Josua (10,40; 11,11.14) dreimal als vollzogen festgestellt wird.[711] Somit verhalten sich auf Endtextebene Dtn 20,16b und Jos 10,40; 11,11.14 zueinander wie Forderung und Durchführung.[712]

Da sowohl die sieben Völker in Jos 3,10; 24,11 (von sechs ist in Jos 9,1; 11,3;12,8 die Rede) genannt werden und der Terminus Bann von allen biblischen Büchern am meisten in Jos in Verbindung mit der Einnahme des verheißenen Landes verwendet ist,[713] bilden Dtn 20 und Jos 1–12 bei Maimonides anscheinend eine normative Voraussetzung für die Zusammenstellung der Königsgesetze. Diese werden in keiner Weise in Frage gestellt, auch wenn (oder gerade weil) die realpolitischen Verhältnisse zur Zeit des Maimonides eine praktische Anwendung der Königsgesetze absolut ausschließen.

---

[709] Ders. ebd. 138. Eine etwas präzisere Übersetzung lautet: „Es ist ein Gebot, die sieben Völker zu bannen, denn es heißt (Dtn 20,17): du sollst sie unbedingt vernichten. Und jeder, dem einer davon über den Weg läuft und der ihn nicht tötet, übertritt ein Gebot, denn es heißt (Dtn 20,16): nicht sollst du am Leben lassen irgendein Lebewesen; doch ihr Andenken ist längst untergegangen."
[710] Dabei spielt es offenbar aufgrund seines systematischen Vorgehens für Maimonides keine Rolle, daß in Dtn 20,17 nur sechs Völker genannt sind.
[711] Dies ergibt sich daraus, daß Dtn 20,15–17 und Jos 10,40; 11,11.14 als dtr einzustufen sind, vgl. G. Braulik, Deuteronomium II 149; V. Fritz, Josua 115.118; M. Görg, Josua 55.58; N. Lohfink, חרם 210; E. Otto, Krieg und Frieden 99.105; H. D. Preuß, Deuteronomium 189.
[712] Vgl. C. Schäfer-Lichtenberger, Das gibeonitische Bündnis 58.
[713] Von den insgesamt 51 Belegstellen für das Verbum in der BHS finden sich 14 in Jos und von den insgesamt 30 Belegstellen in der BHS für das Nomen sind 13 in Jos bezeugt.

Die nach wie vor Gültigkeit beanspruchende Forderung[714], die sogenannten sieben Völker zu bannen, kommt außerdem darin zum Ausdruck, daß der, der einem einzelnen Vertreter dieser sieben Völker begegnet und ihn nicht tötet (הרג), eine schwerwiegende Gebotsverletzung begeht.[715] Zusätzlichen Nachdruck verleiht Maimonides dieser Forderung, indem er Dtn 20,16 wortwörtlich zitiert, wonach kein Leben zu schonen ist.

Der MEL V,4 abschließende Hinweis „und/doch ihr Andenken ist längst untergegangen" nimmt sich merkwürdig ambivalent aus. Heißt dies nun, daß tatsächlich keine Nachkommen der sieben Völker mehr existieren oder ist nur ihr Andenken untergegangen? Zumindest scheint jedoch für Maimonides klar zu sein: Auch wenn jene Völker untergegangen sind, so ist immer noch damit zu rechnen, daß deren Erbe in einzelnen Vertretern weiterlebt. Denn wie läßt es sich sonst verstehen, daß in dem darauffolgenden Abschnitt (Mel V,5) das Gebot nach wie vor unnachgiebig aufrecht erhalten wird, das Andenken Amaleks auszutilgen (אבד). Allein mit der Tradition kann dies bei Maimonides nur schwerlich begründet werden. Vor diesem Hintergrund fällt es auf, daß auch bei ihm das Gebot paradoxerweise wiederholt wird (vgl. Dtn 25,17–19), „ständig an seine bösen Taten (von Amalek; ThRE) zu denken/לזכור תמיד מעשיו הרעים". Da Maimonides angetreten ist, den halachischen Stoff neu und übersichtlich zu strukturieren, fällt es um so mehr auf, daß er mehrfach auf die Ausrottung der sieben Völker und (der Nachkommen) Amaleks ausdrücklich zu sprechen kommt. Dies kann ein nicht zu unterschätzendes Indiz dafür sein, daß diese aus der biblischen Tradition stammende Anordnung auch ein persönliches Anliegen des Maimonides war. Denn auch in MEL VI,4 kommt er noch einmal auf die sieben Völker und Amalek zurück.

2.1.4 Das Austilgen der sieben Völker und Amaleks (MEL VI,4)

In MEL VI,4 widmet sich Maimonides in Fortsetzung von MEL VI,1 den Bestimmungen des Kriegsrechts nach Dtn 20,10–14. Seine Ausführungen in MEL VI,1 lassen einige Veränderungen en detail Dtn 20 gegenüber erkennen, die auf den ersten Blick als moderat eingestuft werden können. Bemerkenswert ist, daß Maimonides in MEL VI,1 die Kriegsbestimmungen sowohl auf den sogenannten „Wahlkrieg" (מלחמת הרשות) als auch auf den sogenannten „Pflichtkrieg" (מלחמת מצוה) ausdrücklich bezieht. Er schreibt:

אין עושין מלחמה עם אדם בעולם עד שקוראין לו שלום, אחד
מלחמת הרשות ואחד מלחמת מצוה ...

---

[714] Vgl. E. Horrowitz, Rites 131.
[715] Vgl. Jos 9,26, wo nicht zuletzt auch die Wz. הרג verwendet ist. Vgl. zudem 1 Sam 15.

2. Die Mishneh Tora (מִשְׁנֵה תּוֹרָה) und der JHWH-Krieg

Übersetzung:

„Man führt gegen keinen Menschen in der Welt Krieg, bevor man ihn nicht zur Ergebung (zum Frieden) aufgerufen hat, ob bei Wahlkrieg oder Pflichtkrieg ..." (MEL VI,1).[716]

Diese allgemein formulierte Aussage gebotsartigen Charakters erfährt hier in bezug auf das ius in bello bei Pflicht- und Wahlkrieg eine weitere Präzisierung, aber auch einen Bruch. Die Präzisierung lautet:

ואם לא השלימו או שהשלימו ולא קבלו שבע מצות – עושין עמהם
מלחמה והורגין כל הזכרים הגדולים ובוזזין כל־ממונם וטפם ואין
הורגין אשה ולא קטן שנאמר: (ו)הנשים והטף זה טף של זכרים.

Übersetzung:

„Ergeben sie sich nicht oder ergaben sie sich, ohne die sieben Gebote auf sich zu nehmen, führt man gegen sie Krieg, tötet alle erwachsenen Männlichen und man nimmt all ihr Vermögen und ihre Kinder als Beute. Man tötet keine Frau und kein Kind, denn es heißt (Dtn 20,14): und die Frauen und die Kinder – damit sind (auch) männliche Kinder gemeint" (MEL VI,4).[717]

Unmittelbar an diese Aussage fügt Maimonides plötzlich eine rhetorische Frage an, die gleichzeitig einen Bruch zu der Aussage in MEL VI,1 markiert: „Worauf beziehen sich diese Worte?" (במה דברים אמורים); und seine Antwortet lautet: „Auf den Wahlkrieg mit den anderen Völkern"[718] (במלחמת הרשות שהוא עם שאר האמות). Damit stellt sich zwangsläufig wiederum noch einmal die Frage nach den sogenannten sieben Völkern und Amalek, denen nach dem Wortlaut von MEL VI,1 bei einem gegen sie geführten „Pflichtkrieg" ebenfalls zuerst ein Verhandlungsangebot zu unterbreiten sei. Aber wie bereits angedeutet, steht die Aussage in MEL VI,1 insgesamt mit Blick auf Dtn 20,17f in einem Spannungsverhältnis. Maimonides selbst war sich vielleicht dieses Bruches in MEL VI,4 sehr wohl bewußt. Denn er muß jetzt Dtn 20,10f in Verbindung mit Dtn 20,16 dahingehend erklären, weshalb die von ihm erörterten Bestimmungen für die sogenannten sieben Völker und Amalek auf einmal keine Anwendung mehr finden. Das heißt, daß sie letztlich nicht am Leben zu lassen sind.

Jenes Spannungsverhältnis versucht Maimonides mit einem Rückgriff auf Dtn 20,12–14 zu lösen. In diesem Textpassus wird die Situation behandelt,

---

[716] J. Maier, Friedensordnung 141.
[717] Ders. ebd. 142.
[718] Ders. ebd. 143.

was zu geschehen habe, wenn sich eine Stadt nicht auf das Friedensangebot einläßt und statt dessen den Kampf vorzieht. Unter der Voraussetzung, daß JHWH diese Stadt den Israeliten preisgibt, ist für einen solchen Fall vorgesehen, daß nach siegreichem Ausgang des Kampfes alles Männliche in ihr zu töten sei. Hingegen dürfen Frauen und Kinder als Beute genommen werden. Vor diesem Hintergrund geht Maimonides davon aus, daß die sieben Völker und Amalek sich bereits einem ihnen gemachten Friedensangebot verweigert hätten (שלא השלימו, MEL VI,4) und setzt somit stillschweigend voraus, daß auch sie ein solches erhalten hätten. Daraus zieht Maimonides wiederum dem Kriegsgesetz gemäß die Schlußfolgerung, daß man bei Ablehnung von Friedensangeboten überhaupt keine Seele auf gegnerischer Seite am Leben zu lassen habe. Obgleich Maimonides den biblischen Text kennt, übergeht er mit einer derartigen Aussage die inhaltliche Sperre von Dtn 20,15.16a und verknüpft anschließend Dtn 20,12 und Dtn 20,16b miteinander. Eine solche Verknüpfung steht gegen den Text von Dtn 20,12–14. Jedoch tritt selbst hierbei noch einmal das Bemühen von Mamonides in den Vordergrund, den Forderungen, die sich sachlich letztlich nicht begründen lassen, wenigstens eine rationalisierte Begründung zu unterlegen. Dabei fällt auf, daß er den Topos von den sieben noachidischen Geboten[719] (שבע מצות) nicht weiter vertieft. Denn diese hätten teilweise auch ein Erklärungsangebot dafür bereitstellen können, weshalb die sogenannten sieben Völker und Amalek zu vernichten seien: Wer jene Gebote nicht bereit ist anzunehmen, habe kein Recht, in Israel zu wohnen. Aber vielleicht setzt Maimonides die mit den sieben noachidischen Geboten in Verbindung stehenden Konsequenzen als bekannt voraus. So verstoßen beispielsweise die sogenannten sieben Völker und Amalek gegen das noachidische Verbot des Götzendienstes.

Insgesamt verlagert sich aber die maimonidische Interpretation der Forderung nach Vernichtung in die Richtung, daß sich die sieben Völker und Amalek dem Friedensangebot verweigert und von daher schließlich auch selbst die Verantwortung für die Folgen zu tragen haben.[720] Diesem scheinbar so dargelegten biblischen Befund fügt Maimonides zugleich die an anderer Stelle tatsächlich biblisch belegte Forderung hinzu, das Andenken

---

[719] Die sieben noachidischen Gebote stellen dem rabbinischen Judentum nach (bT San 56a.b) eine Forderung dar, die „von allen Menschen, Juden wie Nichtjuden, einzuhalten ist und durch dessen Beachtung man Anspruch auf menschliche Anerkennung und Behandlung erlangt. Befolgt ein Nichtjude die noachidischen Gebote, so wird er – nach mancher Meinung – ger toschaw (Beisasse) genannt, darf in Erez Israel wohnen und hat Anteil an der kommenden Welt. Voraussetzung ist aber, daß er die Gebote als von Gott geoffenbart sieht. Sie bestehen aus sechs Verboten (Gotteslästerung, Götzendienst, Unzucht, Mord, Diebstahl, Genuß vom Fleisch eines noch lebenden Tieres) und dem Gebot der Rechtspflege", A. Birkenhauer, Glossar 214.

[720] Wichtig ist der Hinweis von C. Houtman, daß die dtn/dtr „Beschreibung der Landesbewohner das Ziel verfolgt, ein völliges Verständnis für ihre Liquidierung zu wecken", ders., Bewohner des Landes 63, Anm. 51.

2. Die Mishneh Tora (מִשְׁנֵה תוֹרָה) und der JHWH-Krieg

Amaleks auszutilgen (Dtn 25,19, vgl. MEL VI,4), so als ob sich auch diese Aufforderung aus Dtn 20,16–18 ergebe und mit Hinweis auf ein angeblich verweigertes Friedensangebot einsichtig machen ließe.

Maimonides ist sich zwar durchaus bewußt, daß nach Dtn 20,16f den „sieben" Völkern kein Frieden angeboten werden darf. Er kann sich aber bei seiner Interpretation sowohl auf Jos 11,19f als auch auf die rabbinische Tradition stützen. In Jos 11,19.20aα steht, was Maimonides zugleich in MEL VI,4 als Zitat wörtlich übernimmt: „Es gab keine Stadt, welche mit den Kindern Israels Frieden geschlossen hätte, außer dem Hiwiter, den Bewohnern Gibeons. Alle nahmen sie durch Krieg ein; denn von JHWH aus geschah es, ihr Herz zu verstocken, um zum Krieg mit Israel zu rufen, um sie der Vernichtung zu weihen."[721] Vielleicht denkt die rabbinische Tradition auch an diese Textstelle, wenn es im pT Shevi 18a und im Midrasch Rabba zum Buch Levitikus (17,6) nach R. Samuel b. Nachman heißt, daß Josua vor Eintritt in das verheißene Land drei Sendschreiben an die Bewohner des Landes sandte, wovon eins ein Friedensangebot enthielt.[722]

Unmittelbar an jenes Zitat aus dem Buch Josua fügt Maimonides die Schlußfolgerung an: „Daraus ergibt sich, daß man ihnen die Ergebungsmöglichkeit (Frieden) angeboten hat, sie das aber nicht angenommen haben" (MEL VI,4).[723] Maimonides folgert also aus der Angabe, daß die Gibeoniter Frieden mit den Söhnen Israels geschlossen haben, daß grundsätzlich alle sieben Völker ein entsprechendes Angebot erhielten. Ein Friedensschluß scheiterte aber daran, daß Gott die Herzen der übrigen Völker verstockt hatte. Auf diese Weise wird Josua entlastet.

Diese Interpretation betont mit Nachdruck, daß man selbst nach Dtn 20,16f den sogenannten sieben Völkern und den Amalekitern entgegen Ex 17,16 und Dtn 7,2 Verhandlungsangebote hätte unterbreiten können und es auch getan habe.[724] Tatsächlich nutzt Maimonides neben der rabbinischen Überlieferung, die er aber nicht ausdrücklich erwähnt, eine Spannung zwischen Dtn 20,17 (Ex 34,11f; Dtn 7,1f) und Jos 11,19 aus, um die von ihm vorgetragene Auslegung zu stützen. Zudem deutet er die Erzählung über den Pakt mit den Gibeonitern (Jos 9) ganz im Sinne seiner Intention um. Während in der biblischen Erzählung die Gibeoniter zu einer List greifen, um Josua zu einem Vertragsschluß zu bewegen, ist daraus bei Maimonides der

---

[721] Jos 11,19f par MEL VI,4.
[722] Vgl. H. Freedman/M. Simon, Midrash – Exodus/Leviticus 221; A. Wünsche, Midrasch (1993a) 113f. Auch im Midrasch Rabba zum Buch Deuteronomium V,14 ist von den drei Botschaften nach R. Samuel b. Nachman die Rede, wobei es sich dabei um ein Schreiben (an edict) handelt, welches drei Möglichkeiten aufzeigt, vgl. H. Freedman/M. Simon, Midrash – Numbers/Deuteronomy 116.
[723] J. Maier, Friedensordnung 143. Der hebräische Text lautet: מכלל ששלחו להם לשלום ולא קבלו.
[724] Eine solche Interpretation in bezug auf die sogenannten sieben Völker in Verbindung von Jos 11,19 mit Dtn 20,16 schlägt auch N. Lohfink vor, vgl. ders., חרם 210f.

Abschluß eines Friedensvertrages geworden, der aber auf Unterwerfung zielt. Auf begrifflicher Ebene kann er daran anknüpfen, daß Josua mit den Gibeonitern (Jos 9,3.22), die zu den Hiwitern zu rechnen sind, Frieden (שלום) gemacht und mit ihnen einen Vertrag (ברית) geschlossen hat, der seitens der Gibeoniter/Hiwiter darauf zielte, „am Leben zu bleiben" (לחיותם, 9,15aβ.20a.21a). Jedoch ist daran zu erinnern, daß in Dtn 20,17f unmißverständlich gefordert wird, auch die zu den sieben Völkern gehörenden Hiwiter der Vernichtung zu weihen. Denn diese können ebenfalls Israel zum Abfall von JHWH verleiten.[725] Außerdem läßt sich hinsichtlich der Aussage in Jos 11,19 eine mehrfache Lexemkorrespondenz konstatieren, auf die sich Maimonides zudem vermutlich bezüglich seiner These stützen konnte. Zum einen wird mit der Wendung „die Hiwiter, die Bewohner Gibeons" der Bezug zu Jos 9,3.7 hergestellt und ausdrücklich bestätigt, daß es sich bei den Gibeonitern um Hiwiter handelt. Zum anderen wird mit dem Ausdruck „Frieden schließen" (השלימה) eine Verbindung sowohl zu Jos 9,15 (שלום) als auch zu Dtn 20,10f [של(ל)ום)][726] geschaffen.

Somit kann schließlich Maimonides mit Bezug auf Jos 11,19 die Aussage aufrechterhalten, daß auch den sogenannten sieben Völkern und Amalek Friedensangebote unterbreitet worden seien, welche sie aber mit Ausnahme der Hiwiter abgelehnt haben. Schließlich ist noch zu notieren, daß Maimonides auf die keineswegs unproblematische biblisch-theologische Äußerung nicht eingeht, daß Gott die Herzen all der anderen Bewohner der Städte des zu erobernden Landes verstockt habe, damit sie um so besser ihrem eigenen Untergang entgegengehen.

2.1.5 Eroberungen zum Ruhm des Königs in der Perspektive der Landnahme (MEL V,6)

Wie bereits ausgeführt, ist es dem jüdischen König gestattet, Angriffskriege zu führen, um erstens das Gebiet Israels zu erweitern und um zweitens auf diese Weise den eigenen Ruhm zu mehren (vgl. MEL V,1). In einem weiteren Abschnitt der Königsgesetze werden diese Gebiete ausdrücklich der Landnahme Josuas gleichgestellt und „Land Israel" (ארץ ישראל) genannt. Der Text lautet:

---

[725] Dieses dtn/dtr Argument besitzt mit die höchste Priorität und Verbindlichkeit (Dtn 7,4; 20,18), vgl. C. Houtman, Bewohner des Landes 63. Da gleich zu Beginn von Jos 9 sechs der sogenannten sieben Völker namentlich genannt werden, einschließlich der Hiwiter, tritt somit um so deutlicher im Laufe der Erzählung hervor, daß Josua zwar unwissend und unerlaubt, aber dennoch rechtskräftig einen Vertrag mit ihnen gegen die Forderung von Dtn 20,16f schließt, vgl. C. Schäfer-Lichtenberger, Das gibeonitische Bündnis 66.
[726] Vgl. dies. ebd. 69, Anm. 23.

2. Die Mishneh Tora (מִשְׁנֵה תּוֹרָה) und der JHWH-Krieg

כל־הארצות שכובשין ישראל במלך על פי בית דין – הרי זה כבוש
רבים והרי היא כארץ ישראל שכבש יהושע לכל־דבר והוא: שכבשו
אחר כבוש כל־ארץ ישראל האמורה בתורה.

Übersetzung:

„Alle Länder, welche die Israeliten durch den König auf Grund eines Gerichtsbeschlusses erobern, sind öffentliche Eroberungen und sind in jeder Hinsicht wie ‚Land Israel', das Josua erobert hat. Das betrifft (alles), was man nach der Eroberung des ‚ganzen Landes Israel', das in der Torah genannt wird, erobert" (MEL V,6).[727]

In MEL V,6 wird von Landeroberungen des Königs gesprochen. Diese Eroberungen verdanken sich Kriegen, die nach MEL V,1 der Kategorie des sogenannten „Wahlkrieges" angehören. Zwar wird in diesem Abschnitt das Wort Krieg selbst nicht verwendet, aber dafür kann der Begriff „Eroberung" (כבוש) als ein entsprechendes Synonym verstanden werden. Daß es sich bei der in MEL V,6 erörterten Materie letztlich um einen sogenannten Wahlkrieg handelt, ist schon allein deshalb hervorzuheben, da es zu jenen Eroberungen weder ein zwingendes Gebot (Krieg des Gebots) noch eine Pflicht (Pflichtkrieg) gibt. Um so mehr fällt dann ins Gewicht, daß bei Maimonides diese Eroberungen 1. als „Land Israel" (ארץ ישראל) bezeichnet und somit mit ihm gleichgesetzt werden, daß 2. diese Eroberungen mit der Landnahme Josuas, die hier dadurch als Eroberung gekennzeichnet ist, auf eine Stufe gestellt werden[728] und daß dennoch diese Eroberungen 3. indirekt als nicht unbedingt zwingend eingestuft werden. Denn ausdrücklich hält Maimonides fest, daß es sich dabei um Eroberungen handelt, die erst nach der Eroberung des in der Tora genannten „ganzen Landes Israels" erfolgen werden.

Von diesen drei Aspekten verdient die grundsätzliche Gleichsetzung der Eroberungen jedes jüdischen Königs mit dem durch „Eroberung" erworbenen Land Israel unter Josua besonderes Interesse. Ein solches wird insofern verstärkt, als der Ausdruck „erobern"/„unterwerfen" (כבש) Leitwort in MEL V,6 ist. Innerhalb nur weniger Zeilen findet es sich gleich fünfmal. Im Buch Josua hingegen ist es nur in Jos 18,1b bezeugt.[729] In Jos 18,1a wird davon berichtet, daß sich die ganze Gemeinde der Kinder Israels in Schilo versammelte und das Offenbarungszelt dort aufschlug. Nach Art einer Schluß-

---

[727] J. Maier, Friedensordnung 139.
[728] J. Maier hebt ausdrücklich das jüdische Recht hervor: „Was immer durch einen autorisierten Wahlkrieg bzw. Angriffskrieg hinzu erobert wird, gilt genau so als Land Israel wie das einst unter Josua eingenommene", vgl. ders., Judentum 50.
[729] Gleichzeitig ist zu notieren, daß das Verbum בכש in der BHS insgesamt auch nicht sehr häufig vorkommt. Es ist nur 14 mal bezeugt: Gen 1,28; Num 32,22. 29; Jos 18,1; 2 Sam 8,11; Jer 34,11.16; Mi 7,19; Sach 9,15; Est 7,8; Neh 5,5^2; 1 Chr 22,18 und 2 Chr 28,10.

notiz wird dann in Jos 18,1b festgestellt, daß das Land vor ihnen unterworfen dalag. Diesem sehr schmalen Befund für den Ausdruck כבש im Buch Josua korrespondiert, daß er auch im Vorfeld der Landnahmeerzählungen nur in Num 32,22.29 bezeugt ist. Dennoch ist jener Ausdruck gerade in Verbindung mit diesen drei Textstellen der Landgabe-Theologie zuzurechnen[730], zumal jede mit dem Ausdruck כבש umschriebene Gewaltausübung „letztlich als von Gott gegeben oder zumindest zugelassen, gelegentlich sogar als von Gott selbst vermittelst menschlichen Handelns ausgeübt, in bestimmten Grenzen und Regeln von Gott toleriert"[731] gilt. Vor diesem Hintergrund hat die Gleichsetzung der Eroberungen des Königs mit der Landnahme Josuas in MEL V,6 auch in Verbindung mit dem Ausdruck כבש in 1 Chr 22,18 ein biblisches Vorbild. Denn „die theologische Interpretation der Kriege Davids erfolgt (an dieser Stelle, ThRE) im Sinne der Landgabe- und Landnahme-Theologie".[732] Somit steht auch aus der Sicht von Maimonides jeder jüdische König nicht nur in der Tradition Davids, sondern vor allem auch in der des Josua, da der König die Eroberungen Josuas fortführt. Hierbei spielt es offenbar keine Rolle, daß der König mit einem sogenannten Wahlkrieg wie David die Landeserweiterung Israels betreibt.

Da diese Eroberungen „in jeder Hinsicht wie ‚Land Israel'" zu gelten haben, können sie zweifelsohne als erwünscht und als erstrebenswert angesehen werden. Dabei wird anscheinend in Kauf genommen, daß vom Ergebnis des dann eroberten Landes her die theologischen Unterschiede zwischen den Landnahmeoperationen Josuas und den Angriffskriegen jüdischer Könige zum Zweck der Landeserweiterungen eingeebnet bzw. tatsächlich auf eine Stufe gestellt werden. Denn alles eroberte Land ist in dieser Perspektive unterschiedslos „Land Israel". Von daher läßt sich wohl auch unter religionsgesetzlichem Aspekt „(e)ine endgültige geographische Definition der ‚biblischen' Grenzen des ‚Landes Israel'"[733] nicht vornehmen.[734]

Selbst wenn zur Zeit des Maimonides vielleicht MEL V,6 nur von scheinbar historischem Interesse ist, so ist es doch äußerst bemerkenswert, daß sich bei näherem Hinsehen keine grundsätzliche Suspendierung von dieser Anordnung erkennen läßt. Sie kann zwar gegenwärtig de facto aufgrund der Gesamtumstände keine Anwendung finden, dies besagt aber noch lange nicht, daß sie de iure außer Kraft gesetzt worden sei. Dies bedeutet auch in diesem Fall: Wenn die Kinder Israels einmal wieder in das Land Israel eingezogen sein werden und somit das in der Tora verheißene Land wieder (zurück-)erobert und einen König eingesetzt haben werden, dann kann dieser

---

[730] Vgl. S. Wagner, כבש 55.
[731] Ders. ebd. 59.
[732] Ders. ebd. 55.
[733] J. Maier, Friedensordnung 174, Anm. 98.
[734] Um eine Grenzbestimmung des Landes Israels mit Blick auf die politischen Gegebenheiten mühte man sich auch in rabbinischer Zeit, vgl. G. Stemberger, Bedeutung 181–185.

2. Die Mishneh Tora (מִשְׁנֵה תּוֹרָה) und der JHWH-Krieg

König auch weitere Landeseroberungen vornehmen, um das Land Israel zu vergrößern.[735] Von daher läßt sich dann auch in nachbiblischer Zeit keine einheitlich abschließende geographische Definition der Grenzen des ‚Landes Israel' vornehmen. Bevor aber der König kriegerische Landeroberungen vornehmen kann, ist jedoch zuerst, was insgesamt ein Merkmal von sogenannten Wahlkriegen ist (vgl. MEL V,2), ein entsprechender Beschluß des Gerichtshofs einzuholen.[736]

Nicht zuletzt auch vor dem Hintergrund der Tendenz der recht präzisen und mitunter die Tora an einigen Stellen abmildernden Anordnungen in MELVI läßt sich die Vermutung stützen, daß Maimonides die Kriegsführungsbestimmungen im Königsrecht als grundsätzlich immer noch gültig ansieht. Dafür spricht ebenfalls die Tatsache, daß er sich dieser Materie überhaupt und zudem so ausführlich widmet, was bei weitem nicht alle taten, die sich der biblischen und talmudischen Tradition – durchaus im Sinne einer traditio viva – verpflichtet fühlten.

2.1.6 Die drei Sendschreiben Josuas (MEL VI,5)

Maimonides greift in MEL VI,5 in Verbindung mit der Landnahme Josuas einen haggadischen Topos auf, der, wie bereits dargelegt, sowohl im Jerusalemer Talmud[737] als auch in den Midraschim Rabba zu den Büchern Levitikus und Deuteronomum überliefert ist. Bei diesem Topos handelt es sich – wie oben schon gesagt – um den der drei Sendschreiben, die Josua vor Eintritt in das verheißene Land den Völkern Kanaans, d.h. den sogenannten sieben Völkern, geschickt haben soll.[738] Hinsichtlich dieser sogenannten drei Sendschreiben führt Maimonides aus:

שלשה כתבים שלח יהושע עד שלא נכנס לארץ: הראשון שלח להם:
מי שרוצה לברוח - יברח. וחזר ושלח: מי שרוצה להשלים - ישלים:
וחזר ושלח: מי שרוצה לעשות מלחמה - יעשה.
אם כן מפני מה העריטו יושבי גבעון? לפי ששלח להם בכלל ולא
קבלו ולא ידעו משפט ישראל ודמו ששוב אין פותחין להם לשלום.
ולמה קשה הדבר לנשיאים וראו שראוי להכותם לפי חרב לולי
השבועה? מפני שכרתו להם ברית, והרי הוא אומר: לא-תכרת להם

---

[735] Vgl. G. Bodendorfer, Erfahrung 198.
[736] „Und man führt zu einem eigenmächtigen Kriege [das Heer] nicht außer auf den Spruch eines Gerichtshofes von Einundsiebzig", mSanh I 5a.
[737] Vgl. H. N. Bialik/Y. H. Ravnitzky, Legends 106 (pT Shevi 6,1); P. Schäfer/H.-J. Becker, Synopse I/3–5 262f; A. Wünsche, Jerusalemer Talmud 77 (pT Shevi 18a).
[738] Dieser haggadische Stoff vertieft eine Intention des dtr Josua-Bildes, ihn als idealtypischen israelitischen Führer darzustellen, vgl. C. Schäfer-Lichtenberger, Das gibeonitische Bündnis 72; dies., Josua und Salomo 219. Zudem läßt sich diese Haggada als ein Midrasch zu Dtn 20,10–17 verstehen. Eine Intention eines solchen Midraschs ist nach den Worten Y. Hoffmanns „the dissociation of the sages from the moral values of the *herem* law", ders., Concept of the Herem 197.

ברית אלא היה דינם שיהיו למס עבדים. והואיל ובטעות נשבעו להם
בדין היה שיהרגו על שהטעום לולי חלול השם.

Übersetzung:

„Drei Sendschreiben schickte Josua (an die Völker Kanaans), bevor er ins Land eindrang. Als erstes sandte er ihnen: ‚Wer fliehen will, soll fliehen'. Und er sandte zu ihnen noch einmal: ‚Wer sich ergeben will, soll sich ergeben'. Und er sandte ein weiteres Mal: ‚Wer Krieg führen will, soll Krieg führen'.
Wenn das so ist, wieso handelten die Bewohner von Gibeon (Jos 9,4) so listig? Weil er ihnen zwar auch Botschaft gesandt hatte, sie diese aber nicht annahmen. Sie kannten nämlich das Recht Israels nicht und meinten, man werde ihnen keine Möglichkeit zur Ergebung mehr eröffnen. Und wieso fanden die Fürsten (Israels) die Sache so schwerwiegend, als sie (Jos 9,19f) meinten, man müßte sie totschlagen, hätte es nicht diesen Schwur gegeben? Weil sie mit ihnen einen Vertrag geschlossen hatten, und es heißt doch (Ex 23,32): Du sollst mit ihnen keinen Vertrag/Bund schließen. Rechtmäßig hätten sie fronpflichtige Knechte werden sollen. Da man ihnen aber irrtümlich einen Schwur geleistet hatte, so hätten sie rechtmäßig getötet werden müssen, weil sie sie irregeführt hatten, doch wäre das (wegen des Eidbruchs) eine Entweihung des Namens (Gottes) gewesen" (MEL VI,5).[739]

Mit dem im Jerusalemer Talmud[740] und in den Midraschim Rabba überlieferten Topos der sogenannten drei Sendschreiben führt Maimonides mehr im Sinne einer Kriegsrechtsbegründung aus, weshalb die sogenannten sieben Völker und Amalek auf der Grundlage des israelitischen Kriegsgesetztes von Dtn 20 vernichtet werden dürfen.[741] Mit jenem haggadischen Topos stützt und entfaltet Maimonides im Unterschied zu MEL VI,4 diesmal ausdrücklich die Aussage, daß diesen Völkern ursprünglich einmal Verhandlungsangebote im Sinne von Dtn 20,10–12 unterbreitet worden seien.

Der Topos der drei Sendschreiben besitzt auch bei Maimondes eine die Person Josuas entlastende Funktion. Die entsprechende Lesart hierfür lautet wie bereits erörtert, daß Josua sukzessive drei Schreiben an die kanaanäische Bevölkerung schickte, um sie fairerweise rechtzeitig zu warnen und ihnen (Ver-)Handlungsspielräume zu eröffnen. Aber im Unterschied zum Jerusalemer Talmud und dem Midrasch Rabba zu Dtn teilt uns Maimonides keine Reaktion auf diese Schreiben mit.[742]

---

[739] J. Maier, Friedensordnung 143.
[740] Im babylonischen Talmud ist dieses haggadische Erzählstück nicht überliefert.
[741] Vgl. Y. Hoffmann, Concept of the Herem 197.
[742] Als Reaktion auf diese drei Schreiben heißt es in yShevi: „Der Stamm Girgasi (Gergaschiter; ThRE) verliess das Land und wandte sich nach Afrika ... Die Gibeoniten schlossen Frieden,

2. Die Mishneh Tora (מִשְׁנֵה תּוֹרָה) und der JHWH-Krieg 189

Inhaltlich ist mit den drei Schreiben (כתבים) auch bei Maimonides auf normativer Ebene folgendes verbunden: Das erste Schreiben enthielt das Angebot, noch rechtzeitig fliehen zu können bzw. die Aufforderung zur Flucht. Wer fliehen will, angeredet sind je für sich die sieben Völker einzeln, kann dies noch ungehindert tun.[743] Die Folge wäre, daß das jeweilige Volk zwar dauerhaft seinen Landbesitz verliert, dessen es ohnehin bald verlustig gehen wird, aber dafür dauerhaft sein Leben sowie den Status eines Freien bewahrt. Dies ließe sich vielleicht auf die Formel bringen: Leben gegen Land. Nachdem dieses Schreiben entweder mit nein oder gar nicht beantwortet worden war, sandte Josua das nächste Schreiben an jene Völker, sich dann in Friedensverhandlungen zu begeben. Dahinter steht die Vorstellung, daß das Land unmittelbar vor der Einnahme steht, analog der Belagerung einer Stadt, und daß man aus der Position der Überlegenheit heraus, Verhandlungen zur Übergabe aufnimmt. Ein Verhandeln auf Augenhöhe ist dabei nicht intendiert. Denn während man bei einer Flucht noch sein Leben und den Status eines Freien behalten kann, rettet man bei einem asymmetrischen Friedenschluß[744] zwar sein Leben, büßt aber den Statuts eines Unabhängigen ein und wird schließlich Knecht.[745] Nachdem auch auf dieses Schreiben seitens der sieben Völker nicht eingegangen worden war, verschickte Josua ein drittes und letztes Schreiben, mit der Aufforderung „Wer Krieg führen will – soll es tun". Dies entspricht im Sinne von Dtn 20,12 einer förmlichen Kriegserklärung und bedarf im Grunde keiner Beantwortung mehr.

Daß die drei Sendschreiben Josuas in Spannung zum biblischen Befund stehen, gibt Maimonides an dieser Stelle insofern zu erkennen, als er seine rhetorisch gestellte Frage zu beantworten versucht, weshalb dennoch die Gibeoniter listig handelten.[746] Seine eigene Antwort mindert jedoch die bestehende Spannung zur biblischen Überlieferung nicht, sondern verschärft sie im Grunde genommen. Denn Maimonides argumentiert, daß die Gibeoniter die „Botschaft" (כלל)[747] Josuas deshalb nicht angenommen hätten,

---

und die 31 Könige setzten den Krieg fort und fielen in der Schlacht", A. Wünsche, Jerusalemer Talmud 77. Ähnlich heißt es auch im Midrasch zu Dtn V,14, vgl. H. Freedman/M. Simon, Midrash – Numbers/Deuteronomy 116.

[743] Mit dem Verb ברח (fliehen) ist auch hier die Bedeutung verbunden, daß es „kaum Flucht in drohendem Kampf oder in akuter Gefahr, sondern eher ein Ausweichen und Entweichen vor einer andauernden, unangenehmen, gefährlichen Situation" meint, J. Gamberoni, ברח 779.

[744] Vgl. K.-J. Illman, שלם 99.

[745] Vgl. Dtn 20,11; Jos 9,6bβ.8a.11b.15.21.23–25.27; 1 Sam 11,1f.

[746] Mit dem Ausdruck הערימו stellt Maimonides auch eine Lexemkorrespondenz zu Jos 9,4 her, wo das präfigierte Nomen בערמה von der gleichen Wz. verwendet ist. Dies ist vor dem Hintergrund zu notieren, daß in Jos 9,22 der eindeutig pejorative Ausdruck רמיתם verwendet ist, vgl. H. Niehr, ערם 388.390; C. Schäfer-Lichtenberger, Das gibeonitische Bündnis 62–65.

[747] Der von Maimonides verwendete Ausdruck כלל entstammt der rabbinischen Schriftauslegung und bedeutet „Allgemeines", vgl. G. Stemberger, Schriftauslegung 88f; F. Delitzsch/G. Schnedermann, Jüdische Theologie 113–118. Von daher ist zu fragen, ob die Übersetzung mit „Botschaft", auch wenn sie sinngemäß sicherlich zutreffend ist, dem Ausdruck Kelal ganz gerecht wird. Es wird vorgeschlagen, Kelal an dieser Stelle mit „Regel" bzw. auch mit Blick auf

weil sie das „Recht Israels" (מִשְׁפַּט יִשְׂרָאֵל) nicht kannten und von daher auch meinten, daß man ihnen keine Möglichkeit zu einem Friedensschluß (לְשָׁלוֹם) eröffnen werde. Während man jene Spannung vielleicht noch hätte so erklären können, daß die Gibeoniter den Sendschreiben Josuas darum mißtrauisch begegneten, weil sie das Israel bindende Recht nicht kannten (vgl. Dtn 20), so ist ein solches Argument mit Blick auf den zweiten Teil der maimonidischen Begründung nicht mehr stichhaltig. Denn in ihr artikuliert Maimonides die Befürchtung der Gibeoniter, daß man ihnen keine Möglichkeit für einen Friedensschluß eröffnen werde. Der zweite Sendbrief Josuas wird ja gerade mit der Intention abgeschickt, Friedensverhandlungen anzubieten. Von daher hätten die Gibeoniter, auch ohne das Recht Israels zu kennen, die Bereitschaft Josuas zu Friedensabkommen zumindest aus diesem Schreiben ersehen können.[748] Zudem kann diesbezüglich auf die intratextuelle Lexemkorrespondenz hingewiesen werden, die zwischen der Aufforderung des zweiten Sendschreibens מִי שֵׁרוֹצָה לְהַשְׁלִים – יַשְׁלִים und לְשָׁלוֹם in der maimonidischen Kommentierung besteht. Darüber hinaus existiert die bereits erwähnte intertextuelle Lexemkorrespondenz zwischen den Ausdrücken הַשְׁלִימָה, לְשָׁלוֹם in MEL VI,5 und den entsprechenden in Jos 9,15 und in Dtn 20,10.

Als nächstes stellt Maimonides die rhetorischen Frage, weshalb die „Fürsten" (J. Maier) Israels der Meinung gewesen seien, die Gibeoniter hätten eigentlich totgeschlagen werden müssen, wenn man ihnen nicht einen Eid geschworen hätte. Die Antwort lautet im Sinne von Ex 23,32 und Dtn 7,2, daß es den Israeliten verboten ist, u.a. auch mit den Hiwitern einen Vertrag (בְּרִית) zu schließen, da sie ja bekanntlich zu den sogenannten sieben Völkern zählen. Mit dieser Aussage ist wiederum ein Widerspruch hinsichtlich der Möglichkeiten von Friedensschlüssen mit den Völkern Kanaans gegeben. Wenn es mit diesen Völkern keine Vertragsabschlüsse und Bündnisse geben darf, so gilt dies auch für Friedensabschlüsse gleich welcher Art. Von daher wäre es auf normativer Ebene für die Gibeoniter letztlich doch unerheblich gewesen, ob sie das „Recht Israels" gekannt hätten oder nicht. Denn vor dem Hintergrund von Ex 23,32 und Dtn 7,2 besteht ohnehin für die Israeliten ein ganz grundsätzliches Verbot, mit den Gibeonitern alias Hiwitern Verträge zu schließen. Dies ist ja schließlich auch der Grund, weshalb sich die Gibeoniter gegenüber den Israeliten zu einem listigen Vorgehen entschlossen haben. Dagegen könnte geltend gemacht werden, daß sich die Israeliten an den geschlossenen Vertrag nicht hätten halten müssen und somit die Gibeoniter hätten töten können, da der Vertrag einerseits unter

---

den kritischen Apparat (כ) der מִשְׁנָה תּוֹרָה – Ausgabe des Maimonides (Jerusalem ⁵5744) – mit „Regeln" (כּוֹלֶלֶת) (לְכָל עָרֵי כְנַעַן בְּצוּרָה כּוֹלֶלֶת) wiederzugeben.

[748] Der Einwand, daß es sich auch hierbei nur um eine Kriegslist handle und Josua im Grunde auch nicht bereit gewesen sei, sich an Abkommen zu halten, kann immer vorgebracht werden und läßt sich auch tatsächlich nicht wirklich ganz entkräften.

2. Die Mishneh Tora (מִשְׁנֵה תוֹרָה) und der JHWH-Krieg

Vorspiegelung falscher Tatsachen seitens der Gibeoniter und anderseits durch Irrtum seitens der Israeliten zustande gekommen ist. Gegen solche eventuellen Einwürfe führt Maimonides das eigentliche Argument an, weshalb sich die Israeliten dennoch an den Vertrag gebunden fühlten: Sie fürchteten sich vor einer Entweihung des Gottesnamens, wenn sie sich nicht an den Vertrag hielten. Denn bereits in der biblischen Vorlage in Jos 9,19f sprechen die Vorsteher (הַנְשִׂיאִים) zur ganzen Gemeinde (Israels): „Wir haben ihnen beim Herrn, dem Gott Israels, einen Eid geleistet. Darum können wir ihnen nichts tun. Wir wollen es so mit ihnen machen: Wir werden sie am Leben lassen, damit nicht wegen des Eides, den wir ihnen geschworen haben, ein Zorngericht über uns kommt" (EÜ). Diese Argumentation übernimmt Maimonides und gibt indirekt zu verstehen: Wenn die Israeliten die Gibeoniter gleich getötet hätten, wäre dies nicht schlimm und biblisch sogar gut begründet gewesen (vgl. Dtn 7,2). Viel schlimmer und verwerflicher ist es auf jeden Fall, einen Eid, der unter Anrufung des Gottesnamens JHWH zustande gekommen ist, zu brechen. Denn auf diese Weise hätte man *den Namen* entweiht.[749] Dies wäre dann sogar das eigentliche Vergehen gewesen, so ärgerlich auch die Schonung der Gibeoniter letztlich ist.

Exkurs: Der unter falschen Angaben geschworene Eid in der Rechtsgeschichte nach Jos 9

Allgemein weniger bekannt ist, daß vor dem Hintergrund von Jos 9 auch das Zustandekommen eines Vertrages aufgrund von Täuschung und von Irrtum, aber unter Anrufung Gottes zur Vertragsbesiegelung eine deutliche Rezeptionsgeschichte in der lateinisch-christlich geprägten europäischen Rechtsgeschichte gezeitigt hat. Zwar läßt sich allgemein konstatieren, „daß Staatsverträge in der ganzen Antike durch wechselseitigen Eid der Vertragsparteien verbindliche Kraft erhielten – eine Tradition, die über das ganze abendländische Mittelalter bis ins 17. Jahrhundert reicht".[750] Aber zu dieser Tradition hat vor allem auch die biblisch-normative Begründung dieses Grundsatzes von Jos 9 her beigetragen, so daß „Täuschung des Vertragspartners einen internationalen Vertrag nicht unwirksam mache".[751]

Vor Augustinus, welcher in seinen Questionen zum Buch Josua auf die Begebenheit mit den Gibeonitern eingeht (qu. 6,13), ist es Ambrosius, der ausdrücklich in De officiis (388/389) darauf hinweist: „Diese alte Rechtsbe-

---

[749] Vgl. Th. R. Elßner, Das Namensmißbrauch-Verbot 73–77. Der Ausdruck „der Name" wird in rabbinischen Texten und darüber hinaus synonym für den Gottesnamen JHWH gebraucht, um ihn zu vermeiden. Ein früher Beleg für diese Praxis findet sich bereits in Lev 24,11, vgl. ders. ebd. 172–184.
[750] K.-H. Ziegler, Grundlagen 8.
[751] Ders. ebd. 9.

stimmung über den Trug stammt aber nicht von den Juristen, sondern ist ein Grundsatz der Patriarchen. Klar und deutlich sprach das die göttliche Schrift in jenem alttestamentlichen Buche aus, das den Titel Jesus Nave (Josue) führt ... Und sie (die Gibeoniter; ThRE) begannen Jesus Nave um den Abschluß eines Bündnisses mit sich zu bitten. Und weil dieser des Landes noch unkundig war und dessen Bewohner nicht kannte, durchschaute er ihr listiges Vorgehen nicht, fragte auch den Herrn nicht, sondern schenkte ihnen voreilig Glauben."[752] Im Hinblick auf Josuas spätere Einsicht, daß die Vorsteher der Gemeinde Israels und er selbst durch die Gibeoniter getäuscht worden sind, schreibt Ambrosius: „Jesus aber glaubte gleichwohl den Frieden, den er gewährt hatte, nicht wieder brechen zu sollen, weil er durch einen heiligen Eid bekräftigt war."[753] Unschwer läßt sich erkennen, daß auch bei Ambrosius die Betonung auf dem Eid liegt, der unter der Anrufung Gottes gültig zustande gekommen und von daher bindend ist. Jene Ausführung des Ambrosius hat hernach wortwörtlich Eingang in das Decretum Gratiani gefunden[754], welches selbst insgesamt eine immense Rezeptionsgeschichte nach sich zog. Gratian kommentiert jene Passage des Ambrosius mit den Worten: „Als unerlaubter Eidschwur, den zu befolgen verboten ist, muß angesehen werden, was als unerlaubt bekannt ist, während man schwört. Wenn das aber unbekannt ist, entschuldigt diese Unkenntnis, falls man den Eidschwur für erlaubt hält, nicht aus Unkenntnis des Rechts, sondern des Sachverhalts."[755] Auch diese Kommentierung legt einen Schwerpunkt darauf, daß ein Eid bezüglich seiner Verbindlichkeit grundsätzlich guten Glaubens (bona fide) hinsichtlich der Sachlage zustande gekommen ist. Denn bis ins späte Mittelalter hinein ist der Eid „als die eigentliche Bekräftigung des internationalen Vertrages angesehen"[756] worden.

Entscheidend in bezug auf die Gültigkeit von Eiden ist in besonderer Weise die Anrufung Gottes. Von daher erklärt es sich, daß bei Zweifeln an der Gültigkeit eines abgelegten Eides im Zusammenhang von Verträgen im internationalen Bereich die kirchliche Iurisdiktion eine wichtige Entscheidungsinstanz darstellte. Welche Wirkung auch hier die Begebenheit mit den Gibeonitern über die Vermittlung des Decretum Gratiani entfalten konnte,

---

[752] J. E. Niederhuber, Ambrosius 235f; „Veterem autem istam de dolo, non iurisperitorum formulam sed patriarcharum sententiam scriptura divina evidenter expressit in libro Testamenti Veteris, qui Iesu Nave scribitur ... et coeperunt a Iesu Nave poscere ut secum firmaret societatem. Et quia adhuc erat ignarus locorum atque incolarum inscius, non cognovit fraudes eorum neque Deum interrogavit sed cito credidit", De off. III,10.67, I. J. Davidson, Ambrose.

[753] J. E. Niederhuber, Ambrosius 237; „Iesus tamen pacem quam dederat revocandum non censuit, quia firmata erat sacramenti religione", De off. III,10,69, I. J. Davidson, Ambrose.

[754] Vgl. C. 22 q. 4 c. 23, in: A. Friedberg, Corpus 881.

[755] Übersetzung von K.-H. Ziegler, in: ders., Grundlagen 16. „Illicitum ergo iuramentum, quod servari prohibetur, intelligendum est, quod scitur illicitum esse, dum iuratur: Si autem nescitur illicitum esse, ipsa ignorantia excusatur si putetur licitum esse, non ex ignorantia iuris, sed facti", C. 22 q. 4 c. 23, in: A. Friedberg, Corpus 881.

[756] K.-H. Ziegler, Völkerrechtsgeschichte 128.

2. Die Mishneh Tora (מִשְׁנֵה תּוֹרָה) und der JHWH-Krieg

darauf macht K.-H. Ziegler mit Blick auf eine Stellungnahme Papst Innozenz' III. aufmerksam.[757] Innozenz führt in seinem Schreiben als erstes Argument bezüglich der deutschen Königswahl 1200/1201 mit Blick auf die Umstände an, unter denen deutsche Fürsten ihren Eid abgelegt haben: „Denn wenn auch der Eid gewaltsam erzwungen scheint, muß er dennoch eingehalten werden, da auch die Söhne Israels glaubten, den Eid, den sie den Gibeoniten geleistet hatten, bewahren zu müssen, obwohl er ihnen durch Betrug abgenötigt war."[758] Auch dieses Beispiel illustriert recht anschaulich, wie einzelne Episoden aus dem Buch Josua eine lange Rezeptionsgeschichte entfaltet haben.

2.1.7 Zur Gültigkeit der sogenannten Kriegsgesetze (Dtn 20)

Wie in der bisherigen Untersuchung immer wieder festgestellt worden ist, läßt sich mit Blick auf den Duktus und auf die Formulierungsebene der von Maimonides aufgenommenen und interpretierten sogenannten Kriegsgesetze von Dtn 20 keine grundsätzliche Suspendierung dieser Gesetze erkennen. Von daher vermitteln sie den Eindruck, daß sie noch immer gelten, auch wenn für ihre Anwendung aufgrund äußerer politischer, gesellschaftlicher und religiöser Gegebenheiten keine reale Möglichkeit besteht.[759] Somit stellt sich die Frage, aufgrund welcher Anhaltspunkte jene Kriegsgesetze für Maimonides als nach wie vor gültig angesehen werden können. Ein möglicher Hinweis hierzu findet sich in den beiden letzten Abschnitten des Kapitels „Rechte der Könige und ihre Kriege", die auch die Mishneh Tora beenden. Denn die Endposition dieser Abschnitte steht zugleich für einen Ausblick auf zukünftige Ereignisse.

Maimonides behandelt im elften und zwölften Abschnitt jenes Kapitels das Thema „Messias-König" (הַמֶּלֶךְ הַמָּשִׁיחַ) bzw. „Messias". Grundsätzlich hebt Maimonides im elften Abschnitt mit Nachdruck hervor:

שהתורה הזאת חקיה ומשטיה לעולם ולעולמי עולמים. ואין מוסיפין
עליהם ולא גורעין מהם

Übersetzung:

„Diese Torah, ihre Vorschriften und ihre Satzungen gelten für alle Ewigkeiten, man fügt ihnen nichts hinzu und nimmt von ihnen nicht weg" (MEL XI,3).[760]

---

[757] Vgl. K.-H. Ziegler, Grundlagen 17f.
[758] „Nam, etsi iuramentum illud videatur violenter exortum, non est tamen ideo non servandum, cum, licet iuramentum quod Gabaonitis prestiterunt filii Israel fuerit per fraudem subreptum, illud tamen nichilominus descreverint observandum", W. G. Grewe, Fontes I 465.
[759] G. Bodendorfer weist darauf hin, daß Juden „im mittelalterlichen Spanien mehrfach auch militärische Einheiten stellten", ders., Erfahrung 217.
[760] J. Maier, Friedensordnung 164. In der Ausgabe S. Powels-Niami, Brief in den Jemen 87–93, werden ebenfalls der elfte und zwölfte Abschnitt des Kapitels „Rechte der Könige und ihre

Diese Aussage, der zudem die Kanonformel[761] hinzugefügt ist, läßt unmißverständlich erkennen, daß für Maimonides alle in der Tora behandelten „Rechtsmaterien" tatsächlich „für immer und für alle Ewigkeiten" (M. Zobel) gelten. Dies gilt somit auch für Zeiten, die vielleicht eine Suspendierung scheinbar unzeitgemäßer Rechtsmaterien nahelegen könnten. Besondere Geltung erlangen diese Rechtsmaterien vor allem dann, wenn der Messias-König kommen wird. Somit läßt sich vielleicht sogar sagen, daß die Kriegsgesetze für Maimonides auch um des lebendigen Glaubenszeugnisses willen immer und stets als gültig anzusehen sind. Dies äußert sich nicht zuletzt darin, daß sie tradiert und interpretiert werden, was Maimonides beispielhaft tut. Näherhin besteht das Glaubenszeugnis darin, daß der Messias-König aus dem Haus David kommen wird. Und weil der Messias-König bei seinem Kommen nicht „Wunder und Zeichen" wirken müsse, so daß er sogleich als *Messias*-König erkannt werde, ist es auch für die Communitas Israels wichtig, daß die Kriegsgesetze weiterhin Gültigkeit besitzen. Maimonides weist daher eindringlich darauf hin.

ואל יעלה על דעתך שהמלך המשיח צריך לעשות אותות ומופתים

Übersetzung:

„Laß es dir nicht einfallen, daß der Messias-König Wunder und Zeichen tun müsse" (MEL XI,3).[762]

Begründet wird diese Aussage von Maimonides mit dem Hinweis auf Rabbi Akiba, der mit allen Weisen seiner Generation im „König" Ben-Koziba (Bar-Kochba) den Messias-König zu erblicken glaubte und von daher sein „Parteigänger"[763] wurde. Jedoch irrte sich Rabbi Akiba.[764] Besondere Beachtung verdient, daß Maimonides die Titulierung Ben-Kozibas als „König" (מלך)

Kriege" in der Übersetzung von M. Zobel aus ders., Gottes Gesalbter. Der Messias und die messianische Zeit in Talmud und Midrasch, Berlin 1938, 181–187, abgedruckt. Dort findet sich jener Passus jedoch unter MEL XI,4. Zudem sind in der Übersetzung von M. Zobel im Unterschied zur hebräischen Textausgabe von S. T. Rubinstein/M. D. Rabinowitz und zur Übersetzung von J. Maier (Friedensordnung; Kriegsrecht) Sondergut und Varianten weder angegeben noch findet sich ein Verweis darauf.

[761] „וכל המוסיף או גורע או שגילה פנים בתורה והוציא הדברים של מצוות מפשוטן הרי זה בודאי רשע ואפיקורוס/Und jeder, der etwas hinzufügt oder wegnimmt, oder unziemliche Bedeutungen in der Torah erfindet und den Geboten ihren wörtlichen Sinn entzieht, das ist ein Betrüger, ein Frevler und ein ‚Appiqoros (Ketzer)", J. Maier, Friedensordnung 164. Dieser Passus wird von J. Maier als Variante kenntlich gemacht. Er findet sich nicht in der Übersetzung von M. Zobel in der Ausgabe von S. Powels-Niami. In der hebräischen Maimonides-Edition von S. T. Rubinstein/M. D. Rabinowitz wird auf diese Passage im Fußnotenapparat (כד) hingewiesen.

[762] J. Maier, Friedensordnung 164.
[763] Wörtlich „Waffenträger" (נושא כליו).
[764] Vgl. MEL XI,3.

2. Die Mishneh Tora (מִשְׁנֵה תּוֹרָה) und der JHWH-Krieg

fraglos übernimmt. Dies kann zweierlei bedeuten. Zum einen akzeptiert Maimonides die Bezeichnung „König" für Ben-Koziba[765]; er bestreitet nur, daß er auch der *Messias*-König ist. Zum anderen kann daraus geschlußfolgert werden, daß der Aufstand von Ben-Koziba gegen die Römer (132–135) als rechtmäßig im Sinne eines sogenannten „pflichtmäßigen Krieges" (מלחמת חובה), das heißt eines Abwehrkrieges anerkannt wird. Zwar lautet die letztlich entscheidende Frage, ob es sich beim Auftreten eines Königs, um einen bzw. um den Messias-König handelt, aber das schließt nicht aus, daß zuvor immer noch andere Könige Israels auftreten können. Daß Maimonides dies für die Zeit vor dem Kommen des Messias-Königs nicht für ausgeschlossen hält, läßt sich folgender Bemerkung entnehmen: Wenn sich herausstellt, daß der aufgetretene König aus dem Hause David kein Messias-König ist, da er entweder keinen Erfolg hatte oder getötet worden ist, heißt es in diesem Fall: „(U)nd er gilt (dann, ThRE) wie alle Könige des Hauses David, die vollkommenen und tüchtigen, die gestorben sind" (MEL XI,4).[766] Daß auch ein solcher König von Gott geschickt werden kann und somit kein Scharlatan ist, geht aus der Begründung des Maimonides hervor: „Und der Heilige – gepriesen ist Er! – hat ihn nur auftreten lassen, um durch ihn viele (= die Gesamtheit) zu versuchen ..." (MEL XI,4).[767] Dennoch ist auch diesem König, der kein Messias-König ist, aufgetragen, alle Völker ringsum zu besiegen und das Heiligtum aufzubauen. Dies entspricht dem zweiten und dem dritten Gebot, welche Israel beim Eintritt in das verheißene Land auferlegt sind (bT Sanh 20b; MEL I,1).

Grundsätzlich ist Maimonides der festen Überzeugung: Wenn ein König aus dem Hause David kommt und auch „die Kriege des HERRN führt", ist „dieser (potentiell) für den Gesalbten (Messias) zu halten" (MEL XI,4).[768] Erst an seinem erfolglosen Handeln insgesamt wird offensichtlich, daß er kein *Messias*-König ist. Wie es aber überhaupt zum Auftreten eines legitimen Königs aus dem Hause David kommt[769], darüber schweigt sich Maimonides letztlich aus. Festzuhalten bleibt: Zu jeder Zeit kann ein König Israels auftreten, sei es als ein König aus dem Hause David, wie alle entsprechenden Könige zuvor, oder sei es als Messias-König. Von daher behalten die Kriegsgesetze auch nach wie vor ihre Gültigkeit. Ihren systematischen

---

[765] Ben-Koziba alias Bar Kochba hat sich im Zuge seines anfänglich erfolgreichen Aufstandes anscheinend zum König ausrufen lassen. Daß er zumindest eigene Münzen prägen ließ, ist dokumentiert. Zu Bar Kochba vgl. H. Donner, Geschichte 500f.

[766] J. Maier, Friedensordnung 165. Der entsprechende als Sondergut bzw. als Variante in der Ausgabe von S. T. Rubinstein/M. D. Rabinowitz gekennzeichnete hebräische Text lautet: והרי הוא ככל מלכי בית דוד השלמים והכשרים שמתו.

[767] J. Maier, Friedensordnung 165.
Der hebräische Text: ולא העמידו הקב"ה אלא לנסות בו רבים.

[768] J. Maier, ebd. 165. In der Maimonides-Ausgabe von S. T. Rubinstein/M. D. Rabinowitz heißt es: וילחם מלחמות ה' - הרי בחזקת שהוא משיח.

[769] „... ואם יעמוד מלך מבית דוד/Wenn ein König aus dem Hause David auftritt ..." (S. T. Rubinstein/M. D. Rabinowitz; J. Maier, Friedensordnung 164 (MEL XI,4).

Ort haben sie somit schließlich im letzten Buch des Mishneh Tora im letzten Kapitel über das Königsrecht, näherhin in den vorletzten Abschnitten, bevor ganz zum Schluß vom Messias-König gesprochen wird.

2.2 Fazit

Die Ausführungen zu den Kriegsgesetzen, vor allem in MEL lassen erkennen, daß sie für Maimonides auf normativer Ebene noch immer gelten. Die Einschränkungen, die z.Z. des Maimonides gegen die Anwendung dieser Gesetze sprechen, sind temporärer, aber nicht grundsätzlicher Art. Denn sobald die jüdische Communitas oder nennenswerte Teile von ihr wieder in das Land Israel „eintreten" und für sich einen König gewählt haben werden, sind die Pflichtkriege bzw. die „Kriege des Gebots" gegen die sogenannten sieben Völker und die Nachkommen Amaleks zu führen. Vorbildcharakter besitzt dabei Josua, der im Grunde als erster König Israels angesehen wird.

Um die Kriegsführung Josuas als vorbildlich auszugeben und um gleichzeitig zu erklären, weshalb die sieben Völker und Amalek getötet werden dürfen, greift Maimonides mit den sogenannten drei Sendschreiben des Josua einen haggadischen Topos auf, der im Jerusalemer Talmud, den Midraschim Rabba zum Buch Levitikus (XVII,6) und zum Buch Deuteronomium (V,15) bezeugt ist. Hierbei schenkt Maimonides der biblischen Überlieferung Aufmerksamkeit, daß sich die Gibeoniter, welche mitunter auch Hiwiter genannt werden, einen Vertragsabschluß erschlichen hatten und durch ihn von Josua verschont worden sind. Dies konnte nur deshalb geschehen, weil die Israeliten den Gibeonitern die Zusage, am Leben zu bleiben, bei JHWH geschworen hatten. Hätten die Israeliten später dennoch die Gibeoniter getötet, dann hätten sie den Namen Gottes entweiht, was das weitaus größere Vergehen gewesen wäre.

Bezüglich der sogenannten Wahlkriege führt Maimonides aus, daß der jüdische König diese mit dem Ziel der Landeserweiterung und zur Vermehrung seines Ruhmes führen kann. Neu ist, daß die dabei eroberten Gebiete wie die Eroberungen Josuas als „Land Israel" gelten. Das heißt die Eroberungen Josuas und die der jüdischen Könige werden begrifflich und inhaltlich auf eine Stufe gestellt. So wird deutlich, daß die Person Josuas unumstritten Vorbildcharakter besitzt und daß auch er der immerwährende idealtypische Anführer/König Israels ist.

Eine Erklärung dafür, weshalb auch zur Zeit des Maimonides die Kriegsgesetze nicht suspendiert werden können, läßt sich aus den Ausführungen zum Messias-König erschließen. Maimonides hält es zu jeder Zeit für möglich, daß entweder ein König aus dem Hause David auftreten kann, um durch ihn viele in Versuchung zu bringen, oder daß ein bzw. der Messias-König selbst in Erscheinung tritt. Beiden ist grundsätzlich aufgetragen, gegen die Völker

2. Die Mishneh Tora (מִשְׁנֵה תּוֹרָה) und der JHWH-Krieg

ringsum Krieg zu führen und sie zu besiegen sowie den Tempel aufzubauen. Am Erfolg jedoch wird man dann den Messias-König erkennen können. Beide Könige aber sind legitime bzw. von Gott her legitimierte Könige.

Insgesamt kann festgestellt werden: Auch wenn Maimonides punktuell Abmilderungen dem biblischen Befund gegenüber vornimmt oder Interpretationen anführt, die sich deutlich vom biblischen Text entfernen, so läßt er keinen Zweifel darüber aufkommen, daß die Kriegsgesetze nach wie vor gelten.

VII. Frühchristliche Literatur

1. Josua im ersten Clemensbrief

Der anonym griechisch verfaßte erste Clemensbrief, welchen die neuere Forschung mehrheitlich dem Clemens von Rom zuschreibt, ist vermutlich um 96 n.Chr. in Rom an die Gemeinde von Korinth geschrieben worden.[770] Als einen wesentlichen Charakterzug des ersten Clemensbrief wird genannt: „the strong feeling of immediate continuity with the Old Testament, its people and institutions, displayed by the autor."[771] Der Gattung nach wird der erste Clemensbrief nicht nur als Brief schlechthin, sondern, wie A. Lindemann plausibel machen kann[772], als eine „Eingabe" (ἔντευξις) zu bezeichnen sein, wie sich dieses Schreiben auch selbst nennt (1 Clem 63,2). Zudem weist dieser Brief Merkmale einer Homilie auf.[773]

In seinem Hauptanliegen wendet sich der erste Clemensbrief gegen die Absetzung bzw. Entfernung (ἀποβάλλειν, 1 Clem 44,3f) von Amtsträgern (ἐπισκοπή, 1 Clem 44,1.4; πρεσβύτεροι, 1 Clem 47,6) durch einige wenige (1 Clem 47,6) junge Leute oder neu Hinzugekommene (οἱ νέοι, 1 Clem 3,3)[774] und fordert dazu auf, die Spaltung (τὸ σχίσμα, 1 Clem 46,9; διχοστασία, 1 Clem 51,1) der Gemeinde zu überwinden und die apostolische Ordnung wieder herzustellen (1 Clem 54,2; 57,1f).

1.1 Josua (Ἰησοῦς) und Rahab (1 Clem 12)

Hinsichtlich des Hauptanliegens des ersten Clemensbriefes kann es nicht verwundern, daß die alttestamentliche Gestalt des Josua zunächst keine Rolle spielt. Doch beim näheren Hinsehen zeigt sich, daß in der Perspektive jenes Anliegens Josua im Umfeld der im ersten Clemensbrief genannten alttestamentlichen Vorbilder für ein am Gehorsam (ὑπακοή) Gott gegenüber ausgerichteten Lebens zumindest gestreift wird (1 Clem 9,2–12,8).

Im Zusammenhang des Leitwortpaares „Gastfreundschaft" (φιλοξενία)[775] und „Glaube" (πίστις) bzw. „Frömmigkeit" (εὐσέβεια)[776] in 1 Clem 12

---

[770] Vgl. J. Hofmann, Clemens von Rom 131; J. A. Fischer, Schriften des Urchristentums 20; in der Datierung zurückhaltend A. Lindemann/H. Paulsen, Die Apostolischen Väter 77; „noch vor 100", A. Lindemann, Die Clemensbriefe 12.
[771] O. Skarsaune, Development 381.
[772] Vgl. A. Lindemann/H. Paulsen, Die Apostolischen Väter 77; A. Lindemann, Die Clemensbriefe 13f.
[773] Vgl. O. Skarsaune, Development 382.
[774] Vgl. J. Hofmann, Clemens von Rom 131. Diesbezüglich zurückhaltend vgl. A. Lindemann, Die Clemensbriefe 33.
[775] Vgl. 1 Clem 10,7; 11,1; 12,1.3.
[776] Vgl. 1 Clem 10,7; 11,1; 12,1.

1. Josua im ersten Clemensbrief

kommt der Autor auf die Hure Rahab zu sprechen, die sich und ihre Angehörigen durch eben diese Eigenschaften retten konnte. Somit stehen Rahab und ihre Handlungen im Mittelpunkt des Interesses von 1 Clem 12,1–8 und nicht die Person des Josua. Jedoch ließ es sich offenbar nicht ganz vermeiden, in 1 Clem 12 auf die Landnahme Bezug zu nehmen. Denn im Hinblick auf die Hure Rahab wird in 1 Clem 12 in geraffter Form erzählt, daß Josua die Kundschafter aussendet, die Hure Rahab sie beherbergt, diese durch die Abgesandten des Königs von Jericho in eine bedrohliche Lage geraten und schließlich von Rahab versteckt werden. Dabei orientiert sich der Autor eng am Ereignisablauf in der literarische Vorlage von Jos 2 (LXX). In diesem Zusammenhang wird die Person des Josua in 1 Clem 12,2 namentlich erwähnt, aber auch nur an dieser Stelle. Da der erste Clemensbrief ein von vornherein griechisch verfaßtes Schreiben ist, wird der Name Josua nur in gräzisierter Form wie in der Jos-LXX verwendet (Ἰησοῦς). Hierzu ist näherhin folgendes zu notieren: Obgleich der Kontext durch die Stichworte Rahab, Kundschafter und Jericho unmißverständlich bestimmt ist, wird in 1 Clem 12,2 beispielsweise im Unterschied zu Hebr 4,8 die griechische Namensform des Josua (Ἰησοῦς) unter Hinzufügung des Patronyms genannt: „Jesus der (Sohn) des Nave" (Ἰησοῦς τοῦ τοῦ Ναυή). M.a.W. der Name des Josua/Ἰησοῦς erscheint in 1 Clem 12 nicht ohne eine präzisierende Näherbestimmung. Dieses Detail kann leicht übersehen werden. Vermutlich soll aber durch die Angabe des Vaters (vgl. Num 11,28; Jos 6,6 u.ö.) eine Verwechslung mit dem Ἰησοῦς des Neuen Testaments vermieden werden.[777] Zum Vergleich: In Apg 7,45 und Hebr 4,8 wird der alttestamentliche Ἰησοῦς ohne nähere Bestimmung genannt. Da der Kontext in den beiden neutestamentlichen Texten wie in 1 Clem 12,2 eindeutig ist, läßt sich fragen: Aus welchem Grund war eine attributive Bestimmung in 1 Clem 12,2 notwendig? Kam es zu dieser Zeit schon zu ersten Parallelisierungen?

Schließlich ist noch festzuhalten, daß sich der Autor des ersten Clemensbriefes bezüglich des Namens Ἰησοῦς (τοῦ τοῦ Ναυή) in 1 Clem 12 jeglichen Anflugs einer allegorischen Deutung oder einer Applizierung auf Jesus, den Christus, enthält.

1.2 Landnahme (1 Clem 12)

Wie bereits angedeutet, steht die Landnahme nicht im Mittelpunkt des Interesses im ersten Clemensbrief. Auf sie wird indirekt im Zusammenhang der Hure Rahab Bezug genommen. Dabei steht zu vermuten, daß die Kenntnis des biblischen Kontextes von Jos 2 bei den Adressaten vorausgesetzt

---

[777] Vgl. 1 Clem Präskript; 16,2; 20,11; 21.6 u.ö.

wird. Oder ist er vielleicht theologisch uninteressant geworden? Denn dieser Kontext bedarf anscheinend keiner weiteren Erwähnung. Offensichtlich ist zugleich aber auch, daß das in 1 Clem 12 Geschilderte im Zusammenhang einer kriegerischen Auseinandersetzung stehen muß. Dies wird durch das Wortfeld „Kundschafter" (κατάσκοπος), das „Land auskundschaften" (κατασκοπεῖν τὴν χώραν/γῆν), „das Land ausliefern" (παραδιδόναι τὴν γῆν), „verschonen/erretten" (διασῴζειν) und „vernichten" (ἀπολλύναι) angezeigt. Daß darüber hinaus diese Kundschafter als eine ernsthafte Bedrohung angesehen werden, geht auch daraus hervor, daß der König von Jericho Männer ausschickt, um jene zu ergreifen und töten zu wollen (1 Clem 12,2). Damit wird erst in 1 Clem 12,2 verbaliter entfaltet, was in Jos 2,3 (LXX) vermutlich implizit angelegt ist. Denn in Jos 2,3 (LXX) ist lediglich vom „Herausführen" (ἐξάγειν) der Kundschafter die Rede.

Wie in Jos 2,9 (LXX) so wird auch in 1 Clem 12,5 kein Zweifel darüber gelassen, daß Gott den Israeliten das Land übergeben wird und daß sie es aus eigener Kraft nicht werden einnehmen können. Denn der Verfasser des ersten Clemensbriefes zitiert Rahab mit Blick auf die Kundschafter mit den Worten: „Ganz genau erkenne ich, daß Gott, der Herr, euch dieses Land übergibt".[778] Dabei geht der Verfasser über den Text von Jos 2,9 (LXX) insofern hinaus, als er κύριος durch ὁ θεός ergänzt. Durch diese Erweiterung wird präzisiert, wer der Geber des Landes ist, und zwar Gott, der Herr, und nicht Jesus, der Herr. Daß dieses Distinktivum tatsächlich von Bedeutung ist, erhellt schon daraus, daß in 1 Clem 12,7 vom Blut des Herren (τοῦ αἵματος τοῦ κυρίου) gesprochen wird, was sich nur auf Jesus bzw. Jesus Christus, den Herrn, beziehen kann.[779] Denn ähnlich wie das nomen proprium Ἰησοῦς kann auch das nomen appellativum κύριος im griechisch-christlichen Sprachgebrauch zu Verwechslungen führen.

Des weiteren läßt auch 1 Clem 12 dem biblischen Befund gemäß keinen Zweifel darüber aufkommen, daß die Einwohner Jerichos bei der Einnahme der Stadt getötet werden. Daher bittet Rahab aus Furcht davor die Kundschafter: „Wenn es nun geschieht, daß ihr es (das Land[780]) einnehmt, so rettet mich und das Haus meines Vaters".[781] Im Unterschied zu Jos 2,12 (LXX) fordert Rahab von den Kundschaftern keinen Eid, wenngleich die in 1 Clem 12,5 vorgetragene Bitte nicht weniger dringlich erscheint. Dies legt die Ver-

---

[778] „Γινώσκουσα γινώσκω ἐγώ, ὅτι κύριος ὁ θεὸς παραδίδωσιν ὑμῖν τὴν γῆν ταύτην", 1 Clem 12,5; „Ἐπίσταμαι ὅτι δέδωκεν ὑμῖν κύριος τὴν γῆν", Jos 2,9 (LXX).

[779] Vgl. 1 Kor 11,27; 1 Clem 7,4; 21,6.

[780] Rein grammatikalisch kann sich αὐτὴν auch auf die Stadt (ἡ πόλις) beziehen. Vom Textaufbau aber bezieht sich dieses Pronomen auf den im Satz zuvor verwendeten Ausdruck Land (ἡ γῆ).

[781] „ὡς ἐὰν οὖν γένηται λαβεῖν αὐτὴν ὑμᾶς, διασώσατέ με καὶ τὸν οἶκον τοῦ πατρός μου", 1 Clem 12,5.
Ὡς ἂν παραδῷ κύριος ὑμῖν τὴν πόλιν, ποιήσετε εἰς ἐμὲ ἔλεος καὶ ἀλήθειαν", Jos 2,14 (LXX).

mutung nahe, als wolle der Autor mit dem Verzicht auf einen formellen Eid dem neutestamentlichen Schwurverbot Rechnung tragen.

Daß Kampfhandlungen gegen die Stadt Jericho in nicht allzu ferner Zukunft bevorstehen, wird durch die Kundschafter insofern bestätigt, als sie auf das Bitten Rahabs hin wie folgt in 1 Clem 12,6 zitiert werden: „Es soll so sein, wie du zu uns gesprochen hast. Wenn du nun erkennst, daß wir heranrücken, sollst du all die Deinen unter deinem Dach versammeln, und sie werden gerettet werden. Denn die auch immer außerhalb des Hauses (d.h. des Hauses der Rahab) gefunden werden, werden vernichtet werden".[782]

Gerade der letzte Satz bringt in 1 Clem 12 noch einmal unmißverständlich zum Ausdruck, daß bei der Einnahme des Landes und der Stadt Jericho die gegenwärtigen Bewohner getötet werden. Das wird von Gott her legitimiert, da Gott, der Herr, auch allein der Geber des Landes ist (vgl. 1 Clem 12,5). Dies impliziert zudem, daß ein Konvertieren zum rechten Glauben als Alternative mehrheitlich nicht vorgesehen ist. Das letztlich von Gott her gerechtfertigte Töten der Vorbewohner wird auch im ersten Clemensbrief als einstmals real geschehen hingenommen und in keiner Weise problematisiert. Denn der Verfasser dieses Schreibens ist davon überzeugt, daß Gott auch schon bereit war, vor seinem eigenen Volk nicht haltzumachen, um es auszurotten (ἐξολεθρεῦσαι).[783] Schließlich geht es in 1 Clem 12 darum, den Glauben und das prophetische Vermögen der Rahab als Vorbild für die Gemeinde in Korinth in den Vordergrund zu stellen (vgl. 1 Clem 12,8).

Eine allegorische Deutung erfolgt dann unerwartet gegen Ende von 1 Clem 12,7 in bezug auf das scharlachrote Zeichen (σημεῖον ... κόκκινον), welches Rahab an ihrem Haus befestigen soll. Dieses Zeichen wird als „das Blut des Herrn" gedeutet, welches Erlösung für alle ist, die an Gott glauben und auf ihn hoffen (1 Clem 12,7).[784] Damit ist gleichzeitig mit ausgesagt, daß die anderen Bewohner von Jericho, aber letztlich nicht nur sie, ihren Tod dem eigenen Unglauben zu verdanken haben.

Abschließend kann festgehalten werden, daß das in 1 Clem 12 über die Einnahme Jerichos Berichtete grundsätzlich als historisch angesehen wird. Was Ἰησοῦς (Josua) getan hat, wird geschichtlich nicht in Frage gestellt. Anderseits hat im griechisch-sprachlichen Kontext vermutlich der Prozeß bereits eingesetzt, Josua, den Sohn des Nun, und Jesus von Nazaret durch

---

[782] „ἔσται οὕτως, ὡς ἐλάλησας ἡμῖν. ὡς ἐὰν οὖν γνῷς παραγινομένους ἡμᾶς, συνάξεις πάντας τοὺς σοὺς ὑπὸ τὸ στέγος σου, καὶ διασωθήσονται. ὅσοι γὰρ ἐὰν εὑρεθῶσιν ἔξω τῆς οἰκίας, ἀπολοῦνται", 1 Clem 12,6.

[783] „καὶ εἶπεν κύριος πρὸς αὐτόν· ... ἔασόν με ἐξολεθρεῦσαι αὐτούς, καὶ ἐξαλείψω τὸ ὄνομα αὐτῶν ὑποκάτωθεν τοῦ οὐρανοῦ/Und der Herr sprach zu ihm (Mose): ,... Laß mich sie ausrotten, und ich werde auslöschen ihren Namen unter dem Himmel'", 1 Clem 53,3. Als biblische Bezugsstelle für dieses Zitat läßt sich Dtn 9,11-14 (LXX) benennen, da es von dort wörtlich übernommen worden ist. Zudem bilden Ex 32,9-14 (LXX) und Num 14,10b-21 (LXX) den Hintergrund.

[784] Vgl. O. Skarsaune, Development 383.

Näherbestimmungen zu unterscheiden (vgl. Apg 7,45; Hebr 4,8 mit 1 Clem 12,2). Zudem läßt sich eine allegorische Deutung der im Buch Josua erzählten Landnahme auf Jesus Christus hin beobachten. Indiz hierfür ist, daß in 1 Clem 12,7 das rote Zeichen am Haus der Rahab als Blut des Herrn, d.h. Jesu Christi, gedeutet wird.

2. Josua im Barnabasbrief

Bei der anonymen Schrift, welche wohl erstmals von Clemens von Alexandrien als Barnabasbrief[785] bezeichnet worden ist[786], handelt es sich anscheinend um ein „in Briefform gekleidetes Propagandaschreiben"[787] oder etwas zurückhaltender formuliert, um einen „brieflich gerahmten Traktat"[788] bzw. um „eine theologische Abhandlung"[789], deren Adressaten Christen sind.[790] Die Abfassung des Briefes dürfte zwischen 130 und 132 anzusetzen sein.[791]

Grundsätzlich ist die Perspektive zu beachten, die der Barnabasbrief in bezug auf die biblische Überlieferung, kurz „die Schrift" genannt (ἡ γραφή, z.B. Barn 4,7), einnimmt. Sie wird von dem theologischen Interesse bestimmt, daß Israel das Testament (ἡ διαθήκη)[792], welches Mose auf dem Berg[793] von Gott erhalten hatte (Barn 4,7), selbst verlor (Barn 4,8) bzw. sich zu dessen Empfang als unwürdig erwies (Barn 14,1.4).[794] Von daher habe

---

[785] So schreibt Eusebius in seiner Kirchengeschichte: „In den Hypotypen gibt Klemens, um es kurz zu sagen, gedrängte Auslegungen der ganzen Bibel, ohne die bestrittenen Schriften wie den Brief des Judas, die übrigen katholischen Briefe, den Brief des Barnabas (τὰς λοιπὰς καθολικὰς ἐπιστολάς, τήν τε Βαρνάβα) und die sogenannte Petrusapokalypse zu übergehen", H. Kraft/P. Haeuser/H. A. Gärtner, Eusebius VI 14,1, 289.

[786] Vgl. F. R. Prostmeier, Barnabasbrief 94.

[787] K. Wengst, Didache 113.

[788] F. R. Prostmeier, Barnabasbrief 94.

[789] A. Lindemann/H. Paulsen, Die Apostolischen Väter 23.

[790] Vgl. K. Wengst, Didache 113; P. Vielhauer, Geschichte 602: „an christliche Leser überhaupt", A. Lindemann/H. Paulsen, Die Apostolischen Väter 23; „die christliche Identität seiner Leser", F. R. Prostmeier, Barnabasbrief 95. Hingegen vermutet K. Berger in den Adressaten mehr christlich gewordene Juden, vgl. ders./C. Nord, Das Neue Testament 235.

[791] Vgl. K. Wengst, Didache 115; A. Lindemann/H. Paulsen, Die Apostolischen Väter 24; F. R. Prostmeier, Barnabasbrief 94; O. Skarsaune, Development 384. P. Vielhauer setzt für die Abfassungszeit des Barnabasbriefes das Jahrzehnt zwischen 130 und 140 an, vgl. ders., Geschichte 611. Hingegen datiert K. Berger den Barnabasbrief „an das Ende der 1. christlichen Generation" und gibt im Inhaltsverzeichnis die Jahreszahl 60 n.Chr. an, ders./C. Nord, Das Neue Testament 235. Eine Zwischenposition nimmt E. Hennecke ein, der den Barnabasbrief „frühestens im Jahre 117 n.Chr. oder in einem der nächsten Jahre" ansetzt, ders., Neutestamentliche Apokryphen 149.

[792] Da der Begriff διαθήκη „in Verbindung mit Worten vom Stamm κληρονομ-" steht, spricht K. Wengst sich unter formalem Aspekt für die Übersetzung „Testament" aus, vgl. ders., Didache 135.

[793] Während in Barn 4,7 nur vom Berg (ἐν τῷ ὄρει) die Rede ist, wird er näherhin in Barn 14,2 Berg Sinai genannt (ἐν ὄρει Σινᾶ).

[794] Vgl. A. Lindemann/H. Paulsen, Die Apostolischen Väter 23. Unter dem Begriff „Testament" versteht der Autor die sogenannten zwei Gesetzestafeln, den Dekalog. In Barn 4,7 werden die Tafeln πλάκας λιθίνας (steinerne Tafeln) und in Barn 4,8; 14,2 τὰς δύο πλάκας (die zwei Tafeln) genannt. In Barn 15,1 findet sich der Ausdruck δέκα λόγοι.

2. Josua im Barnabasbrief

Israel das Testament, welches Mose im Begriff war zu empfangen (Barn 14,2), letztlich nicht erhalten.[795] Einen Anknüpfungspunkt für eine solche Interpretation erblickt der Autor darin, daß Mose die empfangenen Tafeln des Testaments des Herrn[796] von sich warf, und sie zerbrachen (Barn 4,8; 14,3). Dies habe zur Folge, daß der Verfasser nur ein einziges Testament (ἡ διαθήκη) gelten läßt und von ihm auch nur im Singular und meist mit bestimmtem Artikel spricht.[797] Dieses Testament (ἡ διαθήκη) sei nur für die Christen bestimmt.[798] Von daher erübrigt sich dann auch eine Unterscheidung zwischen Altem und Neuem Testament.[799] Aus diesem Grund wird auch der Autor von O. Skarsaune nicht als „a two-covenant", sondern als „a one-covenant theologian"[800] gekennzeichnet. P. Vielhauer kommt deshalb zu dem Ergebnis, daß der Barnabasbrief „jede positive Beziehung der Juden zum AT und zur Kirche radikal bestreitet. Von Markion und allen gnostischen Systemen aber unterscheidet er sich dadurch, daß er das AT nicht verwirft, sondern als die einzige Offenbarungsurkunde versteht".[801] Das bedeutet, daß Juden generell abgesprochen wird, selbst auch nur zur Vorgeschichte des Heils zu gehören, wie es gemeinhin christliche Auffassung war.[802] Als Konsequenz aus einer solchen Perspektive heraus ergibt sich, daß es letztlich „keine Heilsgeschichte, die dieser Heilsetzung vorausgeht"[803], gegeben haben könne. Somit erklärt sich auch, daß der Barnabasbrief es unter die Vermehrung der Sünden rechnet, sollten die von ihm Angesprochenen der Auffassung sein: „Das Testament jener (d.h. der Juden; ThRE) ist auch das unsrige".[804]

Dieser Aussage entspricht auch das exegetische Grundverständnis des Autors, daß die gesamte Schrift ihrem Wesen nach *nur* Vorausoffenbarung und darauf ausgerichtet sei, Jesus, den Christus, zu prophezeien (proof-from-prophecy tradition[805]). Somit besitzt die Geschichte Israels konsequenterweise für den Barnabasbrief keine eigenständige Bedeutung. Von daher kann auch seine exegetische Methode schwerlich der typologischen Schriftauslegung zugeordnet werden, selbst wenn der Verfasser den Begriff τύπος bei der Interpretation biblischer Texte verwendet.[806] Von jenem theologisch-

---

[795] Aufgrund dieser theologischen Vorentscheidung, vermeidet der Barnabasbrief den Begriff „Altes Testament".
[796] αἱ πλάκες τῆς διαθήκης κυρίου, Barn 14,3.
[797] Vgl. Barn 4,6.7.8; 6,19; 13,1.6; 14,1.2.3.
[798] Vgl. K. Wengst, Didache 131.
[799] Vgl. P. Vielhauer, Geschichte 605.
[800] Vgl. O. Skarsaune, Development 385.
[801] P. Vielhauer, Geschichte 604.
[802] Vgl. ders. ebd. 606.
[803] F. R. Prostmeier, Barnabasbrief 95.
[804] „ἡ διαθήκη ἐκείνων καὶ ἡμῶν", Barn 4,6.
[805] O. Skarsaune, Development 386.
[806] Vgl. z.B. Barn 7,11; 8,1. Ein Kennzeichen von typologischer Schriftauslegung besteht darin, daß dem *Ereignis*, welches als Typos klassifiziert wird, eine eigenständige Dignität belassen wird, wie es beispielsweise bei Röm 5,14 und 1 Kor 10,1f der Fall ist. Von daher gelangt K.

hermeneutischen Vorverständnis her kann es schließlich auch nicht verwundern, daß beispielsweise Mose und Josua ausschließlich als Propheten des christlichen Zeitalters verstanden und interpretiert werden. Auf diese Weise nimmt der Verfasser eine Abkoppelung dieser für Israels Identität äußerst wichtigen Personen vom Volk Israel vor und reduziert sie somit letztlich auf den Status von Christuspropheten.

2.1 Biblische Textgrundlage

Bevor wir näher auf Josua im Barnabasbrief eingehen werden, sei noch auf folgendes hingewiesen. Da dieser Brief von vornherein auf Griechisch verfaßt worden ist, wird auch in ihm die griechische Version des Namens Josua (Ἰησοῦς) verwendet (vgl. Barn 12,8), wie er in der Septuaginta gebraucht wird. Dennoch gilt es den schon seit langem bekannten Befund zur Kenntnis zu nehmen, daß der Autor des Barnabasbriefes kein biblisches Zitat direkt der Septuaginta entnommen hat und daß ihm anscheinend auch keine vollständige Septuaginta zur Verfügung stand.[807] Obwohl die griechischen Bibel-Zitate im Barnabasbrief von der Septuaginta abweichen und sich nach P. Vielhauer dem hebräischen Text nähern[808], kann dennoch mit Blick auf die in diesem Brief aus Septuaginta-Varianten entnommenen relativ genauen Jesaja-Zitate festgehalten werden, daß sich der Verfasser ausschließlich an griechischsprachlichen biblischen Texten orientiert hat.[809]

2.2 Mose und Jesus (Josua) als Typoi

In Barn 12,8 kommt der Autor erstmals auf die Person des Josua (Ἰησοῦς) zu sprechen. Im 12. Kapitel nimmt der Verfasser vor allem auf biblische Texte Bezug, die seines Erachtens Vorausoffenbarungen über das Kreuz (12,1–4), seine Heilswirkungen (12,5–7) sowie über Jesus, den Sohn Gottes (12,8–10a), beinhalten und zudem den Nachweis erbringen sollen, daß Jesus nicht Sohn Davids sein könne (12,10b–11).

Das 12. Kapitel wird mit Hilfe des Adverbs „wiederum" (πάλιν) strukturiert. Mit dem zweiten πάλιν geht der Autor auf den klassischen biblischen Topos der sogenannten Amalekiterschlacht (Ex 17,8–16) ein (Barn 12,2f). Diese Schlacht ist untrennbar auch mit dem Namen Josua verbunden. Jedoch fällt auf, daß der Verfasser des Barnabasbriefes in diesem Zusammen-

---

Wengst zu dem Ergebnis, daß es sich bei dem Barnabasbrief vielmehr um allegorische Schriftauslegung handelt, vgl. K. Wengst, Didache 134.
[807] Vgl. ders. ebd. 120.126.
[808] Vgl. P. Vielhauer, Geschichte 610.
[809] „Ausschließliche Benutzung griech. Bibelübersetzungen", F. R. Prostmeier, Barnabasbrief 95.

2. Josua im Barnabasbrief

hang weder den Namen Josuas noch den Amaleks ausdrücklich nennt.[810] Daß diese Namen wider Erwarten nicht genannt werden, hat vermutlich mit der Intention des Verfassers an dieser Stelle zu tun, Mose in zweifacher Hinsicht als Typos für Zukünftiges seinen Adressaten vorzustellen: Mose ist sowohl Bild des künftigen Kreuzes als auch dessen, der einmal daran leiden soll.[811] M.a.W. in Barn 12,2 wird Mose als ein Typos (τύπος) für den gekreuzigten Jesus vorgestellt. Dazu dient auch der Hinweis, daß Mose während des Kampfes seine Hände ausstreckte (ἐξέτεινεν τὰς χεῖρας), wie es später vergleichsweise Jesus am Kreuz tat. Bemerkenswert hierbei ist, daß es in Barn 12,2 noch nicht Josua, sondern Mose ist, der den Jesus-Christus-Typos bildet. Von daher heißt es auch konsequenterweise in Barn 12,5 ausdrücklich, daß Mose einen Typos des Jesus darstelle.[812]

In dem Abschnitt Barn 12,5–7 deutet der Autor die Erzählung von der Errichtung der kupfernen Schlange in der Wüste (Num 21,4–9) auf seine ihm eigene christologische Weise, wie sie sich der Sache nach auch in Joh 3,14f findet. Beachtenswert ist auch mit Blick auf Barn 12,8, daß diese lebensrettende Kupferschlange mit den Worten gedeutet wird: „Du hast wiederum auch hierin die Herrlichkeit Jesu ...".[813]

Nachdem in Barn 12,6 und 12,7 vom Typos und auch von der Doxa des neutestamentlichen Jesus gesprochen worden ist, schließt sich an die Aussage von der Herrlichkeit Jesu das fünfte strukturgestaltende „Wiederum" (πάλιν) unmittelbar an. Damit wird jetzt auf die Person des Josua (Ἰησοῦς) hingelenkt: „Was sagt wiederum Mose zu Jesus, dem Sohn des Nave ...".[814] Wenngleich jetzt das „Wiederum" als inhaltliche Sperre zwischen 12,7 und 12,8 fungiert, so fällt dennoch auf, daß der Name Ἰησοῦς so dicht für unterschiedliche Personen aufeinanderfolgt. Dabei soll mit dem einen Namen der andere assoziiert werden: Allein über die attributive Stellung der Wendung „dem Sohn des Nave" erfolgt in Barn 12,8 die Differenzierung zu dem Jesus, von welchem unmittelbar zuvor in 12,7 in der Formulierung „die Herrlichkeit Jesu" die Rede war. Somit werden beide nahe aneinandergerückt.

Daß nun in Barn 12,2–4 auf den Namen Ἰησοῦς im Zusammenhang der Amalekiterschlacht verzichtet wird, läßt sich damit erklären, daß jetzt in Barn 12,8 gleich zweimal ausdrücklich von der Namensgebung Josuas (Ἰησοῦς) durch Mose gesprochen wird (vgl. Barn 12,8.9). Der Name, den

---

[810] Allgemein ist die Erzählung in Ex 17,8–16 in bezug auf Josua in zweierlei Hinsicht von Bedeutung: Zum einen wird in ihr Josua überhaupt zum ersten Mal in der Bibel genannt, mit Blick auf die biblische Gesamt-Erzählanordnung und den Endtext paradoxerweise noch bevor die Namensgebung Josua erfolgt (vgl. Num 13,16). Diesem Befund korrespondiert, daß zum anderen in Ex 17 vom ersten Kampf, den Josua durchzuführen hat, berichtet wird.
[811] „(ἵνα ποιήσῃ) τύπον τοῦ σταυροῦ καὶ τοῦ μέλλοντος πάσχειν", Barn 12,2.
[812] „πάλιν Μωυσῆς ποιεῖ τύπον τοῦ Ἰησοῦ/Wiederum stellt (macht) Mose ein Vorausbild des Jesus dar", Barn 12,5.
[813] „ἔχεις πάλιν καὶ ἐν τούτοις τὴν δόξαν τοῦ Ἰησοῦ", Barn 12,7.
[814] „τί λέγει πάλιν Μωυσῆς Ἰησοῦ υἱῷ Ναυή", Barn 12,8.

Ἰησοῦς (Josua) zuvor trug, wird dabei nicht genannt. Die zweimal erwähnte Namensgebung deutet auch mindestens zwei verschiedene Ebenen an, die der Autor des Barnabasbriefes mit dem Namen Ἰησοῦς (Josua) in Beziehung setzt: Zum einen wird jetzt ausdrücklich hervorgehoben, daß Ἰησοῦς (Josua) ein Prophet ist. Im Unterschied dazu heißt es noch in Sir 46,1, daß er nur „ein Diener des Mose im Prophetenatum" (BenSir) bzw. „ein Nachfolger des Mose im Prophetentumeines (JesSir) sei. Da in Barn 12,8 die partizipiale Wendung ὄντι προφήτῃ[815] in attributiver Stellung unmittelbar auf den Partizipial-Satz ἐπιθεὶς αὐτῷ τοῦτο τὸ ὄνομα[816] folgt, läßt sich dies inhaltlich so deuten, daß das Prophet-Sein auf das engste mit der Person und dem Namen Ἰησοῦς verbunden ist. Außerdem habe der „Vater", d.h. Gott, mit dieser Namensgebung über die Person des Ἰησοῦς (Josua) gleichzeitig alles über seinen Sohn Jesus offenbart.[817] Mit dieser etwas vagen Aussage (πάντα) soll vermutlich herausgestellt werden, daß mit jener Namensgebung der Name des Sohnes Gottes bereits im Alten Testament gegenwärtig ist und somit den Israeliten (πᾶς ὁ λαός, Barn 12,8) unmißverständlich vorausgesagt und bekanntgegeben worden sei. Der Name Ἰησοῦς besitzt hierbei zugleich programmatischen Charakter, weil dieser Name selbst die Botschaft ist: „Er rettet" bzw. „Er wird retten". Von daher legt sich hinsichtlich der engen Bezugnahme von Name und Prophet-Sein die Schlußfolgerung nahe, daß der Name Ἰησοῦς den Sohn des Nave insofern zum Propheten macht, als er dadurch namentlich auf den Sohn Gottes vorausweist.

Außerdem wird mit der zweiten Erwähnung der Namensgebung (vgl. Barn 12,9) die Mission des Ἰησοῦς (Josua) als Kundschafter (vgl. Num 13) in Erinnerung gerufen, welche zugleich den Primärkontext der Namensänderung bildet (vgl. Num 13,1–16). Auffällig hingegen ist, daß die in Barn 12,9 genannte Aussendung des Ἰησοῦς (Josua) als Kundschafter mit einem Auftrag des Mose in Verbindung gebracht wird, der sich einerseits so als Zitat in der biblischen Überlieferung nicht verifizieren läßt und der andererseits jenseits des Kontextes von Num 13f steht. Vielmehr läßt sich dieser Befehl als eine freie, erweiterte Wiedergabe von Ex 17,14 (LXX) einstufen, die zudem, wie noch zu zeigen sein wird, von einem sehr bestimmten theologischen Interesse geleitet ist. Der Befehl lautet: „Nimm ein Buch in deine Hände und schreibe, was der Herr spricht, daß mit der Wurzel das ganze Haus Amalek der Sohn Gottes am Ende der Tage ausrotten wird".[818] Ein solcher Auftrag findet sich nicht in Num 13,1–20, sondern in Anklängen in Ex 17,14. Unab-

---

[815] Das Ptz. Präs. unterstreicht den durativen Aspekt, d.h. daß das Prophet-Sein des Josua von anhaltender Dauer ist, vgl. Bl-D-R § 318,2.
[816] Das Ptz. Aor. ἐπιθείς hebt den punktuellen Akt der Namensverleihung hervor, so daß er als konstatierender Aor. verstanden werden kann, vgl. Bl-D-R § 318,1.
[817] „... ἵνα μόνον ἀκούσῃ πᾶς ὁ λαός, ὅτι πάντα ὁ πατὴρ φανεροῖ περὶ τοῦ υἱοῦ Ἰησοῦ;/... nur damit das ganze Volk höre, daß alles der Vater über den Sohn Jesus offenbart?", Barn 12,8.
[818] „λάβε βιβλίον εἰς τὰς χεῖράς σου καὶ γράψον, ἃ λέγει κύριος, ὅτι ἐκκόψει ἐκ ῥιζῶν πάντα τὸν οἶκον τοῦ Ἀμαλὴκ ὁ υἱὸς τοῦ θεοῦ ἐπ' ἐσχάτων τῶν ἡμερῶν", Barn 12,9.

2. Josua im Barnabasbrief

hängig davon, besteht das tertium comparationis zwischen Ex 17,14 und Barn 12,9 darin, daß Krieg gegen Amalek auf göttlicher Anordnung beruht und von Gott durchgeführt wird. Sagt in Ex 17,14 Gott von sich bzw. im griechischen Text der göttliche Kyrios, daß er das Andenken von Amalek auslöschen will, so heißt es Barn 12,9, daß es der Sohn Gottes (ὁ υἱὸς τοῦ θεοῦ) sein wird, der Amalek ausrotten wird. So läßt Mose dem alttestamentlichen Jesus (Josua) mitteilen, daß nicht ihm, sondern dem Jesus des Neuen Testaments dieses Werk aufgetragen ist und er es vollbringen wird. Daß es im Unterschied zu Ex 17,14 in Barn 12,9 nicht Gott, sondern Mose ist, der Josua jenen Befehl gibt, läßt sich vielleicht auch damit erklären, daß es Mose und nicht Josua ist, der für den Verfasser des Barnabasbriefes Typos des neutestamentlichen Jesus ist (vgl. Barn 12,3.5). Der Name Jesus ist auch hier programmatischer Hinweis bzw. Vorausbild darauf, wer den Kampf gegen Amalek letztlich gewinnen wird, auch wenn ihn der alttestamentliche Jesus einmal punktuell mit Erfolg geführt hat. Von daher ist auch so die Aussage zu verstehen: „Siehe, wiederum Jesus, nicht ein Sohn des Menschen, sondern Sohn Gottes, als Vorausbild aber im Fleisch erschienen"[819] (Barn 12,10). Die zudem nicht zuletzt auch eschatologisch konditionierte Aussage in Barn 12,9 „am Ende der Tage" (ἐπ' ἐσχάτων τῶν ἡμερῶν) kann sich insofern auf Ex 17,13f (LXX) stützen, als an dieser Stelle von keiner vernichtenden Niederlage die Rede ist und von daher ein Auslöschen Amaleks erst in der Zukunft erwartet wird.

Somit bleibt festzuhalten, daß der Autor des Barnabasbriefes die wörtliche Rede Gottes von Ex 17,14 (LXX) mit Hilfe einer Zitatanlehnung in eine Verheißung in bezug auf den Sohn Gottes (Ἰησοῦς ... υἱὸς τοῦ θεοῦ, 12,10) umwandelt. Auf diese Weise bekommt Josua, der Sohn Naves, aus christlicher Perspektive theologisch einen Platz zugewiesen, nämlich aufgrund seines Namens begrenztes Vorausbild Jesu, des Sohnes Gottes, zu sein. Eine Verwischung der Grenzen zwischen dem alttestamentlichen und dem neutestamentlichen Jesus findet noch nicht statt, auch wenn sich dieses hier anzubahnen scheint. M.a.W. in Barn 12 handelt der neutestamentliche noch nicht durch den alttestamentlichen Jesus.

2.3 Tötung durch den Sohn Gottes?

Eigens ist noch einmal auf das in Barn 12,9 singuläre Theologumenon zurückzukommen, daß „mit der Wurzel das ganze Haus Amaleks am Ende der Tage der Sohn Gottes ausrotten wird". Das Besondere an dieser Aussage ist, daß die endgültige Ausrottung Amaleks dem Sohn Gottes vorbehalten

---

[819] „ἴδε πάλιν Ἰησοῦς οὐχ υἱὸς ἀνθρώπου, ἀλλ' υἱὸς τοῦ θεοῦ, τύπῳ δὲ ἐν σαρκὶ φανερωθείς", Barn 12,10a.

bleibt. Bis dahin wird Amalek existieren. Wer ist aber hier Amalek? H. Windisch hält es zwar für möglich, daß bei Amalek in Barn 12,9 an den Teufel gedacht sei, wie es beispielsweise an anderer Stelle in gleichem Zusammenhang Tertullian meint[820], aber sicher ist er sich dabei nicht.[821] Unklar bleibt, ob es sich bei Amalek um Personen, um Übel der Welt oder um (eigene) Sünden handelt.

Da Josua/Ἰησοῦς Typos für den Sohn Gottes ist oder, wie E. Hennecke übersetzt, angekündigter „Vorgänger im Fleische" (Barn 12,10)[822], läßt sich die Amalek-Problematik auch so verstehen, daß Josua hierbei noch einen unvollkommenen Kampf geführt hat bzw. führen mußte, da er gegen ein Volk als einen konkreten Gegner gekämpft hat, während die anderen Völkern[823] deshalb den Israeliten Krieg aufgenötigt, „daß sie ihrer Sünden wegen in den Tod überliefert"[824] werden (Barn 12,2). M.a.W. die Kämpfe werden zwar mit militärischen Mitteln geführt, aber die tieferliegenden Ursachen sind in den Sünden des Volkes begründet. Es geht somit um einen Kampf gegen die eigenen Sünden und nicht vordergründig um einen Kampf gegen einen militärischen Gegner. Dies, so kann man die Schlußfolgerung ziehen, bleibt dem alttestamentlichen Jesus verborgen. Mose hingegen, Typos des neutestamentlichen Jesus, ist diese Erkenntnis durch Vermittlung des Geistes zuteil geworden (vgl. Barn 12,2).

Die Aussagen des Autors des Barnabasbriefes sind somit über den Josua des Alten Testaments ausschließlich von einem christologischen Vorverständnis geleitet. Sie besitzen auch deshalb einen problematischen Charakter, da der Autor letztlich nicht eindeutig zwischen einem wörtlichen und einem metaphorischen Verständnis des Kampfes gegen „Amalek" erkennbar unterscheidet. Dies hat zur Folge, daß der Kampf Jesu, des Sohnes Gottes, gegen die Amalekiter einem militärischen Verständnis verhaftet bleibt, wie es in Ex 17,8–16 vorliegt.

---

[820] Tertullian, adv. Iud. X,10: „Iam vero Moyses quid utique tunc tantum, cum Iesus adversus Amelech proeliabatur, expansis manibus orabat residens, quando in rebus tam attonitis magis utique genibus positis et manibus caedentibus pectus et facie humi volutante orationem commendare debuisset, nisi quia illic, ubi nomen domini Iesus dicebat dimicaturi quandoque adversus diabolum, crucis habitus quoque erat necessarius, per quam Iesus victoriam esset relaturus?/Warum betete nun aber Mose damals nur auf besondere Art, als Jesus (sc. Josua) in so kritischer Lage gegen Amelech kämpfte, mit ausgebreiteten Armen sitzend, wo er doch besser mit gebeugtem Knie, die Hände an die Brust schlagend und das Gesicht im Staub wälzend das Gebet hätte verrichten sollen? Hat er es nicht getan, weil dort, wo er den Namen des Herrn Jesus sagte, (Jesus) über kurz oder lang mit dem Teufel kämpfen würde und deshalb die Gestalt des Kreuzes, durch welches Jesus (sc. Josua) den Sieg davontragen sollte, auch notwendig war? (vgl. Ex 17,10–13)", R. Hauses, adversus 260/262, 261/263. Näherhin spricht Tertullian vom diabolus.

[821] Vgl. H. Windisch, Die Apostolischen Väter III 372.

[822] E. Hennecke, Neutestamentliche Apokryphen 161.

[823] Der Barnabasbrief verwendet an dieser Stelle das substantivierte Adjektiv ἀλλόφυλος, welches in der LXX meistens für die Philister steht.

[824] H. Windisch, Die Apostolischen Väter III 369.

2.4 Landgabe

Schließlich ist zu notieren, daß die Landnahme-Erzählung (Jos 1–12) im Barnabasbrief keine Rolle spielt. Wenn im Barnabasbrief vom Hineingehen und Hineinführen in das Land die Rede ist, so handelt es sich, wie zu zeigen sein wird, ausschließlich um metaphorische Aussagen, die keinen direkten gewaltsam-militärischen Anklang an Jos 1–12 erkennen lassen.

Das Thema „Landnahme" wird lediglich in Barn 6 einmal gestreift. In Barn 6,8 wird Mose mit den Worten zitiert: „Siehe, das spricht Gott, der Herr: Gehet hinein in das gute Land, welches der Herr dem Abraham und Isaak und Jakob zugeschworen hat, und erbt es, ein Land, das von Milch und Honig fließt".[825] In bezug auf die Begrifflichkeit und den Gebrauch einiger Wendungen läßt sich folgendes notieren: Da sich der Verfasser am griechischen biblischen Text orientiert, verwendet er im Spruch des Mose den Begriff κατακληρονομεῖν, der vor allem mit „erben", aber auch „durch Los verteilen/zuteilen" zu übersetzen ist.[826] Hingegen im hebräischen Text findet sich an diesen Stellen der Ausdruck ירש, der vor allem „in Besitz nehmen" bedeutet, und zwar nicht zuletzt auch mit gewaltsamen Mitteln.[827] N. Lohfink weist auf die vermutete dtr Sonderterminologie in bezug auf die Bedeutung von ירש vor allem im Buch Deuteronomium hin: „Hier löst ein Volk ein anderes aufgrund von Siegerrecht in der Herrschaft über ein Territorium ab ... Eine Quasidefinition enthält Deut 11,23f.: ,Jede Stelle, die euer Fuß betritt, soll euch gehören'".[828] Diese Konnotation haftet dem Begriff (κατα)κληρονομεῖν insofern nicht an, als er sehr viel deutlicher auf eine erbliche Weitergabe von Besitz abzielt.[829]

Die Landnahme wird in den Augen des Autors des Barnabasbriefes nicht von militärischen Kämpfen begleitet. Er versteht unter dem Begriff „Land" (ἡ γῆ) Jesus, den Herren, der im Fleisch geoffenbart werden soll (vgl. Barn 6,9). Damit verknüpft der Verfasser die Aussage: „Denn ein Mensch ist leidendes Land".[830] Diese Interpretation stützt sich auf den sprachlichen Zusammenhang von Mensch/Adam (אדם) und Erdboden (אדמה) im Hebräi-

---

[825] „ἰδού, τάδε λέγει κύριος ὁ θεός, εἰσέλθατε εἰς τὴν γῆν τὴν ἀγαθήν, ἣν ὤμοσεν κύριος τῷ Ἀβραὰμ καὶ Ἰσαὰκ καὶ Ἰακώβ, καὶ κατακληρονομήσατε αὐτήν, γῆν ῥέουσαν γάλα καὶ μέλι", Barn 6,8. Bei diesem Zitat handelt es sich um ein sogenanntes Mischzitat, dem anscheinend vor allem Ex 33,1.3 (LXX) und Dtn 1,8; 4,22 (LXX) zugrunde lagen, wobei andere ähnlich lautende biblische Textstellen sicherlich auch von Einfluß gewesen sind [vgl. Dtn 6,18 (LXX)].
[826] Dieser Begriff ist sowohl als Simplex (vgl. Dtn 1,8; 9,23) als auch als Kompositum (vgl. Jos 23,5) in der LXX verwendet.
[827] Vgl. N. Lohfink, ירש 973.
[828] Ders. ebd. 958.
[829] Vgl. ders. ebd. 956. Die Wendung „γῆν ῥέουσαν γάλα καὶ μέλι" in Barn 6,8, die sich so vor allem in Ex (LXX), Num (LXX) und Dtn (LXX) findet, ist in der Jos (LXX) nur einmal in 5,6 bezeugt.
[830] „ἄνθρωπος γὰρ γῆ ἐστιν πάσχουσα", Barn 6,9.

schen. Daß das Leiden allein dem Geschöpf gemäß sei, kann zwar u.a. bereits bei Philo nachgelesen werden[831], aber „Leiden" in Verbindung mit Erde/ Land in bezug auf Jesus, den Herrn, ist neu. Diese Verbindung darf wohl so verstanden werden, daß er deswegen im Fleisch geoffenbart werden soll, damit dieses am Kreuz massiv wie ein Land mit einer Pflugschar bearbeitet werde, um für die Sünden zu leiden. Grundlage für ein solches Verständnis ist hier die Gleichung „Jesus = Fleisch = Mensch = Erde"[832] bzw. Land.

Die Wendung „das gute Land, das von Milch und Honig fließt" wird vom Autor wie folgt verstanden (Barn 6,10.17): Wie die Kinder zuerst „mit Honig und Milch am Leben erhalten" werden, so werden auch die Gläubigen vom Herrn, der für sie das leidende Land ist, „durch den Glauben an die Verheißung und durch das Wort am Leben erhalten" (Barn 6,17), und zwar so, daß „wir als Herrscher über die Erde leben werden".[833] Der Begriff γῆ steht jetzt an dieser Stelle nicht mehr für Jesus, den Herrn, sondern für die irdische Welt. Assoziativ ließe sich vielleicht folgender Zusammenhang zwischen diesen beiden qualitativ zu unterscheidenden Ebenen von „Erde" herstellen: Wer in das Land, welches Jesus, der Herr, ist, einzieht, wird Anteil am Herrschen über die Erde erlangen. Dieser Konnex wird offensichtlich, wenn es wenig später heißt, „daß man sich durch Befehlen als Herr erweist".[834] Auf diese Weise kann Landnahme in bezug auf alle Reiche und Völker verstanden werden. Damit ist deren physische Vernichtung nicht verbunden.

Noch eine andere Bedeutungsebene unterlegt der Verfasser der Sentenz vom „Land, das von Milch und Honig fließt", indem er sie auf das Theologumenon einer „zweiten Schöpfung in der Endzeit"[835] appliziert. Theologisch wird damit zum Ausdruck zu bringen versucht, daß Gott den Menschen in der Endzeit (ἐπ' ἐσχάτων) noch einmal so erschaffen wird, wie er im paradiesischen Urzustand war, also frei von Sünde und Schuld. Der Verfasser entfaltet diesen Gedanken dahingehend weiter, daß diese Vergebung der Sünden einer Neuschöpfung (ἀναπλάσσειν, Barn 6,14)[836] gleichkomme und man auf diese Weise auch „die Seele von Kindern"[837] besitze, womit sich

---

[831] „ἴδιον δὲ γενητοῦ τὸ πάσχειν/das dem Geschöpf Zukommende ist das Leiden", Cher § 77.
[832] H. Windisch, Die Apostolischen Väter III 334.
[833] „ζήσομεν κατακυριεύοντες τῆς γῆς", Barn 6,17.
[834] „ἵνα τις ἐπιτάξας κυριεύσῃ", Barn 6,18.
[835] „δευτέραν πλάσιν ἐπ' ἐσχάτων", Barn 6,13.
[836] Die theologische Rede von der Neuschöpfung findet sich in der jüdischen Apokalyptik, aber auch bei den Rabbinen (בריה חדשה), vgl. Bill. II, 421f. Von daher konnte auch Paulus diesen Gedanken aufgreifen und entfalten, vgl. C. Wolff, Der zweite Brief des Paulus an die Korinther (ThHK VIII), Berlin 1989, 127f. Dies kommt besonders in folgenden Sätzen Pauli zum Ausdruck: „Wenn also jemand in Christus ist, ist (er) eine neue Schöpfung. Das Alte ist vergangen, siehe, Neues ist geworden" (2 Kor 5,17). Und: „Denn weder Beschneidung noch Vorhaut gilt etwas, sondern eine neue Schöpfung" (Gal 6,15). Anstelle des Ausdrucks ἀναπλάσσειν, wie er sich in Barn 6,11.14 findet, verwendet Paulus die Wendung καινὴ κτίσις.
[837] „ὡς παιδίων ἔχειν τὴν ψυχήν", Barn 6,11. Bemerkenswert ist, daß sich eine ähnliche Auffassung auch im Judentum findet. Von Rabbi Jose (um 150) stammt der Satz: „Der Proselyt

wiederum assoziativ eine Verknüpfung von Milch und Honig als Kindernahrung (vgl. Barn 6,17) herstellen läßt. Und in diesen erneuerten Urzustand, in diese zweite Schöpfung, sollen die Christen, die somit von neuem geschaffen sind, eingehen als dem „Land, das von Milch und Honig fließt". M.a.W. das Land, in das man jetzt eingehen soll, ist diese Neuschöpfung. Beachtenswert ist, daß auch die Wendung ἐν Χριστῷ bei Paulus in der Aussage „Wenn also jemand in Christus ist, ist er eine neue Schöpfung" ein ‚Eingehen in' und ein „Sein im Heils- und Herrschaftsbereich"[838] zum Ausdruck bringt.

2.5 Fazit

Es wird nun überaus deutlich, daß für den Verfasser des Barnabasbriefes das Eingehen in das von Gott zugeschworene Land nicht von einer militärischen Operation begleitet ist, sondern ein schöpfungstheologisches Geschehen in der Endzeit darstellt, die erst mit dem Kommen Jesu des Herrn begonnen hat und mit ihm vollendet wird. In dieser Perspektive bedeutet das für den Autor des Barnabasbriefes folgendes: Die wahre und eigentliche Landnahme steht noch bevor, so daß die des Josua im Grunde auch keine wirkliche Bedeutung hat. Seine theologische Relevanz besteht allein darin, daß der Sohn des Nave aufgrund der Verleihung des Namens Jesus namentlich auf den Jesus des Neuen Testaments hinweist. Da dies die Juden nicht erkannt haben, wird jener auf diese Weise zum Vorwurf in persona dem jüdischen Volk gegenüber gemacht. Eigentlich hättet ihr schon zur Zeit des Mose von dem eigentlichen Jesus wissen können. Schließlich wird in Barn. Israel theologisch enterbt, mehr noch, die Geschichte Israels wird als irrelevant erklärt. Denn für den Verfasser des Barnabasbriefes steht insgesamt außer Frage: „Also sind wir es, welche er (Jesus, der Kyrios; ThRE) in das gute Land eingeführt hat."[839]

3. Josua-Interpretation bei Justin Martyr

Bezüglich der Lebensdaten des aus der römischen Kolonie Flavia Neapolis (Provinz Syria Palaestina) stammenden Justin gibt sich das „Lexikon der antiken christlichen Literatur" sehr zurückhaltend.[840] Dies dürfte einerseits mit zum Teil widersprüchlichen Angaben und anderseits vor allem mit der Dürftigkeit tatsächlich präzise auswertbarer Quellen zusammenhängen. Aus

---

gleicht einem eben geborenen Kinde", Bill. II, 423. Das bedeutet, daß er in seinem Verhältnis zu Gott frei von Sünde und Schuld ist.
[838] C. Wolff, Korinther 127.
[839] „οὐκοῦν ἡμεῖς ἐσμεν, οὓς εἰσήγαγεν εἰς τὴν γῆν τὴν ἀγαθήν", Barn 6,16.
[840] Vgl. C. P. Vetten, Justin 411.

den sich teilweise auch widersprechenden Angaben der „Chronik" und der „Kirchengeschichte" des Eusebius von Cäsarea läßt sich vielleicht soviel schließen, daß Justin am Beginn der zweiten Hälfte des 2. Jh. zu Tode gekommen ist.[841]

Sein um 150 n.Chr. griechisch verfaßtes Werk[842] „Dialog mit dem Juden Tryphon"[843] (dial.), das uns im folgenden vor allem interessiert, spiegelt sehr anschaulich die (juden-)christlich-jüdische Kontroverse des 2. Jh. wider. In seiner altercationischen Schrift[844] kommt Justin auch auf Josua zu sprechen, und diese Äußerungen werden näherhin im Mittelpunkt der Untersuchung stehen. Mit dem Namen Tryphon/Traphon könnte Justin auf einen palästinischen Rabbi Bezug nehmen[845], welcher aber mit dem im Dialog Genannten wohl lediglich den Namen gemeinsam hat.[846] Bei diesem Dialog handelt es sich literarisch gesehen um einen fiktiven, der von daher seine literarische Formung und theologische Ausgestaltung durch Justin gefunden hat. O. Skarsaune bestätigt mit Blick auf dial. 1,3[847] noch einmal: „(I)n the *Dialogue* the Bar Kokhbah war and its consequences is a constant backdrop to the exegetical discussion".[848]

3.1 Die Deutung der Namensgleichheit Jesus in „Dialog mit dem Juden Tryphon"

Grundlage seiner Exegese bildet für Justin der biblische Text in griechischer Übersetzung. Näherhin nennt er in seinem Dialog ausdrücklich die Septuaginta (Ἑβδομήκοντα).[849] Daß Justin grundsätzlich vom griechischen Text

---

[841] Vgl. ders. ebd. 411.
[842] Vgl. O. Skarsaune, Development 391.
[843] Dieser Titel dürfte nicht der ursprüngliche sein, vgl. P. Haeuser, Justinus 1, Anm. 1. Aber es fehlt auch ein Proömium dieser Schrift, vgl. C. P. Vetten, Justin 413. Der Titel dieser Schrift geht letztlich auf Eusebius zurück, der in seiner Kirchengeschichte IV, 18,6 schreibt: „καὶ διάλογον δὲ πρὸς Ἰουδαίους συνέταξεν, ὃ ἐπὶ τῆς Ἐφεσίων πόλεως πρὸς Τρύφωνα τῶν τότε Ἑβραίων ἐπισημότατον πεποίηται/Auch verfaßte Justin einen Dialog gegen die Juden, den er zu Ephesus mit Tryphon, dem damals bedeutendsten Hebräer, gehalten hatte."
[844] Da es sich bei der Diskussion mit Tryphon nicht um einen Dialog handelt, der von Justins Selbstverständnis her theologisch wirklich auf Augenhöhe geführt wird und im Ergebnis auch nicht offen für beide Diskutanten sein kann, besitzt dieses Gespräch mehr den Charakter eines Wortstreites, eines Verhörs, das die Kennzeichnung als einer altercatio rechtfertigt.
[845] In der Mischna wird ein Rabbi Traphon (רַבִּי טַרְפוֹן) beispielsweise in den Traktaten Maas III 9a; MSch II 4; II 9d; Suk III 4; Bes III 5; Naz V 5; VI 6b; Kel XI 4b.7a; XXV 7b; Par I 3b genannt.
[846] Vgl. P. Haeuser, Justinus Xf.; G. Lisowsky, Mischna 10; Stemberger, Einleitung 81; Strack, Einleitung 126, Anm. 1.
[847] „Τρύφων ... καλοῦμαι. εἰμὶ δὲ Ἑβραῖος ἐκ περιτομῆς, φυγὼν τὸν νῦν γενόμενον πόλεμον ἐν τῇ Ἑλλάδι καὶ τῇ Κορίνθῳ τὰ πολλὰ διάγων/Ich heiße Tryphon, ich bin Hebräer aus der Beschneidung. Um dem gegenwärtigen Kriege zu entfliehen, halte ich mich meistens in Hellas, und zwar in Korinth auf" (Haeuser). Vgl. weitere entsprechende Hinweise dial. 9,2; 16,2; 108,3.
[848] O. Skarsaune, Development 393, 403.
[849] Vgl. Justin, dial. 124, 3; 131,1.

3. Josua-Interpretation bei Justin Martyr

ausgeht, läßt sich auch an seiner Argumentation Tryphon gegenüber bezüglich der Namensänderung von Abram in Abraham (Gen 17,5) und von Sarai in Sara (Gen 17,15) ablesen, wenn er sagt, daß diese lediglich in der Hinzufügung jeweils eines (griechischen) Buchstabens[850] bestehe.[851] Dies läßt sich so im und mit dem hebräischen Text nicht nachvollziehen.[852]

Dieser Hinweis auf die Namensänderung von Abraham und Sara wiederum steht im Kontext der Verleihung des Namens Ἰησοῦς an den Sohn des Nun, welche Mose vorgenommen hat.[853] Indem Justin den vormaligen Namen Josuas, Ause (Αυση), und den des Kalebs in Verbindung mit dem Begriff „Kundschafter" (κατάσκοπος) verwendet, bezieht er sich auf Num 13,1–16, wo in Vers 16 näherhin der Namenswechsel erwähnt wird. Was die Namensänderung von Ause (Αυση) in Jesus (Ἰησοῦς) betrifft, so stellt Justin Tryphon gegenüber generell in Abrede, daß diese Namensverleihung ein Zufall gewesen sei.[854] Da dies aber Tryphon nicht wirklich wahrhaben will, bleibe ihm somit nicht nur Christus, der Messias, verborgen, sondern er kommt auch beim Lesen der Schrift nicht zur Erkenntnis.[855]

In einem nächsten Schritt argumentiert Justin, daß die Namensänderung und die Nachfolge des Mose Jesus dazu befähigten, als einziger der Auszugsgeneration das restliche Volk in das „heilige Land" zu führen: „Nun, als nicht nur sein Name umbenannt, sondern er auch der Nachfolger des Moses' geworden war, da hat er als einziger (Ueberlebender) aus der von Ägypten ausgezogenen Generation das verbleibende Volk in das Heilige Land hineingeführt".[856] Nur ein Mann namens Jesus vermochte solch eine Tat zu vollbringen und erweist sich somit als ein Retter, wie es der Name Jesus sagt. Unter terminologischem und inhaltlichem Aspekt gilt es vor allem folgendes zu notieren. Auch Justin verwendet in diesem Zusammenhang den Begriff Diadoche in der Wendung „Diadoche des Mose" (διάδοχος γενόμενος Μωυσέως), wie dies bereits von JesSir 46,1 her bekannt ist. Kannte Justin

---

[850] In der Septuaginta wird in Gen 17,5 aus Αβραμ der Name Αβρααμ und in 17,15 wird aus Σαρα der Name Σαρρα.

[851] Vgl. Justin, dial. 113,2. Der griechische Text wird, wenn nicht anders angegeben, in der Ausgabe von M. Marcovich (Hrsg.), Iustini Martyris Dialogus cum Tryphone (PTS 47), Berlin; New York 1997 angegeben und zitiert.

[852] Von daher kann dies kein wirkliches Argument dem Juden Tryphon gegenüber sein, dessen biblischer Primärtext, wie anzunehmen ist, der hebräische Text ist. Wenn die in der Mischna bezeugte Person des Rabbi Traphon der historische Bezugs- bzw. Ausgangspunkt für die im Dialog literarisch gestaltete Person des Juden Tryphon sein sollte, so darf davon ausgegangen werden, daß Traphon/Tryphon auch des Hebräischen und Aramäischen mächtig ist.

[853] Vgl. Justin, dial. 113,1.

[854] „οὐδὲ νῦν, ἀκούων ὅτι Ἰησοῦς ἐστιν ὁ Χριστὸς ἡμῶν, συλλογίζῃ οὐκ ἀργῶς οὐδ' ὡς ἔτυχεν ἐκείνῳ τεθεῖσθαι τοὔνομα/Darum auch jetzt, wenn du hörst, daß Jesus unser Christus ist, meinst du, blinder Zufall habe jenem den Namen gegeben", Justin, dial. 113,1.

[855] „τοιγαροῦν λέληθέ σε ὁ Χριστός, καὶ ἀναγινώσκων οὐ συνίης", Justin, dial. 113,1. An anderer Stelle läßt Justin den Tryphon in bezug auf die Messias-/Christus-Verheißung eingestehen, daß er diese Namensverleihung Ἰησοῦς (Jesus) an den Sohn des Nave bisher nur zur Kenntnis genommen hat, ohne der Sache weiter auf den Grund zu gehen, vgl. Justin, dial. 89,1.

[856] Vgl. Justin, dial. 113,3. Zitiert ist die Übersetzung von Thieme.

die griechische Sirachfassung?⁸⁵⁷ Inhaltlich fällt auf, daß Kaleb nicht erwähnt wird und daß Justin entgegen dem biblischen Befund behauptet, Josua sei als einziger der Auszugsgeneration in das verheißene Land gelangt. Dieser Widerspruch, der sicherlich auch Justin nicht entgangen sein wird, läßt sich vielleicht mit Blick auf seine Argumentation erklären, die auf die Auferstehung (ἀνάστασις) des Sohnes Gottes abzielt und als Folge ein ewiges Erbe für die Gläubigen bereithält. Da der Jesus der Auszugsgeneration aus Ägypten als ein Vorausbild für Jesus, den Sohn Gottes, zu verstehen ist, kann folglich in dieser Perspektive auch nur eine Person, nämlich Josua, in das heilige Land eintreten, um Israel sein irdisches, d.h. vergängliches Erbe auszuteilen.⁸⁵⁸

Im Sinne einer biblischen Bestätigung, welche die Bedeutung der Namensgebung mit Nachdruck unterstreicht, führt Justin an, daß der Sohn des Nave erst, nachdem er den Namen Jesus erhalten hatte, auch das absolut Außergewöhnliche bewirken konnte, die Sonne zum Stehen zu bringen. Dazu war er nur deshalb in der Lage, weil er mit der Verleihung des Namens „Jesus" auch vom Geist Jesu, d.h. vom Geist des Sohnes Gottes, die Kraft dazu erhielt.⁸⁵⁹ So wird deutlich, daß für Justin bereits in der Namensgebung Ἰησοῦς an den Sohn des Nave eine Disposition für außergewöhnliche Kräfte enthalten ist.⁸⁶⁰ Anders gewendet: Durch den Namen Jesus ist beim Sohn des Nave schon der Geist des verheißenen und später erschienenen Christus gegenwärtig. Dies wird von Justin damit begründet, daß der wahre Jesus ewig ist.⁸⁶¹ Folgerichtig liegt es auf dieser Argumentationslinie, „daß es Jesus (der Christus; ThRE) war, der dem Mose und dem Abraham und den anderen Patriarchen überhaupt erschienen ist".⁸⁶²

An anderer Stelle vertritt Justin zudem die Auffassung, daß der Name Ἰησοῦς (Josua) bereits „der Name Gottes selbst" ist. Damit spielt Justin vermutlich auf die wörtliche Bedeutung des Namens Jesus an: JHWH ist Hilfe. Genau dieser Name Gottes sei es, durch welchen Gott in dem Engel gegenwärtig war, den Gott auf dem Weg der Israeliten in das „bereitete

---

⁸⁵⁷ Zumindest läßt sich dieser Begriff als ein Indiz deuten, daß Justin die griechische Fassung des Sirach-Buches kannte. In der biblischen Überlieferung haftet Josua vor allem „das Ehrenprädikat" „עֶבֶד יהוה" (Jos 24,29; Ri 2,8) bzw. „δοῦλος κυρίου" (24,30) an, vgl. C. Schäfer-Lichtenberger, Josua und Salomo 358.
⁸⁵⁸ Vgl. Justin, dial. 113,3f.
⁸⁵⁹ „Τὸν ἥλιον ἔστησεν ἐκεῖνος, μετονομασθεὶς πρότερον τῷ Ἰησοῦ ὀνόματι καὶ λαβὼν ἀπὸ τοῦ πνεύματος αὐτοῦ ἰσχύν/Die Sonne brachte jener zum Stehen, erst nachdem er mit dem Namen Jesus anders genannt worden war und von seinem Geist Stärke erhalten hatte, Justin, dial. 113,4. Das Possessivpronomen αὐτοῦ in Verbindung mit ἀπὸ τοῦ πνεύματος bezieht sich auf (τῷ) Ἰησοῦ (ὀνόματι); vgl. zudem Justin, dial. 132,1.
⁸⁶⁰ Vgl. Justin, dial. 132,1.
⁸⁶¹ „καὶ <ὅτι> ἔσται ἀεί", Justin, dial. 113,4.
⁸⁶² „ὅτι γὰρ Ἰησοῦς ἦν ὁ Μωυσεῖ καὶ τῷ Ἀβραὰμ καὶ τοῖς ἄλλοις ἁπλῶς πατριάρχαις φανείς", Justin, dial. 113,4.

3. Josua-Interpretation bei Justin Martyr

Land"⁸⁶³ vorausgehen ließ und auf welchen sie unbedingt hören sollten (vgl. Ex 23,20-23). Daß es sich bei dem Namen Ἰησοῦς (Josua) um einen genuinen Gottesnamen handle, versucht Justin mit dem biblischen Satz „denn mein Name ist auf ihm", den er kurz nacheinander zweimal zitiert, verständlich zu machen. Somit ist es für Justin auch fraglos klar, „daß Jesus der Name dessen war, der zu Moses gesprochen hatte: ‚Mein Name ist nämlich auf ihm'".⁸⁶⁴

3.2 Jesus (Josua) und der Kampf gegen Amalek

Der Kampf gegen Amalek wird immer mehr zu einem sich verstetigenden Topos auch in frühchristlichen Schriften, wie dies bereits im sogenannten Barnabasbrief (12,1-3.8-10) zu beobachten ist. Im engen Zusammenhang mit dem Kampf gegen Amalek (vgl. Ex 17,8-16) steht die Person und der Name Jesus (Josua). Auf diese Erzählung nimmt auch Justin Bezug, indem er sie ihres scheinbar historischen Gewandes zu entkleiden versucht, um ihr eine metaphorische Bedeutung zu geben.

Argumentativ geht Justin dabei so vor, daß er Tryphon und somit den Juden gegenüber behauptet, die Christen hielten treuer als die Juden zu Gott⁸⁶⁵, obgleich Gott diesen „vor der festgesetzten Zeit im voraus alle Geheimnisse gegeben hat".⁸⁶⁶ Dazu gehöre u.a., daß ihnen vor jener Zeit bereits der Name Jesus bekanntgegeben worden sei.⁸⁶⁷ Diese Namensverleihung ermöglichte erst die erfolgreiche Bekämpfung⁸⁶⁸ Amaleks.⁸⁶⁹ Jesus (Josua) sollte gerade deswegen den Kampf gegen Amalek führen, damit auf diese Weise „der Name Jesus euren Ohren verkündet werde".⁸⁷⁰ Mit „euren Oh-

---

⁸⁶³ „εἰς τὴν γῆν, ἣν ἡτοίμασά σοι/in das Land, welches ich dir bereitet habe", Justin, dial. 75,1. Hierbei handelt es sich um ein Zitat aus der Septuaginta (Ex 23,20). Im Unterschied dazu verwendet der hebräische Text die Formulierung „אֶל־הַמָּקוֹם אֲשֶׁר הֲכִנֹתִי/zu dem Ort, welchen ich festgesetzt habe."

⁸⁶⁴ P. Haeuser, Justinus 122; „ὅτι τὸ ὄνομα αὐτοῦ <τοῦ> εἰπόντος τῷ Μωσεῖ· Τὸ γὰρ ὄνομά μού ἐστιν ἐπ' αὐτῷ Ἰησοῦς ἦν", Justin, dial. 75,2.

⁸⁶⁵ „ὅτι πιστότεροι πρὸς τὸν θεόν ἐσμεν", Justin, dial. 131,2.

⁸⁶⁶ P. Haeuser, Justinus 214; griechisch: „πάντα προλαμβάνοντος πρὸ τῶν ἰδίων καιρῶν τὰ μυστήρια", Justin, dial. 131,4. Ohne an dieser Stelle auf textkritische und überlieferungskritische Fragen eingehen zu können, sei angemerkt, daß diese Textpassage bei M. Marcovich in Klammern gesetzt ist, wie dies auch im Migne PG 6, 781 der Fall ist.

⁸⁶⁷ P. Haeuser, Justin 214, übersetzt „geheimnisvoll der Name Jesus (Josua) verliehen wurde", obgleich sich im griechischen Text der Terminus „geheimnisvoll" oder ein entsprechendes Äquivalent nicht findet, was auch für die lateinische Fassung gilt.

⁸⁶⁸ πολεμούντων ist als Ptz., Präs., Akt.; Gen., Pl., m. zu bestimmen. Diese Pluralform schließt Josua und seine Kämpfer mit ein und ist daher im Sinne einer constructio ad hominem zu verstehen.

⁸⁶⁹ „καὶ [ὡς] τοῦ ἐπονομασθέντος Ἰησοῦ πολεμούντων τὸν Ἀμαλήκ/und daß der Name Jesus verliehen worden ist, wodurch sie Amalek (erfolgreich) bekriegen", Justin, dial. 131,4.

⁸⁷⁰ P. Haeuser, Justinus 214; griechisch: „φήσας καὶ εἰς τὰς ὑμῶν ἀκοὰς Ἰησοῦ παραθέσθαι τὸ ὄνομα", Justin, dial. 131,4. Präziser ließe sich der griechische Text wie folgt übersetzen: „indem er (Gott) sagte, daß auch euren Ohren der Name Jesus anvertraut/übergeben werde".

ren" sind die jüdischen gemeint. Aufgrund einer solchen Argumentationslinie kommt Justin zu dem für ihn klaren Ergebnis[871], daß mit der damaligen Bekämpfung Amaleks dessen endgültige Erinnerung nicht ausgelöscht werden konnte, obgleich dies Gottes Wille war (vgl. Ex 17,14; Dtn 25,19). Denn erstens sind mit Amalek Dämonen gemeint, und zweitens weist der einstmals kämpfende Jesus (Josua) auf den gekreuzigten Jesus hin. Amalek und Jesus (Josua) sind demzufolge nur „Symbole" (τὰ σύμβολα) dafür, daß der gekreuzigte Jesus (τοῦ Ἰησοῦ τοῦ σταυρωθέντος) „die Dämonen dereinst vernichten wird".[872] An anderer Stelle weist Justin darauf hin, daß die endgültige Vernichtung Amaleks nicht erst mit der zweiten Wiederkunft Christi erfolgen wird, sondern daß sie bereits „mit verborgener Hand"[873] Gottes durch den „gekreuzigten Christus" (τῷ σταυρωθέντι Χριστῷ) erfolgt.

Zusammenfassend kann gesagt werden, daß im theologischen Verständnis Justins nicht nur der Name Ἰησοῦς (Josua) auf den „gekreuzigten Jesus" vorausweist, sondern daß auch der Kampf gegen Amalek letztlich den Kampf Jesu Christi gegen die Dämonen zum Inhalt hat.

3.3 Das Ruhen des Gottesnamens Jesus auf dem Engel

Justin behauptet in dial. 75,1, daß bereits dem Mose in einem Geheimnis (ἐν μυστηρίῳ) kundgetan worden sei, „daß der Name Gottes selbst auch Jesus war."[874] Um diese Aussage zu belegen, setzt Justin eine Zitatkompilation ein, welche aus Ex 20,22 (LXX) und 23,20f (LXX) besteht. Ex 20,22 entnimmt Justin das Zitat: „Und es sprach der Herr zu Mose".[875] Schlüsselwort ist hier der Hoheitstitel „Herr" (κύριος), mit welchem auch der neutestamentliche Jesus bezeichnet wird. Von Ex 23,20f übernimmt Justin das weitere Zitat, wobei es ihm vor allem auf die Aussage ankommt: „Siehe, ich sende meinen

---

Die Betonung würde hier im Vergleich zur Übersetzung von P. Haeuser auf dem „auch" liegen.

[871] „Daß das Andenken an Amalek auch nach dem Sohn des Nave fortdauert, ist klar", P. Haeuser, Justinus 215. „Καὶ ὅτι τὸ μνημόσυνον τοῦ Ἀμαλὴκ καὶ μετὰ τὸν τοῦ Ναυῆ υἱὸν μένει, φαίνεται", Justin, dial. 131,5.

[872] „μέλλει ἐξολοθρευθήσεσθαι τὰ δαιμόνια", Justin, dial. 131,5. Zu notieren ist, daß Justin für „vernichten" den Ausdruck „ἐξολεθρεύειν" verwendet. Mit ihm wird in der Septuaginta in Dtn und vor allem in Jos das hebräische Verbum חרם als Terminus für die Durchführung der Vernichtungsweihe wiedergegeben, vgl. Dtn 2,34; 3,6²; Jos 2,10; 10,1.28.37.39.40; 11,11.12. 20.21.

[873] Justin zitiert hier den Vers Ex 17,16, der sich so nur in der LXX befindet und der keine Entsprechung im hebräischen Text besitzt. Der griechische Text von Ex 17,16 lautet vollständig: „ὅτι ἐν χειρὶ κρυφαίᾳ πολεμεῖ κύριος ἐπὶ Ἀμαληκ ἀπὸ γενεῶν εἰς γενεάς" (denn mit verborgener Hand kämpft der Herr gegen Amalek von Geschlecht zu Geschlecht, Ex 17,16). Den Ausdruck „Herr" (κύριος) identifiziert Justin mit dem neutestamentlichen Kyrios.

[874] „ὅτι αὐτοῦ τὸ ὄνομα τοῦ θεοῦ καὶ Ἰησοῦς ἦν", dial. 75,1.

[875] „Καὶ εἶπε κύριος τῷ Μωσεῖ", dial. 75,1. In heutigen LXX-Ausgaben steht: „εἶπεν δὲ κύριος πρὸς Μωυσῆν."

3. Josua-Interpretation bei Justin Martyr 217

Engel vor dir her, damit er dich behüte auf dem Wege, auf daß er dich führe in das Land, welches ich dir bereitet habe(⁸⁷⁶) ... Denn mein Name ist auf ihm."⁸⁷⁷ Im Anschluß an dieses zusammengesetzte Zitat richtet Justin die rhetorische Frage an die Juden (dial. 75,2): „Wer hat nun eure Väter in das Land geführt?" Er gibt sogleich seine Antwort, indem er die Juden auffordert zu erkennen (νοήσατε), daß es Jesus (Josua) war. Somit wird Justins Bestreben klar erkennbar, jenen Engel mit Jesus (Josua) zu identifizieren bzw. sie zusammen als ein Wesen aufzufassen. Denn Aufmerksamkeit verdient, daß Justin dem engen Verhältnis, welches bereits im biblischen Text zwischen Gott und seinem Engel/Boten in Ex 23,20.23 besteht⁸⁷⁸, noch die Person des Jesus (Josua) hinzufügt. Wenn in Ex 23,21 über den Engel gesagt wird „denn mein Name ruht auf ihm"⁸⁷⁹, dann ist nach Justin damit der Name Jesus gemeint. Doch wer ist es, der hier spricht? Nach Justin ist es der neutestamentliche Kyrios, der Mose mitteilt, daß der Name Jesus dem Engel auferlegt und somit Jesus im Engel wirklich gegenwärtig ist. Und es ist dieser Engel (= Jesus?), der die Israeliten in das ihnen bereitete Land führt. Dies bedeutet schließlich, daß der Engel, Josua und der neutstamentliche Jesus teilweisen miteienander verschmelzen, in Wesen übergehen.⁸⁸⁰

Einen Hinweis darauf, wie man sich dies näherhin vorstellen kann, liefert Justin in einem weiteren Argumentationsschritt. Er sagt, „(d)aß die Propheten, welche entsandt werden, um Gottes Lehre zu verkünden, als Engel und Gesandte Gottes bezeichnet werden".⁸⁸¹ Mit dieser Aussage führt Justin den Begriff „Prophet" ein, welcher unter den angegebenen Voraussetzungen als Synonym zu „Apostel Gottes" (ἀπόστολοι τοῦ θεοῦ) und zu „Engel/Bote (Gottes)" zu verstehen ist. Somit kann Jesus (Josua) sowohl mit der Kategorie Bote als auch mit der Kategorie Prophet in Verbindung gebracht werden. Damit wird deutlich hervorgehoben, daß unter dem Engel, welcher die Israeliten in das Land führte, der Sohn Auses zu verstehen ist, welcher zuvor

---

⁸⁷⁶ „in das Land, welches ich dir bereitet habe" (εἰς τὴν γῆν, ἣν ἡτοίμασά σοι). Im hebräischen Text wird dagegen nicht von „Land", sondern von „Ort" gesprochen: „und um dich zu bringen an den Ort (bzw. zu dem Ort), welchen ich dir bereitet habe". Dennoch scheint klar zu sein, daß sich Ex 23,20–33 „unbestreitbar auf das Landnahmeszenario" bezieht, A. Ruwe, Kommunikation 203. Mit Bezug auf Ex 23,21 führt G. Pfeifer aus: „Eindeutig hypostasiert ist der Gottesbote Ex 23,21. Jahwe begründet seine Forderung des Gehorsams gegen seinen Engel damit, daß ‚mein Name in ihm (ist)'. Es zeigt sich das Bemühen zu definieren, daß der Israel führende Gottesbote nicht nur Diener Gottes ist, sondern Anteil an seinem Wesen hat; wir haben eine regelrechte Hypostasentheologie", ders., Ursprung 75. Unter Hypostase versteht G. Pfeifer „eine Größe, die teilhat am Wesen einer Gottheit, die durch sie handelnd in die Welt eingreift, ohne daß sich ihr Wesen im Wirken dieser Hypostase erschöpft", ders. ebd. 15.
⁸⁷⁷ Justin, dial. 75,1.
⁸⁷⁸ Vgl. A. Ruwe, Kommunikation 199.200.
⁸⁷⁹ „τὸ γὰρ ὄνομά μού ἐστιν ἐπ' αὐτῷ" vgl. Justin, dial. 75,2.
⁸⁸⁰ G. Pfeifer macht darauf aufmerksam, daß schon bei Philo der Logos zuweilen „das Prädikat Engel" trägt. Dennoch „sind die Logoi, Kräfte und Engel nicht schlechthin identisch", ders., Ursprung 58.
⁸⁸¹ P. Haeuser, Justinus 123; „ὅτι δὲ καὶ ἄγγελοι καὶ ἀπόστολοι τοῦ θεοῦ λέγονται οἱ ἀγγέλλειν τὰ παρ' αὐτοῦ ἀποστελλόμενοι προφῆται", dial. 75,3.

den Namen des neutestamentlichen Jesus verliehen bekam. Daß Jesus (Josua) als ein „gewaltiger und großer Prophet" gilt, setzt Justin als allgemein bekannt voraus.[882] Mit der Zuordnung Jesu (Josuas) zu den Propheten greift Justin ein jüdisches Verständnis auf.[883]

Die Verbindung „Prophet/Gesandter" mit „Engel/Bote" läßt sich biblisch belegen. In 1 Sam 19,20f ist davon die Rede, daß Boten (מלאכים/ἄγγελοι) zu Propheten (נביאים/προφῆται) geschickt werden und dabei selbst ohne entsprechende Absicht in prophetische Verzückung (התנבא/προφητεύειν) geraten, da unmittelbar zuvor der Geist Gottes (רוח אלהים/πνεῦμα θεοῦ) auf die Boten herabkam.

Während die Verbindung „Prophet" und „Bote" in 1 Sam 19,20 eher zufällig ist, ist sie in Mal 1,1 und 3,1 Programm. Aus Mal 1,1 geht hervor, daß der Prophet Maleachi (מלאכי) geheißen haben soll. Dieser Name läßt sich mit „mein Bote" übersetzen. Auch wenn es sich dabei um einen Eigennamen handeln sollte[884], so verknüpft sich mit ihm in Verbindung des schriftlich vorliegenden Zeugnisses die Vorstellung von einem Boten Gottes und einem Propheten. Davon gibt auch die griechische Übersetzung, wenngleich aufgrund eines Mißverständnisses, Zeugnis. In Mal 1,1 (LXX) heißt es: „Ausspruch des Wortes des Herrn an Israel durch seinen Boten/Engel" (λῆμμα λόγου κυρίου ἐπὶ τὸν Ἰσραηλ ἐν χειρὶ ἀγγέλου αὐτοῦ).[885]

Selbst wenn der Bote Gottes (מלאכי) in Mal 3,1 nicht mit dem in Mal 1,1 genannten Maleachi zu identifizieren ist[886], so enthält dieser prophetische Text vor allem in seiner griechischen Fassung drei Motive, welche sich als hilfreich für die Zitatauswahl und die Aussagen Justins erweisen. Als erstes ist von einem Boten Gottes („meinen Boten") die Rede, der auf dem Weg vorangeht [vgl. Ex 23,20 (LXX)]/dial. 75,1). Als nächstes werden in Mal 3,1 die Ausdrücke „Herr" (κύριος/האדון) und „Bote des Bundes" (ὁ ἄγγελος τῆς διαθήκης/מלאך הברית) synonym verwendet. Der Vergleichspunkt zu Justin ist darin zu sehen, daß dieser den Titel „Herr" (κύριος) von Ex 20,22 mit dem Namen des neutestamentlichen Jesus in Beziehung setzt, des-

---

[882] „Daß der, welcher den Beinamen Jesus (Josua) erhielt, ein gewaltiger und großer Prophet geworden ist, weiß jedermann", P. Haeuser, Justinus 123; „καὶ ὅτι προφήτης ἰσχυρὸς καὶ μέγας γέγονεν ὁ ἐπονομασθεὶς τῷ Ἰησοῦ ὀνόματι, φανερὸν πᾶσίν ἐστιν", Justin, dial. 75,3. Zudem kam Justin in dial. 49,6 bereits auf die Handauflegung des Mose zu sprechen, durch welche Josua vom Geist des Mose Anteil erhielt: „Κἀγὼ μεταθήσω ἀπὸ τοῦ πνεύματος τοῦ ἐν σοὶ ἐπ' αὐτόν", Justin, dial. 49,6. „Von dem Geiste, der in dir ist, will ich auf ihn legen", P. Haeuser, Justinus 75. Auf Formulierungsebene orientiert sich Justin hierbei eng an Num 11,17 (LXX) und verbindet diese Aussage zudem inhaltlich mit Num 27,18 und Dtn 34,9.

[883] Ein solches Verständnis wird auch insofern in der jüdischen Überlieferung vorbereitet, als Josua in Sir 46,1 als Diener/Diadoche des Mose im Prophetenamt bezeichnet wird.

[884] Vgl. A. Deissler, Zwölf Propheten II/III 183; W. Rudolph, Haggai 248.

[885] In der LXX ist der Begriff λῆμμα auch Übersetzungsäquivalent von משא und steht von daher hier ebenfalls in Beziehung zur Prophetie, vgl. Jer 23,33.34.36.38 (λῆμμα κυρίου); Nah 1,1; Hab 1,1; Sach 9,1 und 12,1 (wie Mal 1,1).

[886] Vgl. W. Rudolph, Haggai 247; ähnlich A. Deissler, Zwölf Propheten II/III 183.

sen Name dann auf dem Engel/Boten ruht. Auf diese Weise ist der Kyrios im Boten/Engel gegenwärtig Als drittes enthält der singuläre Titel „Engel/Bote des Bundes" nach A. Deissler die „spätnachexilische Anschauung", daß die ‚Bundesgemeinde' „immer noch unter der Schutzherrschaft des Engels, der Israel durch die Wüste geleitete (Ex 14,9) und in das gelobte Land brachte (vgl. 23,20–23)"[887], stehe. Somit schält sich letztlich insgesamt heraus, daß die Verbindung Bote/Engel und Prophetie zusammen mit dem Hoheitstitel „Herr" schon in biblischer Tradition zu finden ist.

3.4 Jericho (dial. 62,5)

Einen festen und zentralen Topos in der Landnahmeerzählung Jos 1–12 bildet die Einnahme Jerichos. Diese wird von Justin in dial. 62,5 skizzenhaft in wenigen Worten thematisiert. Dabei greift er die ersten zwei Verse von Jos 6 (LXX) auf: „Und Jericho war verschlossen und befestigt, und niemand aus ihr kam heraus. Und es sagte der Herr zu Jesus (Josua): Siehe, ich gebe dir Jericho in die Hand und in ihr ihren König mit den Starken in die Gewalt".[888] Mit diesen Versen endet auch wieder schon das Thema der Einnahme Jerichos. Justin faßt sich vielleicht auch deshalb so kurz, da er den weiteren Verlauf und den Ausgang der Erzählung als bekannt voraussetzen darf. Vom Duktus dieser wenigen Verse her kommt auch kein Zweifel darüber auf, daß Jesus (Josua) auf göttlichen Befehl hin die Stadt Jericho erfolgreich einnehmen wird und daß die Einwohner Jerichos der göttlichen Zusage gemäß in seine Gewalt fallen werden, wovon Rahab ausgenommen bleibt (vgl. dial. 111,4).

Ein weiterer Grund für die Kürze der Wiedergabe ist im Ziel Justins zu sehen, Tryphon gegenüber darzulegen, wer zu Jesus (Josua) unmittelbar vor der Einnahme Jerichos gesprochen hat. Bei diesem Argumentationsgang nimmt Justin auf die Logosspekulation Bezug.[889] So vertritt er die Auffas-

---

[887] A. Deissler, Zwölf Propheten II/III 199.
[888] „Καὶ ἡ Ἰεριχὼ συγκεκλεισμένη ἦν καὶ ὠχυρωμένη, καὶ οὐδεὶς ἐξ αὐτῆς ἐξεπορεύετο. Καὶ εἶπε κύριος πρὸς Ἰησοῦν· Ἰδοὺ παραδίδωμί σοι τὴν Ἰεριχὼ ὑποχείριον καὶ τὸν βασιλέα αὐτῆς τὸν ἐν αὐτῇ, δυνατοὺς ὄντας ἰσχύι", dial. 62,5. Der Satzteil „οὐδὲ εἰσεπορεύετο" von Jos 6,1 (LXX) fehlt bei Justin. Daß dieses Zitat höchstwahrscheinlich an der syrischen Textform der Septuaginta ausgerichtet ist, zeigt sich an der Stellung von „ἐξ αὐτῆς" vor „ἐξεπορεύετο" – in der von Rahlfs edierten Septuaginta ist die Reihenfolge umgekehrt – und an der orthographischen Variante des Pronomens „οὐδεὶς" (οὐθείς, Rahlfs), vgl. K. Bieberstein, Lukian 31.53. Anderseits fehlt bei Justin vor παραδίδωμι das Personalpronomen ἐγώ, was mit der palästinischen Textform der Septuaginta übereinstimmt, vgl. ders. ebd. 45. Gegenüber den von K. Bieberstein analysierten Septuagintarezensionen differiert auch die syntagmatische Reihenfolge bei Justin nach „παραδίδωμι", indem es bei ihm heißt: „(παραδίδωμί) σοι τὴν Ἰεριχὼ ὑποχείριον" (z.B. Rahlfs: „παραδίδωμι ὑποχείριόν σου τὴν Ιεριχω", Jos 6,2).
[889] Vgl. dial. 61. Die theologische Entfaltung, wie sich das Wort zu Gott Vater verhält, nimmt Justin in seinem Werk anhand der Begriffe „Sohnschaft" und „Wort" vor, vgl. E. Osborn, Anfänge 273.

sung, daß Gott zum Logos (ὁ Λόγος) spricht, wenn er vor der Erschaffung des Menschen und nach dem sogenannten Sündenfall in der ersten Person Plural redet: „laßt uns machen" (Gen 1,26) oder „wie einer von uns" (Gen 3,22). Mit diesem „uns" sind Gott und der Logos gemeint, die aber nicht einfachin miteinander identisch sind. Denn es ist der Logos, „der als verschieden von ihm (Gott, ThRE) eigens gezählt wird, und der mit Vernunft ausgestattet ist".[890] Und dieser Logos, der in Anlehnung an Spr 8,22 vom Vater vor allen Geschöpfen gezeugt (γέννημα) und aus dem Vater hervorgegangen (προβληθέν) ist[891], habe in der Offenbarung des Anführers des Heeres des Herrn (Jos 5,13–15) zu Ἰησοῦς (Josua) gesprochen und ihm die siegreiche Einnahme Jerichos sowie die Übereignung der Bewohner zugesagt.[892] Diese Uminterpretation des biblischen Befundes beinhaltet, daß es der Logos ist, der Ἰησοῦς (Josua) die Einnahme Jerichos nicht nur gebietet, sondern sie auch ermöglicht. Der Logos gibt Jericho komplett in die Hand des Ἰησοῦς (Josua); anders ausgedrückt: der neutestamentliche Jesus befiehlt letztlich dem alttestamentlichen Jesus die Einnahme Jerichos. Dieser Befund läßt sich insofern weiter stützen, als Justin ein Kapitel zuvor sagt: „Vor allen Geschöpfen als Anfang hat Gott aus sich eine vernünftige Kraft erzeugt, welche ... bald Engel, bald Gott, bald Herr und Logos genannt wird, und welche sich selbst als ersten Feldherrn bezeichnet, da sie in Gestalt eines Menschen Josua, dem Sohn des Nave, erschien."[893] Deshalb läßt auch Justin zur Bestätigung seiner Aussage in dial. 62,5 Jesus (Josua) mit den Archistrategen (ἀρχιστράτηγος) in ein Gespräch treten, indem er die entsprechenden Verse aus dem griechischen „Buch Josua"[894] zitiert (vgl. Jos 5,13–15). Dieses Gespräch erweitert Justin aber insofern, als er die Beschreibung der Ausgangssituation Jerichos hinzufügt (Jos 6,1) und es mit dem Satz abschließen läßt: „Der Herr sprach zu Josua: Siehe, ich gebe dir ..."[895] Die

---

[890] P. Haeuser, Justinus 100; „ἀριθμῷ ὄντα ἕτερον (καὶ) λογικὸν ὑπάρχοντα", Justin, dial. 62,2. „Denn Justin will mit den Theophanien des Alten Testaments ... beweisen: Die Erscheinungen Gottes im Alten Testament sind der Grund für die Pluralität der Gottheit." E. Osborn, Anfänge 214.

[891] Vgl. Justin, dial. 62,4. Für die mit diesen Aussagen verbundenen dogmatischen und z.T. exegetischen Fragen ist an dieser Stelle nicht der Ort, sie eingehend zu analysieren und zu diskutieren.

[892] „Der Logos, der bei der Schöpfung hilft und durch die Propheten spricht, ist derselbe Logos, der in Christus gegenwärtig ist. Als Folge dieser Konzeption muß Justin die Geschichte pressen, um Vorbilder Christi im Alten Testament zu finden.", E. Osborn, Anfänge 255.

[893] P. Haeuser, Justinus 98; „ὅτι ἀρχὴν πρὸ πάντων τῶν κτισμάτων ὁ θεὸς γεγέννηκε δύναμίν τινα ἐξ ἑαυτοῦ λογικήν, ἥτις ... ποτὲ δὲ ἄγγελος, ποτὲ δὲ θεός, ποτὲ δὲ κύριος καὶ λόγος, ποτὲ δὲ ἀρχιστράτηγον ἑαυτὸν λέγει, ἐν ἀνθρώπου μορφῇ φανέντα τῷ τοῦ Ναυῆ Ἰησοῦ", Justin, dial. 61,1.

[894] „ἀπὸ τοῦ βιβλίου Ἰησοῦ", dial. 62,4

[895] Justin, dial. 62, 5. An dieser Stelle ist daran zu erinnern, daß der griechische biblische Text zur Zeit Justins nicht nur ohne Kapiteleinteilungen und Zwischenüberschriften, sondern auch ohne merkliche Abstände zwischen den einzelnen Worten hintereinander aufgeschrieben und tradiert worden ist, vgl. E. Würthwein, Text 179.181.183. Von daher könnte vielleicht wohl auch eine solcherart unmittelbare Aufeinanderfolge von zwei so einprägsamen Texten Justin

3. Josua-Interpretation bei Justin Martyr

Erweiterung bewirkt, daß Justin die beiden Sprecher, den Archistrategen und den Kyrios, ineinander übergehen läßt; sie lassen sich nicht mehr klar voneinander unterscheiden.

Noch einmal: Folgt man Justins Logos-Spekulation, so bedeutet dies, daß sich im Archistrategen teilweise bereits Ἰησοῦς, der Christus[896], dem Ἰησοῦς (Josua) gegenüber offenbart. Das heißt, es begegnen sich über diesen Archistrategen der alttestamentliche und im Wesenskern der neutestamentliche Ἰησοῦς und sprechen miteinander.[897]

Dieses Sich-Offenbaren des Logos ist aber nur ein Teil des wahren und vollkommenen Logos, welcher letztlich Christus ist und daher auch Logos-Christus genannt wird.[898] Nach Justins Auffassung ist auch der Mensch ein logikales Wesen (λογικὸν ζῷον[899]). Dieser hat somit Zugang zum vollkommenen Logos. Folgt man diesen Theoremen, so vermag Ἰησοῦς (Josua), den Teillogos im Archistrategen wahrzunehmen und seine Äußerungen zu verstehen.

Auch wenn Justin auf die Einnahme Jerichos und all ihre Folgen in dial. 62 nicht mehr eingeht, so haben wir es hier mit folgender Aussageintention zu tun: Der sich später in Jesus Christus inkarnierende göttliche Logos befiehlt die Einnahme Jerichos und verheißt Jesus (Josua) den Sieg.

3.5 Fazit

Konstitutiv für die Argumentation Justins bezüglich der alttestamentlichen Person des Josua ist der griechische Bibeltext. Denn nur so wird eines der Hauptargumente Justins überhaupt erst verständlich. Dieses knüpft daran an, daß zwischen dem Nachfolger des Mose, Josua, und Jesus, dem Christus, im Griechischen Namensgleichheit besteht. Beide werden in biblischen Texten Ἰησοῦς genannt.

Im Kampf gegen Amalek, der auch in frühchristlichen Texten immer mehr zu einem festen Topos wird, ist der Name Ἰησοῦς letztlich ausschlaggebend für die siegreiche Bezwingung Amaleks. Der Sieg über Amalek ist für Justin insofern von zentraler Bedeutung, als über die Person Josuas der Name

---

zusätzlich in seiner Interpretation bestärkt haben. Hinzu kommt, daß in Jos 6,2 im griechischen Text das nomen appellativum κύριος steht, welches in neutestamentlichen Schriften einem christologischen Hoheitstitel gleichkommt (Röm 10,9; 1 Kor 12,3).

[896] Vgl. H. Graf Reventlow, Epochen (Bd. I.) 143.
[897] In diesem Zusammenhang gilt es zugleich mitzubedenken, daß Justin unter Logos (auch) die göttliche Vernunft versteht, die sich vollständig und ganz in Jesus Christus inkarniert hat, vgl. C. P. Vetten, Justin 412. Diese offenbarte sich aber bereits zuvor nicht nur in sogenannten alttestamentlichen Theophanien, sondern auch „dem Sokrates, den Griechen und Barbaren", E. Osborn, Anfänge 110.
[898] Vgl. C. P. Vetten, Justin 413. Bezüglich der Logos-Christologie des Justins vgl. M. J. Edwards, Justin's Logos 261–280; B. Studer, Logos-Christologie 435–448.
[899] Justin, dial. 93,3.

Ἰησοῦς bereits den Juden unwiderruflich verkündet werde. Zugleich wird der Kampf gegen Amalek bei Justin in Verbindung mit einem Kampf gegen Dämonen gesetzt und dabei der Ausdruck „ἐξολεθρεύειν" verwendet, der in der Jos-LXX den hebräischen Terminus für die Durchführung der Vernichtungsweihe wiedergibt.

Der Engel, der nach dem Auszug aus Ägypten Israel in das verheißene Land laut Ex 23,20f vorausgeht, wird bei Justin mit Ἰησοῦς (Josua) in Verbindung gebracht. Denn Justin vertritt die Auffassung, daß der Name Gottes auch Jesus war, wenn es heißt, der Kyrios habe seinen Namen auf den Engel gelegt (Ex 20,22; 23,20f). Und mit dem göttlichen Namen Jesus (Ἰησοῦς) ausgestattet, nahm der Sohn des Nave das Land ein. Von daher ist in Ἰησοῦς (Josua) der neutestamentliche Ἰησοῦς schon präsent. Dieser Name ist es auch, der Josua die Stärke zu besonderen Taten verleiht (Sonnenwunder). In letzter Konsequenz bedeutet das, auch wenn dies Justin inhaltlich nicht weiter entfaltet, daß die Vernichtungsweihe der Vorbewohner des verheißenen Landes in der Kraft und mit der Autorität des göttlichen Namens Jesus (Ἰησοῦς) erfolgt. Denn mit diesem Namen wird auf den Jesus des Neuen Testaments deutlich vorausgewiesen.

Zum klassischen Bestandteil der Landnahme zählt in der Regel[900] die Einnahme von Jericho, die Justin im Dialog mit Tryphon in dial. 62,4f erwähnt, ohne jene ausführlich zu behandeln. Unmißverständlich wird aber deutlich, indem Justin die Verse Jos 5,13–15 und die beiden ersten Verse von Jos 6 fast vollständig zitiert, daß Ἰησοῦς (Josua) aufgrund des Befehls des göttlichen Logos die Stadt Jericho mit allen Konsequenzen siegreich einnehmen wird.

Die Interpretation der Person des Ἰησοῦς (Josua), der Ereignisse um den Auszug aus Ägypten und die Landnahme folgt einem ausschließlich christlichen Vorverständnis, dessen hermeneutische Zugriffsweisen Metaphorik und Typologie bilden. Zudem verneint dieses Vorverständnis grundsätzlich andere wie z.B. jüdische Interpretationszugänge, was nicht zuletzt in der literarischen Gattung des von Apologie getragenen Dialogs grundgelegt ist. Ebenfalls ist festzuhalten, daß dieses dezidiert christlich geleitete Vorverständnis biblische Begebenheiten fragmentarisch wiedergibt.[901] Auch drängt sich der Schluß auf – vor allem im Zusammenhang seiner Interpretation der Epiphanie unmittelbar vor der Einnahme Jerichos – , daß Justin sich der Problematik seiner von ihm durchgeführten apologetisch gelenkten Argumentationen mit all ihren Implikationen letztlich nicht vollständig bewußt

---

[900] In Sir 46,1–8 hingegen wird die Einnahme Jerichos nicht eigens erwähnt.
[901] Es „fühlen sich die Väter berechtigt, einen Satz aus seinem Kontext herauszunehmen und in ihm so herausgelöst und kontextunabhängig eine von Gott geoffenbarte Wahrheit zu erkennen. In der Apologetik mit den Juden oder in dogmatischen Streitgesprächen mit anderen Theologen zögern sie nicht, sich auf Interpretationen solcher Art zu stützen", Päpstliche Bibelkommission, Interpretation 84.

war. Dies liegt vielleicht zum Teil daran, daß seine Schlüssel-Ideen etwas unklar und unentwickelt bleiben.[902]

4. Gesamtfazit frühchristliche Literatur

Die frühchristliche Literatur ist vielstimmig. Dies trifft auch für die von uns untersuchten Schriften zu. Sie stimmen jedoch darin überein, daß sie an Josua an sich und an der Landnahme kein eigenständiges theologisches Interesse haben. Der ihnen zukommende theologische Wert ist ein abgeleiteter.

4.1 Josua-Jesus Spekulation

Josua wird in der auf griechisch verfaßten frühchristlichen Literatur vor allem aufgrund der sich somit anbietenden griechischen Version seines Namens, Ἰησοῦς, wahrgenommen, da er ihn in dieser Form mit Jesus von Nazaret gemeinsam hat. Daran knüpft sich des weiteren eine Josua-Jesus-Namen-Theologie an. Diese kennt einen sich steigernden Verlauf. Zudem darf diese Theologie als ein Proprium der frühpatristischen Literatur angesehen werden, da es für sie im Neuen Testament keinen Anhaltspunkt gibt.

Im Barnabasbrief (Barn) bleibt diese Theologie auf den Namen Jesus beschränkt. Die Aussageabsicht ist die, daß zur Zeit des Mose mit der Umbenennung des Sohn des Nave in Jesus bereits auf den Sohn Gottes namens Jesus und seine Taten hingewiesen wird. Vor dem Hintergrund eines solchen Verständnisses wird Josua als Vorausbild des Fleisches bezüglich des Gottessohnes bezeichnet (Barn 12,10). Eine punktuelle Ineinanderschmelzung beider Personen läßt sich noch nicht erkennen.

Justin Martyr nimmt ebenfalls im „Dialog mit dem Juden Tryphon" (dial.) auf den Namenswechsel von Ause in Jesus (Num 13,16) Bezug. Mit diesem Namen und der Überlieferung, daß Josua als einziger der Auszugsgeneration den Rest des Volkes in das verheißene Land geführt hat, müßte dem jüdischen Volk schon damals die Erkenntnis über den Sohn Gottes aufgeschienen sein (dial. 89,1; 113,1.3). Gleichzeitig bringt zudem Justin Josua mit dem Engel, der die Israeliten in das Land führen soll (Ex 23,20), in eine derartig enge Verbindung zueinander, daß beide nahezu als eine Person wahrgenommen werden können (dial. 75,2). Dies gelingt Justin nur über eine Zitatenzusammenziehung des griechischen Textes von Ex 20,22 und 23,20, um dabei im Kyrios von Ex 20,22 den neutestamentlichen Kyrios erblicken zu wollen.

---

[902] Vgl. E. Osborn, Anfänge 36.

Bei Justin verleiht im Unterschied zum Barnabasbrief der Name Jesus seinem alttestamentlichen Namensträger besondere Kraft, wie das Zustandebringen des Stillstandes der Sonne, da der Geist des neutestamentlichen Jesus im alttestamentlichen wirkt (dial. 113,4). Auch widmet sich Justin dem Kampf gegen Amalek. Von daher zeichnet sich in der frühchristlichen Literatur die Tendenz ab, daß auch in ihr jener Kampf zu einem unverzichtbaren Topos wird. Der Barnabasbrief und der Dialog mit Tryphon stimmen darin überein, daß erst der Jesus des Neuen Testamentes diesen Kampf endgültig und erfolgreich führen wird (dial. 131,5). Im Unterschied jedoch zum Barnabasbrief sind Amalek und die Seinen für Justin Dämonen (dial. 131,5), so daß Amalek und Josua zu „Symbolen" für den endgültigen Sieg über die wirklichen Dämonen werden.

Zu beachten ist bei Justin ferner, daß aufgrund seiner Logosspekulation der neutestamentliche Jesus nicht nur in Josua, sondern auch in anderen gegenwärtig ist (dial. 61,1). Im Archistrategen (vgl. Jos 5,13–15), der nach Justin Josua die Einnahme Jerichos befiehlt, ist ebenfalls zu einem Teil der Logos gegenwärtig und spricht mit Josua (dial. 62,5). Zieht man die Aussagen Justins insgesamt zusammen, so bedeutet dies: Im Archistrategen spricht der Logos, der sich im neutestamentlichen Jesus inkarnieren wird, mit dem alttestamentlichen Jesus, in dem aufgrund des Namens des Gottessohnes Jesus die Kraft anwesend ist, besondere Taten (Stillstand der Sonne) zu vollbringen. So verfließen die Grenzen zwischen diesen Personen teilweise immer mehr.

4.2 Landnahme

Wie bereits erwähnt, hat die von uns herangezogene frühchristliche Literatur an der im Buch Josua dargestellten Landnahme kein eigenständiges Interesse.

Im 1. Clemensbrief (1 Clem) wird die Landnahme als gegeben hingenommen. Daß Gott den Israeliten das Land übergeben (1 Clem 12,5) und daß näherhin die blutige Einnahme Jerichos stattgefunden hat (1 Clem 12,6), wird nicht angezweifelt.

Im Barnabasbrief besitzt die Landnahme überhaupt keinen Stellenwert. Denn der Verfasser ist der Überzeugung, daß Israel „das Testament" (sic), welches Mose erhielt, gemeint sind die Zehn Worte, gar nicht erst besessen habe (Barn 4,7f). So wird den Juden generell abgesprochen, Teil der Heilsgeschichte zu sein. Die Geschichte Israels besitzt in dieser Perspektive keine Bedeutung für Christen. Vor diesem Hintergrund kann es nicht verwundern, daß der Autor unter Land Jesus, den Herrn, selbst versteht, den er als „leidendes Land" bezeichnet. Dies ist dann auch das gute Land, von dem es heißt, daß in ihm Milch und Honig fließen (Barn 6,8f).

4. Gesamtfazit frühchristliche Literatur

Für Justin wiederum besteht grundsätzlich kein Zweifel daran, daß Israel in das ihm verheißene Land eingezogen ist (dial. 75) und daß es die Stadt Jericho erobert hat, auch wenn letztlich diese Ereignisse nur nach dem Kommen des neutestamentlichen Jesus in ihrer tieferen Bedeutung recht verstanden werden können.

4.3 Rahab

In der frühchristlichen Literatur wird bezüglich der Landnahmeerzählung vor allem die Geschichte mit der Hure Rahab herausgegriffen. Diese Tendenz läßt sich bereits im Neuen Testament beobachten (Hebr 11,31; Jak 2,25). In Fortsetzung dieser Linie hat der 1. Clemensbrief neben der Gastfreundschaft ein besonderes Interesse an der Frömmigkeit der Rahab, aufgrund der sie und das Haus ihres Vaters schließlich gerettet werden (1 Clem 12,1.5), während die anderen verlorengehen (1 Clem 12,6; vgl. auch Justin dial. 111,4). Der Glaube der Rahab wird in 1 Clem 12,7 in einen christlichen Deutehorizont gestellt. Von daher wird das Rote, das Rahab an ihrem Haus außen befestigt, zu einem Zeichen dafür, „daß durch das Blut des Kyrios allen, die an Gott glauben und auf ihn hoffen, Erlösung zuteil werden wird". 1 Clem 12,7 geht dabei anscheinend davon aus, daß diese Offenbarung bereits auf die Kundschafter Jesu (Josuas) selbst zurückzuführen ist.

VIII. Josua bei Origenes (um 185 bis um 254)

Origenes hat dem Buch Josua Homilien gewidmet. Damit steht er in der patristischen Literatur ziemlich allein. Von seinen insgesamt 574 Homilien, die zumindest namentlich bekannt sind[903], befassen sich 26 mit dem Buch Josua. Letztere sind, wie andere Schriften des Origenes auch, von Rufin von Aquileia (ca. 345–410) ins Lateinische übersetzt und bearbeitet worden.[904] Was die zeitliche Ansetzung betrifft, so ist zwar eine präzise Datierung der Josua-Homilien nicht möglich, aber allgemein rechnet man damit, daß sie in den letzten Lebensjahren des Origenes entstanden sind.[905]

1. Das literarische Genus „Homilie" bei Origenes

Während seiner Zeit in Cäsarea trat Origenes neben seinen vielfältigen akademischen Aufgaben auch als Prediger fast täglich in (Wort)Gottesdiensten in Erscheinung.[906] Predigen hieß für Origenes die Schrift auslegen, wie die erhaltenen Homilien und Homilienfragmente beispielsweise zum Pentateuch sowie zu Richter und 1 Samuel eindrucksvoll belegen.[907] Einigen Quellen kann entnommen werden, daß es durchaus üblich war, in den alltäglichen morgendlichen[908] Wortgottesdiensten einen Abschnitt aus dem Alten Testament auszuwählen und anschließend von einem Priester auslegen zu lassen. Von daher gehörte es zur Leseordnung, daß Origenes auch Homilien zum Buch Josua zu halten hatte. Denn nach E. Schadel gab es zur Zeit des Origenes eine bereits festgelegte liturgische Leseordnung, so daß Origenes wußte, welche Texte jeweils an der Reihe waren.[909] Die Leseordnung selbst bestand vermutlich nach P. Nautin in einem dreijährigen Lesezyklus, in welchem die drei Hauptteile der Septuaginta (die sogenannten Geschichtsbücher[910], die Weisheits- und Prophetenbücher) vorgelesen worden sind.[911] Die Reihenfolge der Predigten gestaltete sich offenbar so, daß Origenes zuerst über die Weisheitsbücher (Ijob, Ps), anschließend über die Prophetenbücher und danach über die sogenannten Geschichtsbücher gesprochen hat. Dies geht auch aus den Querverweisen in seinen Homilien hervor, die erkennen lassen, daß auf die Jeremia-Homilien die Numeri- und die Josua-

---

[903] Vgl. C. White/B. J. Bruce, Origen. Homilies on Joshua 13.
[904] Vgl. Th. Heither, Origenes. Römerbriefkommentar 11f.
[905] Vgl. C. White/B. J. Bruce, Origen. Homilies on Joshua 19; Th. R. Elßner/Th. Heither, Homilien 9.
[906] Vgl. H.-J. Sieben, Origenes. Homilien zum Lukasevangelium 12f.14.
[907] Vgl. H. J. Vogt, Origenes 530.
[908] Vgl. W. Geerlings, Traditio apostolica § 39.
[909] Vgl. E. Schadel, Origenes 3. 5.
[910] Hierzu zählt offenbar auch der Pentateuch.
[911] Vgl. und im folgenden E. Schadel, Origenes 5f.

Homilien folgten.⁹¹² H.-J. Sieben vermutet hinsichtlich der von Origenes verwendeten biblischen Textgrundlage, daß es sich bei ihr „um die von ihm selber revidierte Septuaginta handelte".⁹¹³

Ein nicht unwesentlicher Unterschied zu den biblischen Kommentaren⁹¹⁴ des Origenes besteht vielleicht darin, daß Origenes die Homilien wohl zum großen Teil aufgrund seiner immensen Bibelkenntnis und theologischen Bildung ad hoc gehalten hat.⁹¹⁵ Eusebius kann schließlich folgendes entnommen werden: Der bereits über sechzig Jahre alte Origenes soll in seiner Zeit in Cäsarea „Schnellschreibern gestattet haben, seine vor dem Volke gehaltenen Vorträge aufzuzeichnen" (h.e.VI, 36,1).⁹¹⁶ Aber schon während seiner Zeit in Alexandrien hatte Origenes seine Bibelkommentare Stenographen diktiert und ihnen wohl auch das vollständige Ausschreiben der von ihm nur angedeuteten biblischen Zitate überlassen.⁹¹⁷ Festzuhalten ist, daß Stenographen während seiner Predigt das Gesagte aufzeichneten.

2. Auslegungsmethode

Das literarische Genus der Homilie allgemein deutet schon die Zielrichtung der Schriftauslegung an: Sie will den Gottesdienstbesucher ansprechen. Von daher versucht sie, in der Regel im Unterschied zum biblischen Kommentar⁹¹⁸ den auszulegenden Text in die Gegenwartsituation des Predigthörers zu übersetzen, damit dieser für sein Glaubensleben Anleitung erfährt. Somit ist die Homilie bestrebt, vor allem nach Anknüpfungspunkten zu suchen, die den jeweiligen biblischen Text mit der Situation des Hörers vermitteln können.⁹¹⁹ Eine Homilie kommt freilich nicht unvermittelt daher, sondern sie

---

⁹¹² Vgl. Josua-Homilie 13,3: „Etenim nunc uniuscuiusque nostrum animam Iesus destruit et aedificat; et sicut dicebamus tunc, cum Hieremiam dissereremus, quia acceperat verba in os suum, quibus subverteret et aedificaret, evelleret et plantaret".
⁹¹³ H.-J. Sieben, Origenes. Homilien zum Lukasevangelium 15.
⁹¹⁴ „Beim Diktieren seiner Kommentare konnte er diffizilere Gedanken durch eine problemumkreisende Darstellungsweise, durch modifizierende Wiederholungen, durch Exkurse und Zusammenfassungen voll ausschöpfen und gegen Mißverständnisse absichern", E. Schadel, Origenes 3.
⁹¹⁵ H.-J. Sieben führt das Beispiel der Predigt über die Hexe von En-Dor an. Da vier Bibeltexte vorgelesen worden sind und Origenes nicht weiß, über welchen er nun predigen soll, fragt er diesbezüglich den anwesenden Bischof, der ihm den Text bezüglich der Hexe von En-Dor nennt, und Origenes beginnt daraufhin seine Predigt, vgl. ders., Origenes 16f.
⁹¹⁶ H. Kraft/P. Haeuser/H. A. Gärtner, Eusebius 304.
⁹¹⁷ Nach Eusebius (h.e.VI 23,1f) stand Origenes in Alexandrien aufgrund einer großzügigen Spende so etwas wie ein Schreiberbüro mit mehr als sieben Schnellschreibern zur Verfügung, vgl. E. Schadel, Origenes 2; C. Reemts, Origenes. Einführung 30.
⁹¹⁸ Bei Origenes läßt sich freilich eine klare Trennung zwischen Homilie und Kommentar nicht ohne weiteres vornehmen. Nicht nur aus diesem Grund verwendet daher E. Klostermann mit Blick auf einige Homilien des Origenes den Begriff „exegetische Homilie", vgl. ders., Formen 203.
⁹¹⁹ C. Markschies eruiert sieben Absichten der Predigten des Origenes: 1. Hinführung der Gemeinde zur εὐσέβεια (43), 2. „Nachvollziehbarkeit des Gedankenganges" der Predigt (43), die

orientiert sich an bestimmten Auslegungsmethoden. Die vorherrschende Auslegungsmethode in der Spätantike war die Allegorese. Diese Methode war aber freilich nicht auf die Homilie beschränkt, sondern sie fand auch in der biblischen Kommentarliteratur Anwendung. Ein hervorragender Vertreter auf christlicher Seite war Origenes – ähnlich wie vor ihm Philo von Alexandrien innerhalb des hellenistischen Judentums. Beide Theologen sind Alexandriner und sind ohne den Hintergrund griechisch-hellenistischer Bildung und Philosophie nicht zu verstehen, was vor allem auch in bezug auf die Anwendung der allegorischen Schriftauslegung zutrifft.[920]

Ein Hauptvorwurf gegen die allegorische Schriftauslegung war und ist, daß sie im Grunde mit dem (biblischen) Text willkürlich verfahre[921] und „die Historizität der von der Bibel erzählten Ereignisse"[922] leugne. Ganz davon abgesehen, ob die Frage nach der Historizität des Buches Josua nicht zu einseitig gestellt wird, geht es in der Anwendung der Allegorese auf biblische Texte bei Origenes anscheinend nicht um eine Leugnung der geschichtlichen Ereignisse. Vielmehr galt es, die Frage zu beantworten, welche Bedeutung ein biblischer Text (scheinbar) historischen Inhalts für die Gegenwart noch besitzt. Zentrales Anliegen der sich der Allegorese verpflichtet wissenden Homilie ist daher, Hilfe und Anleitung der Glaubensbewältigung in der Gegenwart zu sein.[923]

2.1 Exegetisches Selbstverständnis nach Origenes – De principiis IV

Zweckdienlich und hilfreich zugleich ist es, auch in bezug auf die Josua-Homilien die exegetische Reflexion des Origenes zur Kenntnis zu nehmen. Im vierten Buch von De principiis (229) reflektiert Origenes sein exegetisches Vorverständnis.[924] Da es aber nicht primäre Aufgabe unserer Untersu-

---

Predigt soll eine „dialogische Grundstruktur" haben (46), 4. der Bibeltext ist „möglichst konkret auszulegen" (48), 5. „die historisch scheinbar zufälligen und belanglosen Details (sind) auf große Linien hin durchsichtig zu machen" (52), 6. die „Hörer durch Predigt zur Umkehr zu bewegen" (53) und 7. die Predigt zielt auf „Auferbauung der Gemeinde zur christlichen Frömmigkeit" (54), ders., Gemeinde.

[920] Zur Entstehung und Bedeutung der allegorischen Schriftauslegung vgl. H. Graf Reventlow, Epochen (Bd. I) 37–49.

[921] Opposition gegen die allegorische Schriftauslegung in bezug auf die Homerexegese gibt es bereits in vorchristlicher Zeit. Vertreter sind Erathostenes (ca. 282-202) und Aristarch von Samothrake (ca. 217-145), die in Alexandrien die philologisch-grammatische Exegese begründeten, vgl. H. Graf Reventlow, Epochen (Bd. I) 43. Celsus schätzte zwar die Allegorese, aber als Auslegungsmethode lehnte er sie für die biblischen Schriften ab, da sie intellektuellen Ansprüchen wenig gerecht würden, vgl. Th. Heither, Origenes als Exeget 143.

[922] H.-J. Sieben, Origenes. Homilien zum Lukasevangelium 20.

[923] Vgl. ders. ebd. 20f.

[924] Einschränkend ist darauf hinzuweisen, daß die gesamte griechische Originalschrift nicht erhalten geblieben ist, vgl. H. Görgemanns/H. Karpp, Origenes. Prinzipien 32. Diese Ausgabe dient zugleich unserer Untersuchung als Quelle und Textgrundlage. Bei Bezugnahme auf sie oder Verwendung der deutschen Übersetzung wird das Kapitel, der Abschnitt des Textes und

2. Auslegungsmethode

chung ist, die origeneische Exegese in ihrem Selbstverständnis im einzelnen darzustellen, zumal hierzu bereits eine ganze Anzahl von Untersuchungen vorliegt, beschränken wir uns auf einige Aspekte aus De principiis, die für das Verständnis der Josua-Homilien relevant sind.

2.1.1 Schriftinspiration

Im ersten Kapitel von De principiis (princ.) behandelt Origenes das Thema der Schriftinspiration. Gleich zu Beginn gibt Origenes seine Perspektive und sein Vorverständnis zu erkennen, indem er sagt, daß die Schriften vom Glaubensverständnis her göttlich seien.[925] Diese Aussage bezieht sich unterschiedslos sowohl auf das Alte als auch auf das Neue Testament. In der Begründung, warum er diese Schriften für göttlich hält, führt er das Verbreitungsargument an: Das, was viele Gesetzgeber und Philosophen für ihre Werke und Wahrheiten wünschten, die weltweite Ausbreitung, ist den Gesetzen des Mose und den Lehren Jesu Christi trotz Widerständen gelungen. Besonders der christliche Glaube[926] fand in wenigen Jahren rasche Verbreitung. Als nächstes Argument setzt Origenes das Erfüllungsargument ein: Das, was in der Tora und bei den Propheten prophezeit worden war, daß die irdische Herrschaft „des Fürsten aus Juda" dann enden wird[927], wenn der gekommen sein wird, für den die Herrschaft letztlich aufbewahrt ist und den die Völker erwarten, Jesus Christus, ist eingetroffen. Auf dieser Argumentationslinie liegt es, daß als nächstes das Erfüllungsargument in bezug auf Christus vor dem Hintergrund der Psalmen und der Prophetenaussagen herangezogen wird. Dieser Argumentationsgang hat nach Origenes zum Ziel, die „Göttlichkeit Jesu (ἡ θεότης Ἰησοῦ)"[928] nachzuweisen, und zugleich dient diese Argumentation dazu, die Inspiriertheit der Schriften aufzuweisen. Von nicht zu unterschätzender Bedeutung in dieser origeneischen Argumentationsführung ist hierbei die Aussage, daß zwar Göttliches den prophetischen Worten eigen und Pneumatisches im Gesetz des Mose vorhanden sei, daß diese Eigenschaften aber letztlich erst durch das Kommen Jesu „aufleuchteten": „Denn eindeutige Beispiele für die Theopneustie der alten Schriften konnte man vor dem Kommen Christi schwerlich beibringen".[929] Das impliziert, daß Origenes die Schrift insgesamt ohne Abstufung

---

zuletzt die Seite der Textausgabe angegeben (z.B. princ. IV 1,1; 669). Sonst folgen wir der Zählweise, die in der Ausgabe von H. Görgemanns und H. Karpp dem griechischen und lateinischen Text zugrunde liegt.
[925] „ἐκ τῶν πεπιστευμένων ἡμῖν εἶναι θείων γραφῶν", princ. IV 1,1; 668.
[926] Origenes spricht vom Logos (ὁ λόγος), vgl. princ. IV 1,2; 674.
[927] „ὅτι ἀπὸ τῶν χρόνων Ἰησοῦ οὐκέτι βασιλεῖς Ἰουδαίων ἐχρημάτισαν/daß seit den Zeiten Jesu keine Könige der Juden mehr aufgetreten sind", princ. IV 1,3; 676.
[928] Vgl. princ. IV 1,6; 686.
[929] Vgl. princ. IV 1,6; 687.689.

als von Gott inspiriert versteht. Denn alle Schriften sind – ganz gleich ob Altes oder Neues Testament –„wegen der Ähnlichkeiten (zwischen beiden Testamenten, ThRE) ... für Schriften eines einzigen Gottes zu halten".[930] Dennoch konnte die Inspiriertheit des Alten Testaments erst durch das Kommen Jesu auch wirklich erkannt werden, und das Alte Testament sei mit diesem personal begründeten hermeneutischen Schlüssel zu lesen: Einerseits sind also die Schriften des Alten Testaments göttlich durchdrungen[931], d.h. inspiriert, anderseits deckt erst das Kommen Jesu Christi den göttlichen, geistigen Inhalt des Alten Testaments auf, worin Origenes anscheinend uneingeschränkt der paulinischen Argumentation folgt (2 Kor 3,14–16).[932] Dieser hermeneutische Schlüssel ist vor allem auch für das Einordnen und Verstehen der Josua-Homilien des Origenes wichtig.

2.1.2 Vom rechten Lesen der göttlichen Schrift

Nachdem Origenes in einem ersten Kapitel grundsätzlich die Inspiriertheit der Schrift dargelegt hat, wendet er sich in einem zweiten der Frage zu, wie die Heilige Schrift zu lesen sei. Die Notwendigkeit für eine solche Leseanleitung ergibt sich für Origenes aus dem Umstand, daß ein methodisch fehlgeleitetes Lesen und/oder ein Lesen unter falschen Voraussetzungen zu vielen Irrtümern (πλεῖστα ἁμαρτήματα) führe.[933]

Nach Origenes besteht ein gravierender Irrtum bei Juden darin, daß sie sich bezüglich der Prophezeiungen an den Literalsinn[934] der Schrift hielten und somit die eingetretenen Erfüllungen nicht wahrnehmen. Abstrakter gefaßt besagt dieses Argument, daß der Literalsinn allein einem adäquaten Erkennen und Verstehen, was die heilige Schrift enthält, nicht immer förderlich ist. Von daher erkläre es sich, daß falsche Meinungen, einfältiges Reden und nicht zuletzt Gottlosigkeiten dadurch zustande kommen, „daß die Schrift nicht geistlich (τὰ πνευματικά) verstanden, sondern nach dem bloßen Buchstaben (τὸ ψιλὸν γράμμα) aufgefaßt wird".[935] Origenes sieht daher seine Aufgabe darin, denen, die grundsätzlich davon überzeugt sind, daß die „Heiligen Bücher" „aus der Eingebung des heiligen Geistes nach dem Willen des Vaters des Alls durch Jesus Christus geschrieben worden"[936] sind, die Wege im Sinne einer von ihm für richtig gehaltenen Schriftinter-

---

[930] διὰ τὰς ὁμοιότητας ἐπὶ τὸ πάντα ἡγεῖσθαι ἑνὸς εἶναι γράμματα θεοῦ, princ. III 1,16; 522/523.
[931] Vgl. princ. IV 1,7; 691.
[932] Vgl. princ. IV 1,6; 689.
[933] Vgl. princ. IV 2,1; 696.
[934] Origenes verwendet den Ausdruck ἡ λέξις im Sinne von „Wortlaut" oder „Wortsinn", vgl. princ. IV 2,1; 696.
[935] princ. IV 2,2; 701.
[936] princ. IV 2,2; 701.

2. Auslegungsmethode

pretation darzulegen. Der Plural „die (richtig erscheinenden) Wege" (τὰς φαινομένας ὁδούς) deutet hierbei einen auch auf dieser Ebene vorhandenen Pluralismus an, der zwar nicht beliebig ist, aber verschiedene Interpretationszugänge nicht ausschließt. Festzuhalten ist, daß im griechischen Text in Verbindung mit einer trinitarischen Formel die theologische Auffassung von Origenes vertreten wird, daß die Heiligen Bücher „durch Jesus Christus geschrieben worden sind" (διὰ Ἰησοῦ Χριστοῦ ταύτας ἀναγεγράφθαι).[937] Auf dieser Linie liegt es für Origenes, daß gültige Schriftinterpretationen allein auf der mit den Aposteln in Sukzession stehenden Kirche gründen bzw. sich an ihr auszurichten haben.

Im Fortgang seiner Erörterung bekräftigt Origenes die Auffassung, daß schwierige oder scheinbar überholte Textstellen innerhalb des Alten Testaments „Typen" (τύποι) sind, die sich auf etwas anderes beziehen. Nur komme es eben darauf an, den richtigen Bezugspunkt herauszufinden.[938] In diesem Zusammenhang werden u.a. auch Kriege genannt. Diese werden in einem ersten Schritt bereits selbst von einfältigen Christen (οἱ ἀκεραιότατοι) als Typos verstanden, auch wenn es immer noch eine Vielzahl unter ihnen gibt, die eine solche biblische Erzählung als historische Nachricht (ἱστοριῶν) auffaßt. Grundlage für ein solches Verständnis ist die anscheinend auch einfachen Christen geläufige exegetische Regel, daß jede Erzählung (πᾶσα διήγησις) als ein Typos aufzufassen sei.[939] Unsicherheit scheint aber allenthalben darüber zu bestehen, woraufhin etwas Typos ist. Origenes kommt nicht umhin, einräumen zu müssen, daß es für Menschen überhaupt „äußerst schwierig ist, die (gemeinten) Sachen zu finden".[940]

Nachdem nun Origenes den exegetischen Problemhorizont anhand von Beispielen skizziert hat, wendet er sich dem nach seiner Auffassung richtigen Verständnis[941] der Schriftintrepretation zu. Dabei findet er den Schlüssel zur Interpretation der Bibel in ihr selbst, näherhin in den Proverbien des Alten Testaments, die nach jüdischer und frühchristlicher Überzeugung den König Salomo zum Autor haben, wovon auch Origenes selbst ausgeht.[942]

---

[937] princ. IV 2,2, 700/701. Im lateinischen Text läßt sich bezüglich dieser Aussage insofern eine Abschwächung konstatieren, als in bezug auf die Heiligen Schriften nicht von „schreiben" (scribere), sondern von componere die Rede ist (conpositas), princ. IV 2,2; 700. Zwar kann componere auch „schriftlich ab-, verfassen" heißen, aber diesem Ausdruck sind darüber hinaus und besonders an erster Stelle Bedeutungen eigen, die über ein enggeführtes Verständnis von „schriftlich verfassen" deutlich hinausgehen und die auch ohne weiteres eine metaphorische Deutung zulassen. Zudem hat sich im lateinischen Text die Position des betreffenden Ausdrucks in der Syntax verschoben. Der betreffende Inf. Perf. (ἀναγεγράφθαι/esse conpositas) erscheint nicht mehr syntaktisch in unmittelbarer Nähe zum NP Jesus Christus, sondern findet sich jetzt syntaktisch in der Nähe des attributiv näherbestimmten Nomens „humana verba aliqua".
[938] Vgl. princ. IV 2,2; 703.
[939] Vgl. princ. IV 2,2; 703.705.
[940] princ. IV 2,2; 705.
[941] „ἡ τοίνυν φαινομένη ἡμῖν ὁδός", princ. IV 2,4; 708.
[942] Vgl. princ. IV, 2,4; 709.

Konkret entnimmt er den hermeneutischen Schlüssel dem Text in Spr 22,20f: „Und du schreibe sie dreifach in deinen Rat und deine Erkenntnis, damit du denen, die dich fragen, Worte der Wahrheit antworten kannst".[943] Das Schlüsselwort in diesem Text ist für Origenes der Ausdruck „dreifach" (τρισσῶς). Dieser Ausdruck findet sich allerdings nur im griechischen Text.[944] Ein entsprechendes Pendant im hebräischen Text fehlt, ganz davon abgesehen, daß die textkritische Frage an dieser Stelle recht kompliziert ist.[945] Da Origenes des Hebräischen kundig war[946] und den hebräischen Text zu dieser Stelle konsultiert haben wird, fällt die Entscheidung für den griechischen Text um so mehr ins Gewicht. Schlagartig wird die Bedeutung des Ausdrucks „dreifach" (τρισσῶς) für Origenes klar, wenn er mit ihm auf den dreifachen Sinn (νοήματα) der Heiligen Schrift überleitet. Dieser dreifache Schriftsinn besteht (1) im Fleische der Schrift (ἡ σάρξ τῆς γραφῆς), (2) in der Seele der Schrift (ἡ ψυχή τῆς γραφῆς) und (3) im pneumatischen Gesetz der Schrift (ὁ πνευματικός νόμος τῆς γραφῆς). Dieser Auffassung liegt offenbar die platonische Vorstellung zugrunde, daß „der Mensch aus Leib, Seele, und Geist besteht"[947] (anthropologische Trias). Daraus wird in Analogie der Schluß gezogen, daß diese Dreiteilung grundsätzlich auch der Schrift inhärent ist.

Im Sinn nun eines Aufstiegschemas zur wahren Erkenntnis hin[948] wird dem einfältigen Leser und Christen der Wortsinn der Schrift zugeordnet, das ist das, was der biblische Text als solcher sagt. Der Fortgeschrittene erkennt

---

[943] princ. IV 2,4; 709.

[944] Wie der griechische Text so lesen auch die Vulgata (tripliciter), die Peschitta und der Targum (A. Sperber; P. de Largade) ein „dreifach" an der fraglichen Stelle.

[945] Ohne dies im einzelnen an dieser Stelle erörtern zu können, mögen einige Bemerkungen reichen. Der MT hat in Spr 22,20 den Ausdruck שִׁלְשׁוֹם, der mit „vorgestern", „vorher", „früher" wiederzugeben ist (vgl. Jos 20,5; Rut 2,11). Das tertium comparationis zum griechischen Text ist, daß der hebr. Ausdruck שִׁלְשׁוֹם (soviel wie „vor drei Tagen") auf die Zahl „drei" Bezug nimmt. Hingegen das Qere zu diesem Ausdruck hält dazu an, an dieser Stelle ein שָׁלִישִׁים („Kerntruppen", „Kernsprüche") zu lesen. Insgesamt aber läßt der Ausdruck verschiedene Möglichkeiten zu, ihn deuten und übersetzen zu können, vgl. O. Plöger, Sprüche Salomos 262.268. Schließlich wird der Vorschlag unterbreitet, daß im hebräischen Text die Zahl „שְׁלֹשִׁים/dreißig" zu lesen sei. Eine Konsultation diverser Übersetzungen, religions- und konfessionsüberschreitend, dokumentiert insgesamt, daß auch weiterhin verschiedene Lesarten vorherrschen. Jedoch erst seit dem Bekanntwerden der Lehre des Amenemope (1923) ist einsichtig geworden, daß die Zahl „dreißig" in Spr 22,20 zu lesen ist, A. Meinhold, Die Sprüche 2 379. Abschließend sei noch darauf hingewiesen, daß das Septuaginta-Zitat, wie es Origenes anführt, sieht man von Details einmal ab, in der nunmehr tradierten Septuaginta-Ausgabe, aus welchen Gründen auch immer, so nicht bezeugt ist. Die Septuaginta ist in Spr. 22,20 kürzer als das Origenes-Zitat.

[946] In De principiis beruft sich Origenes in I 3,4; 164/165 und IV 3,14; 776/777 auf (s)einen hebräischen Lehrer (Hebraeus magister/doctor).

[947] „ὥσπερ γὰρ ὁ ἄνθρωπος συνέστηκεν ἐκ σώματος καὶ ψυχῆς καὶ πνεύματος, τὸν αὐτὸν τρόπον καὶ ἡ οἰκονομηθεῖσα ὑπὸ θεοῦ εἰς ἀνθρώπων σωτηρίαν δοθῆναι γραφή/Wie nämlich der Mensch aus Leib, Seele und Geist besteht, ebenso auch die Schrift, die Gott nach seinem Plan zur Rettung der Menschen gegeben hat", princ. IV 2,4; 710/711.

[948] An anderer Stelle verwendet Origenes auch den entsprechenden Ausdruck „ἀναγωγή", vgl. princ. IV 3,4; 744.

2. Auslegungsmethode

hinter dem Geschriebenen gleichsam „die Seele" des Textes, das ist das, was dem einfachen Lesen so ohne weiteres nicht zugänglich ist. Hingegen werde der eigentliche Sinn eines biblischen Textes, das pneumatische Gesetz, erst dem Vollkommenen (ὁ δὲ τέλειος) einsichtig.[949] Von daher bleibt es für das origeneische Schriftverständnis konstitutiv, von einem dreifachen Schriftsinn auf der erkenntnistheoretischen Ebene auszugehen, wie E. Schadel gegen H. de Lubac nachgewiesen hat.[950]

Origenes macht selbst darauf aufmerksam, daß aus der grundsätzlichen theologischen Annahme eines dreifachen Schriftverständnisses nicht zu folgern sei, daß nun jeder biblische Text einen dreifachen Schriftsinn haben muß. Es gibt daher biblische Texte, die keine dem Wortsinn gemäße Bedeutung haben und sich somit nur über die zwei höheren Schriftsinne, den seelischen und geistlichen Sinn (λόγος), erschließen lassen.[951]

Die geistliche Auslegung (πνευματικὴ διήγησις), auf die es bei Origenes ankommt, besteht darin darzulegen, auf welche Heilsaussagen und Heilsereignisse die Aussagen des Alten Testaments in bezug auf „himmlische Dinge" (τὰ ἐπουράνια) vorausweisen, die mit dem Kommen Jesu grundsätzlich einsichtig geworden sind, und zwar für den Vollkommenen. Von daher sind Aussagen des Alten Testaments in Anlehnung an Hebr 8,5 „Abbild und Schatten". Das Bild selbst, wovon die anderen Dinge im Alten Testament nur Abbild und Schatten sein können, ist nach Origenes Christus.[952] Die Adressaten dieser Vorausbilder und Schatten sind dann für Origenes auch die, die die Schrift erst von der Christusperspektive her voll erfassen können. Dem dient das Pauluszitat (1 Kor 10,11): „Diese (Ereignisse) geschahen jenen als Vorausbild; aufgeschrieben aber wurden sie um unsertwillen".[953] Dieser origeneischen Argumentation dient zudem der Hinweis auf Paulus (Gal 4,21–24), daß man das Aufgeschriebene in der Schrift erst als Allegorie (ἀλληγορία) richtig verstehe. Wer dies hingegen nicht tut, verfehle nach dem origeneischen Interpretationsschlüssel den eigentlichen Sinngehalt der Schrift.[954] Origenes ist davon überzeugt, daß dies insgesamt hinsichtlich der fünf Bücher des Mose unstrittig gilt. Hingegen stellt er rhetorisch die Frage, ob sich auch die übrige Geschichte (ἡ λοιπὴ ἱστορία) im Anschluß an den Pentateuch als Vorausbild (τυπικῶς) ereignet habe.[955] Er antwortet mit einem klaren Ja. Das wird sich auch in den Josua-Homilien erweisen. Eine sachgemäße Erkenntnis der Vorausbilder ist an zwei Voraussetzungen geknüpft: Er appelliert an die Bereitschaft, sich zum einen beleh-

---

[949] Vgl. princ. IV 2,4; 709.
[950] Vgl. E. Schadel, Origenes 42–50.
[951] Vgl. princ. IV 2,5; 713.
[952] Vgl. princ. IV 2,6; 717.
[953] princ. IV 2,6; 717.
[954] Vgl. princ. IV 2,6; 717.719.
[955] Vgl. princ. IV 2,6; 719.721.

ren zu lassen, und zum anderen die Mühe des Erforschens nicht zu scheuen.[956] Denn in den Erzählungen werden jenseits ihrer narrativen Oberfläche tiefere Erkenntnisse durch den Geist mitgeteilt, durch welche man „der gesamten Lehren seines (= Gottes, ThRE) Ratschlusses teilhaftig"[957] werden kann. Origenes weist in diesem Zusammenhang ausdrücklich auf die Paradoxie (παραδοξότατα) hin: Gerade „in der Geschichte von Kriegen und von Siegern und Besiegten werden denen, die solches genau prüfen können, einige Geheimnisse enthüllt".[958] Diese Auffassung, die wohl selbst für damalige Christen nicht ohne weiteres nachvollziehbar war, versucht Origenes im Fortgang seiner Argumentation mit einer theologisch-hermeneutischen Pädagogik zu begründen. Um sich nicht mit der Textoberfläche zu begnügen, hat der Logos Gottes selbst „Ärgernisse" (σκάνδαλα) und „Anstöße" (προσκόμματα) nicht nur in das Gesetz, sondern auch in die Geschichtsdarstellung (ἱστορία) einfügen lassen. Diese hermeneutischen Stolpersteine sind u.a dazu gedacht, sich eben nicht vom biblischen Text abzuwenden, sondern sich ihm um so mehr zu widmen, um jene Geheimnisse zu entdecken, die im Text als eigentliche Aussage enthalten seien.[959] Diese Erforschung der Schrift ist um so dringlicher, je komplizierter und unwirklicher das im Text Berichtete dem Leser erscheint. Erst recht gilt es die Frage zu stellen, worauf die Geschichtsdarstellung (ἱστορία) zu beziehen sei. An dieser Stelle wird eine Grundannahme des Origenes überaus deutlich: Es besteht ein pneumatischer Zusammenhang zwischen einem geschichtlichen Ereignis und einer noch auszuführenden Handlung in der Zukunft.[960] Vor allem diesen Aspekt gilt es nicht zuletzt in bezug auf die Josua-Homilien zu berücksichtigen.

2.1.3 Umgang mit schwierigen biblischen Texten

Im weiteren Verlauf seiner Darlegung erfährt der Leser, daß Origenes keineswegs die in biblischen Texten berichteten geschichtlichen Ereignisse wegen des geistlichen Schriftsinnes für irrelevant erklärt: „Doch soll niemand annehmen, wir sagten dies ganz allgemein, es habe sich gar keine Geschichte (in der Schrift) zugetragen".[961] Offenbar sieht sich Origenes durch seine Kritiker zu der Aussage veranlaßt, daß die geschichtlich wahren Stellen viel

---

[956] Vgl. princ. IV 2,7; 723.
[957] princ. IV 2,7; 723.
[958] „διὰ ἱστορίας τῆς περὶ πολέμων καὶ νενικηκότων καὶ νενικημένων τινὰ τῶν ἀπορήτων τοῖς ταῦτα βασανίζειν δυναμένοις σαφηνίζεται", princ. IV 2,8; 725.
[959] Vgl. princ. IV 2,9; 727.
[960] „Es war ja das erste Ziel, den Zusammenhang des Pneumatischen durch geschehene und durch noch auszuführende Handlungen auszusagen", princ. IV 2,9; 727.
[961] princ. IV 3,4; 743.

2. Auslegungsmethode

zahlreicher als die rein geistlichen Stellen sind.[962] Unbeschadet davon lautet ein origeneisches Axiom bei der Eruierung des Schriftsinnes: „Denn wir sind gegenüber der ganzen göttlichen Schrift der Ansicht, daß sie an jeder Stelle den geistigen, aber nicht an jeder Stelle den leiblichen Sinn hat".[963] Aufschlußreich ist daher, wie Origenes die Kriege der Israeliten deutet. So wird beispielsweise die Zählung und Musterung der wehrfähigen Israeliten, wie sie in Num 1 berichtet wird, von Origenes so verstanden, daß die Musterung sich auf diejenigen beziehe, die bereit sind, den Kampf gegen die Gegner Gottes zu führen. In diesem Kampf geht es darum, dem erhöhten Sohn Gottes alle anderen Herrschaften zu unterwerfen. Kennzeichen dieser Streiter für Gott (deo militantes) ist, daß sie sich nicht in weltliche Geschäfte einlassen (2 Tim 2,4).[964] Aus dieser Perspektive lassen sich dann die in der Schrift berichteten sogenannten israelitischen Kriege (Israhelitica bella) als Vorschattungen eschatologischer Kämpfe deuten, so daß deren historischer Gehalt verblaßt, zumindest aber hinter dem „geistlichen Sinn" zurücktritt. Somit geht es in jenen Kriegen schließlich darum, die Reiche des Widersachers zu zerstören (adversarii regna subvertat). Diese Auffassung bestätigt Origenes auch dadurch, indem er ausdrücklich hinzufügt: „Es sind, scheint mir, solche Kriege gemeint, und auf solche Kriege bereiten sich die vor, die in den göttlichen Schriften durch Gottes Befehl zur Zählung aufgeboten werden".[965]

Vor diesem Hintergrund verdient Beachtung, wie in princ. IV die Person des Josua eingeführt und gedeutet wird, denn dieser Passus ist in bezug auf die Josua-Homilien von besonderer Bedeutung. Anknüpfungspunkt ist für Origenes, wie „manche" (nonnulli) das Wort „Deuteronomium" verstehen. Sie meinen im Wort „Deuteronomium" einen Hinweis auf eine „zweite Gesetzgebung" erblicken zu können, die Mose nach der ersten und öffentlichen Kundgabe „ganz persönlich seinem Nachfolger Josua übermittelt"[966] hat. Danach leitet Origenes zu der theologischen Spitzenaussage über, daß Josua „nach allgemeiner Auffassung das Bild unseres Erlösers" darstelle, „durch dessen zweites Gesetz, d.h. durch die Gebote des Evangeliums, alles zur Vollendung geführt wird".[967] Diese scheinbar bruchlose Überleitung auf den Jesus des Neuen Testaments hin basiert auf zwei Voraussetzungen unterschiedlicher Art. Die erste Voraussetzung ist philologisch-etymologischer

---

[962] „πολλῷ γὰρ πλείονά ἐστι τὰ κατὰ τὴν ἱστορίαν ἀληθευόμενα τῶν προσυφανθέντων γυμνῶν πνευματικῶν", princ. IV 3,4; 742.
[963] „διακείμεθα γὰρ ἡμεῖς περὶ πάσης τῆς θείας γραφῆς, ὅτι πᾶσα μὲν ἔχει τὸ πνευματικόν, οὐ πᾶσα δὲ τὸ σωματικόν", princ. IV 3,5; 746/747.
[964] „non se inplicant negotiis saecularibus", princ. IV 3,12; 768.
[965] „Tales mihi quidam videntur milites indicari et ad huiuscemodi bella praeparari hi, qui in divinis libris per dei praeceptum numerari iubentur", princ. IV 3,12; 768/769.
[966] „specialiter a Moyseo traditur Iesu, successori eius", princ. IV 3,12; 770/771.
[967] „qui utique formam servare creditur salvatoris nostri, cuius secunda lege, id est praeceptis evangelicis, ad perfectum omnia perducuntur", princ. IV 3,12; 770/771.

Art und bezieht sich auf den Namen Josua, der von seiner hebräischen Wortbedeutung her mit „Retter" (salvator) zu übersetzen ist. Von daher kann dann Josua zur „forma", das heißt zum Vorausbild[968], für Jesus, den salvator noster, werden. Die zweite Voraussetzung ist spekulativer Art. Sie legt die schon erwähnte Annahme zugrunde, daß ein zweites Gesetz dem Josua/Jesus durch Mose übergeben worden sei. Dieses sogenannte zweite Gesetz interpretiert Origenes zugleich in „die Gebote des Evangeliums" um. Und so wie einst Josua die Israeliten dem ersten Gesetz gemäß in das Land führte, so führt Jesus durch das zweite Gesetz, durch die Gebote des Evangeliums, alles zur Vollendung. Die Voraussetzungen und die daraus gezogenen Schlüsse vermitteln einen guten Einblick in die origeneische Argumentationsstruktur, die auch den Josua-Homilien zugrunde liegt.

3. Die Josua-Homilien

3.1 Aufbau der Josua-Homilien

Von Origenes sind 26 Homilien zum Buch Josua erhalten, allerdings nur in lateinischer Übersetzung. Die Homilien selbst weisen eine unterschiedliche Länge auf.[969] Einen erkennbaren Grund für die unterschiedliche Länge (z.B. besondere Wochentage wie der Tag des Herrn), der letztlich über Annahmen hinausgeht, läßt sich nicht nachweisen. Inhaltlich orientiert sich Origenes bei seinen Homilien im allgemeinen an der Erzählabfolge des Josuabuches und greift dabei im einzelnen Themen auf, die sich in besonderer Weise einer christologischen und ekklesiologischen Ausdeutung unterziehen zu lassen scheinen. Textgrundlage ist der griechische Text des Josuabuches, wie er weitgehend in der Septuaginta überliefert ist. Dies wird vor allem an den Textstellen deutlich, die vom hebräischen Text differieren. Eine solche Differenz tritt beispielsweise in der 26. Homilie zutage. Diese bezieht sich auf einen Textpassus (LXX Jos 21,42d), der in der hebräischen Fassung nicht bezeugt ist.

Eröffnet wird die Predigtreihe über das Josuabuch mit einer Homilie über die Bedeutung des Namens Jesus. Diese darf als theologisches Vorzeichen zu den darauf folgenden einzelnen Josua-Homilien gewertet werden. Denn für Origenes ist die Namensgleichheit im Griechischen zwischen dem alttestamentlichen Josua und dem neutestamentlichen Jesus entscheidend für das christliche und theologische Verständnis des Buches Josua insgesamt. Die zweite bis fünfzehnte Homilie ist dem Landnahmegeschehen gewidmet und

---

[968] Da uns der Text ab princ. IV 3,12 allein in Latein übermittelt ist, so erschließen in bezug auf den Ausdruck „forma" auch die biblischen Schriftstellen von Röm 5,14 und Phil 2,6f in lateinischer Textfassung ein theologisches Verständnis.
[969] Kurz sind z.B. die Homilien 2, 10, 12, 19, 21, 24 im Unterschied z.B. zu den Homilien 7–9, 15, 20.

deckt die Kapitel Jos 1 bis 12 ab. Die sechzehnte bis sechsundzwanzigste Homilie orientiert sich an dem Landvergabegeschehen. Diese Homilien haben die Kapitel Jos 13 bis 21 zur Grundlage.

Auffällig ist schließlich, daß über die Kapitel 23 und 24, den beiden letzten des Josuabuches, keine Homilien existieren. Sind sie nicht gehalten, sind sie nicht überliefert oder lagen jene Kapitel dem Origenes nicht vor? Das Fehlen von Homilien über die Kapitel 23 und 24 fällt deshalb ins Gewicht, da gerade der sogenannte Landtag zu Sichem (Jos 24) viele herausragende theologische Anknüpfungspunkte bietet, wie z.B. das Bekenntnis zum Herrn (JHWH, VV 15, 24) oder die Schließung eines Bundes durch Josua für das Volk. Denn diese Themen hätten sich für Origenes hinsichtlich einer christologischen und ekklesiologischen Interpretation mit Hilfe allegorischer Exegese als besonders geeignet angeboten. Wie es sich auch immer damit verhalten mag, daß über die Kapitel 23 und 24 keine Homilien vorliegen, so korrespondiert diesem Negativbefund, daß sich ebenfalls in den Josua-Homilien insgesamt keine ausdrücklichen Zitate aus diesen Kapiteln finden lassen.

3.2 Thematische Schwerpunkte in den Josua-Homilien

3.2.1 Die Namensgleichheit

Auch Origenes geht von der Namensgleichzeit zwischen Josua, dem Sohn des Nun, und Jesus von Nazaret aus. Beide tragen bekanntlich im Griechischen den Namen Ἰησοῦς. Das zeigt zugleich, daß für Origenes der griechische Text des Josua-Buches der Primärtext ist. In den lediglich in Latein erhaltenen Josua-Homilien wird für Josua auch der Name Jesus gebraucht. Das ist insofern verwirrend, als sonst in der lateinischen Bibel deutlich namentlich zwischen Josua und Jesus unterschieden wird.

Wie entscheidend aber diese Namensgleichheit für Origenes ist, läßt sich daran ablesen, daß der erste Abschnitt in der ersten Josua-Homilie allein dem Namen Iesus/Ἰησοῦς vorbehalten ist. Auf diese Weise wird dieser Abschnitt zugleich zu einem theologischen Vorzeichen der Josua-Homilien insgesamt. Die grundsätzliche Bedeutung jener Namensgleichheit für die homiletische Auslegung des Josua-Buches kommt näherhin dadurch zum Ausdruck, daß die Homilien mit einem Zitat aus dem Philipperbrief (Phil 2,9) eröffnet werden, dessen zentraler Bezugspunkt die göttliche Namensgebung ist: „‚Gott hat den Namen, der über jedem Namen ist', unserem Herrn und Retter Jesus Christus geschenkt. Der Name, der über jedem Namen ist, das ist Jesus".[970]

---

[970] ‚Donavit Deus nomen, quod est super omne nomen', Domino et Salvatori nostro Iesu Christo. Est autem ‚nomen', quod est super omne nomen', Iesus, hom. in Jos I,1. Bezüglich der deutschen Übersetzung der Josua-Homilien vgl. Th. R. Elßner/Th. Heither, Homilien.

Die überaus große Dignität des Namens Jesus läßt sich nach Origenes zudem dadurch verdeutlichen, daß weder Abraham noch einer seiner zahlreichen Nachkommen gewürdigt worden ist, mit dem Namen Jesus genannt zu werden (sed nullus ex ipsis Iesus meruit nominari, hom. in Jos I,1.). Selbst Noah, der als gerecht vor Gott gefunden worden ist, und Mose haben nicht den Namen Iesus (Josua) erhalten, worin letztlich Origenes noch einmal eine besondere Würde und Bedeutung dieses Namens, wenngleich ex negativo, erblickt.

Eine weitere wichtige Bedeutung in seiner theologia nominis mißt Origenes der ersten Erwähnung des Namens Iesus (Josua) in der Schrift überhaupt bei, worauf er ausführlich in seiner ersten Homilie eingeht. Diese Erwähnung findet er in Ex 17,8f in Verbindung mit der Aussage, daß Amalek gegen Israel kämpft und daß aus diesem Anlaß Mose das Wort an Iesus (Josua) richtet (Ex 17,9): „Wähle dir starke Männer aus allen Söhnen Israels aus, zieh aus und kämpfe morgen gegen Amalek".[971] Aus dieser Aufforderung schließt Origenes, daß Mose selbst weder das Heer führen noch den Sieg erringen kann, obgleich er das Volk aus Ägypten herausgeführt hat. Dafür hebt Origenes gleich zweimal hervor, daß ihm der Name Iesus (Josua) in der Schrift zuerst (primum) im Zusammenhang der Aufgabe, „Anführer des Heeres" (dux exercitus) zu sein, begegnet; darin erblickt er ein mysterii sacramentum.[972] Mit der Übertragung einer solchen Aufgabe übergibt Mose Iesus (Josua) in der Sicht des Origenes nicht bloß den Oberbefehl (principatus), sondern auch den Vorrang (primatus). Dies schließt für ihn theologisch ein: Der Alte Bund, verkörpert durch Mose, überläßt von sich aus den Vorrang dem Neuen Bund, der durch den Namen Iesus (Josua) symbolisiert wird.[973]

Ein weiteres Augenmerk richtet Origenes im zweiten Abschnitt der ersten Josua-Homilie[974] auf den sonst kaum wahrgenommenen und eher beiläufigen Umstand, wann und in welchem Zusammenhang der Name des Vaters von Iesus (Josua) erwähnt wird. Großen Wert legt er dabei auf die Feststellung, daß bei den ersten drei Malen der Nennung des Namens Iesus (Josua) der Name seines Vaters Nave[975] (Nun) nicht genannt wird.[976] Zudem erscheine der Name des Vaters, Nave, „zum ersten Mal"[977] dann, als Iesus (Jo-

---

[971] ‚Elige', inquit, ‚tibi viros potentes ex omnibus filiis Istrahel, et egredere, et conflige cum Amalec crastino', hom. in Jos I,1.
[972] Vgl. hom. in Jos I,1.
[973] Vgl. Th. Heither, Exodus 157.
[974] Vgl. hom. in Jos I, 2, passim.
[975] Daß in der lateinischen Textfassung der Josua-Homilien der Name des Vaters „Nave" geschrieben wird, ist ein weiteres untrügliches Indiz dafür, daß Origenes seinen Josua-Homilien den griechischen Text zugrunde gelegt hat. Die Schreibweise „Nave" ist eine Transkription des griechischen Ναυε. Hingegen in der lateinischen Fassung der Vulgata wird der Name Nun geschrieben, vgl. jeweils Jos 1,1.
[976] Vgl. Ex 17,9.10.13.
[977] „cum primo nominatus est", hom. in Jos I, 2.

3. Die Josua-Homilien   239

sua) noch den Namen Ause[978] (Hoschea) trägt.[979] Daß die ersten drei Erwähnungen des Namens Ἰησοῦς (Josua) ohne den natürlichen Vaternamen erfolgen, ist für Origenes wohl außerdem ein subtiler Hinweis auf die Trinität, ohne daß er dies direkt ausspricht. Wenn der Vatername fehlt, dann bedeutet das für Origenes, daß Ἰησοῦς (Josua) keinen irdischen Vater hat. Eine solche Interpretation speist sich aus der Beobachtung, daß die Wendung „Sohn des ..." im semitischen Kontext üblich ist. Eine entsprechende Leerstelle wird darum eher registriert. Origenes achtet deshalb auch besonders auf Num 13,16, weil er mit der Namensänderung von Αυση in Iesus (Josua) eine theologische Implikation auf metaphorischer Ebene verbindet. Denn er betont, daß bei der Aussendung der Kundschafter der Name noch Ause lautet, aber nach der Rückkehr dann Iesus (Josua) genannt wird, nachdem er die Sünden des Volkes gelindert und das (vom Kundschafterbericht) erschreckte Volk aus der Hoffnungslosigkeit wieder aufgerichtet hat (vgl. Num 13f). Auf metaphorischer Ebene könnte dies in origeneischer Lesart wie folgt gedeutet werden: Der Vater schickt seinen Sohn auf die Erde und hilft den Menschen in ihrer Bedrängnis. Das rechtfertigt vom Hebräischen her den älteren Namen Ause, d.h. „er hat geholfen". Nachdem dieser wieder zurückgekehrt ist und sein Werk vollendet hat (opere expleto), wird er fortan Iesus (Josua) genannt, d.h. „Jahwe ist/schenkt Heil". Denn er hat der erschreckten und verzweifelten Völkergemeinschaft auf Erden wieder Hoffnung gegeben. Der Auftrag, gegen Amalek zu kämpfen, kann allgemein als Kampf gegen die Sünde verstanden werden. Auch den Hinweis darauf, daß Iesus (Josua) als einziger nach der Verwandlung (transfiguratio) des Angesichts des Mose nicht nur dessen Antlitz sehen darf, sondern auch im Inneren des Zeltes der Mysterien[980] verharrt, und zwar als Eingeweihter, will Origenes auch (inner)trinitarisch verstanden wissen: Allein Jesus, der Sohn Gottes, sieht den himmlischen Vater von Angesicht zu Angesicht und ist in dessen Geheimnisse eingeweiht. Das läßt sich daraus folgern, daß Origenes auf die von ihm selbst gestellte Frage, worauf das über Iesus (Josua) Berichtete hinweist, die Antwort gibt: „daß dieses Buch uns nicht so sehr die Taten

---

[978] Auch dieser Name ist eine Transkription aus der griechischen Textfassung der LXX (Αυση); in der Vulgata wird dieser Name mit Osee wiedergegeben. Insgesamt zeigt sich allenthalben, daß sich Origenes auf die Septuaginta stützt.

[979] Die Aussage läßt sich zumindest mit dem heutigen biblischen Befund der griechischen, der hebräischen und sogar der lateinischen Textfassung nicht in Einklang bringen. Denn bereits in Ex 33,11 und Num 11,28 wird Ιησοῦς/יהושע/Iesus (Josua) als Sohn des Ναυε/נון/Nun bezeichnet. Im einzelnen ist noch folgendes festzustellen. Wenn man von dem Text der von A. Rahlfs edierten Septuaginta ausgeht, so stimmt es zwar, daß die ersten drei Nennungen des Namens Ἰησοῦς (Josua) in der Schrift ohne Hinzufügung des Patronyms „Sohn des Nave" erfolgen (Ex 17,9.10.13), aber dies trifft auch noch auf die vierte bis einschließlich siebente Erwähnung zu (Ex 17,14; 24,13.15; 32,17). Dieser Befund läßt sich auch auf den kanonischen hebräischen Text übertragen. Jedoch ist die Nennung Josuas in Verbindung mit Mose in Ex 24,15 nur in der LXX bezeugt und basiert wohl auf Ex 24,13 als sachlicher Voraussetzung.

[980] „in interioribus tabernaculi mysteriorum", hom. in Jos I, 2.

des Sohnes Nuns verkündet, als uns vielmehr die Sakramente Jesu, meines Herrn, abbildet."[981] Dem ordnet sich ein, daß Origenes im Hinblick auf Jos 1,1 und in Kombination mit Lk 16,29 den Tod des Mose als Tod des Gesetzes interpretiert und daß daraufhin Iesus die Herrschaft übernommen habe. Diese Aussage ist so formuliert, daß sich dies sowohl auf Iesus (Josua), den unmittelbaren Nachfolger des Mose, als auch auf Iesus Dominus (Jesus, den Herren) zugleich beziehen läßt.[982]

Insgesamt läßt sich also festhalten, daß Origenes den Iesus des Buches Josua aus der Perspektive des Iesus des Neuen Testaments wahrnimmt und ersteren als Vorausbild/Typos des letzteren betrachtet.[983] Von hierher erhält Iesus (Josua) für Origenes überhaupt erst Bedeutung. Die Brücke zwischen Josua und Jesus, über welche alles weitere transportiert wird, bildet die orthographische Namensgleichheit im Griechischen und zugleich seine inhaltliche Bedeutung im Sinne eines sprechenden Namens: „Jahwe ist/schenkt Heil".

3.2.2 Die spirituelle Bedeutung des Krieges

Der im Buch Josua erzählte JHWH-Krieg soll nach Origenes grundsätzlich „geistlicher Art" (spiritualis) verstanden werden. Dabei greift er auf der Ebene einer „geistlichen Schriftlesung" auf ein argumentum ad (spiritualem) hominem zurück: „Diese buchstäblich und irdisch verstandenen Kriege versinnbildlichen die geistlichen Kriege. Sonst hätten meiner Meinung nach die Apostel niemals die jüdischen Geschichtsbücher den Jüngern Christi mit der Weisung übergeben, sie in den Gemeinden vorzulesen. Denn Christus ist gekommen, um den Frieden zu lehren".[984] Diese Aussage veranschaulicht noch einmal recht deutlich das hermeneutische Vorverständnis des Origenes in bezug auf die Bücher der Jüdischen Geschichte (Iudaicarum historiarum libri). Origenes sieht die primäre Aussageintention dieser „historischen" Bücher darin, „Figuren" im Hinblick auf ein geistliches Leben in und mit Christus zu vermitteln. Diese hermeneutische Perspektive versucht er durch eine additive Zusammenstellung neutestamentlicher Bibelzitate plausibel zu machen. Aus den Zitaten ergibt sich die Ablehnung, Gewalt aktiv anzuwenden. Darüber hinaus ist mit der Auswahl der Pauluszitate der Akzent auf das bewußte und bevorzugte ‚Gewalt selbst zu erdulden' gelegt. Als Hauptprä-

---

[981] „quod liber hic non tam gesta nobis filii Nave indicet quam Iesu mei Domini nobis sacramenta depingat", hom. in Jos I, 3.
[982] Vgl. hom. in Jos I, 3.
[983] „Veniens vero Dominus noster Iesus Christus, cuius ille prior filius Nave designabat adventum, …", hom. in Jos VII, 1.
[984] „Nisi bella ista carnalia figuram bellorum spiritalium gererent, numquam, opinor, Iudaicarum historiarum libri discipulis Christi, qui venit pacem docere, legendi in ecclesiis fuissent ab Apostolis traditi", hom. in Jos XV, 1.

3. Die Josua-Homilien

misse wird die Aussage Jesu vorangestellt: „Meinen Frieden gebe ich euch, meinen Frieden hinterlasse ich euch".[985] Auf diese Prämisse läßt Origenes drei Aufforderungen aus zwei Paulusbriefen folgen, welche er als Explikation der Aussage Jesu versteht: „Rächt euch nicht selber"[986] und „Ertragt lieber Unrecht"[987] sowie „Laßt euch lieber betrügen".[988] Diese Perspektive findet ihren Ausdruck dann auch in der origeneischen Deutung: „Schließlich weiß der Apostel, daß wir keine buchstäblich und irdisch verstandenen Kriege mehr führen dürfen, sondern daß mit aller Anstrengung Kämpfe der Seele gegen geistliche Feinde geführt werden müssen. Deshalb gibt er wie ein Feldherr den Kämpfern Christi den Befehl: ‚Legt an die Waffen Gottes, damit ihr gegen die listigen Anschläge des Teufels bestehen könnt'."[989]

Auf dieser Basis entfaltet nun Origenes seine weitere „spirituelle" Interpretation der in den sogenannten Geschichtsbüchern berichteten Kriege Israels, die er dwnnoch durchaus für historisch hält. Dazu gehört, daß bei Origenes in hom. in Jos XV,1 Paulus gleichsam in die Stellung eines Feldherrn (velut magister militiae) einrückt. Daher ist es konsequent daß aus den Bitten, Fragen und Forderungen des Paulus an die Gemeinde jeweils ein „Befehl" (praeceptum) wird und die Gemeindeglieder zu „Soldaten Christi" (milites Christi) werden. Daß diese Auslegungen bei Origenes nicht singulär sind, sondern ein wichtiges interpretatorisches Mittel bilden, zeigt sich daran, daß in seinen Homilien zum Richterbuch Jesus Christus selbst als militärischer Oberbefehlshaber dargestellt wird, der zu seinen Soldaten spricht: „Denn auch heute ruft der Anführer unseres Heeres, der Herr und Heiland Jesus Christus, seinen Soldaten zu und sagt: ‚Wenn einer im Herzen furchtsam und ängstlich ist, der möge nicht zu meinen Kämpfen kommen'."[990] Eine Anlehnung an Dtn 20,8 läßt sich nicht übersehen.

---

[985] „Pacem meam do vobis, pacem meam relinquo vobis" (Joh 14,27), hom. in Jos XV, 1. Bei Joh 14,27 selbst ist im griechischen Text und somit auch in der lateinischen Übersetzung die Reihenfolge dieser Teilsätze genau umgekehrt; zudem ist das Possessivpronomen ἐμήν/meam vor ἀφίημι/relinquo nicht bezeugt.

[986] „Non vosmet ipsos vindicantes" (Röm 12,19), hom. in Jos XV, 1. In der Vulgata findet sich anstelle von vindicantes der Ausdruck defendentes, der auch eine Übersetzungsmöglichkeit von ἐκδικοῦντες ist.

[987] „Magis iniuriam percipite" (1 Kor 6,7), hom. in Jos XV, 1. In der Vulgata wird für percipite der Ausdruck accipitis verwendet; auch dieser stellt eine mögliche Alternative der Übersetzung von ἀδικεῖσθε dar.

[988] „Magis fraudem patimini" (1 Kor 6,7), hom. in Jos XV, 1. Im Unterschied zu 1 Kor 6,7 werden von Origenes die zwei zitierten Sätze aus dieser Schriftstelle als eine direkte Aufforderung vorgestellt, die nicht mehr in die Form einer Anfrage gekleidet sind, so daß Fragepartikel und Negation weggelassen sind.

[989] „Unde denique sciens Apostolus nulla nobis iam ultra bella esse carnaliter peragenda, sed animae certamina contra spiritales adversarios desudanda, velut magister militiae praeceptum dat militibus Christi dicens: ‚Induite vos arma Dei, ut possitis stare adversus astutias'", hom. in Jos XV, 1.

[990] „Nam et hodie princeps militiae nostrae Dominus et Salvator Jesus Christus clamat ad milites suos et dicit: Si quis timidus et formidolosus corde est, ad mea bella non veniat", hom. in Jud. IX,1.

Mit dieser dezidiert „geistlichen" Interpretation stellt Origenes anscheinend nicht in Abrede, daß die in den biblischen Büchern erzählten Kriege Israels auch im Sinne eines historischen Geschehens (ex veterum gestis) verstanden werden können. Aber aufgrund seiner hermeneutischen Perspektive, welche sich im Interpretationsaxiom „spriritalibus spiritalia comparemus" artikuliert, verlieren diese Ereignisse ganz und gar an geschichtlicher Bedeutung und werden durch und durch spiritualisiert.[991]

3.2.3 Die Bezwingung der Welt am Beispiel Jerichos

Als ein Paradigma dafür, wie Origenes einen markanten und von religiös motivierten Gewaltaktionen begleiteten JHWH-Krieg des Buches Josua interpretiert, kann die VII. Homilie über die Einnahme Jerichos (Jos 6,1–27) dienen.

Gleich zu Beginn seiner Homilie stellt Origenes fest, daß er in der Stadt Jericho „die Gestalt des gegenwärtigen Zeitalters"[992] erblickt. Bereits in der sechsten Homilie hatte Origenes die Auffassung vertreten, daß Jericho als das Abbild dieser Welt (figura mundi huius) anzusehen sei, wofür es auch sonst häufig in den biblischen Schriften stehe.[993] Ein solcher interpretatorischer Zugriff wird von Origenes bis in die Einzelheiten hinein konsequent durchgehalten. Wenn die Stadt Jericho mit dieser Welt identisch ist[994], dann können die Mauern dieser Stadt nicht Mauern im eigentlichen Sinne des Wortes sein. Sie stellen für Origenes den „Götzenkult" (idolorum cultus) dar. Darunter versteht er vor allem den Betrug von Auguren, Opferschauern und Magiern, aber auch die verschiedenen Lehren der Philosophen; ihre hochtrabenden Behauptungen stellen in einem solchen Mauernkranz so etwas wie hohe und kräftige Türme dar.[995] Von daher sind für Origenes die Philosophen und auch die Rhetoren mit ihren Lehren und Sprüchen allesamt Jericho verhaftet, d.h. sie sind Menschen dieser Welt, die im schroffen Gegensatz zum Reich Gottes stehen.[996]

---

[991] „Et ut horum spiritalium bellorum ex veterum gestis habere possimus exempla, istas nobis rerum gestarum narrationes in ecclesia voluit recitari, ut nos, si spiritales sumus, audientes quia lex spiritalis est, in his quae audimus spiritalibus spiritalia comparemus/Und damit wir für die geistlichen Kriege Vorbilder in den Taten der Alten haben können, will er, daß diese Erzählungen in der Gemeinde vorgelesen werden. So sollen wir, wenn wir geistlich sind und hören, daß das Gesetz geistlich ist (Röm 7,14), in dem, was wir hören, ‚Geistliches mit Geistlichem vergleichen' (1 Kor 2,13)", hom. in Jos XV,1.

[992] „formam saeculi praesentis", hom. in Jos VII,1.

[993] Vgl. hom. in Jos VI,4.

[994] „Haec ergo Hiericho, id est mundus hic, …", hom. in Jos VI,4.

[995] Vgl. hom. in Jos VII,1.

[996] „Multus decor est in verbis et multa in philosophorum vel rhetorum sermonibus pulchritudo, qui omnes de civitate sunt Hiericho, id est huius mundi homines/Viel Liebreiz ist in den Worten und viel Schönheit in den Reden der Philosophen und Rhetoren, die alle aus der Stadt Jericho stammen, das heißt, Menschen dieser Welt sind", hom. in Jos VII, 7.

3. Die Josua-Homilien

Spätestens an dieser Stelle wird deutlich, daß der im Buch Josua beschriebene Fall der Stadt Jericho für Origenes letztlich nur die Folie dafür abgibt, daß schließlich einmal die gegenwärtige Welt besiegt werden wird bzw. schon im Begriff steht, besiegt zu werden. Unter diesem Gesichtspunkt interessiert sich Origenes durchaus für den „geschichtliche(n) Bericht".[997] Die Geschichte (historia) wird unter dem Aspekt zur Kenntnis genommen, was von ihr für die Gegenwart relevant ist. Das Hauptthema der Predigt über die Einnahme Jerichos ist die Bezwingung der Welt. Daher fließen mitunter die beiden Ebenen „historisches Geschehen" und „gegenwärtiges" bzw. „künftiges Geschehen" ineinander über. Das tertium comparationis zwischen dem historischen Jericho und dem Jericho im Sinne dieser Welt besteht darin, daß beide bereits „im Begriff sind, zu fallen" oder „gefallen" sind (casurus). „Haec ergo Hiericho, id est mundus hic, casurus est."[998]

Nun stellt sich die Frage, wie Origenes den Fall Jerichos im einzelnen beschreibt und ihn verstanden wissen will. Das läßt sich vor allem daran ablesen, wie er die Trompeten, ein geradezu unverzichtbares und klassisches Requisit bei der Einnahme Jerichos, deutet. Sie sind keine gewöhnlichen Trompeten, sondern sie werden allegorisch gedeutet. In der sechsten Homilie stellt Origenes seinen Zuhörern die rhetorische Frage: Durch den Klang welcher Trompeten ist Jericho/die Welt (mundus) gefallen bzw. die Welt (saeculum) zur „Vollendung" gelangt?[999] Indem nun Origenes den Ausdruck consummatio (Vollendung) gleich zweimal mit dem Fall von Jericho in Verbindung bringt, wird ersichtlich, daß er die Ausdrücke „gefallen" und „Vollendung" in Korrelation setzt. Die Frage nach der Art der Trompeten beantwortet Origenes mit zwei Hinweisen auf Paulus[1000]: „,Die Posaune wird ertönen und die in Christus Entschlafenen werden unverweslich auferstehen', und: ,Denn der Herr selbst wird vom Himmel herabkommen, wenn der Befehl ergeht, der Erzengel ruft und die Posaune Gottes erschallt'".[1001] Die Verbindung zwischen Jos 6 und den Pauluszitaten ergibt sich allein durch den Ausdruck „tuba".[1002] Als nächstes ist hervorzuheben, daß Origenes mit dem ersten Pauluszitat das Ergebnis des Schalls der Posaunen umkehrt. Trifft infolge des Hörner- bzw. Posaunenschalls die Bewohner von Jericho letztlich der Tod, und zwar aufgrund der Durchführung des Anathemas, so bewirkt der Schall der Posaune bei Paulus für die, die in Christus sind, unvergängliche Auferstehung. Schließlich ist es nach Origenes dann auch Jesus, der Herr, selbst, der mit der Posaune vom Himmel herabkommt

---

[997] „quod historia refert", hom. in Jos VII, 2.
[998] hom. in Jos VI, 4.
[999] Vgl. hom. in Jos VI, 4, passim.
[1000] Beim ersten Zitat handelt es sich um 1 Kor 15,52 und beim zweiten um 1 Thess 4,16.
[1001] „Canet, inquit, tuba, et mortui, qui in Christo sunt, resurgent incorrupti, et: Ipse Dominus in iussu, in voce archangeli et in tuba Dei descendet de coelo", hom. in Jos VI, 4.
[1002] Im griechischen Text des Neuen Testaments ist das Wort σάλπιγξ verwendet.

und sie erschallen läßt und auf diese Weise die Stadt Jericho besiegt (vincit), d.h. diese Welt dem Erdboden gleichmacht (prosternit).[1003]

In seiner siebenten Homilie variiert Origenes den Topos „Trompete", wobei er den Akzent mehr auf die Trompetenträger legt. Die Rolle der Priester von Jos 6 nehmen nunmehr die neutestamentlichen Autoren ein, deren einzelne Schriften jeweils als „priesterliche Trompete" (sacerdotalis tuba) bezeichnet werden. Vor allem die Briefe des Paulus werden mit Trompeten verglichen, denen die Wirkung zugeschrieben wird, wie Blitze die Mauern Jerichos zu treffen, und zwar in dem Sinne, daß Paulus damit alle Werkzeuge des Götzendienstes und die Lehren der Philosophen bis auf die Fundamente zerstört habe.[1004]

Unter Hinweis auf die Geschichte (historia) wendet sich Origenes zudem dem „großen Geschrei" (ululatus magnus) zu, welches das „ganze Volk" (universus populus) hervorstieß, woraufhin auch die Mauer Jerichos gefallen sei.[1005] Welches ist nun nach Origenes dieses „ganze Volk" (universus populus)? Aus den Ausführungen des Origenes, die hier nicht im Detail vorgestellt werden müssen, geht hervor, daß mit dem „ganzen Volk" die Urgemeinde bzw. die Kirche allgemein gemeint sein muß. Unter einem von diesem „ganzen Volk" angestimmten Jubelschall ist schließlich ein geistlicher Zustand der Eintracht und Einmütigkeit zu verstehen (concordiae et unanimitatis affectus).[1006] Und wenn von diesem Volk einmütig die Stimme durch Gebet erhoben wird, werde die Erde erbeben (terrae motus), wodurch alle irdischen Dinge (omnia quae terrena sunt) und schließlich die Welt selbst (mundus ipse) zugrunde gehen werden. Origenes gibt sich also davon überzeugt, daß ein solcher Jubelschall des Gebets die Mauern dieser Welt zusammenbrechen läßt.

Auch wenn die Deutung und Einnahme Jerichos durch Origenes auf den ersten Blick eigene Wege zu gehen scheint, so fällt um so mehr auf, daß Origenes, der Bibelkenner, einen neutestamentlichen Text, der sich geradezu dazu anbietet, jene Deutung stützen zu können, in seiner VII. Homilie unerwähnt läßt. So heißt es in 2 Kor 10,3–5: „Wir leben zwar in dieser Welt, kämpfen aber nicht mit den Waffen dieser Welt. Die Waffen, die wir bei unserem Feldzug einsetzen, sind nicht irdisch, aber sie haben durch Gott die Macht, Festungen zu schleifen; mit ihnen reißen wir alle hohen Gedankengebäude nieder, die sich gegen die Erkenntnis Gottes auftürmen" (EÜ). Denn mit Blick auf dieses Pauluszitat könnte man fast sogar einen Schritt

---

[1003] Vgl. hom. in Jos VI, 4.
[1004] „et in quattuordecim epistolarum suarum fulminans tubis muros Hiericho et omnes idolatriae machinas et philosophorum dogmata usque ad fundamenta deiecit/Es ist derjenige, der, indem er mit den Trompeten seiner 14 Briefe die Mauern Jerichos wie vom Blitz treffen ließ, sowohl alle Kriegsmaschinen des Götzendienstes als auch die Lehren der Philosophen bis auf die Fundamente zerstört hat", hom. in Jos VII, 1.
[1005] Vgl. hom. in Jos VII, 2, passim.
[1006] Vgl. hom. in Jos VII, 2, passim.

3. Die Josua-Homilien

weitergehen und sagen, daß aus der Perspektive des Origenes die VII. Homilie sich zu diesem Bibelzitat als ein narrativer Kommentar lesen läßt. Warum Origenes aber dieses so naheliegende Zitat nicht in dieser Homilie verwendet, läßt sich nicht beantworten. Daß er es freilich kennt, wird durch hom. in Jos XIV,2 und XVIII,3 bezeigt.

3.2.4 Das Anathema

Wie hat Origenes in seinen Josua-Homilien das schwierige Thema „Bann" bzw. „Vernichtungsweihe" bewältigt? Der Begriff „Anathema" findet sich zum ersten Mal in der siebenten Josua-Homilie. Dieser Begriff steht gleich zu Beginn von hom. in Jos VII, 4 in Form eines Zitates von Jos 6,18[1007]: „Hütet euch vor dem, was dem Bann geweiht ist, damit ihr nichts davon begehrt und vom Bann wegnehmt und dadurch das Heerlager der Söhne Israels selbst zum Bann macht und euch somit zugrunde richtet und die ganze Synagoge des Herrn".[1008] Mit diesem Zitat wird gleichzeitig auch die Perspektive erkennbar, von welcher aus Origenes das Problem des „Bannes" einordnet. Indem er mit dem Zitat von Jos 6,18 einsetzt, blendet er den unmittelbar zuvor stehenden Satz aus (Jos 6,17), in welchem es heißt: „Und es soll (wird) sein die Stadt zum Bann, sie und alles, was in ihr ist, dem Herrn Zebaot". Mit dem Zitat aus Jos 6,18 lenkt er die Aufmerksamkeit ganz darauf, daß man nichts von dem, was gebannt ist, begehren oder wegnehmen darf. Damit wird eine Vernichtung der Bewohner Jerichos weder thematisiert noch problematisiert. Die göttlich legitimierte Aufforderung zum tödlichen Bann der Einwohner Jerichos wird vom Homileten Origenes schlicht ausgespart.

In der Aktualisierung wird die in Jos 6,18 erhobene Forderung direkt auf die Hörer der Homilie, d.h. die Gemeindeglieder bezogen. Origenes erläutert ihnen, worin „heute" für sie die Gefahr bestehe, etwas vom Bann zu begehren bzw. zu nehmen. Das gebannte Gut ist für Origenes ein weltlicher Lebenswandel, denn er sagt: „(D)aß euch jeder weltliche Lebenswandel als gebannt gelte".[1009] Daraus leitet Origenes analog zu Jos 6,18 die Forderung ab: „Seht zu, daß ihr in euch nichts Weltliches habt, damit ihr nicht weltliche Sitten, Laster und Kompromisse mit euch in die Kirche hineintragt".[1010] Die nicht eigens von Origenes genannte Tat Achans, der aus dem Gebannten einige materielle Dinge für sich zurückbehielt, sie in seinem Zelt vergrub (vgl. Jos 7,1.21) und auf diese Weise Gebanntes in die Mitte der Israeliten

---

[1007] Vergleicht man den lateinischen Text des Zitates von Jos 6,18 mit dem der LXX, so läßt sich auch in diesem Zusammenhang unschwer erkennen, daß dieser lateinischen Fassung größtenteils der griechische Text der LXX zugrunde liegt, und zwar bis in die Syntax hinein.
[1008] „Custodite vos ab anathemate, ne forte concupiscatis et tollatis ab anathemate et faciatis castra filiorum Istrahel anathema, et conteratis vos et omnem synagogam Domini", hom. in Jos VII, 4.
[1009] „anathema vobis sit omnis conversatio saecularis", hom. in Jos VII, 4.
[1010] „videte, ne quid in vobis saeculare habeatis, ne saeculares mores, ne vitia, ne tergiversationem de saeculo vobiscum ad ecclesiam deferatis", hom. in Jos VII, 4.

hineintrug (Jos 7,13), wird nun so interpretiert, daß nichts Weltliches mit dem Göttlichen vermischt[1011] und mit nichts Weltlichem das „Heerlager des Herrn" besudelt werden darf.[1012] Auf diese Weise hebt Origenes das Thema „Anathema" auf eine Ebene, die eine grundsätzliche und somit eine ubiquitäre verallgemeinernde Verhältnisbestimmung zwischen der Welt (saeculum/mundus) einerseits und der Kirche/Gemeinde (ecclesia) anderseits unter ausdrücklicher Berufung auf Röm 12,2 „‚Gleicht euch nicht', so heißt es, ‚dieser Welt an'"[1013] darstellt.

3.2.5 „Die goldene Zunge"

Ohne wiederum eigens Achan namentlich zu nennen, hebt Origenes ausdrücklich unter Bezugnahme auf dessen Handeln hervor, „daß des einen Sünders wegen die Söhne Israels mit dem Bann belegt worden sind, und zwar so, daß sie von den Feinden besiegt wurden".[1014] Mit dieser Aussage, die sich vom theologischen Sprachduktus her teilweise an Paulus orientiert[1015], leitet Origenes zur Erörterung dessen über, was Achan konkret an sich nahm und sich somit gegen die Forderung, sich nichts vom Gebannten anzueignen, verging.

Nach dem biblischen Befund hat Achan drei Gegenstände entwendet, und zwar „einen schönen Mantel aus Schinar und zweihundert Schekel Silber und einen Barren aus Gold, fünfzig Schekel sein Gewicht" (Jos 7,21). Origenes hingegen nimmt von diesen drei Dingen nur auf den „Barren aus Gold" Bezug, den Achan vom Gebannten genommen und in seinem Zelt vergraben hat. Dabei greift Origenes die Formulierung der Septuaginta auf (καὶ γλῶσσαν μίαν χρυσῆν)[1016] und nennt den goldbarren-ähnlichen Gegenstand „goldene Zunge" (lingua aurea[1017]).[1018]

Origenes sucht nun nach einem „tieferen Verständnis" (interior intelligentia)[1019] der „goldenen Zunge". Sie ist für ihn innerhalb der biblischen Erzäh-

---

[1011] „Nolite divinis mundana miscere, nolite negotia saeculi ecclesiae secretis inserere/Mischt nichts Weltliches mit Göttlichem, sät nicht die Geschäfte der Welt in die innersten Räume der Kirche ein", hom. in Jos VII, 4.

[1012] „de Hiericho anathema inferunt in ecclesiam et polluunt castra Domini/tragen von Jericho den Bann in die Kirche hinein, beflecken das Heerlager des Herrn", hom. in Jos VII, 4.

[1013] „‚Nolite', inquit, ‚conformari huic mundo'", hom. in Jos VII, 4.

[1014] „propter unum peccantem *anathema facti sunt filii Istrahel,* ita ut vincerentur ab hostibus", hom. in Jos VII, 6.

[1015] „Darum, gleichwie durch einen Menschen die Sünde in die Welt gekommen ist und durch die Sünde der Tod, so auch ist zu allen Menschen der Tod gekommen, weil alle gesündigt haben", Röm 5,12; vgl. zudem Röm 5,15.19 und 1 Kor 15,21.

[1016] Dabei handelt es sich um eine wörtliche Übersetzung aus dem Hebräischen ולשון זהב אחד. Mit dem Begriff „Zunge" (לשון/γλῶσσα) bezeichnete man anscheinend auch ein länglich geformtes Goldstück, welches vielleicht im „frei konvertierbaren" Zahlungsverkehr verwendet worden ist. Vgl.zudem H. W. Hertzberg, Josua 54.

[1017] Die Vulgata verwendet in Jos 7,21.24 den Ausdruck „regula aurea".

[1018] Vgl. hom. in Jos VII, 7.

[1019] Vgl. hom. in Jos VII, 7.

3. Die Josua-Homilien 247

lung nur ein kleines Goldstück, dessen Raub keine so gravierende Sünde sein könne. Um so wichtiger wird die „goldene Zunge" als Metapher. In der Auslegung des Origenes kann sie sich inmitten der christlichen Gemeinde befinden, wo sie nicht hingehört. Denn für Origenes liegt die „Zunge" den Begriffen „Wort" (verbum) und „Spruch" (sermo) nahe. Aus diesem Grund stellen Philosophen und Rhetoren das eigentliche Problem bezüglich der Verletzung des Banngebotes und der daraus resultierenden Stärke der Sünde dar. Denn mit ihren Worten und Sprüchen zeigen sie, daß sie allesamt aus Jericho, d.h. aus dieser verfallenen Welt, stammen. Philosophen und Rhetoren machen somit nur Aussagen, die für ein christliches Leben keine Relevanz besitzen, da sie sich zu dem wahren, tradierten christlichen Glauben als geistige Bewohner „Jerichos" nicht bekennen, auch wenn sie sich vielleicht selbst Christen nennen (sollten). Und wenn man sich zudem ihren „perversa dogmata" zuwendet, so begegnet man in diesen Lehren „der goldenen Zunge".[1020] Das Problematische an diesen Lehren sei, daß sie nach Meinung des Origenes nichts wahrhaft Göttliches enthalten, sondern ausschließlich dem menschlichen Verstehensbereich verhaftet bleiben und auf diese Weise eine wahre Gotteserkenntnis verhindern. Diese wahre Gotteserkenntnis besteht darin, daß Christus Gott und Mensch war.[1021] Läßt man sich jedoch auch noch von einem solchen „goldenen Spruch" (sermo aureus), der dies wie auch immer in Zweifel zieht und zu jener Lehre im Widerspruch steht oder sie gar ablehnt, gefangen nehmen, indem man sich an einem solchen „Spruch" erfreut, nimmt man bereits etwas von dem Gebannten und legt es in sein Zelt, worunter Origenes das Herz versteht. Diese Argumentationslinie zieht er konsequent weiter aus, indem er behauptet, daß dann ein Gemeindeglied, welches eine falsche philosophische Lehre affirmativ in sich aufnimmt, „die gesamte Kirche des Herrn" beflecke.[1022] Dies bedeutet für

---

[1020] „Multus decor est in verbis et multa in philosophorum vel rhetorum sermonibus pulchritudo, qui omnes de civitate sunt Hiericho, id est huius mundi homines. Si ergo invenias apud philosophos perversa dogmata luculenti sermonis assertionibus decorata, ista est lingua aurea/Viel Liebreiz ist in den Worten und viel Schönheit in den Reden der Philosophen und Rhetoren, die alle aus der Stadt Jericho stammen, das heißt, Menschen dieser Welt sind. Wenn du also bei den Philosophen verkehrte Lehren geschmückt mit Behauptungen einer glänzenden Rede finden solltest, ist dies die ‚goldene Zunge'", hom. in Jos VII, 7.
[1021] „Vides, cuiusmodi furatus est furtum? Linguam furatur et dextralia pura. Pura autem dextralia sunt opera, in quibus nihil divinum miscetur, sed totum secundum hominem geritur. Denique et nostris in disputationibus moris est dicere quia Christum non purum hominem dicimus, sed Deum et hominem confitemur/Siehst du, von welcher Art der Diebstahl ist, den jener begangen hat? Er stiehlt die Zunge und die blanken Armbänder. Blanke Armbänder aber sind Werke, bei denen nichts Göttliches beigemischt ist, sondern alles nach Menschenart geschieht. Schließlich ist es auch kennzeichnend für unsere Erörterungen zu sagen, daß wir Christus nicht als blanken Menschen bezeichnen, sondern als Gott und Mensch bekennen", hom. in Jos VII, 7.
[1022] „Lingua enim aurea est; si eam sustuleris et posueris in tabernaculo tuo, si introduxeris in cor tuum ea quae ab illis asseruntur, pollues omnem ecclesiam Domini/Denn es ist eine goldene Zunge. Wenn du sie wegnimmst und in dein Zelt legst, wenn du das in deinem Herzen auf-

Origenes, daß alles, was im Glauben und im Leben eines Christen in irgendeiner Art und Weise Gott entbehre, von Jericho, von dieser Welt und somit Sünde sei. Von daher erhebt er aus seiner Perspektive konsequent die Forderung, daß die Gemeindemitglieder genauestens darauf bedacht sein sollen, daß keine falschen Lehren bei einem einzelnen Christen und somit in der Gemeinde unbemerkt Eingang finden. Hierbei knüpft Origenes ausdrücklich bei den „uns vorangegangenen Vätern" an, das heißt bei Josua und seinem entsprechenden Untersuchungsverfahren in Jos 7. Die Konsequenz der Interpretation dessen, was die Bezugnahme auf die Väter bedeutet, lautet für Origenes: Das Böse (malum) aus sich selbst entfernen. Und wenn es der einzelne nicht von sich selbst aus unternimmt, das Böse aus sich zu entfernen, wird er die Reaktion Gottes entsprechend erfahren. Aufgrund einer solchen Reaktion sieht sich dann der einzelne geradezu gedrängt und genötigt, von sich aus zuzugeben, sich der wahren Lehre gegenüber vergangen zu haben.[1023] Dieser Rückverweis auf die Väterpraxis läßt zumindest die Frage aufkommen, in welcher Form das Hinwegwerfen des Bösen zu verstehen sei. Denn am Ende des Bekenntnisses des Achan stand die physische Vernichtung durch die ganze Gemeinde bzw. ganz Israel (vgl. Jos 7,25). Diese Frage stellt sich insofern auch deshalb nicht von ungefähr, als die Formulierung „laßt uns das Böse von uns selbst hinwegwerfen" an die sogenannte Bi'arta-Formel erinnert: „Du sollst das Böse aus deiner Mitte wegschaffen" (Dtn 21,21). Die grundlegende Absicht, die mit dieser Formel ausgedrückt wird, ist die Reinerhaltung der Gemeinschaft.[1024]

3.2.6 Interpretatio Christiana versus (suppositam) interpretationem Judaicam

Einen weiteren Einblick in sein hermeneutisches Grundverständnis aus dezidiert christlicher und zudem antijudaistischer Perspektive gewährt Origenes im letzten Hauptabschnitt seiner achten Josua-Homilie. In diesem Abschnitt thematisiert er die Gesamtumstände der Eroberung der Stadt Ai und

---

nimmst, was sie behaupten, dann befleckst du die gesamte Kirche des Herrn", hom. in Jos VII, 7.

[1023] „Sed nos praecedens patrum sequamur exemplum, discutiamus diligentius, ne qui absconditam in tabernaculo suo habeat Hierichontiam linguam, et abiciamus malum ex nobis ipsis, quia, etiam si nos cessamus, arguet Deus, ita ut ipse sponte confiteatur et dicat: furatus sum linguam auream et dextralia pura/Doch wir wollen dem vorangehenden Beispiel der Väter folgen und sorgfältige Unterscheidungen treffen, damit nicht jemand die Zunge aus Jericho in seinem Zelt verborgen hat. Wir wollen das Böse aus uns selbst entfernen. Denn auch wenn wir selbst hierbei nichts unternehmen, wird Gott es rügen, und zwar so, daß der Betreffende selbst aus eigenem Antrieb bekennt und spricht: „Ich habe die ‚goldene Zunge' und die blanken Armbänder gestohlen", hom. in Jos VII, 7.

[1024] Vgl. H. Ringgren, בער 730. Das Böse, und d.h. auch der Übeltäter selbst, müssen aus der Gemeinschaft ausgeschlossen, d.h. physisch eliminiert werden.

3. Die Josua-Homilien

widmet sich dabei besonders auch dem Problem der Gewaltanwendung der Israeliten. Er leitet seine Auslegung mit dem Zitat ein: „Sie schlugen sie mit scharfem Schwert, so daß keiner von ihnen übrig blieb, der sich in Sicherheit bringen oder entkommen konnte".[1025] Origenes beginnt seine homiletische Auslegung überraschenderweise damit, daß er genau wisse, wie jüdische Schriftauslegung jenen Vers verstehe. Mit Bezug auf Jos 8,22–24 sagt er: „Wenn die Juden das lesen, werden sie grausam und lechzen nach Menschenblut. Sie glauben, auch Heilige hätten (mit der Spitze des Schwertes, ThRE) die Bewohner von Ai so geschlagen, daß keiner von ihnen übrig blieb, der sich in Sicherheit bringen oder entkommen konnte".[1026] Origenes unterstellt Juden also konkret, daß sie beim Lesen solcher Texte wie der Einnahme der Stadt Ai grausam werden (crudeles efficiuntur). Während der Ausdruck „grausam" im ersten Satzglied mehr eine allgemeine Charakterisierung ist, die inhaltlich unbestimmt bleibt, wird mit dem zweiten Glied des Hauptsatzes eine inhaltliche Aussage vorgenommen. Demnach würden Juden nach „menschlichem Blut lechzen" (humanum sanguinem sitiunt). Der Hauptgrund für ein solches Verlangen sei in einer Vorbildwirkung zu sehen, denn schließlich hätten „auch die Heiligen" (et sancti) die Bewohner von Ai niedergeschlagen und keinen einzigen entkommen lassen. Wenn selbst die Heiligen, gemeint sind anscheinend Josua und die Israeliten, die Einwohner der Stadt Ai grausam getötet haben, so sporne dieses Beispiel auch spätere Juden immer noch an, ebenso zu handeln. Zudem rechnet Origenes bei Juden offenbar mit einer latenten Disposition für grausame und blutrünstige Taten, die durch das Lesen entsprechender Texte aktiviert werde und dann zu einem vergleichbaren Handeln provoziere. Die Ursache schließlich, warum Juden nach Auffassung des Origenes das Buch Josua nicht wirklich verstünden (non intelligentes), beruhe darauf, daß letztlich „in diesen Worten Mysterien angedeutet werden".[1027] Diese Mysterien blieben ihnen verborgen, zumindest solange sie Juden blieben und nicht konvertierten. Da es sich schließlich um Mysterien handle, die für Christen bestimmt sind, wird diesen durch die Worte der alttestamentlichen Schrift auch „mehr angezeigt".[1028] Dieses hermeneutische Vorverständnis liegt grundsätzlich ganz auf der Linie eines mehrfachen Schriftsinnes christlicher Prägung, wie ihn Origenes vertritt.[1029] Demnach nähmen Juden nur den Literalsinn ihrer bibli-

---

[1025] „*Et percusserunt*, inquit, *eos in ore gladii, usque quo non relinqueretur ex iis, qui salvus fieret, neque qui effugeret*", hom. in Jos VIII, 7. Dieser Vers stellt letztlich eine Zitatkompilation aus Jos 8,22 und 8,24 dar. Auch in diesem Falle liegt der griechische Text zugrunde.

[1026] „*Haec cum legunt Iudaei, crudeles efficiuntur et humanum sanguinem sitiunt, putantes quia et sancti ita percusserunt eos, qui habitabant Gai, ut non relinqueretur ab his, qui salvus fieret, neque qui effugeret*", hom. in Jos VIII, 7.

[1027] „in his verbis adumbrari mysteria", hom. in Jos VIII, 7.

[1028] „et hoc nobis magis indicari", hom. in Jos VIII, 7.

[1029] In seinem „Grundsatzwerk" (H. Graf Reventlow) „Über die Anfänge" (De Principiis) schreibt Origenes hinsichtlich der Hermeneutik biblischer Schriften: „Sodann, daß die (heiligen) Schriften durch den Geist Gottes verfaßt sind und nicht allein den Sinn haben, der offen zuschen Schriften wahr, hingegen gebe es unter den Christen zumindest einige, die sich dem allegorischen Schriftsinn öffnen, wenn sie der Gnade (χάρις) teilhaftig geworden sind, was nicht zuletzt aber auch für das richtige Verständnis der Evangelien zutrifft.[1030]

Origenes erklärt im unmittelbaren Fortgang seiner Homilie der Gemeinde, wie der Textpassus Jos 8,22–24 konkret zu verstehen sei, worin das „magis" also besteht, welches den Christen in den alttestamentlichen Schriften angezeigt wird. Den hermeneutischen Schlüssel für das nach Origenes angemessene Schriftverständnis bildet nach H. Graf Reventlow folgendes Axiom: „Historische Ereignisse der Vergangenheit *meinen* innere Vorgänge der Seele".[1031] So handelt es sich bei den Bewohnern von Ai nicht um menschliche Einwohner einer Stadt, sondern mit ihnen sind Dämonen (daemones) gemeint, „deren Wohnen (Wohnsitz) das Chaos ist und die im Abgrund herrschen".[1032] Und im Hinblick auf diese Dämonen ist einem jeden Christen nicht nur die Pflicht (debeamus) auferlegt, in sich selbst „keinen übrig zu lassen", „sondern alle zu vernichten".[1033] In dieser Perspektive verkörpern die Dämonen Strebekräfte im Inneren des Menschen, die nach einem christlichem Verständnis zur Sünde hin drängen und zu ihr auffordern. Diese Strebekräfte bzw. die Begierde (concupiscentia) finden sich näherhin in der irdischen, d.h. „fleischlichen" Kondition des Menschen, so daß mit Bezug auf paulinische Terminologie die Friktionslinien im Menschen selbst zwischen Fleisch und Geist verlaufen.[1034]

Bei einem solchen Kampf handelt es sich um ein permanentes Geschehen. Von daher muß Origenes in seiner Homilie die Erfahrung berücksichtigen, daß ein Sieg über Dämonen nicht zugleich die Möglichkeit beseitigt, auch künftig noch zu sündigen. Dies wird aus der Perspektive des Origenes wie folgt dargelegt: Jeder einzelne Mensch hat eine Disposition zum Sündigen und behält sie auch lebenslang. Schon gar nicht vermag er, *die* Sünde ganz und gar zu beseitigen. Deshalb formuliert Origenes, daß zwar jeder Christ

---

tage liegt, sondern auch einen anderen, der den meisten verborgen ist. Denn was aufgeschrieben ist, sind die äußeren Gestalten von gewissen Geheimnissen und Abbilder von göttlichen Dingen. Darin ist die gesamte Kirche einer Meinung: daß das ganze Gesetz geistlich ist (vgl. Röm 7,14), daß jedoch der geistliche Gehalt des Gesetzes nicht allen bekannt ist, sondern nur jenen, denen die Gnade des heiligen Geistes im Wort der Weisung und Erkenntnis geschenkt wird (vgl. 1 Kor 12,8)", princ. I Praef. 8; 95.

[1030] „Was ist nun von den Prophezeiungen zu sagen, die, wie wir alle wissen, voll sind von ‚Rätseln' und ‚dunklen Worten' (vgl. Spr 1,6)? Und wenn wir zu den Evangelien kommen, so bedarf auch bei ihnen der genaue Sinn als ein ‚Sinn Christi' jener Gnade, die dem gegeben war, der gesagt hat: ‚Wir aber haben den Sinn Christi …'", princ. IV 2,2; 705.

[1031] H. Graf Reventlow, Epochen (Bd. I) 180.

[1032] „quorum chaos est habitaculum et qui regnarunt in abysso", hom. in Jos VIII, 7.

[1033] „nullum penitus relinquere debeamus, sed omnes interimere", hom. in Jos VIII, 7.

[1034] „denique si non pugna intra te geritur, dum *concupiscit caro adversus spiritum et Spiritus adversus carnem*/schließlich daß kein Kampf in deinem Inneren geführt wird, weil ‚das Begehren des Fleisches sich gegen den Geist und das des Geistes sich gegen das Fleisch richtet'" (Gal 5,17), hom. in Jos VII, 2.

3. Die Josua-Homilien

bestrebt ist, Dämonen solcher Art zu töten, aber letztlich nicht in der Lage ist, ihre „Substanz" (substantia) zu vernichten. Unter Substanz versteht er anscheinend die nicht auslöschbare Eigenschaft der Dämonen, immer wieder Menschen zum Sündigen zu verleiten.[1035] Die dem Christen mögliche tätige Einflußnahme gegen jene „Dämonen", d.h. sein permanenter Kampf gegen die Sünde, besteht für Origenes in dem scheinbar einfachen Auftrag, nicht zu sündigen: „Und es ist ihr Leben (d.h. der Dämonen, ThRE), wenn wir sündigen; zweifellos ist es ihr Untergang, wenn wir nicht sündigen".[1036] Zwischen dem (Weiter-)Leben der Dämonen also und dem eigenen Sündigen besteht demnach für Origenes ein kausaler Zusammenhang. Nur wenn der einzelne Christ das Sündigen unterläßt, können auch Dämonen und Sünden zum Untergang verurteilt werden.

Nachdem Origenes nun seine Predigthörer so hermeneutisch instruiert hat, in welcher Weise die Bewohner von Ai zu verstehen seien, zieht er daraus den für ihn einzig möglichen Schluß: „Jeder Heilige vernichtet also die Bewohner von Ai, sie gehen zugrunde, und keiner von ihnen entkommt. Zweifellos sind es diejenigen, die mit aller Umsicht ihr Herz bewahren, damit nicht böse Gedanken daraus hervorgehen, aber auch diejenigen, die ihren Mund bewachen, damit kein böses Wort (sermo) daraus hervorgeht. Wenn ihnen auch nicht ein böses Wort entschlüpft, dann bedeutet das, keinen übriglassen, der entflieht".[1037] Diese Aussage erklärt dreierlei. Erstens wird aus dem Blickwinkel des Origenes einsichtig, warum die, welche die Einwohner von Ai getötet haben, Heilige genannt werden. Sie sind Heilige nicht nur deshalb, weil es sich bei ihnen um Gestalten der biblischen (Heils-)Geschichte in alttestamentlicher Zeit handelt und Josua darüber hinaus das alttestamentliche prophetische Vorausbild für Jesus den Christus darstellt, sondern weil sie erfolgreich gegen die Sünden angekämpft und diese bis sogar auf die letzte aus sich vertilgt haben. So besitzen sie heiliggemäßen Vorbildcharakter für Christen. Zweitens wird in dieser hermeneutischen Perspektive verständlich, weshalb die Bewohner von Ai im ureigenen Wortsinne radikal auszulöschen seien, da es sich bei ihnen um Sünden handelt. Und drittens ist es vor diesem Verständnishintergrund nur konsequent, keinen entfliehen zu lassen, d.h. gegen jede Sünde unnachgiebig vorzugehen.

Letzten Endes liegt es auf dieser Interpretationslinie, daß Origenes dem

---

[1035] „Interimimus autem daemones, non ipsam eorum substantiam perimentes; sed quia opus eorum ac studium hoc est, ut peccare homines faciant/Wir vertilgen die Dämonen, vernichten aber nicht ihr Wesen selbst, sondern weil ihr Wirken und ihr Bestreben darauf zielt, die Menschen zum Sündigen zu veranlassen", hom. in Jos VIII, 7.

[1036] „et haec est illorum vita, si nos peccemus, sine dubio interitus eorum est, si non peccemus", hom. in Jos VIII, 7.

[1037] Interficiunt ergo habitatores Gai sancti quique et perimunt et non dimittunt ex iis ullum, hi sine dubio, qui cum omni diligentia servant suum cor, ne de eo cogitationes malae procedant, sed et qui observant os suum, ut *omnis sermo malus* non procedat ex ore eorum: hoc est non relinquere ullum qui effugiat, cum eos nec sermo effugit malus, hom. in Jos VIII, 7.

Predigthörer zwei Konsequenzen nahelegt, und zwar eine grundsätzlich hermeneutische und eine, welche dessen Lebensführung betrifft. Aus seinen hermeneutischen Prämissen im allgemeinen und aus seinen Predigtausführungen im besonderen läßt sich als gültige Leseanleitung entnehmen: „Wenn du also in den heiligen Schriften etwas über die Kämpfe der Gerechten liest, über den Fall und die Niederlage der Mörder, und daß die Heiligen überhaupt keinen von den Feinden verschonten, damit es ihnen nicht als Sünde angerechnet würde, wie sie sie verschonten, so wie es Saul angerechnet wurde, als er Agag, den König der Amalekiter am Leben ließ, dann verstehe auf diese Weise, wie wir es oben erklärt haben, auch die Kriege der Gerechten, denn diese Kriege werden von ihnen gegen die Sünde geführt. Wie werden sie aber als Gerechte bestehen, wenn in ihnen auch nur eine geringe Sünde zurückbleibt? Deshalb wird von ihnen gesagt: ‚Keiner von ihnen blieb übrig, der sich in Sicherheit bringen oder entkommen konnte'".[1038]

Für Origenes kann es daher bezüglich der Lebensführung der Predigthörer und der Christen überhaupt nur eine Schlußfolgerung aus Jos 8 geben: „Macht auch ihr euch also auf! Rüsten wir uns zu einem solchen Kampf, schlagen wir Ai mit scharfem Schwert und vernichten wir alle Bewohner des Chaos, alle feindlichen Mächte!"[1039]

3.2.7 Fazit

Folgendes läßt sich als Fazit ziehen: Origenes verwendet hinsichtlich der Auslegung des Josuabuches die Gattung der Homilie. Diese Auslegungsform ist strenggenommen kein Kommentar und dient der geistlichen Erbauung der Hörer/Leser, obgleich die Grenzen zu einem Kommentar fließend sein können. Dabei bedient er sich der Auslegungsmethode der Allegorese, zu-

---

[1038] „Si quando ergo legis in scripturis sanctis iustorum pugnas, caedes ac strages interemptorum, et quia sancti nulli penitus hostium parcunt, quin immo et si pepercerint, reputari iis in peccatum, sicut reputatum est Sauli, qui vivum servaverat Agag regem Amalec, hoc modo, quo supra exposuimus, intellige bella iustorum, quia haec bella ab iis adversum peccatum geruntur. Quomodo autem manebunt iusti, si vel parum aliquid peccati in semet ipsis reservaverint? Et ideo dicitur de his quia: *Non reliquerunt nec unum, qui salvus fieret vel effugeret*", hom. in Jos VIII, 7.

[1039] „Agite ergo et vos, praeparemus nos ad huiuscemodi proelia, percutiamus Gai in ore gladii et exstinguamus omnes habitantes chaos, omnes contrarias virtutes", hom. in Jos VIII, 7.
Weiterhin führt Origenes in diesem Zusammenhang aus: „Könnte doch auch ich, indem ich euch das Wort Gottes verkünde, das Herz des Sünders erreichen! Wenn ich das täte, würde ich sicher mit dem Schwert meines Mundes Unzucht und Bosheit vernichten, den Zorn unterdrücken, und wenn es noch anderes Böses gibt, es mit scharfem Schwert, d.h. mit dem Wort meines Mundes vertilgen, so daß ich ‚keinen von ihnen übrig ließe, der sich in Sicherheit bringen oder entkommen konnte'"/Utinam et ego modo, dum loquor ad vos verbum Dei, cor peccatoris pulsare possim! Quod si fecero, certum est quod gladio oris mei percutiam fornicationem, percutiam malitiam, reprimam furorem et si qua alia sunt mala *in ore gladii*, id est oris mei sermone restinguam et non relinquam ex iis, *qui salvus fiat, neque qui effugiat*", hom. in Jos VIII, 7.

3. Die Josua-Homilien

mal Origenes der Überzeugung ist, daß der Sinn der biblischen Schriften ein dreifacher sei [Spr 22,20 (LXX)]. Biblische Textgrundlage ist für Origenes der griechische Text, obgleich er auch des Hebräischen kundig ist. Die biblischen Schriften, ganz gleich ob Altes oder Neues Testament, gelten für ihn als von Gott selbst inspiriert. Wichtig hierbei ist, daß die Inspiriertheit des Alten Testaments nach Origenes erst durch das Auftreten Jesu Christi voll erkannt werden konnte. Ein grundlegender Aspekt für das Verständnis des Buches Josua ist die Namensgleichheit im Griechischen zwischen Josua, dem Sohn des Nave, und Jesus, dem Sohn Gottes. Beide werden in griechischen Texten mit Ἰησοῦς bezeichnet. Von daher ist für Origenes im Sinne einer theologia nominis im alttestamentlichen Ἰησοῦς (Josua) der neutestamentliche Ἰησοῦς präsent. Das heißt, die Kriege, die Ἰησοῦς (Josua) führt, kämpft auch schon Ἰησοῦς, der Sohn Gottes, mit. Dies ist der Grund, weshalb die Kriege des Josua als geistliche Kriege zu deuten sind. Somit wird die Stadt Jericho zum Abbild der irdischen Welt (figura mundi) mit all ihren Verfehlungen. Die Mauern der Stadt Jericho und die Stadt selbst sind daher dann Betrug und Götzendienst, welche der neutestamentliche Ἰησοῦς im alttestamentlichen Ἰησοῦς zu Fall bringt. Auf diese Weise wird z.B. dem sperrigen Thema des Anathema eine neue Interpretation unterlegt, die sich ausschließlich aus dem Verbot speist, sich nichts vom Gebannten anzueignen, und zwar im übertragenen Sinn. Origenes versteht unter Bann jeglichen weltlichen Lebenswandel, der für eine christliche Gemeinde und somit für jeden einzelnen Christen als gebannt zu gelten habe. Was es aber bedeuten kann, sich etwas von diesem Gebannten, d.h. sich etwas vom weltlichen Lebenswandel anzueignen, wird am Beispiel der sogenannten goldenen Zunge erläutert. Der goldene Barren, den sich Achan in Jos 7,21 widerrechtlich aneignet, wird zur goldenen Zunge, unter der Origenes die Lehren der Philosophen und Rhetoren versteht. Wer sich dieser Lehren bemächtigt und sie in seinem Zelt, das ist in seinem Herzen, verbirgt, wendet sich so vom wahren Glauben ab und befleckt zugleich die Gemeinde. In diesem Sinne gelte es stets, das Böse von und aus sich selbst zu entfernen. Und wenn nun in Jos 7 davon berichtet wird, daß Ἰησοῦς (Josua) die Einwohner von Ai mit dem Schwert tötet, so sind jetzt damit Dämonen gemeint, die zur Sünde verleiten. So verstanden ist es dann nachahmenswert, die Sünde zu vertilgen, wie es die Heiligen, allen voran Ἰησοῦς (Josua), taten.

Letztlich besitzt es für Origenes keine wirkliche Relevanz mehr, ob die Erzählungen in Jos 6–8 geschichtliche Ereignisse wiedergeben. Deshalb verläßt er die Ebene des Literalsinns sogleich und wählt eine metaphorische Ebene mit geistlich-christlichem Gehalt. Letztere ist von bleibender Aussagekraft. Mehr noch: Der von Origenes entfaltete geistliche Gehalt ist von vornherein auch als primärer Schriftsinn intendiert. Nur mißverständliches Lesen könne dann Texte wie Jos 6–8 allein als Wiedergabe exakter historischer Begebenheiten begreifen. Daher bewahrt der geistliche Sinn des Textes den sachkundigen Leser davor, daß ihn Texte wie Jos 6–8 zu höchst problematischen Handlungen provozierten. Jedoch hat Origenes auf seine Weise einerseits bereits erkannt, daß die biblischen Erzählungen des Josuabuches nicht mit historischen Berichten verwechselt werden dürfen. Anderseits betreibt er schließlich mit seinem hermeneutischen Vorverständnis eine Ethisierung der militärischen Kämpfe zur Einnahme des von Gott verheißenen Landes. Kampf ja, aber nur gegen die eigenen Sünden. Dem liegt eine Grundannahme zugrunde, nach der, wenn alle Christen gegen ihre eigenen Begierden und Laster vorgingen, die christliche Gemeinde auch als ein Gegenentwurf gegenüber einer unbefriedeten Welt wahrgenommen und für diese attraktiv wird.

IX. Augustinus (354–430)

Aurelius Augustinus ist unstrittig der bedeutendste Theologe der Spätantike.[1040] Sein uns hinterlassenes umfangreiches Werk enthält nicht nur Bücher, die sich ausdrücklich mit dem Alten Testament aus exegetischer[1041] oder homiletischer[1042] Perspektive beschäftigen, sondern auch in allen seinen anderen Abhandlungen zitiert er bei sich entsprechend bietender Gelegenheit das Alte Testament oder nimmt darauf Bezug.[1043] Hinzu kommen Schriften zu hermeneutischen Fragestellungen, die auch das Alte Testament berühren.[1044]

Im Rahmen dieser Untersuchung geht es darum, ansatzweise das exegetische Grundverständnis Augustins besonders im Hinblick auf das Alte Testament und einige Aspekte des exegetischen Zugriffs auf die unter Josua durchgeführten sogenannten alttestamentlichen JHWH-Kriege aufzuzeigen. Hierzu dienen einige ausgewählte Textpassagen bezüglich der Rezeptionsgeschichte des Buches Josua bei Augustin, zumal an dieser Stelle nicht alle Gesichtspunkte zu Fragen von Krieg und Frieden bei Augustin angemessen erörtert werden können. Denn diesbezügliche Äußerungen sind über sein ganzes Werk verteilt und erschweren von daher einen systematischen Zugriff.[1045]

1. Der relative Stellenwert der Bibel bei Augustin

Ein Bibeltheologe war Augustin mit Sicherheit nicht und wollte gewiß auch keiner sein, auch wenn ein biblischer Text den Beginn seiner Bekehrung zu markieren scheint (tolle lege, tolle lege[1046]; conf.[1047] VIII,12,29). Sein theologisches Hauptaugenmerk widmete er den aus seiner Sicht für die katholische Kirche[1048] problematischen und zu bekämpfenden Glaubensrichtungen

---

[1040] Bezüglich eines lexikalischen Überblicks über Leben und Werk vgl. W. Geerlings, Augustinus 65–85; A. Schindler, Augustin 646–698.
[1041] Z.B der antimanichäische Genesis-Kommentar „De Genesi adversus Manichaeos" (388/390); Quaestiones in heptateuchum (419); Locutiones in heptateuchum (419). Die in Klammern gesetzte Zahl gibt die Jahreszahl der Abfassung der betreffenden Schrift an.
[1042] Enarrationes in Psalmos (392–420).
[1043] Z.B. in De civitate dei (412–426) vor allem die Bücher XV und XVI.
[1044] Z.B. De doctrina christiana (396/397); Contra adversarium legis et prophetarum (419/420); De octo quaestionibus ex veteri testamento (419).
[1045] Von daher erweist sich die umfangreiche Studie von T. J. Weissenberg, Die Friedenslehre, als sehr verdienstvoll, da sie die Friedenslehre Augustins systematisch zu erfassen und darzustellen versucht.
[1046] Der lateinische Text wird nach C. Mayer (Hrsg.), Corpus Augustinianum Gissense (CAG) auf CD-Rom, Basel 1996, zitiert.
[1047] Die Abkürzung der Werke Augustins folgt C. Mayer, Augustinus-Lexikon XLIII–XLV.
[1048] Vgl. besonders vera rel. 9.10.11.12.17.20.47.

(Manichäer, Donatisten, Pelagianer, Arianer). Bei diesen Auseinandersetzungen spielt auch die rechte Auslegung der Heiligen Schrift eine wichtige Rolle.[1049] Er trat seinen Gegnern aber vor allem mit dogmatischen Schriften entgegen. Zwar bezeichnet einerseits Augustin denjenigen als tüchtigsten Erforscher (sollertissimus indagator) der Heiligen Schriften, der wenigstens einmal die kanonisch[1050] genannten ganz gelesen habe und sie zumindest dem Wortlaut nach kenne[1051], aber anderseits sind selbst diese Schriften für ihn auch nur Werkzeuge (quasi machinis), auf welche man letztlich verzichten könne, wenn man nur an den drei göttlichen Tugenden Glaube, Hoffnung und Liebe (vgl. 1 Kor 13,13) „unerschütterlich festhält".[1052] Zur Untermauerung seiner These weist er auf Menschen hin, die bewußt in der Einsamkeit (in solitudine) leben, die mit diesen Tugenden ein gelingendes geistliches Leben führen, ohne Heilige Schriften (sine codicibus) zu besitzen.[1053]

1.1 Exegetische Methode

Augustin hält zum Verständnis der göttlichen Schriften die Kenntnis der hebräischen und griechischen Sprache für notwendig[1054], auch wenn sich seinen Ausführungen in doctr. chr. II,15, 23 zumindest indirekt entnehmen läßt, daß er offenbar das Hebräische nicht lesen kann.[1055] H. Graf Reventlow weist darauf noch einmal hin[1056], daß Augustin bezüglich lateinischer Bibel-

---

[1049] „titubabit autem fides, si divinarum scripturarum vaccillat auctoritas/Es wird aber der Glaube schwanken, wenn die Autorität der göttlichen Schriften wankt", doctr. chr. I, 37, 41.

[1050] Die von Augustin in doctr. chr. II, 8, 13 als kanonisch angegebenen Schriften (totus autem canon Scripturarum) stimmen hinsichtlich des Umfangs (Titel) sowohl des Alten als auch des Neuen Testaments mit denen katholischer Bibelausgaben heute überein, auch wenn er hinsichtlich der Reihenfolge beim Prophetenteil im wesentlichen der LXX folgt.

[1051] Vgl. doctr. chr. II, 8, 12.

[1052] „Homo itaque fide et spe et caritate subnixus eaque inconcusse retinens non indiget scripturis nisi ad alios instruendos/Deshalb wird der Mensch, der sich auf Glauben und Hoffnung und Liebe stützt und an diesen unerschütterlich festhält, nicht der Hl. Schriften bedürfen, es sei denn, um andere zu unterweisen" (K. Pollmann), doctr. chr. I, 39, 43.

[1053] Vgl. doctr. chr. I, 39, 43.

[1054] „Contra ignota signa propria magnum remedium est linguarum cognitio. Et Latinae quidem linguae homines ... duabus aliis ad scripturarum divinarum cognitionem opus habent, Hebraea scilicet Graeca, ut ad exemplaria praecedentia recurratur, si quam dubitationem attulerit Latinorum interpretum infinita varietas/Gegen die unbekannten eigentlichen Zeichen ist die Kenntnis von Sprachen ein sehr gutes Hilfsmittel. Die Latein sprechenden Menschen freilich ... haben zwei andere Sprachen zum Verständnis der Hl. Schrift nötig, nämlich die hebräische und die griechische, damit man auf die Texte in den Originalsprachen zurückgreifen kann, wenn die unbekannte Vielheit der lateinischen Übersetzer irgendeinen Zweifel aufkommen läßt" (K. Pollmann), doctr. chr. II, 11, 16.

[1055] Vgl. H. Graf Reventlow, Epochen (Bd. II) 95. Ein Indiz dafür, daß Augustin kein Hebräisch versteht, ist sein in bezug auf die Bedeutung von hebräischen Namen (nomina Hebraea) angefügter Hinweis „auf einige dieser Sprache kundige Männer" (S. Mitterer): „nonnulli eiusdem linguae periti viri", doctr. chr. II, 16, 23.

[1056] Vgl. H. Graf Reventlow, Epochen (Bd. II) 96.

1. Der relative Stellenwert der Bibel bei Augustin

ausgaben der Itala den Vorrang gibt.[1057] Darüber hinaus steht bei Augustin in bezug auf das Alte Testament die Autorität der Septuaginta an oberster Stelle, da auch für ihn diese Übersetzung trotz mancher vermeintlich dunkler Stelle „unter gewaltiger Anwesenheit des Heiligen Geistes"[1058] übersetzt worden und somit inspiriert ist.[1059]

Als nächstes ist zu fragen, welche exegetischen Methoden Augustin hinsichtlich der Bibellektüre auf normativer Ebene angewendet wissen wollte.[1060] Hierbei ist der Hinweis auf Augustins Vorverständnis, daß sein Denken vom Neuplatonismus geprägt ist, auch hinsichtlich seines Umgangs mit biblischen Texten wichtig. Ein Grundzug neuplatonischen Denkens ist, daß es zwischen sichtbarer und intelligibler Welt unterscheidet.[1061] Diesem Denken entspricht Augustins Verständnis von Zeichen (signum)[1062], das schließlich auch für Schriftzeichen gilt, die auf etwas anderes hin transzendieren: „Ein Zeichen ist nämlich eine Sache, das außer dem Eindruck, den sie auf die Sinne macht, etwas anderes aus sich in die Überlegung kommen läßt."[1063] Diese Lehre ist vor allem hinsichtlich der allegorischen Schriftauslegung bedeutsam. Danach weisen die (Schrift-)Zeichen auf etwas hin, was als das eigentlich zu Verstehende gemeint ist: „Das ist doch wirklich eine jämmerliche Geistesknechtschaft, wenn man am Buchstaben hängen bleibt".[1064] Damit verurteilt Augustin einerseits ein aus seiner Sicht scheinbar vorherrschendes jüdisches Schriftverständnis. Anderseits zeigt sich daran sein dogmatisch-exegetisches Vorverständnis, wonach sich der eigentliche und umfassendere Sinn der alttestamentlichen Texte erst „nach der Ankunft des Herrn" erschließt. Eine solche Position vertrat auch schon Origenes. Deutlich spricht dies Augustinus in seiner Schrift De spiritu et littera aus, wenn er in bezug auf „das Gesetz" (lex), womit offenbar das Alte Testament gemeint ist, ausführt: „Das Gesetz, das heißt der Buchstabe ... Deshalb nennt er (der Apostel Paulus; ThRE) den Dienst am Buchstaben einen Dienst zum Tod und zur Verdammnis. Der Dienst im Neuen Bunde hingegen ist nach ihm ein Dienst im Geist und in der Gerechtigkeit".[1065]

[1057] Vgl. doctr. chr. II, 15, 22. Daß Augustin auch die Übersetzung des Hieronymus kennt, geht expressis verbis aus doctr. chr. IV, 7, 15 hervor.
[1058] K. Pollmann. Vgl. doctr. chr. II, 15, 22; IV 7, 15.
[1059] Vgl. D. F. Wright, Augustine 719.720.
[1060] Jedoch „ist oft festgestellt worden, daß Augustins eigene Bibelauslegung seine hermeneutische Theorie nicht widerspiegle. In der Tat ist eine genaue Umsetzung nirgendwo zu erkennen", H. Graf Reventlow, Epochen (Bd. II) 103.
[1061] Vgl. ders. ebd. 86.88.
[1062] Vgl. D. F. Wright, Augustine 717f.
[1063] S. Mitterer. Der bei deutschen Übersetzungen angegebene Name zeigt den Übersetzer an, vgl. Literaturverzeichnis. „Signum est enim res praeter speciem, quam ingerit sensibus, aliud aliquid ex se faciens in cogitationem venire", doctr. chr. II, 1, 1.
[1064] S. Mitterer. „Ea demum est miserabilis animi servitus, signa pro rebus accipere", doctr. chr. III, 5, 9.
[1065] A. Forster. „Proinde quia *lex* ... id est littera ... propterea eam et ministrationem mortis et ministrationem damnationis appellat; hanc autem, id est novi testamenti, ministrationem spiritus et ministrationem iustitiae dicit", spir. et litt. 18, 31.

Auf die Frage, woran man erkenne, daß man es mit einer allegorischen Redeweise (figura locutio) zu tun habe, gibt Augustin ein grundlegendes hermeneutisches Kriterium (modus) an: „(A)lles, was im Worte Gottes im eigentlichen Sinn weder auf die Sittenlehre noch auf die Glaubenswahrheit bezogen werden kann, muß man für figürlich halten".[1066] Eine solche Aussage erhält sofort eine konkrete Bedeutung, wenn man sie auf die Landnahme Josuas bezieht. Vor diesem Hintergrund lassen sich die Erzählungen über die Völkervernichtungsweihe im Zuge der Landnahme (Jos 6–12) schwerlich auf der „Lauterkeit der Sitten" begründen, denn diese beziehe sich darauf, „Gott und den Nächsten zu lieben". Ebensowenig läßt sich die Art und Weise der Landnahme ohne weiteres auf „die Wahrheit des Glaubens" beziehen, die auf „die Erkenntnis Gottes und des Nächsten"[1067] ausgerichtet ist. Denn auch bezüglich einer Interpretation des in Jos 6–12 erzählten Landnahmegeschehens dürfte nach Augustins Auffassung gelten, daß man nicht am Buchstaben (signa pro rebus) hängenbleibe, sondern das Auge des Verstandes über die körperliche Kreatur zur Aufnahme des ewigen Lichtes zu erheben habe.[1068]

Diesem hermeneutischen Kriterium entsprechend korrespondiert die Interpretationsregel (regula) bezüglich sogenannter figürlicher Redeweisen, „daß das, was gelesen wird, so lange in sorgfältiger Betrachtung hin und her gewendet wird, bis die Auslegung zur Herrschaft der Liebe als ihrem Ergebnis gelangt. Wenn aber dies schon im Wörtlichen zum Ausdruck kommt, möge man es nicht für eine figürliche Redeweise halten".[1069] Er wendet diese Regel z.B. auf die Berufung Jeremias an: „Was aber dem Jeremia gesagt wird: ‚Siehe, ich habe dich heute über Völker und Reiche gesetzt, damit du herausreißt und zerstörst und verdirbst und zerstreust', ist zweifellos ganz und gar eine figürliche Redeweise."[1070] Ähnliches gilt offenbar auch für die Landnahmeerzählungen. Da sich in den Texten über die Völkervernichtungsweihe keine evidenten Anhaltspunkte für ein regnum caritatis finden lassen, so müssen nach Augustin diese Berichte solange bedacht werden, bis sie mit dem Gebot der Liebe in Einklang stehen. Daraus folgt, daß im hermeneuti-

---

[1066] S. Mitterer. „ut quicquid in sermone divino neque ad morum honestatem neque ad fidei veritatem proprie referri potest, figuratum esse cognoscas", doctr. chr. III, 10, 14.

[1067] S. Mitterer. „Morum honestas ad diligendum deum et proximum, fidei veritas ad cognoscendum deum et proximum pertinet", doctr. chr. III, 10, 14.

[1068] „et supra creaturam corpoream, oculum mentis ad hauriendum aeternum lumen levare …", doctr. chr. III, 5, 9.

[1069] K. Pollmann. „ut tam diu versetur diligenti consideratione quod legitur, donec ad regnum caritatis interpretatio perducatur. Si autem hoc iam proprie sonat, nulla putetur figurata locutio", doctr. chr. III, 15, 23.

[1070] „Quod autem Hieremiae dicitur ‚ecce constitui te hodie super gentes et regna, ut evellas et destruas et disperdas et dissipes' non dubium quin figurata locutio tota sit", doctr. chr. III, 11, 17. Das Jeremiazitat von 1,10 verkürzt Augustin insofern, als er die Worte, welche genuin zu der Gottesrede an Jeremia gehören „et aedifices et plantes/und du (auf)baust und pflanzt" an dieser Stelle wegläßt.

1. Der relative Stellenwert der Bibel bei Augustin

schen Verständnis Augustins Anordnungen Gottes zur Vernichtung von Völkern nur allegorisch aufzufassen sind. Damit nimmt Augustin normativ eine ähnliche Position wie Origenes in seinen Homilien zu Josua ein. Es gilt folgendes Kriterium: „Was aber den Unerfahrenen gleichsam als lasterhaft erscheint, sei es nun lediglich gesagt oder sogar getan worden, entweder von der Person Gottes oder von Menschen, deren Heiligkeit uns anempfohlen wird, dies ist ganz und gar figürlich zu verstehen".[1071]

1.2 „Dem Geiste des Alten Bundes gemäß"

Das Vorverständnis des Augustinus dem Alten Testament gegenüber ist ambivalent. Einerseits sieht er sich genötigt, das Alte Testament gegen die Manichäer zu verteidigen, da diese es angreifen, „zerstückeln und zerreißen"[1072], und anderseits stuft er es dem Neuen Testament gegenüber normativ insofern herab[1073], als er beispielsweise unter Bezugnahme auf Paulus (2 Kor 3,14) ausführt: „Das Alte Testament findet in Christus nicht sein Ende, sondern nur seine Entschleierung, so daß erst durch Christus erkannt und gleichsam entblößt wird, was ohne Christus dunkel und verhüllt ist".[1074] Augustin nimmt also eine dreifache und zugleich wertende Unterscheidung bezüglich des wahren Verstehens des Alten Testaments vor: 1. Das Volk der Juden hat in vorchristlicher Zeit zwar den einzigen Gott verehrt, aber in seiner Knechtschaft (servitus) die (Schrift-)Zeichen für die Dinge, d.h. für die eigentliche Bedeutung selbst gehalten.[1075] 2. Von dieser Knechtschaft nimmt Augustin aber die Patriarchen, Propheten und all diejenigen aus, durch welche der Heilige Geist die Schriften übermittelt habe; denn diese sind schon damals geistliche und von der Geistesknechtschaft freie Personen gewesen.[1076] 3. Von diesen zwei Kategorien unterscheidet Augustin noch

---

[1071] K. Pollmann. „Quae autem quasi flagitiosa imperitis videntur, sive tantum dicta sive etiam facta sunt vel ex dei persona vel ex hominum quorum nobis sanctitas commendatur, tota figurata sunt", doctr. chr. III, 12, 18.

[1072] „Nam bene nosti, quod reprehendentes Manichaei catholicam fidem et maxime vetus testamentum discerpentes et dilaniantes commovent inperitos/Du weißt genau, daß die Manichäer durch ihre Angriffe auf den katholischen Glauben und vor allem gegen das Alte Testament, das sie zerstückeln und zerschneiden, unerfahrene Menschen schwankend machen" (C. J. Perl), util. cred. II, 4.

[1073] Vgl. D. F. Wright, Augustine 726.

[1074] C. J. Perl. „evacuatur namque in Christo non vetus testamentum, sed velamen eius, ut per Christum intellegatur et quasi denudetur, quod sine Christo obscurum atque adopertum est", util. cred. III, 9.

[1075] „Et quamquam signa rerum spiritualium pro ipsis rebus observarent nescientes, quo referrentur, id tamen insitum habebant, quod tali servitute uni omnium, quem non viderent, placeret deo/Sie hielten zwar die Zeichen der (hinter diesen Zeichen verborgenen) geistigen Dingen aus Unkenntnis über deren Bedeutung für die Dinge selbst; aber trotzdem war ihnen das Bewußtsein tief eingeprägt, durch einen solchen Dienst dem einzigen unter allen, den sie nicht sahen, zu gefallen, nämlich Gott" (S. Mitterer), doctr. chr. III, 6, 10.

[1076] Vgl. doctr. chr. III, 9, 13.

einmal die Juden, die zur Zeit Jesu immer noch „hartnäckig an solchen Zeichen hingen", obgleich dafür nun kein Grund mehr bestand.[1077] Diese skizzierte Ambivalenz des Vorverständnisses bezüglich des Alten Testaments durchzieht das gesamte Werk Augustins.

2. Josua und der gerechte Krieg

In der Friedensforschung ist allgemein bekannt, daß es Augustinus war, der die Lehre über den gerechten Krieg (bellum iustum) maßgeblich geprägt hat. Dabei hat er allerdings den Begriff und einige inhaltliche Ansätze von Cicero (106–43) übernommen[1078] und weiterentwickelt. Zwar hat Augustin die Theorie vom bellum iustum nicht in einem geschlossenen Traktat erörtert, aber er hat als erster diese Theorie in die christliche Theologie überhaupt eingeführt und sie an verschiedenen Stellen entfaltet.[1079] Dabei wird meist übersehen, daß er die zentrale Definition des gerechten Krieges in seinem Werk Quaestionum libri septem[1080] (entstanden 419 n.Chr.) gerade in den Erörterungen zum Buch Josua formuliert hat.[1081] Man könnte vielleicht meinen, daß er seine Definition ja irgendwo „unterbringen" mußte. Tatsächlich gibt es im Werk Augustins andere, nicht weniger bedeutende Stellen, in denen er sich ebenfalls zu wichtigen Fragen von Krieg und Frieden äußert. Sie sind zudem teilweise schon vor der Abfassung der Quaestiones formuliert worden und enthalten dennoch keine so ausdrücklich markierte Definition des bellum-iustum.[1082] Dem entspricht, daß auch oft nicht deutlich genug

---

[1077] „Et ideo qui talibus signis pertinaciter inhaeserunt, contemnentem ista dominum, cum iam tempus revelationis eorum venisset, ferre non potuerunt/Und von daher konnten sie, die hartnäckig an solchen Zeichen festhingen, den Herrn, der diese Zeichen verachtete, als bereits die Zeit der Offenbarung dieser Zeichen gekommen war, nicht ertragen" (K. Pollmann), doctr. chr. III, 6, 10.

[1078] Vgl. M. T. Cicero, De officiis I, 11, 34–37; I, 13, 40; De re publica II, 17, 31; III 23, 35. Vgl. zudem M.-F. Berrouard, Bellum 642.

[1079] Vgl. allgemein J. Rief, bellum; T. J. Weissenberg, Friedenslehre.

[1080] Mit den sieben Büchern sind der Pentateuch und die Bücher Josua und Richter gemeint.

[1081] Eine Erklärung für diese Beobachtung könnte sein, wie S. Brand-Pierach andeutet, daß diese Definition von Gratian in sein Dekret aufgenommen worden ist (C. 23 q. 2 c. 2; A. Friedberg, corpus 1, 894f), so daß sie dann meist aus dem ursprünglichen Kontext enthoben zur Kenntnis genommen und rezipiert worden ist, vgl. dies., Ungläubige 19.

[1082] In Contra Faustum Manichaeum, einer 397/398 gegen den sogenannten Manichäer Bischof Faustus verfaßten Schrift, führt Augustin eine Auflistung dessen an, wodurch man in einem (gerechten) Krieg Schuld auf sich lädt: „Nocendi cupiditas, ulciscendi crudelitas, inpacatus atque inplacabilis animus, feritas rebellandi, libido dominandi et si qua similia, haec sunt, quae in bellis iure culpantur/Die Gier zu schaden, die Grausamkeit der Rache, ein unbefriedeter und unversöhnlicher Geist, die Wildheit des Aufbegehrens, die Lust an Überlegenheit und was es dergleichen gibt, diese werden durch das Kriegsrecht getadelt", c. Faust. 22,74. Diese Passage ist hernach von Thomas von Aquin in Verbindung der Darlegung des dritten Kriteriums des gerechten Krieges, der intentio recta, fast wortwörtlich als gekennzeichnetes Augustinuszitat in die STh II-II q. 40,1 übernommen worden. Auch in seinem Werk De civitate dei, welches zwischen 412–426 und somit parallel zu seinen Quaestiones zum Heptateuch verfaßt worden

2. Josua und der gerechte Krieg

herausgestellt wird, auf welchem Wege Augustin in seinen Ausführungen zum Buch Josua argumentativ zur Definition eines gerechten Krieges gelangt ist.[1083] Dazu gilt es als erstes, den näheren Kontext jener bellum-iustum-Definition innerhalb des Werkes Quaestionum libri septem eingehender wahrzunehmen, in welchem sie formuliert ist. Es gilt die Quelle zu untersuchen, die sonst oft nur beiläufig angegeben wird.

Es sei gleich vorweg genommen, daß Augustin in den Quaestiones die gräzisierte Namensform von Josua „Iesus" ähnlich wie seine Vorgänger aufgreift. Der Name „Iesus" wird dabei nur ab und zu durch den Zusatz „Naue" näher bestimmt.[1084] Das läßt bereits erahnen, daß auch bei Augustin die Übernahme der gräzisierten Namensform von einem theologischen Interesse geleitet ist. Josua ist auch bei Augustin der Typos für den neutestamentlichen Jesus: „Iesus, in quo typus erat domini Iesu Christi, id est gratia per fidem" (qu. 4,53).

2.1 Das Legen eines Hinterhalts (Jos 8,1) und die Definition des gerechten Krieges

In seinem sechsten Buch (liber sextus) widmet sich Augustin nun einzelnen Fragen (quaestiones) bezüglich des Buches Josua. Näherhin setzt er sich in der quaestio 10 mit der Einnahme der Stadt Ai, wie sie in Jos 8 berichtet wird, auseinander. In diesem Zusammenhang macht Augustin die für die europäische Geschichte unter christlicher Ägide folgenschwere Äußerungen (qu. 6,10):

„Wenn Gott befiehlt, indem er zu Jesus (Josua) spricht, daß er seinerseits einen Hinterhalt aufstellen solle – das heißt im Hinterhalt lauernde Krieger, um den Feinden aus dem Hinterhalt aufzulauern –, dann werden wir dadurch darauf hingewiesen, daß (dies) von seiten derer, die einen gerechten Krieg führen, nicht unrechtmäßig geschieht, so daß der gerechte Mensch bei diesen Dingen nichts (anderes) in erster Linie bedenken muß, außer daß den gerechten Krieg derjenige beginnt, der nach göttlichem Recht auch Krieg führen darf; denn nicht alle dürfen nach göttlichem Recht Krieg führen.

Wenn er aber einen gerechten Krieg begonnen hat, macht es hinsichtlich der Gerechtigkeit keinen Unterschied, ob er ihn durch eine offene Feldschlacht (oder) ob er ihn durch einen Hinterhalt gewinnt.

Als gerechte Kriege aber pflegen diejenigen definiert zu werden, welche Unrechtstaten rächen, wenn irgendein Stamm oder Staat, der durch einen Krieg angegriffen werden soll, es verabsäumt haben sollte, entweder das zu

---

ist, kommt Augustin in dessen zentralen 19. Buch auf den gerechten Krieg zu sprechen, ohne auch hier eine Definition aufzustellen.
[1083] So auch bei S. Brand-Pierach, Ungläubige 19.
[1084] Vgl. qu. 1,29; 2,65.93.103; 3,23; 4,23.54.55; 6,1.2.24.27.30; 7,1.2.3.4.5.6.7.10.11.12.14.17.

ahnden, was von seinen (Stammes- oder Staats-) Angehörigen unrechtmäßig getan worden ist, oder das zurückzuerstatten, was durch Unrechtstaten weggenommen worden ist.

Aber auch diejenige Art des Krieges ist ohne Zweifel gerecht, die Gott befiehlt, bei dem es keine Ungerechtigkeit gibt und der weiß, was einem jeden zukommt. In diesem Krieg ist der Anführer des Heeres oder das (Krieg führende) Volk selbst nicht so sehr als Urheber des Krieges denn als Diener (Gottes) zu beurteilen."[1085]

2.1.1 Das erlaubte Legen eines Hinterhalts nach Jos 8

Gleich an den Beginn seiner Ausführungen zu Jos 8,1f und damit dem biblischen Befund folgend, stellt Augustin die Anordnung Gottes an Iesus (Josua), der Stadt Ai einen Hinterhalt zu legen. Indem aber Augustin allein diesen Passus aus der sonst umfassenderen direkten Rede Gottes an Josua auswählt, unterstreicht er: Es ist Gott selbst, der Iesus (Josua) befiehlt, im Rücken dieser Stadt einen Hinterhalt zu legen. Wenn Iesus (Josua) also zum Mittel des Hinterhaltes greift, handelt er auf den Befehl (iubet) Gottes hin. Ziel dieses von Gott angeordneten Vorgehens ist es, die Stadt Ai einzunehmen und niederzubrennen und in Folge dessen, alle Einwohner zu töten. Augustin erwähnt das zwar nicht ausdrücklich, setzt es aber vermutlich beim Leser als bekannt voraus. Ihm geht es nämlich vor allem darum, das Problematische eines Hinterhalts in Verbindung mit einer göttlichen Weisung zu erörtern. Von daher bedarf der Leser anscheinend auch aus der Perspektive Augustins einer Erklärung, daß Gott solche Befehle gibt. Als erstes teilt Augustin mit, um gleich am Beginn vielleicht aufkommende Zweifel an Gott und an der Integrität Iesu (Josuas) beim Leser zu zerstreuen, daß solches Tun von denen nicht unrechtmäßig geschehe, die einen gerechten Krieg führen. Ihnen ist das Legen eines Hinterhaltes, zumal wenn es auf ausdrückliche Anweisung Gottes hin geschieht, erlaubt. Auf diese Weise ist in den Ausführungen Augustins zu Jos 8,2 scheinbar fast eher beiläufig der entscheidende Terminus „iustum bellum" zum ersten Mal gefallen. Damit sagt Augustin zum einen indirekt, daß alle Kriege Iesu (Josuas) während der

---

[1085] „Quod deus iubet loquens ad Iesum, ut constituat sibi retrorsus insidias, id est insidiantes bellatores ad insidiandum hostibus, hinc admonemur non iniuste fieri ab his qui iustum bellum gerunt, ut nihil homo iustus praecipue cogitare debeat in his rebus, nisi ut iustum bellum suscipiat, cui bellare fas est; non enim omnibus fas est. cum autem iustum bellum susceperit, utrum aperta pugna, utrum insidiis vincat, nihil ad iustitiam interest. iusta autem bella ea definiri solent quae ulciscuntur iniurias, si qua gens vel civitas, quae bello petenda est, vel vindicare neglexerit quod a suis inprobe factum est vel reddere quod per iniurias ablatum est. sed etiam hoc genus belli sine dubitatione iustum est, quod deus imperat, apud quem non est iniquitas et novit quid cuique fieri debeat. in quo bello ductor exercitus vel ipse populus non tam auctor belli quam minister iudicandus est", [(CCL 33 p. 319/266) Corpus Augustinianum Gissense a C. Mayer editum].

2. Josua und der gerechte Krieg

Landnahme gerecht waren, da sie alle auf Gottes Anordnung hin erfolgten, und zum anderen direkt, daß dies im besonderen bei der Einnahme der Stadt Ai zutrifft. Zu diesem grundsätzlichen Hinweis sieht sich Augustin vielleicht schon deshalb herausgefordert, da aus christlicher Perspektive prima facie gerade das Legen eines Hinterhalts (insidiae) der Vorstellung von einem gerechten Krieg entgegensteht. Damit deutet sich schon an, daß für Augustin ein gerechter Krieg nicht allein durch die Anwendung seiner Methoden, sondern schon aufgrund der Autorität, die ihn anordnet, zustande kommt. An dieser offensichtlich sensiblen Stelle betont Augustin zudem ausdrücklich, damit es auch hierbei keine Mißverständnisse gebe, daß das Führen eines gerechten Krieges im Einklang mit der Vorstellung von einem gerechten Menschen stehe. Denn außer einem gerechten Menschen (homo iustus) sei es nach göttlichem Recht (fas) keinem erlaubt, einen gerechten Krieg zu führen. Auch wenn sich die Argumentation Augustins an dieser Stelle gewissermaßen im Kreise dreht, so ist zum zweitenmal vor dem Hintergrund von Jos 8,2 der Ausdruck iustum bellum gefallen. Diesmal bezieht er sich ausdrücklich auf den homo iustus. Damit wird auf diese Weise über das Adjektiv iustus sowohl auf sachlicher als auch auf begrifflicher Ebene ein Zusammenhang bzw. eine Klammer zwischen iustum bellum und homo iustus, zwischen gerechtem Krieg und gerechtem Menschen von Augustin hergestellt. Diese Verbindung hat über den sachlichen und begrifflichen Bereich hinaus weitreichende theologische Implikationen. Da Augustin seine Ausführungen mit Bezug auf das Buch Josua macht, gilt für ihn zweifellos, daß Iesus (Josua) ein homo iustus ist. Somit darf als bestätigt gelten, daß es Iesus (Josua) als einem gerechten Menschen erlaubt war, einen gerechten Krieg zu führen. Der Zusatz „denn nicht alle dürfen nach göttlichem Recht Krieg führen" setzt u.a. auch die, die Iesus (Josua) angreifen oder sich ihm zur Wehr setzen, ins Unrecht, zumal sie sich nicht auf eine gültige Anordnung Gottes berufen können.[1086] Der Status, ein homo iustus zu sein, wird somit zu einer notwendigen Voraussetzung für das Führen eines gerechten Krieges überhaupt. Diese Voraussetzung enthält zugleich auch ein kritisches Potential. Um nun aber beim Leser in bezug auf Iesus (Josua) im besonderen und in bezug auf andere homines iusti im allgemeinen womöglich letzte Zweifeln angesichts der Anwendung nicht ganz transparenter Methoden in der Kriegsführung zu zerstreuen, führt Augustin eine weitere Überlegung an: „Wenn er aber einen gerechten Krieg begonnen hat, macht es hinsichtlich der Gerechtigkeit keinen Unterschied, ob er ihn durch eine offene Feldschlacht (oder) ob er ihn durch einen Hinterhalt gewinnt." Mit dieser Äußerung verwendet Augustin zum drittenmal innerhalb eines

---

[1086] Implizit bedenkt diese Äußerung bereits das Problem des bellum iustum ex utraque parte, auf welches explizit in der spanischen Spätscholastik u.a. F. de Vitoria in De iure belli eingehen wird, vgl. U. Horst, Vitoria 562/563, 566/567.

recht kurzen Abschnitts den Begriff iustum bellum. Diesmal ist er in Beziehung zu iustitia, zur Gerechtigkeit gesetzt, ohne diesen Begriff weiter zu erläutern. Aufgrund der kurz darauf verwendeten Formulierung „quid cuiqui fieri debeat" denkt Augustin vermutlich hierbei an die iustitia distributiva.[1087] Insgesamt ist nun aber Augustinus zu einem Dreiklang gelangt: Gerechter Krieg, gerechter Mensch und Gerechtigkeit (iustum bellum – homo iustus – iustitia). Damit ist scheinbar endgültig bestätigt, daß es einem gerechten Menschen, der im Auftrag Gottes einen gerechten Krieg zu führen hat, im Hinblick auf den Sieg unbenommen sei, die Methode des Hinterhaltlegens einzusetzen und daß dieses Vorgehen den Aspekt der Gerechtigkeit nicht berührt (nihil ad iustitiam interest). Somit wird unter den genannten Bedingungen des gerechten Krieges ganz konkret das Institut des Hinterhalts legitimiert. Daß ein solches Institut gebilligt wird und eine entsprechende Rezeptionsgeschichte ausgelöst hat, ist nur vor dem Hintergrund der entsprechenden Anordnung Gottes in Jos 8,2 zu verstehen. Denn wenn in späteren katholischen moraltheologischen Handbüchern von der Erlaubtheit des Legens eines Hinterhalts im Zusammenhang mit der Lehre des gerechten Krieges die Rede ist, können sich diese Handbücher inzwischen auf ein dementsprechend vorliegendes Völkerrecht berufen.[1088] Zwar erwähnen ihre Autoren nicht immer die biblische Textstelle aus Jos 8,2, die einmal dieses Völkerrecht mitbegründet hat, aber dem informierten Leser ist dieser Hintergrund bekannt. Somit schließt sich letztlich ein Kreis: Für die Begründung des Hinterhaltlegens bezieht sich Augustin und die Tradition nach ihm auf den entsprechenden Auftrag Gottes in Jos 8,2. Im Laufe der Zeit wird daraus so etwas wie geltendes Kriegs- und Völkerrecht. Auf dieses wiederum beziehen sich dann Theologen, welche das Legen eines Hinterhaltes als erlaubt ansehen und zu legitimieren versuchen.

2.1.2 Augustins Definition des gerechten Krieges vor dem Hintergrund von Jos 8

Nachdem Augustin dreimal kurz nacheinander den Terminus iustum bellum vor dem Hintergrund von Jos 8,2 wie selbstverständlich verwendet hat, sieht er sich jetzt in Verbindung seiner Erörterungen zu diesem Kontext

---

[1087] Wörtlich: „was einem jeden geschehen muß". Hierbei steht sicherlich die berühmte Formel Ciceros „tribuendoque suum cuique" (de off. I,15) im Hintergrund. Auf Cicero bezieht sich Augustin namentlich in De civitate dei, indem er ausführt: „Iustitia porro ea virtus est, quae sua cuique distribuit/Nun ist doch Gerechtigkeit die Tugend, die jedem das Seine zuteilt" (C. J. Perl), civ. 19,21.

[1088] „Während des Krieges ist alles erlaubt, was das Völkerrecht gestattet, z.B. Hinterhalt, Kriegslist, Abzeichen des Gegners tragen", F. A. Göpfert, Moraltheologie 200. „Bei der Kriegführung ist alles erlaubt, was zur Erreichung des Zieles notwendig oder nützlich ist, vorausgesetzt, daß es nicht durch göttliches Recht oder durch das Völkerrecht verboten ist. Es ist deshalb erlaubt, einen Hinterhalt zu legen oder sonst eine Kriegslist zu gebrauchen", H. Jone, Moraltheologie 177.

2. Josua und der gerechte Krieg 265

veranlaßt, selbst eine Definition des gerechten Krieges zu geben. Seine Definition, dies sei schon einmal vorweggenommen, hat bis in unsere Gegenwart hinein eine recht vielschichtige und tiefgreifende Rezeptionsgeschichte ausgelöst.[1089] Die Definition lautet näherhin: „Als gerechte Kriege aber pflegt man diejenigen zu definieren, welche Unrechtstaten rächen, wenn irgendein Stamm oder ein Staat, der durch Krieg getroffen werden soll, es verabsäumt haben sollte, entweder das zu ahnden, was von seinen (Stammes- oder Staats-)Angehörigen unrechtmäßig getan worden ist, oder das zurückzuerstatten, was durch Unrechtstaten weggenommen worden ist."[1090] Daß diese Definition in qu. 6,10 jetzt vor allem verallgemeinernden Charakter trägt, wie es eben für Definitionen kennzeichnend ist, wird kaum bestritten und läßt sich in diesem Falle auch an der nunmehr verwendeten pluralen Form des Ausdrucks „gerechte Kriege/iusta bella" ablesen. Durch diesen Numeruswechsel läßt sich dieser Begriff und damit die Definition auch auf andere als auf die Kriegszüge während der Landnahme unter Josua beziehen. Dennoch enthält diese Definition indirekte Hinweise darauf, daß sie vor dem Hintergrund des biblischen Textes von Jos 7 und 8 aufgestellt worden ist.[1091] Die Tötung Achans in Jos 7 wird in der Bibel damit begründet, daß er etwas von dem aus der Stadt Jericho beiseite geschafft hat, was auf Befehl Gottes der Vernichtung zu weihen war und letztlich allein Gott gehörte. Achan hatte also etwas unrechtmäßig weggenommen. In seinen Erörterungen zu Jos 7 verwendet Augustin in qu. 6,8 für diese Entwendung den Ausdruck „abstulerint" (vgl. Vg Jos 7,21 abstuli), einen Begriff, den auch die bellum-iustum-Definition enthält (ablatum est). Das sachliche tertium comparationis zwischen dieser Definition und der Tat Achans ist zum einen die unrechtmäßige Aneignung von Gegenständen und zum anderen, daß keine freiwillige Zurückerstattung erfolgt. Denn indem Achan diese Gegenstände von sich aus nicht zurückbringt, verletzt seine Tat die Ordnung[1092], was Folgen zeitigt: Die Landnahme des von Gott verheißenen Landes unter Josua

---

[1089] T. J. Weissenberg spricht von „Augustinus' Äußerung mit der größten Wirkungsgeschichte im Blick auf die ‚Lehre vom gerechten' Krieg", ders., Friedenslehre 147; vgl. R. H. W. Regout, doctrine 39–44.

[1090] „Iusta autem bella ea definire solent quae ulciscuntur iniurias, si qua gens vel civitas, quae petenda est, vel vindicare neglexerit quod a suis inprobe factum est, vel reddere quod per iniurias ablatum est", qu. 6,10. Wörtlich übersetzt lautet der Beginn dieser Definition: „Als gerechte Kriege aber pflegen diejenigen definiert zu werden". T. J. Weissenberg übersetzt diesen Satzteil mit: „Gerechte Kriege werden gewöhnlich allein auf solche begrenzt …", ders., Friedenslehre 147.

[1091] Vorab ist aber dazu noch einmal daran zu erinnern, daß Augustin die Bibel wohlgemerkt mehr im Sinne eines ethischen Lehrbuches versteht und sich in der Auslegung weniger am Wortlaut orientiert, sondern daß er ihn vielmehr als Anknüpfungspunkt u.a. für seine „zu weitreichenden, oft großartigen Spekulationen nutzende Betrachtrachweise" verwendet. Dies läßt sich konkret auch an seinen Ausführungen zu Jos 7 beobachten, vgl. H. Graf Reventlow, Epochen (Bd. II) 92.104.

[1092] Hierzu gilt es auch den Ordo-Gedanken bei Augustin zumindest zu berücksichtigen. Besonders konstitutiv ist seine Äußerung: „Pax omnium rerum tranquillitas ordinis", civ. 19,13.

droht ins Stocken zu geraten, und die ersten Toten auf israelitischer Seite sind bereits zu beklagen. Somit gilt es, den Übeltäter ausfindig zu machen, ihn durch die eigenen Leute (a suis) zu bestrafen und das unrechtmäßig Entwendete dem, der darauf einen rechtmäßigen Anspruch hat, zukommen zu lassen. Dies ist in Jos 7,23 angedeutet. Der Schriftbeweis ist quasi der, daß Israels selbst in vorbildlicher Weise einen seiner eigenen Übeltäter bestraft hat. Zudem nennt Augustin die befestigte Ortschaft Ai in qu. 6,11 durchweg civitas, wiederum ein Ausdruck, den seine bellum-iustum-Definition kennt.[1093]

Es läßt sich außerdem der plural-gefaßte Terminus iusta bella, der zusammen mit dem Ausdruck civitas in qu. 6,10 in einem Kontext steht, sowohl als intratextueller als auch als intertextueller Hinweis lesen. Als intratextueller Bezugspunkt läßt sich qu. 4,44 angeben. An dieser Stelle thematisiert Augustin die Verweigerung der Amoriter, daß Israel durch deren Land friedlich hindurchziehen darf. In dieser Ablehnung sieht Augustin eine Verletzung der gebotenen Neutralität durch die Amoriter und leitet daraus für Israel das Recht für einen gerechten Krieg gegen die Amoriter ab.[1094] Auch diese Erörterung Augustins mit dem in ihr verwendeten Begriff „Transitus innoxius" wird im Völkerrecht eine beachtliche Rezeptionsgeschichte entfalten.[1095]

Ein intertextueller Bezug hingegen ergibt sich zu De civitate dei 19,7. Beachtenswert ist dies deshalb, da es sich bei De civitate dei um ein Werk handelt, welches parallel zu den Quaestiones zum Heptateuch (Gen–Ri), wenngleich über einen längeren Zeitraum hinweg, entstanden ist. Vor diesem Hintergrund lassen sich einige Erörterungen in civ. 19,7 punktuell durchaus auch als eine Art Erläuterung zu den Landnahmeoperationen Josuas im allgemeinen und zu qu. 6,10 im besonderen verstehen. Nachdem sich Augustin in civ. 19,7 bezüglich der Art und Weise territorialer Ausbreitung von civitas und urbs sowie zu Methoden von Machtsicherung einer imperiosa civitas allgemein geäußert hat, schreibt er anschließend, indem er eine offenbar vorherrschende Meinung aufgreift: Lediglich der Weise (sapiens) führe ge-

---

[1093] In den heute ediert vorliegenden Vulgata-Ausgaben ist in bezug auf Ai neben den Ausdrücken urbs (Jos 7,5; 8,1.2.5.6.9.11.13.17.18.22.23.25.28) und oppidum (Jos 8,1.17) der Ausdruck civitas in Jos 7,3; 8,4.7.11.12.14.16.19.20.21.22.24.27.29 belegt. Dieser Befund vermag ansatzweise zu verdeutlichen, daß Augustins Entscheidung, Ai als civitas zu bezeichnen, nicht als alternativlos anzusehen ist. Jedoch ist zugleich unmißverständlich hinzuzufügen, daß Augustin zum einen die Itala bevorzugte (vgl. doctr. chr. II, 15.22) und daß zum anderen es heute nicht mehr möglich ist, „diese Übersetzung eindeutig mit einer der uns erhaltenen vorhieronymianischen lateinischen Fassungen zu identifizieren", K. Pollmann, Augustinus 226, Anm. 51. Das heißt, was Augustin in seiner Itala in Jos 7/8 an Begriffen vorfand, läßt sich nicht zweifelsfrei angeben.

[1094] „Notandum est sane quemadmodum iusta bella gerebantur. Innoxius enim transitus negabatur, qui iure humanae societatis aequissimo patere debebat/Wie durchaus zu erwähnen ist, wurden gerechte Kriege [von den Israeliten gegen die Amoriter] geführt. Ihnen wurde der friedliche Durchzug verweigert, der nach dem zuhöchst unparteiischen Recht der menschlichen Gemeinschaft offenstehen mußte", qu. 4,44/T. J. Weissenberg, Friedenslehre 392.

[1095] Vgl. E. Reibstein, Transitus innoxius 429–472; K.-H. Ziegler, Grundlagen 7.15.29.

2. Josua und der gerechte Krieg

rechte Kriege, zu denen er sich nur gezwungen sehen kann, wenn er seines Menschseins eingedenk ist bzw. bleibt.[1096] Diese Argumentationsfigur gleicht vom Ansatz her derjenigen in qu. 6,10, daß nur der gerechte Mensch (homo iustus) berechtigt ist, einen gerechten Krieg zu führen.[1097] Somit wird von civ. 19,7 her Josua indirekt noch einmal entschuldigt. Denn er sieht sich schließlich gezwungen, gerechte Kriege zu führen. Augustinus versucht in civ. 19,7, einen solchen Zwang grundsätzlich mit dem Hinweis auf mitmenschliche Empathie (humanus sensus) plausibel zu machen.

Auf diesen Aspekt ist gerade auch vor dem Hintergrund der Ausführungen Ciceros zum gerechten Krieg aufmerksam zu machen, die Augustinus kennt. Cicero weist in De officiis (de off.) ausdrücklich darauf hin, daß es einige Verpflichtungen auch dem Gegner gegenüber gibt, von welchem man Unrecht (iniuria) erfahren habe. Denn, so seine Begründung, es muß ein Maß (modus) im Rächen und Bestrafen bestehen.[1098] Sieht man sich Ciceros Äußerung noch einmal genauer an, so sind in ihr zwei wichtige Termini verwendet, die sich auch in Augustins Definition vom gerechten Krieg in qu. 6,10 nachweisen lassen.[1099] Dabei handelt es sich um das Verbum ulcisci (sich rächen) und um das Nomen iniuria (Unrecht). Somit lassen sich diese beiden Termini in den Ausführungen Augustins im Kontext der Führung eines gerechten Krieges als intertextuelle Bezugnahme auf Cicero deuten.

Um nun vor dem Hintergrund der Äußerungen Ciceros (Schonung des Gegners)[1100] die Kriegsführung Josuas einem gebildeten Leser gegenüber nicht als ungerecht und grausam erscheinen zu lassen, so daß man von einem „iniustum bellum" sprechen müßte, versucht Augustin in qu. 6,10 hinsichtlich der Kriegsführung Josuas eventuell noch aufkommende Zweifel aufzuheben. Hierzu führt er eine theologische Begründung an, um auch aus dieser Perspektive die Kriege Josuas als gerechte Kriege zu kennzeichnen. Denn daß sich Augustin einer Spannung zwischen den Aussagen Ciceros und der Kriegsführung Josuas insgesamt sehr wohl bewußt ist, läßt der Satz

---

[1096] „Sed sapiens, inquiunt, iusta bella gesturus est. Quasi non, si se hominem meminit, multo magis dolebit iustorum necessitatem sibi extitisse bellorum, quia nisi iusta essent, ei gerenda non essent, ac per hoc sapienti nulla bella essent/Sie sagen aber, daß der Weise lediglich gerechte Kriege führen wird. Ja, ist er, wenn er sich seines Menschseins erinnert, deshalb nicht um so mehr zu beklagen, da er sich zu gerechten Kriegen gezwungen sieht: wären sie nicht gerecht, müßte er sie ja gar nicht führen, und dann gäbe es auch für den Weisen keine Kriege" (C. J. Perl), civ. 19,7.
[1097] Gn. litt. 8,12 ist ein Beleg dafür, daß nach Augustin die Attribute iustus und sapiens gleichermaßen einem Menschen eigen sein können; vgl. auch serm. 160,1, aber negativ formuliert.
[1098] „Sunt autem quaedam officia etiam adversus eos servanda, a quibus iniuriam acceperis. Est enim ulciscendi et puniendi modus/Es sind aber einige Verpflichtungen auch gegen diejenigen zu beachten, von denen du Unrecht erlitten hast. Denn es gibt ein Maß im Rächen und Bestrafen", de off. I,34.
[1099] „S'inspirant sans doute de Cicéron (off. 1,34–37)", M.-F. Berrouard, Bellum 642.
[1100] Cicero sagt beispielsweise, daß nach Erringung des Sieges diejenigen zu begnadigen seien, die im Kriege nicht grausam und nicht unmenschlich waren (parta autem victoria conservandi ii, qui non crudeles in bello, non inmanes fuerunt, de off. I,35).

in qu 6,10 erkennen: „Aber auch diejenige Art des Krieges ist ohne Zweifel gerecht, die Gott befiehlt, bei dem es keine Ungerechtigkeit gibt ..." Ein Krieg ist also unter der Bedingung, daß ihn Gott befiehlt, immer ein gerechter Krieg, ganz gleich welche Methoden dabei angewendet werden. Dabei deutet das adversative „aber" einen Bruch mit dem vorher Gesagten an. Augustin bemüht sich darum, einen Gegensatz zwischen seiner von Cicero her inspirierten Definition und dem biblischen Befehl Gottes an Josua aufzuheben. Was den Krieg zu einem gerechten macht, ist im direkten Befehl Gottes begründet. Daran könne schon deshalb kein Zweifel bestehen, weil, so die Begründung, es bei Gott „keine Ungerechtigkeit gibt". Dem entspricht, daß der Anführer eines Heeres (ductor belli) oder das Volk (popolus), welches einen solchen Krieg führt, nicht der Urheber des Krieges (auctor belli) ist. Dieser ist ja erklärtermaßen Gott. Dabei zeigt der Sprachgebrauch, woher Augustin seine Vorstellungen genommen hat. Er nennt den „Anführer des Heeres" und das „Volk" als die zwei Agenten eines von Gott angeordneten Krieges. Damit nimmt er noch einmal auf Josua und das Volk Israel Bezug. Sonst hätte er ja auch von einem Herrscher oder König statt von einem Heerführer sprechen können. Daß er durchaus auch an Josua und das Volk Israel denkt, erhellt nicht zuletzt aus der dieses Thema und den Abschnitt qu. 6,10 insgesamt abschließenden Bemerkung: Heerführer und Volk seien als Minister Gottes bzw. als von ihm beauftragte Vollstrecker des Krieges anzusehen. Daß hierbei die Frage der Verantwortung der Heerführer und des Volkes ausgeblendet ist, liegt im Genus des Gotteskrieges.[1101]

Mit Blick auf die Argumentationsführung in qu. 6,10 ist abschließend noch einmal herauszustellen, daß mit ihr Augustin letztlich zwei Genera eines christlich legitimierten gerechten Krieges begründet. Zum einen den, bei welchem es um Abwehr und/oder Wiedergutmachung eines angerichteten Schadens geht. Ein solcher Sachverhalt läßt sich grundsätzlich von allen Beteiligten überprüfen. Zum anderen begründet er den religiös motiviert gerechten Krieg, der auf einen direkten Gottesspruch zurückgeht und der zudem auf menschlicher Seite den Verantwortungsbereich für die verübten Taten sehr in den Hintergrund treten läßt. Der Grund für einen solchen Krieg kann nicht mehr von allen nachgeprüft werden. Schon allein die Frage, wie Gott zu jemandem spricht, dürfte heftige Kontroversen auslösen.

Schließlich bleibt festzuhalten: Beide Kriegsarten können viele Schnittpunkte gemeinsam haben, aber sie sind keineswegs von vornherein kongruent. Beide Kriegstheoreme, sowohl der von Gott angeordnete als auch der zur Abwehr und/oder zur Wiedergutmachung unternommene gerechte Krieg, aufgestellt und definiert vor dem Hintergrund von Jos 7 und 8, haben

---

[1101] „... die Schuldlosigleit der Kriegführenden bezieht sich daher auf die explizit von Gott den Patriarchen und Propheten befohlenen Kriege des Alten Testaments und nicht auf jedweden ‚gerechten Krieg'", T. J. Weissenberg, Friedenslehre 456.

bis in die Gegenwart hinein je verschieden ambivalent gewirkt, nicht nur innerhalb der christlichen Theologie. Letzteres Theorem ist lange Zeit in der völkerrechtlichen Diskussion nicht nur präsent geblieben, sondern es ist den jeweiligen Herausforderungen entsprechend weiterentwickelt worden. Selbst heute noch wird es jenseits des geltenden Völkerrechts von einigen wenigen Theolgen zur Rechtfertigung des Einsatzes militärischer Mittel herangezogen.[1102]

3. Fazit

Augustin verwendet wie Clemens, Barnabas, Justin und Origenes für den Namen Josua nur die gräzisierte Namensform Iesus, meist ohne erläuternden Zusatz. Er ist wie seine Vorgänger davon überzeugt, daß der alttestamentliche Iesus (Josua) der Typos für Jesus Christus ist (qu. 4,53).

Entscheidend ist für Augustin, daß Gott (deus) selbst es ist, der Iesus (Josua) befiehlt, einen Hinterhalt (insidiae) zu legen, um auf diese Weise die Stadt Ai zu erobern. Gott wird so zum unangefochtenen Begründer der Kriegslist (qu. 6,10). Dies hat eine bis in die Gegenwart vielschichtige Rezeption gefunden. Des weiteren darf nur ein wahrhaft gerechter Mensch (homo iustus) einen gerechten Krieg (iustum bellum) führen. Dabei kommt es nicht darauf an, ob eine Kriegslist angewandt wird oder nicht. Denn sie tut der Gerechtigkeit (iustitia) keinen Abbruch. Von daher stellt Augustin hinsichtlich des Krieges die Trias „gerechter Mensch", „gerechter Krieg", „Gerechtigkeit" zusammen. Außerdem läßt sich mit Blick auf civ. 19,7 sagen, daß der Gerechte bzw. der Weise nur widerstrebend einen gerechten Krieg führt, da dies seinem Wesen widerspricht. Das Leitbild für einen gerechten Menschen in bezug auf den gerechten Krieg gibt Josua ab.

In diesem Kontext formuliert Augustin in Anlehnung an Cicero (cuique fieri) die Definition des gerechten Krieges (qu. 6,10). Diese Definition steht somit im Spannungsfeld zwischen dem Befehl Gottes an Josua (Jos 8,2) und den Äußerungen Ciceros zu den Themen gerechter Krieg, Kriegsrecht (iura belli) und Schonung des Gegners. Denn Begriffe wie auferre, civitas, iniuria, iustum bellum/iusta bella und ulcisci, die Augustin in seinen Ausführungen zu Jos 8,2 aufgreift, lassen sich auch bei Cicero im Kontext seiner Ausführungen zum gerechten Krieg nachweisen.

Josua kann u.a. auch deshalb bei Augustin als ein gerechter Mensch (homo iustus) gelten, der die gerechten Kriege widerspruchsfrei zur Gerechtigkeit (iustitia) führt, da Gott selbst, bei welchem es keine Ungerechtigkeit (iniquitas) gibt, den gerechten Krieg befiehlt (deus imperat). Auf diese Weise ist Gott im Einklang mit dem biblischen Befund in Jos 1–12 der auctor belli

---

[1102] Vgl. R. Land, Die Zeit ruft nach Gewalt, in: Rheinischer Merkur Nr. 7, 13. Februar 2003, 28.

und Josua der minister belli, der den Befehl Gottes vollstreckt. Dies gilt darüber hinaus für alle von Gott befohlenen Kriege und ihre Vollstrecker. Da mit Blick auf Augustins iustum-bellum-Definition offenbar nicht jeder gerechte Krieg einen ausdrücklichen Befehl Gottes voraussetzt, begründet er letzten Endes zwei Arten (genera) des gerechten Krieges. *Zum einen* handelt es sich um die eher an Cicero angelehnte Auffassung eines gerechten Krieges, der dann geführt wird, wenn das durch einen „Stamm" oder durch eine „Stadt" widerrechtlich Weggenommene nicht seinem rechtmäßigen Besitzer zurückgegeben wird oder wenn eine Gemeinschaft es unterläßt, einen sich in ihren Reihen befindlichen Übeltäter zu bestrafen. Anklänge an Jos 7 und 8 sind auch hier nicht zu überhören. Auch deuten sich bereits die später unter dem Stichwort causa iusta (gerechter/gerechtfertigter Grund zum Krieg) diskutierten Präzedenzfälle an. *Zum anderen* gibt es den gerechten Krieg, den Gott ausdrücklich befiehlt. Nähere Gründe aber, die Gott dazu veranlassen könnten, werden von Augustin nicht genannt oder gar erläutert (qu. 6,10). Dies erübrigt sich im Grunde auch insofern, als bei Gott eben keine iniquitas zu finden ist. Gerade auch diese zweite Art des gerechten Krieges wird in der Rezeptionsgeschichte immer wieder zum Tragen kommen. Denn nicht zuletzt der Beginn des ersten Kreuzzuges wird mit der Formel „Deus vult" in Verbindung gesetzt bzw. ist durch diese Formel zu legitimieren versucht worden.[1103]

Zudem hat sich immer wieder gezeigt, daß bezüglich der so überaus folgenschweren, klassisch gewordenen Definition des gerechten Krieges einerseits und der von Gott selbst angeordneten gerechten Kriege anderseits vom Buch Josua als konkretem Hintergrund und Ideengeber nicht ohne weiteres abstrahiert werden kann.

Ein Indiz dafür, daß Augustin schließlich nichts von seinen Ausführungen zum gerechten Krieg in qu. 6,10 berichtigt oder gar von ihnen zurückgenommen sehen will, ist, daß eine entsprechende Äußerung in den wenige Jahre später verfaßten Retractiones (426/427), der von ihm selbst noch einmal unternommenen strengen Durchsicht seiner Werke, nicht belegt ist.

[1103] Es sei daran erinnert, daß es sich bei den acht Berichten, die vorgeben, den Aufruf zum ersten Kreuzzug von Papst Urban II. 1095 in Clermont wiederzugeben, um keine authentischen Mitschriften des Aufrufs selbst, sondern um recht unterschiedliche, erst spätere, teils ausschmückende Aufzeichnungen handelt, die allesamt nach Beendigung des ersten, aus Sicht der westlichen Kirche erfolgreichen Kreuzzuges verfaßt worden sind.

X. Ausblick auf die weitere Rezeptionsgeschichte

In der Moraltheologie und bei dem sich herausbildenden Völkerrecht hat das Buch Josua immer wieder eine Rolle gespielt, weil man danach gefragt hat, ob Kriegführung erlaubt sei, welche Methoden dabei als zulässige angewendet werden können und ob man Unschuldige töten dürfe. Denn das Josuabuch konnte als Teil der Heiligen Schrift nicht außer Acht gelassen werden.

Über lange Zeiträume hinweg war man auch von der Historizität der in der Schrift berichteten Ereignisse überzeugt.[1104] Noch A. Schulz war der Auffassung, daß sich im Buch Josua Hinweise finden ließen, „daß der Verfasser an den Ereignissen teilgenommen hat".[1105]

Im folgenden Abschnitt wird ein Überblick darüber gegeben, inwiefern man in der Zeit der Scholastik bis Hugo Grotius das Buch Josua in bezug auf Fragen von Krieg und Frieden als normative Bezugsgröße herangezogen und auf welche Aspekte man sich in einzelnen konzentriert hat.

1. Zeit der Scholastik

1.1 Decretum Gratiani (ca. 1140)

Der Kamaldulensermönch Gratian gilt als Begründer der kirchlichen Rechtswissenschaft. Nachdem er verschiedene kirchliche Rechtsammlungen gesichtet und systematisiert hatte, gab er um 1140 ein Werk heraus, welches man aufgrund seiner Rechtsmaterien harmonisierenden Vorgehensweise „concordia discordantium canonum" und alsbald einfach nur Decretum Gratiani nannte. Auch wenn dieses Werk als eine reine Privatarbeit galt[1106], besaß es das gesamte Mittelalter hindurch hohes Ansehen.

Im Decretum Gratiani wird auch der nach Jos 8 erlaubte Hinterhalt thematisiert. Der Zusammenhang mit der Lehre vom gerechten Krieg wird beibehalten wie bei Augustinus. Denn dieses Decretum knüpft ausdrücklich

---

[1104] Auch am Beginn des 20. Jh. sind noch entsprechende Anfragen an die päpstliche Bibelkommission so beantwortet worden, daß die Bücher der heiligen Schrift, die als historisch gelten (qui pro historicis habentur), grundsätzlich auch als solche zu lesen seien. Nicht „leichtfertig" sollte einem heiligen Schriftsteller unterstellt werden, er wolle nicht von einem geschichtlichen Ereignis berichten, sondern für ihn wäre es ein Gleichnis, eine Allegorie oder irgendein anderer Sinngehalt (parabolam, allegoriam, vel sensum aliquem) fern der historischen Bedeutung, vgl. DH 3373.

[1105] A. Schulz, Josue 3.

[1106] Erst 1582 ist das Decretum Gratiani durch Papst Gregor XIII. für authentisch erklärt worden, nachdem es von sogenannten Correctores Romani überarbeitet worden war, vgl. F. W. Bautz, Gratian 288.

mit der Überschrift „Nichil interest ad iusticiam, sive aperte sive ex insidiis aliquis pugnet" an Augustinus an und zitiert ihn mit wenig abgeänderten Worten aus qu. 6,10: „Dominus Deus noster iubet ad Iesum Naue, ut constituat sibi retrorsus insidias, id est insidiantes bellatores ad insidiandum hostibus. Hinc admonemur, hoc non iniuste fieri ab his, qui iustum bellum gerunt ..." (C.23 q.2 c.2).[1107] Da der in dieser Textstelle verhandelte Sachverhalt des erlaubten Hinterhaltlegens unkommentiert von Gratian übernommen wird, ist dies als Zustimmung zu werten. Zu notieren ist weiter, daß Gratian im Unterschied zu Augustin hinter dem Namen Iesus die Näherbestimmung Naue hinzusetzt. Dies ließe sich in einer Rechtsammlung wie folgt begründen: Es ist offensichtlich erforderlich geworden, Verwechslungen mit Jesus, dem Christus, von vornherein auszuschließen. Denn bei Gratian geht es im Hinblick auf den gerechten Krieg vor allem um das Kriegsrecht. Von daher besitzt er auch kein Interesse an theologischen Spekulationen, welche sich vielleicht an der Namensgleichheit Jesus (Josua)/Jesus Christus orientieren. Er möchte vielmehr hinsichtlich des Rechts und mit Blick auf Kanonisten für klare Unterscheidungen sorgen. Jedoch geht aus seiner auch in bezug auf die Kriege Josuas abschließenden Bemerkung unmißverständlich hervor, daß für ihn ebenfalls die Kinder Israels gerechte Kriege geführt haben.[1108]

1.2 Thomas von Aquin (1224–1274)

Das wohl bedeutendste und bekannteste Werk des Theologen und Philosophen Thomas von Aquin ist die Summa theologiae. In diesem Werk geht es insgesamt um die Vermittlung der Gotteserkenntnis, wobei sich besonders der wohl noch vor Dezember 1271 abgeschlossene Teil Secunda Secundae mit speziellen Fragen der Moraltheologie auseinandersetzt. Gerade auch dieser Teil war es, der breite Aufmerksamkeit fand.

In der Secunda Secundae setzt sich der Dominikaner Thomas von Aquin in der Quaestio 40 im ersten Artikel mit der Frage auseinander, ob Kriegführen erlaubt bzw. immer Sünde sei. In seinem Antwortteil (Respondeo) greift er die Lehre vom gerechten Krieg (bellum iustum) auf und systematisiert sie. Dabei zitiert er in seiner Antwort unter ausdrücklicher Quellenangabe Augustin mit seiner bellum-iustum-Definition.[1109] Einen direkten Hinweis aber auf Jos 8 bringt der Aquinate nicht an. Bemerkenswert hingegen ist, daß Thomas die bellum-iustum-Definition unter der Kategorie des gerechten Grundes (causa iusta) anführt und Augustins Definition mit den Worten

---

[1107] A. Friedberg, Corpus 894.
[1108] „quomodo a filiis Israel iusta bella gerebantur", C. 23 q. 2 c. 2.
[1109] „Unde Augustinus dicit, in libro Quaestionum in Heptateuchum", STh II-II q.40,1 resp. (J. Enders, Thomas 84).

1. Zeit der Scholastik

einführt: „Es müssen nämlich diejenigen, die mit Krieg überzogen werden, dies einer Schuld wegen verdienen. Deshalb sagt Augustinus …".[1110] Bleibt man des Kontextes eingedenk, in welchem Augustin seine Definition aufstellt (Jos 8), so schwingt mit diesem Hinweis auf die Schuld (propter aliquam culpam) auch jetzt noch eine Rechtfertigung mit, weshalb Völker und Städte während der Landnahme zu vernichten waren. So führt Thomas mit Blick auf die Kriegsgesetze der Israeliten (Dtn 20) an anderer Stelle aus: „In den benachbarten Städten jedoch, die ihnen zugesagt waren, mußten alle getötet werden wegen ihrer früheren Missetaten, zu deren Bestrafung der Herr das Volk Israel gleichsam als Vollstrecker der göttlichen Gerechtigkeit sandte".[1111] Von daher verwandelt sich in dieser Perspektive die Landnahme zu einer Strafaktion seitens Gottes für begangene Vergehen. Selbst ein Hugo Grotius wird später noch eine ähnliche Sicht auf diese Dinge haben.[1112]

Der Aquinate widmet in jener Quaestio 40 der Frage des Hinterhaltlegens ein eigenes Kapitel, welcher man die Überschrift gegeben hat: „Utrum sit licitum in bellis uti insidiis/Ist es im Krieg erlaubt, sich eines Hinterhalts zu bedienen?" (STh II-II q. 40,3). Als erstes führt er Argumente an, weshalb es nicht erlaubt sei, einen Hinterhalt zu legen. Im „sed contra"[1113], das eine Antithese zu den vorausgegangenen Argumenten bildet, bezieht er sich ausschließlich auf Augustins Äußerung aus dem libro Quaestionum in Heptateuchum (qu. 6,10). Diesmal wird deutlich auf Jos 8 verwiesen. Näherhin ist das „sed contra" so strukturiert, daß Thomas zuerst Augustin selbst zu Wort kommen läßt, indem er den entsprechenden Passus aus qu. 6,10 fast wörtlich zitiert: „Andererseits sagt Augustinus: ‚Wenn ein gerechter Krieg unternommen wird, spielt es für die Gerechtigkeit keine Rolle, ob einer offen kämpft oder aus dem Hinterhalt heraus'".[1114] An diese Aussage fügt Thomas ausdrücklich den Hinweis an: „Er (Augustin, ThRE) beweist das mit der Autorität des Herrn, der dem Josue befahl, daß er den Einwohnern der Stadt Hai einen Hinterhalt lege (Jos 8,2)".[1115] Somit erinnert Thomas noch einmal daran, daß das Institut des Hinterhaltlegens gegenüber dem militärischen

---

[1110] „ut scilicet illi qui impugnantur propter aliquam culpam impugnationem mereantur. Unde Augustinus dicit", STh II-II q. 40,1 resp. (J. Enders, ebd. 84).

[1111] „Sed in civitatibus vicinis, quae erant eis repromissae, omnes mandabantur interfici, propter iniquitates eorum priores, ad quas puniendas Dominus populum Israel quasi divinae iustitiae executorem mittebat", STh I-II q. 105,3 ad quart (O. H. Pesch, Thomas 458).

[1112] In de iuri belli ac paci sagt Hugo Grotius: „Die Geschichte der sieben Völker, welche Gott den Israeliten zur Vertilgung übergab, will ich nicht für mich anführen; denn es war dies ein besonderer Befehl zur Vollstreckung eines Urteils, welches Gott gegen jene Völkerschaften gefällt hatte, die der schwersten Verbrechen schuldig waren." (DIBP I 2, 2.1), W. Schätzel, Hugo Grotius 60.

[1113] Das „sed contra" gibt jedoch noch nicht die Lehre des Thomas selbst wieder.

[1114] „Sed contra est quod Augustinus dicit, in libro Quaestionum in Heptateuchum: ‚Cum iustum bellum suscipitur, utrum aperte pugnet aliquis an ex insidiis, nihil ad iustitiam interest'", STh II-II q.40,3 contra (J. Enders, Thomas 93).

[1115] „Et hoc probat auctoritate Domini, qui mandavit Iosue ut insidias poneret habitatoribus civitatis Hai, ut habetur Jos 8", STh II-II q.40,3 contra (J. Enders, ebd. 93).

Gegner in Jos 8 insbesonders von Gott selbst legitimiert worden sei. Josua darf sich von daher des Hinterhaltlegens aufgrund göttlicher Anordnung bedienen. Gilt dies auch für andere?

In seiner Antwort (Respondeo) auf Argumente und Gegenargument[1116] gelangt Thomas bezüglich jener Fragestellung zu einem differenzierten Ergebnis. Eine falsche Auskunft dem Feind (hostes) gegenüber oder ein Versprechen, welches nicht gehalten wird, ist immer unerlaubt (semper est illicitum). Hingegen ist man nicht immer verpflichtet, jemanden seine Vorhaben und Gedanken mitzuteilen. Dadurch lassen sich einige täuschen. Ein solches Vorgehen hält Thomas besonders (nicht-christlichen) Feinden gegenüber für geboten: „Um so mehr ist das, was wir zur Bekämpfung der Feinde vorbereiten, diesen zu verheimlichen ... Diese Verheimlichung gehört zu der Art von ‚Hinterhalt', die im gerechten Kriege erlaubt ist."[1117] Mit dieser Deutung schränkt Thomas anscheinend das legitime Institut des Hinterhaltlegens auf das Verheimlichen von Kriegsplänen ein. Daraus folgt zweierlei: Einerseits wird auf diese Weise der direkte Befehl Gottes an Josua, einen Hinterhalt zu legen, auf Josua beschränkt. Anderseits modifiziert Thomas Augustin insofern, als er das Hinterhaltlegen auf das Verheimlichen von Kriegsplänen einschränkt. Das heißt, im militärischen Kontext will Thomas unter dem Legen eines Hinterhaltes das Verheimlichen von Kriegsplänen dem Gegner gegenüber verstanden wissen. Gezielt falsche Auskünfte und gebrochene Versprechen werden unmißverständlich als unerlaubt gekennzeichnet.

In seiner Summa kommt der Aquinate nur einmal kurz auf das sogenannte Sonnenwunder des Josua zu sprechen. Vor dem Hintergrund der Debatte, ob Mose nicht der hervorragendste Prophet gewesen sei, fügt er als ein mögliches Gegenargument (objectio) am Beginn an zweiter Stelle an (2. Praeterea): „Es sind größere Wunder gewirkt worden durch Josue, der Sonne und Mond stehen ließ."[1118] Auch wenn von daher Josua größere Zeichen (signa ... majora) als Mose vollbracht hat, so sind dessen Wunder (miracula) für Thomas dennoch größer, da er sie für das ganze Volk gewirkt hat. Interessant ist in dieser Diskussion, daß Thomas Josua der Kategorie der Propheten zuordnet. Während es im eingangs vorgebrachten Gegenargument noch offenbleibt, ob er Josua als einen Propheten ansieht, so subsummiert er in der konkreten Antwort (ad secundum) auf den zweiten Einwurf Josua unter „Propheten".[1119] Somit gibt es von der Zuordnung her formal eine Überein-

---

[1116] „Et per hoc patet responsio AD OBJECTA", STh II-II q. 40,3 resp. (J. Enders, ebd. 94).
[1117] „Unde multo magis ea quae ad impugnandum inimicos paramus sunt eis occultanda ... Et talis occultatio pertinet ad rationem insidiarum quibus licitum est uti in bellis iusti", STh II-II q.40,3 resp. (J. Enders, Thomas 94).
[1118] „Majora miracula facta sunt per Josue, qui fecit stare solem et lunam, ut habetur Jos 10", STh II-II q 174,4 (U. von Balthasar, Summa 92).
[1119] „Ad secundum dicendum quod illa signa illorum Prophetarum fuerunt majora secundum substantiam facti: sed tamen miracula Moysi fuerunt majora secundum modum faciendi, quia

1. Zeit der Scholastik

stimmung zwischen Thomas und jüdischer Bibeleinteilung, welche das Buch Josua zu den vorderen Propheten (נביאים הראשנים) zählt.

1.3 Johannes de Lignano (1320–1383)

Der Kanonist Johannes de Lignano (Giovanni da Legnano) war Jurist und Professor an der Universität zu Bologna, wo vor ihm auch Gratian lehrte. In seinem 1360 verfaßten Tractatus de bello (TDB), weshalb er gelegentlich sogar als Kriegstheoretiker bezeichnet wird[1120], unterstreicht er den Zusammenhang zwischen dem Buch Josua und Augustins Lehre des gerechten Krieges.

In Verbindung mit dem Themenkreis, welchen Ursprungs Kriege sind und welchen Zweck sie vermutlich haben, sieht er im Krieg u.a. ein von Gott verwendetes Medikament/Heilmittel (medicamen), welches er beispielsweise gegen die „Sodomitische Krankheit" eingesetzt hat.[1121] Von einer solchen Perspektive aus wird u.a. die Vernichtung der Städte Sodom und Gomorra gedeutet. Johannes de Lignano ordnet es ebenfalls der Kategorie kriegerisches Heilmittel (medicamen bellicum) zu, wenn Gott Josua befiehlt, der Stadt Ai einen Hinterhalt zu legen, um sie anschließend zu vernichten. Dem Bild der Heilung entsprechend, dient ein derartiges Vorgehen dazu, das „Übel an der Wurzel herausreißen" bzw. „auszurotten" (ut eradicentur delicta). In bezug darauf zitiert er vor dem Hintergrund von Jos 8 die bekannte Äußerung Augustins aus qu. 6,10, daß Gott selbst dem Josua befahl, einen Hinterhalt zu legen.[1122] Hierbei verdient vor allem Beachtung, daß de Lignano im Anschluß an das Augustinuszitat folgende Verbindung expressis verbis knüpft: „Et Augustinus, in libro Qaestionum super verbis Iosuae, ‚Iusta autem bella definiri solent quae ulciscuntur iniuris', id est delictorum excessus". Johannes de Lignano erblickt somit vor dem Hintergrund von Jos 8 die Aufgabe und das Ziel eines gerechten Krieges, wie ihn Augustin definiert, darin, Übel zu beseitigen. Somit geht er davon aus, daß die Stadt Ai es selbst verabsäumt habe, von ihren Bewohnern begangenes Unrecht zu ahnden und von daher auch einen gegen sie gerichteten gerechten Krieg verdient habe. Ausdrücklich hebt Johannes de Lignano hervor, daß Gott einen solchen gerechten Krieg nicht nur gestattet, sondern ihn vielmehr befiehlt.[1123] Diese

---

sunt facta toti populo/Zu 2. Jene Zeichen jener Propheten waren größer nach dem Tatbestand; doch waren die Wunder des Mose größer nach der Weise des Wirkens, weil sie für das ganze Volk geschahen", STh II-II q 174,4 (U. von Balthasar, Summa 94).

[1120] Vgl. P. Thorau, Lignano 1977.
[1121] „propter excessivum morbum Sodomae Deus usus est medicamine bellico", TDB X (T.E. Holland, Legano 87).
[1122] „De isto etiam medicamine bellico, scribitur Iosuae VIII cap., nam ibi Dominus Noster iubet (ad Iesum nave) ut constituat sibi retrorsum insidias, id est insidiantes bellatores, ad insidiandum hostibus", TDB X (T.E. Holland, ebd. 87).
[1123] „Non dicit ‚permittit', immo imperat", TDB X (ders. ebd. 87).

Begebenheit aus dem Buch Josua faßt de Lignano mit den Worten zusammen: „Et sic clare demonstratur Deum, ut medicum altissimum, et conservatorem universi, bella imperare, ut eradicenter delicta".[1124] Gott in seiner Eigenschaft als höchster Arzt befiehlt also Kriege, damit Übel ausgerottet werden.

Auf das Hinterhaltlegen kommt Johannes de Lignano noch einmal im 62. Kapitel seines Traktates zu sprechen, wenn er sich der Frage zuwendet: „Ist es in Kriegen erlaubt, einen Hinterhalt zu legen?"[1125] Bezüglich der Erlaubtheit des Hinterhaltlegens beruft sich de Lignano wiederum auf Augustinus (qu. 6,10) und fügt als Schriftbeweis das entsprechende 8. Kapitel des Buches Josua an. Seine weiteren Ausführungen zeigen, daß er sich in der Argumentationsführung dann aber sehr eng an Thomas orientiert, auf den er sich mit Angabe der Quelle aus der Summa theologiae II-II q.40,3 insbesondere beruft.[1126] Konkret heißt dies, daß Kriegspläne dem Gegner gegenüber verheimlicht werden dürfen. Eine solche Verheimlichung kann man sinngemäß „Hinterhalt" nennen, und dies ist in einem gerechten Krieg erlaubt.

Zusammenfassend läßt sich sagen, daß Jos 8 im Anschluß an die Tradition auch bei Johannes de Lignano im Zusammenhang mit der Lehre des gerechten Krieges und der Frage nach der Erlaubtheit des Hinterhaltlegens eine wichtige biblische Belegstelle bildet. Einerseits steht für ihn außer Frage, daß Gott befiehlt, Kriege gegen andere zu unternehmen, wobei stets vorausgesetzt ist, daß die Angegriffenen sie auch verdient haben. Anderseits folgt er der Argumentation des Thomas, daß dem militärischen Gegner gegenüber zwar keine falschen Angaben gemacht werden dürfen, da sonst ein gegenseitiges Grundvertrauen abhanden kommt, daß aber dem Feind gegenüber Absichten und Pläne verheimlicht werden dürfen. Dies ist dann ein erlaubter „Hinterhalt".

2. Zeit der Spanischen Spätscholastik

Die frühneuzeitlichen völkerrechtlichen Diskussionen vor allem in der Spanischen Spätscholastik sind herausgefordert und geprägt durch vielfältige Umbrüche und neue Problemstellungen wie Entdeckung und Eroberung des indianischen Kontinents, Entwicklung neuer Waffentechnologien und Kriegsführungsarten (Söldnerheere), Beginn des konfessionellen Zeitalters und Auseinandersetzungen mit dem osmanischen Imperium. Dieser hier angedeutete Zeitkontext wirkt sich auf die Kommentierung der Quaestio 40 der Summa theologiae II-II des Aquinaten aus. In diesem Kontext wird die Lehre des gerechten Krieges nicht nur im Hinblick auf die Eroberungen

---

[1124] TDB X (ders. ebd. 87).
[1125] „An in bellis sit licitum insidiari?", TDB LXII (T. E. Holland, Legnano 125).
[1126] Vgl. TDB LXII (ders. ebd. 125).

2. Zeit der Spanischen Spätscholastik

Amerikas instrumentalisiert[1127], sondern weiterentwickelt. Dies betrifft vor allem das Recht im Krieg (ius in bello) zu. Hierbei kommt der Frage nach der Erlaubtheit der Tötung Unschuldiger wesentliche Bedeutung zu. Vor diesem Hintergrund ist auffällig, daß in den völkerrechtlich-theologisch geprägten Diskussionen nicht zuletzt die Einnahme Jerichos unter Josua immer wieder als biblischer Beleg dafür genannt wird, daß Unschuldige direkt getötet werden können (vgl. Jos 6,17.21). Beachtung verdient hierbei nun, wie einige führende spanische Theologen diesen gleichsam biblischen Schriftbeweis einhegen und entkräften.

2.1 Francisco de Vitoria (1483–1546)

Der Dominikaner Francisco de Vitoria, ein Zeitgenosse Martin Luthers, war von 1526–1546 Inhaber des Ersten theologischen Lehrstuhles an der Universität von Salamanca. In dieser Eigenschaft hält er 1539 zwei Vorlesungen, auch Doppelvorlesungen genannt, mit dem Titel De indis und De iure belli.[1128] In De iure belli[1129] erörtert Vitoria im zweiten Hauptteil mit der quaestio quarta das Problem: „Wie viel ist in einem gerechten Krieg erlaubt?"[1130] Die sich aus dieser Hauptfrage ergebenden Einzelfragen werden von Vitoria als „Zweifel" (dubium) bezeichnet. Näherhin wird der Katalog der zu diskutierenden Punkte, welcher der Erörterung vorangestellt ist, mit der Frage eröffnet: „Der erste und in der Tat berechtigte Zweifel lautet: Darf man in einem Krieg Unschuldige töten?"[1131] Diese Frage wird dann in ihrer Diskussion en Detail noch einmal aufgriffen. Bezeichnenderweise lautet gleich der erste Satz der von Vitoria darauf gegebenen Antwort im Sinne eines biblischen Befundes: „Man kann beweisen, daß dies (Unschuldige zu töten, ThRE) erlaubt ist, weil die Söhne Israels in Jericho kleine Kinder töteten – dies ist Jos 6,20f. offenkundig – und Saul später in Amalek Kinder tötete. Beides geschah mit Ermächtigung und auf Geheiß des Herrn, wie 1 Sam 15,8 steht. *Alles, was aufgeschrieben wurde, wurde zu unserer Belehrung auf-*

[1127] Vgl. M. Gillner, Bartolomé 185–207.
[1128] Vgl. F. Dominguez, Vitoria 831.
[1129] F. de Vitoria selbst hat nichts veröffentlicht. Seine heute gedruckt vorliegenden Vorlesungen gehen auf Mitschriften zurück, die seine Hörer während der Vorlesungen angefertigt haben. Daß es sich um Mitschriften handelt, läßt sich auch dem Kolophon zu De iure belli entnehmen: „Hier endet die zweite Indianervorlesung des überaus verehrungswürdigen Vaters und hochgelehrten Meisters Bruder Francisco de Vitoria. Er hielt sie zu Salamanca am 19. Juni 1539 zum Lobe des allmächtigen Gottes und der allseligen Jungfrau Maria, dessen Mutter, und zur Belehrung für unsere Mitmenschen", U. Horst, Vitoria 605. Darüber hinaus waren die in De indis und De iure belli behandelten Fragen anscheinend so brisant, daß diese Vorlesungen erst nach seinem Tode 1557 in Lyon gedruckt worden sind, vgl. F. Dominguez, Vitoria 831.
[1130] „Quantum liceat in bello iusto" (DJB q IV), U. Horst, Vitoria 580/581.
[1131] „Primum dubium et bonum profecto, an liceat in bello interficere innocentes" (DJB q IV), U. Horst, ebd. 580/581.

geschrieben(¹¹³²). Also wird es jetzt erlaubt sein, Unschuldige zu töten, sofern es sich um einen gerechten Krieg handelt".[1133] Anders gesagt, die Einnahme der Stadt Jericho unter Josua könne jetzt als ein wichtiges Argument dafür dienen, Unschuldige töten zu dürfen, wenn es Gott befiehlt.

In der sich daran anschließenden diskursiven Behandlung dieses „Zweifels" (dubium) geht Vitoria auf diese Aussage näher ein und argumentiert u.a. ebenfalls mit Schriftzitaten, daß es niemals an sich erlaubt sei, einen Unschuldigen zu töten.[1134] Dieses „an sich" (per se) läßt somit den grundsätzlichen Charakter dieser Aussage und Argumentationsführung erkennen. Das heißt, in einem gerechten Krieg kann man sich nicht von vornherein auf das Buch Josua im Hinblick auf die Tötung von Unschuldigen berufen. Denn Vitoria weist ausdrücklich darauf hin, daß die Tötung Unschuldiger, so wie sie im Buch Josua berichtet wird, auf einen besonderen Auftrag bzw. Befehl Gottes (speciale mandatum) zurückzuführen ist.[1135] Ein solcher besonderer Befehl Gottes muß also vorliegen. Die weitere Schlußfolgerung daraus ist, daß mit einem solchen direkten Befehl Gottes selbst in gerechten Kriegen nicht ohne weiteres zu rechnen ist. Anders gewendet ließe sich sagen: Wenn ein ausdrücklicher und direkter Befehl Gottes vorläge, auch Unschuldige zu töten, wären sie zu töten. Daß Gott einen solchen Befehl durchaus geben kann, wird von Vitoria zudem mit dem Hinweis auf die Vernichtung von Sodom und Gomorrha illustriert: „So sandte er (Gott, ThRE) ein Feuer auf Sodom und Gomorrha herab, das Schuldige wie Unschuldige verzehrte."[1136] Daß ein solches Handeln Gottes nicht auszuschließen sei, begründet Vitoria mit dem dominus-omnium-Theologem. Jedoch fügt er sofort hinzu, daß Gott eine solche „Handlungsregel nicht allgemeingültig sein las-

---

[1132] Bei diesem nicht näher gekennzeichneten Zitat handelt es sich um Röm 15,4, welches anscheinend als bekannt vorausgesetzt wird.

[1133] „Potest probari, quod sic. Primo, quia filii Israel interfecerunt infantes, ut patet Ios 6,20–21, in Ierichio et postea Saul interfecit in Amalec pueros – utrumque ex auctoritate et mandato Domini, ut habetur 1 Sam 15,8. *Quaecumque autem scripta sunt, ad nostram doctrinam scripta sunt.* Ergo etiam nunc, si bellum sit iustum, licebit interficere innocentes" (DJB q IV), U. Horst, ebd. 580/582, 581/583. Daß die hier angeführten alttestamentlichen Bibelstellen im Zusammenhang der Frage nach der Erlaubtheit der Tötung Unschuldiger offenbar einen festen Bestandteil in der Argumentation bildeten, läßt sich bei dem Zeitgenossen und Ordensmitbruder von de Vitoria, dem spanischen Theologen und Philosophen Domingo de Soto (1495–1560), und bei dem Schüler und Nachfolger de Vitorias Melch(i)or Cano OP (1509–1560) erkennen, die diese Textstellen bei der Kommentierung von STh II-II q. 40 (de bello) ebenfalls wie selbstverständlich heranziehen, vgl. H.-G. Justenhoven/J. Stüben, Krieg, 126/127; 160/161.

[1134] „Numquam licet per se et ex intentione interficere innocentem" (DJB q IV), U. Horst, ebd. 582/583.

[1135] „Ad argumentum autem in contrarium respondetur, quod illud factum fuit ex speciali mandato Dei, qui indignatus contra populos illos voluit perdere omnino/Auf das Gegenargument wird aber entgegnet, daß jene Maßnahme auf einen besonderen Befehl Gottes hin geschah, der auf jene Völker zornig war und sie ganz und gar vertilgen wollte" (DJB q IV), U. Horst, ebd. 584/585.

[1136] „sicut misit ignem in Sodomam et Gomorrham, qui devoravit tam nocentes quam innocentes" (DJB q IV), U. Horst, ebd. 584/586, 585.

2. Zeit der Spanischen Spätscholastik

sen"[1137] wollte. Eine gewisse Distanz Vitorias spricht sich vermutlich zudem in dem „erat" aus, als wollte er solche direkten Anordnungen und Handlungen Gottes auf die Zeit des Alten Testaments beschränkt sehen. Denn dieses „erat" fällt allein insofern schon auf, als Vitoria nicht in Abrede stellt, daß Gott noch immer der Herr über alles ist, undzwar zu allen Zeiten. Somit läßt er letztlich offen, ob man auch künftig mit direkten Befehlen Gottes rechnen müsse, Unschuldige zu töten.

2.2 Francisco Suárez (1548–1617)

Auch der Theologe und Jesuit Francisco Suárez kommt im Zusammenhang der Erörterung über Krieg und Frieden auf das Alte Testament im allgemeinen und auf Josua im besonderen zu sprechen. In seiner Kommentierung zu einzelnen Teilen der Summa Theologiae II.-II. des Thomas von Aquin[1138], die sich mit den drei göttlichen Tugenden (De triplici virtute theologica) beschäftigt, geht Suárez im dritten Traktat De charitate (DCh) in seiner 13. Disputation unter der Überschrift De bello auf das Problem des Krieges ein.[1139]

Nachdem Suárez eingangs die verschiedenen Arten von Kampf (bellum) genannt bzw. kurz beschrieben hat[1140], stellt er im Anschluß daran zwei allgemeine Auffassungen vor, welche er zugleich als Irrtümer im Range einer Häresie kennzeichnet. Der erste Irrtum (error) bestehe darin, daß Krieg führen wesentlich böse und gegen die Liebe sei.[1141] Der zweite Irrtum sei der, daß Krieg für die Christen, vor allem wenn es sich dabei um einen Krieg gegen Christen selbst handelt, verboten ist.[1142] Diesen die Diskussion einleitenden Auffassungen läßt Suárez Thesen (conclusiones) folgen, die eine Antwort auf die aufgeworfenen Problemstellungen geben wollen. Bezeichnend ist auch hier, daß in einer ersten Antwort bezüglich einer grundsätzlichen Rechtfertigung des Krieges auf das Alte Testament, namentlich auch

---

[1137] „Ipse enim erat dominus omnium, nec istam legem voluit esse in communi/Er war nämlich Herr über alles, wollte aber diese Handlungsregel nicht allgemeingültig sein lassen" (DJB q IV), U. Horst, ebd. 580/582.

[1138] Vgl. L. Renault, Suárez 1066.

[1139] Von 1580–1585 kommentierte Suárez in Rom die Summa II und III des Thomas, vgl. L. Renault, ebd. 1066. Als Quellentext werden in unserer Untersuchung folgende Editionen verwendet: F. Suárez. Opera omnia, Bd. XII, Paris 1858, J. Soder/J. de Vries, Francisco Suárez. Ausgewählte Texte zum Völkerrecht (Klassiker des Völkerrechts Bd. IV), Tübingen 1965.

[1140] Vgl. DCh XIII prooem.

[1141] „Prima haeresis affirmat esse intrinsece malum et contra charitatem, bellare/Die erste irrige Ansicht behauptet, Krieg zu führen sei wesentlich böse und gegen die Liebe" (DCh XIII 1,1), J. Soder/J. de Vries, Suárez 114/115.

[1142] „Secundus error, bellum peculiariter esse prohibitum Christianis, et praecipue contra Christianos/Zweite irrige Ansicht. – Eine zweite irrige Auffassung nimmt an, der Krieg sei wenigstens für die Christen, namentlich als Krieg gegen Christen, verboten" (DCh XIII 1,1), J. Soder/J. de Vries, ebd. 116/117.

auf Josua hingewiesen wird. Im einzelnen führt Suárez aus: „Die erste These sei: Der Krieg einfachhin ist weder wesentlich schlecht noch den Christen verboten. Dies steht aus dem Glauben fest und ist ausdrücklich Lehre der Schrift. Das Alte Testament lobt nämlich Kriege, die von heiligen Männern geführt wurden ... Dasselbe lesen wir von Moses, Josue, Samson, Gedeon, David, den Makkabäern und anderen, denen Gott oft befohlen hat, mit den Feinden der Hebräer Krieg zu führen".[1143] An dieser These sind mindestens drei Punkte bemerkenswert. Der erste ist, daß Suárez diese thetische Antwort ausdrücklich zu Beginn als Glaubenslehre kennzeichnet.[1144] Der zweite besteht in der Aufzählung der beachtlichen Phalanx jener heiligsten Männer (sanctissimi viri), in welche namentlich Josua eingereiht ist, und die göttlich legitimiert Krieg gegen Feinde führten.[1145] Diese Reihung war, wie sie ebenfalls bei Luis de Molina SJ (1536-1600) anzutreffen ist[1146], offenbar allgemein in Anwendung, wenn es darum ging, vor allem mit alttestamentlichen Schriftzitaten die Erlaubtheit des Kriegführens zu belegen. Und der dritte Punkt ist der, daß Gott diesen heiligsten Männern oft (saepe) befahl, Krieg zu führen. Bei diesem Punkt liegt die Betonung auf dem hierfür direkt von Gott erhaltenen Befehl. Daß dies keine seltenen Ereignisse waren, wird durch das Adverb „saepe" unterstrichen. Somit gilt implizit auch hier, daß ein Krieg dann zu führen ist, wenn ihn Gott befiehlt.

Bemerkenswert ist zudem aber auch die wohl von J. de Vries in der bilingualen Anthologie angegebene Reihe biblischer Belegstellen für die Kriege Josuas, welche die These von Suárez entsprechend verdeutlichen helfen soll. Als Textstellen werden Jos 10,28–43; 11,1–23 und 12,7–24 aufgezählt.[1147] Warum von J. de Vries gerade auf diese Textstellen hingewiesen wird, erschließt sich nicht sogleich dem Leser, zumal festzustellen ist, daß diese Belegstellen weder die Eroberung der Stadt Jericho noch die der Stadt Ai zum Inhalt haben. Außerdem liegt in Verbindung mit dem Text von Suárez nur

---

[1143] „Prima sit: bellum simpliciter nec est intrinsece malum, nec Christianis prohibitum. Est de fide, atque expressa in Scriptura; in Veteri namque Testamento laudantur bella facta a sanctissimis viris ... Idem legitur de Moyse, Iosue, Samsone, Gedeone, Davide, Machabaeis, et aliis, quibus saepe iusserat Deus inferre bellum hostibus Hebraeorum" (DCh XIII 1,2), J. Soder/J. de Vries, ebd. 116/117.

[1144] „Prima conclusio negativa de fide/Erste, negative These, die Glaubenslehre ist" (DCh XIII 1,2), J. Soder/J. de Vries, ebd. 116/117.

[1145] Dieser Reihung (Mose, Josua, David) wird man auch noch Ende des 20. und am Beginn des 21. Jh. begegnen, wenn es darum geht, eher pseudowissenschaftlich und angesichts der im 20. Jh. in deutschem Namen verübten Verbrechen mit entlastendem Unterton, darauf hinzuweisen, daß bereits in der Tora die Ermordung ganzer Völker sozusagen affirmativ dokumentiert werde, vgl. K. Löw, Schuld 268f. Ebenso probelematisch nimmt sich das Lemma „Alt-Israel" im Lexikon der Völkermorde aus, vgl. G. Heinsohn, ebd. 67–69.

[1146] Vgl. N. Brieskorn, Luis de Molinas 175.

[1147] Vgl. J. Soder/J. de Vries, Suárez 116, Anm. 10. In der Ausgabe F. Suárez. Opera omnia finden sich hingegen keine biblischen Belegstellen zu Josua. Dem entspricht, daß auch in der Erstausgabe von 1621 beim Namen Josua keine Bibelstellen angegeben sind, vgl. J. B. Scott, Suárez 797 (Bd. 1).

2. Zeit der Spanischen Spätscholastik

in Jos 11,6 expressis verbis ein göttlicher Auftrag bzw. eine göttliche Zusage für den Sieg über die Feinde vor. Einen möglichen Anhaltspunkt, weshalb J. de Vries auf jene Bibelstellen zurückgreift, kann das von Suárez im unmittelbaren Anschluß an die Aufzählung jener biblischen Personen angefügte Zitat aus dem Hebräerbrief geben: „Und Paulus schreibt im Hebräerbrief, 11. Kap., im Glauben hätten die Heiligen Königreiche niedergerungen".[1148] Von daher legt es sich nahe, daß das Stichwort „Königreiche" dann wohl die Brücke gebildet haben kann, um zu Jos 10,28–43; 11,1–23 und 12,7–24 überzuleiten, da dort von mehreren Königen hintereinander die Rede ist. Da aber sowohl in Jos 6–8 als auch in Jos 10,28–43; 11,1–23 von der Vernichtungsweihe gesprochen wird, ist zumindest zu notieren, daß Suárez diese mit keinem Wort erwähnt. Übergeht er sie absichtlich?

Außerdem ist festzuhalten, daß Suárez im weiteren Verlauf seiner Erörterung im Zusammenhang der sittlichen Beurteilung eines Angriffskrieges auf jene Aufzählung biblischer Akteure (Mose, Josua, Samson usw.) noch einmal in cumulo hinweist. So stellt er die These auf: „Dritte These. – Drittens behaupte ich: Auch der Angriffskrieg ist nicht notwendig schlecht, sondern unter Umständen sittlich gut und notwendig". Zur Bekräftigung dieser These führt er unter der Rubrik „Autoritätsbeweis" weiter aus: „Dies steht aus den schon zitierten Zeugnissen der Schrift fest, die keinen Unterschied machen".[1149] Da es sich bei den „schon zitierten Zeugnissen der Schrift" vor allem um die unter der ersten These aufgelisteten Personen „Moses, Josue, Samson, Gedeon, David" handelt, wird somit u.a. auch Josua zum biblischen Zeugen eines unter Umständen sittlich guten und notwendigen Angriffskrieges. Die Begründung für einen notwendigen Angriffskrieg führt Suárez unter der Kategorie „Vernunftbeweis" aus: „Ein solcher Krieg ist für den Staat oft notwendig, um Unrecht abzuwehren und die Feinde in ihre Schranken zu weisen."[1150] Diese Begründung korrespondiert auf einer anderen Ebene mit einer biblischen Perspektive, welche in den Völkern Kanaans eine Bedrohung für Israel erblickt, da jene Israel zum Abfall vom JHWH-Glauben verführen (können), was großes Unrecht ist (vgl. Ex 34,11f, Dtn 7,1–5).

Was nun die Tötung Unschuldiger betrifft, so vertritt Suárez im 7. Abschnitt „Die rechte Art der Kriegführung" (Quis sit debitus modus gerendi bellum) die These, daß Schuldlose niemals, auch im Krieg nicht, direkt getötet werden dürfen[1151], vor allem nicht nicht nach dem Krieg: „Sechste

---

[1148] „et Paulus, ad Hebraeos 11, dicit Sanctos in fide vicisse regna" (DCh XIII 1,2), J. Soder/J. de Vries, ebd. 116/117.

[1149] „Tertia conclusio. Dico tertio: bellum etiam aggressivum non est per se malum, sed potest esse honestum et necessarium. Probatur auctoritate. – Constat ex testimoniis Scripturae superius allatis, quae indifferenter loquuntur" (DCh XIII 1,5), J. Soder/J. de Vries, ebd. 120/121.

[1150] „Et ratione. – Ratio est, quia tale bellum saepe est reipublicae necessarium ad propulsandas iniurias, et coercendos hostes" (DCh XIII 1,5), J. Soder/J. de Vries, ebd. 122/123.

[1151] „et hinc habetur fere in hoc toto discursu, seu tempore belli nihil fieri contra hostes, quod iniustitiam contineat, praeter innocentum mortes/Daher gibt es kaum ein Unternehmen gegen

These in zwei Teilen. – Sechstens behaupte ich: Schuldlose dürfen unter keinen Umständen direkt getötet werden, auch dann nicht, wenn die Bestrafung des feindlichen Staates sonst nicht als entprechend angesehen würde."[1152] Aufmerksamkeit verdient, daß Suárez als biblisches Gegenargument neben 1 Sam 15, Ri 20,35–48 und Dtn 20,16f an erster Stelle Jos 6 anführt: „Man wendet ein: Im 6. Kapitel Josue ... wurde dem Volk Gottes befohlen, alle Feinde, sogar die Kinder, zu töten".[1153] Dieses Gegenargument läßt zweierlei deutlich werden: Zum einen bildet es nach wie vor einen festen Topos in der kriegsvölkerrechtlichen Diskussion und zum anderen nimmt dabei die Berufung auf die Einnahme Jerichos im Hinblick auf die Frage nach der Erlaubtheit der Tötung Unschuldiger immer noch einen bevorzugten Platz ein. In der Antwort auf dieses Gegenargument läßt Suárez jedoch seine Distanz zu ihm erkennen. Als erstes weist er darauf hin, daß einen solchen Befehl allein (solus) Gott erteilen konnte.[1154] Von daher bildet jenes Argument keine hinreichende Grundlage im kriegsvölkerrechtlichen Diskurs. Zudem charakterisiert Suárez die Ausführung der Tötung Unschuldiger auf Gottes Befehl hin als ein positives Gesetz, welchem somit auch damals keine von vornherein allgemeine Geltung zukam.[1155] Damit kommt der Berufung auf die Einnahme Jerichos letztlich keine Relevanz zu, mehr noch, sie wird als unzulässig zurückgewiesen.

Insgesamt ist festzuhalten, daß auch Suárez zur Rechtfertigung gerechter Kriege bezüglich des biblischen Befundes namentlich auf Josua wie selbstverständlich hinweist. Dies gilt ausdrücklich bei einem Angriffskrieg dann, wenn er sich der Sache nach im Grunde als gerechtfertigt, notwendig und als wirklich präventiv erweist (Unrecht abweisen; Gegner in die Schranken weisen).

Schließlich und letztlich wird ebenso bei Suárez deutlich, daß er die Kriege Josuas und die hierfür vorausgegangenen Anordnungen Gottes für ge-

---

die Feinde, die eine Ungerechtigkeit enthielte, ausgenommen die Tötung Schuldloser", J. Soder/J. de Vries, ebd. 180/181.

[1152] „Sexta conclusio bipartia. – Dico sexto: innocentes nulla ratione possunt per se occidi, etiamsi alias reipublicae poena non censeretur condigna", J. Soder/J. de Vries, ebd. 188/189.

[1153] „Arguitur tamen in hunc modum: Iosue, cap. 6 ... populus Dei iussus est interficere omnes hostes, etiam parvulos",J. Soder/J. de Vries, ebd. 188/189.

[1154] „Ad duo priora testimonia dicito, solum Deum potuisse id praecipere, atque adeo fuisse speciale iudicium Dei ad terrorem illarum gentium, et propter earum iniquitatem, ut colligitur ex Deuteronomio, cap. 9/Es ist zu sagen, daß Gott das allein befehlen konnte, und zwar, daß es ein besonderes Strafgericht Gottes zum Schrecken für jene Vöker war wegen ihrer Verderbtheit, wie aus dem 9. Kapitel des Deuteronomiums hervorgeht", J. Soder/J. de Vries, ebd. 190/191.

[1155] „Quae rationes convincunt post partam iam victoriam non licere interficere, nisi quos constat esse nocentes; et ad citatam legem dici potest fuisse positivam, specialique voluntate Dei datam/Diese Gründe beweisen, daß es nach dem Sieg nicht mehr erlaubt ist zu töten, ausgenommen die, bei denen die Schuld feststeht. Und zu dem zitierten Gesetz läßt sich sagen, daß es ein positives Gesetz war, das auf besonderem Willen Gotes hin erlassen war", J. Soder/J. de Vries, ebd. 192/193.

3. Hugo Grotius (1583-1645)

3.1 Legitime Quellen der Kriegsführung

Bei dem holländischen Juristen Hugo Grotius deutet sich schon in seinem 1625 erschienenen Hauptwerk „De iure belli ac pacis"[1156] (DIBP) an, was K.-H. Ziegler für die Zeit von Samuel Pufendorf (1632-1694) an konstatiert, daß „die Bibel aus dem Zitatenschatz der Völkerrechtswissenschaft fast vollständig"[1157] verschwinde. Ein nur flüchtiger Blick in das Zitatenverzeichnis belehrt den Leser, daß bereits Grotius vergleichsweise vor allem antike Autoren und weniger die Bibel zitiert. Dennoch besitzt die Bibel für ihn einen unbestritten hohen Stellenwert, was man am zweiten Kapitel des ersten Buches ablesen kann, welches die Frage diskutiert: „Kann ein Krieg überhaupt gerecht sein?"[1158] Diese Frage wird näherhin von dem erkenntnisleitenden Interesse bestimmt, welche Antwort sich dazu aus dem sogenannten Naturrecht (ius naturae) herleiten läßt. Das bedeutet zugleich, daß spezielle Mandatierungen durch Gott methodisch ausgeblendet werden, was dem bekannten methodischen Grundansatz von Grotius entspricht: „Diese hier dargelegten Bestimmungen würden auch Platz greifen, selbst wenn man annähme, was freilich ohne die größte Sünde nicht geschehen könnte, daß es keinen Gott gäbe".[1159]

Den konkreten Satz bzw. die These, „daß nicht jeder Krieg dem Naturrecht widerstreite" sieht Grotius vor allem auch durch die heilige Geschichte bewiesen, womit die biblische Geschichte gemeint ist.[1160] Bei dieser Aussage ist insbesondere auf das Wort Geschichte (historia) aufmerksam zu machen, welches andeutet, daß für den bibelfesten und frommen Grotius die im folgenden genannten biblischen Beispiele sich offenbar tatsächlich historisch so

---

[1156] In schmerzlicher Ermangelung einer neueren lateinischen kritischen Textausgabe dieses Werkes wird der lateinische Text aus der Ausgabe J. F. Gronovius (Hrsg.), Hugonis Grotii De iure belli ac pacis libri tres, Amsterdam 1735 zitiert.
[1157] K.-H. Ziegler, Grundlagen 31.
[1158] „An bellare unquam iustum fit." Als deutscher Quellentext dient die Ausgabe von W. Schätzel (Hrsg.), Hugo Grotius, Tübingen 1950.
[1159] „Et haec quidem quae iam diximus, locum aliquem haberent, etiamsi daremus, quod sine summo scelere dari nequit, non esse Deum" (DIBP Prol 11), J. F. Gronovius, ebd. XIIf/W. Schätzel, ebd. 33. „But it is ... a serious mistake to conclude, as do many interpreters, that this secular emphasis automatically makes Grotius's theory into something, that is also secular*ist*, in the sense of being avowedly non- or anti-religious", D. Little, Grotius 265.
[1160] „Id quod dicimus, non omne bellum iuri naturae adversari, probatur amplius ex sacra historia/Unser Satz, daß nicht jeder Krieg dem Naturrecht widerstreite, wird noch mehr durch die biblische Geschichte bewiesen" (DIBP I 2, 2.1), J. F. Gronovius, ebd. 31/W. Schätzel, ebd. 60.

ereignet haben.[1161] Als erstes führt Grotius das Beispiel Abrahams an, der siegreich zum Kampf gegen die vier Könige ausgezogen war, die Sodom zerstört hatten (vgl. Gen 14).[1162] Zudem hatten sie Abrahams Neffen Lot und dessen Gut geraubt. Auch wenn Grotius den Priester Melchisedek zitiert, daß Gott die Feinde Abrahams in dessen Hand ausgeliefert habe (vgl. Gen 14,20), so weist er dennoch ausdrücklich darauf hin, daß Abraham bei diesem Unternehmen ohne einen entsprechenden Auftrag Gottes zu den Waffen gegriffen habe und sich dabei auf das Naturrecht stützen konnte[1163], worauf vor Grotius auch der spanische Theologe Cano hingewiesen hat.[1164] Es handelt sich dabei offensichtlich um eine Wiedergutmachung. Vor diesem Hintergrund erwähnt Grotius das Problem der Vernichtung der sogenannten sieben Völker (vgl. Dtn 7,1f). Diesem will er sich aber insofern nicht weiter widmen, als bezüglich der Vernichtung jener Völker ein besonderer Befehl Gottes vorlag und somit diese Kriege nicht der Kategorie Naturrecht zugeordnet werden können. Allein aus diesem Grund behandelt er diese Frage nicht weiter. Keineswegs bezweifelt aber Grotius, daß sich jene Völker in den Augen Gottes der „schwersten Verbrechen" schuldig gemacht haben und daß es zu ihrer Vernichtung tatsächlich auch einen speziellen Auftrag Gottes gab, so daß diese Kriege daher zu recht auch Gottes-Kriege heißen.[1165] Auch wenn Grotius aus methodischen Gründen die Frage des Tötens Unschuldiger aufgrund eines speziellen Befehls Gottes ausklammert, so ist ihm dieser Diskurs freilich nicht unvertraut. Ein textimmanentes Indiz hierfür ist

---

[1161] Mit einem etwas anderen Tenor sagt K.-H. Ziegler: „(B)ei Grotius ist – aller Frömmigkeit des Autors ungeachtet – die Historisierung der biblischen Geschichte schon weit fortgeschritten", ders., Grundlagen 31. Dies trifft vermutlich auch auf die Friedensvisionen des Alten Testaments zu: „Grotius bleibt mit seinen beiden Hinweisen zu Ps 85 in der Geschichte des antiken Israel. Er gibt nicht zu erkennen, ob er sich ganz auf eine solche historisierende Erläuterung beschränken will oder ob und in welchem Sinn der Psalm für ihn auch in anderen politischen Lagern wiederholbar ist", C. Bultmann, Friedensvisionen 178.

[1162] Obgleich Grotius die Erzählung von Gen 14 behandelt, spricht er von Abraham bzw. Abrahamus, auch wenn in diesem Kapitel Abraham noch Abram und erst ab Gen 17,5 Abraham heißt.

[1163] „At ceperat arma Abrahamus, ut ex historia apparet, sine speciali Dei mandato: fretus igitur iure naturae vir non sanctissimus tantum, sed et sapientissimus/Dennoch hat Abraham, wie sich aus der Geschichte ergibt, die Waffen ohne Befehl Gottes ergriffen. Daher stützte sich dieser heiligste und weiseste der Männer ... hierbei auf das Naturrecht" (DIBP I 2, 2.1), J. F. Gronovius, ebd. 31/W. Schätzel, ebd. 60.

[1164] „Secundo in lege naturae licuit bellare, ut patet de facto Abrahae/Zweitens war es unter dem Naturgesetz erlaubt, Krieg zu führen, wie aus dem Handel Abrahams hervorgeht", vgl. H.-G. Justenhoven/J. Stüben, Krieg 144/144.

[1165] „Historia septem populorum quos Israelitis exscindendos Deus tradidit, non utar: fuit enim ibi mandatum speciale ad exequendam rem a Deo iudicatum in populos maximorum criminum reos: unde haec bella in sacris literis Dei bella proprie nominantur, quippe Dei iussu non humano arbitrio suscepta/Die Geschichte der sieben Völker, welche Gott den Israeliten zur Vertilgung übergab, will ich nicht für mich anführen; denn es war dies ein besonderer Befehl zur Vollstreckung eines Urteils, welches Gott gegen jene Völkerschaften gefällt hatte, die der schwersten Verbrechen schuldig waren. Daher heißen auch diese Kriege in der Heiligen Schrift Gottes-Kriege, denn sie wurden auf Befehl Gottes und nicht auf menschlichen Beschluß unternommen" (DIBP I 2, 2.1), J. F. Gronovius, ebd. 31/W. Schätzel, ebd. 60.

3. Hugo Grotius (1583–1645)

die von ihm in jenem Abschnitt zweimal gebrauchte Wendung „speciale mandatum Dei", die beispielsweise einen intertextuellen Bezug zu Vitoria herstellt, der diese anscheinend geprägte Wendung in De iure belli im Abschnitt „Darf man in einem Krieg Unschuldige töten" verwendet.[1166]

Ein durchaus weiteres biblisches Beispiel für die These, daß nicht jeder Krieg dem sogenannten Naturrecht widerstreite bzw. daß sich ein gerechter Krieg auch auf das Naturrecht stützen könne, sieht Grotius im Krieg der „Hebräer" unter der Führung von Mose und Josua gegen die Amalekiter. Daß dieses Beispiel als Beleg für seine These herangezogen werden kann, begründet Grotius unter Bezugnahme auf das Buch Exodus 17 damit, daß die Hebräer gegen die ihnen von den Amalekitern zugefügte Gewalt mit Waffen zurückschlugen, ohne daß hierfür ein göttlicher Befehl vorlag. Bei Grotius steht hier das Institut der Selbstverteidigung im Hintergrund, welches auf völkerrechtlicher Ebene dem unmittelbaren Verteidigungskrieg gleichkommt und in der UN-Charta auch heute als legitim angesehen wird.[1167] Es liegt insgesamt auf der Hand, daß es für Angegriffene keinen besonderen Auftrag Gottes geben muß, sich selbst zu verteidigen. Dabei spielt es nach Grotius keine Rolle, daß Gott den bewaffneten Gegenschlag der Hebräer im nachhinein billigte.[1168] Somit ist zu notieren, daß für Grotius der Krieg gegen die Amalekiter dem Bereich der waffenbewährten Verteidigung aufgrund des sogenannten Naturrechtes zuzurechnen ist. Auch wenn Gott selbst jene Verteidigung post factum billigt, so tritt dennoch bei Grotius die religiöse Dimension des Amalekiterkrieges in den Hintergrund. Der neue Aspekt hierbei besteht darin, daß jetzt auch Josua an einer Stelle als Beispiel für einen Anführer eines dem Naturrecht entsprechenden Verteidigungskampfes dienen kann. Denn für Grotius kämpft Josua einen Kampf, zu welchem es keinen speziellen Befehl Gottes gibt. Unmißverständlich formuliert Grotius wenig später, wenngleich er sich namentlich nur auf Mose bezieht: „So gebot auch Moses, mit Waffen den Amalekitern entgegenzugehen,

---

[1166] Vgl. DJB q IV, U. Horst, Vitoria 584/585.

[1167] Der deutsche Text der Charta kennt sogar den Begriff „naturgegebenes Recht". In der UN-Charta heißt es: „Diese Charta beeinträchtigt im Falle eines bewaffneten Angriffs gegen ein Mitglied der Vereinten Nationen keineswegs das naturgegebene Recht zur individuellen oder kollektiven Selbstverteidigung" UN-Charta VII Art. 51. Der Begriff „naturgegebenes Recht" stellt an dieser Stelle eine Übersetzung des englischen Ausdrucks „inherent right" dar. „It is clear that many of the ideas developed in Grotius's *Law of War and Peace* have eventually found their way into modern international law of war. The Hague Regulations of 1899 and 1907 and later in the United Nations Charter ... Article 51 acknowledges the inherent right of national self-defence as a just cause for using force", D. Little, Grotius 270.

[1168] „Ad rem magis pertinet quod Amalecitas vim sibi inferentes Hebraei, ducibus Mose ac Josua, armis repulerunt, Exod. XVII. Quod Deus ante factum non iusserat, post factum probavit/Eher gehört hierher, daß die Juden unter Führung von Moses und Josua die Amalekiter, welchen ihnen Gewalt antaten, mit den Waffen zurückschlugen, was Gott vorher nicht befohlen hatte, aber nachher billigte" (DIBP I 2, 2.1), J. F. Gronovius, ebd. 31/W. Schätzel, ebd. 60.

die sein Volk bekämpften, indem er von dem Naturrecht Gebrauch machte; denn man sieht nicht, daß er Gott hierüber besonders befragt hat."[1169]

Daß Grotius bei aller methodischer Abstinenz offenbarungstheologischen Inhalten gegenüber dennoch grundsätzlich nicht in Abrede stellen will, daß es einen besonderen Befehl (mandatum speciale) Gottes zum Führen von Kriegen gab, läßt sich seinen Ausführungen bezüglich des in Dtn 20 aufgezeichneten allgemeinen Kriegsrechtes für die Israeliten entnehmen.[1170] So weist er einerseits darauf hin, daß dieses Kriegsrecht allgemeine und gültige Regeln hinsichtlich der Kriegsführung enthält. Die Schlußfolgerung besteht darin, daß ein Krieg auch ohne einen besonderen Befehl Gottes gerecht sein kann. Beachtung verdient hierbei vor allem das „auch" (etiam). Implizit bedeutet dies, daß alle Kriege, die Gott befiehlt, eo ipso gerechte sind. Anderseits betont Grotius ebenfalls mit Blick auf Dtn 20, daß Gott die Kriegsführung gegen die sieben Völker, die dann nicht den allgemeinen und immer gültigen Regeln entspricht, auch von vornherein von der Kriegsführung gegen die anderen Völker unterschieden wissen wollte. Mit diesem Hinweis gelingt Grotius gleich zweierlei: Zum einen wird der besondere, vom Naturrecht methodisch nicht überprüfbare mündliche Befehl Gottes mit einem verschrifteten Gesetz (Dtn 20) in Beziehung gebracht und somit einer Nachprüfung zugänglich gemacht Zum anderen wird dieser besondere Befehl expressis verbis auf die sogenannten sieben Völker beschränkt. Anzeichen dafür, daß für Grotius Nachfahren jener Völker noch leben, gibt es nicht.

3.2 Vom Hinterhaltlegen zur vorgetäuschten Flucht

In seinem dritten Buch erörtert Grotius die Frage: „Quantum in bello liceat, regulae generales ex iure naturae: ubi de dolis et mendacio". Im ersten Kapitel wird zum gestellten Problem im Anschluß an Äußerungen klassischer Autoritäten wie Pindar, Virgil, Silius, Plutarch u.a. auch Augustinus unter dem Stichwort „List" (dolus) mit einem Zitat aus qu. 6,10 kurz angeführt. Bei diesem Zitat handelt es sich um das bereits bekannte: „cum iustum bellum suscipitur, vi aperta pugnet quis aut es insidiis, nihil ad iustitiam inter-

---

[1169] „Sic et Moses Amalecitis populum oppugnantibus arma iussit opponi, naturae scilicet iure usus: nam Deus de hac re speciatim consultum non apparet, Exod XVII,9" (DIBP I 2, 5.6), J. F. Gronovius, ebd. 38f/W. Schätzel, ebd. 63.

[1170] „Sed et leges generales ac perpetuas de modo gerendi belli Deus populo suo praescripsit Deut. XX, 10.15. eo ipso ostendens iustum bellum etiam sine mandatu speciali suo esse posse, nam aperte ibidem causam septem populorum ab aliorum populorum causa distinguit/Gott hat aber auch seinem Volke allgemeine und immer gültige Regeln über die Art, den Krieg zu führen, vorgeschrieben und hat damit gezeigt, daß auch ohne seinen besonderen Befehl ein Krieg gerecht sein kann. Denn er unterscheidet dort offenbar die Sachen der sieben Völkerschaften von denen anderer Völker" (DIBP I 2, 2.2), J. F. Gronovius, ebd. 32/W. Schätzel, ebd. 60f.

3. Hugo Grotius (1583–1645)

est" (DIBP III 1, 6.3). Mehr Aufmerksamkeit wird ihm in bezug auf dieses Werk nicht geschenkt.

In bezug auf die Täuschung kommt H. Grotius auch auf Jos 8 zu sprechen. Dabei geht es ihm nicht um den von Gott befohlenen Hinterhalt, sondern um die scheinbare Flucht (ficta fuga), die Josua anwendet (vgl. Jos 8,5f.15f), um die Stadt Ai zu erobern. In diesem Zusammenhang ist es wichtig, darauf zu achten, daß H. Grotius das Institut einer vorgetäuschten Flucht in einem Krieg für erlaubt hält. Dazu stellt er ausdrücklich fest: „Denn der daraus folgende Nachteil (für den Gegner, ThRE) ist wegen der Gerechtigkeit des Krieges erlaubt" (DIBP III 1, 8.4).[1171] Das heißt, eine fingierte Flucht vor dem Gegner, um so zum Sieg zu gelangen, ist erlaubt (licitum). Daß H. Grotius sich gerade auf die Passagen von Jos 8 bezieht, in denen es um die fiktive Flucht vor dem kriegerischen Gegner geht, erklärt sich daraus, daß aus seiner Wahrnehmung das Legen eines Hinterhalts auf eine Anordnung Gottes, hingegen der Plan und die Durchführung einer solchen Flucht auf menschliche Initiative zurückgeht.[1172] Grotius verneint es nicht, daß es auch Kriege geben kann, die auf Gottes Anordnung hin geführt werden können, aber diese werden in seinem Werk methodisch ausgeklammert. Dem korrespondiert, daß Grotius den Begriff Gott weder im Augustinus-Zitat aus qu. 6,10 noch im Zusammenhang des Fluchtgeschehens von Jos 8 in jener Textstelle verwendet.

Letztlich ist insgesamt festzuhalten: H. Grotius versucht, die Rechtmäßigkeit einer vorgetäuschten Flucht im Krieg, um auf diese Weise den Gegner zu besiegen, mit Jos 8 nachzuweisen. Die Erlaubnis des Hinterhaltlegens, die Augustinus theologisch absichert, verlagert H. Grotius auf die fingierte Flucht (Jos 8,5f.15f) und begründet sie naturrechtlich, und zwar anhand desselben biblischen Kapitels.

3.3 Göttlich legitimierte Tötung Unschuldiger

Im vierten Kapitel seines dritten Buches behandelt H. Grotius die Frage „Über das Recht, in einem förmlichen Kriege die Feinde zu töten und sonstige Gewalt gegen die Person zu üben".[1173] Im Verlauf seiner Erörterung kommt er dann auch auf das von Gott befohlene Töten von Frauen und Kindern, also von Unschuldigen, zu sprechen. Auch wenn Grotius seine Äußerung hierüber eher en passant macht, kann sie dennoch als repräsenta-

---

[1171] W. Schätzel, ebd. 425.
[1172] Das Legen des Hinterhalts und die fingierte Flucht sind zwar zwei Seiten einer Medaille, aber in der direkten Rede Gottes an Josua fällt von „Flucht" kein Wort. Diese konkrete Ausgestaltung der vorgetäuschten Flucht geht allein auf Josua zurück.
[1173] „De iure interficiendi hostes in bello solenni et alia vi in corpus" (DIBP III 4), J. F. Gronovius, ebd. 783/W. Schätzel, ebd. 447.

tiv in dieser Frage eingestuft werden. Im Zusammenhang, daß es nach dem Völkerrecht, das nicht identisch mit dem Naturrecht ist[1174], im Krieg gestattet sei, auch Frauen und Kinder ungestraft zu töten, merkt Grotius an: „Ich will nicht zum Beweise anführen, daß die Juden die Frauen und Kinder der Hesboniter erschlugen, und daß ihnen dasselbe gegen die Kananiter und deren Anhang geheißen war; denn dies sind Taten Gottes, dessen Recht über die Menschen weitergeht als das der Menschen über die wilden Tiere, wie früher gesagt worden ist".[1175] Diese Passage verdeutlicht recht anschaulich, daß auch Grotius ein göttliches Recht, welches auch Frauen und Kinder dem Tode ausliefert – zumindest in der Phase während der vermeintlichen Wüstenwanderung und der Landnahme Israels – fraglos anerkennt. Ein solches Recht steht zwar zum einen weit über dem der Menschen, aber zum anderen ist es somit dem Menschen nicht wirklich einsichtig, wie der Vergleich mit den wilden Tieren (bestia) zeigt. Von daher besitzt es methodisch für das Naturrecht keine Relevanz. Dessen ungeachtet hat aber jene göttliche Rechtsquelle an sich immer noch Gültigkeit, denn Grotius führt in seinem Vorwort selber aus, „daß wir Gott als dem Schöpfer und dem, welchen wir unser Dasein und alles, was wir haben, verdanken, ohne Ausnahme gehorchen müssen, zumal er sich in mannigfacher Weise als der Beste und der Mächtigste erwiesen hat".[1176] Aber auch jenseits dieser göttlichen Rechtsquelle kannte nach Grotius von der Geschichte her das Kriegsrecht den Fall, Kinder und Frauen im Kriege ungestraft zu töten.[1177] Von daher gibt es vom Ergebnis her keinen Unterschied.

Daß dieser Teil des Kriegsrechtes für Grotius jedoch unhaltbar ist, läßt sich dem 11. Kapitel seines dritten Buches entnehmen. So wird ein „Kriegführender", wenn er seinen wirklichen Pflichten nachkommt, das heißt, wenn er so handelt, wie es sittlich und fromm ist, das feindliche Blut verschonen.[1178] Dies gilt dann freilich auch für die Kinder und Frauen der

---

[1174] „Sicut autem ius gentium permittit multa, eo permittendi modo quem iam explicavimus, quae iure naturae sunt vetita, ita quaedam vetat permissa iure naturae/So wie das Völkerrecht vieles in der früher erwähnten Weise gestattet, was das Naturrecht verbietet, so verbietet es auch manches, was das Naturrecht gestattet" (DIBP III 4, 15.1), J. F. Gronovius, ebd. 796/W. Schätzel, ebd. 454. Vgl. D. Little, Grotius 266.

[1175] „Non huc adferam quod Hesbonitarum feminas et pueros Hebraei occiderunt, et quod idem fieri imperatur in Cananaeos, quorum connexa cum Cananaeis erat causa: Dei ista sunt opera, cuius in homines ius maius est quam hominem in bestias, ut alibi disseruimus" (DIBP III 4, 9.1), J. F. Gronovius, ebd. 791/W. Schätzel, ebd. 451f.

[1176] „iam ipsi Deo, ut opifici et cui nos nostraque omnia debeamus, sine exceptione parendum nobis esse, praecipue cum is se multis modis et optimum et potentissimum ostenderit" (DIBP Prol 11), J. F. Gronovius, ebd. XIII/W. Schätzel, ebd. 33.

[1177] „quam late licentia ista se protendat vel hinc intelligitur, quod infantium quoque et feminarum caedes impune habetur, et isto belli iure comprehenditur/Wie weit ... dieses Recht geht, geht daraus hervor, daß auch Kinder und Frauen ungestraft getötet werden können, und dies in jenem Recht enthalten ist" (DIBP III 4, 9.1), J. F. Gronovius, ebd. 791/W. Schätzel, ebd. 451.

[1178] Vgl. DIBP III 11, 7.4, J. F. Gronovius, ebd. 894/W. Schätzel, ebd. 509.

3. Hugo Grotius (1583–1645)

Feinde.[1179] Nun bleibt aber das Problem der von Gott angeordneten Tötungen von Frauen und Kindern bestehen. Grotius löst es auf die Weise, daß zwar einerseits Frauen und Kinder grundsätzlich auch unter Hinweis auf das von Gott erlassene, schließlich doch zum Völkerrecht zuzurechnende Gesetz in Dtn 20,14 zu verschonen sind, daß es hierbei aber anderseits wenige Ausnahmen aufgrund eines besonderen Gesetzes (speciale ius) Gottes gab. Diese Ausnahmen waren jedoch der Kategorie des Gottes-Krieges zugeordnet und galten von daher nicht für die Kriegsführung der Menschen.[1180] Daß es solche Ausnahmen in alttestamentlicher Zeit seitens Gottes u.a. auch in bezug auf Jericho immer wieder gab, stellt Grotius nicht in Abrede und erkennt diese grundsätzlich durchaus mit Zustimmung an.[1181] Jedoch gibt es in seinen Ausführungen keine verifizierbaren Anhaltspunkte dafür, daß Grotius auch künftig mit solchen göttlichen Befehlen rechnet. Vielmehr mahnt Grotius zur Vorsicht, worauf M. Walzer mit Hinwies auf eine Textstelle bei Grotius aufmerksam macht.[1182] „(D)enn über göttliche Dinge, die nicht wahrnehmbar sind, ist ein Irrtum leicht."[1183] Daß Grotius persönlich direkte göttliche Befehle wiederum grundsätzlich nicht für ausgeschlossen gehalten haben wird, kann angenommen werden. Jedoch ist dies ein argumentum e silentio, was letztlich wenig trägt.

Vor jenem Hintergrund kann man sich bei allem Respekt vor der bahnbrechenden Leistung von Hugo Grotius dennoch nicht ganz des Eindrucks erwehren, daß sein Werk De iure belli ac pacis, wie es D. Little mit Blick auf politische Gesichtspunkte formuliert, an manchen Stellen mit zwei Stimmen spricht: (T)he book has two voices.[1184]

[1179] Vgl. DIBP III 11, 9.1, J. F. Gronovius, ebd. 895f/W. Schätzel, ebd. 510.
[1180] „Deus ipse in bellis Hebraeorum etiam post pacem oblatum et repudiatam parci vult feminis et infantibus, extra pauces gentes speciali iure exceptas, adversus quas quod erat bellum, non erat hominum, sed Dei, atque ita appellabatur/Selbst Gott wollte, daß die Juden in ihren Kriegen, selbst wenn im Friedensangebot zurückgewiesen wurde, Frauen und Kinder schonten; nur wenige Völker waren davon ausgenommen, gegen die der Krieg nicht ein Krieg der Menschen, sondern Gottes Krieg war und so genannt wurde" (DIBP III 11, 9.1), J. F. Gronovius, ebd. 896/W. Schätzel, ebd. 510.
[1181] „Sane docet nos sacra historia urbes quasdam a Deo damnatas excidio: etiam contra legem illam generalem arbores Moabitarum iussas exscindi. Verum non factum id odio hostili, sed in iustam detestationem facinorum, quae aut publice erant cognita, aut Deo iudice tanti aestimata/Allerdings sagt die Heilige Schrift, daß einige Städte von Gott zum Untergang verurteilt wurden und daß er gegen die sonst geltenden Regeln geboten habe, die Moabiter niederzumachen. Dies geschah aber nicht aus Feindeshaß, sondern in gerechter Abscheu vor den Schandtaten, welche entweder bekannt geworden waren oder von Gott so eingeschätzt worden waren" (DIBP III 12, 2.4), J. F. Gronovius, ebd. 913/W. Schätzel, ebd. 518. In den Editionen wird im Anmerkungsteil bei „urbes quasdam" auch auf Jos 6 verwiesen.
[1182] Vgl. M. Walzer, Exodus 10.
[1183] „quia et circa res divinas utpote nobis inconspicuas facilis est error" (DIBP II 20, 39.2), J. F. Gronovius, ebd. 611/W. Schätzel, ebd. 353.
[1184] D. Little, Grotius 267.

XI. Resümee

Eine Untersuchung der Rezeptionsgeschichte der im Buch Josua (Jos 1–12) geschilderten Landnahmekriege ergibt, daß sie einen zweifachen interpretatorischen Weg im dargestellten Zeitraum bis Hugo Grotius jenseits von Religions- und Konfessionsgrenzen genommen hat. Der eine Interpretationsstrang besteht darin, in Jos 1–12 Vorbilder und Vorlagen sowohl für kriegerisches Verhalten als auch für kriegsrechtliche Bestimmungen zu erblicken. Die in Jos 1–12 erzählten Ereignisse werden in dieser Perspektive fraglos als so geschehen angesehen und anerkannt. Der andere Interpretationsstrang läßt sich als eine Bewältigung des Problems der Landnahmekriege jenseits der biblischen Textvorlage und jenseits eines historistischen Mißverständnisses[1185] verstehen. Das heißt, die Kriege Josuas werden entweder in einem übertragenen Sinne gedeutet, oder es werden Elemente zur Interpretation hinzugefügt, die keine Grundlage im biblischen Text haben.

Beide genannten Interpretationsstränge können sich mitunter berühren bzw. schließen sich nicht in jedem Fall von vornherein aus. Beiden Auslegungssträngen ist gemeinsam, daß sie um die Brisanz ihrer Texte für je ihre Gegenwart wissen und je auf ihre Weise um eine entsprechende Deutung und Antwort bemüht sind.

1. Die Kriege Josuas als Vorbild und Vorlagen für Kriege

1.1 Vorbild für kriegerisches Verhalten

Vorbildcharakter für Israel besitzt Josua im Buch Jesus Sirach. In Sir 46,1–8 wird in gestraffter Art und Weise die Person Josua vor allem in der Zeit der Landnahme vorgestellt. Während in der hebräischen Sirachversion Josua mehr als der Feldherr im Vordergrund steht, ist er in der griechischen Version der Nachfolger (Diadoche) des Mose. Josua wird nicht nur in die Ahnengalerie der Väter aufgenommen, da er als vollkommener Anführer im Zuge der Wüstenwanderung und der Landnahme Israels geschichtliche Identität mitbegründete, sondern er wird zugleich als ein noch immer nachahmenswertes Vorbild für Israel hingestellt. Zudem ist aber das Bemühen durchaus zu erkennen, allzu massive Vorstellungen von einem Eingreifen Gottes in Kampfhandlungen zurückzudrängen. Aus der Perspektive von Sir

---

[1185] Dieses besteht nicht selten darin, in den biblischen Erzählungen objektive Berichte zu erblicken, die angeblich von keinem Interesse geleitet sind, und da sie in einem Kanon heiliger Schriften stehen, grundsätzlich als historisch verbürgte Tatsacherzählungen anzuerkennen.

1. Die Kriege Josuas als Vorbild und Vorlagen für Kriege

46,1–8 wird aber eine kriegerische Landnahme auf Geheiß Gottes unter Josua grundsätzlich nicht in Frage gestellt.

Auch im ersten und zweiten Makkabäerbuch geht es um den bleibenden Vorbildcharakter Josuas für Israel, da sich anscheinend die weitgehende Kompromißlosigkeit seiner Landnahmekriege als anschlußfähig, das heißt als immer noch gültig für die makkabäische Erhebung erweist. Während Josua im ersten Makkabäerbuch als untadeliger Richter Israels bezeichnet wird (1 Makk 2,55), dient seine Einnahme Jerichos im zweiten Makkabäerbuch ebenfalls als Ansporn und Vorbild für die Eroberung einer Stadt (2 Makk 12,13–16) während der Makkabäerkriege. Von daher erhalten die Person Josuas und die Landnahmekriege einen normativen Gegenwartsbezug. Darüber hinaus finden sich in 1 Makk Begriffe, die darauf schließen lassen können, daß das Institut des Kriegsheraems während der Makkabäererhebung eine ideologische Renaissance erfährt. Dem korrespondiert, daß im ersten Makkabäerbuch ebenfalls der Topos des Eingreifens Gottes mittels Naturereignisse (vgl. Jos 10,11/1 Makk 13,22), wenngleich in abgeschwächter Form, anzutreffen ist.

Zurückhaltender äußert sich Flavius Josephus, der in seinen Altertümern (V,1) den biblischen Befund des Buches Josua letztlich referiert und die in diesem Buch geschilderten Ereignisse als historische Begebenheiten ansieht und sie als solche als Teil einer ruhmreichen Geschichte Israels einordnet.

1.2 Vorlagen für kriegsrechtliche Bestimmungen

Augustinus hat sich in seinem Werk Quaestionem libri septem (qu.) mit ausgewählten Fragen zu den ersten sieben Büchern der Bibel (Gen–Ri) auseinandergesetzt. In seinen Erörterungen zu Jos 8 äußert sich Augustinus in qu. 6,10 derart dezidiert zu kriegsrechtlichen Fragen, daß seine dabei aufgestellten Thesen und Definitionen fortan auf normativer Ebene in die christliche Theologie Eingang gefunden und dadurch einen immensen Einfluß auf die europäische Rechtsgeschichte (ius gentium; ius inter gentes) und darüber hinaus teilweise bis zum heutigen Tag ausgeübt haben. Allen voran handelt es sich dabei um die Lehre des gerechten Krieges in einer zweifachen Art: Zum einen ist es der von Gott selbst legitimierte Krieg, der somit immer nur gerecht sein kann, und zum anderen ist es der in Anlehnung an Cicero allgemeinen Kriterien unterworfene gerechte Krieg. Die Ausführungen zum gerechten Krieg erfolgen im Zusammenhang mit dem Legen eines Hinterhaltes. Denn der Auftrag Gottes an Josua, einen Hinterhalt zu legen (Jos 8,2), um auf diese Weise die Stadt Ai einzunehmen, dient Augustinus als Beleg dafür, daß es grundsätzlich erlaubt sei, dem Gegner einen Hinterhalt zu legen. Diese Auffassung wird im Grunde nicht nur bis heute vertreten, sondern sie läßt sich auch in der Argumentation diachron bis auf Augustinus zurückverfolgen. Sehr viel bedeutender aber ist die Definition des gerechten Krieges von Augustinus. Zwar ist bekannt, daß er die bellum-iustum-Theorie von Cicero aufgriff, weiterentwickelte und in die christliche Theologie einführte. Viel weniger aber wird der Sachverhalt zur Kenntnis genommen, daß er die Definition des gerechten Krieges in den Quaestionen im unmittelbaren Kontext zu Jos 8 aufstellte bzw. sie anscheinend ganz bewußt in diesen Kontext stellte. Dieses Faktum ist nicht selbstverständlich. Denn während Augustinus sich mit den Quaestiones beschäftigt hatte, schrieb er zur gleichen Zeit sein Werk De civitate dei und äußerte sich in ihm im 19. Buch zu Fragen des Krieges. Somit hätte er die Definition des gerechten Krieges ebenfalls, wenn nicht sogar noch sehr viel besser in De civitate dei unterbringen und sie mit entsprechenden Erläuterungen versehen können. Dies hat er nicht getan. Von daher verstand Augustinus offenbar die Josuafeldzüge als eine normative Ausgangslage hinsichtlich kriegsrechtlicher Fragen in christlicher Zeit und griff jene als passenden Kontext für die bellum-iustum Theorie auf.

Augustinus bezweifelt die Historizität der Landnahme unter Josua nicht und unterlegt ihr in den Quaestiones auch keine allegorische Deutung. Er bezweifelt nicht, daß Gott selbst in das Kriegsgeschehen eingreift: Gott befiehlt[1186] den gerechten und somit gerechtfertigten Krieg. Daher ist Gott der auctor belli. Josua ist derjenige, der die von Gott befohlenden Kriege treu durchführt und darum minister belli genannt werden kann.

2. Interpretatorische Einhegungen der Kriege Josuas

Gegenüber dem ersten Auslegungsstrang ist der zweite in bezug auf Vorbildgebung und Bedeutung der Landnahmekriege sehr viel deutlicher um eine interpretatorische Einhegung bemüht. Der Begriff Einhegung bzw. Hegung stammt aus völkerrechtlichen Debatten[1187], deren rechtlich anerkannte Ergebnisse vor allem in bezug auf die Zeit zwischen dem 16. bis zu Beginn des 20. Jahrhunderts eine sogenannte „Humanisierung des Krieges"[1188] bewirken sollten. Mit diesem Begriff wird besonders in der wissenschaftlichen Literatur die Unterwerfung des zwischenstaatlichen Krieges in Europa unter strikte in Europa normativ geltende völkerrechtliche Regeln in der Zeit der

---

[1186] Deus iubet/imperat, qu 6,10.
[1187] Vgl. hierzu aus neuerer Zeit die Titel folgender Publikationen: J. C. Irlenkaeuser, Einhegung oder Kooperation. Die amerikanische Chinapolitik unter Clinton und Bush (Kieler Schriften zur politischen Wissenschaft 16), Frankfurt/Main 2005; T. Marauhn, Streitbeilegung in den internationalen Wirtschaftsbeziehungen. Völkerrechtliche Einhegung ökonomischer Globalisierungsprozesse, Tübingen 2005; U. Nerlich (Hrsg.), Die Einhegung sowjetischer Macht. Kontrolliertes militärisches Gleichgewicht als Bedingung europäischer Sicherheit (Internationale Politik und Sicherheit 14), Baden-Baden 1982.
[1188] Vgl. H. Maier, Friedensgedanke 77.82.84.

2. Interpretatorische Einhegungen der Kriege Josuas

Herausbildung und Konsolidierung europäischer Nationalstaaten bezeichnet.[1189]

Mit dem Begriff „Einhegung" wird zudem allgemein ein Problem gekennzeichnet, welches sich realistischerweise nicht ohne weiteres beseitigen läßt, dessen Auswirkungen aber durch Übereinkommen und/oder mit einem mindestens bilateral anerkannten Regelwerk begrenzt werden können. Eine Einhegung wirkt sich sowohl nach innen aus, verleiht dem, was eingehegt wird, einen äußeren Rahmen und strukturiert es nach innen, als auch ab- bzw. begrenzend nach außen gegen andere(s). Mit dem Begriff „Einhegung" bzw. mit dem durchaus synonymen Ausdruck „Begrenzung" läßt sich zugleich zweierlei deutlich hervorheben. 1. Es besteht ein ernsthaftes, nicht einfachhin zu beseitigendes Problem. 2. Die Auswirkungen oder die Begleiterscheinungen eines solchen Problems werden ausdrücklich zur Kenntnis genommen, und es wird mit jeweils dafür als geeignet erscheinenden Instrumentarien versucht, ein ungehindertes und unkontrolliertes Fortwirken dieses Problems zu verhindern. Das heißt, es wird gezielt die Anstrengung unternommen, die aus einem Problem resultierenden dynamischen Kräfte wirksam zu begrenzen. Es wird gleichsam ein Zaun um das Problem gestellt.[1190] So wird mit Blick auf das humanitäre Völkerrecht beispielsweise von einer rechtlichen Einhegung des Krieges gesprochen, welche zum Ziel hat, den Krieg durch ein normatives Regelwerk in seinen Auswirkungen für alle Beteiligten zu begrenzen.[1191]

Vor diesem Hintergrund wird der Begriff Einhegung in unserer Arbeit näherhin wie folgt verstanden und eingesetzt. Auch wenn die Forschungsergebnisse zum Buch Josua, näherhin zum Landnahmegeschehen zu einem sehr differenzierten Ergebnis kommen[1192], welche sich in dem Punkt treffen, daß sich die im Buch Josua berichteten Ereignisse nicht als einen historischen Bericht, vielleicht teilweise sogar noch von Augenzeugen verfaßt[1193], verstehen lassen, nimmt der Leser diese biblischen Texte in der Regel zuerst und nahezu ausschließlich in ihrer kanonischen Endgestalt (meist in Form einer Übersetzung) ohne Kommentierung zur Kenntnis. Dabei wirkt zudem ein sogenanntes Gesetz der Erstinformation, welches besagt, daß die erste und vorerst meist einzige Information nicht selten einen prägenden Einfluß auf den Empfänger ausübt und er alle späteren Informationen auf dieser Folie zur Kenntnis nimmt. Erst an zweiter Stelle werden dann gewöhnlich

---

[1189] Vgl. ders. ebd. 75–77.
[1190] Etymologisch wird das Nomen „Hag" und das Verbum „hegen" mit „Umzäumung" und „umzäumen" in Verbindung gesetzt.
[1191] „(D)ie strikte Begrenzung des Krieges auf den Staatenkrieg, die Beschränkung der Kriegsführung auf die Kombattanten, die Schonung der Kriegsgefangenen, endlich die nicht geringzuschätzende rechtliche Formalisierung des Krieges durch Kriegserklärung und Friedensschluß", H. Maier, ebd. 76.
[1192] Vgl. die Einführung mit angegebener Literatur G. Hentschel, Josua 203–221.
[1193] Vgl. A. Schulz, Josue 3.

z.B. Textuntersuchungen oder Kommentare hinzugezogen. Diese besitzen jedoch hinsichtlich der Leseorientierung den strukturellen Nachteil, daß sie in der Regel weder parallel zu dem biblischen Text mitgeliefert werden[1194] noch, was viel schwerwiegender wirkt, kanonische Dignität erlangen können.

Die jeweiligen Hegungen haben im folgenden auch hier die Bedeutung, daß man sich des Problems der in der Bibel geschilderten Kriege Josuas bewußt ist, dieses jedoch nicht völlig beseitigen kann und es deshalb mit einem interpretatorischen Element gegen einen maßlosen Zugriff von außen abgrenzt.[1195]

2.1 Legendarische Einhegung

Eine legendarische Einhegung der von Josua geführten Landnahmekriege nehmen vor allem die Rabbinen vor. Diese führen den Topos der sogenannten drei Sendschreiben ein, welche Josua vor Beginn der Landnahmeoperation den Bewohnern des Landes zugeschickt habe. Diese Schreiben eröffnen die Möglichkeit, entweder noch rechtzeitig das Land verlassen zu können oder einen asymmetrischen Friedensvertrag mit Josua zu schließen. Wer sich diesen beiden Angeboten verweigert, nimmt letztlich eo ipso die regelgemäß ausgesprochene Kriegserklärung an und ist somit selbst für alles, was daraus folgt, verantwortlich. Ziel dieses legendarischen Topos ist es, Josua bezüglich seiner Kriegsführung zu entlasten und ihn als gerechten Kriegherren darzustellen. Denn er hält sich an Kriegsrecht und versucht mit seinen ersten beiden Angeboten, Kämpfe zu vermeiden. Nicht zuletzt setzt er auf friedliches Übereinkommen. Indirekt wird aber auch mit diesem Topos eingestanden, daß den Landnahmekriegen Josuas Problematisches anhaftet. Denn im Vergleich mit Josuas Vorgehen haben selbst die Assyrer von

---

[1194] In einigen Bibelausgaben werden seit längerer Zeit Einleitungen zu den einzelnen biblischen Büchern und zum besseren Verständnis schwieriger Textpassagen Anmerkungen beigefügt wie dies z.B. bei der Jerusalemer Bibel und der Einheitsübersetzung der Fall ist. Darüber hinaus wird in „Stuttgarter Altes Testament. Einheitsübersetzung mit Kommentar und Lexikon" dem biblischen Text eine Kommentierung abschnittsweise hinzugefügt. Andere Bibelausgaben wie z.B. die unrevidierte Elberfelder Bibel verzichten ganz bewußt auf Einleitungen und inhaltliche Kommentierungen, ja sogar auf Zwischenüberschriften im Text, da sie nicht kanonisch sind.

[1195] An dieser Stelle sei daran erinnert, daß auch die Mischna mit ihrer Forderung, einen Zaun um die Tora zu legen (vgl. Ab I 1b.), so etwas wie eine strukturelle Einhegung kennt. Dieser Zaun soll die Tora vor Mißverständnissen sowie vor irrigen und/oder ausufernden Interpretationen schützen. „Die Schriftgelehrten hatten also alle Vorkehrungen für ein richtiges Verständnis und eine richtige Befolgung des Gesetzes zu treffen", K. Marti/G. Beer, Abot 6. Der Begriff „Zaun" (סיג) bringt hier ebenfalls anschaulich zum Ausdruck, daß gezielt versucht wird, ein Eindringen von willkürlichen und unkontrollierten Interpretationen abzuweisen. Gleichzeitig weiß man aber darum, daß derartige Auslegungen jenseits der Pfade einer autorisierten Überlieferung nicht ganz zu verhindern sind, vgl. Ab I 1a.

2. Interpretatorische Einhegungen der Kriege Josuas

sich aus während der Belagerung Jerusalems den Judäern einen Vertrag angeboten, der sie zwar in die Deportation führt[1196], der ihnen aber einen auskömmlichen Lebensunterhalt sichert und ihnen nicht zuletzt das Leben beläßt (2 Kön 18,31f). Von solchen freiwillig angebotenen Verträgen ist in Jos 1–12 nirgendwo die Rede.[1197]

Die legendarische Einhegung ist daher darum bemüht, aus menschlicher Perspektive ungerechtfertigt einzuordnende Kriegshandlungen mit einer für die Geschichte Israels so maßgeblichen und vorbildbehafteten Person wie Josua nicht in Verbindung zu bringen. Zudem soll einer alleinigen Berufung auf den biblischen Text die Legitimationsbasis für entsprechende Nachahmungseffekte entzogen werden. Josua hat stets als ein gerechter Kriegsherr gehandelt, der sich an Verträge hält.[1198] Von daher fügt der legendarische Topos der drei Erlasse Josuas der Verrechtlichung des Krieges vor dem Hintergrund von Dtn 20 weitere inhaltliche Elemente hinzu, wenngleich auf unilateraler Grundlage. Jedem Gegner sind vor einer Kampfhandlung mehrere Angebote zu einer friedlichen Einigung zu unterbreiten. Dazu zählt auch die Möglichkeit zu emigrieren, wovon in Dtn 20 nicht die Rede ist.

Schließlich nimmt man mit diesem Topos in Kauf, daß der biblischen Überlieferung nahezu gleichberechtigt eine außerbiblische Überlieferung an die Seite gestellt wird.

2.2 Zweifach unbestimmt zeitliche Einhegung

Von einer unbestimmt zeitlichen Einhegung bezüglich der drei Gebote, die Israel beim Eintritt in das Land aufgetragen sind (Ernennung eines Königs, Ausrottung Amaleks, Tempelbau), kann bei Maimonides in seinem Werk Mishneh Torah gesprochen werden. Denn der Duktus seiner kriegsrechtlichen Bestimmungen im Königsrecht liest sich so, daß in der Zeit des Maimonides diese Bestimmungen zwar keine aktuelle politische Relevanz besitzen, daß sie aber dennoch keineswegs grundsätzlich überholt seien. Hierzu zählen auch die Institutionen des Pflicht- und des Wahlkrieges. Sollte aber die jüdische Communitas wieder in das Land Israel eintreten (erste unbestimmt zeitliche Einhegung) und/oder ein Messiaskönig auftreten (zweite unbestimmt zeitliche Einhegung), dann entfalten jene Gebote sowie jene

---

[1196] Nach assyrischen Verständnis lag die Deportation letztlich im Interesse der Deportierten selbst. Denn „(d)er Mensch hat nur Lebensmöglichkeit und Lebensrecht als Assyrer, und wenn er kein Assyrer ist als Vasall des assyrischen Königs, und noch ein Leben in der Deportation ist dem Widerstand gegen die Ordnung der Welt vorzuziehen", E. Otto, Strafvernichtung 33.

[1197] In Jos 9 kommt ein Vertrag mit den Gibeonitern nur aufgrund einer von ihnen angewandten List zustande. Grundsätzlich hätte auch ihnen die Vernichtung gedroht, vgl. Jos 9,24.

[1198] Zu bi- und unilateralen Verträgen der Assyrer vgl. E. Otto, Strafvernichtung 37f.

Kriegsinstitutionen wieder ihre ganze Geltung. Dazu gehört u.a. auch die kompromißlose Verfolgung und Tötung Amaleks bzw. der Nachkommen Amaleks. Zu beachten ist dabei, daß es Maimonides letztlich in der Schwebe läßt, ob es tatsächlich noch Nachfahren Amaleks gibt. Auf jeden Fall gilt Josua als Muster und Vorbild besonders für die, die einmal in das Land Israel eintreten werden.

Somit erweist sich diese doppelte Einhegung aufgrund ihrer zeitlichen Unbestimmtheit als fragil, da sie nicht grundsätzlicher, sondern rein temporärer Art ist. Sobald die entsprechenden Voraussetzungen gegeben sind, die eine Beachtung und Einhaltung jener von Maimonides erörterten Gebote gestatten, wird der pazifizierende Zaun wieder beiseite geräumt.

2.3 Völkerrechtliche und naturrechtliche Einhegung

Eine völkerrechtliche Einhegung im Rahmen der Theologie nehmen vor allem die spanischen Spätscholastiker F. de Vitoria und F. Suárez vor. Beide sind Vetreter einer weiterentwickelten Lehre des gerechten Krieges. Bezüglich der Rechtfertigung eines solchen Krieges führen sie im Sinn des biblischen Schriftbweises alttestamentliche Texte wie z.B. die Kriege Josuas als Beleg an. Was die Tötung Unschuldiger vor diesem Hintergrund betrifft, läßt de Vitoria theoretisch erkennen, daß man unter bestimmten Voraussetzungen während eines Krieges Unschuldige töten dürfe. Dies ist aber nur dann erlaubt, wenn es einen direkten und zweifelsfreien Befehl Gottes hierfür gibt. Der Grundtenor der Argumentation ist dabei folgender: Da ein derartiger direkter Befehl Gottes zwar nicht ausgeschlossen, mit einem solchen aber in der Regel nicht ohne weiteres gerechnet werden kann, ist es verwehrt, daß man sich auf entsprechende biblische Textstellen wie Jos 6,21 (unterschiedslose Tötung allen Lebens in Jericho) zur Tötung Unschuldiger im Krieg berufen kann. Suárez geht insofern einen Schritt weiter, als er jede Tötung Unschuldiger von vornherein ausdrücklich verwirft und den Befehl Gottes hinsichtlich der Tötung aller Einwohner Jerichos letztlich ein aus dem Willen Gottes kommendes „positives Gesetz" (lex positiva) nennt, welches zu keiner Zeit allgemeine normative Geltung besaß.

H. Grotius erörtert kriegsvölkerrechtliche Fragen in seinem Werk De iure belli ac pacis (DIBP) methodisch von vornherein auf einer sogenannten naturrechtlichen Ebene. Grundsätzlich gilt, daß unter naturrechtlichem Aspekt eine Tötung Unschuldiger ausgeschlossen ist. Dies bedeutet, daß die Tötung Unschuldiger auch dann ausgeschlossen bleibt, wenn sie im Recht der Völker auf positivistischer Ebene erlaubt sein sollte. Vor diesem Hintergrund scheidet er zudem direkte göttliche Befehle, Unschuldige zu töten, methodisch grundsätzlich aus. Sie besitzen methodisch in seinem Werk keine Relevanz. Ungeachtet dessen vertritt er die Auffassung, daß nicht jeder Krieg

2. Interpretatorische Einhegungen der Kriege Josuas

dem Naturrecht widerstreitet[1199], wenn es gilt, einen entstandenen Schaden wiedergutzumachen oder einen entführten Menschen zurückzuführen, womit er letztlich den in Augustins Definition des gerechten Krieges genannten Kriterien folgt. Von einem direkten Befehl Gottes aber wie bei Augustinus ist bei H. Grotius nicht die Rede. Denn als Beleg für seine naturrechtliche Argumentation dient ihm Gen 14, wo Abra(ha)m ohne einen Befehl Gottes gegen Feinde zieht, da diese seinen Neffen Lot und dessen Habe mit sich genommen haben.[1200] Ein weiterer Beleg für den dem Naturrecht nicht widerstreitenden Krieg ist der Kampf der „Hebräer" unter Mose und Josua gegen die Amalekiter, da diese jene angegriffen haben. Es geht also um das Recht zur Selbstverteidigung durch militärische Gegenmaßnahmen.

Beachtenswerterweise hält es H. Grotius dennoch jenseits einer methodischen Ausblendung nicht für ausgeschlossen, daß auf einen besonderen Befehl Gottes hin (speciale mandatum dei) die sogenannten sieben Völker (Dtn 7,1f) getötet worden sind, da sie sich aus der Perspektive Gottes schwerster Verbrechen schuldig gemacht haben. H. Grotius geht auf eine solche Thematik nur deshalb nicht weiter ein, da es sich bezüglich der Aufforderung zur Tötung der sieben Völker um Gottes-Kriege (dei bella) handelt[1201], die sich einer naturrechtlichen Kategorie nicht zuordnen lassen. Dies darf aber nicht darüber hinwegtäuschen, daß es auch H. Grotius grundsätzlich nicht für ausgeschlossen hält, daß es derartige Gottes-Kriege geben kann, welche jenseits des Naturrechtes eine Tötung Unschuldiger beinhalten könnten. Diese Kriege sind aber mit der Schwierigkeit behaftet, daß die hierfür in Anschlag gebrachten Gründe nicht naturrechtlich nachvollziehbar sind.

Letztlich erweist sich somit auch die völkerrechtliche und naturrechtliche Einhegung der in der Bibel berichteten Kriege im Hinblick auf ihre beispielgebende Tragweite als ambivalent. Grundsätzlich gilt, daß Kriege nach völkerrechtlichen und naturrechtlichen Maßstäben nachprüfbaren Kriterien unterliegen. Zudem bestehen Regeln des Krieges, welche von allen einzuhalten sind. Allgemein gilt aber auch, daß selbst wenn unter völkerrechtlichem und naturrechtlichem Aspekt direkte Befehle Gottes und Gottes-Kriege methodisch ausgeklammert werden müssen, ihre Wirklichkeit dennoch nicht geleugnet wird. Mit ihnen bleibt zu rechnen, auch wenn die Frage nicht erörtert wird, wie sich direkte Befehle Gottes den Menschen kundtun, auf welche Weise sie sich ereignen und woran sie untrüglich erkannt werden könn(t)en.

[1199] Vgl. DIBP I 2,2.1.
[1200] Vgl. DIBP I 2,2.1.
[1201] Vgl. DIBP I 2,2.1.

2.4 Jüdisch-hellenistisch philosophische Einhegung

„Philo legt nur die Bücher des Mose aus."[1202] Das heißt, für ihn besitzt letztlich nur die eigentliche Tora Relevanz. Dem ordnet sich ein, daß er Josua auch kein eigenes Buch wie Abraham oder Mose gewidmet hat. Da Philo seine Schriften nur in griechisch verfaßt, nennt er den Josua auch Ἰησοῦς (Jesus), womit er letztlich den griechisch übersetzten Büchern des Mose folgt.[1203] Daß Philo dennoch Josua (Ἰησοῦς) nicht vollständig übergeht, liegt einfach darin begründet, daß der Pentateuch von ihm berichtet. Vor diesem Hintergrund macht sich offenbar Philo die Perspektive zu eigen, Josua (Ἰησοῦς) als untadeligen Anführer der Israeliten erscheinen zu lassen. Wie Sir 46,1 bezeichnet ihn Philo als Diadochen des Mose.

Darüber hinaus überträgt Philo den Begriff des „Erstlingsopfers" (ἡ ἀπαρχή) auf die Vernichtungsweihe während des Landnahmegeschehens, so daß auf diese Weise von vornherein nicht alle Bewohner des Landes darunter fallen. Unklar bleibt aber, ob bei Philo der Begriff „weihen/opfern" (ἀνιεροῦν) automatisch die Bedeutung einer physischen Vernichtung besitzt. Eindeutige Anhaltspunkte dafür gibt es in seinem Textcorpus nicht. Somit kann es nicht ganz verwundern, daß es bei Philo letztlich unklar bleibt, ob Josua (Ἰησοῦς) während der Landnahme tatsächlich Menschen töten ließ. Dem korrespondiert die Überzeugung Philos, daß das ganze Menschengeschlecht miteinander ursprünglich verwandt ist.

Philo nimmt Josua (Ἰησοῦς) insgesamt auch weniger als militärischen Anführer wahr, sondern vielmehr als einen, dem es gelungen ist, einen hohen Vollkommenheitsgrad zu erreichen. Dies dokumentiere sich durch den Namenswechsel von dem Namen Osee, „der irgendwie beschaffene", hin zu dem Namen Jesus, der „Heil/Rettung des Herrn" (σωτηρία κυρίου) bedeutet. Dieser Name steht bei Philo gleichzeitig für das Erreichen der „besten Verhaltensweise", die je ein Mensch erlangen könne. Dies ist es vor allem, was Josua (Jesus) für Philo interessant werden läßt.

Für Philo ist somit ein Namenswechsel zugleich eine Aussage darüber, welchen Vollkommenheitsgrad (s)ein Namensträger erreicht hat (vgl. mut § 121f). Ein besonderer Vollkommenheitsgrad ist immer dann erreicht, wenn Name und Sein (Habitus) übereinstimmen. Von daher besteht die philosophische Einhegung darin, sich in seinem Leben stets um Vollkommenheit zu bemühen. Josua (Jesus) wird so zu einem hervorragenden Beispiel für eine Person, der dies gelungen ist. Das Ziel der Vollkommenheit erreicht jemand vor allem dann, wenn er bei überragenden Menschen, wie z.B. bei einem

---

[1202] Th. Söding, Einheit 264.
[1203] Zudem ist nach M. Rösel auch die Existenz einer für eine gewisse Zeit im Umlauf seienden separaten Septuaginta-Version des Buches Josua wahrscheinlich, vgl. ders., Die Septuaginta-Version 208.

Mose[1204] Zeltgenosse, Schüler und Mime (Nachahmer) wird, sich nicht über sie stellt und im Schatten ihrer Autorität selbst Wegweiser für andere wird.

2.5 Konfessionale Einhegung

Die konfessionale Einhegung besteht darin, die Landnahme-Erzählung auf eine Entscheidung im Glauben bzw. auf ein Bekenntnis zum rechten Glauben zulaufen zu lassen, wie dies anhand der Hure Rahab aufgezeigt wird: Die Entscheidung für den rechten Glauben und das Bekenntnis des rechten Glaubens bewahren vor der drohenden Gefahr einer Vernichtung. Nicht zuletzt deswegen wird Rahab als Vorbild für andere hingestellt, die um ihren Glauben ringen. Wenn diese sich wie Rahab ebenfalls zum wahren Gott bekennen, könnten sie ebenso ihr Leben retten. Grundsätzlich trifft dies für alle Bewohner Jerichos zu Zeiten Rahabs zu.

Diese konfessionale Einhegung bewirkt, wie sie im Hebräer-, im Jakobus- und im ersten Clemensbrief festgestellt werden kann, daß der Kontext der Landnahme-Erzählung entweder stark zurückgedrängt oder sogar ganz ausgeblendet wird. Eine derartige Einhegung wird dadurch begünstigt und bewerkstelligt, ohne daß dies als vorrangig beabsichtigt eingestuft werden kann, indem einige frühchristliche Gemeinden grundsätzlich nicht mehr an der Landnahme, sondern allein am Bekenntnis zum wahren Glauben interessiert sind. Nur ein solches Bekenntnis gilt für sie als nachahmenswert und lebensrettend. Die Texte vom kriegerischen Vorgehen Josuas gegen die Vorbewohner des verheißenen Landes können somit keine Vorbildwirkung mehr entfalten, ganz davon abgesehen, daß von jenem Vorgehen im Grunde nicht mehr gesprochen wird. So wird schließlich auf diese Weise der Landnahmekrieg eskamotiert. Eine solche Beobachtung kann dadurch gestützt werden, daß das Neue Testament insgesamt auffällig wenig Interesse an Josua zeigt.

2.6 Frühchristlich-theologische Einhegung

Die geistliche Einhegung christlich-theologischer Provenienz erfolgt dadurch, daß sie in den im Buch Josua erzählten Ereignissen lediglich Vorausschattungen für Geschehen sieht, die erst in neutestamentlicher Zeit ihre volle Wirkung entfalten können. Näherhin bedeutet dies, daß sich erst aus der Perspektive des Christusereignisses, wie es in den Schriften des Neuen Testaments vielfältig berichtet wird, vollständig verstehen läßt (sensus ple-

---

[1204] So ist für Philo Mose „der Theologe" schlechthin (vgl. VitMos II § 115), so wie später Thomas von Aquin Aristoteles mit dem Titel „der Philosoph" versehen wird.

nior), was im Buch Josua aufgeschrieben worden ist. Die hermeneutischen Methoden jener Einhegung können sowohl typologischer als auch allegorischer Art sein. Ein wesentlicher und unverzichtbarer Ausgangspunkt bildet für beide Interpretationsarten die griechische Namensschreibung von Josua mit Ἰησοῦς (Jesus). Diese Schreibweise ist absolut identisch mit dem Träger gleichen Namens in den Evangelien. Diese Namensgleichheit hat zur Folge, daß man im alttestamentlichen Ἰησοῦς bereits den neutestamentlichen Ἰησοῦς anwesend sieht und die Taten von jenem entsprechend wertet.

Eine typologische Auslegung findet sich im Barnabasbrief und bei Justin im Dialog mit Tryphon und wirkt sich der Sache nach als eine Einhegung aus. Dabei nimmt vor allem der Barnabasbrief eine besonders radikale Interpretation vor, da für ihn das eigentliche Eingehen in das Land noch bevor besteht. Denn zum einen ist der neutestamentliche Jesus letztlich das Land, in welches man einziehen soll. Wer dies tut, wird zudem auch über andere Völker herrschen (Barn 6,8–12). Zum anderen kommt die Vergebung der Sünden einer Neuschöpfung des Menschen gleich (Barn 6,14). Von daher sollen Christen in diesen erneuerten Urzustand einziehen. Und wenn sie in dieses Land einziehen, dann ziehen sie in das Land, in welchem Milch und Hönig fließen (Barn 6,14f). Da diese Einhegung Israel nicht nur theologisch total enterbt, sondern auch die für die Geschichte Israels konstitutiven Ereignisse als völlig bedeutungslos, ja geradezu als nicht geschehen eingestuft wissen will, ist auch die im Buch Josua erzählte Landnahme im Grunde irrelevant und kann somit in keiner Weise als Vorbild dienen.

Die Josua-Homilien des Origenes sind ein Beispiel für die allegorische Einhegung der Landnahmekriege Josuas. Zwar leugnet Origenes nicht, wie es letztlich im Barnabasbrief geschieht, die geschichtliche Bedeutung der im Buch Josua berichteten Ereignisse. Diese sind aber für ihn Geschehnisse, deren eigentlicher Sinngehalt erst durch das Kommen des Jesus Christus und das Bekenntnis zu ihm erkannt werden kann. Jene Ereignisse sind näherhin für Origenes Abbild für einen Kampf, den ein Christ in dieser Welt gegen die Versuchungen der Welt, die grundsätzlich als sündig und verdorben verstanden wird, immerwährend zu führen hat, um als Christ überhaupt bestehen zu können. Paradigma ist hierbei die Stadt Jericho, welche die sündige Welt mit all ihren Versuchungen und Begierden darstellt und die es von daher zu vernichten gelte. Auf diese Weise wird die totale Vernichtung der Stadt Jericho geistlich plausibel zu machen versucht.

Obgleich dies nicht das Hauptziel ist, entzieht Origenes vom Ergebnis her mit einer solchen Auslegungsmethode grundsätzlich die Basis dafür, im Buch Josua einen Leitfaden für noch so gut begründete militärische Aktionen erblicken zu wollen. Vielmehr soll das Buch Josua als Anleitung und Motivation für ein christliches Leben inmitten einer verfallenen und fallenden Welt verstanden werden. Da für Origenes sich die eigentliche Bedeutung des Buches Josua erst in christlicher Zeit ganz und gar erschließen läßt, wird somit auch bei ihm das Judentum auf sublime Weise seiner Schriften enterbt, wie dies bereits auf andere Weise beim Barnabasbrief der Fall ist.

So erweist sich im Ergebnis die frühchristlich-theologische Einhegung als janusköpfig. Einerseits besitzen die Landnahmekriege unter Josua keine Relevanz mehr für die Gegenwart und können zu einer Legitimierung und theologischen Überhöhung von militärischen Aktionen nicht herangezogen werden. Anderseits ist dieser Einhegung unübersehbar ein antijudaistischer Zug eigen. Denn diese Einhegung geht zu Lasten der jüdischen Communitas und enterbt sie theologisch nahezu vollständig.

3. Der alttestamentliche und der neutestamentliche Jesus: Zwei Pfeiler einer Interpretationsbrücke

Durch die in dieser Studie untersuchten christlich geprägten Texte zieht sich wie ein roter Faden die Zweidimensionalität des griechischen Namens von Josua: Ἰησοῦς (Jesus). Wie bereits mehrfach erwähnt, ist hierfür der Ausgangspunkt der, daß in der Septuaginta der hebräische Name Josua (יהושע) mit Ἰησοῦς (Jesus) wiedergegebnen wird. Da im Neuen Testament der Nazarener ebenfalls den Namen Jesus trägt, bot dies im griechischsprachigen Kontext einen Anknüpfungspunkt für die Interpretation, daß im alttestamentlichen Jesus (Josua) bereits der neutestamentliche in irgendeiner Weise gegenwärtig ist. Bei dieser Josua-Jesus-Spekulation steht der hermeneutische Grundsatz der frühen Kirche im Hintergrund, der fast die gesamte Patristik durchzieht, daß die Geheimnisse Jesu Christi und der Kirche bereits im Alten Testament vorgebildet sind.[1205] Näherhin beinhaltet dieser hermeneutische Ansatz, daß mit dem Kommen Jesu Christi neben dem sensus litteralis des Alten Testaments nunmehr der sensus plenior erkannt werden kann, der beispielsweise über die Allegorie die eigentliche Tiefenaussage der alttestamentlichen Texte zutage fördert[1206], den die alttestamentlichen Verfasser selbst nicht kannten.[1207] Dies trifft en miniature auch auf den Namen Jesus zu.

Im Neuen Testament wird zwar Josua nur zweimal namentlich erwähnt (Apg 7,45; Hebr 4,8), aber dies erfolgt ohne weitere Präzisierungen wie beispielsweise Sohn des Nun bzw. Nave. Dies läßt sich so erklären, daß an jenen beiden Stellen im Neuen Testament der jeweilige Kontext eindeutig ist und

---

[1205] Freilich regt sich gelegentlich auch Widerstand. Eustathius von Antiochien (280 bzw. 288 bis 343/345 oder um 370?) bemerkt, obzwar er selbst die Allegorese nicht grundsätzlich ablehnt, gegen eine Interpretation des Origenes (Wahrsagerin in 1 Sam 28): „Um es deutlich auszusprechen: indem er alle Namen allegorisiert, beseitigt er die Historizität der Ereignisse", M. Fiedrowicz, Prinzipien 48f.

[1206] Vgl. M. Fiedrowicz, Prinzipien 93f.

[1207] Vgl. H. Frankemölle, Exegese 174; P.-G. Müller, Fachbegriffe 222.

somit der Name einer Näherbestimmung nicht bedurfte. Auch fehlen im Neuen Testament jegliche Anklänge an eine allegorische Namensdeutung in bezug auf den alttestamentlichen Jesus. Sein Handeln bleibt aus der Perspektive des Hebräerbriefes ausdrücklich defizitär (Hebr 4,8).

Obgleich im 1. Clemensbrief (1 Clem) ebenfalls der alttestamentliche Kontext eindeutig ist, wird dem Namen Jesus das Patronym „der (Sohn) des Nave" beigefügt (1 Clem 12,2). Ob sich dies aber einem bereits einsetzenden Differenzierungsprozeß verdankt oder ob sich 1 Clem 12 schlicht an eine biblische Überlieferung[1208] hält (vgl. Num 11,28; Jos 1,1), läßt sich nicht entscheiden und ist auch an dieser Stelle unerheblich.

Im Barnabasbrief (Barn) ist kurz aufeinander sowohl von Jesus, dem Sohn des Nave, als auch vom neutestamentlichen Jesus die Rede (Barn 12,8). Schon allein aus diesem Grunde ist eine Präzisierung, um welchen Jesus es sich dabei jeweils handelt, unerläßlich. Auch wenn im Barnabasbrief noch Mose den alttestamentlichen Typos für den neutestamentlichen Jesus abgibt (vgl. Barn 12,5), so offenbart dennoch Gott, der Vater, mit der Namensumbenennung des alttestamentlichen Ause[1209] in Jesus (vgl. LXX-Num 13,16) bereits dem alttestamentlichen Israel seinen Sohn Jesus[1210] (vgl. Barn 12,8). Von daher ist die Bedeutung des alttestamentlichen Jesus im Barnabasbrief noch ganz darauf begrenzt, daß er der Träger des Namens des Gottessohnes Jesus ist. In diesem Zusammenhang ist die Intention des Barnabasbriefes die, daß seit den Zeiten Josuas dem Volk Israel bereits Jesus der Sohn Gottes namentlich bekannt war, daß es aber diese Offenbarung ignoriert hat. Diese Aussageabsicht entspricht insgesamt der theologischen, antijudaistischen Tendenz des Barnabasbriefes.

Justin Martyr hält im „Dialog mit dem Juden Tryphon" (dial.) grundsätzlich fest, daß die Verleihung des Namens Jesus an den Sohn des Ause mit Blick auf Jesus Christus alles andere als ein Zufall gewesen sei (vgl. dial. 113,1). Gegen den biblischen Textbefund behauptet Justin, daß diese Namensverleihung in Verbindung mit der Funktion, Nachfolger des Mose zu sein, es dem Sohn des Ause ermöglicht habe, als einziger der Auszugsgeneration das noch verbleibende Volk in das verheißene Land zu führen (vgl. dial. 113,3). Außerdem befähigte ihn diese Namensverleihung Außergewöhnliches wie den Stillstand der Sonne bewirken zu können, da ihm hierfür die Stärke vom Geist des Namens Jesu, d.h. von Jesus Christus, verliehen worden sei (vgl. dial. 132,1). Da für Justin der Name Jesus ewig ist, konnte daher der neutestamentliche Jesus sich schon dem Mose, dem Abraham und

---

[1208] Gleichzeitig gibt es auch Schriftstellen, bei denen auf das Patronym verzichtet worden ist, vgl. z.B. Ex 17,9.10.13.14; 24,13;32,17; Num 27,22; Dtn 3,21.28; 31,3.7.14; Jos 1,10.12.16.17; 3,1.5.6.7.9.10; 4,1; Ri 2,6.7.21; 1 Makk 2,55; Sir 46,7.

[1209] Den Namen Josuas vor seiner Namensumbenennung teilt Barn jedoch nicht mit.

[1210] Der Codex Corbeiensis besitzt an dieser Stelle mit Blick auf Jesus in bezug auf Gott, den Vater, die Lesart „filio suo".

3. Der alttestamentliche und der neutestamentliche Jesus

den anderen Patriarchen vergegenwärtigen (vgl. dial. 113,4). Zudem war in dem Engel, der Israel in das verheißene Land voranging, der neutestamentliche Jesus ebenfalls gegenwärtig. In dieser Perspektive liegt es, daß aufgrund der Verleihung des Namens Jesus an den Sohn des Ause es diesem gelang, Amalek erfolgreich zu bekämpfen (vgl. dial. 131,4). Dieser Kampf diente nicht zuletzt dazu, den Namen Jesus in vorchristlicher Zeit Israel bekannt zu machen. Amalek und der alttestamentliche Jesus sind schließlich zudem Vorauszeichen dafür, daß der gekreuzigte Jesus Christus die Dämonen einst besiegen wird (vgl. dial. 131,5). Auch die Einnahme Jerichos interpretiert Justin so, daß letztlich der Logos durch den Anführer des Heeres des Herrn (Jos 5,13–15) dem alttestamentlichen Jesus die Einnahme dieser Stadt aufgetragen und ihm deren Bewohner in seine Hand ausgeliefert habe. Das heißt, der Logos, der sich im neutestamentlichen Jesus offenbaren/inkarnieren wird, befiehlt Jesus, dem Sohn des Ause, die Eroberung der Stadt Jericho und die Tötung ihrer Einwohner (vgl. dial. 62,5).

Somit schält sich als Ergebnis heraus, daß bei Justin die im Buch Josua berichteten Ereignisse zwar als historisch gewertet werden, daß aber für ihn der neutestamentliche Jesus auf unterschiedliche Art bereits im Alten Testament präsent und höchst wirksam ist. Der Jesus des Neuen Testaments bleibt bei Justin dem Jesus des Alten Testaments gegenübergestellt, obgleich jener durch diesen wirkt, so daß die Grenzen zwischen beiden zu fließen beginnen. Neu ist daher, daß der alttestamentliche Jesus nicht nur aufgrund seines Namens eine positive Wertung erfährt, sondern daß er auch aufgrund der Wirkmacht des neutestamentlichen Jesus seine Taten bewirkt, die dadurch nun nicht mehr rein defizitär sind. Wichtig ist auch hier, daß der Name Jesus und die mit ihm verbundene Macht als schon im Alten Testament anwesend betrachtet wird.

Mit Origenes erreicht die Jesus-Namen-Spekulation einen Höhepunkt. Seine 26 Homilien über das Buch Josua führt er mit einem Zitat aus dem Philipperbrief ein, welches er zudem ergänzt: „Gott hat den Namen, der über jedem Namen ist' (Phil 2,9), unserem Herrn und Retter Jesus Christus geschenkt. Der Name, der über jedem Namen ist, das ist Jesus."[1211] Mit Bezug auf dieses Zitat legt er dar, daß keiner der Patriarchen für würdig befunden worden ist, diesen Namen zu tragen. Um so wichtiger ist es daher für Origenes, daß er den Namen Jesus (Josua) zum ersten Mal im Buch Exodus im Zusammenhang mit der Schlacht gegen Amalek findet. Daraus, daß Mose dem Jesus befiehlt, starke Männer für den Kampf auszuwählen, zieht Origenes den Schluß, daß Mose damit eingesteht, das Heer der Israeliten nicht führen zu können und somit Jesus den ersten Platz überlassen muß.[1212] Nachdem Origenes weitere Textbeobachtungen in Verbindung mit dem

---

[1211] Th. R. Elßner/Th. Heither, Homilien 19.
[1212] Vgl. dies. ebd. 19.

alttestamentlichen Jesus angeführt hat, gibt er sein erkenntnisleitendes Interesse preis. Dieses besteht darin, „daß dieses Buch (Josua, ThRE) uns nicht so sehr die Taten des Sohnes Nuns verkündet, als vielmehr die Sakramente Jesu, meines Herrn, abbildet."[1213] Da Origenes dezidiert aus dieser Perspektive das Buch Josua liest, kann es nicht verwundern, daß die Personen des alttestamentlichen und des neutestamentlichen Jesus teilweise miteinander verschmelzen.[1214] Deutlich kommt diese theologische Interpretationsverschmelzung gleich zu Beginn der Josua-Homilien zum Ausdruck, wenn Origenes in bezug auf den Tod des Mose, der für ihn der Tod des Gesetzes ist, und seinen Nachfolger Jesus (Josua) ausführt: „Jesus also, mein Herr und Retter, übernahm die Herrschaft".[1215] Ähnlich wie Justin bringt auch Origenes das Herbeiführen des Stillstehens der Sonne (vgl. Jos 10,12) mit dem Namen Jesus in Verbindung. Näherhin stellt er dieses einmalige Geschehen so dar, als ob dies bereits der neutestamentliche Jesus selbst bewirkt habe.[1216] Wenn also nach dem Tod des Mose letztlich der neutestamentliche Jesus die Herrschaft übernommen hat[1217], so ist es nur folgerichtig, daß dieser Jesus das Volk nicht nach Kanaan geführt hat, sondern in das Land, welches nach Mt 5,5 die Sanftmütigen erben werden.[1218] Auf diese Weise werden die im Buch Josua erzählten Ereignisse zum Abbild der Heilstaten Jesu Christi. Dies hat aber gleichzeitig zur Folge, daß ihr historischer Gehalt von daher nur einen abgeleiteten bzw. einen entsprechend nachgeordneten Wert besitzt.[1219] Während Justin solchen Ereignissen noch eine gewisse Eigenständigkeit beläßt, besitzen sie bei Origenes aufgrund seiner Josua-Jesus-Spekulation im Grunde nur noch Aussagekraft für das christliche Zeitalter.[1220] Jene Ereignisse bringen zum Ausdruck, welchen Anfeindungen und Anfechtungen sich ein Christ in dieser Welt kämpferisch zu erwehren hat.[1221] Vor allem aus dieser Perspektive besitzt für einen Christen das Buch Josua Bedeutung.

Im Ergebnis läßt sich festhalten: Aufgrund der Josua-Jesus-Spekulation erhält der alttestamentliche Jesus seinen Stellenwert erst vom neutestamentlichen Jesus her, welcher bereits in jenem anwesend ist und die entsprechenden Taten erst ermöglicht. Dies vermag u.a. mitzuerklären, warum die

---

[1213] Dies. ebd. 20.
[1214] Dies ist freilich nicht immer der Fall. Origenes hält an manchen Stellen beide Personen auseinander, wenngleich er sie zueinander in Beziehung setzt: „Wir hatten bereits festgestellt, daß man das, was von Jesus (Josua, ThRE) gesagt wird, auch auf unseren Herrn und Heiland übertragen kann", dies. ebd. 88.
[1215] Dies. ebd. 21.
[1216] „Deshalb hat mein Jesus nicht nur damals bewirkt, daß die Sonne stehenblieb, sondern auf noch viel größere Weise auch bei seiner Ankunft", dies. ebd. 22.
[1217] Vgl. dies. ebd. 25.
[1218] Vgl. dies. ebd. 25f.
[1219] Dies steht nicht im Widerspruch dazu, daß Origenes an manchen Stellen zu erkennen gibt, durchaus, wie er es nennt, am „geschichtlichen Bericht" (quod historia refert) des Josuabuches interessiert zu sein, vgl. dies. ebd. 44.63.67.
[1220] Vgl. dies. ebd. 42f.43f.
[1221] Vgl. dies. ebd. 36f.70–72.

Schriften des Alten Testaments auch in der frühen Kirche einen unaufgebbaren hohen Stellenwert besaßen und gegen marcionitische Tendenzen verteidigt worden sind.

4. Kriegstheologie

In der alttestamentlichen Wissenschaft hat man schon seit längerer Zeit mit Recht darauf hingewiesen, daß die im Buch Josua mitgeteilten Kriege keinen historischen Bericht einer sogenannten Landnahmezeit darstellen, so daß in diesem Punkt die Geschichte Israels sehr viel unspektakulärer verlaufen ist, als es in einigen Schriften Israels selbst erzählt wird. Dagegen läßt sich aber mit Blick auf die vielfältige Rezeptionsgeschichte der fiktiven Landnahmekriege Josuas feststellen, daß diese immer wieder zu realen Rechtfertigungen und Theoriebildungen im Kontext von Krieg und Kriegsrecht sowohl von jüdischen als auch von christlichen Autoren herangezogen worden sind bzw. als Grundlage dienten. M.a.W. die Rezeptionsgeschichte der Josuakriege verlief sehr viel kämpferischer als die anscheinend tatsächliche Entstehung des Staatsgebildes von Israel und von Juda, an deren Beginn die Landnahmezeit gesetzt wird.[1222]

Wenngleich einige Aspekte theologischer Rechtfertigungen von Kriegen bereits dargelegt worden sind, ist dennoch noch einmal im Sinne eines Gesamtüberblicks hervorzuheben, was in Verbindung mit Josua und seinen Taten in bezug auf Krieg und Kriegsrecht abzuleiten versucht worden ist.

4.1 Josuas Taten als Bezugpunkt für Krieg und Kriegsrecht

Bereits im ersten und zweiten Makkabäerbuch dienen Josua und seine Taten als anspornendes Vorbild für die Kämpfe der Makkabäer. Die Eroberung der Stadt Jericho und die Tötung ihrer Bewohner ist Teil einer Leitperspektive der makkabäischen Erhebung (vgl. 2 Makk 12,13–16). Mischna, Talmud und rabbinische Kommentarliteratur stellen Josua als vorbildlichen und gerechten Kriegsherrn dar und entfalten auch mit Blick auf Dtn 20 weitere kriegsrechtliche Bestimmungen bzw. präzisieren sie (drei Sendschreiben). Vor dem Hintergrund der Forderung, Amalek auszurotten, schälen sich in der Theoriebildung zwei verschiedene Kriegsarten heraus, die zudem einen unterschiedlichen Verbindlichkeitsgrad besitzen. Ein Krieg gegen Erzfeinde Israels, wofür pars pro toto Amalek steht[1223], wird Israel zu einer ständigen Pflicht auferlegt. Ein solcher Krieg ist außerdem schonungslos zu führen.

[1222] Als Überblick über den Beginn Israels vgl. I. Finkelstein/N. A. Silbermann, Keine Posaunen.
[1223] Vgl. Zu diesem Problem insgesamt E. Horrowitz, Rites.

Andere Kriege hingegen, wie z.B. Eroberungskriege, dürfen geführt werden. Eine Pflicht hierzu existiert nicht.

Maimonides zeigt in Mishneh Tora in seinen Ausführungen zu den Geboten, die Israel beim Wiedereintritt in das Land auferlegt sind, daß die geforderte Vernichtung Amaleks ungemindert Gültigkeit besitzt.[1224] Ebenso greift er jene zwei Kriegsarten auf und bestätigt im Grunde ihre Rechtmäßigkeit.[1225] Anhand des Topos der drei Sendschreiben des Josua verdeutlicht Maimonides insgesamt[1226], daß die Kriegsgesetze nach wie vor in Kraft sind, auch wenn sie aufgrund einer fehlenden staatsartigen Verfaßtheit der jüdischen Communitas keine Anwendung finden können.

Augustinus äußert sich folgenschwer im Zusammenhang mit der Einnahme der Stadt Ai (Jos7/8) zum gerechten Krieg. Dabei lassen sich drei Auswirkungen auf die Entwicklung von Krieg und Kriegsrecht feststellen: 1. Es wird definiert, was ein gerechter Krieg ist. Mit dieser Definition werden kriegsrechtliche Bestimmungen genannt, die der Sache nach für alle grundsätzlich einsehbar sind. (a) Man selbst ist angegriffen worden. (b) Die Angreifer sind dafür von ihrer eigenen über ihr stehenden Autorität nicht bestraft und/oder das durch sie unrechtmäßig Weggenommene ist dem Geschädigten nicht zurückerstattet worden. 2. Gott selbst kann Kriege anordnen, wodurch diese eo ipso gerecht sind. Die Gründe hierfür weiß Gott allein. Diese Kriege haben vergeltenden Charakter. Gott als Urheber des Krieges (auctor belli) bedient sich bei der Durchführung des Krieges Menschen (Diener/minister). 3. In einem gerechten Krieg ist auch das Legen eines Hinterhalts erlaubt. Gott selbst ist hierfür Kronzeuge, da er Josua das Hinterhaltlegen gegenüber der Stadt Ai befohlen hat. Diese Auffassungen übernehmen Gratian, Thomas von Aquin und Johannes de Lignano in ihren jeweils grundlegenden Werken.

F. de Vitoria weist gleich am Beginn der Erörterung der kriegsrechtlichen wie sensiblen Frage, ob Unschuldige getötet werden dürfen, auf die Eroberung der Stadt Jericho[1227] und Sauls Krieg gegen Amalekiter hin.[1228] In beiden Fällen handelt es sich darum, daß bei den schonungslosen Kämpfen selbst Frauen und Kinder ausdrücklich nicht von der Tötung ausgenommen werden.[1229] Vitoria macht aber darauf aufmerksam, daß derartiges Töten jeweils „mit Ermächtigung und Befehl des Herrn"[1230] geschehen ist. Im Verlauf der Diskussion verneint dann Vitoria mit naturrechtlich zu nennenden Argumenten (Recht auf Selbstverteidigung) jedoch die Frage, daß Unschuldige

---

[1224] Vgl. MEL I,1.
[1225] Vgl. MEL V,1.
[1226] Vgl. MEL VI,5.
[1227] Jos 6 besitzt bezüglich der Frage der Tötung Unschuldiger geradezu den Stellenwert eines textus classicus.
[1228] Vgl. (DJB q IV) U. Horst, Vitoria 580/582, 581/583.
[1229] Vgl. Jos 6,17a.21; 1 Sam 15,3.8b.
[1230] „ex auctoritate et mandato Domini", (DJB q IV) U. Horst, ebd. 580/582, 581/583.

getötet werden dürfen. Dies zeigt, daß bei Vitoria ebenfalls zwei Kriegskategorien im Hintergrund stehen: Der von Gott angeordnete Krieg, in dem nach menschlichem Ermessen auch Unschuldige zu töten sind, und der gerechte Krieg, der aufgrund von zuvor zugefügtem Unrecht (iniuria) geführt wird und auf allgemein anerkannten und einsichtigen Grundsätzen beruht (Selbstverteidigung; Schonung Unbeteiligter).

H. Grotius nimmt in seinem Werk De iure belli ac pacis ebenfalls auf Taten Josuas Bezug, um mit diesen aus biblischer Perspektive seine Aussage zu untermauern, daß ein Krieg nicht in jedem Fall gegen Naturrecht verstößt. So ist der unter Mose und Josua geleitete Abwehrkampf Israels gegen den Angriff Amaleks (vgl. Ex 17,8–16) Selbstverteidigung, welcher dem Naturrecht zugeordnet wird. Dies wird zudem dadurch gestützt, daß hierfür kein ausdrücklicher Befehl Gottes erforderlich ist. Da Israel angegriffen worden ist, darf es auch von sich aus mit Waffen zurückschlagen.[1231] Neu bei Grotius ist, daß bei diesem Kampf gegen die Amalekiter die religiöse Dimension völlig zurückgedrängt wird und daß ein von Josua geführter Kampf eine naturrechtliche Begründung erfährt.

Eine Verschiebung der Wahrnehmung erfährt bei Grotius auch der Kampf um die Einnahme der Stadt Ai (Jos 8). Ging es seit Augustinus in diesem Zusammenhang darum, den göttlichen Befehl zum Legen eines Hinterhalts herauszustellen, so lenkt Grotius seinen Blick mehr auf die „scheinbare Flucht" (ficta fuga), die Josua anordnet und durchführt (Jos 8,5f.15f). Dieser Blickwechsel erklärt sich wie folgt: Während das Institut des Hinterhaltlegens auf einen Befehl Gottes zurückgeht und somit der Kategorie der Gottes-Kriege (Dei bella) nahesteht, welche Grotius methodisch ausklammert, so geht die fiktive Flucht auf menschliche Anordnung zurück. Aus der Perspektive von Grotius ist somit die „vorgetäuschte Flucht" keine Institution, die dem Naturrecht widerstreitet. Sie verdankt sich nicht göttlicher, sondern menschlicher Initiative (Josua), und zwar in einer militärisch schwierigen Situation durch menschliche Überlegung, situationsgerecht zu handeln. Die scheinbare Flucht ist „wegen der Gerechtigkeit des Krieges erlaubt"[1232], da sie hilft, dem Gegner eine Niederlage zuzufügen. Letztlich kommt somit bei H. Grotius das kriegsrechtliche Institut der „vorgetäuschten Flucht" aufgrund einer Anordnung Josuas im Zuge der Einnahme der Stadt Ai zustande (Jos 8).

4.2 Indirekte Aussageabsichten anhand Josuas und seiner Taten

Wenngleich die Erzählungen über die Landnahmezeit historisch als so nicht haltbar einzustufen sind, kann dennoch das in der Bibel gezeichnete Vorgehen Josuas vielmehr als ein Spiegelbild dtr Darstellung König Josias (639–

[1231] Vgl. DIBP I 2; 2.1.
[1232] W. Schätzel, Grotius 425 (DIBP III 1, 8.4).

609) und seiner Zeit betrachtet werden.¹²³³ Der Hintergrund hierfür ist vielmehr Hinweis darauf, daß Israel in dieser Zeit, wenn auch mehr in seinen Vorstellungen, wie alle anderen mächtigen Völker zu agieren wünschte. Dem entspricht auf ideologischer Ebene, daß zur Darstellung der Landnahmekriege Josuas Motive von Kriegsschilderungen neuassyrischer Königsinschriften übernommen werden¹²³⁴, auch wenn „so gegen den militärisch durchgesetzten Weltherrschaftsanspruch des ass. Reichsgottes Assur"¹²³⁵ protestiert wird. Das affirmative Aufgreifen solcher Motive aber ist nicht zuletzt zugleich auch unter theologischem Aspekt ein wichtiger Anhaltspunkt dafür, daß Israel ähnlichen Denkstrukturen verhaftet ist.¹²³⁶ Dabei spielt es keine Rolle, ob Israel im einzelnen nun tatsächlich einen Waffengang gegen seine Feinde antrat oder nicht. Denn ein möglicher Einwand dergestalt, daß Israel zu diesem Zeitpunkt nicht über die militärische Stärke Assurs verfügt hat, entkräftet nicht, daß Israel ebenfalls in vergleichbaren Kategorien des Krieges wie Assur gedacht hat. Von daher nimmt sich ein solcher Protest schließlich ambivalent aus.

Genauso problematisch ist, wenn gesagt wird, daß die in den Kriegsgesetzen von Dtn 20 geforderte und die in den Erzählungen der Landnahmekriege im Buch Josua beschriebene Vernichtung der Landesbewohner „die radikale Abkehr des nachexil. Israel von seiner polytheistischen Gesch. vor dem Exil zum Ausdruck"¹²³⁷ bringt.¹²³⁸ An dieser Stelle erhebt sich die Frage, welches Gottes- und Glaubensverständnis einer solchen Aussageabsicht zugrunde liegt. Denn ungeachtet des historischen Befundes, daß solche Vernichtungsaktionen anscheinend nicht stattgefunden haben¹²³⁹, wird zumindest auf theologisch normativer Ebene mitgeteilt¹²⁴⁰, daß ein solches Glaubensverständnis mit einer Vernichtung der Vorbewohner Israels und von Glaubensabweichlern grundsätzlich rechnet und einverstanden ist (vgl. Dtn 13,13–19). Anders gewendet, die Behauptung, daß unter geschichtlichem Aspekt Israel offenbar keine Vernichtungsweihen durchgeführt habe und mit ihnen vielmehr eine theologische Aussage transportiert werde, verschärft letztlich das Problem. Denn wenn Israel Vernichtungsweihen historisch

---

¹²³³ Vgl. R. D. Nelson, Josiah 537f. „(I)t is Josiah who hides behind the mask of the deuteronomistic Joshua", ders. ebd. 540; Vgl. N. Lohfing, חרם 209.211.
¹²³⁴ Vgl. N. Lohfing, חרם 205f; C. Schäfer-Lichtenberger, Bedeutung 272.
¹²³⁵ E. Otto, Krieg 1769.
¹²³⁶ „Der assyrischen Propaganda ähnlich konnte jetzt auch Israel durch bluttriefende Kriegserzählungen Terror ausstrahlen", N. Lohfing, חרם 211.
¹²³⁷ E. Otto, Krieg 1769.
¹²³⁸ Ein Konnex zwischen Vernichtung der Vorbewohner und deren Götzendienstes besteht in Dtn 20,16–18.
¹²³⁹ Vgl. N. Lohfing, חרם 206.207.
¹²⁴⁰ „Der historische Charakter der über den Bann handelnden Texte braucht hier nicht erörtert zu werden. Denn das theologische Problem, um das es hier geht, liegt darin, daß der Bann als Anordnung Gottes hingestellt wird, bestände also auch bei einer nicht streng historischen Darstellung", H. Junker, Bann 75, Anm. 2.

4. Kriegstheologie

gesehen durchgeführt hätte, so ließe sich dies mit einem Hinweis auf den zeitlichen Kontext dergestalt erklären, daß Israel so wie einige andere Völker auch einst gehandelt habe. Zum theologischen Problem wird die Landnahmeerzählung und die in ihr enthaltenen Vernichtungsweihen besonders dann, wenn diese theologisch mit dem Willen Gottes begründet werden[1241] oder überhaupt eine normative theologische Begründung erfahren.

Zudem ist mit Blick auf die Kriegsgesetze (Dtn 20) und den erzählten Verlauf der Landnahme sowie vor dem Hintergrund der mit ihr anscheinend zum Ausdruck gebrachten radikalen Abkehr Israels von seiner polytheistischen Geschichte noch einmal deutlich hervorheben, daß hier auf normativer Ebene zwei unterschiedliche Kategorien von Krieg eingeführt werden: Zum einen ein Krieg gegen prinzipielle Feinde Israels, wozu auch nicht hinnehmbare religiöse Auffassungen und Praktiken gehören und der von daher kompromißlos zu führen ist. Zielperspektive ist die Vernichtung des Feindes (vgl. Dtn 20,16–18). Zum anderen ein Krieg, der „höchst zivilisierter Kriegsregeln"[1242] unterliegt und nicht von vornherein die totale Vernichtung des Gegners zum Ziel hatte. Für unsere Fragestellung ist auch hier nicht so sehr von Interesse, inwieweit Israel bei der Abfassung jener Kriegsgesetze tatsächlich Krieg mit dem Ziel der Vernichtungsweihe (חרם) führen wollte oder konnte. Vielmehr ist der Blick darauf zu richten, daß eine solche Kategorisierung die spätere Rezeptionsgeschichte beeinflußt hat. Selbst H. Grotius kennt noch mit Blick auf die Bibel den Unterschied zwischen einem Gottes-Krieg, der eine Vernichtung nach sich zieht[1243], und einem Krieg, der naturrechtlichen Kriterien unterliegt. Eine ähnliche Unterscheidung ist auch dort anzutreffen, wo später zwischen Kriegen, die Christen untereinander austrugen, und zwischen Kriegen, die Christen gegen Nicht-Christen führten, unterschieden worden ist. Eine säkulare Variante jener Zweiteilung des Krieges bestand fort, wenn nach der Entdeckung der sogenannten Neuen Welt aus europäischer Perspektive zwischen zwischenstaatlichen Kriegen in Europa und Kriegen „beyond the lines" ein rechtlicher Unterschied gemacht worden ist.[1244]

Schließlich ist zu fragen, wenn mit der Darstellung der Vernichtung der Landesbewohner (lediglich) die Abkehr von der eigenen polytheistischen Geschichte ausgedrückt werden soll, ob damit nicht bereits das Feld einer

---

[1241] Vgl. ders. ebd. 78.
[1242] Ders. ebd. 211.
[1243] Vgl. DIBP I 2, 2.1; III 11, 9.1; III 12, 2.4.
[1244] Nach der Entdeckung der Neuen Welt wurden im 16./17. Jahrhundert im Zuge der kriegerischen Eroberung und Aufteilung dieser Welt und der Kolonialisierung großer Teile der Erde geographische Linien bestimmt, an denen Europa endete und hinter denen auch gleichzeitig das europäische Kriegsvölkerrecht nicht mehr galt. Aufgrund dieser geographischen Einteilung konnten Kriege jenseits der festgelegten Linien ohne irgendeine Einschränkung geführt werden, was für Europa so ausgeschlossen war. M.a.W., „jenseits der Linie/beyond the line" schien alles außerhalb einer rechtlichen und moralischen Verantwortung zu liegen.

allegorischen Ausdrucksweise beschritten worden ist. Wenn wirklich kein Vorbewohner wegen Götzendienstes getötet worden ist und es auch gar nicht um eine physische Vernichtung von Menschen, sondern um eine theologische Aussage geht, dann läßt sich das Töten der Vorbewohner des Landes tatsächlich so verstehen, daß mit ihr narrativ die Überwindung der eigenen polytheistischen Glaubensüberzeugung geschildert wird. Von da ist es dann letztlich nur noch ein kleiner Schritt zu einer Interpretationsweise, wie sie beispielsweise Origenes in seinen Josua-Homilien vorgelegt hat.[1245] Anders gewendet, Origenes zieht, wenngleich unter dezidiert christlichem Vorzeichen, Linien aus, die als Aussageabsicht von den Verfassern und Redaktoren der Landnahmeerzählung bereits in ihr intendiert und angelegt sind.

5. Drei ineinanderverwobene Aspekte einer Interpretation des Bannes

Das Problem des Bannes läßt sich trotz intensiver theologischer Anstrengung nicht leicht einer befriedigenden Lösung zuführen. Dies kann auch aufgrund der Schwere der Thematik nicht erwartet werden. So manche Versuche einer Klärung dürfen als gescheitert[1246] oder als unbefriedigend angesehen werden.[1247] Auf das Thema Landnahme und Bann (חרם) kommt auch die Päpstliche Bibelkommission in ihrer Verlautbarung „Das jüdische Volk und seine Heilige Schrift in der christlichen Bibel" vom 24. Mai 2001 zu sprechen. Im Abschnitt „Die Verheißungen" heißt es näherhin in bezug auf das verheißne Land: „Beim Thema des Landes darf nicht übersehen werden, in welcher Weise das Buch Josua die Landnahme beschreibt. Mehrere Texte sprechen von der Weihe der Früchte des Sieges an Gott im sog. Bann."[1248]

[1245] Vgl. z.B. die 12. Homilie mit der Überschrift „Davon, daß die Kriege, die Jesus geführt hat, geistig verstanden werden müssen, und daß das Volk nach der siegreichen Rückkehr nichts Böses mehr geredet hat", Th. R. Elßner/Th. Heither, Homilien 70–72.

[1246] So rechtfertigt beispielsweise Cornelius a Lapide (1567–1637) die Tötung der Kinder der Amalekiter (1 Sam 15,3) damit, daß der Tod für sie eine vorzügliche Wohltat sei, damit sie nicht, wenn sie einmal älter geworden sind, schwer sündigen und dafür dann in der Hölle bestraft werden. Der genaue Text lautet: „beneficium potius quam supplicium, ne si adolescerent, gravius peccarent, ideoque acrius in gehenna punirentur", zitiert bei H. Junker, Bann 89.

[1247] Auch wenn H. Hubert 1944/1947 konstatiert, daß das mit dem Bann sich theologisch stellende Problem noch keine ganz befriedigende Lösung gefunden habe und einen gegenüber A. Fernández weiterführenden Lösungsvorschlag selbst anbietet, so stützt sich seine Argumentation auf ein Entwicklungsgesetz göttlicher Offenbarung in bezug auf den Bann, die mehr Fragen als Antworten zurückläßt. Er schreibt: „Damit hat er (Mose im Namen Gottes, ThRE) kein sittliches Gesetz erlassen und solche Behandlungsweise der Feinde nicht zu einer ewig geltenden Norm gemacht, sondern Israel einmalige geschichtliche Aufträge als Werkzeug der göttlichen Vorsehung gegeben … Nachdem in der christlichen Offenbarung das Gesetz der Nächstenliebe in seiner ganzen Reinheit und Vollkommenheit deutlich geworden ist, wäre ein solcher Auftrag (Durchführung des Bannes, ThRE) durch einen gottgesandten Propheten nicht mehr möglich", ders. ebd. 89.

[1248] Päpstliche Bibelkommission, Das jüdische Volk Nr. 56.

5. Drei ineinanderverwobene Aspekte einer Interpretation des Bannes 311

Hierzu wird hervorgehoben, daß der Bann zur Abfassungszeit der Bücher Deuteronomium und Josua ein „theoretisches Postulat" gewesen ist, welches „wie eine Rückprojektion späterer Besorgnisse in die Vergangenheit"[1249] klingt. Damit faßt die Bibelkommission allgemein einen breiten Konsens der alttestamentlichen Wissenschaft zusammen. Für einen Lösungsansatz bezüglich des Problems des Bannes auch mit Blick auf das Buch Josua ist wichtig, daß die Kommission auf drei Aspekte bei einer Interpretation jenes theoretischen Postulates hinweist. Dabei handelt es sich um einen theologischen, um einen sittlichen und um einen „eher soziologischen" Interpretationszugang. Bei der theologischen Interpretation steht „die Anerkennung des verheißenen Landes als unveräußerliches Eigentum des HERRN"[1250] im Mittelpunkt. Mehr wird auf theologischer Ebene vorerst nicht gesagt. Davon wird der sittliche Aspekt unterschieden. Dieser besteht darin, daß das theoretische Postulat des Bannes die Notwendigkeit zum Ausdruck bringt, „dem Volk jede Versuchung zu ersparen, die seine Treue gegenüber Gott hätte gefährden können".[1251] Auch wenn diese Argumentation eher ebenfalls theologisch ist, so wird jedoch mit einer Zuordnung zum sittlichen Bereich vielmehr der zeitbedingte Charakter jenes theoretischen Postulates hervorgehoben, da sittliche Wertungen auch eine historisch bedingte Komponente besitzen und in Überlieferungsmilieus verankert sind.[1252] Davon wiederum ist, wie es heißt, der „eher soziologische" Aspekt zu differenzieren. Unter diesem Aspekt gilt es „schließlich die sehr menschliche Versuchung" zur Kenntnis zu nehmen, „die Religion mit den abwegigsten Formen des Rückgriffs auf Gewalt zu vermischen."[1253] Deutlich wird hierbei mit Bezug auf das berichtete Landnahmegeschehen ein bleibender Konnex zwischen Religion und Gewalt gesehen. Zudem wird implizit das Institut des Bannes einer der abwegigsten Formen von Gewalt zugeordnet. Mit dem Hinweis auf drei Aspekte eines Problems unterstreicht die Bibelkommission, daß zu einer Interpretation alle drei zugleich, wenn auch methodisch getrennt, gehören. Es wird also nicht versucht, das Problem der Gewalt in den Landnahmeberichten hermeneutisch zu eskamotieren. Auf diese Weise kann letztlich eingestanden werden, daß die im Buch Josua anzutreffende Theologie der Landgabe einen problematischen Aspekt immer behalten wird, der ihr nicht nur äußerlich anhaftet.

[1249] Dies. ebd. Nr.56.
[1250] Dies. ebd. Nr.56.
[1251] Dies. ebd. Nr.56.
[1252] Vgl. Päpstliche Bibelkommission, Interpretation 50–52.
[1253] Dies. Das jüdische Volk Nr.56.

Literaturverzeichnis

Abramsky, S., Art. Amalekites – Amalek and Israel, in: EJ 2, Jerusalem 1971, 787–791.
Abramsky, S., Art. Bar Kokhba, in: EJ 4, Jerusalem 1971, 228–239.
Achenbach, R., Israel zwischen Verheißung und Gebot (EHS.T 422), Frankfurt am Main 1991.
Aland, K./Aland, B. (Hrsg.), Walter Bauer, Griechisch-deutsches Wörterbuch zu den Schriften des Neuen Testaments und der frühchristlichen Literatur, Berlin; New York ⁶1988.
Albertz, R., Religionsgeschichte Israels in alttestamentlicher Zeit (ATD/GAT 8/1 und 2), Göttingen 1992.
Allegro, J. M., Qumran Cave 4 (DJD V), Oxford 1968.
Arenhoevel, D., Die Theokratie nach dem 1. und 2. Makkabäerbuch (WSAMA.T 3), Mainz 1967.
Assmann, J., Monotheismus, in: Jahrbuch Politische Theologie 4 (2002), 122–132.
Assmann, J., Die Mosaische Unterscheidung oder der Preis des Monotheismus, München; Wien 2003.
Atlas, S., Art. Samuel bar Nachmani, in: JL IV/2, Frankfurt/Main ²1987, 92.

Bacher, W., Die Agada der palästinensischen Amoräer, Bd. I, Hildesheim; Zürich; New York 1992 (2. Nachdruck der Ausgabe Straßburg 1892).
Bacher, W., Die Agada der palästinensischen Amoräer. Die letzten Amoräer des heiligen Landes. Vom Anfange des 4. bis zum Anfange des 5. Jahrhunderts, Bd. III, Hildesheim; Zürich; New York 1992 (2. Nachdruck der Ausgabe Straßburg 1899).
Baehrens, W.A., Homilien zum Hexateuch in Rufins Übersetzung. Zweiter Teil: Die Homilien zu Numeri, Josua und Judices, Origenes Werke Bd. 7, Leipzig 1921.
Balthasar, U. von, Thomas von Aquin. Summa Theologica. Besondere Gnadengaben und die zwei Wege menschlichen Lebens (II-II; 171–182), (DThA Bd. 23), Heidelberg; München; Graz; Wien; Salzburg 1954.
Bauer, D., Das Buch Daniel (NSK-AT 22), Stuttgart 1996.
Bautz, F. W., Art. Gratian, in: Biographisch-Bibliographisches Kirchenlexikon, Bd. 2, Hamm 1990, 288f.
Becker, J., 2 Chronik (NEB 20), Würzburg 1988.
Becker, J., Esra/Nehemia (NEB 25), Würzburg 1990.
Beentjes, P. C., The Book of Ben Sira in Hebrew (VT.S 68), Leiden; New York; Köln 1997.
Begg, C. T., The fall of Jericho according to Josephus, in: Estudios biblicos 63/2–3 (2005), 323–340
Begg, C. T., The Function of Josh 7,1 – 8,29 in the Deuteronomistic History, in: Biblica 67 (1986), 320–334
Begg, C. T., Israel's treaty with Gibeon according to Josephus, in: Orientalia Lovaniensia periodica 28 (1997), 123–145.
Begg, C. T., Joshua's southern and northern campaigns according to Josephus, in: Biblische Zeitschrift 51/1 (2007), 84–97.
Beinert, W., Art. Heilige Schrift, in: Lexikon der katholischen Dogmatik, Leipzig 1989, 241–245.
Benseler, E., Griechisch-Deutsches Wörterbuch, Leipzig ¹⁸1985.
Berger, K./Nord, C. (Hrsg.), Das Neue Testament und frühchristliche Schriften, Frankfurt am Main; Leipzig ⁵2001.
Berndt, R., Gehören die Kirchenväter zur Heiligen Schrift? Zur Kanontheorie des Hugo von St. Viktor, in: Zum Problem des biblischen Kanons, in: JBTh 3 (1988), 191–199.
Berrouard, M.-F., Art. Bellum, in: AugL Bd. 1, Basel 1986–1994, 638–645.

Literaturverzeichnis 313

Bertholet, A., Das Buch Hesekiel (KHC 12), Freiburg; Leipzig; Tübingen 1897.
Bévenot, H., Die beiden Makkabäerbücher (HSAT IV/4), Bonn 1931.
ניו-יורק ;ברלין, מדרש רבה, י, *ב.ערמן*. 1924.
Beyer, H.W., Die Apostelgeschichte (NTD 5), Göttingen ⁴1947.
Beyer, H.W., Art. βλασφημία, in: ThWNT I, Stuttgart; Berlin; Köln 1990 (Studienausgabe), 620–624.
Bialik, H. N./Ravnitzky, Y. H., (Hrsg.), The Book of Legends. Sefer Ha-Aggadah. Legends from the Talmud and Midrasch, New York 1992.
Bieberstein, K., Josua-Jordan-Jericho. Archäologie, Geschichte und Theologie der Landnahmeerzählungen Josua 1–6 (OBO 143), Freiburg; Göttingen 1995.
Bieberstein, K., Lukian und Theodotion im Josuabuch. Mit einem Beitrag zu den Josuarollen von Hirbet Qumran (BN.B7), München 1994.
Bietenhard, H., Die Mischna. Sota. Text. Übersetzung und Erklärung, Berlin 1956.
Bihlmeyer, K., Die Apostolischen Väter, mit einem Nachtrag von Wilhelm Schneemelcher, Tübingen ²1956.
Birkenhauer, A., Glossar, in: M. Zemer, Jüdisches Religionsgesetz heute. Progressive Halacha. Mit einer Einleitung von W. Homolka, Neukirchen-Vluyn 1999.
Böhler, D., Der Kanon als hermeneutische Vorgabe biblischer Theologie, in: ThPh 77 (2002), 161–178.
Bodendorfer, G., Erfahrung und Verständnis von Gewalt im Judentum, in: Hempelmann, R./Handel, J. (Hrsg.), Religionen und Gewalt. Konflikt- und Friedenspotentiale in den Weltreligionen (KKR Bd. 51), Göttingen 2006, 195–225.
Brand-Pierach, S., Ungläubige im Kirchenrecht. Die kanonistische Behandlung der Nichtchristen als symbolische Manifestation politischen Machtwillens, Konstanz 2004, 19; (online-Ressource: www.ub.uni-konstanz.de/v13/volltexte/2004/1300//pdf/Brand-Pierach.pdf), (Stand: 12. Januar 2008).
Braulik, G., Das Buch Deuteronomium, in: E. Zenger u.a., Einleitung in das Alte Testament 136–155.
Braulik, G., Deuteronomium 1–16,17 (NEB), Würzburg 1986.
Braulik, G., Deuteronomium II, 16,18–34,12 (NEB), Würzburg 1992.
Braulik, G., Die Funktion von Siebenergruppierungen im Endtext des Deuteronomiums, in: Braulik, G., Studien zum Buch Deuteronomium (SBAB 24), Stuttgart 1997, 63–79.
Braulik, G., Die Völkervernichtung und die Rückkehr Israels ins Verheißungsland. Hermeneutische Bemerkungen zum Buch Deuteronomium, in: Braulik, G., Studien zum Deuteronomium und seiner Nachgeschichte (SBAB 33), Stuttgart 2001, 113–150.
Brekelmans, C. H. W., Art. חרם, in: THAT I, Gütersloh ⁵1994, 635–639.
Brieskorn, N., Luis de Molinas Weiterentwicklung der Kriegsethik und des Kriegsrechts der Scholastik, in: Brieskorn, N./Riedenauer, M. (Hrsg.), Suche nach Frieden: Politische Ethik in der Frühen Neuzeit I (ThFr 19), Stuttgart; Berlin; Köln 2000, 167–190.
Bückers, H., Die Makkabäerbücher/Das Buch Job (HBK V), Freiburg i.Br. 1939.
Bultmann, C., Friedensvisionen im Alten Testament und für Leser des Alten Testaments, in: Bultmann, C./Kranemann, B./Rüpke, J. (Hrsg.), Religion, Gewalt, Gewaltlosigkeit. Probleme-Positionen-Perspektiven, Münster 2004, 159–180.
Bultmann, C., Heiliges Schreiben und Heilige Schriften. Zum Ursprung von „Gesetz und Propheten", in: Bultmann, C./März, C.-P./Makrides, V. N. (Hrsg.), Heilige Schriften. Ursprung, Geltung und Gebrauch, Münster 2005, 41–54.

Cazeaux, J., Le refus de la guerre sainte. Josué, Juges et Ruth, (LeDiv 174), Paris 1998.
Ceming, K., Gewalt und Weltreligionen. Eine interkulturelle Perspektive (Interkulturelle Bibliothek 102), Nordhausen 2005.

Christensen, D. L., Prophecy and War in Ancient Israel (studies in the oracles against the nations in Old Testament prophecy), Berkeley (California) 1989.
Cicero, M. T., De officiis/Vom pflichtgemäßen Handeln. Lateinisch und deutsch, Stuttgart 1976.
Clements, R. E., (Teil-)Art. גוי, in: ThWAT I, Stuttgart 1973, 971–973.
Clementz, H., Des Flavius Josephus Jüdische Altertümer, Wiesbaden [11]1993.
Cohn, L./Heinemann, I./Adler, M./Theiler, W. (Hrsg.), Philo von Alexandrien. Die Werke in deutscher Übersetzung, Bd. 1–6, Berlin ²1962; Bd. 7, Berlin 1964.
Cohn, L./Wendland, P. (Hrsg.), Philonis Alexandrini opera quae supersunt, Bd. I–VII, 2, Berlin 1896–1930.
Conrad, J., Art. פרץ, in: ThWAT VI, Stuttgart 1989, 763–770.
Conzelmann, H., Die Apostelgeschichte (HNT 7), Tübingen ²1972.
Correns, D. (Hrsg.), Die Mischna. Das grundlegende enzyklopädische Regelwerk rabbinscher Tradition, Wiebaden 2005.
Craigie, P. C., The Problem of War in the Old Testament, Grand Rapids, Michigan 1978.

Dalman, G. H., Aramäisch-Neuhebräisches Handwörterbuch, Frankfurt am Main ²1922.
Davidson, I. J. (ed.), Ambrose – De officiis (OECS), Bd. I/II, Oxford 2001.
Deissler, A., Zwölf Propheten II/III (NEB), Leipzig 1990.
Delitzsch, F./Schnedermann, G. (Hrsg.), F. Weber, Jüdische Theologie auf Grund des Talmud und verwandter Schriften, Leipzig 1897.
Delling, G., Art. χρόνος, in: ThWNT IX, Stuttgart; Berlin; Köln 1990 (Studienausgabe), 576–589.
Demandt, A., Wo es gutgeht, da ist das Vaterland, in: Frankfurter Allgemeine Zeitung, Nr. 238, 13. Oktober 2004, 8.
Dibelius, M., Der Brief des Jakobus (KEK XV), Göttingen [6]1984.
Dobbeler, S. von, Die Bücher 1/2 Makkabäer (NSK-AT 11), Stuttgart 1997.
Dohmen, C./Stemberger, G., Hermeneutik der Jüdischen Bibel und des Alten Testaments, Stuttgart 1996.
Dominguez, F., Art. Soto, in: LThK 9, Freiburg; Basel; Rom, Wien ³2000, 745f.
Dominguez, F., Art. Vitoria, in: LThK 10, Freiburg; Basel; Rom, Wien ³2001, 830f.
Dommershausen, W., 1 Makkabäer/2 Makkabäer (NEB), Würzburg ²1995.
Donner, H., Geschichte des Volkes Israel und seiner Nachbarn in Grundzügen (ATD Ergänzungsreihe 4/2, Göttingen ³2001.
Drijvers, H. J. W., Art. Sapientia Salomonis, Psalmen Salomos und Oden Salomos, in: TRE 29, Berlin; New York 1998, 730–732.

Ebach, J., Das Ende der Gewalt. Eine biblische Realität und ihre Wirkungsgeschichte, Göttingen 1980.
Eberharter, A., Das Buch Jesus Sirach oder Ecclesiasticus (HSAT VI/5), Bonn 1925.
Edwards, M. J., Justin's Logos and the Word of God, in: JECS 3,3 (1995), 261–280.
Elßner, Th. R./Heither, Th. (Hrsg.), Die Homilien des Origenes zum Buch Josua. Die Kriege Josuas als Heilswirken Jesu (BzF 38), Stuttgart 2006.
Elßner, Th. R., Das Namensmißbrauch-Verbot (Ex 20,7/Dtn 5,11). Bedeutung, Entstehung und frühe Wirkungsgeschichte (EThSt 75), Leipzig 1999.
Elßner, Th. R., Im Spannungsfeld – Das Buch Josua, in: PBlABEHHKO 6 (2004), 182–189.
Enders, J., Thomas von Aquin. Summa Theologica. Die Liebe (2. Teil). Klugheit (II-II; 34–56), (DThA Bd. 17 B), Heidelberg; Graz; Wien; Köln 1966.
Engel, H., Art. Die Bücher der Makkabäer, in: Erich Zenger u.a., Einleitung in das Alte Testament, Stuttgart [5]2004, 312–321.
Engelken, K., Art. שרת, in: ThWAT VIII, Stuttgart 1995, 495–507.

Literaturverzeichnis

Even-Shoshan, A./Sailhamer, J. H., A new Concordance of the Old Testament, Jerusalem ²1993.

Fiedrowicz, M., Prinzipien der Schriftauslegung in der Alten Kirche (Traditio Christiana 10), Bern; Berlin; Frankfurt/Main; New York; Paris; Wien 1998.

Finkelstein, I./Silbermann, N. A., Keine Posaunen vor Jericho. Die archäologische Wahrheit über die Bibel, München ⁴2003.

Fischer, J. A. (Hrsg.), Die Schriften des Urchristentums, Erster Teil. Die Apostolischen Väter, Darmstadt ³1959.

Foerster, W., Art. Ἰησοῦς, in: ThWNT III, Stuttgart; Berlin; Köln 1990 (Studienausgabe), 284–294.

Foerster, W., Art. Die Wortgruppe κληρονόμος in der LXX, in: ThWNT III, Stuttgart; Berlin; Köln 1990 (Studienausgabe), 776–779.

Forster, A. (Übersetzung), Aurelius Augustinus – Geist und Buchstabe. De spiritu et littera liber unus, Paderborn 1968.

Frankemölle, H., Der Brief des Jakobus (ÖTK 17/1), Gütersloh; Würzburg 1994.

Frankemölle, H., Der Brief des Jakobus (ÖTK 17/2), Gütersloh; Würzburg 1994.

Frankemölle, H., Art. Exegese, in: HGANT, Darmstadt 2006, 174f.

Fredriksson, H., Jahwe als Krieger. Studien zum alttestamentlichen Gottesbild, Lund 1945.

Freedman, D. N./Lundbom, J., (Teil-)Art. חרה, in: ThWAT III, Stuttgart 1982, 183–188.

Freedman, H., Art. Hisda: in: EJ 8, Jerusalem 1971, 531f.

Freedman, H./Simon, M. (ed.), The Midrash Rabbah – Exodus/Leviticus, London; Jerusalem; New York 1977.

Freedman, H./Simon, M. (ed.), The Midrash Rabbah – Numbers/Deuteronomy, London; Jerusalem; New York 1977.

Friedberg, A. (Hrsg.), Corpus Iuris Canonici. Pars prior Decretum Magistri Gratiani, Graz 1959; sowie New Jersey 2000 (Nachdruck jeweils Leipzig 1879).

Fritz, V., Das Buch Josua (HAT I,7), Tübingen 1994.

Fritz, V., Die Landnahme der israelitischen Stämme in Kanaan, in: ZDPV 106 (1990), 63–77.

Galling, K., Die Bücher der Chronik, Esra, Nehemia (ATD 12), Göttingen 1954.

Gamberoni, J., Art. ברה, in: ThWAT I, Stuttgart 1973, 778–781.

Geerlings, W., Art. Augustinus, in: Döpp, S./Geerlings, W. (Hrsg.), Lexikon der antiken christlichen Literatur, Freiburg; Basel; Wien 1998, 65–85.

Geerlings, W. (Hrsg.), Traditio apostolica. Apostolische Überlieferung, in: FC 1, Freiburg 1991, 141–313.

Gillner, M., Bartolomé de Las Casas und die Eroberung des indianischen Kontinents. Das friedensethische Profil eines weltgeschichtlichen Umbruchs aus der Perspektive eines Anwalts de Unterdrückten (ThFr 12), Stuttgart; Berlin; Köln 1997.

Gnilka, J., Neutestamentliche Theologie. Ein Überblick (NEB Erg.-Band 1), Würzburg 1989.

Göpfert, F. A., Moraltheologie, Bd. 2 (WH.T 13), Paderborn ²1900.

Görg, M., Josua (NEB), Würzburg 1991.

Görgemanns, H./Karpp, H. (Hrsg.), Origenes. Vier Bücher von den Prinzipien (TzF 24), Darmstadt ²1985.

Goldschmidt, L. (Hrsg.), Der Babylonische Talmud (12 Bde.), Berlin ²1964–1967.

Gräßer, E., An die Hebräer (Hebr 1–6) (EKK XVII/1), Zürich; Braunschweig; Neukirchen-Vluyn 1990.

Grewe, W. G. (Hrsg.), Fontes Historiae Iuris Gentium, Bd. I, Berlin; New York 1995.

Greyerz, K. von (Hrsg.), Religion und Gewalt. Konflikte, Rituale, Deutungen (1500–1800), Göttingen 2006.

Gronovius, J. F. (Hrsg.), Hugonis Grotii De Iure Belli ac Pacis libri tres, in quibus Ius Naturae et Gentium, item Iuris Publici praecipua explicantur, Tomus 1-2, Amsterdam ²1735.
Guggenheimer, H. W. (Hrsg.), The Jerusalem Talmud. First Order: Zeraim. Tractates Kilaim and Seviit, Berlin; New York 2001.
Gunneweg, A. H. J., Esra (KAT XIX/1), Gütersloh 1985.
Gunneweg, A. H. J., Vom Verstehen des Alten Testaments. Eine Hermeneutik (GAT 5), Göttingen ²1988.
Guthe, H., Das dritte Buch Esra, in: Kautzsch, E. (Hrsg.), Die Apokryphen und Pseudepigraphen des Alten Testaments. Erster Band: Die Apokryphen, Tübingen; Freiburg; Leipzig 1900, 1-23.
Guttmann, J., Die Philosophie des Judentums. Mit einer Standortbestimmung von E. Seidel und einer biographischen Einführung von F. Bamberger, Berlin 2000.

Haag, E., Das Estherbuch und die Tradition von Jahwes Krieg gegen Amalek (Ex 17,16), in: TThZ 112 (2003), 19-41.
Haag, E., Daniel (NEB), Würzburg 1993.
Haag, E., Die Theokratie und der Antijahwe nach 1 Makkabäer 1-2, in: TThZ 109 (2000), 24-37.
Haenchen, E., Die Apostelgeschichte (KEK III), Göttingen ⁷1977.
Haeuser, P. (Hrsg.), Justinus. Dialog mit dem Juden Tryphon (BKV 33), Kempen; München 1917.
Hagner, D. A., The use of the Old and New Testament in Clement of Rome (NT.S 34), Leiden 1973.
Hanhart, R., Zum Text des 2. und 3. Makkabäerbuches. Probleme der Überlieferung, der Auslegung und der Ausgabe (NAWG.PH 13), Göttingen 1961.
Hartmann, L. F., Sirach in Hebrew and Greek, in: CBQ 23 (1961), 443-451.
Harvey, J.D., Toward a Degree of Order in Ben Sira's Book, in: ZAW 105 (1993), 52-62.
Hasitschka, M., Die Führer Israels: Mose, Josua und die Richter, in: Öhler, M. (Hrsg.), Alttestamentliche Gestalten im Neuen Testament. Beiträge zur Biblischen Theologie, Darmstadt 1999, 117-140.
Hatch, E./Redpath, H. A., A Concordance to The Septuagint, Bd. I und II, Graz 1954 (unveränderter Nachdruck der 1897 in Oxford erschienenen Ausgabe).
Hauses, R., Tertullian. Adversus Iudaeos – Gegen die Juden (FC 75), Turnhout 2007.
Hegermann, H., Der Brief an die Hebräer (ThHK XVI), Berlin 1988.
Hegermann, H., Krieg III. Neues Testament, in: TRE 20, Berlin; New York 1990, 25-28.
Heinsohn, G., Lexikon der Völkermorde, Reinbek 1998.
Heither, Th., Das Buch Exodus bei den Kirchenvätern (NSK-AT 33/4), Stutttgart 2002
Heither, Th., Origenes als Exeget. Ein Forschungsüberblick, in: Stimuli. Exegese und ihre Hermeneutik in Antike und Christentum (FS E. Dassmann), in: JAC. E 23 (1996), 141-153.
Heither, Th. (Hrsg.), Origenes. Römerbriefkommentar. Erstes und zweites Buch (FC 2), Freiburg 1990.
Hengel, M., Die Zeloten. Untersuchungen zur jüdischen Freiheitsbewegung in der Zeit von Herodes I. bis 70 n.Chr. (AGJU 1), Leiden; Köln ²1976.
Hennecke, E. (Hrsg.), Neutestamentliche Apokryphen in Verbindung mit Fachgelehrten in deutscher Übersetzung und mit Einleitungen (HNTA), Tübingen; Leipzig 1904.
Hentschel, G., Das Buch Josua, in: Zenger, E. u.a., Einleitung in das Alte Testament, Stuttgart ⁵2004, 203-212.
Hentschel, G., 1 Samuel (NEB), Würzburg 1994.
Hentschel, G., 1 Könige (NEB), Würzburg 1984.
Hentschel, G., Der Krieg des Herrn in der Bibel, in: Bultmann, C./Kranemann, B./Rüpke, J. (Hrsg.), Religion, Gewalt, Gewaltlosigkeit. Probleme-Positionen-Perspektiven, Münster 2004, 147-158.

Hertzberg, H. W., Die Bücher Josua, Richter, Ruth (ATD 9), Göttingen ⁶1985.
Hertzberg, H. W., Die Samuelbücher (ATD 10), Göttingen; Zürich ⁷1986.
Hirsch, S. R., Der Pentateuch, Frankfurt am Main ³1899.
Hirschberg, H. Z., Art. Joshua – In Islam, in: EJ 10, Jerusalem 1971, 267f.
Hoffmann, Y., The Deuteronomistic Concept of the Herem, in: ZAW 111 (1999), 196–210.
Hofmann, J., Art. Clemens von Rom, in: Döpp, S./Geerlings, W. (Hrsg.), Lexikon der antiken christlichen Literatur, Freiburg; Basel; Wien 1998, 131f.
Holland, T. E. (Hrsg.), Giovanni da Legnano – Tractatus de bello, de represaliis et de duello, The Classics of International Law, Oxford 1917.
Holmberg, B., Art. Krieg, Neues Testament, in: RGG 4, Tübingen ⁴2001, 1769f.
Holzinger, H., Josua (KHC 6), Tübingen; Leipzig 1901.
Hoppe, Th., Krieg und Gewalt in der Geschichte des Christentums, in: Khoury, A. Th./Grundmann, E./Müller, H.-P. (Hrsg.), Krieg und Gewalt in den Weltreligionen. Fakten und Hintergründe, Freiburg; Basel; Wien 2003, 25–43.
Horowitz, C. (Hrsg.), Jeruschalmi – Der palästinische Talmud. Nedarim/Gelübde, Tübingen ²1983.
Horrowitz, E., Reckless Rites. Purim and the Legacy of Jewish Violence, Oxford 2006.
Horst, U./Justenhoven, H.-G./Stüben, J. (Hrsg.), Francisco de Vitoria. Vorlesungen II. Völkerrecht-Politik-Kirche (ThFr 8), Stuttgart; Berlin; Köln 1997.
Hossfeld, F.-L., Psalm 78, in: Hossfeld, F.-L./Zenger, E., Die Psalmen 51–100 (NEB 40), Würzburg 2002, 438–449.
Hossfeld, F.-L., Psalm 78, in: Hossfeld, F.-L./Zenger, E., Psalmen 51–100 (HThKAT), Freiburg; Basel; Wien 2000, 414–443.
Hossfeld, F.-L., Ps 106 und die priesterliche Überlieferung des Pentateuch, in: Kiesow, K./Meurer, Th. (Hrsg.), Textarbeit. Studien zu Texten und ihrer Rezeption aus dem Alten Testament und der Umwelt Israels. (FS P. Weimar) AOAT 294, Münster 2003, 255–266.
Houston, W. J., Misunderstanding or midrash? The prose appropriation of poetic material in the Hebrew Bible (Part I), in: ZAW 109 (1997), 342–355.
Houtman, C., Die ursprünglichen Bewohner des Landes Kanaan im Deuteronomium. Sinn und Absicht der Beschreibung ihrer Identität und ihres Charakters, in: VT 52 (2002), 51–65.
Hünermann, P. (Hrsg.), Heinrich Denzinger – Enchiridion symbolorum definitionum et declarationum de rebus fidei et morum/Kompendium der Glaubensbekenntnisse und kirchlichen Lehrentscheidungen. Lateinisch-Deutsch, Freiburg; Basel; Rom; Wien ³⁷1991.
Hüttenmeister, F. G., Sota. Die des Ehebruchs verdächtige Frau; Übersetzung des Talmud Yerushalmi, Bd. III/2, Tübingen 1998.
Hvalvik, R., The struggle for Scripture and Convenant. The purpose of the epistle of Barnabas and Jewish-Christian competition in the second century (WUNT II 82), Tübingen 1996.

Illman, K.-J., Art. שׁלם, in: ThWAT VIII, Stuttgart 1995, 93–101.

Japhet, S., 1 Chronik (HThKAT), Freiburg; Basel; Wien 2002.
Japhet, S., 2 Chronik (HThKAT), Freiburg; Basel; Wien 2003.
Japhet, S., Conquest and Settlement in Chronicles, in: JBL 98 (1979), 205–218.
Jaubert, A. (Hrsg.), Origène. Homélies sur Josué (SC 71), Paris 1960.
Jervell, J., Die Apostelgeschichte (KEK III), Göttingen 1998.
Jone, H., Katholische Moraltheologie. Unter besonderer Berücksichtigung des Codex Iuris Canonici sowie des deutschen, österreichischen und schweizerischen Rechtes, Paderborn ¹²1940.
Junker, H., Der alttestamentliche Bann gegen heidnische Völker als moraltheologisches und offenbarungsgeschichtliches Problem, in: TThZ 56 (1947), 74–89.

Junker, H., Das Buch Deuteronomium (HSAT II,2), Bonn 1933.
Justenhoven, H.-G./Stüben, J. (Hrsg.), Kann Krieg erlaubt sein? Eine Quellensammlung zur politischen Ethik der Spanischen Spätscholastik (ThF 27), Stuttgart 2006.

Kampling, R., Art. Krieg/Frieden: NT, in: HGANT, Darmstadt 2006, 291f.
Kang, S.-M., Divine war in the Old Testament and in the ancient Near East (BZAW 177), Berlin; New York 1989.
Kappler, W., Maccabaeorum liber I (Septuaginta IX), Göttingen 1936.
Karsten, M., Beda Venerabilis, In epistulam Iacobi exposito – Kommentar zum Jakobusbrief (FC 40), Freiburg 2000.
Kaulen, F. (Hrsg.), Flavius Josephus, Jüdische Altertümer, Köln ²1883.
Kautzsch, E., Das erste Buch der Makkabäer, in: Kautzsch, E. (Hrsg.), Die Apokryphen und Pseudepigraphen des Alten Testaments. Erster Band: Die Apokryphen, Tübingen; Freiburg; Leipzig 1900, 24–81.
Klostermann, E., Formen der exegetischen Arbeiten des Origenes, in: ThLZ 72 (1947), 203–208.
Knopf, R., Clemensbrief, in: Hennecke, E. (Hrsg.), Neutestamentliche Apokryphen in Verbindung mit Fachgelehrten in deutscher Übersetzung und mit Einleitungen, Tübingen; Leipzig 1904, 84–112.
Koehler, L./Baumgartner, W., Hebräisches und Aramäisches Lexikon zum Alten Testament, Bd. 1 und 2, Leiden; Boston 2004.
König, E., Das Deuteronomium (KAT 3), Leipzig 1917.
Körner, B., Art. Cano, in: LThK 2, Freiburg; Basel; Rom, Wien ³1994, 924f.
Khoury, A. Th./Grundmann, E./Müller, H.-P. (Hrsg.), Krieg und Gewalt in den Weltreligionen. Fakten und Hintergründe, Freiburg; Basel; Wien 2003.
Koch, K., Der doppelte Ausgang des Alten Testaments in Judentum und Christentum, in: Altes Testament und Christlicher Glaube, in: JBTh 6 (1991), 215–242.
Konradt, M., Christliche Existenz nach dem Jakobusbrief. Eine Studie zu einer soteriologischen Konzeption (StUNT 22), Göttingen 1998.
Kraft, H./Haeuser, P./Gärtner, H. A. (Hrsg.), Eusebius von Caesarea. Kirchengeschichte, München ³1989.
Kratz, R. G., Die Komposition der erzählenden Bücher des Alten Testaments (UTB 2157), Göttingen 2000.
Kraus, H.-J., Psalmen (BK XV 1/2), Neukirchen-Vluyn ⁵1978.
Krauß, S., Die Mischna. Sanhedrin – Makkot. Text, Übersetzung und Erklärung, Gießen 1933.
Krengel, J., Art. Rabba bar Nachmani, in: JL IV/1, Frankfurt/Main ²1987, 1200.
Kronholm, T., Art. פרע, in: ThWAT VI, Stuttgart 19, 757–760.
Kroymann, A. (ed.), Terullianus. Adversus Iudaeos, in: Tertulliani opera Bd. II (CChL), Turnhout 1954, 1337–1396.
Kümmel, W. G., Einleitung in das Neue Testament, Heidelberg ²¹1983.

Labuschagne, C.J., Art. נתן, in: THAT II, München; Zürich 1976, 117–141.
Lamparter, H., Die Apokryphen I. Das Buch Jesus Sirach, (BAT 25/1), Stuttgart 1972.
LaRue, C./LaRue, C.V./Migne, J. P., Origenes, Hexaplorum quae supersunt (PG 15), Paris 1857.
Levin, C., Joschija im deuteronomistischen Geschichtswerk, in: ZAW 96 (1984), 351–371.
Levine, B. A., Art. מצוה, in: ThWAT IV, Stuttgart 1984, 1085–1095.
Levy, J., Wörterbuch über die Talmudim und Midraschim, Bd.1–4, Berlin; Wien ²1924.
Levy/Milgrom, J., (Teil-)Art. עדה, in: ThWAT V, Stuttgart 1986, 1079–1092.
Lichtenberger, H., Gottes Nähe in einer Zeit ohne Gebet. Zum Geschichtsbild des 2. Makkabäerbuches, in: Eberhardt, G./Liess, K. (Hrsg.), Gottes Nähe im Alten Testament (SBS 202), Stuttgart 2004, 136–149.

Lindemann, A., Die Clemensbriefe. Die Apostolischen Väter I (HNT 17), Tübingen 1992.
Lindemann, A./Paulsen, H., Die Apostolischen Väter. Griechisch-deutsche Parallelausgabe, Tübingen 1992.
Lipiński, E., Art. נחל, in: ThWAT V, Stuttgart 1986, 342–360.
Lipiński, E., Art. נקם, in: ThWAT V, Stuttgart 1986, 602–612.
Lisowsky, G., Die Mischna. Traktat Jadajim, Berlin 1956.
Little, D., Hugo Grotius and the Doctrine of the Just War, in: Brieskorn, N./Riedenauer, M. (Hrsg.), Suche nach Frieden: Politische Ethik in der Frühen Neuzeit I (ThFr 19), Stuttgart; Berlin; Köln 2000, 259–273.
Löw, K., Die Schuld. Christen und Juden im Urteil der Nationalsozialisten und der Gegenwart, Gräfelfing 2002.
Lohfink, N., Der ‚heilige Krieg' und der ‚Bann' in der Bibel, in: IKaZ 18 (1989), 104–112.
Lohfink, N., Kerygmata des Deuteronomistischen Geschichtswerks, in: Lohfink, N., Studien zum Deuteronomium und zur deuteronomistischen Literatur II (SBAB 12), Stuttgart 1991, 125–142.
Lohfink, N., Die Landverheißung als Eid (SBS 28), Stuttgart 1967.
Lohfink, N., Die Schichten des Pentateuch und der Krieg, in: Ders. (Hrsg.), Gewalt und Gewaltlosigkeit im Alten Testament (QD 96), Freiburg; Basel; Wien 1983, 51–110.
Lohfink, N., Art. חרם, in: ThWAT III, Stuttgart 1982, 192–219.
Lohfink, N., Art ירש, in: ThWAT III, Stuttgart 1982, 953–985.
Lohse, E., Die Briefe an die Kolosser und an Philemon (KEK IX/2), Göttingen ²1977.
Lohse, E., Die Texte aus Qumran. Hebräisch-deutsch, Darmstadt ²1971.
Loopik, M. van, Die Zehn Worte in der Mechilta, Knesebeck 2000.
Lust, J./Eynikel, E./Hauspie, K., Greek-English Lexicon of the Septuagint. Revised Edition, Stuttgart 2003.
Luz, U., Das Evangelium nach Matthäus (Mt 1–7) (EKK I/1), Zürich; Einsiedeln; Köln 1985.

MacDowell, D. M., Demosthenes, On the False Embassy (Oration 19), Oxford 2000.
März, C.-P., Hebräerbrief (NEB), Würzburg ²1990.
Maier, H., Der christliche Friedensgedanke und der Staatenfriede der Neuzeit, in: F. Henrich (Hrsg.), Ist Friede machbar? (MAkS 51), München 1969, 71–90.
Maier, H., Das Doppelgesicht des Religiösen. Religion – Gewalt – Politik, Freiburg i. Br. 2004.
Maier, J., Friedensordnung und Kriegsrecht im mittelalterlichen Judentum. Dargestellt auf der Basis der Schriften des Maimonides (BzF 16), Barsbüttel 1993.
Maier, J., Judentum. Studium Religionen (UTB 2886), Göttingen 2007.
Maier, J., Krieg und Frieden sowie das Verhältnis zum Staat in der Literatur des frühen Judentums (BzF 9), Barsbüttel 1990.
Maier, J., Kriegsrecht und Friedensordnung in jüdischer Tradition (ThFr 14), Stuttgart; Berlin; Köln 2000.
Maier, J., Die Texte vom Toten Meer, Bd. I, München 1960.
Manemann, J., Monotheismus, Jahrbuch politische Theologie 4 (2002).
Manns, F., Jaques 2,24–26 à la lumière du Judaisme, in: BeO 26 (1984), 143–149.
Maran, P./Migne J. P. (Hrsg.), Justini Philosophi et Martyris opera quae exstant omnia (PG 6), Paris 1884.
Marböck, J., Art. Das Buch Jesus Sirach, in: Zenger, E. u.a, Einleitung in das Alte Testament, Stuttgart ⁵2004, 408–416.
Marcovich, M. (Hrsg.), Iustini Martyris Dialogus cum Tryphone (PTS 47), Berlin; New York 1997.
Markschies, C., „… für die Gemeinde im Grossen und Ganzen nicht geeignet …"?, in: Ders., Origenes und sein Erbe. Gesammtele Studien (TU Bd. 160), Berlin; New York 2007, 35–62
Marti, K./Beer, G., Die Mischna. 'Abot. Text, Übersetzung und Erklärung, Gießen 1927.

Mason, S./Kraft, R. A., Josephus on Canon and Scriptures, in: Sæbø, M. (ed.), Hebrew Bible/ Old Testament The History of its Interpretation. From the Beginnings to the Middle Ages (until 1300), Vol. I, Göttingen 1996, 217-235.
Mayer, C. (Hrsg.), Corpus Augustinianum Gissense (CAG) auf CD-Rom; Basel 1996.
Mayer C., (Hrsg.), Augustinus-Lexikon (Bd. 1), Basel 1986-1994.
Mayer, G., Art. Josephus Flavius, in: TRE 17, Berlin; New York 1988, 258-264.
Meinhold, A., Die Sprüche, Teil 2 (ZBK AT 16,2), Zürich 1991.
Merling, D., The Book of Joshua: Its Theme and Role in archaeological Discussions (AUSDDS 23), Berrien Springs (Michigan) 1997.
Meurer, S. (Hrsg.), Die Apokryphenfrage im ökumenischen Horizont, Stuttgart ²1993.
Michaelis, W., Art. ῥομφαία, in: ThWNT VI, Stuttgart; Berlin; Köln 1990 (Studienausgabe), 993-998.
Michel, O., Der Brief an die Hebräer (KEK XIII), Göttingen ⁸1984.
Michel, O., Art. σφαγή, in: ThWNT VII, Stuttgart; Berlin; Köln 1990 (Studienausgabe), 935-938.
Michel, O./Bauernfeind, O. (Hrsg.), Flavius Josephus, De bello Judaico, Bd. I-III, München ²1962-1969.
Mitchell, G., Together in the Land. A Reading of the Book of Joshua (JSOT.S 134), Sheffield 1993.
Mitterer, S. (Einleitung/Übersetzung), Aurelius Augustinus - Vier Bücher über die christliche Lehre (De doctrina christiana), in: Ders., Des heiligen Kirchenvaters Aurelius Augustinus ausgewählte praktische Schriften - homiletischen und katechetischen Inhalts, Bd. 8 (BKV 49), München 1925.
Müller, H.-P., Krieg und Gewalt im antiken Israel, in: Khoury, A. Th./Grundmann, E./Müller, H.-P. (Hrsg.), Krieg und Gewalt in den Weltreligionen. Fakten und Hintergründe, Freiburg; Basel; Wien 2003, 11-23.
Müller, H.-P., Art. נבא, in: ThWAT V, Stuttgart 1986, 140-163.
Müller, P.-G., Lexikon exegetischer Fachbegriffe, Stuttgart 1985.
Mulzer, M., Josephus und der Text des Alten Testaments, in: BiKi 53 (1998), 59f.
Mußner, F., Der Jakobusbrief (HThK XIII), Freiburg; Basel; Wien ⁴1981.

Neef, H.-D., Arbeitsbuch Hebräisch. Materialien, Beispiele und Übungen zum Biblisch-Hebräisch, Tübingen 2003.
Nelson, R.D., Josiah in the Book of Joshua, in: JBL 100 (1981), 531-540.
Neusner, J., The Tosefta. Second Division Moed, New York 1981.
Niditch, S., War in the Hebrew Bible. A study in the ethics of violence, Oxford 1993.
Niederhuber, J. E., Des Heiligen Kirchenlehrers Ambrosius von Mailand Pflichtenlehre und ausgewählte kleinere Schriften, Bd. 3 (BKV 32), München 1917.
Niehbuhr, K.-W., Der Jakobusbrief im Licht frühjüdischer Diasporabriefe, NTS 44 (1998).
Niehr, H., Art. ערם, in: ThWAT VI, Stuttgart 1989, 387-392.
Niehr, H., Art. שפט, in: ThWAT VIII, Stuttgart 1995, 408-428.
Nielsen, E., Deuteronomium (HAT I, 6), Tübingen 1995.
Niese, B. (Hrsg.), Flavii Iosephi opera, Bd. I - VII, Berlin ²1955.
Niewöhner, F., Der Leser soll an ihm nicht irre werden. Zum achthundersten Todestag des Philosophen Maimonides, in: Frankfurter Allgemeine Zeitung, Nr. 290, 11. Dezember 2004, 40.
Niewöhner, F., Maimonides. Aufklärung und Toleranz im Mittelalter (KSzA1), Heidelberg 1988.
Noort, E., Das Buch Josua. Forschungsgeschichte und Problemfelder (EdF 292), Darmstadt 1998.
Noth, M., Geschichte Israels, Göttingen ⁴1959.

Noth, M., Das Buch Josua (HAT I,7), Tübingen ³1971.
Noth, M., Könige, 1. Teilband. I Könige 1–16 (BKAT IX/1), Neukirchen-Vluyn ²1983.
Noth, M., Das 4. Buch Mose. Numeri (ATD 7), Göttingen ⁴1982.

Osborn, E., Anfänge christlichen Denkens. Justin, Irenäus, Tertullian, Klemens, Leipzig 1986.
Otranto, G., La tipologia di Giosué nel Dialogo con Trifone ebreo di Giustino, in: Augustinianum 15 (1975), 29–48.
Otto, E., Art. Krieg, Altes Testament, in: RGG 4, Tübingen ⁴2001, 1768f.
Otto, E., Krieg und Frieden in der Hebräischen Bibel und im Alten Testament. Aspekte für eine Friedensordnung in der Moderne (ThFr 18), Stuttgart; Berlin; Köln 1999.
Otto, E., Krieg und Religion im Alten Orient und im alten Israel, in: Herrmann, P. (Hrsg.), Glaubenskriege in Vergangenheit und Gegenwart (Veröffentlichung der Joachim Jungius-Gesellschaft der Wissenschaften Hamburg 83), Göttingen 1996, 37–47.
Otto, E., Zwischen Strafvernichtung und Toleranz. Kulturgeschichtliche Aspekte im Umgang des neu-assyrischen Reiches mit dem besiegten Feind, in: Kraus, O. (Hrsg.), ‚Vae victis!' – Über den Umgang mit Besiegten (Veröffentlichung der Joachim Jungius-Gesellschaft der Wissenschaften Hamburg 86), Göttingen 1998, 9–44.
Otzen, B., Art. שבה, in: ThWAT VII, Stuttgart 1993, 950–958.

Päpstliche Bibelkommission, Die Interpretation der Bibel in der Kirche (23. April 1993), Verlautbarungen des Apostolischen Stuhls 115, Bonn 1993.
Päpstliche Bibelkommission, Das jüdische Volk und seine Heilige Schrift in der christlichen Bibel (24. Mai 2001), Verlautbarungen des Apostolischen Stuhls 152, Bonn 2001.
Pannenberg, W./Schneider, Th. (Hrsg.), Verbindliches Zeugnis I. Kanon-Schrift-Tradition (DiKi 7), Freiburg i.Br.; Göttingen 1992.
Perl, C. J. (Hrsg.), Aurelius Augustinus. Der Gottesstaat – De civitate dei (2 Bde.), Paderborn 1979.
Perl, C. J. (Hrsg.), Aurelius Augustinus. Nutzen des Glaubens – De utilitate credendi/Die zwei Seelen – De duabus animabus, Paderborn 1966.
Pesch, O. H., Thomas von Aquin. Summa Theologica. Das Gesetz (I-II; 90–105), (DThA Bd. 13), Heidelberg; Graz; Wien; Köln 1977.
Pesch, R., Die Apostelgeschichte (Apg 1–12) (EKK V/1), Neukirchen-Vluyn 1986.
Pesch, R., Die Apostelgeschichte (Apg 13–28) (EKK V/2), Neukirchen-Vluyn 1986.
Peterson, E., Der Monotheismus als politisches Problem. Ein Beitrag zur Geschichte der politischen Theologie im Imperium Romanum, Leipzig 1935.
Pfeifer, G., Ursprung und Wesen der Hypostasenvorstellungen im Judentum, (AVTRW), Berlin 1967.
Plöger, O., Sprüche Salomos (BKAT 17), Neukirchen-Vluyn 1984.
Pollmann, K., Aurelius Augustinus – Die christliche Bildung (De doctrina christiana), Stuttgart 2002.
Popkes, W., Der Brief des Jakobus (ThHK 14), Leipzig 2001.
Popkes, W., Adressaten, Situation und Form des Jakobusbriefes (SBS 125/126), Stuttgart 1986.
Powels-Niami, S. (Hrsg.), Der Brief in den Jemen. Texte zum Messias, Jüdische Geistesgeschichte Bd. 1, Berlin 2002.
Preuß, H. D., Deuteronomium (EdF 164), Darmstadt 1982.
Preuß, H. D., Art. מלחמה, in: ThWAT IV, Stuttgart 1984, 914–926.
Prostmeier, F. R., Art. Barnabasbrief, in: Döpp, S./Geerlings, W. (Hrsg.), Lexikon der antiken christlichen Literatur, Freiburg; Basel; Wien 1998, 94f.

רבינו משה בן מימון, י. קאפח/מ.ד. רבינוביץ/מ. גושן-גוטשטיין/מ.י. ליב, Jerusalem ⁷5744, ספר המצוות,

Rad, G. von, Der Heilige Krieg im alten Israel, Göttingen ⁵1969.
Ratzmann, W. (Hrsg.), Religion – Christentum – Gewalt: Einblicke und Perspektiven, Leipzig 2004.
Reemts, C., Origenes. Eine Einführung in Leben und Denken, Würzburg 2004.
Regout, R. H. W., La doctrine de la guerre juste de Saint Augustin à nos jours. D'après les théologiens et les canonistes catholiques, Aalen 1974 (Nachdruck der Ausgabe von Paris 1934).
Reibstein, E., Transitus innoxius. Ein verschollenes Kapitel des Neutralitätsrechtes, in: ZaöRV 21 (1961), 429–472.
Reindl, J., Art. יצב/נצב, in: ThWAT V, Stuttgart 1986, 555–565.
Renault, L., Art. Suárez, in: LThK 9, Freiburg; Basel; Rom, Wien ³2000, 1065–68.
Reventlow, H. Graf, Epochen der Bibelauslegung. Bd. I. Vom Alten Testament bis Origenes, München 1990.
Reventlow, H. Graf, Epochen der Bibelauslegung. Bd. II. Von der Spätantike bis zum Ausgang des Mittelalters, München 1994.
Rief, J., ‚bellum' im Denken und in den Gedanken Augustins (BzF 7), Barsbüttel 1990.
Ringgren, H., Art. בער, in: ThWAT I, Stuttgart 1973, 727–731.
Ringgren, H., Art. נטה, in: ThWAT V, Stuttgart 1986, 409–415.
Rissi, M., Die Theologie des Hebräerbriefs. Ihre Verankerung in der Situation des Verfassers und seiner Leser (WUNT 41), Tübingen 1987.
Rösel, M., Die Septuaginta-Version des Josuabuches, in: Fabry, H.-J./Offerhaus, U. (Hrsg.), Im Brennpunkt: Die Septuaginta (BWANT 153), Stuttgart 2001, 197–211.
Roloff, J., Die Apostelgeschichte (NTD 5), Göttingen ²1988.
Rose, M., 5. Mose. Teilband 1: 5. Mose 12–25 Einführung und Gesetze (ZBK AT 5.1), Zürich 1994.
Rose, M., 5. Mose. Teilband 2: 5. Mose 1–11 und 26–34. Rahmenstücke zum Gesetzeskorpus (ZBK.AT 5.2), Zürich 1994.
משנה תורה הוא היד החזקה לרבינו משה בן *ש.ת.*, *רובינשטיין/מ.ד. רבינוביץ*, מימון, ספר שופטים, 5744⁵ Jerusalem
Rudolph, W., Esra und Nehemia samt 3. Esra (HAT I/20), Tübingen 1949.
Rudolph, W., Haggai, Sacharja, Maleachi (KAT XIII/4), Gütersloh 1976.
Rüterswörden, U., Das Buch Deuteronomium (NSK-AT 4), Stuttgart 2006.
Ruffing, A., Jahwekrieg als Weltmetapher. Studien zu Jahwekriegstexten des chronistischen Sondergutes (SBB 24), Stuttgart 1992.
Ruwe, A., Kommunikation von Gottes Gegenwart. Zur Namenstheologie in Bundesbuch und Deuteronomium, in: Hardmeier, C./Keßler, R./Ruwe, A. (Hrsg.), Freiheit und Recht (FS F. Crüsemann), Gütersloh 2003, 189–223.
Ryssel, V., Die Sprüche Jesus', des Sohnes Sirachs (Kap. 39–50 nach dem neugefundenen hebräischen Text), in: Kautzsch, E. (Hrsg.), Die Apokryphen und Pseudepigraphen des Alten Testaments. Erster Band: Die Apokryphen, Tübingen; Freiburg; Leipzig 1900, 230–475.

Sanmartin Ascaso, J., Geschichte und Erzählung im Alten Orient (1): Die Landnahme Israels, in: UF 17 (1985), 253–282.
Sauer, G., Jesus Sirach (Ben Sira), JSHRZ III,5, Gütersloh 1981.
Sauer, G., Jesus Sirach/Ben Sira, ATD, Apokryphen Bd. 1, Göttingen 2000.
Sasse, H., Art. κόσμος, in: ThWNT III, Stuttgart; Berlin; Köln 1990 (Studienausgabe), 867–896.
Schäfer, P./Becker, H.-J. (Hrsg.), Synopse zum Talmud Yerushalmi. Ordnung: Zera'im: Berakhot und Pe'a, Bd I/1-2, Tübingen 1991.
Schäfer, P./Becker, H.-J. (Hrsg.), Synopse zum Talmud Yerushalmi. Ordnung Zera'im: Demai, Kil'ayim und Shevi'it, Bd. I/3–5, Tübingen 1992.

Schäfer, P./Becker, H.-J. (Hrsg.), Synopse zum Talmud Yerushalmi. Ordnung Nashim, Bd. III, Tübingen 1998.
Schäfer-Lichtenberger, C., Bedeutung und Funktion von Herem in biblisch-hebräischen Texten, B.Z. 38 (1994), 270–275.
Schäfer-Lichtenberger, C., Das gibeonitische Bündnis im Lichte deuteronomischer Kriegsgebote. Zum Verhältnis von Tradition und Interpretation in Jos 9, in: BN 34 (1986), 58–81.
Schäfer-Lichtenberger, C., Josua und Salomo. Eine Studie zu Autorität und Legitimität des Nachfolgers im Alten Testament (VT.S 58), Leiden; New York; Köln 1995.
Schätzel, W. (Hrsg.), Hugo Grotius – De jure belli ac pacis libri tres (Die Klassiker des Völkerrechts, Bd. I), Tübingen 1950.
Schadel, E., Origenes. Die griechisch erhaltenen Jeremiahomilien (BGrL 10), Stuttgart 1980.
Scharbert, J., Numeri (NEB), Würzburg 1992.
Schille, G., Die Apostelgeschichte des Lukas (ThHK V), Berlin 1983.
Schilling, O., Das Buch Jesus Sirach (HBK VII/2), Freiburg 1956.
Schindler, A., Art. I. Augustin, in: TRE 4, Berlin; New York 1979, 646–698.
Schmid, H. H., Art. אחז, in: THAT I, Gütersloh ⁵1994, 107–110.
Schmid, H. H., Art. ירשׁ, in: THAT I, Gütersloh ⁵1994, 778–781.
Schmidt, L., Das 4. Buch Mose. Numeri: Kapitel 10,11–36,13 (ATD 7,2), Göttingen 2004.
Schmithals, W., Die Apostelgeschichte des Lukas (ZBK-NT), Zürich 1982.
Schmitt, H.-Chr., Die Geschichte vom Sieg über die Amalekiter Ex 17,8–16 als theologische Lehrerzählung, in: ZAW 102 (1990), 335–344.
Schneider, G., Die Apostelgeschichte. Erster Teil (HThK V), Freiburg; Basel; Wien 1980.
Schnider, F., Der Jakobusbrief (RNT), Regensburg 1987.
Schreiner, J., Jesus Sirach 1–24 (NEB), Würzburg 2002.
Schrenk, G., Art. C. ἐκλέγομαι, in: ThWNT IV, Stuttgart; Berlin; Köln 1990 (Studienausgabe), 173–175.
Schrenk, G., Art. ἐκλεκτός, in: ThWNT IV, Stuttgart; Berlin; Köln 1990 (Studienausgabe), 186–197.
Schrenk, G., Art. θέλησις, in: ThWNT III, Stuttgart; Berlin; Köln 1990 (Studienausgabe), 62f.
Schulz, A., Das Buch Josue (HSAT II,3), Bonn 1924.
Schunack, G., Der Hebräerbrief (ZBK-NT), Zürich 2002.
Schwartz, E. (Hrsg.), Eusebius. Kirchengeschichte, Berlin; Leipzig ⁵1952.
Schwienhorst, L., Die Eroberung Jerichos. Exegetische Untersuchung zu Jos 6 (SBS 122), 1986.
Scott, J. B. (ed.), Selections from three works of Francisco Suárez, Bd.1 The photographic reproduction of the selections from the original editions; Bd. 2 The translation (The classics of international law 20), Oxford; London 1944.
Seebaß, H., (Teil-)Art. בחר, in: ThWAT I, Stuttgart 1973, 593–608.
Seebass, H., Numeri. Teilband 2: Numeri 10,11–22,1 (BKAT IV/2), Neukirchen-Vluyn 2003.
Shotwell, W. A., The biblical exegesis of Justin Martyr, London 1965.
Sicre, J. L., Historia Josué (Nueva Biblia Espanola), Estella 2002.
Sieben, H.-J., Origenes. Homilien zum Lukasevangelium (FC 4/1), Freiburg 1991.
Siegert, F., Philo of Alexandria, in: Sæbø, M. (ed.), Hebrew Bible/Old Testament The History of its Interpretation. From the Beginnings to the Middle Ages (until 1300), Vol. 1, Göttingen 1996, 162–189 (–198).
Skarsaune, O., Art. The Development of Scriptural Interpretation in the Second and Third Centuries – except Clement and Origen, in: Sæbø, M. (ed.), Hebrew Bible/Old Testament. The History of its Interpretation. From the Beginnings to the Middle Ages (until 1300), Vol. I, Göttingen 1996, 373–442.
Smend, R., Das hebräische Fragment der Weisheit des Jesus Sirach (AGWG.PH/NF 2,2), Berlin 1897.
Snijders, L. A., (Teil-)Art. מלא, in: ThWAT IV, Stuttgart 1984, 876–886.

Sæbø, M. (ed.), Hebrew Bible/Old Testament The History of its Interpretation. From the Beginnings to the Middle Ages (until 1300), Vol. I und II, Göttingen 1996 und 2000.
Söding, Th., Einheit der Heiligen Schrift? Zur Theologie des biblischen Kanons (QD 211), Freibug; Basel; Wien 2005.
Staubli, Th., Die Bücher Levitikus, Numeri (NSK-AT 3), Stuttgart 1996.
Stein, E., Die Allegorische Exegese des Philo aus Alexandreia (BZAW 51), Giessen 1929.
Stein, E., Philo und der Midrasch. Philos Schilderung der Gestalten des Pentateuch verglichen mit der des Midrasch (BZAW 57), Giessen 1931.
Steins, G., Die Bücher Esra und Nehemia, in: Zenger E. u.a., Einleitung in das Alte Testament, Stuttgart [5]2004, 263–277.
Stemberger, G., Die Bedeutung des „Landes Israel" in der rabbinischen Tradition, in: Kairos 25 (1983), 176–199.
Stemberger, G., Die Datierung der Mekhilta, in: Ders., Studien zum rabbinischen Judentum (SBAB.AT), Stuttgart 1990, 251–304.
Stemberger, G., Einleitung in Talmud und Midrasch, München [8]1992.
Stemberger, G., Schriftauslegung der Rabbinen, in: Dohmen, C./Stemberger, G., Hermeneutik der Jüdischen Bibel und des Alten Testaments, Stuttgart 1996, 75–109.
Stendebach, F. J., Art. שלום, in: ThWAT VIII, Stuttgart 1995, 12–46.
Steudel, A. (Hrsg.), Die Texte aus Qumran II. Hebräisch/Aramäisch und Deutsch, Darmstadt 2001.
Stoebe, H. J., Art. חסד, in: THAT I, Gütersloh [5]1994, 600–621.
Strack, H. L., Einleitung in Talmud und Midraš, München 1930.
Strack, H. L./Billerbeck, P., Kommentar zum Neuen Testament aus Talmud und Midrasch, 6 Bde., München [9]1986.
Strobel, A., Der Brief an die Hebräer (NTD 9/2), [4]1991.
Studer, B., Der apologetische Ansatz zur Logos-Christologie Justins des Märtyrers, in: Ritter, A. M. (Hrsg.), Kerygma und Logos. Beiträge zu den geistesgeschichtlichen Beziehungen zwischen Antike und Christentum (FS C. Andersen), Göttingen 1979, 435–448.
Suárez, F., Opera omnia, Bd. XII, Paris 1858.

Tanner, A. H., Amalek. Der Feind Israels und der Feind Jahwes. Eine Studie zu den Amalektexten im Alten Testament (TVZ), Zürich 2005.
Thackeray, H. St. J./Marcus, R. (Hrsg.), Josephus, Jewish Antiquities, with an English translation (LCL 490), Cambridge, Massachusetts; London 1998.
וילנא, תלמוד בבלי 1903, 88 (Reprint-Ausgabe, Jerusalem 1981).
תלמוד בבלי, מסכת סוטה, Jerusalem 1997.
Thieme, K., Kirche und Synagoge. Die ersten nachbilischen Zeugnisse ihres Gegensatzes im Offenbarungsverständnis. Der Barnabasbrief und der Dialog Justins des Märtyrers (Kreuzritterbücherei 3), Olten 1945.
Thorau, P., Art. Lignano (Legnano), Johannes v., in: Lexikon des Mittelalters, Bd. 5, Stuttgart; Weimar 1999, 1977f.

Ulrich, E./Cross, F. M., Qumran Cave 4 (9), Deuteronomy, Joshua, Judges, Kings (DJD XIV), Oxford 1995.

Vetten, C. P., Art. Justin der Märtyrer, in: Döpp, S./Geerlings, W. (Hrsg.), Lexikon der antiken christlichen Literatur, Freiburg; Basel; Wien [3]2002, 411–414.
Vielhauer, P., Geschichte der urchristlichen Literatur, Berlin; New York 1985 [zweiter Nachdruck des durchgesehenen Drucks von 1978].
Vogt, H. J., Art. Origenes, in: Döpp, S./Geerlings, W. (Hrsg.), Lexikon der antiken christlichen Literatur, Freiburg; Basel; Wien [3]2002, 528–536.

Vries, J. de (Hrsg.), Francisco Suárez. Ausgewählte Texte zum Völkerrecht (Klassiker des Völkerrechts Bd. IV), Tübingen 1965.

Wagner, S., Art. בכשׁ, in: ThWAT IV, Stuttgart 1984, 54–60.
Walzer, M., Exodus 32 and the Theory of Holy War: the History of a Citation, in: HThR 61 (1968), 3–14.
Ward, R. B., The Works of Abraham. James 2,14–26, in: HThR 61 (1968), 283–290.
Warmuth, G., Art. הדר, in: ThWAT II, Stuttgart 1977, 357–363.
Weippert, M., „Heiliger Krieg" in Israel und Assyrien. Kritische Anmerkungen zu Gerhard von Rads Konzept des „Heiligen Krieges im alten Israel", in: ZAW 84 (1972), 460–493.
Weippert, M./H., Die Vorgeschichte Israels in neuem Licht, in: ThR 56 (1991), 341–390.
Weiss, I. H., Mechilta der älteste halachische und hagadische Commentar zum Zweiten Buche Mose, Wien 1865.
Weissenberg, T. J., Die Friedenslehre des Augustinus. Theologische Grundlagen und ethische Entfaltung (ThFr 28), Stuttgart; Berlin; Köln 2005.
Welten, P., Art. Hebron, in: TRE 14, Berlin; New York 1985, 521–524.
Wengst, K. (Hrsg.), Didache (Apostellehre), Barnabasbrief, Zweiter Klemensbrief, Schrift an Diognet, Darmstadt 1984.
Wewers, G. A., Pea. Ackerecke, Übersetzung des Talmud Yerushalmi, Bd. I/2, Tübingen 1986.
White, C. (ed.)/Bruce, B. J. (transl.), Origen. Homilies on Joshua (FOTC 105), Washington, D.C. 2002.
Windisch, H. (Hrsg.), Die Apostolischen Väter III. Der Barnabasbrief (HNT.E III), Tübingen 1920.
Windisch, H., Der Hebräerbrief (HNT 14), Tübingen ²1931.
Wolff, C., Der zweite Brief des Paulus an die Korinther (ThHK VIII), Berlin 1989.
Woudstra, M. H., The book of Joshua (NICOT), Grand Rapids, Michigan repr. 1982.
Wright, D.F.; Augustine: His Exegesis and Hermeneutics, in: Sæbø, M. (ed.), Hebrew Bible/Old Testament. The History of its Interpretation. From the Beginnings to the Middle Ages (until 1300), Vol. I, Göttingen 1996, 701–730.
Wünsche, A., Der Jerusalemer Talmud in seinen haggadischen Bestandteilen, Hildesheim 1967 (Nachdruck der Ausgabe: Zürich 1880).
Wünsche, A., Der Midrasch Debarim Rabba, in: Wünsche, A., Der Midrasch Schemot Rabba, Hildesheim; Zürich; New York 1993 (Nachdruck der Ausgabe: Leipzig 1882).
Wünsche, A., Der Midrasch Wajikra Rabba (BibRa V), Hildesheim; Zürich; New York 1993a (Nachdruck der Ausgabe: Leipzig 1880).
Wünsche, A., Der Midrasch Wajikra Rabba (BibRa III), Hildesheim; Zürich; New York 1993b (Nachdruck der Ausgabe: Leipzig 1882).
Würthwein, E., Der Text des Alten Testaments, Stuttgart ⁴1973.

Young, F. W., The Relation of 1 Clement to the Epistle of James, in: JBL 67 (1948), 339–345.

Zenger, E., Die Bücher der Tora/des Pentateuch, in: Zenger, E. u.a., Einleitung in das Alte Testament, Stuttgart ⁵2004, 60–187.
Zenger, E., Israel am Sinai. Analysen und Interpretationen zu Exodus 17–34, Altenberge ²1985.
Zenger, E., Lieder der Gotteserinnerung. Psalm 137 im Kontext seiner Nachbarpsalmen, in: Theobald, M./Hoppe, R. (Hrsg.), „Für alle Zeiten zur Erinnerung". Beiträge zu einer biblischen Gedächtniskultur. Festgabe für Franz Mußner zum 90. Geburtstag (SBS 209), Stuttgart 2006, 25–50.
Ziegler, I., Art. En Ja'akow, JL II, Frankfurt/Main ²1987, 421f (Nachdruck der 1. Auflage von 1927).

Ziegler, K., Cicero – Staatstheoretische Schriften. Lateinisch und deutsch (SQAW 31), Berlin ⁴1988.
Ziegler, K.-H., Biblische Grundlagen des europäischen Völkerrechts, in: ZSRG.K 117 (2000), 1–32.
Ziegler, K.-H., Völkerrechtsgeschichte. Ein Studienbuch, München 1994.
Zobel, H.-J., Art. חסד, in: ThWAT III, Stuttgart 1982, 48–71.
Zobel, H.-J., Art. עליון, in: THWAT VI, Stuttgart 1989, 131–151.

Abkürzungsverzeichnis

Allgemeine Abkürzungen

abs.	absolutus
Akt.	Aktiv
Anm.	Anmerkung(en)
Aor.	Aorist
cstr.	constructus
Dies.	Dieselbe/dieselben
Gen.	Genitiv
Hif.	Hifil
Hitp.	Hitpael
Hrsg.	Herausgeber
Impf.	Imperfekt
Inf.	Infinitiv(us)
IThF	Institut für Theologie und Frieden, Barsbüttel bzw. Hamburg
m.	masculinum
M.a.W.	Mit anderen Worten
Med.	Medium
NF	Neue Folge
Nif.	Nifal
Perf.	Perfekt
PK	Präfix-Konjugation
Pl.	Plural
Präs.	Präsens
Pss	Psalmen
Ptz.	Partizip
s./S.	siehe; Seite
Sg.	Singular
z.T.	zum Teil
V(V)	Vers(e)
vordtr	vordeuteronomistisch
Wz.	Wurzel

Literarische Abkürzungen (Auswahl)

A	Codex Alexandrinus
adv. Iud.	adversus Iudaeos (Tertullian)
ant.	Antiquitates (Flavius Josephus)
Bell. Jud.	De bello Judaico (Flavius Josephus)
BibRa	Bibliotheca Rabbinica
Bill.	Strack, H. L. – Billerbeck, P., Kommentar zum Neuen Testament aus Talmud und Midrasch, München 1922–1961
Bl-D-R	Blass, F./Debrunner, A./Rehkopf, F., Grammatik des neutestamentlichen Griechisch, Göttingen ^{16}1984
bT	Babylonischer Talmud
BzF	Beiträge zur Friedensethik, Institut für Theologie und Frieden
CAG	Corpus Augustinianum Gissense

civ.	De civitate Dei (Augustinus)
DCh	De Charitate (Francisco Suárez)
DH	Denziger-Hünermann
dial.	Dialog mit dem Juden Tryphon (Justin)
DJB	De iure belli, F. de Vitoria, Ausgabe von Horst, U. u.a.
h.e.	historia ecclesiae (Eusebius von Caesarea)
HGANT	Handbuch theologischer Grundbegriffe zum Alten und Neuen Testament, Berlejung, A./Frevel,C. (Hrsg.), Darmstadt 2006
HNT.E	Handbuch zum Neuen Testament. Ergänzungsband
HSAT	Die Heilige Schrift des Alten Testaments
JECS	Journal of Early Christian Studies, Baltimore, Maryland
KKR	Kirche – Konfession – Religion, Göttingen
KSzA	Kleine Schriften zur Aufklärung, Wolfenbüttel
LXX	Septuaginta (Edition A. Rahlfs)
OECS	The Oxford early Christian studies
ÖTK	Ökumenischer Taschenbuch-Kommentar zum Neuen Testament
Or	Oratio (Demosthenes)
PBlABEHHKO	Pastoralblatt für die Diözesen Aachen, Berlin, Essen, Hamburg, Hildesheim, Köln, Osnabrück; Erscheinungsort: Köln.
pol	politeia, Platon
PsSal	Psalmi Salomonis (LXX)
ProlSir	Prolog des griechischen Sirachbuches
pT	palästinischer Talmud = Talmud Yerushalmi
TDB	Tractatus de bello (Johannes de Lignano; Ausgabe T.E. Holland)
ZaöRV	Zeitschrift für ausländisches öffentliches Recht und Völkerrecht

Philo von Alexandrien – Abkürzungen

Abr	De Abrahamo
aet	De aeternitate mundi
agr	De agricultura
all	legum allegoriaum I–III
Cher	De Cherubim
conf	De confusione linguarum
congr	De congressu eruditionis gratia
contempl	De vita contemplativa
decal	De Decalogo
det	Quod deterius potiori insidiari soleat
her	Quis rerum divinarum heres
imm	Quod deus sit immutabilis
Josph	De Josepho
migr	De migratione Abrahami
Mos	De vita Mosis
op	De opificio mundi
post	De posteritate Caini
praem	De praemiis et poenis
somn	De somniis
sobr	De sobrietate
spec	De specialibus legibus
virt	De virtutibus (De humanitate)

Schriftstellenverzeichnis

Der Buchstabe A in Klammern hinter einer Schriftstelle weist auf den Anmerkungsteil hin.

Altes Testament

Genesis

1,26	220	3,17		52 (A)		23,20 (LXX)	215 (A), 218, 223
1,2	185 (A)	7,5		36 (A)		23,20f	216
2,2 (LXX)	92	7,19		36 (A)		23,20f (LXX)	222
2,8	30 (A)	8,1		36 (A)		23,20–23	215, 217 (A), 219
3,22	220	9,22		36 (A)		23,21	217 (A)
12,1–4	73	9,24		59		23,23	217
14	89, 89 (A), 284 (A), 284, 297	9,25		43		23,32	188, 190
14,1	50 (A)	10,12		36 (A)		24,8	172 (A)
14,18	40 (A)	10,21f		36 (A)		24,13	29, 239 (A)
14,19	40 (A)	12,37		53		24,15	239 (A)
14,20	40 (A), 284	12,37f		54		25,8	172 (A)
14,22	40 (A)	12,38		53		29,11 (LXX)	120
17,5	31 (A), 284 (A)	13,5		52 (A)		32,9–14 (LXX)	201 (A)
17,5 (LXX)	213, 213 (A)	14,9		219		33,1 (LXX)	209 (A)
17,5f	97	14,16		36 (A)		33,3	52 (A)
17,8	84	14,21		36 (A)		33,3 (LXX)	209 (A)
17,15	31 (A)	14,26f		36 (A)		33,11	28 (A), 29, 239 (A)
17,15 (LXX)	213, 213 (A)	17		177, 285 (A)		34,11	74
18	97, 99	17,8f		238		34,11f	183, 281
18,1	99	17,8–16		16, 73, 106, 114, 173 (A), 204, 205 (A), 208, 215, 307		34,12–14	171
18,2	99 (A)						
18,16	99 (A)					Levitikus	
18,17	98 (A)	17,9		28, 32, 34, 133, 162, 238, 238 (A), 239 (A), 286 (A)		14	156, 167
18,22	99 (A)					14,34	156
19,1 (LXX)	99 (A)					14,43–45	156
19,15 (LXX)	99 (A)	17,9f		173 (A)		16,2	178 (A)
19,30–37	140 (A)	17,10		238 (A), 239 (A)		18,19	77 (A)
20,13	50 (A)	17,10–13		208 (A)		18,24–30	77
22,10 (LXX)	120	17,11		36		20,24	52 (A)
22,21	140 (A)	17,12 (LXX)		37		24,11	191 (A)
24,12	50 (A)	17,13		107, 173 (A), 238 (A), 239 (A)		25,2	150, 150 (A), 167
24,15	50 (A)					25,2–10	150 (A)
24,49	50 (A)	17,13f (LXX)		207		25,4	150, 167
25,19–26	25	17,14		216, 239 (A)		27,28	44 (A)
25,20	140 (A)	17,14 (LXX)		206, 207		27,29	44 (A)
27	25	17,16		173 (A), 183			
32,2	25 (A)	17,16 (LXX)		216 (A)		Numeri	
32,4	25 (A)	18,11		42 (A)		1,46	53
32,7	99 (A)	18,22		178 (A)		2,17 (LXX)	83 (A)
42,9	94 (A)	18,26		178 (A)		5,1–4	113
48,4	84 (A)	20,2		24 (A)		5,11–31	130
		20,6		50 (A)		5,16	130 (A)
Exodus		20,22 (LXX)		216, 218, 222, 223		5,18	130 (A)
						5,21	130 (A)
		22,19		45 (A)		5,25	130 (A)
		23,10f		150 (A)		10,9	47
3,8	52 (A)	23,20		217		10,9	44 (A)

11	29	25,1–15	26	7,1	46 (A), 67,
11,17	218 (A)	25,10–12	57		68 (A), 177 (A)
11,21	53, 53 (A), 54	25,13	26 (A), 74 (A)	7,1 (LXX)	89
11,27f	29	26,65	26, 53	7,1f	67, 72, 73, 74, 89,
11,28	28 (A), 29, 35, 199,	27,12–18	73		102, 183, 284, 297
	239 (A), 302	27,15–18	30, 34	7,1–5	281
13	206	27,18	29, 34, 107	7,2	45 (A), 67, 68, 79,
13,1–16	206, 213	27,18 (LXX)	218 (A)		168, 183, 190, 191
13,1–20	206	27,20	29	7,4	184
13,2	84 (A)	27,22	107	7,17–24	67
13,6	25	31	112	9,3	78
13,16	31 (A), 205 (A)	31,6	112	9,4	78 (A)
13,16 (LXX)	239, 302	31,9	112	9,11–14 (LXX)	201 (A)
13,16 (LXX)	223	31,17f	112	9,23 (LXX)	209 (A)
13,17	105	31,18	112	11,9	52 (A)
13,30	25f	31,19	113	11,23f	209
13,26	52 (A)	31,19f	112	11,31	78 (A)
14,1–5	51 (A)	31,20	113	12,1 (LXX)	89
14,1–10	54	32,11	49 (A)	12,5	172 (A), 174
14,1	52 (A)	32,12	26, 49, 49 (A)	12,9	92
14,2	52 (A)	32,22	185 (A), 186	12,9	92 (A)
14,5	51 (A), 52 (A)	32,23 (LXX)	85 (A)	12,10	175
14,6	50 (A)	32,29	185 (A), 186	12,29	174 (A)
14,6–9	57	32,29 (LXX)	85 (A)	13,6 (LXX)	86 (A)
14,7	51, 52 (A)	32,32	84 (A)	13,7–19	146 (A)
14,10	52 (A)	33,50–56	73	13,16	44 (A)
14,10–12	51	33,52–56	74	14,1 (LXX)	89
14,10–21 (LXX)	201 (A)	33,54	84 (A)	17,14–20	173
14,10–24	54	34,17	73	17,14f	173
14,13–19	51			17,15	172, 173
14,13–24	51	Deuteronomium		17,18	169, 173 (A)
14,20–24	51	1,4	78	18,15	29, 77 (A)
14,24	26, 34 (A), 49, 53, 54	1,8 (LXX)	209 (A)	19,1	174 (A)
14,27	52 (A)	1,36	26, 49, 53, 54	20	73, 100, 130, 132, 133,
14,30	26	1,38	28 (A)		158, 168, 170, 171, 179
14,35	52 (A)	2,4–22	76 (A)		188, 190, 193, 273, 286
14,36	52 (A)	2,24	159		295, 305, 308, 309
14,36f	51	2,24–26	159, 168	20,1–9	130, 132, 133, 135,
14,37	52 (A), 54	2,26	159, 168		138, 141, 143, 145,
14,38	50 (A), 53, 54	2,26–29	18, 162		162, 163, 164, 165, 166
16,4	52 (A)	2,26–35	62	20,1	130 (A)
18,11–20	109, 109 (A)	2,34	44 (A), 216 (A)	20,2–4	170
18,13f	109 (A)	3,1–11	78 (A)	20,4	130 (A)
21–25	111	3,6	44 (A), 216 (A)	20,5–8	133
21,1–3	108, 108 (A)	3,18	77 (A)	20,7	130
21,1	108	3,20	92	20,8	241
21,2	44 (A)	4,5	77 (A)	20,9	167
21,3	44 (A)	4,14	77 (A)	20,10	159, 161, 162, 167,
21,4–9	205	4,22 (LXX)	209 (A)		190, 286 (A)
21,14	38, 38 (A)	4,26	77 (A)	20,10f	181, 184
21,21–25	62	4,46–49	78 (A)	20,10–12	188
21,21–26	78 (A)	4,47	78 (A)	20,10–14	62, 152, 180
21,33–35	78 (A)	5,10	50 (A)	20,10–17	187
21,35	78 (A)	5,31	77 (A)	20,11	189 (A)
22–24/25	111	6,1	77 (A)	20,12	182, 189
22,3 (LXX)	86 (A)	6,3	52 (A)	20,12–14	181, 182
24,7	134 (A)	6,11	156, 158, 167	20,13–19	308
24,17	134	6,18 (LXX)	209 (A)	20,13 (LXX)	62 (A)

Schriftstellenverzeichnis

20,13f (LXX)	112	2,9 (LXX)	200 (A)	7,1 (LXX)	117 (A)
20,14	181, 289	2,10	44 (A), 216 (A)	7,4–9	42 (A)
20,14 (LXX)	112	2,10 (LXX)	117 (A)	7,8	33 (A), 35
20,15	182, 286 (A)	2,12	50 (A)	7,9	174 (A)
20,15–17	179 (A)	2,12 (LXX)	200	7,10	59 (A)
20,15–18	15, 72, 152	2,14	50 (A)	7,10 (LXX)	117 (A)
20,16	112, 179, 179 (A), 180, 181, 182, 183	2,14 (LXX)	200 (A)	7,11 (LXX)	117 (A)
		3,1–5,1	15	7,12	33 (A), 35
20,16f	183, 282	3,7	59 (A)	7,12 (LXX)	117 (A)
20,16–18	183, 308 (A), 309	3,10	67, 177 (A), 179 (A)	7,13	33 (A), 35, 246
20,17	44 (A), 45 (A), 179, 179 (A), 183	4,1	59 (A)	7,14	120 (A)
		4,15	59 (A)	7,21	245, 246, 250, 265, 266
20,17f	184	4,24	44 (A)		
20,18	72, 184	5,1 (LXX)	86 (A)	7,25	248
21,10–14	158	5,2	59 (A)	8	33, 36, 37, 252, 261, 271, 272f, 275f, 287, 291, 292, 307
21,21	248	5,6	52 (A)		
25,17–19	173, 180	5,6 (LXX)	209 (A)		
25,19	172, 173, 183, 216	5,9	59 (A)	8,1	59 (A)
26,9	52 (A)	5,13–15	116	8,1f	262
26,15	52 (A)	5,13–15 (LXX)	220, 222, 223	8,2	262, 263, 264, 269, 291
27,3	52 (A)			8,3	32
28,7	47	5,15	59 (A)	8,5f	287, 307
28,7	44 (A)	6	66, 68 (A), 71, 104, 164, 282, 306 (A)	8,15f	287, 307
29,6f	78 (A)			8,18	36, 36 (A), 37, 59 (A)
31,1–8	73	6 (LXX)	219	8,19	36, 36 (A), 37
31,7f	107	6–8	15, 253f	8,22–24	249, 250
31,8	73	6–11	143	8,22	249 (A)
31,14	102 (A)	6–12	258	8,24	249 (A)
31,14f (LXX)	83	6,1–5	66 (A)	8,26	36, 36 (A), 45 (A)
31,23	107	6,1–27	242	8,35	51 (A), 52 (A)
32,49	84 (A)	6,1	62	9	18, 121, 154, 183, 184, 191–193, 295 (A)
32,52	150 (A)	6,1 (LXX)	219 (A), 220		
33,9	76 (A)	6,2	59 (A)	9,1	177 (A), 179
34,9	29, 34, 73	6,2 (LXX)	219 (A), 221 (A)	9,3	184
34,9 (LXX)	218	6,5	164 (A)	9,4	188, 189 (A)
34,10	77, 115	6,5 (LXX)	119 (A)	9,6	189 (A)
		6,6	199	9,7	184
Josua		6,7	164 (A)	9,8	189
1–11	15, 96	6,8	164 (A)	9,10	78 (A)
1–12	16, 19, 32 (A), 34, 63, 74, 89, 141, 179, 209, 219, 269, 290, 295	6,10	164 (A)	9,11	189 (A)
		6,16f	164 (A)	9,15	52 (A), 184, 189 (A), 190
		6,17	99 (A), 120, 245, 277, 306		
1,1	28 (A), 29, 35, 59 (A), 77 (A), 238 (A), 240, 302			9,18	52 (A)
		6,17 (LXX)	117 (A)	9,19	52 (A)
		6,18	45 (A), 245, 245 (A)	9,19f	188
1,1 (LXX)	65 (A)	6,18 (LXX)	117 (A)	9,20	184
1,5 (LXX)	82, 82 (A)	6,20	14, 79 (A)	9,21	52 (A), 184, 189
1,6	14, 34, 35	6,20f	164 (A), 277	9,22	184, 189
1,7f	30, 125	6,21	15, 44 (A), 69, 70, 115, 120 (A), 277, 296, 306	9,23	154
1,11	78			9,23–25	189 (A)
1,15	92	6,21 (LXX)	117 (A)	9,24	295 (A)
1,18	176	6,22	94	9,26	180 (A)
2	94, 104	6,23	94	9,27	52 (A), 189 (A)
2 (LXX)	199	6,25	94, 99 (A)	10	40, 47, 80, 116 (A), 121, 122
2–6	15	7	33		
2–8	15	7	37	10,1–4	42
2,3 (LXX)	200	7f	268, 270, 306	10,1	33, 44 (A), 151 (A), 154, 157, 216 (A)
2,4	99 (A)	7,1	245		

10,1 (LXX)	117 (A)	11,19f	183, 183 (A)	23,4		174 (A)
10,5	33	11,20	44 (A), 183, 216 (A)	23,5 (LXX)		209 (A)
10,6 (LXX)	41	11,20 (LXX)	117 (A)	23,12–16		125
10,6–15	47	11,21	44 (A), 216 (A)	23,15		14
10,7–14	33	11,21 (LXX)	117 (A)	24,11	46 (A), 177 (A)
10,8–11	43	11,23	92	24,29	28 (A), 214 (A)
10,8	47, 59 (A). 121	12	154, 167	24,30		214 (A)
10,9 (LXX)	42	12,4	78 (A)	24,33		26 (A)
10,10–14	47, 79	12,7–24	280, 281			
10,10	166	12,8	179	Richter		
10,10 (LXX)	86 (A)	13–22	32 (A)	1,1		22 (A)
10,11	43, 43 (A), 47, 48,	13,1	59 (A), 77 (A)	1,8		79 (A)
	59, 63, 122, 127f	13,30	78 (A)	1,17		44 (A)
	166, 291	14,1	34 (A)	1,24		50 (A)
10,11 (LXX)	44, 86 (A)	14,2	40 (A)	2,2 (LXX)		88
10,12	304	14,6	26 (A)	2,6	22 (A), 78 (A)
10,12 (LXX)	41, 86 (A)	14,8	49, 54	2,7		22 (A)
10,12f	40, 46 (A	14,9	49	2,8	22 (A), 214 (A)
10,13	33, 33 (A), 35	14,12	26 (A)	2,21		22 (A)
	45 (A), 46 (A)	14,14	49	2,23		22 (A)
10,14	46 (A, 122		54	3,1		22 (A)
10,19	33 (A), 35	16,5	41 (A)	3,28		79 (A)
10,25	33 (A)	17,5	46 (A)	5,6		50 (A)
10,19	35	18,1	52 (A), 78, 102,	4,24		78 (A)
10,28	216 (A)		185, 185 (A), 186	7,1–8	61 (A), 133
10,28 (LXX)	36 (A),	19,47	79 (A)	7,2		14, 66
	44 (A), 117 (A)	19,51	83 (A), 84 (A), 102	7,25		79 (A)
10,28–43	280, 282	20,1	59 (A)	8,35		50 (A)
10,28–43 (LXX)	36	20,2	40 (A)	10,7		140 (A)
10,28–11,23	123	20,5	232 (A)	11,13 (LXX)		99 (A)
10,30 (LXX)	36 (A)	20,6	52 (A)	11,33 (LXX)		86 (A)
10,32 (LXX)	36 (A)	20,9	52 (A)	13,1		140
10,35 (LXX)	36 (A),	21,2	40 (A)	18,9		78 (A)
	45 (A), 117 (A)	21,8	40 (A)	20,35–48		282
10,37	216 (A)	21,12 (LXX)	84, 84 (A)	21,11		44 (A)
10,37 (LXX)	36 (A), 44 (A)	21,42d (LXX)	236			
10,39	216 (A)	21,43	126	Rut		
10,39 (LXX)	36 (A),	21,43f	14	2,11		232 (A)
	44 (A), 117 (A)	21,43–45	126			
10,40	179, 179 (A)	21,44	33 (A), 35, 92 (A)	1 Samuel		
	216 (A)	21,44 (LXX)	84 (A)	4		140
10,40 (LXX)	117 (A)	21,45	14	8		173 (A)
10,42	38	22,2–4	126 (A)	8,1–22		173
11,1–14 (LXX)	36	22,4	92 (A)	8,20		171
11,1–23	280, 281	22,4 (LXX)	84 (A)	11,1f		189 (A)
11,3	177 (A), 179	22,8	33 (A), 35	12,9		140
11,6	59 (A), 123, 281	22,9	40 (A)	14,52		28 (A)
11,8	160	22,9 (LXX)	84 (A)	15	71, 180 (A), 282
11,11	179, 179 (A),	22,10–34	26, 125	15,3	44 (A), 306 (A),
	216 (A)	22,12	52 (A)			310 (A)
11,11 (LXX)	36 (A)	22,16	52 (A)	15,6		50 (A)
	44 (A), 117 (A)	22,17	52 (A)	15,8	45 (A), 277,
11,12	216 (A)	22,18	52 (A)		278 (A), 306 (A)
11,12 (LXX)	36 (A)	22,19 (LXX)	84 (A)	15,8f		49
	44 (A), 117 (A)	22,20	52 (A)	15,9		44 (A)
11,14	179, 179 (A)	22,20 (LXX)	117 (A)	15,15		44 (A)
11,14 (LXX)	36 (A)	22,30	52 (A)	15,18		44 (A)
11,19	183, 183 (A), 184	23,1	33 (A), 35	15,20		44 (A)

Schriftstellenverzeichnis 333

17,6	36 (A)	1–9	76, 87	9,25	79 (A), 167 (A)
17,12	50 (A)	2	26 (A)	11,3 (LXX)	85 (A)
17,45	36 (A)	4	26 (A)	12,12	50 (A)
17,47	38	4,41	44 (A)	12,26	50 (A)
18,17	38	5,10	50 (A)	12,47	50 (A)
18,25	33 (A)	5,17	50 (A)		
19,5	30, 31 (A), 35	5,25	75, 76 (A)	Tob	
19,15	99	7,27	22 (A), 75	2,3	124 (A)
19,20	218	10/11	76	13,16	42 (A)
20,8	50 (A)	11,14	31, 31 (A), 35		
21,11	140	16,25	42 (A)	Judit	
25,28	38, 171	21,26	42 (A)	1,11	99 (A)
28	301 (A)	22,8	39		
		22,18	185 (A), 186	Ester	
2 Samuel				7,8	185 (A)
1,8	174	2 Chronik		8,13	33 (A)
1,13	174	13,2–18	75	9,30	159
2,5	50 (A)	14,7–14	75		
3,8	50 (A)	20,1–30	75	1 Makkabäer	
8	140, 143	20,1	140	1,2	120 (A)
8,11	185 (A)	20,6	51 (A)	1,30	62 (A)
9,1	50 (A)	20,7	75, 76, 76 (A),	2	26 (A), 80
10	140, 143		102 (A)	2,29–38	148, 149
12,36–31	140	20,7 (LXX)	87 (A)	2,29–41	166
21,1	50 (A)	20,10	75, 76 (A), 87 (A)	2,37	62 (A)
22,51	50 (A)	20,11	86 (A)	2,39–41	148
23,8–12	31	20,23	44 (A), 76 (A)	2,40	62
23,10	30, 31, 31 (A), 35	28,3 (LXX)	86 (A)	2,49–64	56
23,12	30, 31, 31 (A), 35	28,10	185 (A)	2,49–70	59
		32,14	44 (A)	2,50–63	26 (A)
1 Könige		33,2 (LXX)	86 (A)	2,50–64	25 (A)
1,14	57	33,9	75, 76 (A)	2,54	79
2,27	58	33,9 (LXX)	86 (A)	2,55	22, 63, 79, 291
4,19	78 (A)	36,15f	99 (A)	2,56	79
5,17f	39	36,21	57	2,68	60
8,60	44 (A)	36,22	58	3,8	62, 63, 80
9,21	45 (A)			3,9	62 (A)
10,21	50 (A)	Esra		3,42	62
11,6	49 (A)	4,7	50 (A)	3,56	62, 72
14,24	102 (A)	9	81	3,60	56, 60
16,34	22 (A)	9,1–15	77	4,8	72
21,15	34 (A)	9,5–15	77	4,10	56, 60
21,16	34 (A)	9,11	77, 77 (A), 78	4,14f	72
21,18	34 (A)	9,12	86 (A)	5,5	62, 80
21,19	34 (A)	10,8	44 (A)	5,13	62
21,26	102 (A)	10,14	51 (A)	5,13f	120 (A)
		13,35 (LXX)	88	5,28	62, 62 (A)
2 Könige		18,16 (LXX)	42 (A)	5,35	62, 62 (A)
15,29	50 (A)			5,45–51	62
16,3	102 (A)	Nehemia		5,47	62 (A)
17,3	102 (A)	4,5 (LXX)	124 (A)	5,51	62 (A)
18,31f	295	5,5	185 (A)	5,65 (LXX)	88
18,32	154, 161	9	76, 78, 81	6,13	62
19,11	44 (A)	9,6–37	77, 78	6,14	122 (A)
21,2	102	9,8	79	7,6	62
21,9	76 (A)	9,15	78	7,7	62, 122 (A)
		9,22	78 (A)	9,2	62 (A)
1 Chronik		9,24	78 (A)	11,18	62 (A)

11,67–74	60, 61 (A), 80	28,3	159	ProlSir	
11,71	80	34,2	178 (A)	12	37
12,14f	80	47,2	42 (A)	14	37
12,15	56, 60	43,27 (LXX)	41 (A)	20–26	23 (A)
12,36	59	45,4f	36	30	37
12,40	62 (A)	47,3	40, 41		
12,49	62 (A)	59,3 (LXX)	88, 88 (A)	Sirach	
12,50	62 (A)	61,3	31 (A)	4,16	85 (A)
13,3	125 (A)	62,9	178 (A)	4,27	49
13,4	62 (A)	64,6	31 (A)	7,6	50
13,18	62 (A)	78	73 (A), 78 (A)	8,1	50
13,22	56, 59, 63, 80, 291	78,9	31 (A), 41 (A)	10,3	50
13,49	62 (A)	78,35	40 (A)	10,24	50
15,40	124 (A)	78,54f	73	11,6	50
16,21	62 (A)	78,55	74	12,5	40 (A)
16,22	62 (A), 72	85	284 (A)	13,9	50
		94,3	42 (A)	16,11	50
2 Makkabäer		94,9	30 (A)	18,22	40 (A)
2,19–32	64	94,11 (LXX)	92, 92 (A)	24	24
2,23	64	95,4	42 (A)	24,3	24
3,1	125 (A)	97,9	40, 41	24,8	24
4,2	125	105	73 (A), 78 (A)	24,9	24
5,6	69	105,44	74	24,10f	24
5,8	125 (A)	105,44f	22 (A), 73	24,12	24
5,15	125 (A)	106	73 (A), 74, 78 (A)	32,3	40 (A)
6,5	125 (A)	106,3	178 (A)	34,2	47
8,21	125 (A)	106,23	50 (A), 51 (A)	34,22	122 (A)
12	80	106,30	26 (A)	37,11	47
12,7	65, 65 (A)	106,31	74 (A)	38,4	30
12,10	65	106,34	22 (A), 74	38,24–39,11	30
12,13–16	22, 68, 70, 291, 305	106,34f	73, 74	38,33	50
		110,6 (LXX)	85	39,1	30
12,13	67, 68, 70, 71	119,20	178 (A)	39,29	43
12,14	65, 68, 70	134,5	42 (A)	41,17	50
12,14–16	56	135	73 (A), 74 (A)	42,1–43,33	24
12,15	42 (A), 64, 80	135,10f	74	42,15	24
12,15f	56	135,10–12	22 (A), 73	42,22	24
12,16	66 (A), 67, 67 (A), 68 (A), 69, 70, 71	135,12	74	43,3	30
		136	74 (A)	43,5	42 (A)
12,21	65	136,17–20	74	43,10	24
12,27	65	136,17–22	73	43,22	42
13,3	27	136,21f	74	43,26	25
		144,3	42 (A)	43,26	25 (A)
Ijob				43,27	24
13,26	86 (A)	Sprichwörter		43,28	24
27,10	178 (A)	1,6	250 (A)	43,32	24
39,23	36 (A)	2,22	85	44–49	26 (A)
41,21	36 (A)	5,19	178 (A)	44,1–49,16	24, 26
		6,14	178 (A)	44–50,21	40, 57
Psalmen		8,22	220	44,1–15	25
2,8 (LXX)	85, 85 (A)	8,30	178 (A)	44,1	24
7,18	40, 41	17,17	178 (A)	44,2f	25
9,7 (LXX)	88	22,20	232 (A)	44,3	25, 30
10,5	178 (A)	22,20 (LXX)	252	44,16–46,1	28
18,51	50 (A)	22,20f (LXX)	232	44,16–46,10	25
24,5	31 (A)			44,16–49,3	25
26,1	31 (A)	Kohelet		44,16	28
26,9	31 (A)	9,8	178 (A)	44,17	28

Schriftstellenverzeichnis

44,19	28	45,18	30 (A)	Joel	
44,22	28	49,5	30	2,16	131 (A), 138, 139
44,22f	25	49,8	30	4,6 (LXX)	86
44,23	25	53,7	69		
45,1	28	62,11	31 (A)	Amos	
45,6	28			2,10	152 (A)
45,23	28, 50 (A), 50f (A)	Jeremia		5,25–27 (LXX)	83
45,24	26	1,2	50 (A	5,26	146 (A)
46	40	1,5	30, 35	7,1	30 (A)
46,1–3	40	1,10	258 (A)		
46,1–8	22, 23, 27, 37 (A),	3,19	85	Micha	
	54, 79, 222 (A), 290	6,12	36 (A)	2,9 (LXX)	86
46,1–10	25	6,23	36 (A)	4,13	44 (A)
46,1–12	25 (A)	9,23	50 (A)	4,14	58
46,1	27, 28, 30, 32, 33,	11,5	52 (A)	7,19	185 (A)
	33 (A), 34, 35, 43,	15,6	36 (A)		
	50 (A), 53, 55, 57 (A),	16,15 (LXX)	86	Nahum	
	106, 106 (A), 107, 113,	23,3 (LXX)	86 (A)	1,1 (LXX)	218 (A)
	115, 127 (A), 206,	23,8 (LXX)	86 (A)		
	213, 218 (A)	23,33 (LXX)	218 (A)	Zefania	
46,2	36, 36 (A), 46,2	23,34 (LXX)	218 (A)	1,4	36 (A)
46,3	28, 38 (A), 41 (A), 55	23,36 (LXX)	218 (A)	2,13	36 (A)
46,4–6	40, 47, 79	23,38 (LXX)	218 (A)		
46,4–8	55	25,9	45 (A)	Sacharja	
46,4	40, 55	26,10 (LXX)	33 (A)	9,1 (LXX)	218 (A)
46,5	41, 42 (A), 43, 50,	32,18	50 (A)	9,15	185 (A)
	55, 122	32,22	52 (A)	12,1 (LXX)	218 (A)
46,6	43, 44, 44 (A), 45,	34,11	185 (A)	14	71 (A)
	45 (A), 55	34,16	185 (A)		
46,7	49, 50, 50 (A),	46,10	33 (A)	Maleachi	
	51 (A), 52, 54	50,21	44 (A)	1,1	218
46,7f	26, 53	50,42	36 (A)	1,1 (LXX)	218, 218 (A)
46,7–9	57 (A)	51,3	44 (A)	3,1	218
46,8	53, 54, 55	51,25	36 (A)		
46,9	26			**Neues Testament**	
46,11f	25 (A)	Ezechiel			
46,13–49,3	25	6,14	36 (A)	Matthäus	
46,16	42 (A), 50	14,9	36 (A)	1,5	82, 97 (A), 104
50,5	37	14,13	36 (A)	2,12	100 (A)
50,27	23, 41	16,27	36 (A)	5,5	304
		25,7	36 (A)	5,9	101
Jesaja		25,13	36 (A)	5,38–42	101
1,1	50 (A)	25,16	36 (A)	5,43–45	101
5,25	36 (A)	33,34	84 (A)	8,5–13	100
11,15	45 (A)	35,3	36 (A)	27,54	101
12,2	31 (A)	36,5	84 (A)		
14,26	36 (A)	38f	71, 71 (A)	Lukas	
14,27	36 (A)			3,14	101
17,9 (LXX)	86 (A)	Daniel		4,29	65 (A)
30,30	43	2,40 (LXX)	88	10,38	99
31,3	36 (A)	7f	71	16,29	240
34,2	44, 45 (A), 69	11,34	31 (A)		
36,17	154, 157, 161	11,44	45 (A)	Johannes	
37,11	44, 44 (A)			3,14f	205
37,14	99 (A)	Hosea		3,36	94 (A)
41,8	98 (A)	12,14	29 (A), 77 (A)	7,39	37 (A)
42,6	30			12,16	37 (A)
45,12	36 (A)				

12,31	65 (A)	13,13	256	7,22	91 (A)		
13,31	37 (A)	14,8	101	10,19	91 (A)		
13,32	37 (A)	15,21	246 (A)	11	96		
14,27	241 (A)	15,52	243 (A)	11,30	82, 93, 93 (A), 104		
14,30	65 (A)			11,30f	99		
15,8	37 (A)	2 Korinther		11,31	93, 93 (A), 94, 97 (A),		
16,11	65 (A)	3,14	259		98, 99, 100, 104, 225		
		3,14–16	230	11,31f	98		

Apostelgeschichte | | 5,17 | 210 (A) | 12,24 | 91 (A)
7 | 77 | 10,3–5 | 244 | 13,5 | 82, 82 (A)
7,5 | 84 | 10,3–6 | 101 | 13,12 | 91 (A)
7,11 | 89 | | | 13,22 | 90
7,22–53 | 83 | Galater | | |
7,44 | 83 | 4,21–24 | 233 | Jakobus |
7,44f | 83 (A) | 5,17 | 250 (A) | 1,1 | 94
7,45 | 82, 101, 102, 199, | 6,15 | 210 (A) | 1,22f | 95
 | 202, 301 | | | 2,14–26 | 96
10 | 100 | Epheser | | 2,15 | 97
11,30 | 103 | 6,10–17 | 101 | 2,15f | 95
12,19 | 241 (A) | | | 2,17 | 95
13,16–41 | 77 | Philipper | | 2,20 | 104
13,16–42 | 87 | 2,9 | 237, 303 | 2,23 | 98
13,17f | 87 | | | 2,21–26 | 97
13,19 | 102 | Kolosser | | 2,25 | 82, 225
13,20 | 90, 102 | 1,25 | 57 | 2,26 | 95
13,24 | 103 | | | 4,4 | 95
13,30 | 103 | 1 Thessalonicher | | 5,1–6 | 95
13,33 | 103 | 4,16 | 243 (A) | 5,8 | 95
14,2 | 94 (A) | 5,8 | 101 | |
19,9 | 94 (A) | | | 1 Petrus |
19,11–22 | 101 | 1 Timotheus | | 2,8 | 94 (A)
27,39 | 85 (A) | 1,18 | 101 | 3,20 | 94 (A)
 | | 6,12 | 101 | 4,17 | 94 (A)

Römer | | 2 Timotheus | | |
5,12 | 246 (A) | 2,1 | 101 | **Apokryphen** |
5,14 | 203 (A) | 2,4 | 235 | |
5,15 | 246 (A) | 4,7 | 101 | 1 Esdr |
5,19 | 246 (A) | | | 9,4 | 110
7,14 | 242 (A), 250 (A) | Hebräer | | |
10,9 | 221 (A) | 3,16 | 91 | 3 Makk |
10,21 | 94 (A) | 3,18 | 92, 92 (A), 94 | 6,13 | 27 (A)
11,30 | 94 (A) | 4,1 | 92 | 7,20 | 110
12,2 | 246 | 4,2 | 92 (A) | 7,22 | 27 (A)
15,4 | 278 (A) | 4,3 | 92 (A) | |
 | | 4,4f | 92 | 4 Makk |
1 Korinther | | 4,8 | 82, 91, 92, 92 (A), 93, | 4,25 | 65 (A)
2,13 | 242 (A) | | 199, 202, 301, 302 | |
6,7 | 241 (A) | 4,9f | 92 | PsSal |
10,1f | 203 (A) | 4,10 | 92 (A) | 2,8 | 28 (A)
10,11 | 233 | 4,11–13 | 92 | 2,17 | 28 (A)
11,27 | 200 (A) | 4,11 | 92 (A), 93 | 2,29 | 28 (A)
12,3 | 220 (A) | 6,20 | 91 (A) | 17,40 | 28 (A)
12,8 | 250 (A) | | | |

Reihe „Theologie und Frieden"

Band 1: Thomas Hoppe
Friedenspolitik mit militärischen Mitteln
Eine ethische Analyse strategischer Ansätze
1986. 320 Seiten

Band 2: Ernst J. Nagel
Die Strategische Verteidigungsinitiative als ethische Frage
1986. 160 Seiten

Band 3: Franz Furger/Ernst J. Nagel (Hrsg.)
Die Strategische Verteidigungsinitiative im Spannungsfeld von Politik und Ethik
1986. 156 Seiten

Band 4: Gerhard Beestermöller
Thomas von Aquin und der gerechte Krieg
Friedensethik im theologischen Kontext der Summa Theologiae
1990. 260 Seiten (vergr.)

Band 5: Heinz-Gerhard Justenhoven
Francisco de Vitoria zu Krieg und Frieden
1991. 213 Seiten

Band 6: Gerhard Beestermöller/Norbert Glatzel (Hrsg.)
Theologie im Ringen um Frieden
Einblicke in die Werkstatt theologischer Friedensethik
1995. 218 Seiten

Band 7: Francisco de Vitoria
Vorlesungen I
Völkerrecht, Politik, Kirche
Mit einer Einführung im Leben und Werke Vitorias von Ulrich Horst
Texte lateinisch/deutsch
Herausgegeben von Ulrich Horst, Heinz-Gerhard Justenhoven, Joachim Stüben
1995. 661 Seiten

Band 8: Francisco de Vitoria
Vorlesungen II
Völkerrecht, Politik, Kirche
Texte lateinisch/deutsch
Herausgegeben von Ulrich Horst, Heinz-Gerhard Justenhoven, Joachim Stüben
1997. 844 Seiten

Band 9: Markus Weinland
Das Friedensethos der Kirche der Brüder im Spannungsfeld von Gewaltlosigkeit und Weiterverantwortung
1996. 180 Seiten

Band 10: Gerhard Beestermöller
Die Völkerbundsidee
Leistungsfähigkeit und Grenzen der Kriegsächtung durch Staatensolidarität
1995. 169 Seiten

Band 11:
Kirchlicher Auftrag und politische Friedensgestaltung
Festschrift für Ernst Niermann
Herausgegeben von Alfred E. Hierold und Ernst J. Nagel
1995. 278 Seiten

Band 12: Matthias Gillner
Bartolomé de Las Casas und die Eroberung des indianischen Kontinents
Das friedensethische Profil eines weltgeschichtlichen Umbruchs aus der Perspektive eines Anwalts der Unterdrückten
1997. 298 Seiten

Band 13: Ernst Josef Nagel
Die Friedenslehre der katholischen Kirche
Eine Konkordanz kirchenamtlicher Dokumente
1997. 296 Seiten

Band 14: Johann Maier
Kriegsrecht und Friedensordnung in jüdischer Tradition
2000. 436 Seiten

Band 15: Marcel Pekarek
Absolutismus als Kriegsursache
Die französische Aufklärung zu Krieg und Frieden
1997. 210 Seiten

Band 16: Ernst J. Nagel
Minderheiten in der Demokratie
Politische Herausforderung und interreligiöser Dialog
1998. 280 Seiten

Band 17: Thomas Hoppe
Menschenrechte im Spannungsfeld von Freiheit, Gleichheit und Solidarität
Grundlagen eines internationalen Ethos zwischen universalen Geltungsanspruch und Partikularitätsverdacht
2002. 240 Seiten

Band 18: Eckart Otto
Krieg und Frieden in der Hebräischen Bibel und im Alten Orient
Aspekte für eine Friedensordnung in der Moderne
1999. 192 Seiten

Band 19: Norbert Brieskorn/ Markus Riedenauer (Hrsg.)
Suche nach Frieden: Politische Ethik in der Frühen Neuzeit I
2000. 280 Seiten

Band 20: Norbert Brieskorn/ Markus Riedenauer (Hrsg.)
Suche nach Frieden: Politische Ethik in der Frühen Neuzeit II
2001. 442 Seiten

Band 21: Michael Rosenberger
Was dem Leben dient
Schöpfungsethische Weichenstellungen im konziliaren Prozeß der Jahre 1987–89
2001. 506 Seiten

Band 22: Paul Wuthe
Für Menschenrechte und Religionsfreiheit in Europa
Die Politik des Heiligen Stuhls in der KSZE/OSZE
2002. 246 Seiten

Band 23: Gerhard Beestermöller/ Hans-Richard Reuter (Hrsg.)
Politik der Versöhnung
2002. 262 Seiten

Band 24: Gerhard Beestermöller (Hrsg.)
Die humanitäre Intervention – Imperativ der Menschenrechtsidee?
Rechtsethische Reflexionen am Beispiel des Kosovo-Krieges
2003. 176 Seiten

Band 25: Heinz-Gerhard Justenhoven/ Rolf Schumacher (Hrsg.)
„Gerechter Friede"– Weltgemeinschaft in der Verantwortung
Zur Debatte um die Friedensschrift der deutschen Bischöfe.
2003. 256 Seiten

Band 26: Norbert Brieskorn/ Markus Riedenauer (Hrsg.)
Suche nach Frieden: Politische Ethik in der Frühen Neuzeit III
2003. 446 Seiten

Band 27: Heinz-Gerhard Justenhoven/ Joachim Stüben (Hrsg.)
Kann Krieg erlaubt sein?
Eine Quellensammlung zur politischen Ethik der Spanischen Spätscholastik
2006. 552 Seiten

Band 28: Timo J. Weissenberg
Die Friedenslehre des Augustinus
Theologische Grundlagen und ethische Entfaltung
2005. 568 Seiten

Band 29: Guido Brune
Menschenrechte und Menschenrechtsethos
Zur Debatte um eine Ergänzung der Menschenrechte durch Menschenpflichten
2006. 192 Seiten

Band 30: Heinz-Gerhard Justenhoven
Internationale Schiedsgerichtsbarkeit
Ethische Norm und Rechtswirklichkeit
2006. 306 Seiten

Band 31: Markus Kremer/ Hans-Richard Reuter (Hrsg.)
Macht und Moral – Politisches Denken im 17. und 18. Jahrhundert
2007. 368 Seiten

Band 32: Markus Riedenauer
Pluralität und Rationalität
Die Herausforderung der Vernunft durch religiöse und kulturelle Vielfalt nach Nikolaus Cusanus
2007. 564 Seiten

Band 33: Tania Wettach-Zeitz
Ethnopolitische Konflikte und interreligiöser Dialog
Die Effektivität interreligiöser Konfliktmediationsprojekte analysiert am Beispiel der World Conference on Religion and Peace-Initiative in Bosnien-Herzegowina
2008. 284 Seiten

Band 34: Volker Stümke
Das Friedensverständnis Martin Luthers
Grundlagen und Anwendungsbereiche seiner politischen Ethik
2007. 533 Seiten

Band 35: Markus Kremer
Den Frieden verantworten
Politische Ethik bei Francisco Suárez (1548–1617)
2008. 294 Seiten

Band 36: Dieter Baumann
Militärethik
Theologische, menschenrechtliche und militärwissenschaftliche Perspektiven
2007. 624 Seiten

Online-Bibliographie Theologie und Frieden des Instituts für Theologie und Frieden (IThF)

Nach Veröffentlichungen in Buchform und auf CD-ROM stellt das Institut nun eine **Online-Bibliographie Theologie und Frieden** mit z. Zt über 159 000 Titeln kostenfrei unter **http://www.ithf.de/bibl** zur Verfügung. Schwerpunkt der Dokumentation sind die einzelnen Disziplinen der Theologie. Literatur aus der Philosophie, Politikwissenschaft, Friedens- und Konfliktforschung, Völkerrecht und Geschichtswissenschaft findet Berücksichtigung, soweit diese für friedensethische Fragestellungen relevant erscheint. Eine besonderer Service bei den Monographien besteht darin, dass auch einschlägige Beiträge aus Sammelbänden erfaßt werden. Es werden über 500 Zeitschriften – überwiegend aus Europa und Nordamerika – ausgewertet. Diese Auswertung umfasst, soweit möglich, den gesamten Erscheinungszeitraum der jeweiligen Zeitschrift.
Der inhaltsbezogene Zugriff erfolgt über eine Sacherschließung durch Deskriptoren/Schlagwörter. Die 1400 Einträge umfassende Deskriptoren-Liste wird kontinuierlich fortgeschrieben. Eine Version in englischer Sprache ist unter **http://www.ithpeace.de/bibl** verfügbar.
Technische Voraussetzungen: Es wird eine Bild-schirmauflösung von mindestens 600/800 empfohlen. JavaScript und Cookies müssen aus technischen Gründen aktiviert sein. Internet Explorer ab Version 4.01, Netscape Navigator ab Version 4.3.